Racismo Sem Racistas

RACISMO SEM RACISTAS

O Racismo da Cegueira de Cor
e a Persistência da Desigualdade
na América

EDUARDO BONILLA-SILVA

PREFÁCIO: SILVIO ALMEIDA
TRADUÇÃO: MARGARIDA GOLDSZTAJN

Título do original em inglês: *Racism Without Racists: Color-Blind Racism and the Persistence of Racial Inequality in America*
Copyright © 2018 Rowman & Litttefield

PALAVRASNEGRAS

INSTITUTO AMMA PSIQUE E NEGRITUDE
Cleber Santos Vieira
Clélia Prestes
Deivison Faustino (Nkosi)
Dennis de Oliveira
Fabiana Villas Boas

Coordenação de texto Luiz Henrique Soares e Elen Durando
Edição de texto Margarida Goldsztajn
Revisão Raquel F. Abranches
Projeto gráfico e capa Sergio Kon
Produção Ricardo W. Neves, Sergio Kon

CIP-Brasil. Catalogação na Publicação
Sindicato Nacional dos Editores de Livros, RJ

B699r

Bonilla-Silva, Eduardo, 1962-
    Racismo sem racistas : o racismo da cegueira de cor e a persistência da desigualdade na América / Eduardo Bonilla-Silva ; prefácio Silvio Almeida ; tradução Margarida Goldsztajn. - 1. ed. - São Paulo : Perspectiva, 2020.
    512 p. ; 19 cm.   (Palavras negras ; 6)

    Tradução de : *Racism without racists*
    Inclui bibliografia e índice
    ISBN 978-65-5505-029-5

    1. Racismo - Estados Unidos. 2. Estados Unidos - Relações raciais. 3. Minorias - Estados Unidos - Condições sociais. 4. Minorias - Estados Unidos - Condições econômicas. 5. Racismo - Brasil. I. Almeida, Silvio. II. Goldsztajn, Margarida. III. Título. IV. Série.

20-65622   CDD: 320.569
                                                     CDU: 323.14(73)

Camila Donis Hartmann - Bibliotecária - CRB-7/6472
27/07/2020   27/07/2020

1ª edição

Direitos reservados em língua portuguesa à

EDITORA PERSPECTIVA LTDA.

Av. Brigadeiro Luís Antônio, 3025
01401-000 São Paulo SP Brasil
Telefax: (11) 3885-8388
www.editoraperspectiva.com.br

2020

Não tenho muitos amigos de verdade. Tenho muitos conhecidos, porém não muitas pessoas nas quais realmente confio. No meu reino da amizade, é permitida a entrada de poucos. A eles dedico esta edição. Seus nomes são irrelevantes em comunicações de massa como esta, mas todos sabem quem são. São pessoas indispensáveis para mim. Todas elas estiveram ali presentes comigo em tempos difíceis, como quando da morte do meu irmão; durante uma operação recente; quando precisei de conselhos sobre questões de trabalho ou de vida; ou durante as muitas vezes que cometi erros na minha vida. Minha família de sangue é peculiar, porém minha outra família, unida pelo amor e pela solidariedade, conta tanto quanto a minha família "verdadeira". No leme da minha família não sanguínea está a única pessoa que me ama "de verdade" e incondicionalmente, minha esposa, Mary Hovsepian. Inúmeras pessoas questionam por que ainda estamos juntos. A resposta é que minha Mary é uma pessoa realmente excepcional. Estamos juntos há mais de trinta anos e, sinceramente, parece que hoje ainda é 1988. Mary, eu não sou o melhor, mas você e eu juntos somos mais que dois. Obrigado por me amar apesar da minha tolice e volatilidade. Vou tentar ser melhor para você nos próximos trinta anos.

Sumário

Prefácio à Edição Brasileira
Silvio Almeida
11

Prefácio
15

1   O Estranho Enigma da Raça na América Contemporânea
21

Racismo sem "Racistas" [21]; Atitudes Raciais dos Brancos na Era Pós-Movimento dos Direitos Civis [26]; Termos-Chave: Raça, Estrutura Racial e Ideologia Racial [32]; Como Estudar o Racismo da Cegueira de Cor [37]; Fontes de Dados [38]; Política, Interpretação e Objetividade [40]; Uma Advertência Importante [43]; O Plano do Livro [44]

2   O Novo Racismo
A Estrutura Racial nos Estados Unidos Desde os Anos de 1960
47

Introdução [47]; O Surgimento de Uma Nova Estrutura Racial na Década de 1960 [50]; Interação Social Inter-Racial Durante o Novo Período de Racismo [57]; A Estrutura Política da Nova Ordem Racial [66]; "Mantendo-os em Seu Lugar": O Controle Social dos Negros Desde a Década de 1960 [72]; Conclusão [101]

3   Os Enquadramentos Centrais do Racismo
    da Cegueira de Cor
    105

    Os Enquadramentos Centrais do Racismo da Cegueira de Cor [106];
    Liberalismo Abstrato: Desmascarando o Racismo Razoável [113];
    Naturalização: Decodificando o Significado de "As Coisas São
    Assim" [123]; "Eles Não Têm a Competência Necessária": Racismo
    Cultural [127]; A Minimização do Racismo: Tese do Declínio da
    Importância da Raça dos Brancos [132]; Conclusão [139]

4   O Estilo da Cegueira de Cor
    Como Falar de Modo Desagradável Sobre Minorias
    Sem Soar Racista
    143

    Chamando os Negros de *Niggers* Com Suavidade: Racismo
    Sem Epítetos Raciais [145]; A Leitura Através do Labirinto
    Retórico da Cegueira de Cor [148]; "Eles É Que São os Racistas":
    Projeção Como Ferramenta Retórica [159]; "Isso Me Deixa um
    Pouco Irritado": O Papel dos Diminutivos na "Conversa Sobre
    Raça" da Cegueira de Cor [163]; "Eu, Eu, Eu, Eu Não Quero
    Dizer, Sabe, Mas...": Incoerência Retórica e Cegueira de Cor [165];
    Conclusão [169]

5   "Não Consegui Aquele Emprego por Causa
    de um Homem Negro"
    Histórias Raciais do Racismo da Cegueira de Cor
    173

    As Principais *Story Lines* da História do Racismo da Cegueira de
    Cor [176]; Testemunhos e Cegueira de Cor [191]; Conclusão [207]

6   Espreitando a Casa (Branca) da Cegueira de Cor
    A Importância da Segregação dos Brancos
    211

    A Segregação Racial e o Isolamento dos Brancos [213]; "É Só
    o Modo Como as Coisas Eram": A Interpretação dos Brancos
    Sobre Sua Própria Segregação Racial [223]; "Se Duas Pessoas
    Estão Apaixonadas...": As Concepções dos Brancos Acerca do
    Casamento Inter-racial [231]; Conclusão [242]

7   Todos os Brancos São *Archie Bunkers* Refinados?
    Uma Análise de Progressistas Raciais Brancos
    245

    A Demografia Surpreendente dos Progressistas Raciais [246];
    Perfis dos Progressistas Raciais: Estudantes Universitários [247];
    Perfis dos Progressistas Raciais: Residentes da Área de Detroit
    [255]; Conclusão [265]

8   Negros Também São Cegos à Cor?
    271

    Ligeiramente Cegos à Cor: Os Enquadramentos do Racismo
    da Cegueira de Cor e os Negros [273]; O Estilo de Racismo da
    Cegueira de Cor e os Negros [290]; Histórias Raciais de Cegueira
    de Cor e os Negros [299]; Conclusão [301];

9   *E Pluribus Unum* ou o Mesmo Perfume
    Antigo em um Novo Frasco?
    Sobre o Futuro da Estratificação Racial
    nos Estados Unidos
    307

    O Que Significa Todo o Ruído Racial? Um Esboço de Coisas Por
    Vir [307]; Como a Estratificação Racial Funciona nas Américas [313];
    Por Que a Latino-Americanização Agora? [316]; Uma Visão dos

Dados [319]; Identidade Social dos Brancos Honorários [322]; Atitudes Raciais dos Diversos Estratos Sociais [324]; Interação Social Entre Membros dos Três Estratos Raciais [329]; Segregação Residencial – Latinos [331]; Segregação Residencial – Asiáticos [331]; Discussão [332]

10   **Da Obamérica à Trumpamérica**
A Contínua Importância do Racismo da Cegueira de Cor
341

Introdução [341]; Obamérica [342]; Do Jim Crow ao Novo Regime de Racismo [346]; Como Trump Ganhou em 2016? [380]; A Revolução Não Será Televisionada: Resistência na América Racista Cega à Cor [388]; Conclusão [396]

11   **Conclusão: O Que Deve Ser Feito?**
Falando Com você Sobre Como Combater o Racismo da Cegueira de Cor na América
397

Resumindo Este Livro [400]; O Que Deve Ser Feito? [403]

Notas
421

Bibliografia
465

Índice Remissivo
493

Agradecimentos
505

Prefácio à Edição Brasileira

Silvio Almeida[1]

Foi em meados de 2013 que iniciei de modo organizado minhas pesquisas sobre o fenômeno do racismo. Até então, em minha trajetória como pesquisador – muito mais relacionada à filosofia do direito e à teoria geral do direito – não havia tratado a questão racial de forma sistemática, embora sempre tenha sido um ponto de reflexão e, mais do que isso, o objeto de minha militância política no movimento negro.

No campo da filosofia do direito, o que sempre me interessou foram os processos de constituição da chamada subjetividade jurídica. Em oposição a uma visão filosófica retirada da modernidade liberal que concebe o sujeito de direito como uma entidade sem história, geralmente resultado de "normas jurídicas abstratas", sempre me interessou compreender o processo histórico de constituição dos sujeitos. Esse tipo de questionamento me afastou cada vez mais das fantasmagorias tão próprias do pensamento jurídico, e passei a questionar quais estruturas, ou que tipos de formas relacionais (políticas, econômicas, culturais), atuavam sobre o indivíduo, tornando-o um "sujeito" que se move nos limites estabelecidos por "normas jurídicas".

Essa visão sobre o direito que não atuava na camisa de força da subjetividade jurídica levou-me anos depois a pensar o *processo de constituição subjetiva da raça*. Ora, tal como o direito e seu *sujeito de direito*, a raça pressupõe a relação entre *sujeitos raciais*. Esses sujeitos raciais têm história. Com isso, podemos concluir que o racismo é um processo histórico e político de constituição da raça e, portanto, de sujeitos raciais.

Muitas dessas conclusões, que esmiucei em meu livro *Racismo Estrutural*[2], devem-se à leitura da obra que hoje os leitores e leitoras de língua portuguesa têm em mãos. *Racismo Sem Racistas*, de Eduardo Bonilla-Silva, é um dos mais completos estudos sobre o racismo e sua conexão com as transformações sociais. O livro – que já é um clássico – apresenta um argumento básico e poderoso: há um "novo racismo", pós-luta pelos direitos civis, que se apoia em uma "cegueira racial ou de cor" (*colorblindness*). "[A] desigualdade racial contemporânea é reproduzida por práticas de um 'novo racismo' que são sutis, institucionais e aparentemente não raciais", escreve Bonilla-Silva[3].

Que não se confunda o argumento central do livro com a ideia de um "racismo cordial" ou "racismo velado", ou mesmo de que o "racismo Jim Crow" (defesa aberta da ideia de supremacia branca) tenha deixado de existir. Não é disso que se trata, mas de algo bem mais sofisticado. O que Bonilla-Silva destaca é que a mudança na forma de manifestação do racismo está diretamente atrelada a mudanças estruturais na sociedade estadunidense e, por consequência, na ideologia racial. O racismo aberto e declaradamente segregacionista que motivou a luta pelos direitos civis não está eliminado, mas cedeu passo a um novo racismo, que se utiliza da linguagem do liberalismo[4] para negar o peso do racismo na desigualdade, colocando-o sobre os ombros do indivíduo que não teria "o preparo necessário exigido pelo mercado" ou cuja cultura não se adaptaria "aos exigidos padrões de desempenho". Ou seja, a constituição de sujeitos raciais no novo racismo não tem como base um discurso de inferioridade biológica ou moral, mas um *discurso de desempenho*. Como ressalta o autor, sob a égide do racismo da cegueira de cor, a desigualdade entre brancos e não brancos é justificada pela "dinâmica de mercado" ou "de fenômenos que ocorrem naturalmente e das limitações culturais imputadas aos negros"[5] e latinos. É o enigma desse "racismo sem racistas" que o livro se esforça para desvendar de modo minucioso.

Há ainda mais dois elementos que merecem destaque em *Racismo Sem Racistas*.

O primeiro é a forma do texto. Trata-se de um livro que não se rende a simplificações, e a questão racial é apresentada em suas nuances mais complexas. Entretanto, os argumentos de Bonilla-Silva aparecem de modo límpido, consequência de um texto construído de modo generoso e com rigor científico.

O segundo é o esforço do autor em transformar suas ideias em chamados para uma ação transformadora. *Racismo Sem Racistas* é um livro político, no melhor sentido que essa palavra pode carregar. O rigor analítico com que o livro demonstra o "racismo de cegueira racial" ultrapassa as concepções que veem o racismo como resultado da ação individual. Destaca-se a dimensão estrutural e institucional do racismo, o que permite que a crítica se volte ao sistema que produz os sujeitos raciais e, com eles, a desigualdade.

O leitor e a leitora podem colocar a objeção de que a análise do livro está centrada na sociedade dos Estados Unidos. Isso é correto. Mas nem de longe retira a relevância da obra para a compreensão do racismo em outros lugares do mundo. Ainda que o racismo no Brasil guarde importantes diferenças com a realidade estadunidense, não se pode esquecer que, de um ponto de vista global, o racismo está historicamente ligado à formação das sociedades contemporâneas. No Brasil, tal como nos Estados Unidos, as mudanças conjunturais na economia e na política também afetam decisivamente os processos de racialização, de tal sorte que a retórica baseada na cegueira de cor, na meritocracia e na igualdade formal, típicas do neoliberalismo, também chegam a nós de um modo bastante particular. Nessa vereda, *Racismo Sem Racistas* serve-nos como um ponto de partida também para análises sobre o racismo na América Latina, particularmente no Brasil.

Escrever este prefácio é, para mim, motivo de especial satisfação. Isso porque neste ano de 2020 tive a oportunidade de ser professor visitante na Universidade de Duke, nos Estados Unidos, e lá tive a honra de conhecer o professor Eduardo Bonilla-Silva. Para além de um intelectual admirável e generoso, demonstrou-se um homem profundamente comprometido com a construção de pautas transformadoras da realidade social. É nesse sentido o recado contido nas páginas finais do livro: a mais relevante luta antirracista não é apenas uma luta contra indivíduos ou grupos racistas; é, sobretudo, uma luta contra o sistema político e econômico que produz o racismo.

Prefácio

Muitos amigos, colegas e leitores expressaram curiosidade sobre minhas opiniões no tocante à eleição de Trump como presidente. Sem dúvida, Trump brincou com fogo no que diz respeito à raça e ajudou a mobilizar tanto os grupos (todas as antiquadas organizações racistas) como os indivíduos marginais (por exemplo, David Duke), bem como reavivou o pior nas massas brancas durante a campanha, com seu discurso sobre a construção de um muro; o fato de o México "não enviar suas melhores pessoas", e sim "pessoas que têm muitos problemas", que estão "trazendo drogas" e "trazendo o crime" e "são estupradores"[1]; um boicote muçulmano; sua hesitação em condenar o endosso de David Duke a sua candidatura; seus comentários sobre negros que vivem em "guetos" nos quais "você não pode andar nas ruas, sai para comprar pão e termina levando um tiro"[2]; e muitas outras coisas. Ele também tem uma história racial pessoal problemática. Foi processado duas vezes pelo Departamento de Justiça na década de 1970 por discriminar negros na área da habitação e multado nos anos de 1990 pelo Jersey Casino Control Commission por discriminar negociantes negros em seu cassino. Sua aversão aos negros possuía raízes familiares, posto que seu pai, Fred Christ Trump, tinha um longo histórico de pontos de vista e ações antinegros que incluíam a participação (como defensor) em um comício da Klan aos 21 anos de idade[3].

A questão é saber se temos "Racismo sem Racistas" ou "Racismo com Racistas". Alguns dos meus amigos, inclusive, me disseram que meu livro finalmente chegou ao fim da vida, dado que agora está claro que temos "racismo com racistas, ponto final". Nesta quinta edição, reitero que o regime racial na América pós--movimento dos direitos civis ainda é o "novo racismo" e a ideologia racial dominante que mantém essa ordem unida é o racismo da cegueira de cor. O momento Trump, a meu ver, ilustra três coisas fundamentais. Primeiro, nenhum regime racial existe na pureza e no isolamento, isto é, ele sempre articula[4] vários modos de dominação. Assim sendo, o novo racismo é dominante, mas não é a *única* maneira de manter a ordem racial. O Jim Crow nunca morreu cem por cento, e sua ideologia permaneceu importante em muitos setores da nação e em segmentos da comunidade branca. Em segundo lugar, regimes raciais, à semelhança dos econômicos, passam por ciclos. O momento Trump é bem parecido com a era Reagan (1980-1988), um momento em que os crimes de ódio e a animosidade racial aumentaram de modo significativo, em parte porque Reagan deu o que o falecido Manning Marable chamou de "sinais verdes" à atividade racialista com comentários sobre "rainhas da assistência social" e coisas afins[5]. Em terceiro lugar, as ideologias têm diferentes tons de expressões e o racismo da cegueira de cor não é exceção. Mencionei isso desde que o livro foi publicado pela primeira vez, no capítulo intitulado "São Todos os Brancos 'Archie Bunkers' Refinados?" e na "Conclusão". Afirmei, especificamente na "Conclusão", o seguinte:

> Embora entrevistados brancos mais velhos, da classe trabalhadora (principalmente na amostra do DAS), fossem menos hábeis em usar versões mais suaves e eficientes dos enquadramentos e do estilo do racismo da cegueira de cor do que os mais jovens, de classe média e instruídos (principalmente na amostra dos

estudantes universitários), ambos os grupos estavam sintonizados com essa nova ideologia. Contudo, o fato de alguns brancos serem "conservadores compassivos" no tocante à raça não muda de forma alguma a realidade de que todos são batizados nas águas do racismo da cegueira de cor. Ademais, embora brancos mais jovens, de classe média e instruídos, pareçam mais hábeis em fazer uso do arsenal da cegueira de cor, muitos – em particular aqueles que já estavam no mercado de trabalho ou prestes a entrar nele – eram tão rudes e pouco sofisticados quanto seus irmãos mais pobres e menos instruídos.[6]

Assim, a despeito de Trump e do ressurgimento do antiquado *animus* racial, ainda alego que a dica para entender como a raça funciona na América contemporânea é a linguagem e os tropos do racismo da cegueira de cor. Mesmo Trump, apesar de sua própria história e pontos de vista raciais pessoais, tentou ser cego à cor na campanha (sem sucesso, com certeza), afirmando ser ele "a pessoa menos racista com quem você já se deparou"[7], que ele amava os mexicanos e que os mexicanos o amavam – o que ele demonstrou comendo um *taco* no Cinco de Mayo[8] – e insistindo, "Eu amo os muçulmanos", e afirmando: "Eu acho que eles são grandes pessoas."[9] O racismo da cegueira de cor é a máscara que recobre a forma de pensar, a fala e até mesmo como se sente em questões raciais a grande maioria dos brancos, e é o motivo pelo qual este livro ainda é devidamente intitulado "Racismo Sem Racistas".

Quero aproveitar a oportunidade para fazer um esclarecimento muito importante. À despeito do título do livro, jamais utilizei o termo "racista" para classificar os atores. Esse termo pertence àqueles que acreditam que a análise racial equivale a um processo do tipo clínico de apontar quem é e quem não é racista, geralmente baseado em resultados de pesquisas de opinião sobre questões relacionadas à raça ou nas declarações raciais de ações feitas ou proferidas por alguns indivíduos (por exemplo, Donald Sterling, ex-proprietário do Los Angeles Clippers, é classificado como "racista" porque proibiu sua namorada de tirar fotos com a lenda da NBA, Magic Johnson). Creio que esse conceito, e a análise sobre a qual ele se fundamenta, atingiu o limite e já não é útil, se é que alguma vez o foi. A caça aos racistas tende a nos desviar do que precisamos para entender corretamente o funcionamento do racismo na sociedade. Nas eleições de 2016, analistas que seguem essa tradição rotularam incorretamente os brancos pobres e da classe trabalhadora de "racistas", deixando os demais brancos que votaram em Trump (a maioria), bem como aqueles que votaram em Hillary Clinton, fora da análise. Isso é um erro, pois uma vez que uma sociedade é racializada, e todas as sociedades o têm sido por cerca de quinhentos anos, todos os atores são racializados e se tornam "sujeitos raciais"[10]. Isso não significa que todos na América sejam "racistas", uma posição que nos levaria de volta ao mesmo beco sem saída teórico. Isso significa que somos todos afetados pela racialização[11] e pela ideologia racial. Ninguém está livre dos efeitos dessas forças sociais, mas o impacto e a direção do efeito dependem da posição da pessoa na ordem racial. Pessoas negras, por exemplo, foram racializadas e rebaixadas desde a escravidão. Assim, a maioria tem lutado arduamente para produzir e expressar contraideologias e narrativas sobre raça. Brancos de todas as classes, não obstante os momentos de oportunidade de mudança, têm seguido, na maior parte dos casos, as tendências dominantes sobre a raça[12].

No entanto, "sujeitos raciais" não são nunca produtos acabados e têm fraturas. Um estudo recente sobre a classe trabalhadora branca mostra que ela não constitui um monólito, posto que trabalhadores brancos podem ser solidários com pessoas de cor em certas circunstâncias[13]. A história americana está repleta de ódio racial, mas também de momentos brilhantes de solidariedade inter-racial. Os abolicionistas, como John Brown, progressistas brancos durante os movimentos de direitos civis e jovens ativistas brancos nos dias de hoje são exemplos das possibilidades, e cabe aos cientistas sociais, analistas sociais e organizações e organizadores políticos progressistas trabalhar para decodificar a construção do nexo classe-raça[14] e concentrar-se nas maneiras de "desracializá-lo" (precisaremos também desfazer os preconceitos de gênero, como defendo na "Conclusão" deste livro). O desenvolvimento de uma política de mudança racial é um assunto complexo, mas para aqueles de nós que aspiram a viver em uma sociedade na qual raça, classe, gênero e outras clivagens sociais se tornem irrelevantes, trabalhar nesse enigma é uma obrigação.

O Que Há de Novo na Quinta Edição

Agora, vejamos o que adicionei [15] nesta nova edição. Deixei o básico inalterado; portanto, o núcleo do livro ainda é minha análise do "novo racismo" e do "racismo da cegueira de cor". No entanto, atualizei o material no capítulo 2 sobre o novo racismo. No capítulo 10, no qual eu havia abordado o fenômeno Obama nas últimas duas edições, encurtei minha discussão sobre ele e adicionei uma análise rápida do momento Trump (trabalhei nessa revisão no momento da eleição, quando todos presumiram que Hillary Clinton seria eleita presidente), bem como uma discussão sobre movimentos sociais contemporâneos contra o racismo, ou seja, o Black Lives Matter e os movimentos estudantis. Finalmente, a pedido de muitos colegas que usam este livro em suas aulas, reorganizei a minha "Conclusão". Agora, ela é uma discussão muito prática e idealista (no melhor sentido da palavra) de coisas que os leitores podem fazer para "mudar o mundo". É igualmente uma conversa muito direta com meus leitores, daí seu título, "O que deve ser feito? Falando com você sobre como combater o racismo da cegueira de cor na América". A "Conclusão" é bastante pessoal, posto que eu me exponho a vocês, leitores deste livro, e revelo muito sobre meus pontos de vista políticos acerca do tipo de sociedade em que desejo viver. Isso é arriscado, porém nesta fase (quinta edição deste livro), e dado que estou na casa dos meus cinquenta anos de idade, tenho pouco a perder. Acredito que a "Conclusão" será útil e desafiadora para a maioria dos leitores, mas alguns definitivamente não irão gostar dela, considerando-a um exemplo do "politicamente correto"[16]. É o que é.

Isso é tudo por agora, e espero que esta seja de fato a última edição deste livro. Infelizmente, talvez não, pois o "racismo sem racistas" que aqui exploro permanece inabalável e, provavelmente, assim permanecerá nos próximos anos.

Eduardo Bonilla-Silva
Durham, Carolina do Norte

O Estranho Enigma da Raça na América Contemporânea

1

> *Há um estranho tipo de enigma associado ao problema do racismo. Ninguém, ou quase ninguém, deseja se ver como racista; contudo, o racismo persiste, real e tenaz.*
>
> Albert Memmi, *Racism*.

Racismo sem "Racistas"

Hoje em dia, à exceção de membros de organizações supremacistas brancas[1], poucos brancos nos Estados Unidos se proclamam "racistas". A maioria dos brancos afirma que "não vê cor nenhuma, apenas pessoas"; que embora a face feia da discriminação ainda esteja entre nós, não é mais o fator central que determina as oportunidades de vida das minorias; e, finalmente, como declarou o dr. Martin Luther King Jr.[2], que eles aspiram a viver em uma sociedade na qual "as pessoas são julgadas pelo seu caráter, não pela cor da sua pele". Mais veementemente, a maior parte dos brancos insiste que as minorias (especialmente os negros) são as responsáveis por qualquer "problema de raça" que tenhamos neste país. Ela denuncia publicamente os negros por "explorarem a questão da raça" a fim de angariar simpatia; por exigirem a manutenção de programas baseados na raça, que são desnecessários e tendem a criar discórdia, como ações afirmativas; e por clamarem "racismo" sempre que são criticados pelos brancos[3]. A maioria dos brancos acredita que se os negros e outras minorias parassem de pensar no passado, trabalhassem duro e se queixassem menos (particularmente de discriminação racial), americanos de todas as cores poderiam "se dar bem"[4].

Independentemente das "ficções sinceras" dos brancos[5], considerações raciais sombreiam quase tudo na América. Os negros e as minorias de pele escura estão em defasagem em relação aos brancos em praticamente todas as áreas da vida social; a probabilidade de serem pobres é três vezes maior, eles ganham aproximadamente 40% menos do que os brancos e têm cerca de um oitavo do patrimônio líquido dos brancos[6]. Também recebem uma educação inferior em comparação aos brancos, mesmo quando frequentam instituições integradas[7]. Em termos de moradia, unidades de propriedade de negros comparáveis às de propriedade de brancos são avaliadas em 35% menos[8]. Negros e latinos também têm menos acesso a todo o mercado imobiliário porque os brancos, por meio de uma série de práticas excludentes dos corretores e dos proprietários de imóveis brancos, têm conseguido efetivamente limitar a entrada deles em muitos bairros[9]. Os negros recebem tratamento indelicado em lojas, restaurantes e em uma série de outras transações comerciais[10]. Pesquisadores também documentaram que negros pagam mais por bens como veículos e casas do que brancos[11]. Finalmente, negros e latinos de pele escura são alvos de perfilamento racial da polícia que, combinado com o sistema judiciário criminal altamente racializado, garante sua super-representação entre detidos, processados, encarcerados e, se acusados de um crime punido com pena de morte, executados[12]. O perfilamento racial nas rodovias tornou-se um fenômeno tão predominante que surgiu um termo para descrevê-lo: dirigindo enquanto negro[13]. Em suma, os negros e a maior parte das minorias estão "no fundo do poço"[14].

Como é possível que exista esse enorme grau de desigualdade racial em um país no qual a maioria dos brancos afirma que a raça não é mais relevante? Mais importante ainda, como os brancos explicam a aparente contradição entre sua declarada cegueira de cor e a desigualdade americana identificada pela cor? Neste livro, tento responder a essas duas questões. Alego que os brancos desenvolveram explicações poderosas – que acabam se tornando justificativas – para a desigualdade racial contemporânea que os isentam de qualquer responsabilidade pelo *status* das pessoas de cor. Tais explicações emanam de uma nova ideologia racial que eu rotulo de *racismo da cegueira de cor*. Essa ideologia, que adquiriu coesão e dominância no final dos anos de 1960[15], explica a desigualdade racial contemporânea como o resultado de uma dinâmica não racial. Enquanto para o racismo Jim Crow[16] a posição social dos negros se devia à sua inferioridade biológica e moral, o *racismo da cegueira de cor* evita tais argumentos simplistas. Em vez disso, os brancos racionalizam o *status* contemporâneo das minorias como o produto da dinâmica de mercado, de fenômenos que ocorrem naturalmente e das limitações culturais imputadas aos negros[17]. Por exemplo, os brancos podem atribuir a alta taxa de pobreza dos latinos a um relaxamento da ética de trabalho ("Os hispânicos são *mañana, mañana, mañana* – amanhã, amanhã, amanhã")[18] ou considerar a segregação residencial como resultado de tendências naturais entre os grupos ("Será que um gato e um cão se misturam? Não consigo ver isso. Você não pode beber leite e uísque. Certas misturas não se misturam.")[19].

O racismo da cegueira de cor transformou-se na ideologia racial dominante à medida que mudaram os mecanismos e as práticas destinados a manter os negros e outras minorias raciais "no fundo do poço". Argumentei alhures que a desigualdade racial contemporânea é reproduzida por práticas de um "novo racismo" que são sutis, institucionais e aparentemente não raciais[20]. Em contraste com o período Jim Crow, quando a desigualdade racial foi imposta por meios explícitos (por exemplo, cartazes dizendo "Negros não são bem-vindos aqui" ou diplomacia de espingarda na urna eleitoral), as práticas raciais atuais operam segundo o modelo "ora você vê, ora você não vê". A segregação residencial, por exemplo, hoje quase tão elevada como no passado, não é mais realizada por meio de práticas claramente discriminatórias. Comportamentos encobertos, tais como não mostrar todas as unidades disponíveis, direcionar minorias e brancos para determinados bairros, orçar aluguéis mais altos ou preços específicos para pretendentes das minorias, ou não anunciar unidades são as armas escolhidas para manter comunidades separadas[21]. No campo econômico, a discriminação de "rosto sorridente" ("Não temos trabalho agora, mas, por favor verifique mais tarde"), a publicação de ofertas de trabalho em redes na maior parte brancas e jornais étnicos, e o direcionamento de pessoas de cor altamente instruídas e qualificadas a empregos mal remunerados ou empregos com oportunidades limitadas de mobilidade são as novas formas de manter as minorias em uma posição secundária[22]. Politicamente, embora as lutas pelos direitos civis tenham ajudado a remover muitos dos obstáculos para a participação eleitoral das pessoas de cor, a "prática do *gerrymandering*[23] racial, distritos de múltiplos membros[24], eleições em dois turnos, anexação de áreas predominantemente brancas, escrutínio plurinominal e provisões de *anti-single-shot*[25] (proibindo a concentração de votos em um ou dois candidatos em cidades que usam o escrutínio plurinominal) tornaram-se práticas padrão para privar os direitos de voto" das pessoas de cor[26]. Seja em bancos, restaurantes, admissões a escolas ou transações imobiliárias, a manutenção do privilégio branco é feita de maneira tal que desafia leituras raciais simplistas. Assim, os contornos do racismo da cegueira de cor se ajustam muito bem ao novo racismo norte-americano.

Comparado ao racismo Jim Crow, a ideologia da cegueira de cor assemelha-se a um "racismo leve". Em vez de valer-se de xingamentos (*niggers, spics, chinks*)²⁷, o racismo da cegueira de cor faz uso de expressões mais suaves ("Essas pessoas são também seres humanos"); em vez de proclamar que Deus colocou minorias no mundo em uma posição servil, sugere que elas progridem menos porque não trabalham duro o suficiente; em vez de ver o casamento inter-racial como errado a partir de um princípio puramente racial, o considera "problemático" devido a preocupações relacionadas aos filhos, ao local de residência, ou ao fardo extra que impõe sobre os casais. Contudo, essa nova ideologia tornou-se uma ferramenta política formidável para a preservação da ordem racial. Assim como o racismo Jim Crow serviu como fator de unificação para defender um sistema brutal e manifesto de opressão racial no período que antecedeu o movimento dos direitos civis, o racismo da cegueira de cor funciona hoje como a armadura ideológica para um sistema velado e institucionalizado na era pós-movimento dos direitos civis. E a beleza dessa nova ideologia reside no fato de ela ajudar na preservação do privilégio branco sem alarde, sem nomear aqueles a quem submete e aqueles a quem recompensa. Ela permite que um presidente declare: "Eu apoio enfaticamente todo tipo de diversidade, inclusive a diversidade racial no ensino superior", mas, ao mesmo tempo, caracterize o programa de ações afirmativas da Universidade de Michigan como "falho" e "discriminatório" contra os brancos²⁸. Assim, os brancos enunciam posições que salvaguardam seus interesses raciais sem que soem "racistas". Protegidos pelo escudo da cegueira de cor, eles podem expressar ressentimento em relação às minorias; criticar sua moralidade, seus valores e sua ética de trabalho; e até alegar que são vítimas de um "racismo reverso". Essa é a tese que defenderei neste livro para explicar o curioso enigma do "racismo sem racistas"²⁹.

Atitudes Raciais dos Brancos na Era Pós-Movimento dos Direitos Civis

Desde o final da década de 1950, pesquisas de opinião sobre atitudes raciais têm consistentemente demonstrado que menos brancos endossam as concepções associadas ao Jim Crow. Por exemplo, enquanto a maioria dos brancos apoiava bairros, escolas, transporte, empregos e acomodações públicas segregados na década de 1940, menos de 25% indicaram o apoio na década de 1970[30]. Da mesma forma, menos brancos do que nunca parecem agora aceitar pontos de vista estereotipados sobre os negros. Embora o número ainda seja alto (variando de 20 a 50%, dependendo do estereótipo), a proporção de brancos que declara nas pesquisas que os negros são preguiçosos, estúpidos, irresponsáveis e violentos tem diminuído desde os anos de 1940[31].

Tais mudanças no que tange às atitudes raciais dos brancos têm sido explicadas pela comunidade de pesquisadores e comentaristas de quatro maneiras. Primeiro, há os *otimistas raciais*. Esse grupo de analistas concorda com o senso comum dos brancos acerca de questões raciais e acredita que as mudanças simbolizam uma profunda transição nos Estados Unidos. Os primeiros representantes dessa concepção foram Herbert Hyman e Paul B. Sheatsley, que escreveram artigos muito influentes sobre o tema no *Scientific American*. Em uma reimpressão de seu trabalho anterior na importante coleção editada por Talcott Parsons e Kenneth Clark, *The Negro American* (O Negro Americano), Sheatsley avaliou as mudanças nas atitudes dos brancos como "revolucionárias" e concluiu:

> A massa de americanos brancos tem demonstrado, de muitas formas, que não seguirá um governo racista e que não seguirá líderes racistas. Está engajada, preferencialmente, na dolorosa tarefa de se ajustar a uma sociedade integrada. Não será fácil para a maioria, mas não se pode duvidar, nesta data tardia, do

compromisso básico. Em seus corações eles sabem que o negro americano tem razão.³²

Nos últimos tempos, Glenn Firebaugh e Kenneth Davis, Seymour Lipset, e Paul Sniderman e seus coautores, em particular, têm levantado a bandeira dos otimistas raciais³³. Firebaugh e Davis, por exemplo, com base em sua análise dos resultados de pesquisas de 1972 a 1984, concluíram que a tendência na direção de um preconceito antinegro menor era extensível a todos. Sniderman e seus coautores, bem como Lipset, dão um passo além de Firebaugh e Davis, porque têm defendido abertamente políticas de cegueira de cor como *o* modo de resolver os dilemas raciais dos Estados Unidos. Sniderman e Edward Carmines fizeram esse apelo explícito em sua obra *Reaching beyond Race* (Indo Além da Raça):

> Dizer que vale a pena assumir um compromisso com uma política de cegueira de cor significa pregar uma política centrada nas necessidades dos mais necessitados. Não é defender uma política na qual a raça seja irrelevante, mas em favor de uma na qual a raça é relevante na medida em que é um aferidor de necessidades. Acima de tudo, é um apelo para uma política que, por ser organizada em torno de princípios morais aplicáveis independentemente de raça, se faz valer com força especial na questão da raça.³⁴

Os problemas com essa interpretação otimista são duplos. Primeiro, como já argumentei alhures³⁵, recorrer a questões típicas do período Jim Crow a fim de avaliar as visões raciais dos brancos atualmente produz uma imagem artificial de progresso. Como os debates raciais centrais e a linguagem usada para discutir essas questões mudaram, nosso foco analítico deve ser dedicado à análise das novas questões raciais. A insistência na necessidade de recorrer a questões antigas para manter os dados longitudinais (tendência) como fundamento da análise irá, por padrão, produzir uma imagem auspiciosa das relações raciais que deixa escapar o que está acontecendo na base. Em segundo lugar, e mais importante, por causa da mudança no clima normativo na era pós-movimento dos direitos civis, os analistas devem exercer extrema cautela ao interpretar os dados atitudinais, particularmente quando se trata de projetos de pesquisa de método único. A estratégia de pesquisa que parece mais apropriada para os nossos tempos é a de projetos mistos (questionários combinados com entrevistas, pesquisas etnográficas[36] etc.), porque permite aos pesquisadores cruzar seus resultados.

Um segundo grupo, mais numeroso, de analistas exibe o que chamei alhures de uma posição *pessotimista racial*[37]. Pessotimistas raciais tentam incutir uma visão "equilibrada" e sugerir que as atitudes raciais dos brancos refletem progresso e resistência. Howard Schuman é um exemplo clássico dessa postura[38]. Schuman tem argumentado por mais de trinta anos que as atitudes raciais dos brancos envolvem uma mescla de tolerância e intolerância, de aceitação dos princípios do liberalismo racial (oportunidades iguais para todos, fim da segregação etc.) e de uma rejeição das políticas que transformariam tais princípios em realidade (de ações afirmativas a *busing*)[39].

Não obstante o apelo óbvio dessa concepção na comunidade dos pesquisadores (a aparência de neutralidade, a ponderação dos "dois lados" e esse componente de visão "equilibrada"), os pessotimistas raciais são apenas otimistas no armário. Schuman, por exemplo, apontou que, embora "respostas de brancos a questões de princípio são [...] mais complexas do que é frequentemente retratado [...], elas, no entanto, mostram em quase todos os casos um movimento positivo ao longo do tempo"[40]. Ele crê que a mudança normativa nos Estados Unidos seja real e o problema é a dificuldade dos brancos de traduzir tais normas para preferências pessoais.

Um terceiro grupo de analistas alega que as mudanças nas atitudes dos brancos representam o surgimento de um *racismo simbólico*[41]. Essa tradição está relacionada ao trabalho de David Sears e seu associado Donald Kinder[42]. Eles definiram o racismo simbólico como "uma mescla de sentimento emotivo antinegro e o tipo de valores morais americanos tradicionais incorporados na ética protestante"[43]. Segundo esses autores, o racismo simbólico substituiu o racismo biológico como a forma principal na qual os brancos expressam seu ressentimento racial em relação às minorias. Nas palavras de Kinder e Sanders:

> Uma nova forma de preconceito tornou-se proeminente, preocupada com questões de caráter moral, embasada nas virtudes associadas às tradições do individualismo. No seu centro encontram-se as asserções de que os negros não se esforçam o suficiente para superar as dificuldades com que se defrontam e que tomam o que não mereceram. Hoje, dizemos, o preconceito é expresso na linguagem do individualismo americano.[44]

Autores que seguem essa tradição têm sido criticados pela imprecisão do conceito de "racismo simbólico", por alegarem que a mescla de sentimento emotivo antinegro e individualismo é nova, e por não explicarem por que o racismo simbólico surgiu. A primeira crítica, desenvolvida por Howard Schuman, é que o conceito foi "definido e operacionalizado de maneiras complexas e variegadas"[45]. Não obstante essa imprecisão conceitual, encontrou-se que os índices de racismo simbólico diferiam daqueles do racismo antigo, sendo fortes preditores da oposição dos brancos a ações afirmativas[46]. As outras duas críticas, feitas com vigor por Lawrence Bobo, foram parcialmente abordadas por Kinder e Sanders em seu livro *Divided by Color* (Divididos Pela Cor). Primeiro, Kinder e Sanders, bem como Sears, deixaram claro que sua alegação não é que essa seja a primeira vez na história que o sentimento emotivo antinegro e elementos do credo americano se combinaram. Eles afirmam que essa combinação se tornou central para a nova face do racismo. Em relação à terceira crítica, Kinder e Sanders explicam longamente a transição do racismo antigo para o simbólico. Mesmo assim, sua explicação se baseia no argumento de que as mudanças nas táticas dos negros (da desobediência civil à violência urbana) levaram à investida de uma nova forma de ressentimento racial que, posteriormente, encontrou mais combustível nas controvérsias sobre assistência social, crime, drogas, família e ações afirmativas. O que falta nessa interpretação é uma explanação, substancialmente fundamentada, do porquê tais mudanças ocorreram. Em vez disso, sua teoria do preconceito está enraizada no "processo de socialização e na operação de processos psicológicos cognitivos e emocionais rotineiros"[47].

No entanto, apesar de suas limitações, a tradição do racismo simbólico chamou atenção para os elementos-chave de como os brancos explicam a desigualdade racial hoje. Se isso é ou não "simbólico" do sentimento emotivo antinegro é alheio à questão e difícil de avaliar, uma vez que, como uma ex-aluna minha questionou: "Como se testa o inconsciente?"[48]

A quarta explicação das atitudes raciais contemporâneas dos brancos está associada àqueles que afirmam que as visões raciais dos brancos representam um *senso de posição de grupo*. Essa tese, vigorosamente defendida por Lawrence Bobo e James Kluegel, é semelhante à "dominação social" de Jim Sidanius e dos argumentos de "interesses de grupo" de Mary Jackman[49]. Em essência, a alegação de todos esses autores é que o preconceito branco é uma ideologia para defender o privilégio branco. Bobo e seus colaboradores sugeriram especificamente que, devido a mudanças socioeconômicas ocorridas nas décadas de 1950 e 1960, surgiu um *racismo laissez-faire* que era apropriado à "economia e ao regime de governo de trabalho livre modernos, nacionais e pós-industriais" dos Estados Unidos[50]. O racismo *laissez-faire* "engloba uma ideologia que culpa os próprios negros por sua relativa condição econômica mais pobre, vendo-a como função da inferioridade cultural percebida"[51].

Alguns dos argumentos básicos de autores que seguem as tradições simbólicas e modernas do racismo[52] e, particularmente, da visão do racismo *laissez-faire*, são totalmente compatíveis com a minha interpretação do racismo da cegueira de cor. À semelhança desses autores, eu argumento que o racismo da cegueira de cor rearticulou elementos do liberalismo tradicional (ética de trabalho, recompensa por mérito, igualdade de oportunidades, individualismo etc.) para objetivos racialmente iliberais. Alego também, como eles, que os brancos hoje dependem mais de tropos culturais do que biológicos para explicar a posição dos negros neste país. Finalmente, concordo com a maioria dos analistas de questões pós-movimento de direitos civis ao afirmar que os brancos não percebem a discriminação como um fator central configurativo das oportunidades de vida dos negros.

Ainda que a maior parte das minhas divergências com os autores que seguem a tradição do racismo simbólico ou do racismo *laissez-faire* seja metodológica (ver adiante), discordo deles em um ponto central. Teoricamente, a maioria desses autores ainda está enredada na problemática do preconceito e, por conseguinte, interpreta as visões raciais dos atores como disposições *psicológicas individuais*. Embora Bobo e seus colaboradores tenham uma conceituação mais próxima da minha, eles ainda mantêm a noção de preconceito e de sua bagagem psicológica enraizados na hostilidade inter-racial[53]. Em contraposição, meu modelo não está ancorado nas disposições afetivas dos atores (ainda que disposições afetivas possam ser manifestas ou latentes no que diz respeito à forma em que muitos expressam seus pontos de vista raciais). Ele se baseia em uma interpretação materialista das questões raciais e, portanto, vê os pontos de vista dos atores como correspondentes à sua localização sistêmica. Aqueles que estão posicionados na parte inferior do barril racial tendem a manter visões opostas e aqueles que recebem os múltiplos salários da branquitude tendem a apoiar o *status quo* racial. É em grande parte irrelevante para a preservação do privilégio branco se os atores expressam "ressentimento" ou "hostilidade" em relação às minorias. Como David Wellman assinala em seu *Portraits of White Racism* (Retratos do Racismo Branco), "pessoas preconceituosas não são os únicos racistas na América"[54].

Termos-Chave: Raça, Estrutura Racial e Ideologia Racial

Uma das razões pelas quais brancos e pessoas de cor, em geral, não concordam acerca de questões raciais se deve ao fato de elas conceberem termos como "racismo" de modo muito diferente. Para a maioria dos brancos, racismo é preconceito, ao passo que para a maior parte das pessoas de cor o racismo é sistêmico ou institucionalizado. Embora este não seja um livro de teoria, minha análise do racismo da cegueira de cor gravou nele a tinta indelével de um "regime de verdade"[55] sobre como o mundo é organizado. Assim, ao invés de esconder minhas suposições teóricas, eu as declaro abertamente, para benefício dos leitores e de críticos potenciais.

O primeiro termo-chave é a noção de *raça*. Há muito pouco desacordo formal entre os cientistas sociais no que tange à aceitação da ideia de que raça é uma categoria socialmente construída[56]. Isso significa que as noções de diferença racial são criações humanas e não categorias eternas e essenciais. Assim sendo, as categorias raciais têm uma história e estão sujeitas à mudança. E aqui termina o consenso entre os cientistas sociais. Há pelo menos três variações distintas sobre como eles abordam essa perspectiva construcionista de raça. A primeira abordagem, que está ganhando popularidade entre os cientistas sociais brancos, é a noção de que, pelo fato de ser socialmente construída, a raça não é uma categoria fundamental de análise e práxis. Alguns analistas chegam a sugerir que, sendo a raça uma categoria construída, ela não é real e são os cientistas sociais que fazem uso dessa categoria que a tornam real[57].

A segunda abordagem, típica da maioria dos escritos sociológicos sobre raça, louva da boca para fora a visão construcionista social – geralmente, uma linha no início do artigo ou do livro. Autores nesse grupo procedem, em seguida, à discussão das diferenças "raciais" no desempenho acadêmico, no crime e nas notas do SAT[58], como se fossem verdadeiramente raciais[59]. Essa é a forma básica pela qual os estudiosos contemporâneos contribuem para a propagação de interpretações racistas de desigualdade racial. Ao deixar de destacar a dinâmica social que produz essas diferenças raciais, tais eruditos ajudam a reforçar a ordem racial[60].

A terceira abordagem que uso neste livro reconhece que raça, à semelhança de outras categorias sociais, como classe e gênero, é construída, mas insiste que ela tem uma realidade *social*. Isso significa que depois que a raça – ou a classe ou o gênero – é criada, ela produz efeitos reais sobre os atores racializados como "negros" ou "brancos". Não obstante ser instável, como outras construções sociais, a raça possui uma qualidade de "mudar para permanecer igual"[61] em seu âmago.

A fim de explicar como uma categoria socialmente construída produz efeitos de raça reais, devo introduzir um segundo termo-chave: a noção de *estrutura racial*. Quando a raça surgiu na história da humanidade, ela formou uma estrutura social (um sistema social racializado) que concedia privilégios sistêmicos aos europeus (os povos que se tornaram "brancos") em detrimento dos não europeus (os povos que se tornaram "não brancos")[62]. Os sistemas sociais racializados ou a supremacia branca[63], em suma, tornaram-se globais e afetaram todas as sociedades às quais os europeus estenderam seu alcance. Concebo, pois, a estrutura racial de uma sociedade como *a totalidade das relações e práticas sociais que reforça o privilégio branco*. Por conseguinte, a tarefa dos analistas interessados em estudar estruturas sociais é desvelar os mecanismos sociais, econômicos, políticos, de controle social e ideológicos específicos responsáveis pela reprodução do privilégio racial em uma sociedade.

Mas por que as estruturas raciais são reproduzidas, em primeiro lugar? Porventura os humanos, depois de descobrir a loucura do pensamento racial, não trabalhariam para abolir a raça como uma categoria, bem como uma prática? As estruturas raciais permanecem no seu lugar pelas mesmas razões que outras estruturas o fazem. Uma vez que os atores racializados como "brancos" – ou como membros da raça dominante – recebem benefícios materiais da ordem racial, eles lutam (ou recebem passivamente os múltiplos salários da branquitude) para preservar seus privilégios. Em contraste, aqueles definidos como pertencentes à raça ou às raças subordinadas lutam para mudar o *status quo* (ou se resignam à sua posição). Aí reside o segredo das estruturas raciais e da desigualdade racial em todo o mundo[64]. Elas existem porque beneficiam os membros da raça dominante.

Se o objetivo fundamental da raça dominante é a defesa de seus interesses coletivos (ou seja, a perpetuação do privilégio branco sistêmico), o fato de que esse grupo desenvolva racionalizações para explicar o *status* das várias raças não deveria surpreender ninguém. E aqui eu introduzo meu terceiro termo-chave, a noção de *ideologia racial*. Com isso quero dizer *o quadro de referências baseado em raça usado pelos atores para explicar e justificar* (raça dominante) ou *contestar* (raça ou raças subordinadas) *o status quo racial*. Embora todas as raças em um sistema social racializado tenham a *capacidade* de desenvolver tais *quadros de referência*, aqueles da raça dominante tendem a se tornar os principais sobre os quais *todos* os atores raciais fundamentam (a favor ou contra) suas posições ideológicas. Por quê? Porque, como Marx apontou em *Die deutsche Ideologie* (A Ideologia Alemã), "o poder *material* dominante numa determinada sociedade é ao mesmo tempo seu poder *espiritual* dominante"[65]. Isso não significa que a ideologia seja onipotente. Na verdade, como mostrarei no capítulo 7, o domínio ideológico é sempre parcial. Mesmo em períodos de domínio hegemônico[66], como o atual, grupos raciais subordinados desenvolvem pontos de vista oposicionistas. Seria, no entanto, tolice acreditar que aqueles que governam uma sociedade não tenham o poder de, pelo menos, dar cor (trocadilho intencional) às opiniões dos governados.

A ideologia racial pode ser concebida para propósitos analíticos como se compreendesse os seguintes elementos: enquadramentos, estilo e histórias raciais comuns (detalhes sobre cada um desses elementos podem ser encontrados nos capítulos 3, 4 e 5). Os enquadramentos que ligam uma ideologia racial particular estão enraizados nas condições e experiências das raças com base no grupo e constituem, no nível simbólico, as representações desenvolvidas por esses grupos para explicar como o mundo é ou deveria ser. Uma vez que a vida grupal dos vários grupos racialmente definidos baseia-se na hierarquia e dominação, a ideologia dominante expressa como "senso comum" os interesses da raça dominante, enquanto ideologias de oposição tentam contestar esse senso comum, fornecendo enquadramentos, ideias e histórias alternativos, baseados nas experiências das raças subordinadas.

Atores individuais empregam esses elementos como "componentes fundamentais [...] para fabricar versões acerca de ações, do *self* e das estruturas sociais" em situações comunicativas[67]. A frouxidão dos elementos permite que os usuários atuem em vários contextos (por exemplo, responder a um questionário relacionado à raça, discutir questões raciais com a família ou debater ações afirmativas em uma sala de aula na faculdade) e produzam vários relatos e apresentações do *self* (como aparentar ser ambivalente, tolerante ou resoluto). Esse caráter frouxo reforça o papel legitimador da ideologia racial porque permite a acomodação de contradições, exceções e novas informações. Como Jackman afirma sobre a ideologia em geral, "de fato, a força de uma ideologia reside na sua aplicação flexível e frouxamente articulada. *Uma ideologia é um instrumento político, não um exercício de lógica pessoal*: consistência é rigidez, cujo único efeito pragmático é o de se encaixar"[68].

Antes de prosseguir, duas advertências importantes devem ser feitas. Primeiro, embora os brancos, devido à sua posição privilegiada na ordem racial, formem um grupo social (a raça dominante), eles são divididos ao longo de classe, gênero, orientação sexual e outras formas de "clivagem social". Portanto, possuem interesses múltiplos e muitas vezes contraditórios que não são fáceis de desemaranhar e que predizem sua capacidade de mobilização (trabalhadores brancos têm mais em comum com capitalistas brancos do que com trabalhadores negros?). Todavia, como todos os atores premiados com a posição racial dominante, independentemente das suas múltiplas situações estruturais (homens ou mulheres, gays ou heterossexuais, classe trabalhadora ou burguesa), beneficiam-se do que Mills denomina o "contrato racial"[69], a *maioria* tem historicamente endossado as ideias que justificam o *status quo* racial.

Em segundo lugar, embora nem todos os membros da raça dominante defendam o *status quo* racial ou o racismo da cegueira de cor, a *maioria* o faz. No intuito de explicar esse ponto por analogia, embora nem todo capitalista defenda o capitalismo (Frederick Engels, coautor de *O Manifesto Comunista*, por exemplo, foi um capitalista) e nem todo homem defenda o patriarcado (*Achilles Heel* [Calcanhar de Aquiles], por exemplo, é uma revista inglesa publicada por homens feministas), a *maioria* o faz de alguma forma. No mesmo veio, aindaque alguns brancos lutem contra a supremacia branca e não endossem o senso comum branco, a *maioria* apoia partes substanciais dela de forma casual e acrítica que ajuda a manter a ordem racial predominante.

Como Estudar o Racismo da Cegueira de Cor

Recorrerei principalmente a dados de entrevistas para defender minha tese. Essa escolha é baseada em considerações conceituais e metodológicas importantes. Conceitualmente, meu foco é analisar a ideologia racial dos brancos e a ideologia, racial ou não, é produzida e reproduzida na interação comunicativa[70]. Portanto, embora os questionários sejam instrumentos úteis para coletar informações gerais acerca das opiniões dos atores, eles são ferramentas extremamente limitadas para examinar como as pessoas explicam, justificam, racionalizam e articulam pontos de vista raciais. É menos provável que as pessoas expressem suas posições e emoções sobre questões raciais respondendo "sim" ou "não" ou "concordo totalmente" ou "discordo totalmente" a perguntas. Apesar do nobre empenho de alguns pesquisadores de produzir questionários metodologicamente corretos, as perguntas ainda restringem o livre fluxo de ideias e coagem, sem necessidade, a gama de possíveis respostas[71].

Metodologicamente, meu argumento é que, como o clima normativo na era pós-movimento dos direitos civis tornou ilegítima a expressão pública de sentimentos e visões racialmente fundamentadas[72], os questionários sobre atitudes raciais tornaram-se uma espécie de testes de múltipla escolha nos quais os respondentes fazem grande esforço para escolher as respostas "certas" (ou seja, aquelas que se encaixam nas normas públicas). Por exemplo, ainda que uma variedade de dados possa sugerir que as considerações raciais sejam centrais no que tange às opções de moradia dos brancos, mais de 90% deles afirmaram nos questionários não ter nenhum problema com a ideia de negros se mudarem para seus bairros[73]. Do mesmo modo, embora cerca de 80% dos brancos aleguem não ter problema se um membro da sua família trouxer uma pessoa negra para jantar em casa, a pesquisa revela que: 1. muito poucos brancos (menos de 10%) podem legitimamente afirmar o proverbial "alguns dos meus melhores amigos são negros"; e 2. brancos raramente confraternizam com negros[74].

Mais importante ainda é a insistência dos pesquisadores em voga em fazer uso de perguntas desenvolvidas nos anos de 1950 e 1960 para avaliar as mudanças na tolerância racial. Essa estratégia é baseada na suposição de que o "racismo" (o que eu rotulo aqui de "ideologia racial") não muda com o tempo. Se, em vez disso, se considera que a ideologia racial de fato esteja mudando, a dependência de perguntas desenvolvidas para lidar com questões do período Jim Crow irá produzir uma imagem artificial do progresso e deixará escapar a maioria dos pesadelos raciais contemporâneos dos brancos.

Não obstante minhas preocupações conceituais e metodológicas com pesquisas de opinião, acredito que, quando bem planejadas, ainda são instrumentos úteis para vislumbrar a realidade racial da América. Portanto, passo a relatar os resultados dos meus próprios projetos, bem como de pesquisas realizadas por outros estudiosos sempre que apropriado. Meu propósito, portanto, não é negar a mudança atitudinal ou condenar ao esquecimento pesquisas de opinião sobre atitudes raciais, porém compreender as novas crenças raciais dos brancos e suas implicações, tão bem quanto possível.

Fontes de Dados

Os dados deste livro provêm principalmente de dois projetos estruturados de modo similar. O primeiro é o 1997 Survey of Social Attitudes of College Students (Pesquisa de Opinião Sobre Atitudes Sociais de Estudantes Universitários), com base em uma amostragem por conveniência de 627 estudantes universitários (incluindo 451 estudantes brancos) de uma grande universidade do Meio-Oeste (doravante, MU), uma grande universidade do Sul (SU) e uma universidade de tamanho médio na Costa Oeste (WU).

Uma amostra aleatória de 10% dos alunos brancos que disponibilizaram informações sobre como contatá-los (cerca de 90%) foi entrevistada (41 alunos ao todo, dos quais 17 homens e 24 mulheres e dos quais 31 provinham da classe média e média alta e 10 eram da classe trabalhadora).

A despeito de os dados serem muito sugestivos e, creio eu, essencialmente corretos, esse estudo tem algumas limitações. Primeiro, é baseado em uma amostragem por conveniência e não representativa, o que restringe a capacidade de generalizar os resultados para a população branca como um todo. No entanto, vale ressaltar que o viés nessa amostra está na direção de *maior* tolerância racial, já que os pesquisadores descobriram consistentemente que é mais provável que jovens brancos com formação universitária sejam racialmente tolerantes do que qualquer outro segmento da população branca[75]. Outra limitação do estudo é que as entrevistas foram realizadas apenas com entrevistados brancos. Esse conjunto de dados, portanto, não nos permite verificar se suas opiniões são ou não diferentes das opiniões dos negros. Finalmente, devido a restrições orçamentárias, a amostra era pequena, se bem que grande quando comparada à maioria dos trabalhos baseados em entrevistas[76].

A segunda fonte de dados para este livro é o 1998 Detroit Area Study (DAS). Esse conjunto de dados supera muitas das limitações supramencionadas, pois se baseia em uma amostra representativa e inclui um número significativo de entrevistas com brancos e negros. O DAS de 1998 é uma pesquisa probabilística de 400 residentes negros e brancos da área metropolitana de Detroit (323 brancos e 67 negros). O índice de respostas foi um aceitável 67,5%. Como parte desse estudo, 84 pessoas (uma subamostra de 21%) foram selecionadas aleatoriamente para entrevistas mais aprofundadas (das quais 66 brancas e 17 negras). As entrevistas foram emparelhadas por raça, seguiram um protocolo estruturado, foram realizadas nas residências dos entrevistados e duraram cerca de uma hora.

A principal limitação do conjunto de dados do DAS de 1998 é que os respondentes eram apenas negros e brancos. Como os Estados Unidos se tornaram uma sociedade multirracial, a generalização de uma análise com base em resultados sobre negros e brancos deve ser motivo de preocupação. Embora eu pressuponha que o racismo da cegueira de cor seja a ideologia geral da era pós-movimento dos direitos civis, entendo que uma análise mais completa deveria incluir os pontos de vista de outras pessoas de cor. Assim, utilizarei dados de outras fontes nas minhas conclusões, a fim de mostrar como outras pessoas de cor se encaixam na noção de racismo da cegueira de cor. Como observação final a respeito da Pesquisa de Opinião Sobre Atitudes Sociais de Estudantes Universitários de 1997 e o DAS de 1998, estou ciente de que alguns leitores podem questionar a continuação de sua validade. Contudo, tanto questionários como pesquisas baseadas em entrevistas (por exemplo, Bush 2004; Gallagher 2002[77] etc.) feitas desde então apresentaram resultados semelhantes, adicionando força aos meus argumentos neste livro.

Política, Interpretação e Objetividade

A pesquisa científica social é sempre um empreendimento político. Apesar do sonho da objetividade pura do Iluminismo[78], os problemas que postulamos, as teorias que usamos, os métodos que empregamos e as análises que realizamos são produtos sociais e, em certa medida, refletem as contradições sociais e a dinâmica de poder. Essa visão é mais aceitável nas Ciências Sociais atualmente do que há dez ou vinte anos[79]. Portanto, é mais difícil para os cientistas sociais de hoje defenderem o chamado do sociólogo Max Weber para uma separação entre pesquisador, método e dados[80].

Meus propósitos acadêmicos neste livro são descrever os principais componentes do racismo da cegueira de cor, explicar suas funções e usar esses componentes para formular teorias sobre como as futuras relações raciais nos EUA poderão parecer. Espero que esse empenho seja de valia para que analistas sociais possam superar o presente impasse sobre a natureza e o significado das concepções raciais dos brancos. Contudo, ao alcançar meus propósitos acadêmicos, espero também atingir um objetivo político muito maior e importante: desvelar o perfil básico da ideologia principal que reforça a desigualdade racial contemporânea. Por definição, portanto, meu trabalho é um desafio para o senso comum branco pós-movimento dos direitos civis; para a concepção de que a raça não mais importa; e para quem quer que acredite que os problemas que afligem as pessoas de cor estão fundamentalmente enraizados em suas culturas patológicas[81]. De modo mais específico, quero desenvolver um argumento (a natureza sofisticada do racismo da cegueira de cor), uma abordagem (analisar a ideologia racial e não o "preconceito") e uma política (lutar contra a dominação racial com base em uma agenda dos direitos de um grupo[82]) que auxiliem acadêmicos e ativistas em suas pesquisas e no seu combate contra o absurdo da cegueira de cor. Espero também que este livro sirva de alerta para os brancos liberais e progressistas com cegueira de cor e os membros confusos de comunidades das minorias que defendem oportunidades iguais, porém não ações afirmativas; que acreditam que a discriminação não é um fator importante que configura as oportunidades de vida das pessoas de cor; ou que ainda se perguntam se as minorias raciais realmente têm uma cultura inferior que explica o seu *status* na América. No entanto, reconheço que a natureza política da pesquisa não é um sinal verde para o desleixo e a parcialidade ou para confiar em dados coletados de forma não sistemática a fim de fazer generalizações amplas. Por isso, reforço meus argumentos com dados sistemáticos de entrevistas e referências quando meus dados ou análise diferem daqueles dos analistas tradicionais, permitindo aos leitores encontrar interpretações alternativas à minha.

Gostaria agora de dizer algumas palavras sobre o tópico da interpretação. É verdade que "a palavra falada tem sempre o resíduo da ambiguidade, por mais cuidadosos que sejamos ao enunciar as perguntas e por mais cuidado que tomemos ao relatar ou codificar as respostas"[83]. Assim, é possível que outros leiam os dados de modo diferente. Para satisfazer as preocupações intelectuais daqueles que duvidam da minha interpretação, apresento, sempre que possível, casos que não se encaixam bem nela (particularmente no capítulo 8). No entanto, não evito o perigoso, porém necessário, papel do analista. Apresentarei um argumento convincente a favor da visão de que a maioria dos brancos endossa a ideologia da cegueira de cor e que essa ideologia é fundamental para preservar o privilégio branco. As alternativas a esse papel interpretativo dos analistas, que considero mais problemáticas, são descrições tímidas, em geral acompanhadas por uma grande quantidade de advertências, nas quais os autorrelatos dos atores acerca dos eventos se tornam o objetivo final da pesquisa em si. Embora eu não negue que "os relatos das pessoas devam ser levados em conta"[84], minhas metas são interpretativas (o que tais relatos significam?) e políticas (o que tais relatos ajudam a realizar na sociedade). Apresentar descrição e dados sem interpretá-los, sem analisá-los, é como ir à praia sem traje de banho.

Isso significa que minha interpretação é infalível porque tenho certo grau de autoridade, que de alguma forma me confere um olhar especial? Na verdade, dado o caráter situacional e parcial de todo conhecimento[85], nem eu, nem meus potenciais críticos detemos o monopólio do modo correto de interpretar dados. Todos nós tentamos fazer o melhor possível para construir explicações sólidas de eventos e esperar que no tendencioso mercado de ideias (que se inclina para as interpretações dos poderosos) as mais plausíveis obtenham legitimidade.

Mas, se a pesquisa é política por natureza e minha interpretação dos dados é guiada pela minha orientação teórica e política, como podem os leitores se certificar de que a minha interpretação é melhor do que a de outros analistas? Isto é, como podemos evitar a armadilha do relativismo[86], da ideia de que "todo pensamento é meramente a expressão de interesse ou de poder ou de filiação a um grupo?". Minha resposta a essas perguntas é que as minhas explicações – assim como as de outros analistas – devem ser julgadas como mapas. Julguem o meu empenho cartográfico em traçar as fronteiras da ideologia racial branca contemporânea em termos de sua utilidade (ajuda a entender melhor as visões dos brancos?); acurácia (representa com acurácia os argumentos dos brancos sobre questões raciais?); detalhes (destaca os elementos das representações coletivas dos brancos não discutidos por outros?); e clareza (em última análise, isso o ajuda a se mover daqui para ali?)[87].

Uma Advertência Importante

O propósito deste livro não é demonizar os brancos ou rotulá-los de "racistas". A caça aos "racistas" é o esporte escolhido por aqueles que praticam a "abordagem clínica" nas relações de raça – a separação cuidadosa entre americanos bons e maus, tolerantes e intolerantes. Posto que este livro está ancorado em uma compreensão estrutural das relações de raça[88], meu propósito é desvelar as práticas coletivas (neste livro, as ideológicas) que ajudam a reforçar a ordem racial contemporânea. Historicamente, muitas pessoas boas apoiaram a escravidão e o Jim Crow. Da mesma forma, a maioria dos brancos com cegueira de cor que se opõe (ou tem sérias reservas sobre) a ações afirmativas, acredita que os problemas dos negros são principalmente causados por eles mesmos e não vê nada de errado no seu próprio estilo de vida branco, também é composta de pessoas boas. A questão analítica, portanto, é examinar quantos brancos apoiam uma ideologia que ajuda a preservar a desigualdade racial em vez de avaliar quantos odeiam ou adoram negros e outras minorias.

Mesmo com essa advertência, alguns leitores ainda podem sentir um certo desconforto ao ler este livro. Como o racismo da cegueira de cor é a ideologia racial dominante, seus tentáculos tocaram todos nós e, portanto, a maioria dos leitores irá endossar alguns – se não a maior parte – de seus princípios, utilizar seu estilo e acreditar em muitas de suas histórias raciais. Infelizmente, pouco posso fazer para aliviar a dor desses leitores, pois quando se escreve e se expõe uma ideologia que está em jogo, seus defensores "se queimam", por assim dizer. Para os leitores nessa situação (pessoas boas que podem concordar com muitos dos enquadramentos da cegueira de cor), recomendo com insistência um movimento pessoal e político, que deixem de alegar que são "não racistas" para se tornarem "antirracistas"[89]. Ser um antirracista começa com a compreensão da natureza institucional das questões raciais e a aceitação de que todos os atores em uma sociedade racializada são afetados *materialmente* (recebem benefícios ou têm desvantagens) e *ideologicamente* pela estrutura racial. Essa postura implica assumir a responsabilidade por sua participação relutante nessas práticas e começar uma nova vida comprometida com o objetivo de alcançar uma igualdade racial verdadeira. O percurso será difícil, mas depois que seus olhos forem abertos, não faz sentido ficar parado.

O Plano do Livro

O racismo da cegueira de cor surgiu como uma nova ideologia racial no fim dos anos de 1960, concomitantemente com a cristalização do "novo racismo" como a nova estrutura racial da América. No capítulo 2, descrevo como esse novo regime racial surgiu e delineio suas principais práticas e mecanismos nas áreas social, econômica, política e de controle social.

Posto que as práticas e os mecanismos sociais para a reprodução do privilégio racial adquiriram um caráter novo, sutil e aparentemente não racial, vieram à tona novas racionalizações para justificar a nova ordem racial. Os novos e dominantes temas ou enquadramentos do racismo da cegueira de cor são o objeto do capítulo 3.

Todas as ideologias desenvolvem um conjunto de parâmetros estilísticos, uma certa maneira de transmitir suas ideias ao público. O racismo da cegueira de cor não é exceção. No capítulo 4, documentei os principais componentes estilísticos dessa ideologia. No capítulo 5, eu me aprofundo nas *story lines* ("O passado é o passado" ou "Não consegui um emprego ou uma promoção – ou não fui admitido em uma determinada faculdade – porque um homem negro o conseguiu") e histórias pessoais que surgiram na era pós--movimento dos direitos civis, no intuito de fornecer emotividade em nível visceral ao racismo da cegueira de cor.

Se levarmos a sério a autodeclaração dos brancos sobre a cegueira de cor, esperar-se-ia níveis significativamente altos de interação racial com minorias em geral e negros em particular. Usando os dados desses dois projetos, examino no capítulo 6 os padrões de interações inter-raciais dos brancos e concluo que eles tendem a navegar no que eu rotulo de "*habitus* branco", ou um conjunto de redes e associações primárias com outros brancos, que reforça a ordem racial ao promover solidariedade racial entre brancos e sentimentos emotivos negativos em relação a "outros" raciais.

No capítulo 7, abordo os "traidores da raça"[90], ou brancos que não endossam a ideologia da cegueira de cor. Depois de traçar o perfil dos respondentes dentre os estudantes universitários e os participantes do DAS que se encaixam no molde racial progressista, sugiro que mulheres brancas da classe trabalhadora são os candidatos mais prováveis a cometer traição racial nos Estados Unidos. Contudo, mostro também que o racismo da cegueira de cor afetou inclusive esses brancos progressistas. Se o racismo da cegueira de cor afetou os progressistas raciais, teria afetado igualmente os negros? A tentativa de responder a essa indagação é o foco do capítulo 8. Usando dados do DAS alego que, muito embora os negros tenham desenvolvido uma ideologia de oposição, o racismo da cegueira de cor os afetou de forma indireta. Em vez de controlar totalmente o campo de ideias e cognições dos negros, o racismo da cegueira de cor confundiu algumas questões, restringiu a possibilidade de discutir outras e, no geral, enfraqueceu o caráter utópico dos pontos de vista oposicionistas dos negros. No capítulo 9, contesto as afirmações de que os Estados Unidos ainda estão organizados ao longo de uma linha divisória birracial e postulo que estejam se movendo lentamente em direção a uma ordem trirracial ou "plural", semelhante à encontrada em muitos países da América Latina e do Caribe. No capítulo 10, examino o fenômeno Obama e sugiro que ele não é emblemático do pós-racialismo, mas parte do drama de cegueira de cor que analiso neste livro. No capítulo 11, apresento minhas conclusões, avaliando as implicações do racismo da cegueira de cor, da latino-americanização da estratificação racial e da *Obamérica* para a luta pela justiça racial e social neste país.

2

O Novo Racismo

A Estrutura Racial nos Estados Unidos Desde os Anos de 1960

Introdução

O ponto de vista do senso comum sobre questões raciais é que os racistas são poucos, que a discriminação[1] praticamente desapareceu desde a década de 1960, e que a maioria dos brancos tem cegueira de cor. Essa concepção, que surgiu nos anos de 1970, viralizou com a eleição de Barack Obama para presidente em 2008. Os brancos parecem gritar coletivamente: "Temos um presidente negro, então estamos finalmente além da raça!"(ver o capítulo 10 para uma discussão sobre Obama, o novo racismo e a cegueira de cor). Esse novo senso comum não é de todo desprovido de fundamento (práticas raciais tradicionais e exclusão, bem como crenças racistas baseadas no Jim Crow diminuíram de forma significativa), porém é basicamente falso. A supremacia branca nos Estados Unidos (ou seja, a estrutura racial da América) mudou. Surgiram atualmente práticas de um "novo racismo", mais sofisticadas e sutis que aquelas típicas do período Jim Crow. No entanto, como argumentarei, essas práticas são tão eficazes quanto as antigas para a preservação do *status quo* racial. Neste capítulo, traço a evolução dessas novas estruturas de dominação racial, para mostrar como a desigualdade racial é perpetuada em um mundo com cegueira de cor. Começo com uma breve descrição de como essa nova estrutura racial (o novo racismo) passou a existir. Contra esse plano de fundo, faço um levantamento das evidências de como a desigualdade racial entre brancos e negros é produzida e reproduzida nos Estados Unidos em quatro áreas: social, política, econômica e de controle social. A evidência é examinada atentamente dos anos de 1960 até os dias atuais, com o objetivo de verificar os mecanismos e as práticas que mantêm as minorias "em seu lugar". Concluo o capítulo com uma análise de algumas das repercussões sociais, políticas e legais da nova estrutura racial da América.

O argumento de que raça e racismo "têm diminuído em importância" na América contemporânea tornou-se proeminente no final dos anos de 1970 pelo sociólogo negro William Julius Wilson[2]. Essa visão é consistente com os dados da pesquisa de opinião sobre as atitudes dos brancos desde o início da década de 1960[3], bem como com muitos estudos demográficos e econômicos que comparam o *status* de brancos e negros em termos de renda, ocupações, saúde e educação e sugerem que ocorreu na América uma notável redução na desigualdade racial[4].

Um número menor de cientistas sociais, por outro lado, acredita que a raça continua a desempenhar um papel semelhante ao do passado[5]. Para esses autores, pouco mudou na América em termos de racismo e há um pessimismo geral no tocante às perspectivas de mudar o *status* racial das minorias. Embora essa seja uma visão minoritária na academia, ela representa a percepção de muitos membros de comunidades minoritárias, especialmente da comunidade negra.

Tais opiniões sobre a importância cambiante da raça e do racismo nos Estados Unidos baseiam-se em uma noção limitada e definida de racismo. Para esses analistas, o racismo é fundamentalmente um fenômeno ideológico ou atitudinal. Em contraste, como afirmei no capítulo anterior, considero o racismo uma *estrutura*, isto é, uma rede de relações sociais nos níveis social, político, econômico e ideológico, que configura as oportunidades de vida das várias raças. O que os cientistas sociais definem como racismo é conceitualizado nesse contexto como ideologia racial. O racismo (ideologia racial) ajuda a unir e, ao mesmo tempo, organizar a natureza e o caráter das relações de raça em uma sociedade. A partir desse ângulo privilegiado, em vez de discutir se a importância da raça diminuiu, aumentou ou não se modificou, a questão em pauta é avaliar se ocorreu uma transformação na *estrutura racial* dos Estados Unidos. A meu ver, apesar das profundas mudanças que ocorreram na década de 1960, uma nova estrutura racial – o novo racismo, em suma – é operante, o que explica a persistência da desigualdade racial. Os elementos que compõem essa nova estrutura racial são: a natureza cada vez mais *velada* do discurso e das práticas raciais; a evitação da terminologia racial e a crescente alegação dos brancos de que estão vivenciando um "racismo reverso"; o desenvolvimento de uma agenda racial acerca de questões políticas que evita referências raciais diretas; a invisibilidade da maior parte dos mecanismos que reproduzem a desigualdade racial; e, finalmente, a rearticulação de algumas práticas raciais características do período Jim Crow de relações raciais.

Antes de prosseguir, devo fazer uma importante advertência. Muito embora eu sustente que a forma dominante de racismo agora praticada seja sutil, isso não significa que eu esteja cego ao racismo explícito vulgar agora em voga no "Tea Party"[6] e outros à direita. Regimes raciais podem mudar, porém essa transformação nunca é completa e os resquícios do antigo racismo Jim Crow são visivelmente ressurgentes. Esse ressurgimento é importante e exerce influência, de forma clara, sobre as oportunidades de vida das pessoas de cor; no entanto, afirmo que não é o núcleo do sistema nem constitui as práticas responsáveis por reproduzir a dominação racial atualmente. O momento Trump é reminiscente da era Reagan (1980-1988), quando questões raciais ficaram mais polêmicas (ver capítulo 10).

O Surgimento de Uma Nova Estrutura Racial na Década de 1960

Os negros foram mantidos em uma posição subordinada durante o período Jim Crow de relações raciais por meio de uma variedade de práticas diretamente racistas. No nível econômico, os negros eram confinados a trabalhos subalternos pelo esforço conjunto de donos de plantações, corporações e sindicatos. Por isso, não é surpreendente que, em 1890, 87% dos negros trabalhassem na agricultura ou em serviços domésticos ou pessoais (ver tabela 2.1 infra).

Tabela 2.1
Distribuição de Negros por Ocupações, 1890

INDÚSTRIA	NÚMERO	PORCENTAGEM
Agricultura	1.728.325	56,2
Serviços domésticos e pessoais	956.754	31,1
Manufatura	208.374	6,8
Negócios e transporte	145.717	4,8
Profissionais liberais	33.994	1,1

Fonte: L. Greene; C.G. Woodson, *The Negro Wage Earner*, p. 37, tabela 10.

No Sul, eles eram principalmente arrendatários, o que era realizado por meio das leis de *vagrancy* e *apprenticeship*[7], de restrições ao direito dos negros de comprar terras e de trabalhar em certas profissões, do aprisionamento por dívida e do sistema de arrendamento de prisioneiros[8]. No Norte, as práticas excludentes de administradores e sindicatos os mantinham como mão de obra não qualificada, com muita pouca chance de mobilidade ocupacional[9]. Assim, em vez de um mercado de trabalho dividido, "a maioria dos negros no Sul entre 1865 e 1900 ainda não estava em posição de competir diretamente com os brancos pelas mesmas ocupações"[10]. Como trabalhadores arrendatários, eles foram "reduzidos à condição de servos" e enganados de várias maneiras por proprietários de terra brancos. Como trabalhadores industriais no Norte, estavam situados no fundo do poço, com pouca chance de mobilidade ocupacional.

A posição econômica dos negros não mudou muito até o século xx. Só depois da Primeira Guerra Mundial, que criou escassez de mão de obra no Norte industrial, muitos negros migraram do Sul e se juntaram às fileiras da classe trabalhadora[11]. Essa transição do trabalho agrícola para o industrial, no entanto, não quebrou o padrão Jim Crow de emprego. Spero e Harris afirmam que, embora não houvesse discriminação salarial entre negros e brancos no Norte, os negros ganhavam menos que os brancos porque estavam concentrados em empregos de baixa qualificação: normalmente, aqueles que os indígenas americanos e os brancos americanizados nascidos no exterior não queriam. Isso explica em grande parte o aumento quase espetacular da proporção de negros nas fundições de ferro e aço, nas quais o trabalho é sujo, quente e desagradável[12].

No nível social, as normas da nova ordem racial surgiram lentamente, dado que a Guerra da Secessão e o período da Reconstrução (1865-1877) abalaram as regras do engajamento racial e contestaram o lugar dos negros na sociedade. A transição do período da escravidão para o do Jim Crow foi caracterizada pela inconsistência e por nenhum código geralmente aceito de costumes raciais. A escravidão não exigia um conjunto muito sofisticado e específico de regras para preservar "distância social", nem uma elaborada ideologia racial (racismo), devido às absolutas diferenças de *status* entre as raças. Contudo, quando os negros se tornaram livres, passaram a representar uma ameaça à supremacia branca. De forma lenta, mas segura, leis e práticas segregacionistas surgiram depois de 1865 e foram consolidadas nos anos de 1880 com a promulgação das leis Jim Crow em todo o Sul. Essas leis envolviam a privação dos direitos civis dos negros, a separação racial nas acomodações públicas, a segregação nas moradias, nas escolas, no local de trabalho e noutras áreas, a fim de assegurar a supremacia branca. C. Vann Woodward descreve a extensão dessas leis como a seguir:

> Os extremos aos quais foram aplicadas penalidades e separação de castas em partes do Sul dificilmente poderiam encontrar um equivalente, à exceção das latitudes da Índia e da África do Sul [...] Toque de recolher [...] cabines telefônicas separadas [...] livros e armazenamento de livros separados nas escolas públicas [...] A Carolina do Sul separou a casta mulata das prostitutas, e inclusive "Ray Stannard Baker encontrou *Bíblias* Jim Crow para testemunhas negras em Atlanta e elevadores Jim Crow para passageiros negros nos edifícios de Atlanta".[13]

Do ponto de vista político, os negros eram virtualmente privados de direitos civis no Sul e quase totalmente dependentes de políticos brancos no Norte. No Sul, pagamento de impostos para votar, testes de capacidade de ler e escrever e estratégias coercivas diretas restringiam suas opções políticas. No Norte, os políticos negros estavam subordinados ao maquinário político étnico branco e não eram realmente representantes de suas próprias comunidades[14].

Em termos de controle social, os negros do Sul eram regulados pelas ações de indivíduos brancos, organizações racistas violentas como a Ku Klux Klan, a violência da turba sob forma de linchamentos e ausência de fiscalização do cumprimento das leis da terra por agências estatais. No Norte, os negros sofriam menos com essas práticas, em grande parte porque, do aspecto residencial, eram segregados ao extremo e, portanto, não representavam uma "ameaça" aos brancos. No entanto, sempre que os negros "cruzavam a linha", os brancos explodiam em violência, como durante as revoltas raciais do final dos anos de 1910[15].

Enfim, em consonância com as práticas mencionadas, a ideologia racial durante o período Jim Crow era explicitamente racista.

É indubitável que a maioria dos brancos acreditasse que as minorias eram intelectual e moralmente inferiores, que precisavam ser mantidas à parte e que os brancos não deveriam se misturar com qualquer uma delas[16].

O *apartheid* que os negros[17] vivenciaram nos Estados Unidos implicava em: 1. mantê-los em áreas rurais, principalmente no Sul; 2. mantê-los como trabalhadores agrícolas; e 3. excluí-los do processo político. No entanto, à medida que os negros contestaram com sucesso sua posição socioeconômica migrando, de início, das áreas rurais para as áreas urbanas no Sul e depois para o Norte e Oeste, pressionando, por quaisquer meios necessários, para obter ocupações não agrícolas e desenvolvendo organizações políticas e movimentos como o Garveyismo[18]; a NAACP – National Association for the Advancement of Colored People (Associação Nacional para o Progresso de Pessoas de Cor); o CORE – Congress of Racial Equality (Congresso de Igualdade Racial); a National Urban League (Liga Urbana Nacional); o Southern Regional Council (Conselho Regional do Sul); e a CIC – Commission on Interracial Cooperation (Comissão de Cooperação Inter-Racial) , a infraestrutura do *apartheid* racial começou a desmoronar[19]. Dentre os demais fatores que levaram à abolição da ordem segregacionista, os mais significativos foram a participação de negros na Primeira e Segunda Guerras Mundiais, que evidenciou a contradição entre a luta pela liberdade no exterior e o seu discurso em casa; a Guerra Fria, que ditou a necessidade de eliminar a discriminação manifesta em casa para vender a imagem dos Estados Unidos como os defensores da democracia; e uma série de decisões judiciais, atos legislativos e decretos presidenciais que aconteceram desde a década de 1940[20].

Os processos políticos, sociais e econômicos supramencionados ocorreram no contexto de uma economia política norte-americana em rápida mudança. De 1920 a 1940, o Norte expandiu seu processo de industrialização em ritmo furioso. Depois da Segunda Guerra Mundial, o Sul industrializou-se num ritmo ainda mais contundente. Muitas indústrias do Norte mudaram-se para o Sul em busca de custos de produção menores e têm continuado a assim proceder[21]. Por conseguinte, nos dias atuais, mais de 70% da força de trabalho do Sul estão envolvidos em atividades não agrícolas. Esse processo de industrialização constituiu o fator de atração para que os negros se mudassem do Sul rural e, em conjunto com o fator propulsor para escapar da violência Jim Crow e do fim do trabalho agrícola, criou as condições ideais para a "grande migração"[22]. A despeito de os 1,8 milhões de negros que migraram entre 1910 e 1940 do Sul para o Norte e Oeste enfrentarem práticas e restrições econômicas raciais severas por parte dos trabalhadores brancos, sindicatos e brancos em geral, o Norte proporcionou-lhes oportunidades ampliadas em todos os setores da vida. Essa grande migração continuou entre 1940 e 1970, quando mais 4,4 milhões de negros deixaram o Sul[23].

O impacto dessa migração na condição geral dos negros foi imenso. Por volta de 1970, os negros estavam geograficamente espalhados por todos os Estados Unidos; 80% residiam na cidade e haviam atingido um índice de urbanização maior do que os brancos; aprimoraram sua instrução e desenvolveram uma pequena, se bem que próspera, classe média; organizações sociais e políticas floresceram, passando a constituir-se base de treinamento para muitos líderes negros; em virtude de sua nova dispersão geográfica, os negros se tornaram cada vez mais um grupo nacional; foram capazes de desenvolver uma nova consciência, novas atitudes e uma nova visão sobre como lidar com a discriminação racial, caracterizada por Gunnar Myrdal como a "motivação para o protesto"[24].

Mesmo no Sul, a condição social, política e cultural dos negros melhorou um pouco com o processo inicial de industrialização. Depois dos anos de 1960, inclusive sua condição econômica mudou à medida que a elite comercial abandonou por completo a discriminação por causa dos efeitos econômicos adversos criados pela violência e pelas manifestações de protesto. De acordo com Melvin

M. Lehman, esse padrão foi reforçado pelo capital industrial do Norte que havia penetrado no Sul, deixando o "sistema sulista de brutalidade, discriminação social e perseguição legalizada (ou extralegalizada) [...] cada vez mais econômica e politicamente disfuncional"[25].

Para sermos claros, nem a urbanização nem a industrialização foram, por si só, forças progressistas "racionais" e não raciais. Capitalistas do Norte e do Sul adaptaram práticas raciais às suas políticas de contratações, aos planos de ação das empresas e às atividades diárias. No caso dos capitalistas do Sul, a industrialização se transformou em uma necessidade com o declínio progressivo da economia agrícola. Embora eles tivessem conseguido manter o Jim Crow e a industrialização por mais de cinquenta anos (de 1890 a 1950), em meados dos anos de 1950 ficou claro que ambos não poderiam coexistir pacificamente. Os negros no Norte haviam ganhado força política suficiente para pressionar o governo federal a fazer algo sobre seus direitos civis. Após a decisão *Brown* de 1954[26] e sua rejeição pela maior parte do Sul, a instabilidade e os protestos disseminaram-se por todo o Sul. Tal instabilidade era um anátema para atrair capital. Portanto, a elite empresarial desenvolveu, , de forma relutante e gradual, uma adaptação às novas políticas. No Norte, a adaptação começou muito mais cedo, nas décadas de 1920 e 1930 e, particularmente, depois da Segunda Guerra Mundial, envolvendo a incorporação subordinada de negros na indústria. Tal acomodação, embora progressista, conservava a visão de que os negros eram trabalhadores inferiores e os mantinha na parte inferior da hierarquia ocupacional. Os pontos de vista dos administradores do Norte foram tipificados por um gerente "progressista" que, na década de 1950, comentou que "os negros, basicamente e como um grupo, com raras exceções, não são tão bem treinados para habilidades e empregos superiores como os brancos. Eles parecem excelentes para o trabalho, geralmente não qualificado, que requer vigor e força – e pouco mais. Eles não são confiáveis e não podem se adaptar às demandas da fábrica"[27]. Concepções como essa continuam a afligir os capitalistas americanos no período pós-1960[28]. A industrialização e a urbanização propiciaram aos negros um novo contexto para a luta, que tornou o sistema Jim Crow do Sul impossível de ser mantido em face da oposição negra. (As partes interessadas devem ver as semelhanças entre esse caso nos Estados Unidos e o colapso do *Apartheid* na África do Sul. Ali, o segmento esclarecido da elite comercial decidiu se reunir com líderes do ANC – African National Congress [Congresso Nacional Africano] no final de 1980 para discutir uma possível solução para a crise sociopolítica. Fizeram-no devido à pressão das sanções econômicas internacionais, das campanhas antidesinvestimentos e do boicote aos produtos sul-africanos[29]. Assim, para a elite, essa questão não era negra e branca, mas verde!).

Esses fatores demográficos, sociais, políticos e econômicos e as ações dos negros fizeram com que a mudança fosse quase inevitável. Condições maduras, entretanto, não são suficientes para modificar qualquer ordem estrutural. Por conseguinte, a ordem racial tinha que ser *diretamente* contestada para que pudesse ser transformada com eficácia. Esse foi o papel desempenhado pelo movimento dos direitos civis e outras formas de protesto em massa dos negros (os chamados tumultos raciais), que ocorreram na década de 1960 e 1970. Contestações organizadas e espontâneas foram os catalisadores que derrubaram a segregação manifesta.

O desaparecimento do Jim Crow, porém, não significou o fim do racismo na América. Muitos analistas observaram que "racismo" (como geralmente definido) e relações de raça têm adquirido, em vez disso, um novo caráter desde os anos de 1960. Eles apontam para a natureza cada vez mais velada do discurso e das práticas raciais; a evitação da terminologia racial em conflitos raciais por parte dos brancos; e o desenvolvimento de uma agenda racial acerca de questões políticas (tais como a intervenção do Estado, os direitos individuais, a responsabilidade etc.) que se furta a referências raciais diretas[30]. Nas seções a seguir, descrevo as práticas discriminatórias típicas do período pós-movimento dos direitos civis.

Interação Social Inter-Racial Durante o Novo Período de Racismo

Em todas as áreas da vida social, negros e brancos permanecem, na maior parte das vezes, separados e desiguais. Um exame minucioso da pesquisa nas áreas de habitação, educação e interação social cotidiana revela, surpreendentemente, pouco progresso desde a década de 1960.

Segregação Residencial

Dados do Censo de 2000 dos EUA indicam que a segregação residencial diminuiu pela quarta década consecutiva. Durante os anos de 1990, a segregação diminuiu em 272 áreas estatísticas metropolitanas e aumentou em outras 19; no entanto, a segregação negro-branca permaneceu alta nas antigas áreas metropolitanas do *Rust-Belt*[31] e aumentou durante a década de 1990 nos subúrbios. Ademais, os negros são ainda mais segregados do que qualquer outro grupo racial ou étnico – segregação da qual sofreram por mais tempo do que qualquer outro grupo – e em todos os níveis de renda[32]. Os negros pobres, em particular, vivenciam o maior grau de "hipersegregação" do restante da América, e esse padrão de isolamento extremo tem permanecido o mesmo ao longo do último terço do século. Em seu livro *American Apartheid* (Apartheid Americano), Douglas Massey e Nancy Denton medem os índices de segregação residencial, em termos de quarteirões, de trinta áreas metropolitanas, de 1940 a 1980. O índice de segregação residencial no Norte é por volta de 80 e, no Sul, em torno de 70 (um índice de 100 indica segregação total e um de 0, sem nenhuma segregação). Mesmo com um declínio constante na maioria das áreas metropolitanas incluídas, os níveis ainda são extremamente altos, em especial nas cidades do Norte. Em 2010, o isolamento nacional negro foi de 55% e permaneceu em 70% ou mais em cidades como Detroit, Cleveland e Chicago[33].

Embora muitos desses tipos de índices sejam utilizados como se fossem medidas sofisticadas, a realidade é outra, uma vez que eles se baseiam essencialmente em "comparações numéricas simples e percentuais dos números e proporções de pessoas em cada raça/ grupo étnico em uma população"[34]. Os estudiosos têm apontado para o problema de segregação não mensurada devido à escala das regiões censitárias. Mais fundamentalmente, no entanto, sugiro que "contatos raciais" *não* significam integração substancial, pois há formas significativas de racismo compatíveis com "proximidade física". De fato, estudos revelam que a aparente "integração" é principalmente resultado da reestruturação do espaço urbano, inclusive de mais pessoas negras se mudando para os subúrbios e de uma crescente gentrificação[35]. Esta, por sua vez, vem com seu próprio conjunto de problemas, inclusive uma decrescente participação negra e um deslocamento negro, pelo menos parcialmente, por meio da destruição de habitação pública[36].

Os custos da segregação residencial para os negros são elevados; é bem provável que eles paguem mais pela habitação em um mercado limitado e que tenham uma moradia de qualidade inferior; menos provável que possuam residência própria; mais provável que vivam em áreas onde é difícil encontrar emprego; e que tenham de enfrentar prematuramente o problema de uma habitação depreciada[37]. A segregação torna improvável que os negros pobres possam escapar da pobreza. Por exemplo, 72% dos negros americanos nascidos no quartil econômico mais baixo dos bairros residem em áreas pobres quando adultos, em comparação com apenas 40% dos brancos[38]. Ademais, a raça é também o mais importante previsor da redução da mobilidade residencial intergeracional, sendo "as probabilidades de redução de mobilidade 3,6 vezes maiores que as dos brancos"[39]. A grande diferença está em como a segregação opera hoje. No período Jim Crow, a indústria habitacional empregou práticas claramente discriminatórias, como agentes imobiliários que faziam uso da recusa direta ou de subterfúgios para evitar locação ou venda para clientes negros; programas de estabelecimento de *redlining*[40] do governo federal; práticas de seguro e empréstimo claramente discriminatórias; e cláusulas racialmente restritivas no tocante a escrituras imobiliárias, no intuito de manter comunidades segregadas. Em contraste, no período pós-movimento dos direitos civis, comportamentos velados substituíram tais práticas, mantendo o mesmo resultado – comunidades separadas.

Muitos estudos têm detalhado os obstáculos que as minorias enfrentam, impostos por agências governamentais, corretores de imóveis, prestamistas e residentes brancos que continuam a limitar suas opções de moradia[41]. Auditorias realizadas em muitos locais revelam que aos negros e latinos é negada habitação disponível em 35 a 75% do tempo, dependendo da cidade em questão[42]. Turner, Struyk e Yinger, ao relatar os resultados do *Housing Discrimination Study* (Estudo sobre Discriminação Habitacional) do Department of Housing and Urban Development (Departamento de Habitação e Desenvolvimento Urbano), encontraram que negros e latinos sofreram discriminação em cerca de *metade* de seus empenhos para alugar ou comprar casas. Yinger, em um artigo separado, relatou que a incidência média de discriminação nos estudos de auditoria é de 47%. Esses estudos referentes à habitação mostraram que, quando comparados com equivalentes brancos, aos negros provavelmente serão mostrados menos apartamentos, fixados aluguéis mais altos, ou oferecidas piores condições, sendo eles direcionados para bairros específicos. Usando um procedimento semelhante em uma auditoria de 2000 acerca de práticas raciais relacionadas à habitação em 23 áreas metropolitanas dos EUA, Turner e seus colegas relatam que, embora tenha havido uma melhora desde a auditoria de 1989, os brancos continuaram a receber mais informações sobre possíveis locações de imóveis, sendo-lhes mostradas mais unidades habitacionais disponíveis em ambos os mercados, de locação e de venda. O estudo também revelou um aumento significativo no direcionamento geográfico que perpetuou a segregação, predominantemente por meio do agente imobiliário[43].

Em um estudo de práticas de empréstimo realizado pela Kentucky Human Rights Commission, testadores negros e brancos, com características iguais, solicitaram hipotecas convencionais, para a mesma habitação, de dez das mais importantes instituições de empréstimos de Louisville, e embora houvesse casos em que a discriminação fosse aparente (negros tinham problemas para conseguir marcar uma entrevista etc.), nas 85 visitas feitas para inquirir acerca de empréstimos, nenhum dos testadores negros (com uma exceção) sabiam que estavam sendo discriminados, embora isso ocorresse com *todos*. Os negros receberam menos informações; menos incentivo para retornar e solicitar o empréstimo; menos dicas úteis sobre como obter com sucesso um empréstimo; e tratamento diferenciado na pré-qualificação – às vezes sendo-lhes dito que não se qualificariam, quando brancos com o mesmo perfil recebiam uma resposta distinta. Estudos semelhantes feitos em Chicago e Nova York revelaram discriminação em sete de dez instituições de crédito em Chicago e na única instituição estudada na cidade de Nova York[44]. Dados nacionais do Home Mortgage Disclosure Act[45] mostram que aos solicitantes negros eram negadas hipotecas pelo menos duas vezes mais que aos brancos com a mesma renda e do mesmo gênero. Finalmente, um estudo do Federal Reserve Bank of Boston revelou que após o controle de diversas variáveis, aos negros, em média, são negados empréstimos 60% mais vezes do que aos brancos[46]. Em uma resenha geral das práticas de empréstimos hipotecários durante a década de 1990, Turner e Skidmore relataram que os negros recebiam menos informações dos agentes de crédito; as taxas de juros estabelecidas para eles eram mais elevadas e os índices de recusa de empréstimos, maiores[47]. Grande parte do aumento de casas próprias por parte dos afro-americanos nos anos de 1990 está relacionada a concessores de crédito de alto risco, que ofereciam taxas de usura, devido, em grande parte, à prática continuada de *redlining* dos bairros negros pelos credores principais. São essas mesmas hipotecas de alto risco que fizeram com que a recente crise hipotecária impactasse mais severamente as minorias do que os brancos[48].

As práticas raciais dos bancos não se desenvolviam de maneira condizente com a cegueira de cor, uma vez que os bairros negros eram ativamente marcados como alvo para empréstimos com juros mais altos. O Wells Fargo, por exemplo, fez um acordo de 175 milhões de dólares com a NAACP em uma ação judicial. A ação alegava que os clientes haviam sido direcionados para empréstimos de alto risco com juros mais altos – chamados dentro da organização de "empréstimos de gueto" para "o povo da lama". Embora o Wells Fargo tenha sido um bode expiatório proeminente dessa prática racista, as evidências sugerem que os bancos se envolvem rotineiramente em empréstimos discriminatórios. Além disso, tal empréstimo não é baseado em negros com perfis econômicos piores, já que era mais provável que os negros de renda mais alta fossem direcionados para empréstimos de alto risco[49].

Educação

A história da educação de negros e brancos neste país é de desigualdades substanciais mantidas pelas instituições públicas. Ainda que, hoje, muitas das barreiras tradicionais ao avanço dos negros tenham sido banidas, a situação não é, de forma alguma, de igualdade. Embora os estudiosos tenham documentado o estreitamento da disparidade referente à *quantidade* de educação conquistada por negros e brancos, pouco foi dito sobre a discrepância persistente na *qualidade* da educação recebida[50]. Altos níveis de segregação *de facto* que ainda remanescem (e, em alguns casos, pioram) são, pelo menos em parte, responsáveis pela discrepância na qualidade. No entanto, *tracking*[51], encaminhamento diferencial para educação especial e outras práticas escolares informais também são fatores importantes.

A despeito de algum progresso durante o período imediatamente após 1964, o nível de segregação escolar de estudantes negros permanece relativamente alto em todas as regiões e se deteriorou nas regiões do Nordeste e do Centro-Oeste. De acordo com um relatório do Civil Rights Project de 2011, o aluno negro médio estudava em uma escola que era aproximadamente 50% negra e 28% branca. Em contrapartida, o aluno branco médio estudava em uma escola que era mais de 70% branca e cerca de 8% negra. De mais a mais, é relatada uma tendência em direção à ressegregação das escolas dos EUA a partir de 1986. Em decorrência da ressegregação durante a década de 1990, as escolas norte-americanas eram mais segregadas no ano letivo de 2000-2001 do que em 1970. A relevância desse fato é que, como observou Gary Orfield, "as escolas segregadas ainda são profundamente desiguais". Escolas de minorias urbanas, em nítido contraste com escolas suburbanas brancas, carecem de edifícios decentes; estão superlotadas; possuem equipamentos obsoletos – quando possuem equipamentos –; não têm livros didáticos suficientes para seus alunos; há falta de recursos de biblioteca; são tecnologicamente atrasadas; e pagam menores salários para a equipe docente e o pessoal administrativo, o que produz, apesar das exceções, um baixo nível de moral. De acordo com Jonathan Kozol, tais "desigualdades selvagens" têm sido diretamente relacionadas com um menor desempenho em leitura e aprendizagem de estudantes negros e suas limitadas habilidades de informática[52].

Nas escolas integradas, os negros ainda precisam lidar com práticas discriminatórias. Oakes e seus coautores encontraram evidências claras de práticas discriminatórias no *tracking* nas escolas.

É bem mais provável que brancos (e asiáticos) sejam (estatisticamente, de forma significativa) colocados no *track* acadêmico do que estudantes afro-americanos e latinos[53]. Outro estudo revelou que dos alunos de 1985 que fizeram o SAT, 65,1% dos negros, em comparação a 81,2% dos brancos, haviam sido inseridos em um currículo pedagógico acadêmico. Não é de admirar que os estudantes negros tendam a receber uma pontuação mais baixa no SAT do que os brancos. De acordo com Amanda E. Lewis e John B. Diamond, uma colocação desproporcional em *tracks* acadêmicos inferiores significa que estudantes negros estudam segundo um currículo menos rigoroso, com professores menos experientes e perdem os benefícios de uma escala de pontuação ponderada. Ademais, estudantes negros são punidos com mais frequência e de forma mais severa, estatística corroborada por numerosos outros estudos[54].

Outras Áreas da Vida Social

Um breve levantamento de pesquisas em outras áreas da vida social revela persistente discriminação, tratamento desigual e, em alguns casos, exclusão. Essa é uma das poucas áreas em que os brancos ainda expressam abertamente ressalvas nas pesquisas de opinião[55]. Em 1993, apenas 0,4% de todos os novos casamentos eram uniões entre negros e brancos[56]. Ademais, um relatório de 2010 do Pew Research Center (PRC) revela que 15,1% de todos os novos casamentos nos Estados Unidos eram entre cônjuges de raça ou etnia diferentes[57]. Não só mais de 90% dos brancos se casaram com outros brancos; pesquisas adicionais mostram que os índices de casamentos inter-raciais de latinos e asiáticos na verdade têm diminuído desde 1980[58]. Além das atitudes negativas dos brancos em relação a relacionamentos inter-raciais, o alto nível de segregação residencial e as limitadas amizades entre negros e brancos contribuem para esse baixo índice. Pesquisas de Jackman e Crane mostraram que somente 9,4% dos brancos podiam nomear um bom amigo negro.

Isso os levou a concluir que muito poucos brancos "poderiam afirmar com razão que 'alguns de seus melhores amigos são negros'"[59].

Na esfera da vida cotidiana, vários trabalhos recentes tentaram examinar as experiências diárias dos negros com o racismo. Por meio de suas entrevistas com profissionais liberais negros do sexo masculino, Adia Harvey Wingfield descreve os maus-tratos diários sofridos por homens negros da classe média no seu local de trabalho. Os entrevistados relatam um pernicioso *tokenismo*[60], que resulta em escrutínio e desaprovação indevidos[61]. Dalmon Tweedy, psiquiatra da Universidade de Duke, desenvolve essas ideias em suas memórias, descrevendo um incidente quando era aluno de graduação e foi confundido com um faz-tudo ao entrar em sala de aula. Tais incidentes continuaram à medida que ele progredia do ponto de vista profissional, sendo que alguns pacientes expressavam abertamente seu desagrado por médicos negros[62]. (Em um estudo mais antigo, Ellis Cose encontrou fenômenos similares entre negros da classe média que supostamente alcançaram sucesso.)[63] Feagin e McKinney assinalam que estresse crônico e "raiva justificada" resultantes desses maus-tratos implicam um custo psicológico para os afro-americanos, causam perda de energia pessoal e afetam sua saúde física[64].

Joe R. Feagin e Melvin P. Sikes também documentam a densa rede de práticas discriminatórias confrontadas pelos negros de classe média na vida cotidiana. Embora eles apontem, corretamente, que tais práticas discriminatórias variam de manifestas e violentas a veladas e gentis, as últimas parecem ser predominantes. Nos espaços públicos, o comportamento discriminatório descrito por entrevistados negros incluía serviço precário; exigências especiais; vigilância em lojas; serem ignorados em lojas de varejo que vendem produtos caros; receberem as piores acomodações em restaurantes ou hotéis; serem confundidos constantemente com serviçais; além dos habituais, mas ao que parece menos frequentes, epítetos e comportamento abertamente racistas.

Em 1981, Howard Schuman e seus coautores replicaram um estudo de 1950 de restaurantes no Upper East Side de Nova York e constataram que uma substancial quantidade de discriminação sutil remanesceu. Aos clientes negros era vedado o uso do guarda-volumes; eles eram acomodados em lugares isolados ou indesejáveis, como perto da cozinha; os pedidos eram trocados; e o pessoal de serviço ficava perturbado. Uma resenha recente da literatura sobre a discriminação na indústria de serviços mostra que essas práticas continuam. Pessoas de cor são mencionadas por meio de palavras de código como "canadense", "primos", *moolies*[65], "piche" e até mesmo "pessoas brancas", para sinalizar aos atendentes que se trata de clientes indesejáveis. O problema, no entanto, não termina com nomes desagradáveis, atendentes não dispostos a servir aos clientes negros, longos períodos de espera quando há mesas desocupadas, e instruções dos gerentes para tratar mal os negros[66]. É importante assinalar que grande parte das evidências desse tipo de comportamento origina-se de relatos de garçons, e pessoas de cor submetidas a tais práticas raciais se perguntam se esse comportamento é realmente baseado em raça. Lawrence Otis Graham relata em seu livro *Member of the Club* (Membro do Clube) que, em dez dos melhores restaurantes de Nova York verificados por ele e seus amigos, eles foram encarados, confundidos com trabalhadores do restaurante, acomodados em lugares horríveis e isolados de modo a evitar proximidade com os brancos. Na verdade, Graham relata que foram tratados razoavelmente bem em apenas dois dos dez restaurantes, um russo e outro, francês. As ações recentemente ajuizadas contra Denny's, Shoney's e o International House of Pancakes parecem sugerir que as práticas raciais dos restaurantes discriminam negros de todas as classes[67].

Mais recentemente, um conjunto de trabalhos sobre "microagressões" raciais registra como as minorias podem ser sutilmente depreciadas em muitas interações de raças. Elas podem ser um exemplo prototípico de como o novo racismo opera, uma vez que as microagressões podem ser crimes de omissão (ou seja, um ambiente exibe apenas símbolos como fotos ou material de leitura relevantes para a cultura branca dominante) ou de autorização, como quando se implica que uma minoria não está qualificada para um trabalho ou para admissão à escola, estando presente só por causa de uma ação afirmativa. É importante ressaltar que o conteúdo dessas mensagens é quase sempre desprovido de apelos raciais explícitos, permitindo que o perpetrador alegue serem elas neutras. Isso faz com que seja muito difícil para as pessoas de cor responderem a esse tipo de agressão. Tais microagressões podem ter um grave efeito sobre a vida das pessoas de cor, pois esse tipo de hostilidade tem sido ligado a várias consequências negativas em relação à saúde[68].

A Estrutura Política da Nova Ordem Racial

Quase todos os comentaristas de política negra reconhecem que os negros se tornaram participantes importantes da política "legítima" muito recentemente[69]. No entanto, desde 1965, quando os negros puderam se registrar e votar, sua representação em estruturas políticas locais e nacionais tem aumentado de forma significativa. Os dados a tal respeito são bastante claros. Enquanto em 1970 havia apenas 1.460 candidatos negros eleitos em todos os níveis do sistema político dos Estados Unidos, em 1989 o total aumentou para 7.226; no início dos anos de 1990, seu número chegou a oito mil; e atualmente é de cerca de dez mil[70]. Ademais, em 1990, "os negros ocupavam cargos eletivos em todos os Estados, à exceção de Idaho, Montana e Dakota do Norte"[71]. No Congresso, tem havido um aumento no número de candidatos afro-americanos eleitos: de dez, ou 1,9% dos membros do Congresso em 1970, a 26, ou 5,8% do total em 1991, e a 49 em 2016. O Senado, contudo, tem um total de cinco pessoas de cor, o que o torna um órgão esmagadoramente branco[72]. Além disso, várias delas são membros de minorias antiminorias, como Marco Rubio, da Flórida, Tim Scott, da Carolina do Sul, e Ted Cruz, do Texas. A exemplo de conservadores como o juiz da Suprema Corte Clarence Thomas, esses políticos estão desconectados das visões, dos objetivos e das aspirações da maioria das pessoas de cor.

No geral, as mudanças nessa área dão a impressão de progresso substancial e do início de uma América verdadeiramente pluralista[73]. O novo espaço político que os negros ganharam sem dúvida lhes propiciou alguns benefícios. Atualmente, os negros têm alguma influência direta – se bem que pequena – sobre os programas de ação e têm sensibilizado os políticos brancos acerca das necessidades dos negros não só por meio de suas sugestões de políticas, mas também por sua mera presença, tendo estabelecido uma ligação direta entre governo e cidadania. Em termos das cidades que elegeram prefeitos negros, alguns analistas apontaram que os "negócios de propriedade de afro-americanos se expandem, o índice de fracasso dos pequenos negócios diminui e há aumentos significativos tanto no número como nas proporções de afro-americanos empregados no governo municipal"[74]. Não obstante tais realizações, os negros continuam sendo um grupo subordinado no sistema político. A seguir, uma discussão das atuais limitações que os negros ali enfrentam.

Barreiras Estruturais para a Eleição de Políticos Negros

Gerrymandering racial; distritos de múltiplos membros; eleições em dois turnos; anexação de áreas predominantemente brancas; escrutínio plurinominal e provisões de *anti-single-shot* (proibindo a concentração de votos em um ou dois candidatos em cidades que usam o escrutínio plurinominal) tornaram-se práticas padrão para privar os direitos de voto dos negros desde 1965. Todas essas táticas tentam minimizar o número de distritos eleitorais de maioria negra ou neutralizar seu impacto eleitoral diluindo o voto negro[75]. Salvo pelo *gerrymandering* (definir distritos eleitorais de modo que as coalizões minoritárias desperdicem seus votos), os mecanismos têm a fachada de expandir a democracia e de serem neutros em relação à raça. Por exemplo, distritos de múltiplos membros foram inicialmente desenvolvidos para enfraquecer as máquinas políticas pela diluição do voto étnico, porém nos últimos tempos tornaram-se uma forma de diluir o voto negro nas cidades[76]. Todos esses procedimentos são eficazes porque a representação negra ainda depende da existência de distritos negros. Nas eleições de 2000, práticas de votação injustas, que afastaram muitos eleitores negros, foram relatadas em mais de uma dúzia de Estados norte-americanos e irregularidades de votação semelhantes nas eleições de 2004 privaram eleitores do direito de voto em comunidades predominantemente negras. Da mesma forma, nas eleições de 2012, grupos de direita atacaram os direitos de voto dos negros por meio de leis de identificação de eleitores em vários estados. Desde 2003, 34 estados implantaram leis de identificação de eleitores[77] similares às taxas pagas para ter direito a voto e exigências de alfabetização características do período Jim Crow. Embora os tribunais de apelação tenham começado a derrubar algumas dessas leis, no momento que escrevo este livro não estamos seguros do seu destino final na Suprema Corte. Não obstante os proponentes dessas leis alegarem que elas são neutras do ponto de vista de raça, uma pesquisa da Universidade de Delaware revelou que o *animus* racial era o melhor previsor de apoio à lei, independentemente do partido político. Algumas das legislaturas, como na Flórida e na Pensilvânia, implementaram essas leis apesar de alegarem abertamente que a fraude eleitoral não era um problema, mas que esperavam que sua efetivação reprimisse o comparecimento negro, dando a vitória a Romney[78].

Sub-Representação Entre Candidatos Eleitos e Nomeados

A melhor prova de que ainda existem barreiras estruturais à eleição de negros é o fato de que, apesar de sua crescente taxa de registro de eleitores e participação desde 1965, os candidatos negros eleitos ainda representam apenas 8,5% das legislaturas estatais e cerca de 3% dos candidatos eleitos locais[79]. O que é ainda mais significativo, os negros são substancialmente sub-representados inclusive nos lugares em que constituem 30% ou mais de toda a população[80]. A maioria das cidades com uma população de cinquenta mil ou mais habitantes com prefeitos negros em 2004 tinha mais de 40% de população negra[81]. Nova York, Los Angeles, Chicago e Dallas, que tiveram prefeitos negros na década de 1990, não têm mais. Os negros nomeados tendem a se concentrar nas burocracias dos direitos civis e do bem-estar social e, em muitos dos casos restantes, são negros "higienizados" como o juiz Clarence Thomas ou o general Colin Powell.

Por que os negros são tão sub-representados? Devido à tendência histórica dos brancos de apenas votar em ou nomear candidatos brancos. Por conseguinte, a eleição e a nomeação de negros parecem estar circunscritas a localidades nas quais eles constituem um segmento substancial da população (40% ou mais) ou a candidatos negros que "seguem a corrente convencional" ou exibem "moderação"[82].

Embora muitos brancos argumentariam que essa tendência terminou com o presidente Obama, a evidência sugere que a ascensão de Obama à presidência está alinhada com a trajetória histórica dos políticos negros. Ver o capítulo 10 para uma análise extensa do fenômeno Obama.

As Possibilidades Limitadas de Candidatos Eleitos e Nomeados

Qual é o impacto geral dos candidatos negros eleitos e nomeados para a comunidade negra em geral? No Congresso, devido ao seu número relativamente pequeno, os negros desempenham um papel muito limitado na criação de programas de ação. Na melhor das hipóteses, eles podem configurar aspectos da legislação de modo a suavizar o impacto sobre comunidades de minorias pobres e, até o momento, foram capazes de reduzir a legislação anti-direitos civis. O registro de negros nomeados, que têm sido historicamente poucos, sugere que eles tendem a desempenhar um papel ainda mais limitado na formação de políticas. De mais a mais, há uma tendência preocupante de nomear negros que são antinegros (tendência iniciada pelo presidente Carter), que se encaixa bem em nosso argumento do novo racismo[83]. Ao nomear negros conservadores para certas posições, o sistema político é *simbolicamente* integrado, ao mesmo tempo que preserva os planos de ação e as políticas que mantêm os negros "no seu lugar".

O Impacto Limitado dos Prefeitos Negros Eleitos

Prefeitos negros eleitos se encontram em um dilema político por causa do declínio das máquinas políticas. Esse declínio reduz significativamente o "poder" da posição de prefeito, pois máquinas políticas permitiram no passado que eles alocassem recursos aos seus círculos de eleitores. Dado que tais máquinas políticas foram substituídas por estruturas políticas burocráticas apartidárias, a probabilidade de que um prefeito negro possa fazer uso de sua posição a fim de distribuir recursos foi seriamente corroída[84]. De mais a mais, a crise financeira das cidades limita drasticamente os projetos que os prefeitos podem levar a cabo, bem como sua independência geral dos dominantes. Posto que as cidades são controladas pelos interesses das elites empresariais brancas, prefeitos negros eleitos são cada vez mais cativos de planos de ação pró-crescimento, que visam tornar as cidades propícias para investimentos empresariais. Essas políticas geralmente implicam negligenciar as necessidades mais prementes das minorias raciais e dos pobres[85]. Além disso, apesar do impacto progressista que muitos notaram na comunidade negra (nomeação de negros para vários cargos, aumento do índice de funcionários municipais negros, maior receptividade às necessidades dos pobres etc.), a maior parte dos benefícios não foi provisionada para as massas negras. Mais importante, a eleição de prefeitos negros, ao contrário daqueles de grupos étnicos brancos no passado, não levou à institucionalização do "controle negro nas esferas públicas e privadas de tomada de decisão"[86]. Por conseguinte, prefeitos negros se tornam "gerentes políticos" de cidades nas quais os atuais arranjos econômicos, sociais e políticos ainda beneficiam os brancos em geral, e a elite em particular.

Participação Eleitoral como Cilada

A incorporação subordinada dos negros à política eleitoral reduziu suas opções de efetuar uma mudança social significativa. Historicamente, os negros progrediram neste país por meio de uma política de protesto manifesta[87]. Portanto, a extensão do sufrágio universal aos negros tem sido uma faca de dois gumes. Por um lado, é uma das vitórias mais duradouras do movimento dos direitos civis, mas, por outro, está se tornando, passo a passo, um obstáculo para maior progresso negro. Como o número de negros em órgãos significativos de tomada de decisões (Câmara, Senado etc.) é ínfimo, pois os brancos ainda votam em grande parte nos candidatos brancos, e porque os negros não possuem recursos econômicos e sociais suficientes para fazer uso dos direitos políticos formais de forma tão eficiente quanto os brancos, as políticas eleitorais estão *restringindo* as opções políticas dos negros nos Estados Unidos.

Um exemplo de como a política eleitoral restringe as opções de negros pode ser visto no atual impasse político vivido pelos negros. Eles não podem votar nos republicanos, pois esse partido se tornou cada vez mais um partido pró-branco; eles não podem confiar plenamente no Partido Democrata, posto que ele tem mostrado em tempos recentes um imenso grau de ambivalência no que tange ao seu compromisso com os negros, conforme evidenciada no discurso racializado de muitos líderes sobre assistência social, crime, gastos do governo e ações afirmativas; e a opção de um terceiro partido, defendida por muitos progressistas, ainda é uma ideia improvável, com impacto limitado sobre os eleitores urbanos negros. Ao que parece, a saída desse impasse seria por meio de um retorno ao protesto em massa, mas é precisamente esse tipo de atividade política que é incompatível com a política eleitoral. Daí se depreende que os negros necessitam daquilo que a participação eleitoral limita.

A eleição de Obama é talvez o melhor exemplo dessa cilada; para mais informações, ver o capítulo 10.

"Mantendo-os em Seu Lugar": O Controle Social dos Negros Desde a Década de 1960

Em última análise, toda dominação é mantida por meio de estratégias de controle social. Durante a escravidão, por exemplo, os brancos usavam chicotes, feitores, patrulhas noturnas e outras práticas altamente repressivas, além de uma sériede práticas paternalistas, no intuito de manter os negros em seu lugar. Depois que a escravidão foi abolida, os brancos se sentiram ameaçados pelos negros livres; portanto, regras muito rigorosas, escritas e não escritas, de contato racial (as leis Jim Crow) foram desenvolvidas para especificar "o lugar" dos negros no novo ambiente de "liberdade". E, como garantia, o linchamento e outras formas terroristas de controle social foram utilizados para assegurar a supremacia branca. Em contraste, à medida que as práticas Jim Crow diminuíram, o controle dos negros tem sido obtido principalmente por intermédio de agências estatais (polícia, sistema judiciário penal, FBI). Marable descreve o novo sistema de controle da seguinte forma:

> As técnicas informais, inspiradas nos justiceiros e destinadas à repressão dos negros, não eram mais práticas. Portanto, a partir da Grande Depressão, e especialmente depois de 1945, os racistas brancos começaram a confiar, quase que exclusivamente, no aparato estatal para levar a cabo a batalha pela supremacia branca. Negros acusados de crimes recebiam sentenças mais longas do que brancos condenados por crimes semelhantes. As forças policiais das áreas municipais e metropolitanas receberam *carte blanche* em seus atos diários de brutalidade contra os negros. Os governos federal e estadual monitoravam com cuidado negros que defendiam qualquer tipo de mudança social. E o que é mais importante, a pena de morte foi usada como arma contra negros acusados e condenados por crimes graves. O sistema de justiça penal, em suma, tornou-se um instrumento moderno para perpetuar a hegemonia branca. Linchamentos extralegais foram substituídos por "linchamentos legais" e pena de morte.[88]

Nas seções seguintes deste capítulo, reviso os dados disponíveis para ver quão bem se encaixam na interpretação de Marable do sistema de controle contemporâneo.

O Estado Como Fiscal da Ordem Racial

Os Estados Unidos têm a maior população carcerária *per capita* do mundo[89]. A taxa de encarceramento aumentou 600% nos últimos trinta anos[90], e a raça influencia quase todos os aspectos do encarceramento, incluindo índices de prisão; de condenação; de probabilidade de emprego pós-encarceramento; de oportunidades educacionais; e resultados de casamentos. Pode-se esperar que um em cada três homens negros nascidos hoje passem parte de sua vida atrás das grades, e os latinos têm visto um aumento de 43% no seu índice de encarceramento desde 1990[91]. Dados sobre índices de prisão mostram que o contraste entre o número de negros e brancos presos desde 1950 é impressionante. A taxa de aprisionamento de negros aumentou ao longo desse período, atingindo quase 100 por 1000 em 1978, em comparação com 35 por 1000 para os brancos[92]. Os dados de 1989 sugerem que o índice de prisão de negros estabilizou-se em cerca de 80 a 90 por 1000[93]. As implicações para a comunidade negra são espantosas. De 8 a 9% de todos os negros são presos a cada ano. Isso significa que um número substancial de famílias negras experimenta os "serviços" do sistema de justiça penal a cada ano, direta (prisão ou encarceramento) bem como indiretamente (visita a cadeias, paradas pela polícia etc.).

No que tange ao número de negros encarcerados, encontramos um padrão similar aos índices de prisão. Embora os negros sempre tenham sido super-representados na população carcerária, como pode ser visto na tabela 2.2, essa super-representação disparou desde 1960. Em 1980, o índice de encarceramento dos negros foi seis vezes maior que o dos brancos.

As estatísticas referentes à juventude negra são ainda mais desanimadoras. A juventude negra de dez a dezessete anos, que constitui 15% da juventude americana, contabiliza 25% das prisões. Diferenças raciais existem em quase todas as etapas do processo de justiça juvenil: jovens negros sofrem perfilamento racial pela polícia; têm índices mais elevados de detenção, prisão e comparecimento à Corte; são acusados de delitos mais graves; e é mais provável que sejam colocados em estabelecimentos prisionais públicos maiores, em vez depequenos grupos privados, lares adotivos, centros de tratamento de drogas e de álcool[94]. "Quase um em cada quatro homens negros com idades entre 20 e 30 anos está sob a supervisão do sistema de justiça penal em qualquer dia."[95] O índice de encarceramento de negros por delitos penais é mais de oito vezes superior ao dos brancos, ou seja, 1 em cada 20 negros em comparação a 1 em 180 brancos na prisão[96]. Por conseguinte, dadas tais estatísticas, não é de surpreender que atualmente haja mais negros com idade entre 20 e 29 anos sob a supervisão do sistema de justiça penal (encarcerados, em liberdade condicional ou em suspensão condicional da pena) do que na faculdade.

Esse aumento significativo no encarceramento de negros tem sido atribuído a mudanças legislativas nos códigos penais e à atitude "rigorosa" na aplicação da lei, reforçada pelo medo branco do crime negro. Ademais, o fato de os negros serem desproporcionalmente condenados e receberem sentenças mais longas do que os brancos por crimes semelhantes contribui para sua super-representação na população penal. Por exemplo, "de acordo com o Federal Judicial Center, em 1990, as penas médias para negros acusados de uso ilegal de armas ou de envolvimento com drogas foram 49% mais longas do que para brancos que haviam cometido os mesmos crimes e por eles condenados – e essa disparidade tem aumentado com o tempo"[97]. Dados de autorrelatos sugerem que cerca de 14% dos usuários de drogas ilegais nos Estados Unidos são negros; no entanto, os negros constituem 35% dos detidos, 55% dos condenados e 74% dos encarcerados por posse de drogas[98].

Tabela 2.2
Porcentagem de residentes norte-americanos e homens na cadeia pública ou na penitenciária, segundo idade, raça e educação, 1980, 2000

TOTAL DE RESIDENTES NORTE-AMERICANOS, HOMENS DE 18-65 ANOS	1980	2000
Total de residentes norte-americanos	0,2%	0,7%
Homens de 18-65 anos		
Total	0,7%	2,1%
Brancos	0,4%	1,0%
Hispânicos	1,6%	3,3%
Negros	3,0%	7,9%
Homens de 20-40 anos		
Brancos	0,6%	1,6%
Hispânicos	2,1%	4,6%
Negros	4,8%	11,5%
Homens sem instrução universitária de 20-40 anos		
Brancos	0,9%	3,2%
Hispânicos	2,6%	5,5%
Negros	6,0%	17,0%
Homens com ensino médio incompleto de 20-40 anos		
Brancos	2,1%	6,7%
Hispânicos	3,2%	6,0%
Negros	10,7%	32,4%

Fonte: B. Western, The Prison Boom and the Decline of American Citizenship, *Society*, v. 44, n. 5, p. 30-36.

Brutalidade Oficial do Estado Contra os Negros

Os departamentos de polícia cresceram exponencialmente após a década de 1960, em particular em grandes áreas metropolitanas com grandes concentrações de negros[99]. Esse crescimento tem sido relacionado por vários estudos à mobilização urbana e à rebelião negra nos anos de 1960[100]. Outra forma de medir o impacto dos departamentos de polícia sobre a vida dos negros é pesquisar como negros e brancos avaliam a atuação policial. Rosentraub e Harlow, em uma resenha das pesquisas de opinião sobre as atitudes de negros e brancos em relação à polícia de 1960 a 1981, constataram que os negros veem consistentemente a polícia em uma luz muito mais negativa do que os brancos, apesar das tentativas nas décadas de 1970 e 1980 de reduzir a fricção entre as comunidades negras e os departamentos policiais por meio da contratação de mais policiais negros e, em alguns casos, até mesmo de comandantes de polícia negros. Os negros tendem mais a acreditar que a má conduta policial ocorra com frequência e seja comum em sua cidade e bairro[101].

O nível da força policial usada contra negros sempre foi excessivo. No entanto, desde que a polícia se tornou o executante mais direto do controle social dos negros desde a década de 1960, esse nível de violência disparou. Em 1975, por exemplo, *46% de todas as pessoas mortas pela polícia em ação oficial eram negras*[102]. A situação não mudou muito desde então. Robert Smith relatou recentemente que, das pessoas mortas pela polícia, mais da metade são negras; a polícia em geral alega que tais mortes foram "acidentais", porque se pensava que a vítima estivesse armada, embora, na verdade, isso não acontecesse em 75% dos casos; nos anos de 1980 houve um aumento no uso de força letal pela polícia e o único fator de melhoria foi a eleição de um prefeito sensível em uma cidade; e no rescaldo do veredicto de King[103], 87% das vítimas civis de brutalidade policial, conforme relato nos jornais de quinze grandes cidades americanas, eram negras e 93% dos policiais envolvidos, brancos. Além do mais, um número recorde de pessoas negras foi morto pela aplicação da lei em 2015, maior do que no ano mais mortífero de linchamentos nos Estados Unidos. Os assassinatos extrajudiciais de negros na América, contudo, não são limitados à execução da lei, conforme demonstrado pelo incidente de Trayvon Martin. Em fevereiro de 2012, quando Martin caminhava da loja para sua casa, foi fatalmente atingido por uma bala disparada por George Zimmerman, que alegou fazer parte da vigilância local do bairro. Zimmerman perseguiu Martin apesar das instruções explícitas para se retirar dadas por um atendente policial. Depois de uma breve altercação, Zimmerman disparou no peito de Martin. Devido à lei Stand Your Ground[104] (Defenda Seu Território) da Flórida, inicialmente Zimmerman não foi acusado. Depois de uma onda de pressão nacional, incluindo passeatas, protestos e comícios, Zimmerman acabou sendo acusado, julgado e absolvido. Esse incidente mostra como o poder de punir suspeitos "criminosos" negros pode se estender além do âmbito dos executores da lei formal. Infelizmente, uma lista crescente de nomes se junta ao de Martin à medida que esse comportamento se torna cada vez mais normalizado[105].

Uma forma mais mundana de brutalidade policial, de acordo com as leis de "parada e revista" na cidade de Nova York, aterroriza os jovens de cor todos os dias. Visando ostensivamente encontrar armas e drogas, quase 90% das paradas são de jovens negros e pardos. Isso ocorre embora, segundo o ativista antirracista Tim Wise, que é branco,

> é sete vezes mais provável que alunos brancos do ensino médio, quando comparados aos negros, tenham usado cocaína; oito vezes mais provável que tenham fumado crack; dez vezes mais provável que tenham usado LSD e sete vezes mais provável que tenham usado heroína [...] Além disso, é mais provável que jovens brancos com idades entre doze e dezessete anos vendam drogas: 34%

mais que seus equivalentes negros. A probabilidade de que a juventude branca beba em demasia e dirija embriagada é duas vezes maior em comparação aos negros. E os brancos do sexo masculino têm duas vezes mais probabilidade de levar uma arma para a escola do que os negros do sexo masculino.[106]

O abuso de negros sancionado pelo Estado sob o pretexto da fiscalização das leis relacionadas às drogas não visa claramente impedir a distribuição de drogas. Pelo contrário, é uma manifestação de como leis supostamente neutras à raça podem ser aplicadas a critério de policiais e departamentos a fim de controlar a população negra.

Desde o final da década de 1990, uma nova forma de controle social sancionada pelo Estado tem sido legislada em vários estados. Promovidas pela ala da direita do American Legislative Exchange Council, essas assim chamadas *stand your ground laws* ou *castle doctrine laws*[107] institucionalizam o ato racista de fazer justiça pelas próprias mãos. Vinte estados têm adotado essas leis desde 2000 e as taxas de homicídios nesses estados, contrariando as expectativas dos defensores de tais leis, aumentou em 8%[108]. E, como se esperaria em uma sociedade racializada, tais leis não foram aplicadas de forma racialmente neutra:

> É mais provável que brancos que matam negros nos estados [adeptos] do *stand your ground* tenham seus atos justificados. Em estados não [adeptos] do *stand your ground*, os brancos têm 250% mais probabilidade de conseguirem se justificar ao matar uma pessoa negra do que uma pessoa branca que mata outra pessoa branca; nos estados [adeptos] do *stand your ground*, esse número salta para 354%.[109]

De mais a mais, em resposta ao movimento Black Lives Matter (Vidas Negras Importam)[110], uma série de estados promulgou leis de Blue Lives Matter (Vidas Azuis Importam) que permitem que pessoas acusadas e condenadas de matar oficiais de execução da lei sejam sentenciadas e condenadas segundo a lei de crimes de ódio.[111]

A Pena de Morte Como uma Forma Moderna de Linchamento

As estatísticas de dados brutos sobre a pena de morte parecem indicar um viés racial *prima facie*: das 3.984 pessoas legalmente executadas desde 1930 (até 1980), 2.113 eram negras, mais da metade do total, quase cinco vezes a proporção de negros na população como um todo[112]. Os negros, que haviam constituído cerca de 13% da população, contabilizavam 52% das pessoas executadas em jurisdições estaduais ou federais desde 1930[113]. A pesquisa científica social acerca de condenações raciais, no entanto, produziu resultados mistos. Vários autores encontraram um viés na sentença[114], porém alguns argumentaram que, quando fatores legais são levados em conta, o viés desaparece[115]. Contudo, uma pesquisa recente tem sugerido que "a discriminação não diminuiu nem desapareceu, apenas se tornou mais sutil e difícil de detectar"[116]. Não obstante as alegações de que a discriminação diminuiu em importância, a pesquisa mostra que ela pode ter simplesmente ido para a clandestinidade. Outros apontaram que a discriminação sofrida por negros pode ocorrer em estágios iniciais. A pesquisa de Radelet e Pierce, por exemplo, sugere que homicídios com vítimas brancas e suspeitos negros são mais prováveis de serem atualizados para uma descrição mais agravada dos promotores. Portanto, modelos aditivos e lineares tenderão a deixar escapar o efeito da raça[117].

Há um corpo substancial de pesquisas segundo as quais a probabilidade de que negros acusados de assassinar brancos sejam condenados à morte é maior do que em qualquer outra díade vítima-criminoso. Da mesma forma, o número de negros acusados de estuprar mulheres brancas que recebem sentença de morte é muito mais elevado. As duas tendências foram confirmados por

Spohn em um artigo de 1994, usando dados de Detroit em 1977 e 1978: "Negros que atacaram sexualmente brancos corriam um risco de encarceramento maior do que negros ou brancos que atacaram sexualmente negros, ou brancos que agrediram sexualmente brancos; da mesma forma, negros que assassinaram brancos receberam sentenças mais longas do que os criminosos nas outras duas categorias."[118] Dados de 1976 a 1981, depois que as leis Furman[119] passaram a ser aplicadas, referentes aos Estados de Arkansas, Flórida, Geórgia, Illinois, Mississippi, Carolina do Norte, Oklahoma e Virgínia, no que tange a pessoas acusadas de homicídio, indicam que é mais provável que os casos que envolvem vítimas brancas garantam pena de morte do que casos envolvendo vítimas negras. Embora os autores tenham encontrado um efeito suspeito negro–vítima branca na Flórida, na Geórgia e em Illinois, eles afirmam que tal efeito desaparece quando a variável da gravidade do crime é controlada[120]. No entanto, o estudo mais abalizado a respeito, do professor David C. Baldus, para corroborar a alegação de Warren McCleskey, um negro condenado por assassinar um policial branco em 1978, revelou que havia uma enorme disparidade na imposição da pena de morte na Geórgia[121]. O estudo constatou que nos casos que envolviam vítimas brancas e réus negros, a pena de morte foi imposta em 22% das vezes, ao passo que na díade branco-negro, a pena de morte foi imposta apenas em 1% dos casos. *Mesmo depois de controlar um número de variáveis, a probabilidade de que os negros recebessem uma pena de morte era 4,3 vezes maior*[122].

Não deve surpreender ninguém que, numa sociedade racista, decisões judiciais sobre casos que envolvem a pena de morte exibam um efeito de raça. Pesquisas com júris sugerem que eles tendem a ser formados por pessoas mais velhas, mais ricas, mais instruídas, mais propensas à condenação e por mais brancos do que a média na comunidade[123]. Ademais, a pesquisa sobre o processo de seleção de jurados para casos de pena de morte sugere que o procedimento de *voir dire* (perguntas para selecionar o júri) produz júris que são a favor da pena de morte[124]. Demonstrou-se que esse viés particular tem um efeito racial. Gregory D. Russell, em sua obra *The Death Penalty and Racial Bias* (A Pena de Morte e o Preconceito Racial), encontrou dados indiretos (exibidos por meio de medidas substitutivas) de viés racial entre jurados qualificados para julgar um crime em relação ao qual a pena de morte seja uma sentença provável[125]. Esse achado aumenta nossa compreensão do motivo da existência de um índice de condenação diferencial para negros e brancos nos casos que envolvem pena de morte. Como Russell explica:

> A evidência desenvolvida sugeriu que há uma probabilidade maior de que júris compostos por jurados qualificados para julgar um crime em relação ao qual a pena de morte é uma sentença provável sejam brancos, punitivos e autoritários. Por isso, é mais provável que exibam uma tendência de tomar decisões com base em um viés racial. Todos os jurados ou júris agirão dessa maneira? É claro que não. A evidência simplesmente sugere a probabilidade de que os jurados assim compostos sejam mais predispostos do que não a determinações racialmente tendenciosas do que outros júris, embora a aparência do viés racial seja bastante idiossincrática.[126]

As tendências raciais observadas na pesquisa sobre a aplicação da pena de morte não diminuirão tão cedo. A decisão da Suprema Corte de 1986 em *McCleskey v. Kemp*[127], por exemplo, estipulou que a evidência estatística que mostrava discriminação racial não era suficiente e argumentou, ademais, que a evidência de discriminação só seria válida se o demandante pudesse provar que um Estado "promulgou ou manteve o estatuto de pena de morte *por causa de* um efeito racialmente discriminatório antecipado"[128]. Dados os novos contornos da ordem racial, as leis não serão escritas de modo a discriminar abertamente as minorias. Nesse deserto legal criado pela Suprema Corte, a menos que o Congresso promulgue uma lei permitindo evidências estatísticas como prova de discriminação, as minorias condenadas à morte não terão o recurso legal de alegar discriminação. A primeira tentativa de promulgar tal lei (o Racial Justice Act [Lei de Justiça Racial] em 1988) não passou no Congresso. A segunda tentativa, durante a discussão de 1993 do projeto de lei de Clinton relativo a crime, tampouco foi bem-sucedida. Entrementes, o número de negros encarcerados no corredor da morte atingiu a faixa dos 40%[129].

Alta Propensão Para Prender Negros

Os negros se queixam de que os policiais os maltratam, os desrespeitam, assumem que eles são criminosos, violam seus direitos de forma consistente, e são mais violentos ao lidar com eles. Negros e outras minorias são parados e revistados pela polícia em "números alarmantemente desproporcionais"[130]. Por que as minorias recebem "tratamento especial" da polícia? Estudos sobre as atitudes dos policiais e sua socialização sugerem que eles vivem em um "mundo de tiras" e desenvolvem uma mentalidade de "tira". E que o universo dos "tiras" é altamente racializado; as minorias são consideradas perigosas, propensas ao crime, violentas e desrespeitosas[131]. Vários estudos têm observado que as atitudes racistas exibidas pelos policiais produzem um impacto sobre seu comportamento em relação às minorias. Além disso, outros estudos sugeriram que a liberdade de ação da polícia e o viés demográfico contribuem para o super-encarceramento dos negros. Concluiu-se que características subjetivas extralegais, como comportamento, aparência e raça influenciam a decisão dos policiais de deter indivíduos, bem como outras etapas do curso do indivíduo ao longo do sistema de justiça penal[132]. Em termos de viés demográfico, a pesquisa sugere que, como as comunidades negras são superpatrulhadas, os policiais que patrulham essas áreas desenvolvem uma visão estereotipada de seus moradores como tendo mais probabilidade de cometer atos criminosos, sendo mais provável que "vejam" ali um comportamento criminoso do que nas comunidades brancas[133].

Não é, pois, de surpreender que os negros sejam desproporcionalmente detidos em comparação aos brancos. É possível aferir o nível de super-encarceramento dos negros comparando a proporção das vezes em que são descritos pelas vítimas como agressores com seus índices de detenção. Fazendo uso desse procedimento, Farai Chideya afirmou que:

> Para praticamente todo tipo de crime, os criminosos afro-americanos são presos em índices que superam seu cometimento dos atos. Relatórios de vitimização, por exemplo, indicam que 33% das mulheres que foram estupradas disseram que seu agressor era negro; no entanto, os suspeitos negros de estupro constituíram, no total, 43% daqueles que haviam sido presos. A taxa de aprisionamento desproporcional reforça a percepção pública de que o estupro é um crime "negro".[134]

Usando esses números, o índice de super-encarceramento de negros em casos de estupro é de 30%. Por mais chocante que isso pareça, o índice nos casos de vítimas brancas é ainda maior. Smith, Visher e Davidson encontraram que embora a probabilidade de prisão nos casos em que a vítima era branca e o suspeito negro fosse de 0,336, nos casos de suspeitos brancos e vítimas negras a probabilidade caía para 0,107. Os negros representam 65% dos exonerados de estupro e metade das exonerações de homens condenados por estuprar mulheres brancas, embora menos de 10% dos estupros de mulheres brancas sejam cometidos por homens negros[135].

A enorme quantidade de evidências anedóticas sobre negros detidos, assediados, ou revistados ilegalmente por parecerem "suspeitos" é indicativa da consciência e das práticas raciais de policiais brancos. Uma combinação dessas taxas de detenção desproporcionais e da brutalidade policial em curso deu origem ao movimento Black Lives Matter. Depois que uma *hashtag* de mídia social viralizou após o assassinato de Trayvon Martin em 2012, o movimento sem dúvida inflamou-se "oficialmente" em Ferguson após o assassinato de Michael Brown em 2014. Desde então, o movimento gerou comitês em 31 cidades, continuando a protestar – inclusive perturbando candidatos presidenciais com exigências de mudanças políticas, como a desmilitarização da polícia e a obrigatoriedade de portar câmeras no corpo quando da execução da lei. Infelizmente, o movimento pouco fez para interromper a onda de brutalidade policial e 2015 foi o ano de assassinatos cometidos por policiais mais mortífero na história. A lista continua a crescer. Um artigo no LA *Times* narra alguns dos incidentes mais notáveis:

SAMUEL DUBOSE, 43 ANOS
Ray Tensing, então policial da Universidade de Cincinnati, foi indiciado em julho de 2015 e acusado de assassinato, por disparar um tiro fatal em DuBose, que estava desarmado quando foi parado para que fosse investigada uma violação de tráfego. Tensing parou DuBose perto do *campus* devido à falta de uma placa veicular. Seu advogado disse que Tensing temeu ser arrastado para debaixo do carro enquanto DuBose tentava se afastar. O tiroteio foi gravado em vídeo pela câmera portada por Tensing e mostra DuBose sendo solicitado repetidamente a mostrar sua carteira de habilitação. Depois que DuBose se recusou a apresentá-la e sair do carro, ouve-se um tiro.

FREDDIE GRAY, 25 ANOS
Seis policiais de Baltimore enfrentaram acusações que variaram de má conduta a homicídio doloso em relação à morte de Freddie Gray em abril de 2015. Gray morreu quando seu pescoço foi quebrado no banco de trás de uma van policial. Ele tinha mãos e pés algemados, porém não estava atado ao cinto de segurança. A morte desencadeou vários dias de motins em Baltimore.

    O julgamento do homicídio involuntário do primeiro dos acusados, o policial William Porter, terminou em dezembro com um júri indeciso. Um juiz absolveu dois outros policiais em julgamento sem júri. A cidade de Baltimore pagou 6,4 milhões de dólares à família Gray como acordo de indenização.

NATASHA MCKENNA, 37 ANOS
McKenna morreu depois de receber quatro descargas de uma arma de eletrochoque enquanto tinha as mãos e os pés algemados. McKenna, que sofria de doença mental, estava sob custódia policial no condado de Fairfax, Virginia, em 3 de fevereiro de 2015, quando um subdelegado usou o *teaser* contra ela, que morreu em 8 de fevereiro.

ERIC GARNER, 43 ANOS
Garner morreu em 17 de julho de 2014, depois que um policial em Staten Island, Nova York, lhe aplicou uma chave de braço ilegal, quando a polícia alegou que Garner estava vendendo cigarros individuais de pacotes sem selos legais. Um vídeo filmado por um transeunte, mostrando os momentos finais de Garner, gerou rapidamente grandes protestos, exigindo que os policiais envolvidos enfrentassem acusações criminais.

O médico-legista da cidade determinou que a morte de Garner foi um homicídio por compressão do pescoço e do tórax. Dois policiais foram submetidos a uma investigação interna em conexão com a morte de Garner: aquele que aplicou a chave de braço foi transferido para o departamento de serviços administrativos, o que significa que lhe foram retirados a arma e o distintivo, enquanto a sargento, além dessa punição, foi ainda acusada internamente de fracasso em supervisionar.

TAMIR RICE, 12 ANOS
Rice foi baleado e morto em um parque em Cleveland, em 22 de novembro de 2014.

Os policiais Timothy Loehmann e Frank Garmback responderam a um chamado sobre um homem negro que estava sentado em um balanço e apontava uma arma para as pessoas em um parque da cidade. A pessoa que ligou expressou dúvidas sobre a autenticidade da arma e disse que se tratava provavelmente de um jovem, mas essa informação não foi transmitida aos policiais que responderam ao chamado. Dois segundos depois de chegar ao local, Loehmann disparou dois tiros, um dos quais acertou Rice no torso.

Descobriu-se mais tarde que a arma de Rice era uma arma de brinquedo preta. Em dezembro de 2015, o grande júri recusou-se a indiciar Loehmann ou Garmback.

Rekia Boyd, 22 anos
Boyd foi morta a tiros por um detetive de Chicago que estava de folga em 21 de março de 2012, quando estava parada em um beco com um grupo de amigos. Um homem do grupo trocou palavras com o detetive, que disparou cinco tiros no beco, atingindo Boyd na nuca. Nenhuma arma foi encontrada no local.[136]

A Repressão dos Líderes Negros e o Movimento dos Direitos Civis

Líderes do movimento negro como Elijah Muhammad, Malcolm X, Stokely Carmichael, Luís Farrakhan, Huey P. Newton, Elaine Brown, Fannie Lou Hamer, Angela Davis e Martin Luther King Jr. e organizações como o SNCC – Student Nonviolent Coordinating Committee (Comitê de Coordenação Não violenta de Estudantes); a NAACP – National Association for the Advancement of Colored People (Associação Nacional Para o Progresso das Pessoas de Cor); a SCLC – Southern Christian Leadership Conference (Conferência da Liderança Cristã do Sul); os Panteras Negras; o RMA – Revolutionary Action Movement (Movimento de Ação Revolucionária); e a organização MOVE foram monitorados pelo FBI. A investigação de seis anos (de 1962 a 1968) lançada pelo FBI contra Martin Luther King Jr. foi de particular importância, dado que King, ao contrário de outros líderes negros de seu tempo, não defendia a mudança por meios radicais. Conforme assinalado por David Garrow, "é bastante evidente que nenhum outro líder negro foi alvo da intensiva e hostil atenção a que o dr. King foi submetido em meados da década de 1960"[137]. Embora o FBI tenha alegado de início que a vigilância de King e da SCLC devia-se ao envolvimento de comunistas na organização – nesse sentido, encaixava-se nas prerrogativas organizacionais do FBI –, passou rapidamente a investigar assuntos puramente privados da vida de King, com a intenção explícita de desaboná-lo. Muitas teorias têm sido postuladas para explicar por que King foi escolhido (o racismo de J. Edgar Hoover; racismo no departamento; a reação de Hoover à crítica pública de King sobre a agência em 1961; o conservadorismo do departamento; e a fascinação de Hoover, bem como de outros agentes do alto escalão do FBI, pela sexualidade), mas o ponto principal é que King, o líder negro mais importante daquele século, foi cuidadosamente monitorado pelo FBI até o seu assassinato.

A perseguição do FBI contra líderes como Elijah Muhammad e Malcolm X e sua organização, a Nação do Islã, foi menos hostil e consistente que a de King e da SCLC, porque eles não estavam mobilizando as massas negras como King. O FBI passou a dispensar muita atenção a Malcolm só depois que ele começou a fazer propostas aos líderes dos direitos civis e a defender o envolvimento político militante. Depois do seu assassinato em 1965 – um assassinato no qual o FBI esteve aparentemente envolvido –, o FBI lançou uma ofensiva especial (o COINTELPRO[138] contra os chamados grupos de ódio nacionalistas negros) para coibir a propagação do nacionalismo negro por qualquer meio necessário[139]. Em 1967, o FBI tinha mais de três mil informantes nas comunidades negras como parte desse programa e vigiava e desferia golpes baixos contra o líder do SNCC, Stokely Carmichael, e os Panteras Negras[140]. O FBI, por meio de uma campanha de difamação e outras técnicas, neutralizou Stokely Carmichael, H. Rap Brown, o reverendo Charles Koen, da Frente Unida do Cairo, e o ativista-comediante Dick Gregory[141]. Inclusive grupos aparentemente menos ameaçadores como as uniões dos estudantes negros nos *campi* de todo o país foram infiltrados pelo FBI. Quando o COINTELPRO passou a ser conhecido pelo povo americano, em 1971, as organizações negras radicais haviam sido desmanteladas.

Outra área indicativa de como os agentes de controle social lidam com as ameaças mais politicamente perigosas representadas pela comunidade negra é a sua manipulação dos chamados tumultos. Balbus assinala em sua análise das rebeliões nos anos de 1960 em Los Angeles, Detroit e Chicago que a "justiça" foi levada a cabo com rapidez porque os "desordeiros" eram negros.

> Dado que os negros são considerados por muitos, inclusive pelas autoridades judiciárias, "animais", e seu comportamento violento é visto por muitos como confirmação da sua animalidade, as violações flagrantes da racionalidade formal foram menos deslegitimadoras do que teriam sido se cometidas contra brancos. Trata-se simplesmente do caso – e nenhum dado de pesquisa de opinião é necessário para demonstrar essa tese – de que os americanos são muito mais propensos a tolerar o encarceramento de negros por períodos prolongados de tempo e sob condições desumanas do que tolerariam indignidades semelhantes cometidas contra brancos.[142]

O número de pessoas detidas nessas rebeliões é impressionante. Durante os tumultos de Watts em Los Angeles, em 1965, por exemplo, quatro mil pessoas foram detidas; durante o tumulto de Detroit em 1967, 7.200 pessoas foram detidas; durante o tumulto de Chicago, em 1968, mais de 2.700 pessoas foram detidas; finalmente, na rebelião de Los Angeles em 1992, um total desconcertante de 9.456 pessoas foi detido. Isso foi devido a uma estratégia de detenções por atacado, de acusações múltiplas e de fianças extraordinariamente altas, desenvolvidas no intento de "controlar" rapidamente os tumultos. Em meados da década de 1960, o presidente Johnson autorizou o FBI a expandir a sua inteligência doméstica, "levando a que inúmeras pessoas fossem marcadas como subversivas ou radicais nos arquivos do FBI". Além disso, o Congresso aprovou o Riot Control Act (Lei de Controle de Tumultos) em 1968, segundo o qual pessoas que viajavam ou utilizavam instalações de comércio interestadual com a intenção de incitar um motim podiam ser multadas em 10 mil dólares ou encarceradas por cinco anos, ou ambos[143].

O Controle Social Pós-Movimento dos Direitos Civis e o Novo Racismo

Os mecanismos pelos quais os negros vivenciam o controle social no período contemporâneo não são predominantemente velados. No entanto, eles compartilham com os mecanismos anteriores discutidos a sua invisibilidade. Os mecanismos designados a manter os negros em "seu lugar" tornam-se invisíveis de três modos. Primeiro, como a imposição da ordem racial a partir da década de 1960 foi institucionalizada, brancos individuais podem expressar um distanciamento da forma *racializada* pela qual as agências de controle social operam na América. Em segundo lugar, posto que tais agências são *legalmente* encarregadas de defender a *ordem* na sociedade, suas ações são consideradas neutras e necessárias. Assim, não é de surpreender que os brancos apoiem consistentemente a polícia nas pesquisas de opinião[144]. Finalmente, a mídia dominada pelos brancos retrata como isolados incidentes que parecem indicar que o viés racial é endêmico ao sistema de justiça penal. Por exemplo, casos que presumivelmente exponham o caráter racial das agências de controle social (como o espancamento policial de Rodney King, a morte de Malice Green pela polícia em Detroit, a absolvição ou as penas lenientes recebidas pelos acusados de brutalidade policial etc.) são vistos como incidentes "isolados" e separados do contexto social mais amplo em que ocorrem. Em última análise, o surgimento do novo racismo não significa que a violência racial tenha desaparecido como fiscalizadora do cumprimento da ordem racial. Ao contrário, tais incidentes são retratados como aplicações não raciais da lei.

A Contínua Desigualdade Econômica Racial

A vida econômica dos afro-americanos sempre foi influenciada pela desigualdade racial estruturada. Um volume substancial de literatura sobre diferenças de emprego entre brancos e negros tem documentado a influência da discriminação no mercado de trabalho, diferenças salariais, segmentação ocupacional, bem como desigualdades de renda e riqueza ao explicar resultados econômicos racialmente distintos[145]. Não obstante as disparidades bem documentadas entre negros e brancos, muitos cientistas sociais têm focado sua atenção no crescimento da classe média negra[146]. Alguns projetaram o "sucesso" desse segmento na comunidade toda, criando uma imagem de progresso econômico geral. Não há dúvida de que os afro-americanos tiveram progressos significativos em diversas áreas da sua vida econômica ao longo das últimas três décadas (a posição econômica das mulheres negras *vis-à-vis* às mulheres brancas; a abertura de empregos que eram reservados aos brancos; o desenvolvimento de uma classe média significativa etc.). No entanto, sua situação geral, relativamente aos brancos, não avançou tanto[147]. As seções seguintes deste capítulo destacam o *status* econômico dos negros e os mecanismos que estruturam a desigualdade econômica no nível econômico no período pós--movimento dos direitos civis.

Diferenças de Renda e Salário

Estudos que analisam - média de negros e brancos revelaram alguma convergência; muito dessa convergência tem sido atribuída ao aumento dos níveis de escolaridade dos afro-americanos, em particular entre grupos mais jovens, bem como a políticas de ação afirmativa[148]. Entretanto, a evidência empírica relativa à convergência racial na renda é um pouco confusa. Vários cientistas sociais apontaram que os rendimentos dos afro-americanos começaram a convergir rapidamente com os dos brancos a partir da Segunda Guerra Mundial; porém, durante a recessão do início dos anos de 1970, os níveis de renda dos afro-americanos começaram a estagnar e a convergência racial deixou de existir. Pelos idos de 1990, ressurgiu uma disparidade substancial de rendimentos entre negros e brancos, sendo que a proporção de rendimento familiar entre negros e brancos atingiu 0,56, pouco superior à de 0,55 em 1960. Em 2014, a renda familiar média dos negros tinha apenas melhorado marginalmente para 59% da renda familiar média dos brancos. Curiosamente, o decrescimento da renda dos negros em relação à dos brancos tem sido atribuído ao declínio na fiscalização de leis antidiscriminatórias e a programas de ação afirmativa do governo federal. Assim, enquanto os negros tiveram um acentuado progresso a partir da Segunda Guerra Mundial e até o início dos anos de 1970, sua renda, relativamente à dos brancos, pouco melhorou nas últimas décadas.

Além disso, os analistas que se concentram na convergência de renda tendem a mascarar sérias tendências que afetam a população afro-americana – como o desemprego, o subemprego e a diminuição no índice de participação de mão de obra – ao tecer suas comparações com base em trabalhadores de tempo integral. Darity e Myers observam com perspicácia que a exclusão dos afro-americanos com renda zero (ou seja, os desempregados e desocupados) na avaliação dos cientistas sociais quanto às diferenças de renda entre afro-americanos e brancos mascara a persistente fissura racial na vida econômica[149]. A disparidade referente ao desemprego entre afro-americanos e brancos aumentou durante os anos de 1970 e 1980 – o mesmo período em que as rendas dos afro-americanos deixaram de convergir com as dos brancos[150]. Muito embora a disparidade racial no que tange ao emprego tenha diminuído durante a prosperidade econômica da década de 1990, a proporção emprego-população dos homens negros era de 86% em relação aos homens brancos e os negros eram empregados por sete horas a menos por semana do que os brancos em 1999. Em 2014, depois da "Grande Recessão", o desemprego dos negros era 2,3 vezes maior que o dos brancos, quase idêntico ao máximo atingido na década de 1980. Ademais, em 2015, o desemprego dos negros era maior em todos os níveis de formação, o que sugere não ser isso simplesmente resultado de diferenças educacionais. Em algumas áreas geográficas as disparidades são imensas; em Chicago, por exemplo, somente 47% dos negros de 20 a 24 anos de idade estão empregados, em comparação a 73% dos brancos[151].

As diferenças de rendimento refletem em grande medida os distintos potenciais de ganho salarial de negros e brancos na América. Em 1999, homens negros ganhavam cerca de 60% dos salários dos homens brancos; mulheres negras, que tinham rendimento *per capita* de 90% das mulheres brancas em 1990, viram sua renda reduzir-se a 83% dos rendimentos femininos brancos em 2013. Essa enorme diferença é atribuída aos menores níveis de instrução dos negros, às menores taxas de retorno pela educação e experiência no mercado de trabalho, e à sua concentração no Sul, tudo diretamente relacionado com a dinâmica racial deste país[152]. A diferença nos ganhos desaparece quando a comparação é entre negros e brancos com características similares? A resposta é não. Farley e Allen fizeram tal comparação para o ano de 1980 e encontraram uma disparidade de 14%. Ainda que essa diferença, conhecida na literatura como o custo de ser negro, fosse menor do que os 19% em 1960, o fato de ela ter aumentado para 16% em 1985 não dá muita esperança. Portanto, antes de se chegar à conclusão precipitada de que a desigualdade racial estruturada diminuiu significativamente com base no fato de que a renda de homens negros e brancos que trabalham em tempo integral chegou a aproximadamente 73% em 1986, em comparação a 43% em 1940, devemos examinar outros aspectos de sua vida econômica, tais como distribuição ocupacional dos negros, a fim de fornecer uma imagem mais precisa de sua posição econômica. Mais recentemente, Day e Newburger mostram que os negros ganham menos do que os brancos em todos os níveis educacionais e, da mesma forma, Grodsky e Pager revelam que, ainda que os negros subam na hierarquia ocupacional, a sua renda fica ainda mais para trás de seus pares brancos[153].

Mobilidade Ocupacional e Segmentação

Uma das principais razões pelas quais a posição econômica dos negros é muito inferior à dos brancos se deve à classificação ocupacional por raça. A despeito de recentes dados ocupacionais terem mostrado que os afro-americanos fizeram considerável progresso na obtenção de emprego em categorias ocupacionais das quais eram, anteriormente, para todos os efeitos práticos, excluídos, eles ainda são super-representados entre os trabalhadores não qualificados e sub-representados entre os funcionários administrativos melhor remunerados. Em 1960, 60,4% dos homens brancos trabalhavam como operários de produção, em comparação a 76,7% de negros[154]. O Censo dos EUA no ano 2000 mostra que os brancos têm maior probabilidade do que os negros de serem empregados em ocupações gerenciais e profissionais liberais: 35,43% de homens brancos e 40,64% de mulheres brancas em comparação a 21,65% de homens negros e 31% de mulheres negras. Os negros, em contraposição, são desproporcionalmente empregados em prestação de serviços: 20,23% dos homens negros e 26,39% das mulheres negras, em comparação a 10,85% de homens brancos e 17,03% de mulheres brancas. No setor de prestação de serviços, homens negros têm maior probabilidade de serem empregados em limpeza e manutenção de edifícios; mulheres negras, na saúde, no cuidado pessoal e no cuidado alimentar. Homens negros também são desproporcionalmente representados na produção, no transporte e na movimentação de materiais (26,17% dos negros comparados a 17,26% dos brancos). Homens brancos têm maior probabilidade de trabalhar na construção (17,26% dos brancos em comparação a 12,63% dos negros).

Dois fatores adicionais apontam para a segmentação vivenciada pelos negros na América. Primeiro, apesar do aparente declínio na sub-representação de afro-americanos em ocupações gerenciais e profissionais liberais, aqueles empregados em tais ocupações ganham menos do que seus equivalentes brancos. Em segundo lugar, conquanto a importância da raça como determinante de mobilidade ocupacional para homens afro-americanos possa ter diminuído no período de 1962 a 1973, outras pesquisas sugerem que sua mobilidade ocupacional é menos frequente do que a dos brancos e mais restrita em termos de destinação[155]. Oliver e Shapiro observam que "quase dois de cada cinco negros de famílias operárias permanecem presos em trabalhos não qualificados e, na maior parte, em empregos mal pagos". Alguns pesquisadores tradicionais têm atribuído as diferenças raciais de rendimentos à disparidade do nível educacional entre negros e brancos. Cotton, no entanto, descobriu que diferenças raciais entre os empregados no setor gerencial e profissional liberal não poderiam ser explicadas por diferenças educacionais[156]. Isso não é surpreendente, uma vez que a pesquisa tem consistentemente mostrado que homens negros ganham menos que homens brancos em quase todas as ocupações[157].

De mais a mais, conforme afirmação de Collins, a relativa abertura de cargos para profissionais liberais e gerenciais para negros não deve ser confundida com um declínio da discriminação racial. Embora os afro-americanos tenham sido bem-sucedidos em profissões não tradicionais, sua mobilidade ocupacional ainda exibe um claro padrão racial. Vários estudos indicaram que, em sua maioria, a discriminação por exclusão, ao estilo Jim Crow, foi substituída por uma nova rede de práticas raciais que limitam sua mobilidade e afetam seu desempenho cotidiano. Uma das mais difundidas é a classificação de negros em algumas posições, prática essa reminiscente da seleção de negros para *nigger jobs* durante o período Jim Crow. Collins, por exemplo, revela que muitos executivos afro-americanos ocupam cargos relacionados às ações afirmativas, a relações com a comunidade, questões de minorias ou de relações públicas, que foram criados durante os anos de 1960 e 1970 em resposta às demandas de direitos civis, posições que não proporcionam muita mobilidade[158].

Práticas Raciais no Mercado de Trabalho

Desde o início dos anos de 1960, cientistas sociais reconheceram que práticas raciais no mercado de trabalho são importantes fatores causais para explicar os diferentes resultados de emprego de negros e brancos. Porém, até recentemente, estudos sobre a discriminação no mercado de trabalho avaliaram a discriminação como a diferença inexplicável nos rendimentos de negros e brancos após o controle de um número de variáveis. Embora essa medida seja útil, ela tende a subestimar a extensão da discriminação ao eliminar diferenças (por exemplo, na educação e no *status* ocupacional) que são, por si só, o produto de práticas raciais discriminatórias[159].

Desde a década de 1990, os analistas têm recorrido a uma estratégia de pesquisa para avaliar *diretamente* o impacto da discriminação. A técnica utilizada para examinar a discriminação no mercado de trabalho é chamada de "auditoria de emprego", emprestada da estratégia de auditoria habitacional, e consiste no envio de sujeitos, equiparados na maior parte de suas características, à exceção de raça, para procurar emprego. Ao adotar essa abordagem, os analistas puderam estimar a *extensão* e a *forma* das práticas raciais discriminatórias que as minorias têm de suportar no mercado de trabalho. O mais famoso desses estudos foi, provavelmente, o realizado pelo Urban Institute em 1991. Ele foi desenvolvido com empregadores selecionados aleatoriamente em San Diego, Chicago, e Washington, D.C., e descobriu-se que, em média, os testadores brancos foram significativamente favorecidos em relação aos negros. Em 20% das auditorias foram negadas oportunidades de trabalho aos negros e em 31% delas, aos latinos. Em Milwaukee, Wisconsin, Pager dividiu os testadores com currículos comparáveis em quatro grupos: brancos sem antecedentes criminais; brancos com antecedentes criminais; negros sem antecedentes criminais e negros com antecedentes criminais. Candidatos brancos com antecedentes criminais (17%) tiveram mais chances de serem chamados de volta para uma entrevista do que candidatos negros sem antecedentes criminais (14%)[160].

Pesquisas revelam que os negros são discriminados em todos os níveis do processo de trabalho. Na fase de busca, eles são deixados para trás porque a maioria dos empregadores conta com redes sociais informais para divulgar seus empregos. E já que os negros não fazem parte dessas redes, eles são deixados de fora. Isso não só estorva os negros em seus esforços para obter empregos de classe média, mas também, como mostra Royster em seu livro *Race and the Invisible Hand* (Raça e a Mão Invisível), redes de guardiães mantêm o privilégio branco também em carreiras comerciais. Especificamente, ela mostra como, em uma escola profissionalizante, estudantes brancos com qualificações semelhantes às dos negros (na verdade, os estudantes negros desse estudo são um pouco mais qualificados) são preferidos por empregadores que, claramente, desejam contratar "sua própria gente"[161].

Além disso, uma recente verificação de pessoas que deixaram de receber assistência social desde as leis da reforma previdenciária em 1996 indica que o privilégio branco opera mesmo em trabalhos de prestação de serviços de baixo nível. Os empregadores prefeririam contratar brancos a negros que haviam deixado de receber assistência social e pagavam menos aos negros que contratavam. No nível de admissão ao trabalho, além das práticas supramencionadas, os negros são selecionados por testes e deles se exige um diploma do ensino médio. Essas duas práticas foram desenvolvidas no final dos anos de 1950 e na década de 1960 como substitutivas da exclusão total dos empregos e mencionadas no Civil Rights Act (Lei de Direitos Civis) de 1964 como práticas que poderiam ter resultados excludentes. Elas são discriminatórias porque o diploma e os testes *não* são essenciais para o desempenho no trabalho.

Em termos de promoção no emprego, os negros enfrentam uma barreira ao avanço profissional porque são classificados em trabalhos que se assemelham a um beco sem saída. Pesquisas também sugerem que a exclusão dos negros de redes sociais informais restringe suas oportunidades de demonstrar critérios para promoção, tais como lealdade, bom senso e potencial de liderança. Profissionais liberais negros também são constrangidos no que tange às emoções que podem expressar mesmo quando confrontados com o racismo direto no local de trabalho[162]. Outrossim, Baldi e McBrier encontraram que a crescente presença de minorias resulta em um efeito negativo sobre os negros. Eles sugerem que um processo de ameaça de grupo pode estar operando no trabalho e que os gerentes brancos tentam proteger os trabalhadores brancos face à crescente presença de minorias[163].

Riqueza

Os dados disponíveis sobre a riqueza indicam que as discrepâncias nessa importante área são maiores do que em qualquer outra área econômica, e estão aumentando. Os negros possuíam apenas 3% dos ativos dos EUA em 2001, embora constituíssem 13% da população. Em 2013, o patrimônio líquido médio dos brancos, de 141.900 dólares, era mais de treze vezes maior do que o dos negros, de apenas 11 mil dólares. Isso representa a maior disparidade de riqueza entre brancos e negros desde o fim da década de 1980. Ainda que todos os segmentos da população tivessem perdido uma parte significativa de sua riqueza em decorrência da Grande Recessão, a riqueza dos brancos estabilizou-se em 2010, ao passo que a riqueza dos negros continuou a decrescer verticalmente e com maior rapidez do que durante a recessão[164].

Uma das principais razões para essa disparidade de riqueza é a herança e doações financeiras de parentes. O legado financeiro médio nas famílias brancas em 2001 foi dez vezes maior do que nas famílias negras. Gittleman e Wolff examinaram fatores que afetam a acumulação de riqueza de 1984 a 1994 e não encontraram evidências de diferenças nos comportamentos de poupança após o controle da renda. Se os negros tivessem heranças, rendas e portfólios comparáveis durante esse período, teriam reduzido significativamente a disparidade de riqueza racial. Os pesquisadores concluem, no entanto, que será "extraordinariamente difícil para os negros recuperar de modo significativo o atraso em relação aos brancos no que tange à riqueza", devido aos índices muito menores de heranças, rendas mais baixas e o fato de que grande parte de seus ativos econômicos são constituídos pelo valor de sua casa própria excedente à hipoteca[165].

Esse valor é menor entre negros do que entre brancos por várias razões. Primeiro, a longa história de segregação e *redlining* garante que a habitação dos negros esteja concentrada em áreas "menos desejáveis" para a mentalidade dos brancos. Além disso, as unidades habitacionais em "áreas negras" valorizam-se muito mais lentamente do que unidades similares em "locais brancos"; e em áreas nas quais a população negra está crescendo, os preços das casas caem com frequência. É também mais provável que os brancos avaliem bairros com grande população negra como indesejáveis, promovendo a segregação[166].

Opiniões Gerenciais Sobre os Negros

Pesquisas recentes sugerem que as opiniões dos gerentes brancos sobre os negros não mudaram drasticamente desde a década de 1960. Estudos anteriores foram otimistas na previsão de que os gerentes assumiriam suas responsabilidades sociais em relação aos negros após anos de exclusão[167]. Os negros têm se queixado de que são ignorados pelos gerentes brancos no que diz respeito a promoções, que não são tratados como iguais, e que suportam uma sutil hostilidade de seus companheiros de trabalho e supervisores[168]. Empregadores e gerentes brancos que contratam para cargos não especializados mantém em geral concepções que são mais abertamente racistas. Em suas entrevistas com empregadores de Chicago e do condado de Cook, Kirschenman e Neckerman descobriram que os negros eram vistos como tendo uma ética de trabalho ruim, como criadores de tensão no ambiente de trabalho, preguiçosos e não confiáveis, desprovidos de qualidades de liderança e como tendo atitudes negativas. Um gerente de farmácia nos subúrbios, por exemplo, disse o seguinte sobre os negros:

> É lamentável, mas no meu negócio eu acho que no geral [homens negros] tendem a ser vistos como desonestos. Eu acho que isso é muito ruim, mas essa é a imagem que eles têm. (*Entrevistador: Então você acha que é um problema de imagem?*) Sim, de desonestos, um problema de imagem, de serem desonestos, mesquinhos e preguiçosos. Eles são conhecidos por serem preguiçosos. Eles são [risos]. Eu odeio dizer isso, mas... É tudo uma imagem, entretanto. Se eles são ou não, eu não sei, mas é uma imagem que é percebida. (*Entrevistador: Entendo. Como você acha que essa imagem foi desenvolvida?*) Vá procurar nas prisões [*risos*].[169]

Em uma investigação das dificuldades das minorias urbanas no mercado de trabalho, Moss e Tilly estudaram as atitudes dos empregadores em relação a possíveis funcionários em empregos da classe trabalhadora, de nível iniciante, nas áreas metropolitanas de Atlanta, Boston, Detroit e Los Angeles entre 1992 e 1995. A maioria dos empregadores expressou maior preocupação com as habilidades comportamentais, tais como aptidões sociais, que são subjetivamente determinadas, do que com as habilidades técnicas de potenciais funcionários, e encontraram que negros urbanos, especialmente negros do sexo masculino e moradores nos distritos residenciais de baixa renda no centro da cidade e arredores, deixavam a desejar nesse aspecto. Moss e Tilly atribuíram o viés racial dos empregadores a estereótipos raciais, a imagens negativas e raciais desses moradores e a diferenças culturais, como vestuário, vocabulário e sintaxe[170].

Conclusão

Em suma, os negros, com sua luta, conseguiram ter acesso ao sistema político, porém esse acesso não se traduziu em uma influência significativa. Mais negros são eleitos e nomeados para vários cargos do que em qualquer outro momento, porém isso tem um impacto muito limitado sobre o *status* das massas negras. Ademais, uma série de barreiras indiretas à eleição de negros, as regras do jogo no Congresso e as condições nas cidades da América nas quais os negros aparentemente obtiveram mais sucesso político ajudam a mantê-los afastados e a preservar o poder político branco quase intacto. As mudanças na dinâmica racial em todos os níveis, dos quais documentei neste capítulo apenas o social e o econômico, parecem equivaler a uma reorganização – ainda incompleta e um tanto parcial – da estrutura racial deste país. Essa reorganização da estrutura racial está incompleta porque 1. nem todos os mecanismos e práticas foram resolvidos, isto é, se institucionalizaram; e 2. ainda temos muitos legados do período anterior que afetam as oportunidades de vida dos negros. No que tange ao primeiro ponto, a discriminação no campo da educação, por exemplo, não assumiu um padrão institucional definido no período contemporâneo. Em vez disso, existem vários meios (ressegregação pela fuga dos brancos aos subúrbios e às escolas particulares, segregação dentro da escola, *tracking* etc.) para garantir as vantagens dos brancos. Quanto ao segundo ponto, ainda temos racistas "à moda antiga", violência extralegal e um *apartheid* não declarado na área da habitação, mas a evidência revisada aqui sugere que os negros e outras minorias deveriam temer menos a raiva dos homens com capuzes brancos e suas práticas discriminatórias tradicionais do que a dos homens de terno e sua "discriminação sorridente"[171].

Concordo com Pettigrew e Martin quando afirmam que "a maior sutileza dessas novas formas [de discriminação racial] impõe novos problemas a serem solucionados. Elas atuam tanto no nível institucional-estrutural enfocado por sociólogos como no nível situacional, face a face, abordado pelos psicólogos sociais"[172]. Alguns dos problemas que requerem solução são os seguintes:

1. É extremamente difícil para quem está sendo discriminado detectar a discriminação racial. Além disso, inúmeros brancos progressistas tendem a dar desculpas no tocante a muitas das alegações de discriminação contemporânea porque,

> com frequência, o negro é a única pessoa na posição de concluir que o preconceito está operando na situação de trabalho. Brancos têm geralmente observado apenas um subconjunto dos incidentes, qualquer um dos quais passível de ser habilmente justificado por um relato não racial. Por conseguinte, muitos brancos permanecem não convencidos da realidade do preconceito sutil e da discriminação, e passam a considerar seus colegas negros "terrivelmente delicados" e "excessivamente sensíveis". Por tais razões, as formas modernas do preconceito muitas vezes remanescem invisíveis inclusive para seus perpetradores.[173]

Por exemplo, quando eu, um porto-riquenho de aparência negra, sou monitorado em lojas ou interpelado inúmeras vezes pelos funcionários, "Posso ajudá-*lo*?" (uma maneira de me informar que eles estão me fiscalizando), tenho recursos legais limitados à minha disposição. Como posso acusar de discriminatório um comportamento que aparenta ser "polido"? É por isso que há quem se refira às novas práticas como "discriminação sorridente"[174].

2. As normas que a Suprema Corte promulgou recentemente em causas de discriminação (cabe aos demandantes o ônus da prova; são negadas evidências estatísticas como prova válida de discriminação) ajudam a preservar intactas as formas contemporâneas de reprodução da desigualdade racial na América. A menos que o tribunal se conscientize do novo caráter da discriminação

racial e mude sua prática atual de exigir evidências incontestáveis nessas causas, ele próprio estará participando do encobrimento dos efeitos de longo alcance do racismo na América.

3. Líderes negros que continuam a se concentrar no "velho racismo" deixarão escapar as formas mais importantes pelas quais a desigualdade racial está sendo reproduzida na América. É vital que sejam feitos estudos sistemáticos que documentem o caráter penetrante e abrangente do novo racismo.

4. Pesquisas que ainda estão focadas no velho racismo encontrarão, invariavelmente, que a importância da raça diminuiu. A pesquisa sobre práticas raciais deve se tornar tão sofisticada quanto o novo racismo. Os estudos realizados pelo Urban Institute e pelo Department of Housing and Urban Development, nos quais os testadores são enviados para vários ambientes e organizações, são um exemplo do que pode ser feito. Infelizmente, esse tipo de pesquisa não desfruta da simpatia de nossas disciplinas e inclusive foi considerado "antiético". A rede de práticas discriminatórias no período contemporâneo ainda não está completa.

Por isso, ainda é possível montar uma ofensiva para mudar o seu curso. Contudo, enquanto escrevo este capítulo, as perspectivas são sombrias. Em primeiro lugar, como argumentarei adiante neste livro, a eleição de Obama estreitou o espaço de contestação da desigualdade baseada em raça. Hoje em dia os brancos acreditam que o racismo foi derrotado e, portanto, é muito mais difícil contestar a discriminação, tanto a nova como a antiga. Em segundo lugar, organizações de direitos civis como a NAACP e a Liga Urbana Nacional continuam a combater os inimigos do passado, como a Ku Klux Klan ou seus primos do Tea Party, porém não as estruturas e práticas contemporâneas que são primariamente responsáveis pela desigualdade racial pós-movimento dos direitos civis. Quanto mais essas organizações lutam contra "racistas", mais deixam de destacar as novas formas em que a desigualdade racial é produzida e reproduzida, ajudando na sua sedimentação. Em terceiro lugar, podemos ter perdido a oportunidade de contestar o sistema de "encarceramentos em massa"[175] e pagaremos caro por isso. Finalmente, ainda que o momento Trump tenha gerado uma nova resistência, o foco ainda é "lutar contra os racistas" e não contra o "novo racismo", responsável pela reprodução da desigualdade racial. Se não nos empenharmos no desenvolvimento de um movimento social para deter essa tática de controle social, nossas chances coletivas de redenção racial são nulas. A menos que essa situação seja revertida, as práticas raciais do "novo racismo" serão institucionalizadas e as minorias continuarão a suportar uma existência de segunda classe em uma América aparentemente com cegueira de cor.

Os Enquadramentos Centrais do Racismo da Cegueira de Cor 3

> *A principal defesa contra percepção e mudança sociais precisas é sempre, e em toda sociedade, a enorme convicção de retidão acima de toda e qualquer forma de comportamento que exista.*
>
> John Dollard, *Class and Caste in a Southern Town*

Se a estrutura racial do período Jim Crow foi substituída por um "novo racismo", o que aconteceu com o racismo Jim Crow? O que aconteceu com as crenças na inferioridade mental, moral e intelectual dos negros, com a ideia de que "é por culpa [do negro] que ele é uma casta inferior [...] um homem de classe inferior" ou com a afirmação de que os negros "não têm iniciativa, são ineptos, não têm senso de tempo, ou não desejam melhorar a si mesmos"[1]; em suma, o que aconteceu com a alegação básica de que os negros são subumanos?[2] Analistas sociais de todos os tipos concordam que a maioria dos brancos não mais endossa tais princípios. Isso, porém, não significa o "fim do racismo"[3], como alguns comentaristas conservadores têm sugerido. Em seu lugar, surgiu uma nova ideologia poderosa para defender a ordem racial contemporânea: a ideologia do racismo da cegueira de cor. Contudo, o racismo da cegueira de cor é uma ideologia racial curiosa. Embora esteja engajada, como todas as ideologias, em "culpar a vítima", o faz de forma muito indireta, ao estilo "ora você vê, ora você não vê", estilo esse adequado ao caráter do novo racismo. Por causa da natureza esquiva do racismo da cegueira de cor, analiso neste capítulo seus enquadramentos centrais e explico como os brancos os utilizam para justificar a desigualdade racial.

Os Enquadramentos Centrais do Racismo da Cegueira de Cor

Ideologias têm a ver com "significado a serviço do poder"[4]. Elas são expressões em nível simbólico do fato da dominância. Como tal, as ideologias dos poderosos são centrais na produção e no reforço do *status quo*. Elas confortam os governantes e cativam os governados como um encantador de serpentes hindu. Enquanto os governantes recebem consolo ao acreditarem que não estão envolvidos na penosa provação de criar e manter a desigualdade, os governados ficam encantados com as qualidades quase mágicas de uma ideologia hegemônica[5].

O componente principal de qualquer ideologia racial dominante são seus enquadramentos ou *suas sendas definidas para interpretar informações*. Essas sendas definidas funcionam como *cul-de-sacs*, já que, depois que as pessoas filtrar as questões através delas, passam a explicar os fenômenos raciais segundo uma rota previsível. Embora, por definição, enquadramentos dominantes devam *des*representar o mundo (ocultar o fato da dominação), isso não significa que eles sejam totalmente desprovidos de fundamento. (Por exemplo, é verdade que as pessoas de cor nos Estados Unidos estão numa situação bem melhor hoje do que em qualquer outro momento da história. No entanto, também é verdade – fatos ocultos pelo racismo da cegueira de cor – que, como as pessoas de cor ainda vivenciam a discriminação *sistemática* e permanecem sensivelmente para trás em muitas áreas importantes da vida, suas chances de alcançar os brancos são muito tênues.) Enquadramentos raciais dominantes, portanto, fornecem o plano intelectual de ação usado por governantes para percorrer a trilha sempre cheia de obstáculos da dominação e, como mostrarei no capítulo 6, desvia os governados de sua trajetória rumo à liberdade e à igualdade.

A análise das entrevistas com os estudantes universitários e os participantes do DAS revelou que o racismo da cegueira de cor tem quatro enquadramentos centrais, usados por uma esmagadora maioria dos entrevistados brancos: *liberalismo abstrato*, *naturalização*, *racismo cultural* e *minimização do racismo*. O enquadramento do liberalismo abstrato é o mais importante, pois constitui a base da nova ideologia racial. É também o mais difícil de entender (o que há de *racial* em se opor ao *busing* ou à ação afirmativa, políticas que interferem claramente em nosso individualismo americano?). Dedico, portanto, mais espaço neste capítulo à sua análise e à forma na qual se materializa no drama da cegueira de cor.

Para entender adequadamente o enquadramento do *liberalismo abstrato*, precisamos saber primeiro o que é liberalismo. De acordo com John Gray, o liberalismo, ou "humanismo liberal", está no âmago da modernidade; da contestação filosófica, econômica, cultural e política da ordem feudal. Apesar de Gray reconhecer que o liberalismo não tem "essência", aponta que ele possui um "conjunto de características distintas", ou seja, individualismo, universalismo, igualitarismo e meliorismo (a ideia de que pessoas e instituições podem ser melhoradas)[6]. Todos esses componentes foram endossados e colocados no cerne das constituições dos Estados-nação emergentes por um novo conjunto de atores: as burguesias do capitalismo moderno inicial. Quando a burguesia louvou a liberdade, queria dizer "a liberdade de comércio, a liberdade de comprar e vender"; quando aplaudiu o "individualismo", tinha em mente "o burguês, o proprietário burguês [...] as ideias de liberdade religiosa e de liberdade de consciência não fizeram mais que proclamar o império da livre concorrência no domínio do conhecimento"[7].

Por conseguinte, o liberalismo clássico era a filosofia de uma classe nascente que, aspirando a ser dominante, expressou suas necessidades (tanto políticas quanto econômicas) como objetivos gerais da sociedade. Os objetivos burgueses, contudo, não foram estendidos às massas em seu próprio meio até o século XX[8]. De mais a mais, o projeto liberal jamais abrangeu os países que Espanha, Portugal, França, Grã-Bretanha, Holanda, Itália e, posteriormente, Alemanha utilizavam como postos avançados de matérias-primas e trabalhadores racializados (por exemplo, escravos). Embora comentaristas contemporâneos discutam os méritos do humanismo liberal, visto que dizem respeito aos debates atuais sobre políticas baseadas em raça, multiculturalismo e "igualdade de resultados"[9], muitos parecem ignorar o fato de que "*o humanismo* (e o liberalismo) *europeu geralmente significava que apenas os europeus eram humanos*"[10]. Filósofos como Kant afirmaram que as diferenças entre negros e brancos deveriam "ser tão grandes em relação às capacidades mentais quanto à cor". Voltaire, o grande filósofo francês, disse sobre o mesmo tema que "somente a um cego é permitido duvidar que brancos, negros e albinos [...] sejam raças totalmente diferentes". Por fim, inclusive o pai do liberalismo moderno, John Stuart Mill, autor de *On Liberty* (Sobre a Liberdade), justificou o colonialismo do século XIX e apoiou a escravidão na Antiguidade e em certas situações coloniais do século XIX[11]. Para ser claro, minha intenção aqui não é difamar os fundadores do liberalismo, porém salientar que a modernidade, o liberalismo e a exclusão racial faziam parte do mesmo movimento histórico.

A tradição liberal influenciou a Revolução Americana, a Constituição dos EUA e "o principal pensador liberal americano deste período, Thomas Jefferson"[12]. E, tanto nos Estados Unidos como na Europa, a exclusão dos direitos de cidadania da maioria dos homens brancos e de todas as mulheres brancas, bem como a classificação dos indígenas americanos e dos afro-americanos como subalternos acompanharam o desenvolvimento do novo Estado--nação liberal[13]. Especificamente, políticas baseadas na raça, como a escravidão; a remoção dos indígenas de suas terras e seu banimento para reserva; a superexploração e a degradante utilização de mexicanos e de vários grupos asiáticos como trabalhadores contratados; o Jim Crow; e muitas outras políticas, foram parte da história "liberal" estadunidense de 1776 até a década de 1960.

No entanto, eu seria negligente se deixasse de reconhecer que, tanto na Europa como nos Estados Unidos, grupos privados de seus direitos e políticos progressistas fizeram uso da retórica liberal para promover reformas sociais e legais (por exemplo, o movimento dos direitos civis, a Organização Nacional das Mulheres, partidos liberais na Europa)[14]. Assim, o liberalismo, quando estendido às suas aparentes conclusões lógicas ("vida, liberdade e busca da felicidade para *todos*") e conectado aos movimentos sociais, pode ser progressista. Meu ponto, no entanto, tem menos a ver com o liberalismo da reforma social (embora eu afirme que muitas organizações reformistas e muitos indivíduos brancos de orientação reformista[15] tenham adotado o racismo da cegueira de cor) do que com a forma na qual os elementos centrais do liberalismo têm sido rearticulados na América pós-movimento dos direitos civis, a fim de racionalizar situações racistas injustas.

O enquadramento do *liberalismo abstrato* envolve o uso de ideias associadas com o liberalismo político (*e. g.*, "igualdade de oportunidades", a ideia de que a força não deve ser usada para alcançar a política social) e com o liberalismo econômico (*e.g.*, escolha, individualismo), de uma maneira abstrata, para explicar questões raciais. Ao enquadrar questões relacionadas à raça na linguagem do liberalismo, os brancos podem parecer "razoáveis" e inclusive "morais", ao mesmo tempo que se opõem a quase todas as abordagens práticas para lidar com a desigualdade racial *de facto*. Por exemplo, o princípio da igualdade de oportunidades, central na agenda do movimento dos direitos civis e cuja extensão às pessoas de cor era veementemente obstada pela maioria dos brancos, é por eles hoje invocado para se opor a políticas de ação afirmativa, porque supostamente representam o "tratamento preferencial" de certos grupos. Essa alegação exige que seja ignorado o fato de as pessoas de cor serem *severamente* sub-representadas na maior parte dos bons empregos, das boas escolas e das boas universidades e, portanto, é uma utilização abstrata da noção de "igualdade de oportunidades". Outro exemplo é considerar cada pessoa um "indivíduo" com "escolhas", fazendo uso desse princípio liberal como uma justificativa para que os brancos tenham o direito de optar por viver em bairros segregados ou de enviar seus filhos a escolas segregadas. Essa alegação requer que sejam ignoradas as múltiplas práticas institucionais e patrocinadas pelo Estado por trás da segregação, sem se preocupar com as consequências de tais práticas negativas para as minorias.

A *naturalização* é um enquadramento que permite aos brancos explicar os fenômenos raciais ao sugerir que são ocorrências naturais. Por exemplo, os brancos podem alegar que a "segregação" é natural porque pessoas de todas as origens "gravitam em direção à semelhança". Ou que o gosto deles pela branquitude de amigos e parceiros é apenas "o modo como as coisas são". Conquanto tais declarações possam ser interpretadas como "racistas" e contraditórias à lógica da cegueira de cor, elas são usadas para reforçar o mito do não racialismo. Como? Ao sugerir que essas preferências são quase biologicamente orientadas e típicas de todos os grupos da sociedade, as preferências por associações primárias com membros da própria raça são racionalizadas como não raciais porque "*elas* (as minorias raciais) também fazem isso".

O *racismo cultural* é um enquadramento que se apoia em argumentos baseados na cultura, tais como "os mexicanos não dão muita ênfase à educação" ou "os negros têm bebês demais", para explicar a posição das minorias na sociedade. Esse enquadramento foi adequadamente analisado por vários comentaristas e não requer muita discussão[16]. Durante a escravidão e o período Jim Crow, um fundamento lógico central para a exclusão de minorias raciais foi sua presumida inferioridade. Ainda em 1940, o editor branco de um jornal em Durham, na Carolina do Norte, podia afirmar com segurança que

> um negro é diferente de outras pessoas por ser de um ramo infeliz da família humana que não tem sido capaz de fazer de si tudo o que é capaz. Ele não é capaz de ser apressado por ser originário da selva. Parte de sua natureza humana não pode ser apressada; isso tira o equilíbrio dele. [...] Não se pode apagar um caráter inato em um ano ou em cem anos. Ele deve ser nutrido ao longo do tempo. Nós o consideramos, devido à sua falta de cultura, menos confiável nos negócios e inseguro socialmente. Suas paixões são despertadas com facilidade[17].

Nos dias de hoje, apenas organizações supremacistas brancas proclamam coisas semelhantes em fóruns abertos. No entanto, tais visões biológicas foram substituídas por outras, culturais, que, como mostrarei, são igualmente eficazes na defesa do *status quo* racial[18]. George McDermott, por exemplo, um dos residentes da classe média branca entrevistados por Katherine Newman em sua obra *Declining Fortunes* (Fortunas em Declínio), afirmou:

> Acredito na moralidade; acredito na ética; acredito no trabalho duro; acredito em todos os valores antigos. Não acredito em esmolas [...] De modo que todo o sistema de assistência social se insere nessa [categoria] [...] A ideia de jovens de quatorze anos engravidando e, em seguida, tendo cinco filhos aos vinte é absurda! É ridícula! E é isso que faz com que este país esteja em decadência.

E, como Newman comenta com perspicácia, "George não se vê como racista. Publicamente, ele endossaria o princípio de que todos nessa sociedade merecem uma chacoalhada justa."[19] O racismo da cegueira de cor é um racismo sem racistas!

A *minimização do racismo* é um enquadramento que sugere que a discriminação deixou de ser um fator central que afeta as oportunidades de vida das minorias ("É melhor agora do que no passado" ou "Existe discriminação, porém há muitos empregos por aí"). Esse enquadramento permite que os brancos aceitem fatos tais como o assassinato racialmente motivado de James Byrd Jr. em Jasper, Texas[20]; o ataque brutal da polícia a Rodney King; o caso da Texaco[21]; a ação de 2005 movida por trabalhadores negros que alegavam que a Tyson Foods mantinha um banheiro "somente para brancos" em uma de suas fábricas do Alabama; a negligência e a resposta lenta de agentes governamentais no que tange a uma população majoritariamente negra durante o furacão Katrina; e muitos outros casos, e ainda acusem as minorias de serem "hipersensíveis", de usar a raça como uma "desculpa" ou de "explorar a questão específica da raça no intuito de obter vantagem". De modo mais acentuado, esse enquadramento também implica considerar a discriminação exclusivamente como um comportamento racista total que, dado o modo em que as práticas do "novo racismo" operam na América pós-movimento dos direitos civis (capítulo 1), elimina a maior parte das ações motivadas racialmente por brancos individuais e instituições por decreto.

Antes de ilustrar como os brancos utilizam tais enquadramentos, devo esclarecer alguns pontos sobre os dados e sobre como os apresento. Primeiro, os brancos fizeram uso desses enquadramentos em combinação, e não sob forma pura. Isso é incompreensível, já que expressões informais de ideologia constituem um esforço construtivo, um processo de construção de argumentos *in situ*. Portanto, os exemplos de como os brancos usam um enquadramento particular podem estar mesclados com outros enquadramentos. Em segundo lugar, os enquadramentos foram verbalizados pelos entrevistados em vários tons emocionais, que variavam de simpatia a repulsa absoluta e indignação no que tange às minorias. Isso sugere que brancos com diferentes níveis de simpatia em relação a minorias recorrem aos *mesmos* enquadramentos ao construir seus relatos de questões raciais. Tento representar essa gama de emoções nas citações. Em terceiro lugar, posto que as amostras do DAS e dos estudantes universitários representam duas populações distintas, apresento citações dos dois estudos em separado. Procedo dessa forma para melhor identificar diferenças de estilo ou conteúdo entre as duas populações. Em quarto lugar, as citações no capítulo foram selecionadas de modo a abarcar a diversidade de formas pelas quais os enquadramentos são usados pelos entrevistados. Isso significa que muitas citações afrontosamente racistas foram deixadas de fora, visando representar a variância nas amostras. Em quinto lugar, as entrevistas foram transcritas para se aproximarem o máximo possível ao que os entrevistados disseram. Assim, as transcrições incluem expressões não lexicais (hum, ah, umhmm); pausas (indicadas por elipses quando são curtas e por número de segundos entre parênteses representando a duração da pausa quando maior de cinco segundos); ênfases (indicadas por *itálico* ou, para anotações acerca do tom do entrevistado, por letras em itálico entre parênteses); autocorreções (denotadas por uma linha curta, –), e outras questões discursivas importantes (risos e mudanças de tom são indicados por letras em itálico entre parênteses). Sempre que adicionei palavras, elas aparecem entre colchetes; as intervenções dos entrevistadores figuram entre parênteses e em itálico. Contudo, a fim de melhorar sua legibilidade, fiz uma leve edição do material.

Liberalismo Abstrato:
Desmascarando o Racismo Razoável[22]

Devido à maneira curiosa em que os princípios do liberalismo são usados na era pós-movimento dos direitos civis, outros analistas rotulam a ideologia racial moderna de "racismo *laissez-faire*" ou "racismo competitivo", ou argumentam que o racismo moderno é essencialmente uma combinação do "credo americano" e do ressentimento antinegro[23]. A importância desse enquadramento é evidente, visto que os brancos o utilizam em questões que variam de ações afirmativas, amizade inter-racial e casamento a bairros e segregação residencial. Por causa do papel crucial desempenhado por esse enquadramento na organização das visões raciais dos brancos, apresento numerosos exemplos a seguir.

Racionalização da Injustiça Racial em Nome da Igualdade de Oportunidades

Sue, uma estudante da SU, é um arquétipo de como estudantes brancos usam a noção de igualdade de oportunidades de forma abstrata para se opor à justiça racial.

Quando indagada se estudantes das minorias deveriam ter oportunidades únicas para serem admitidos em universidades, Sue declarou:

> Não acho que eles devam receber oportunidades únicas. Acho que deveriam ter as mesmas oportunidades que todos os demais. Sabe, cabe a eles atender aos padrões e ao que for exigido para entrar em universidades ou seja o que for. Não acho que só por serem uma minoria eles deveriam, sabe, não cumprir os requisitos, sabe.

Sue, como a maioria dos brancos, ignorou os efeitos da discriminação do passado e da discriminação contemporânea acerca do *status* social, econômico e educacional das minorias. Portanto, ao apoiar a igualdade de oportunidades para todos sem se preocupar com as desigualdades brutais entre brancos e negros, a postura de Sue protege o privilégio branco. Ela inclusive usou a noção de igualdade de oportunidades para não ter que explicar por que os negros tendem a ter um desempenho acadêmico pior que o dos brancos: "Eu não sei... hum, como eu disse, eu não vejo isso como uma coisa de grupo. Vejo isso mais como [uma coisa] individual e não sei por que, como um todo, eles não se saem melhor. Quero dizer, a meu ver, eles têm a mesma oportunidade e tudo. Eles *deveriam* estar fazendo o mesmo."

Os estudantes universitários não são os únicos a fazer uso dessa noção abstrata de oportunidades iguais para justificar suas visões raciais. Eric, um auditor corporativo de cerca de quarenta anos e um homem muito afável, que parecia mais tolerante do que a maioria dos membros de sua geração (ele havia namorado uma mulher negra por três anos, reconheceu que a discriminação acontece "muito", identificou vários exemplos e até disse que "o sistema é... é branco"), explodiu de raiva quando indagado se eram devidas as reparações aos negros pelos danos causados pela escravidão e o Jim Crow: "Oh, diga-lhes que calem a boca, OK! Eu não tive nada a ver com toda essa situação. A oportunidade está ali, não há reparação envolvida e não vamos nos estender nesse assunto. Sou muito opinioso a esse respeito!" Depois de sugerir que judeus e japoneses são os que realmente merecem reparação, Eric acrescentou: "Mas algo que aconteceu há malditas três gerações, o que você quer que façamos agora? Dê-lhes oportunidades, dê-lhes bolsas de estudo, mas reparações?"

Seria Eric apenas um branco com uma "oposição baseada em princípios" à intervenção do governo (ver o capítulo 1 sobre os analistas que fazem essa afirmação)? Esse não parece ser o caso, pois Eric, como a maioria dos brancos, fez uma distinção entre os gastos do governo a favor das vítimas de abuso infantil, dos sem-teto e das mulheres espancadas (que os brancos consideram candidatos legítimos à assistência) e os gastos do governo com os negros (que os brancos considerem candidatos indignos à assistência). Esse achado foi consistente com os resultados da pesquisa do DAS. Enquanto 64,3% dos brancos concordaram que "devemos expandir os serviços que beneficiam os pobres", apenas 39,6% (em contraposição a 84% dos negros) concordaram com a afirmação: "O governo deve envidar todos os esforços para melhorar as condições sociais e econômicas dos negros que vivem nos Estados Unidos." Ademais, ao passo que 75,2% dos respondentes brancos aprovaram o aumento dos gastos federais com o meio ambiente e 59,7% com a previdência social, somente 31,7% aprovaram tais aumentos para programas de assistência aos negros. E quando a questão tinha a ver com programas governamentais que não eram percebidos como "raciais" de qualquer forma[24], a proporção de brancos que apoiava o programa aumentava ainda mais.

"Os Mais Qualificados...": Uma Forma Meritocrática de Defender o Privilégio Branco

Outro princípio do liberalismo que os brancos usam para explicar questões raciais é a ideia jeffersoniana de "a nata sobe ao topo", ou meritocracia (recompensa por mérito). E os brancos parecem despreocupados com que a cor da "nata" que geralmente "sobe" seja branca. Diane, uma estudante da SU, expressou sua insatisfação com o oferecimento de oportunidades únicas de admissão em universidades aos negros: "Não acho que se deva admitir ninguém. Tem que ser, você tem que estar à altura para que isso ocorra. Se eles estivessem preparados de antemão para lidar com o nível da faculdade e serem bem-sucedidos, então aí está, qualquer um pode." Diane acrescentou:

> Eles precisam ter motivação para sair-se bem antes de chegar lá, quer dizer, eu não posso imaginar estar despreparada para ir [à faculdade], fazendo somente o mínimo esforço no ensino médio para me sair bem e depois vir aqui assistir às aulas, você simplesmente não pode dizer, "Ok, nós queremos colocar as minorias aqui, então coloque qualquer um dentro", sabe.

Diane também usou a noção de meritocracia para explicar sua oposição a ações afirmativas.

> Isso é tão difícil. Eu ainda acredito em mérito, sabe, eu ainda acredito em igualdade, sabe. Se você tivesse duas pessoas com as mesmas qualificações, uma delas membro de uma minoria e outra não, sabe, eu gostaria de entrevistar as duas e talvez somente uma personalidade se destaque como adequada ao trabalho, não sei. Encontre apenas algo diferente de raça em que se basear, sabe? Deixe que isso não seja um fator, se elas se qualificarem.

Como Diane poderia manter essas opiniões e permanecer "razoável"? Diane podia dizer tais coisas e parecer razoável porque acredita que a discriminação não seja o motivo pelo qual os negros estão em pior situação que os brancos. Em vez disso, ela se baseou no enquadramento do racismo cultural para explicar o *status* dos negros. Esse ponto de vista pode ser igualmente encontrado em sua resposta à pergunta sobre por que o desempenho acadêmico dos negros é pior do que o dos brancos: "Eu não sei por quê. A minha motivação foi pessoal, você sabe, então eu não sei. Não quero dizer que eles não estavam pessoalmente motivados para tirar boas notas, mas foi assim comigo." Diane desenvolveu essa ideia e disse: "Talvez alguns deles não tenham pais que os estimulem ou ... talvez as escolas não sejam iguais." Ela também especulou: "Talvez, sabe, eles colocaram na cabeça que não podem ser bem-sucedidos porque são uma minoria e não tentam, sabe, não há ninguém ali para lhes dizer: 'Você pode fazer isso, não importa quem você é'."

Brancos da área metropolitana de Detroit usaram o enquadramento meritocrático de forma tão extensa quanto os estudantes universitários. Jim, por exemplo, um vendedor de softwares de computadores de trinta anos de idade, de origem privilegiada, explicou sua oposição a ações afirmativas como a seguir:

Eu acho que é completamente injusto para todos e para todo o processo. Muitas vezes, sabe, a discriminação em si é uma palavra ruim, certo? Mas você discrimina todo dia. Você quer comprar uma cerveja na loja e há seis tipos de cerveja que você pode comprar, da Natural Light à Sam Adams, certo? E você olha o preço e vê o tipo de cerveja e você ... *é uma escolha*. E de tudo aquilo que você colocou à sua frente, qual você pega? Agora, se o governo patrocinasse a Sam Adams e ela fosse mais barata que a Natural Light porque é fermentada por alguém em Boston? Isso não faz muito sentido, certo? Por que iríamos querer isso e tornar a Sam Adams oito vezes mais cara porque desejamos que as pessoas comprem a Natural Light? E é a mesma coisa sobre ser admitido à escola ou em qualquer lugar. E as universidades, é fácil, as universidades são um tema da vez agora, e eu poderia incomodá-lo, sabe, a Universidade Midwestern, não acho que há muito racismo no processo de admissão. E acho que a Universidade Midwestern concordaria com isso com bastante veemência. Então, por que não escolher apenas pessoas que irão se dar bem na Midwestern, escolher pessoas pelo seu mérito? Acho que deveríamos parar com toda a ideia de escolher pessoas com base na sua cor. É ruim escolher alguém com base em sua cor; por que nós, por que nós reforçamos isso em um processo institucional?

Já que Jim postulou que decisões de contratação são similares às opções de mercado (escolher entre marcas concorrentes de cerveja), ele adotou uma posição de *laissez-faire* no que tange à contratação. O problema com o ponto de vista de Jim é que a discriminação no mercado de trabalho está bem viva (afetando, por exemplo, candidatos a emprego negros e latinos 30-50% do tempo) e a maioria dos empregos (até 80%) é obtida por meio de redes informais[25]. O próprio Jim reconheceu que ser branco é uma vantagem na América porque "há mais pessoas no mundo que são brancas e são racistas em relação a pessoas negras do que vice--versa". No entanto, Jim também acredita que, embora os negros "percebam ou sintam" que há muita discriminação, ele não crê que isso aconteça lá fora. Assim, ao defender uma visão estrita de *laissez-faire* acerca da contratação a trabalho e, ao mesmo tempo, ignorar o impacto significativo da discriminação no passado e da discriminação contemporânea no mercado de trabalho, Jim pode expressar com segurança sua oposição à ação afirmativa de uma forma aparentemente neutra em relação à raça.

"Nada Deveria Ser Imposto às Pessoas": Mantendo as Coisas Como Elas São

Um princípio central das democracias liberais é que os governos deveriam intervir o mínimo possível em questões econômicas e sociais porque, em última análise, a "mão invisível do mercado" equilibra estados de desequilíbrio. Um corolário desse princípio e parte da mitologia americana é a ideia de que a mudança social deve ser resultado de um processo racional e democrático e não da capacidade coercitiva do governo[26]. Durante o período Jim Crow, a crença de que a mudança racial deveria ocorrer por meio de um processo evolucionário lento no "coração das pessoas" e não por ações governamentais foi expressa na frase "não se pode legislar a moralidade"[27]. Esse antigo ponto de vista tem sido curiosamente reformulado na era moderna para justificar a manutenção do *status quo* dos assuntos raciais. Tais ideias apareceram ocasionalmente em discussões sobre ações afirmativas, porém na maioria das vezes em discussões sobre a integração escolar e residencial na América.

Sonny, uma estudante da MU, explicou de forma típica a sua posição sobre se a segregação escolar é culpa do governo, dos brancos ou dos negros. Como quase todos os estudantes, Sonny declarou primeiro sua crença de que a integração escolar é, em princípio, uma coisa boa: "Em princípio, sim, eu acho que é uma boa ideia porque, como as pessoas interagem, elas se entenderão melhor nas gerações futuras." Sonny, no entanto, como a maioria dos estudantes, tampouco gostava muito das tentativas do governo de remediar a segregação escolar ou, em suas palavras, "eu, eu não – quer dizer, deve ser feito se as pessoas quiserem fazer isso. Se as pessoas se voluntariam para isso e querem essa parte de suas vidas, então deveriam fazê-lo, mas o governo não deveria forçar as pessoas ao *busing* se elas não o quiserem". Quando solicitada a esclarecer sua posição, ela acrescentou:

> Eu não acho que o governo deveria impor qualquer legislação pensando que isso vai mudar o coração das pessoas, porque as pessoas têm que mudá-lo por conta própria. Você não pode forçá-las a dizer: "Bem, ok, agora que eu tenho que usar o *busing* para meu filho, eu gosto disso."

Os entrevistados do DAS foram tão inflexíveis quanto os estudantes ao argumentar que não é assunto do governo remediar problemas raciais. Lynn, uma gerente de recursos humanos, de pouco mais de cinquenta anos, por exemplo, explicou por que tem havido uma integração escolar tão pequena desde a decisão de 1954 do *Brown v. Board of Education*[28]:

> Eu não... e isso é outra coisa. *Eu não acredito no busing*. A razão pela qual não acredito no *busing*, sabe, eu disse que não. Eu não encorajei meus filhos a brincar com as crianças da vizinhança. Eu achava que ir a uma escola em sua própria comunidade era a chave para o desenvolvimento do senso comunitário de uma criança e ainda acredito nisso. Uma das razões, outra razão pela qual eu me mudei de onde estava [era] que eu não queria que meus filhos fossem *bused*. Eu não queria que eles tivessem que ir de ônibus, especialmente pelo fato de eu trabalhar. Então eu não acho que essa seja uma resposta. Acho que a resposta é a educação, ajudar as pessoas para que aprendam a ter uma vida na qual se sintam felizes e bem-sucedidas, sabe, acho excelente qualquer tipo de programa social que interaja, que proporcione interação entre raças. Mas eu não sou alguém a favor do *busing*.

Lynn quer igualdade de oportunidades na educação e escolas comunitárias, uma postura que soa perfeitamente razoável. No entanto, esperar-se-ia que ela desse seu apoio fazendo algo para se certificar de que haja diversidade nas comunidades por toda a América, uma política que, mantendo-se iguais outros fatores, garantiria a integração escolar. Lynn, contudo, adotou uma postura de *laissez-faire* muito forte contra a intervenção do governo a tal respeito. À pergunta: "A América tem muitos bairros totalmente brancos e outros totalmente negros. O que você acha dessa situação?", Lynn respondeu:

> Não tenho nenhum problema com bairros totalmente brancos e bairros totalmente negros, se essa for a escolha das pessoas, uma escolha *individual*. Mas, se é *forçada* de qualquer forma, se sou uma pessoa negra que chegou ao bairro, quero morar aqui e me foi seletivamente negada essa opção, isso está errado. Porém, novamente, ainda deve haver algum tipo de interação social para o crescimento e se a interação social acontece, acho que a integração cruzada acontecerá.

Quando pressionada sobre o que ela achava que poderia ser feito especificamente para aumentar a mistura das raças nos bairros, Lynn reafirmou que isso só poderia ser alcançado "pela educação (das pessoas) e encorajando negócios". Lynn não estava sozinha nessa visão abstrata da integração escolar e de bairro. Apenas um dos respondentes brancos que se opuseram ao *busing* nas entrevistas (69,7% dos brancos na pesquisa eram contrários ao *busing*) apresentou uma proposta específica que, se implementada, poderia aumentar a integração residencial e escolar[29].

Escolha Individual ou Uma Desculpa Para Parcialidade Racial e Escolhas Baseadas em Raça?

Atualmente, o individualismo[30] foi reformulado como uma justificativa para a oposição a políticas destinadas a melhorar a desigualdade racial porque são "baseadas em grupo", em vez de "caso a caso". De mais a mais, a ideia de escolha individual é usada para defender o direito dos brancos de viver e se associar principalmente com brancos (segregação) e de escolher exclusivamente brancos como seus parceiros. O problema com a forma pela qual os brancos aplicam a noção de individualismo ao nosso presente enigma racial é que uma relação de dominação ainda determina as relações raciais nos Estados Unidos (ver os capítulos 1 e 4 no meu livro *White Supremacy and Racism in the Post-Civil Rights Era* [Supremacia Branca e Racismo na Era Pós-Movimento dos Direitos Civis]). Assim, se grupos das minorias enfrentam discriminação baseada no grupo e os brancos têm vantagens baseadas no grupo, a exigência de tratamento individual para todos só pode beneficiar o grupo favorecido[31]. E por trás da ideia de pessoas terem o direito de fazer suas próprias "escolhas" subjaz a falácia do pluralismo racial – a falsa pressuposição de que todos os grupos raciais têm o mesmo poder no sistema de governo estadunidense. Como os brancos detêm mais poder, suas assim chamadas escolhas individuais, não tolhidas, ajudam a reproduzir uma forma de supremacia branca nos bairros, nas escolas e na sociedade em geral.

Lynn, uma gerente de recursos humanos, fez uso da noção de individualismo de maneira muito curiosa. A despeito de ter expressado seu apoio a ações afirmativas porque "ainda há muita discriminação", ela acha que "não existe tanta discriminação como costumava haver". Lynn também reconheceu que os brancos do sexo masculino têm vantagens na sociedade e disse que "o homem branco é bastante induzido" e "reprime muito… hum, as pessoas e outras minorias". No entanto, quando se aventou a possibilidade de uma ação afirmativa que a afete, Lynn disse: "Hum, porque a ação afirmativa é baseada em um grupo como um todo, mas quando diz respeito ao indivíduo, tipo, se a ação afirmativa fosse a meu desfavor uma vez, isso meio que me irritaria. Quer dizer, porque, sabe, *eu* como indivíduo fui explorada, sabe, ao conseguir um emprego."

Os entrevistados do DAS também usaram o individualismo para justificar suas concepções raciais e preferências com base na raça. Mandi, uma enfermeira diplomada de seus trinta anos, disse que não tinha problemas com a segregação de bairro. Ela justificou sua posição potencialmente problemática dizendo que as pessoas têm o direito de escolher onde e com quem vivem.

> Hum, eu acho que as pessoas escolhem um bairro para morar no qual sejam semelhantes a pessoas, sabe, qualquer semelhança que *encontrem* [*eleva a voz*], sabe, é raça, nível econômico, religião ou, sabe, qualquer coisa desse tipo. Quando você olha para alguém, você não sabe de qual, de qual denominação eles são ou que preferência política eles têm, mas você pode dizer logo quando se trata de raça. Eu acho que eles escolhem viver em um bairro que é sua raça.

Naturalização: Decodificando o Significado de "As Coisas São Assim"

Um enquadramento que ainda não foi trazido à tona pelos cientistas sociais é a naturalização feita pelos brancos dos assuntos relacionados à raça. Embora o enquadramento da naturalização tenha sido o menos utilizado pelos respondentes nesses dois projetos, cerca de 50% dos entrevistados do DAS e dos estudantes universitários utilizaram-no, em particular ao discutirem questões relacionadas à escola ou ao bairro para explicar o contato limitado entre os brancos e as minorias, ou a fim de racionalizar as preferências dos brancos pelos brancos como outras pessoas significativas. O termo "natural" ou a frase "as coisas são assim" é muitas vezes interpolado para normalizar eventos ou ações que, de outro modo, poderiam ser interpretados como racialmente motivados (segregação residencial) ou racistas (preferência por brancos como amigos e parceiros). No entanto, como os cientistas sociais sabem muito bem, poucas coisas que acontecem no mundo social são "naturais", especialmente as relacionadas a questões raciais. A segregação e as preferências raciais são produzidas por meio de processos sociais e esse é o componente da delusão/ilusão desse enquadramento.

A importância e a utilidade desse enquadramento podem ser ilustradas com Sara, estudante da MU, que fez uso dele em três ocasiões diferentes. Numa delas, para responder à pergunta sobre a autossegregação negra.

> Hum, eu não acho realmente que seja uma segregação. Quer dizer, eu acho que as pessoas, sabe, passam tempo com pessoas com quem se parecem, não necessariamente em cor, mas sabe, suas ideias e valores e, sabe, talvez a classe delas tenha algo a ver com o que elas estão acostumadas. Mas eu não acho realmente que seja uma segregação. Eu não acho que teria problemas, sabe, de me aproximar de alguém de uma raça ou cor diferente. Eu não acho que seja um problema. É que as pessoas com quem eu saio são apenas as pessoas com quem fico o tempo todo. Elas estão nas minhas organizações e coisas desse tipo.

Sara também usou o enquadramento da naturalização para explicar o irrisório nível de integração escolar nos Estados Unidos.

> Bem, eu também acho que, sabe, onde você está na escola tem a ver com o bairro em que você cresceu e, tipo, eu cresci em comunidades principalmente brancas, de modo que era com a comunidade que eu ia à escola. E se essa comunidade tivesse sido mais negra, então ela seria, eu acho, mais integrada e isso teria sido ótimo. Eu não sei se há alguma maneira de você mudar os lugares nos quais as pessoas vivem porque eu acho que, *sim*, haverá comunidades brancas e haverá comunidades negras e, sabe, eu não sei como se pode ter duas comunidades, tipo, no mesmo sistema escolar.

Depois de ouvir a resposta de Sara, o entrevistador perguntou-lhe: "Por que você acha que há comunidades brancas e comunidades negras?" A resposta foi: "Talvez como eu disse antes, se as pessoas gostam de estar com pessoas semelhantes a elas e isso significa, sabe – bem, eu não acho que isso tem alguma coisa a ver com cor. Acho que tem a ver com onde elas..." Sara não completou seu pensamento, como se de repente "caísse a ficha". Ela então mudou sua resposta e admitiu que a raça exerce uma influência sobre como as pessoas escolhem bairros: "Bem, eu acho que faz isso [*risos*]." O entrevistador perguntou-lhe se ela achava que seus pais se mudariam para um bairro quase todo negro. Sara fez uso de todos os tipos de manobras retóricas (ver capítulo 4) para defender os pais, transmitindo a ideia de que as considerações raciais nunca teriam sido um critério para selecionar um bairro.

Finalmente, Liz, estudante da su, sugeriu que a autossegregação é um processo universal ou, em suas próprias palavras: "Eu acho que eles se autossegregam, porém não acho necessariamente que seja de propósito. Eu acho que, sabe, *todos nós tentamos ficar com gente da nossa própria espécie*, então, sabe, *eles se dão bem melhor com seu próprio povo* ou algo assim [grifo nosso]." Ao universalizar a segregação como um fenômeno natural, Liz foi capaz de justificar inclusive a sua própria preferência racial por parceiros brancos. Quando indagada se já sentira atração por membros das minorias, Liz replicou:

> Hum, não, só porque eu não estava realmente atraída por eles, você sabe, eu sinto maior atração por alguém que é mais parecido comigo. Mas, sabe, e eu não diria isso, quer dizer, eu gosto se ele é bonito ou não, sabe, não é isso, apenas me sinto mais atraída por alguém branco, eu não sei por que [*risos*].

Os entrevistados do das também naturalizaram questões raciais, mas em geral de forma menos refinada. Bill, por exemplo, gerente de fábrica, explicou o nível limitado de integração escolar:

> Eu não acho que seja culpa de ninguém. Porque as pessoas tendem a se juntar com sua própria gente. Sejam elas brancas ou negras ou de classe média alta ou de classe baixa ou de classe

alta, sabe, ou asiáticas. As pessoas tendem a se agrupar com os seus. Isso não significa que se uma pessoa negra se muda para o seu bairro, ela não deva ir à sua escola. Elas devem e você deve se misturar e recebê-las cordialmente e tudo mais, mas você não pode forçar as pessoas a ficarem juntas. Se as pessoas querem estar juntas, elas devem se misturar mais. [*Entrevistador:* OK. *Então a falta de mistura é realmente só um tipo de falta de desejo individual?*] Bem, individual, é apenas do jeito que é. Você sabe, as pessoas se juntam por vários motivos diferentes: social, religioso. Assim como os animais na natureza, sabe. Os elefantes se juntam, as chitas se juntam. Você transporta uma chita para uma manada de elefantes porque eles deveriam se misturar? Você não pode forçar isso [*risos*].

A metáfora pouco lisonjeira e inadequada de Bill, comparando a segregação racial à separação de espécies, no entanto, não foi a única forma grosseira de usar o enquadramento da naturalização. Earl, um pequeno empreiteiro de cinquenta e poucos anos, por exemplo, explicou a segregação de forma prosaica.

Eu acho que você nunca vai mudar isso! Eu acho que isso, sabe, meio que vai acabar assim... Cada raça se mantém unida e é assim que deveria ser, sabe. Eu cresci em um bairro branco, sabe, a maioria dos negros vai morar num bairro negro. [*Entrevistador: Então você não acha que há algo de errado?*] Não. Bem, eles podem se mudar, de todo modo eles ainda têm a liberdade de se mudar para qualquer lugar que quiserem.

Um número significativo de entrevistados do DAS naturalizou questões raciais de modo direto. Jim, de trinta anos, um vendedor de softwares de uma grande empresa, naturalizou a segregação escolar do seguinte modo:

Eh, sabe, é mais culpa da natureza humana. Não é culpa do governo, certo? O governo não diz às pessoas onde morar. Então, como as pessoas decidem onde morar ou para onde se mudar ou onde querem se sentir confortáveis, [elas] se mudam para onde se sentem confortáveis. Todos nós meio que saímos com pessoas que são como nós. Quer dizer, veja Detroit, nós temos uma vila mexicana, por que temos uma vila mexicana? Por que os mexicanos não estão espalhados por toda a área metropolitana de Detroit? Bem, eles gostam de ficar perto de outros mexicanos; desse modo, eles podem ter uma loja perto que lhes convenha, sabe, esse tipo de coisa provavelmente em conjunto. Então, eu culparia mais a natureza humana.

Não obstante a crença dos brancos de que a segregação residencial e escolar, a amizade e a atração sejam ocorrências naturais que nada têm a ver com raça, cientistas sociais documentaram como as considerações raciais afetam todas essas questões. A segregação residencial, por exemplo, é criada por compradores brancos que procuram bairros brancos e são auxiliados por corretores de imóveis, banqueiros e vendedores[32]. À medida que os bairros brancos se desenvolvem, o mesmo ocorre com as escolas brancas – um resultado que contribui ainda mais para o processo de isolamento racial. Socializados em um "*habitus* branco" (ver capítulo 5) e influenciados pela cultura eurocêntrica, não é de admirar que os brancos interpretem suas escolhas racializadas de outros brancos significativos como "naturais". Elas são a consequência "natural" de um processo de socialização branca[33].

"Eles Não Têm a Competência Necessária": Racismo Cultural

Pierre-André Taguieff argumentou que o racismo europeu moderno não depende de uma interpretação essencialista dos dons das minorias[34]. Ao contrário, ele apresenta suas pretensas práticas culturais como características fixas (por conseguinte, ele o rotula de a "biologização do racismo") e usa isso como a base lógica de um fato para justificar a desigualdade racial. Assim, os europeus já não podem acreditar que africanos, árabes, americanos de origem asiática ou negros das Índias Ocidentais sejam biologicamente inferiores, porém são atacados por sua suposta falta de higiene, desorganização familiar e falta de moralidade[35]. Esse enquadramento de racismo cultural é muito bem estabelecido nos Estados Unidos. Originalmente denominada a "cultura da pobreza"[36] na década de 1960, essa tradição ressurgiu muitas vezes desde então, ressuscitada por estudiosos conservadores como Charles Murray e Lawrence Mead; liberais como William Julius Wilson; e até radicais como Cornel West[37]. A essência da versão americana desse enquadramento é "culpar a vítima", alegando que a reputação das minorias é produto de sua falta de esforço, de uma organização familiar frouxa e de valores inadequados.

Como há pouca discordância entre os cientistas sociais sobre a centralidade desse enquadramento na era pós-movimento dos direitos civis, foco minha atenção para destacar o que ele permite que os brancos realizem. Começo minha ilustração com dois exemplos claros de estudantes universitários que o utilizaram. Os estudantes concordaram com a premissa da pergunta: "Muitos brancos explicam o *status* dos negros neste país como resultado de negros desprovidos de motivação, que não possuem uma ética de trabalho adequada ou são preguiçosos. O que você acha?" A primeira citação é de Kara, uma estudante da MU.

> Eu acho que, até certo ponto, isso é verdade. É só ver. Só de olhar para os negros que conheci nas minhas aulas e os poucos que eu conhecia antes da faculdade, não é que eles estejam – não quero dizer esperando por uma esmola, mas até certo ponto, isso é meio o que eu estou insinuando. Tipo, quase como se eles sentissem que por terem sido discriminados centenas de anos atrás, o que você vai me dar agora? Sabe, ou talvez seja apenas a história deles, que eles nunca... como talvez eles sejam a primeira geração a estar numa faculdade, então eles sentem que isso é suficiente para eles.

A segunda citação é de Kim, estudante da su:

> Sim, concordo totalmente com isso. Eu não acho, sabe, que todos eles sejam assim, mas, quer dizer, é só que se não fosse assim, por que haveria tantos negros que vivem nos conjuntos habitacionais? Você sabe, por que haveria tantos negros pobres? Se eles trabalhassem duro, poderiam chegar tão longe quanto qualquer outra pessoa. Sabe, eu só acho que é porque, sabe, eles são criados dessa maneira e eles veem como seus pais são, então eles dão por certo que é assim que deveria ser. E eles apenas seguem os papéis que seus pais tinham para eles e não vão a lugar nenhum.

Quando o racismo cultural é usado em combinação com o enquadramento de "minimização do racismo", os resultados são ideologicamente mortais. Se pessoas de cor dizem que vivenciam discriminação, brancos, como Kara e Kim, não acreditam nelas e afirmam que a discriminação é usada como uma "desculpa" para ocultar a principal razão pela qual estão para trás dos brancos na sociedade: sua suposta "preguiça".

Ainda que Kara e Kim tenham utilizado o enquadramento do racismo cultural de forma rude, a maioria dos estudantes não procedeu assim. Eles articularam seus pontos de vista acerca da cultura da pobreza de modo mais gentil, às vezes até "compassivo". Ann, aluna da wu, por exemplo, inseriu o enquadramento em sua resposta a uma pergunta sobre por que os negros, como um grupo, são menos bem-sucedidos academicamente do que os brancos.

> Hum, acho que eu teria que dizer principalmente por causa da estrutura familiar. Talvez não seja capaz de apoiar a criança, sabe, na escola e realmente encorajá-la. Pode ser que se trate de uma família monoparental e é necessário [para eles] sair e conseguir um emprego, sabe, um emprego em tempo integral e trabalhar em um emprego em tempo parcial e ainda tentar ir à escola. Talvez não seja tão encorajado tipo a longo prazo, é principalmente sobrevivência. Eu não sei, alguma coisa, renda; se a família realmente estiver economizando, isso seria muito improvável, bem,

provavelmente não seria necessariamente a primeira coisa sobre a qual uma criança de [tal] família pensaria, sabe, uma faculdade cara ao invés de pagar o aluguel, você sabe o que eu quero dizer [*risos*]? Então, sabe, as prioridades são diferentes.

Embora os argumentos de Ann pareçam "razoáveis" (os pobres podem ter um conjunto diferente de prioridades do que outras pessoas, com base em sua situação econômica), sua explicação é insatisfatória, porque evita mencionar os efeitos institucionais da discriminação nos mercados de trabalho, de moradia e de educação e o impacto bem documentado[38] que a discriminação tem sobre os negros de classe média e média alta. E o mais significativo, o fracasso de Ann em reconhecer como a antiga e nova discriminação afeta as oportunidades de vida dos negros não é um deslize argumentativo, porém a maneira em que a maior parte dos brancos interpreta a situação dos negros, evidenciada por como os entrevistados em ambas as amostras fizeram uso de argumentos similares em suas respostas acerca do *status* dos negros.

Essa forma mais amável de usar o enquadramento cultural foi a escolha preferida pelos estudantes. Jay, estudante da WU, por exemplo, explicou por que os negros estão em uma situação geral pior que a dos brancos como a seguir:

> Hum, acho que é por falta de educação. Eu acho que é porque não cresceram em uma família que lhes proporcionou tempo para ir à escola e eles tinham que sair e conseguir empregos imediatamente, eu acho que é apenas um ciclo [que] perpetua as coisas, você sabe. Quer dizer, eu não posso dizer que os negros não podem fazer isso porque, obviamente, há muitos, muitos deles [que] conseguiram bons empregos e tudo o mais.

Jay, como a maioria dos brancos, admite o "negro excepcional". No entanto, ele retoma de imediato o gentil argumento cultural:

> Então é possível que o ciclo pareça se perpetuar porque – quer dizer, digamos que eles saiam e arranjem empregos e se

estabeleçam muito antes do que o fariam normalmente se tivessem ido à escola e tivessem filhos ainda jovens e elas – essas crianças – têm que conseguir empregos e assim por diante.

Como os entrevistados do DAS usaram esse enquadramento cultural? Eles se valeram dele com tanta frequência como os estudantes, porém foram significativamente mais propensos a utilizá-lo de maneira direta e rude. Os dois casos seguintes exemplificam isso. O primeiro é Isaac, um engenheiro de cinquenta e poucos anos. Em resposta à pergunta que compara a posição geral de negros e brancos, Isaac argumentou que poucos negros têm formação para trabalhar como engenheiros. Isso levou ao seguinte diálogo entre Isaac e o entrevistador:

> *Entrevistador*: Então você sente que talvez haja falta de interesse na educação por parte dos negros?
> *Isaac*: Eles querem um atalho para ganhar dinheiro. Não há urgência em obter educação. Eles querem ganhar dinheiro mais rápido que os brancos. Não querem aproveitar o tempo para obter uma educação, eles querem ganhar dinheiro rápido.
> *Entrevistador*: Então eles também não dedicam tempo ao desenvolvimento de suas habilidades educacionais?
> *Isaac*: Sim, do jeito que você aprende, do jeito que você cresce, é quem você se torna.
> *Entrevistador*: Algumas pessoas dizem que as minorias estão em piores condições do que os brancos porque não têm motivação, são preguiçosas ou não têm os valores apropriados para obter sucesso em nossa sociedade. O que você acha?
> *Isaac*: Neste momento, acho que as nossas minorias são preguiçosas. Elas não têm paciência para continuar.

Ian, gerente de segurança da informação em uma empresa automotiva, explicou por que os negros estão em piores condições do que os brancos da seguinte forma: "A maioria deles simplesmente não se esforça para fazer qualquer coisa, para se tornar melhor. Tenho visto isso o tempo todo. 'Eu faço isso hoje, estou bem, estou feliz com isso, não preciso de nada melhor'. Nunca, nunca, nunca se esforçando ou dando um extra para melhorar."

A percepção de Ian dos negros como preguiçosos emergiu de sua compreensão dos negros como culturalmente deficientes. Esse ponto de vista foi claramente expresso em sua resposta à pergunta: "Você acha que as raças são naturalmente diferentes?"

> Bem, eu acho que os genes têm algo a ver com isso, alguns entram em jogo, mas eu acho que muito disso é a história passada das pessoas e o modo como elas são criadas. Olha os chineses, se você quiser progredir na China, você precisa ser muito intelectual e você tem que estar disposto a lutar por tudo o que você vai conseguir. Ja-Japão é a mesma coisa. Para uma criança entrar na faculdade, ela precisa de dois anos de exames de admissão. Então você meio que olha a situação dos negros. É como, "bem, por causa da escravidão, eu deveria ganhar isso de graça, então eu não tenho que trabalhar para isso, apenas me dê". Portanto, a cultura e sua educação têm grande parte nisso.

Embora Ian se aproximasse da velha concepção biológica ("Bem, eu acho que os genes têm algo a ver com isso, alguns entram em jogo"), no geral ele fez uso do enquadramento cultural para explicar o *status* dos negros (os asiáticos se dão bem porque "eles precisam ser intelectuais", enquanto os negros acreditam que, por causa da escravidão, não têm que trabalhar).

A Minimização do Racismo: Tese do Declínio da Importância da Raça dos Brancos

Quando William Julius Wilson publicou *The Declining Significance of Race* (O Declínio da Importância da Raça) em 1978, ele fez com que muitos brancos na academia se sentissem bem consigo mesmos. A alegação principal de Wilson – de que classe e não raça seriam o obstáculo central para a mobilidade negra – era um argumento que vinha se formando entre os brancos por um bom tempo. No entanto, os brancos acreditam que exista discriminação. Por exemplo, quando aos respondentes brancos e negros na pesquisa do DAS foi apresentada a afirmação: "A discriminação contra os negros não é mais um problema nos Estados Unidos", uma grande proporção de *ambos* os grupos (82,5% dos brancos e 89,5% dos negros) "discordou" ou "discordou com veemência" dessa afirmação. Apesar de brancos e negros acreditarem que a discriminação ainda seja um problema, eles contestam sua relevância como um fator explicativo da posição coletiva dos negros. Assim, em resposta à afirmação mais específica, "Os negros estão na posição que ocupam hoje como um grupo por causa da discriminação atual", apenas 32,9% dos brancos "concordaram" ou "concordaram com veemência" (em comparação a 60,5% dos negros). Isso significa que, em geral, os brancos acreditam que a discriminação quase desapareceu, enquanto os negros acreditam que a discriminação – a antiga e a nova – está viva e passa muito bem.

Os estudantes universitários foram mais propensos do que os respondentes do DAS a expressar verbalmente, da boca para fora, a existência de discriminação. Posto que os estudantes deste estudo cursavam disciplinas de Ciências Sociais na época das entrevistas, talvez tenham se sensibilizado no que tange à importância da discriminação, bem como ao novo caráter da discriminação contemporânea. No entanto, não obstante tal sensibilização, poucos acreditavam que a discriminação e o racismo institucionalizado são as razões pelas quais as minorias ficam para trás nesta sociedade. Em geral, os estudantes articularam o decrescimento da importância da tese da raça de três formas. Uma maioria dos entrevistados (18 de 41) usou uma estratégia indireta de negação, definida por uma das duas frases seguintes: "Eu não sou negro" ou "Eu não vejo discriminação" (ver o capítulo 4 para uma análise das funções dessas frases); outros (9 de

41) minimizaram o racismo diretamente; e outros ainda (7 de 41) argumentaram que as minorias fazem as coisas parecerem raciais quando na verdade não são.

O exemplo a seguir ilustra como os estudantes usaram a estratégia indireta de negação. A resposta de Mary, da SU, à afirmação "Muitos negros e outras minorias alegam não ter acesso a bons empregos por causa da discriminação e, quando conseguem os empregos, que não são promovidos na mesma velocidade que seus pares brancos", foi:

> Eu acho que antes de você realmente começar a falar sobre práticas de contratação e de promoção, você tem que ver as qualificações. Quer dizer, sabe, eu realmente só tive um emprego. Trabalhei para um empreiteiro geral, então era basicamente eu no escritório o dia todo com ele, meu chefe. Mas eu, na verdade, você tem que ver as qualificações. Quer dizer, eu não sei se, sabe, uma pessoa branca consegue um emprego no lugar de alguém das minorias, eu não posso ficar aqui sentada e dizer: "Bem, isso é discriminação", porque eu não sei quais foram os fatores. Essa pessoa tem um mestrado em vez de um bacharelado, ou uma formação mais aprofundada do que essa pessoa, sabe? Quer dizer, eu definitivamente não duvido que [a discriminação] aconteça, que passem por cima das minorias na hora das promoções e que elas não são contratadas por causa da sua raça. Eu não tenho absolutamente nenhuma dúvida de que isso acontece. Eu acho que antes que você possa se sentar ali e começar a chamar muitas coisas de discriminação, você precisa ver os antecedentes, as qualificações que estão por trás.

Em vez de afirmar "Não acredito que as minorias sofram de discriminação", Mary sugeriu que elas podem não conseguir empregos ou promoções porque lhes faltam qualificações. E embora Mary, como a maioria dos brancos, reconheça que existe discriminação ("Eu definitivamente não duvido que [a discriminação] aconteça"), ela claramente acredita que a maioria das alegações são falsas ("Eu acho que antes que você possa se sentar ali e começar a chamar muitas coisas de discriminação, você precisa ver os antecedentes, as qualificações que estão por trás").

O próximo exemplo é de estudantes que minimizaram a importância do racismo diretamente. Andy, estudante da WU, respondeu a uma pergunta sobre se a discriminação é o principal motivo pelo qual os negros estão para trás hoje, dizendo: "Eu acho que eles estão." No entanto, sua resposta foi insuficiente, já que ele não pôde fornecer uma explicação significativa de como a discriminação afeta as oportunidades de vida das minorias. Mais importante, as respostas de Andy a outras perguntas minimizaram a proeminência do racismo. Por exemplo, à pergunta sobre se a discriminação afeta ou não as chances das minorias de conseguir empregos e promoções, ele respondeu: "Eu acho que provavelmente menos do que costumava ser, mas isso ainda acontece. É só em lugares isolados ou, sabe, isso acontece em lugares distintos, mas na maioria dos empregos, eu acho que provavelmente não acontece." Quando solicitado a detalhar sua resposta, Andy afirmou acreditar que a razão pela qual os negros não conseguem bons empregos é, "se é que isso ocorre, provavelmente por causa da educação", porque "você não pode se candidatar a certos empregos sem uma boa educação".

O último exemplo é o de estudantes que argumentaram que os negros transformam em raciais situações que realmente não são. Janet, estudante da SU, respondeu a todas as perguntas sobre discriminação negando que ela seja um fator importante no que tange às oportunidades de vida das minorias, e sugeriu interpretações alternativas. Por exemplo, a resposta de Janet à pergunta sobre se a discriminação é ou não a razão principal pela qual os negros ficam para trás dos brancos foi: "Eu diria que depende do indivíduo. Tenho certeza de que existem alguns... que sim e outros [que] não, então..." Quando solicitada a esclarecer, replicou: "Certo. Mas eu diria que na maior parte das vezes, a maioria deles não faz isso a não ser para comprovar que esse é o caso." Quando o entrevistador perguntou a

Janet se ela pensava que a maior parte das alegações de discriminação feitas por minorias tinha a ver com percepção, ela respondeu: "Se eles olhassem para isso de uma maneira diferente ou algo assim, poderiam ver – poderiam não ver isso como racismo, sabe o que estou dizendo? [*Entrevistador: Você está dizendo que eles estão vendo mais do que realmente está ali?*] Certo." Quando indagada sobre discriminação em empregos, Janet respondeu de forma brusca:

> Eu diria que isso é um monte de besteira [*risos*]. Quer dizer, se eles estiverem qualificados, eles contratarão você e, se você não estiver qualificado, não conseguirá o emprego. Acontece a mesma coisa quando você consegue o emprego, se você estiver qualificado para uma promoção, você vai obter a promoção. Acontece a mesma coisa com brancos, negros, asiáticos, com quem quer que seja. E se você faz o trabalho, você vai conseguir o emprego.

Os entrevistados do DAS usaram estratégias argumentativas similares para negar a importância da discriminação. A mais utilizada foi a de minimização direta (18 de 66); seguida de negação direta (13 de 66); afirmando que as minorias tornam as coisas raciais (11 de 66); e minimização indireta (3 de 66). Os demais entrevistados (21 de 66) incluem alguns que sinceramente acreditam que a discriminação é importante (ver capítulo 7) e outros que negaram a centralidade da discriminação de sua própria maneira peculiar.

O primeiro caso exemplifica os entrevistados do DAS que minimizaram a importância da discriminação diretamente. Joann, uma mulher branca e pobre, de seus cinquenta anos, que trabalha em uma filial de uma grande cadeia de lojas, respondeu à pergunta sobre a discriminação direta afirmando: "Eu não vejo nenhuma na loja." Quando indagada sobre discriminação contra minorias em geral, Joann disse:

> Eu não acho que é tão ruim quanto era. Provavelmente precisa melhorar. O que [a sociedade] precisa é de uma equipe bem-informada e eu acho que isso é a verdade. Eu acho que o trabalho

terá que ser feito continuamente até sermos todos uma grande família feliz. [*Entrevistador: Você prevê que isso aconteça?*] Não me surpreenderia. Minha bisneta pode se casar com um negro, não sei. *Não faço ideia!*

O próximo caso é um exemplo dos que negaram completamente a discriminação. Vale ressaltar que todos os entrevistados do DAS que fizeram uso dessa estratégia eram oriundos da classe trabalhadora ou da classe baixa. Scott, um desenhista de 23 anos em uma empresa de engenharia mecânica, respondeu à pergunta direta sobre discriminação da seguinte forma:

> Eu não – hoje em dia eu não..., eu realmente não me sinto assim, eu realmente não me sinto assim. Talvez, tipo, quando eu era mais jovem, eu perceberia isso, mas agora eu realmente não sinto que ainda há muita segregação. Se é por causa da pessoa, sabe, da sua experiência passada. E, quer dizer, se você tiver um registro de antecedentes, você não irá muito longe, sabe. Então, eles podem se sentir como "estou sendo mantido atrás apenas porque, sabe, só porque eu sou negro".

Depois da resposta de Scott, o entrevistador perguntou: "Então você não acha que a discriminação seja um fator na vida da maioria dos negros hoje em dia?" Sua resposta foi: "Pode ser apenas por causa de seu passado e de suas atitudes em relação à vida. Mas, se você apenas considerasse isso como alguma coisa da vida cotidiana e seguisse em frente, não, eu não sinto nada, eu não vejo isso. Eu não faço isso e meus amigos, todos os meus amigos [não] fazem isso."

Em seguida, apresento exemplos de entrevistados que argumentaram que os negros tornam raciais as coisas que não são. Sandra, uma vendedora de varejo de quarenta e poucos anos, explicou sua opinião sobre a discriminação como a seguir:

> Eu acho que se você está procurando discriminação, eu acho que ela está ali para ser *encontrada*. Porém, se você fizer o melhor

possível em qualquer situação, e se *você não a usar como desculpa*. Eu acho que às vezes é uma desculpa porque as pessoas sentem que merecem um emprego, seja qual for! Eu acho que se as coisas não acontecem do jeito que elas querem, muitas pessoas têm uma tendência a usar o preconceito ou o racismo como *desculpa*. Eu acho que de certa forma, *sim*, há pessoas que são preconceituosas. Não é só em relação aos negros, é também em relação aos hispânicos ou às mulheres. De muitas maneiras, há muita discriminação *reversa*. É apenas o que você quer fazer disso.

Por fim, forneço um exemplo de entrevistados que usaram a estratégia de minimização indireta. Dave, um engenheiro de quarenta e poucos anos, dono de uma pequena agência de empregos, respondeu à pergunta direta sobre discriminação dizendo: "[*Risos*] eu não conheço nenhum negro, então não sei. Mas, em geral, eu provavelmente teria de dizer que é verdade." Quando pedimos esclarecimentos, Dave afirmou:

> Ah, isso é difícil, acho que se trata de estereótipos, como eu disse antes. É só que – algumas pessoas podem tentar dizer que alguns negros não trabalham tão duro quanto os brancos. Então, ao procurar um emprego, eles podem sentir que não conseguiram o emprego porque foram discriminados, porque eram negros, isso é muito possível. Talvez não seja realmente isso, mas como pessoa, eles fazem a suposição.

Dave explicou o *status* inferior dos negros em relação aos brancos sugerindo que isso "realmente se reduz a indivíduos" e que ele "percebeu especialmente que, se você quer um emprego, [há] empregos por aí". Em sua resposta, Dave insinua sua crença de que a discriminação racial não é um fator no mercado de trabalho, pois "[há] empregos por aí".

O último caso se refere a entrevistados do DAS que não se encaixaram nas estratégias gerais e utilizaram argumentos *sui generis* para negar a importância da discriminação racial. Henrietta, uma professora de escola transexual, de cinquenta anos, assim respondeu à pergunta sobre discriminação:

> [*Nove segundos de pausa*] Estou tentando ser uma observadora imparcial, pois, como transexual, sou discriminada. Eu acho que se as pessoas agirem de forma responsável, elas não serão discriminadas. Pessoas que estão agindo de forma irresponsável, em outras palavras, exigindo coisas, "Ah, eu preciso disso" ou "Você fez isso por causa da cor da minha pele", sim, então elas serão discriminadas. Pessoas que são inteligentes se apresentam de maneira apropriada à situação e não serão discriminadas.

Assim, Henrietta sugere que os negros que sofrem discriminação merecem isso porque agem irresponsavelmente ou reclamam demais.

Conclusão

Neste capítulo, ilustrei como os brancos usam os quatro enquadramentos centrais do racismo da cegueira de cor, a saber: o liberalismo abstrato, a naturalização, o racismo cultural e a minimização do racismo. Esses enquadramentos são importantes para as concepções dos brancos, jovens (amostra de estudantes universitários) e mais velhos (respondentes do DAS), e servem como uma matriz interpretativa da qual se extrai argumentos para explicar uma série de questões raciais. Mais acentuadamente, esses enquadramentos em conjunto formam um muro inexpugnável, ainda que elástico, que bloqueia os brancos da realidade racial dos Estados Unidos. O truque está no modo em que os enquadramentos se juntam uns aos outros, isto é, no muro que eles formam. Para os brancos, por exemplo, seria difícil usar o enquadramento do liberalismo abstrato se não pudessem recorrer também à minimização do racismo. Precisamente pelo fato de fazerem uso desses enquadramentos da mesma forma que crianças usam blocos de montar, os brancos podem dizer coisas tais como: "Sou a favor de oportunidades iguais, é por isso que eu me oponho a ações afirmativas" e também dizer: "Todo mundo tem quase as mesmas oportunidades de obter sucesso neste país, porque a discriminação e o racismo quase acabaram." E se alguém se atreve a assinalar que nesta Terra Prometida há um tremendo nível de desigualdade racial – um fato que poderia esvaziar o balão da cegueira de cor – pode-se argumentar que isso se deve às escolas das minorias, à falta de educação, à desorganização familiar ou à falta de valores adequados e de ética de trabalho. Em suma, os brancos podem culpar as minorias (os negros, em particular) por seu próprio *status*.

Mas, e se alguém fizer fissuras na história da cegueira racial dos brancos, indicando que eles vivem principalmente em bairros brancos, casam e fazem amizade principalmente com brancos, interagem principalmente com brancos no seu trabalho e enviam seus filhos a escolas brancas ou, se eles frequentam escolas mistas, certificam-se de que, na maior parte das aulas, estudam com crianças brancas? Os brancos têm duas opções discursivas para evitar os efeitos potencialmente devastadores desses argumentos. Eles podem recorrer ao enquadramento do liberalismo abstrato e dizer algo como "Eu apoio a integração, porém não acredito em forçar as pessoas a fazer qualquer coisa que não queiram fazer", ou, "As pessoas têm o direito de fazer suas próprias escolhas individuais e ninguém pode interferir". Alternativamente, eles podem naturalizar a branquitude em que vivem ("Negros gostam de viver com negros e brancos gostam de viver com brancos... é uma coisa natural"). Como documentei neste capítulo, os brancos misturam e combinam argumentos conforme lhes pareça adequado. Portanto, alguém pode dizer: "A segregação é uma coisa natural", mas também afirmar "Eu acredito que ninguém tem o direito de impedir que as pessoas se mudem para um bairro". Esses enquadramentos formam um muro descomunal, pois fornecem aos brancos uma forma aparentemente não racista de afirmar suas ideias raciais sem parecerem irracionais ou raivosamente racistas.

No entanto, se o muro ideológico do racismo da cegueira de cor não fosse flexível, alguns golpes duros seriam suficientes para derrubá-lo. É por isso que a flexibilidade dos enquadramentos é tão útil. Os enquadramentos do racismo da cegueira de cor são maleáveis porque não se baseiam em absolutos ("Todos os negros são…" ou "A discriminação terminou em 1965"). Em vez disso, o racismo da cegueira de cor dá margem a exceções ("Nem todos os negros são preguiçosos, porém a maioria é") e permite uma diversidade de maneiras de se ater aos enquadramentos – de rude e direta a gentil e indireta. Em relação à primeira, quase todos os entrevistados brancos nesses estudos mencionaram o negro excepcional ("Bem, Robert, meu amigo negro, não é assim"); concordaram em princípio com noções racialmente progressistas ("Eu acredito que a integração escolar é ótima porque podemos aprender muito um com o outro" ou "Puxa, eu gostaria de poder ver o dia em que teremos o primeiro presidente negro"); ou até se juntaram a Martin Luther King Jr. no sonho da cegueira de cor ("Em duas ou três gerações a raça desaparecerá e todos nós seremos apenas americanos"). Em relação à última, os brancos usaram os enquadramentos da cegueira de cor de forma rude, demonstrando ressentimento e raiva para com as minorias ("Os negros são malditamente preguiçosos") ou de modo compassivo ("É terrível o modo como eles vivem nesses bairros, com aquelas escolas, sem pais, com o crime ao dobrar a esquina… isso me entristece sempre que o vejo na TV").

A flexibilidade do muro da cegueira de cor é reforçada pelo estilo da cegueira de cor. Por exemplo, se os brancos se encontram em uma enrascada retórica ao revelar um gosto pessoal pela branquitude ou uma desafeição pela negritude, sempre podem proferir uma retratação do tipo: "Eu não tenho preconceito" ou "Se eu me apaixonar por uma pessoa negra, essa coisa de raça nunca será um obstáculo para nos unirmos". Eles podem andar na ponta dos pés pelos mais perigosos campos de minas raciais, porque os elementos estilísticos da cegueira de cor lhes propiciam as ferramentas necessárias para entrar e sair de quase qualquer discussão. Examinarei essas ferramentas em detalhe no próximo capítulo.

O Estilo da Cegueira de Cor:

Como Falar de Modo Desagradável Sobre Minorias Sem Soar Racista

4

Endossar uma ideologia é como usar uma peça de roupa. Quando você a veste, você também veste um certo estilo, uma certa moda, uma certa maneira de se apresentar ao mundo. O estilo de uma ideologia se refere a seus *modos linguísticos peculiares e estratégias retóricas* (ou conversa sobre raça)[1], às ferramentas técnicas que permitem aos usuários articular seus enquadramentos e *story lines*. Como tal, o estilo de uma ideologia é o fio usado para juntar partes de tecido em uma peça de vestuário. A limpeza das roupas, no entanto, depende do contexto no qual elas são costuradas. Se a peça for montada em um fórum aberto (com minorias presentes ou em locais públicos), atores dominantes irão tecer suas fibras com cuidado ("Eu não sou racista, mas..."), sem que fiquem muito apertadas ("Eu não sou negro, então não sei"). Se, ao contrário, está sendo feita entre amigos, os cortes serão ásperos e as costuras, soltas ("Malditos *niggers* preguiçosos").

Examino neste capítulo o estilo básico da cegueira de cor. No cerne da minha análise está a noção de que, devido à mudança dramática do clima normativo desde o período Jim Crow à era pós-movimento dos direitos civis, a linguagem da cegueira de cor é esquiva, aparentemente contraditória e com frequência sutil[2]. Por conseguinte, os analistas devem escavar o labirinto retórico de respostas confusas e ambivalentes a perguntas diretas; de respostas salpicadas de ressalvas tais como "Eu não sei, mas..." ou "Sim e não"; de respostas quase ininteligíveis por causa de um nível de incoerência maior do que o usual. Essa não é uma tarefa fácil e o analista pode acabar confundindo honestos "Eu não sei" por movimentos retóricos que visam salvar as aparências ou poupar nervosismo por incoerência induzida tematicamente. Consciente dessa possibilidade, ofereço tantos dados quanto possível em cada caso citado.

Posto que uma análise discursiva completa dos componentes estilísticos da cegueira de cor está além do escopo deste capítulo[3], eu me concentro em exibir cinco coisas. Primeiro, documento como os brancos evitam o uso de uma linguagem racial direta para expressar suas concepções raciais. Em segundo lugar, analiso os "movimentos semânticos" centrais (ver infra) que os brancos usam como paraquedas verbais para evitar discussões perigosas ou salvar as aparências. Em terceiro lugar, examino o papel da projeção na conversa sobre raça dos brancos. Em quarto lugar, mostro o papel dos diminutivos no discurso de raça da cegueira de cor. Finalmente, mostro como incursões em questões proibidas produzem incoerência quase total em muitos brancos. Esse último elemento não é parte das ferramentas estilísticas da cegueira de cor, mas o resultado de se falar sobre questões raciais sensíveis em um período no qual certas coisas não podem ser proferidas em público. No entanto, uma vez que a incoerência retórica aparece muitas vezes nas observações dos brancos, ela deve ser considerada como parte da linguagem geral da cegueira de cor.

Uma possível preocupação para os leitores deste capítulo é se estou atribuindo intencionalidade aos brancos enquanto eles juntam as partes de seus relatos. Isto é, estou sugerindo que os respondentes brancos são "racistas" que tentam encobrir seus verdadeiros pontos de vista por meio desses dispositivos estilísticos? Primeiro, os leitores precisam ser lembrados de que considero o problema do racismo como um problema de poder (ver capítulo 1). Portanto, as intenções dos atores individuais são em grande parte irrelevantes para a explicação dos resultados sociais. Em segundo lugar, com base na minha definição estrutural de "racismo", também deve ficar claro que eu concebo a análise racial como "além do bem e do mal". A análise dos relatos raciais das pessoas não é semelhante a uma análise do caráter ou da moralidade dessas pessoas. Por fim, ideologias, assim como gramática, são aprendidas socialmente e, portanto, as regras de como falar de forma correta vêm "naturalmente" para pessoas socializadas em sociedades específicas. Assim, os brancos constroem seus relatos com os enquadramentos, o estilo e as *story lines* disponíveis na América da cegueira de cor de forma predominantemente inconsciente. Como assinalou Stuart Hall: "Todos nós usamos com constância todo um conjunto de estruturas de interpretação e compreensão, com frequência de forma inconsciente e muito prática, e [essas] coisas por si só nos permitem entender o que está acontecendo ao nosso redor, qual é nossa posição e o que provavelmente faremos."[4]

Chamando os Negros de Niggers Com Suavidade: Racismo Sem Epítetos Raciais

A literatura sobre a vida nas plantações, relatos dos colonizadores do Oeste ou narrativas de pecuaristas mostram que brancos costumavam falar sobre as minorias sem ambiguidade. Quando as pessoas de cor eram propriedade ou consideradas seres humanos secundários, não havia razão para se preocupar em falar a seu respeito. A era dos direitos civis, contudo, estilhaçou, entre muitas coisas, as normas estadunidenses relacionadas a discussões públicas sobre raça. Por isso, usar termos como *nigger* e *spic* e inclusive dizer coisas que soem ou possam ser percebidas como racistas é considerado imoral. E posto que a ideologia racial dominante pretende ser cega em relação à cor, há pouco espaço para um discurso socialmente sancionado sobre assuntos relacionados à raça. Isso significa que os brancos não falam sobre as minorias em público? Como mostrei no capítulo anterior, os brancos falam sobre as minorias em público, mesmo no contexto um tanto formal de uma entrevista patrocinada por uma grande pesquisa universitária. Mas também mostrei que eles falam de forma muito cuidadosa, indireta, hesitante e, ocasionalmente, inclusive por meio de uma linguagem codificada[5].

Quase todos os brancos que entrevistamos evitaram usar a terminologia tradicional do período Jim Crow para se referir aos negros. Apenas uma estudante universitária e seis entrevistados do DAS utilizaram termos como *colored* ou *negroes* para se referir aos negros e ninguém fez uso de *nigger* como termo legítimo. A estudante que usou o termo *colored* foi Rachel, uma estudante da MU que tinha concepções raciais muito conservadoras. No entanto, não ficou claro se o termo era parte de seu repertório normal. Ela fez uso dele em sua resposta a uma pergunta sobre quem eram seus amigos na faculdade:

> Eu não diria principalmente brancos. Eu diria que é provavelmente uma mistura. Porque eu tenho, tipo, muitos amigos asiáticos. Eu tenho muitos amigos *colored*[6], sabe, mas não era talvez nem o mesmo, tipo, histórico, eu não sei. É difícil dizer, sabe? De olhar para alguém, então...

A partir dessa afirmação, não está claro se ela usou o termo no antigo sentido ou se queria dizer "pessoas de cor" e ficou confusa.

Todos os entrevistados do DAS que usaram o termo *colored* tinham sessenta anos ou mais. Por exemplo, Pauline, uma mulher aposentada com quase setenta anos, descreveu a composição racial das escolas que frequentou quando criança: "Elas eram misturadas, sabe. [*Entrevistador: Misturadas do quê?*] Bem [*levanta a voz*] nós tínhamos principalmente *colored* e brancos."

Embora nenhum desses entrevistados mais velhos fosse progressista racial, seria um erro considerá-los "Archie Bunkers"[7] só por terem usado a linguagem racial do passado. Na verdade, todos eles eram brancos que não absorveram totalmente a ideologia racial e o estilo da era pós-movimento dos direitos civis. No entanto, com base no que disseram, alguns pareciam ter a mente mais aberta do que muitos dos jovens. Por exemplo, quando se perguntou a Pauline se ela tinha tido amigos negros enquanto crescia, ela retrucou: "Eu sempre tive amigos negros, mesmo quando eu trabalhava eu tinha amigos negros. Na verdade, tive uns dois melhores amigos." Embora os autorrelatos de muitos brancos acerca de sua amizade com negros sejam suspeitos (ver capítulo 5), com base na narrativa de Pauline, ela parece ter tido associações reais com negros. Por exemplo, ela brincava com crianças negras na infância e lembrou-se com carinho de seu colega de trabalho negro. E o que é mais significativo, Pauline, que tem uma sobrinha que está namorando um "cavalheiro" negro, parecia menos preocupada do que era de se esperar:

> Eu sinto que não é da minha conta. Ela teve problemas com ah, ela é divorciada. Ela teve muitos problemas com seu ex, ele é muito, muito abusivo. Esse sujeito com quem ela está saindo é muito gentil. As crianças gostam dele, veja só. Então talvez será bom para ela e as crianças. E para ele também, quem sabe!

O fato de os jovens brancos não usarem insultos raciais como termos legítimos em *público* não significa que não façam uso deles ou que não desabonem os negros em *particular*. A maioria dos estudantes universitários, por exemplo, admitiu ter ouvido ou contado piadas racistas entre amigos; seis até contaram essas piadas nas entrevistas. Lynn, uma estudante da MU, contou a seguinte piada que ela ouvira em casa:

> *Lynn*: Ok [*rindo*]. Foi, é terrível, mas, como você chama um carro cheio de negros caindo de um penhasco?

Entrevistador: Como?
Lynn: Um bom começo.

Eric, outro aluno da MU, contou a seguinte piada: "Era, como você chama um negro, um negro de casaco e gravata? E era, réu ou algo parecido. Sim, era o réu. E ouvi isso provavelmente algumas semanas atrás."

De mais a mais, a terminologia racista é atual na vida dos estudantes e dos participantes do DAS entrevistados, como ilustrado pelo fato de que mais da metade deles admitiu ter amigos ou parentes próximos que são "racistas". Lee, por exemplo, um estudante da WU, admitiu: "Meu pai é bem racista, então eu ouço tudo, quase todos os insultos raciais que você poderia imaginar eu ouvi dele e acho que isso teve um efeito sobre mim muito cedo." Ele também relatou que, enquanto sua família assistia a programas de TV negros, tais como *Sanford and Son* ou *The Jeffersons*, seu pai diria coisas como "Vamos assistir ao show dos *niggers*?". Lee e seus irmãos respondiam: "Sim", porque era "apenas uma coisa instintiva". Não obstante Lee acreditar que conseguiu repelir com sucesso a influência racista do pai, ele admitiu que tivera algumas tendências nazistas no passado e, embora "Eu não fosse um *skinhead* nem nada disso, mas, sabe, de vez em quando eu desenhava uma suástica no meu caderno ou algo assim".

A Leitura Através do Labirinto Retórico da Cegueira de Cor

Posto que as normas raciais pós-movimento dos direitos civis desaprovem a expressão manifesta de concepções raciais, os brancos desenvolveram uma forma oculta de expressá-las. Uma análise do discurso racial no período pós-movimento dos direitos civis sugere que os brancos confiam em "movimentos semânticos" ou "proposições [...] estrategicamente gerenciadas", cujos significados podem ser determinados pelo "conteúdo das sequências do ato discursivo"[8], para afirmar com segurança seus pontos de vista. Por exemplo, a maioria dos brancos usa negações aparentes ("Eu não acredito nisso, mas..."), alegações de ignorância ("Eu não sei"), ou outros movimentos no processo de declarar suas visões raciais. Os movimentos funcionam como escudos retóricos para salvar as aparências, porque os brancos sempre podem retornar à segurança das isenções de responsabilidade ("Eu não quis dizer isso porque, como lhe disse, *não sou um racista*"). Os dados neste capítulo mostrarão que os brancos frequentemente encaixam suas declarações raciais entre fatias de expressões não raciais. Apresento a seguir as estratégias verbais mais comuns do discurso racial pós-movimento dos direitos civis.

"Eu Não Sou Preconceituoso, Mas..." e "Alguns dos Meus Melhores Amigos São..."

Frases como "Eu não sou racista" ou "Alguns dos meus melhores amigos são negros" tornaram-se padrão no discurso racial pós-movimento dos direitos civis. Elas agem como amortecedores discursivos antes ou depois de alguém afirmar algo que é ou que poderia ser interpretado como racista. Portanto, não foi surpresa descobrir que quatro estudantes e dez participantes da amostra do DAS entrevistados usaram frases como "Eu não sou preconceituoso, mas" em suas respostas. Rhonda, uma funcionária de seus sessenta anos, que trabalha meio-período em uma joalheria, é um exemplo de como esse movimento semântico foi inserido. Ela fez uso dele para expressar com segurança suas visões altamente raciais sobre por que ela acha que os negros estão em uma situação pior que os brancos:

> Bem, eu vou ser, você entende, eu sou, eu [não] sou preconceituosa ou racial ou o que quer que seja. Eles sempre receberam os trabalhos sujos porque estavam dispostos a fazê-los. Então eles

pararam, pararam de fazer [isso]. O sistema de assistência social passou a ser muito, muito fácil. E eu não estou dizendo que são todos, há muitas pessoas brancas que recebem assistência social quando não deveriam. Mas se você pegar a porcentagem na área do *Tri-city county*[9], verá que a maioria é branca, mas tudo que você vê são as pessoas negras recebendo assistência social. Mas é uma intensificação gradual. Trinta anos atrás eles começaram com isso e continuaram, continuaram, continuaram. E era mais fácil receber assistência social do Estado do que procurar um emprego. Por que trabalhar se, se eles vão, se o governo vai cuidar de você?

Depois que Rhonda declarou: "Eu sou, eu [não] sou preconceituosa ou racial ou o que quer que seja", ela deu seu relato sobre como acredita que o Estado de bem-estar social tem mimado os negros. O valor ideológico do movimento "Eu não sou racista, mas..." é claro aqui.

A frase "Alguns dos meus melhores amigos são..." ou seu equivalente foi utilizada por oito dos estudantes e doze dos entrevistados do DAS. Surpreendentemente, muitos fizeram uso dela para se referir a seus amigos asiáticos. Por exemplo, Eric, um estudante da MU, usou essa frase depois de revelar que a maioria de seus amigos desde a infância era branca. Especificamente, quando lhe perguntaram: "Ok, você diz principalmente brancos, houve amigos não brancos ao longo do caminho?", Eric respondeu: "Sim, eu tive alguns. Eu, um dos meus melhores amigos, quando eu morava em Nova Jersey, era coreano."

Jill, uma vendedora de trinta e poucos anos, usou o movimento "Alguns dos meus melhores amigos são negros" de uma maneira bastante estranha. Em resposta à pergunta: "Você já namorou alguém das minorias raciais?", Jill disse: "Não, mas eu acho que um dos meus melhores amigos é negro."

O entrevistador perguntou então a Jill: "OK, você pode falar um pouco sobre esse relacionamento?" Jill respondeu:

Sim, nós trabalhamos juntos na Automotive Company e o que aconteceu é que esse homem era muito inteligente. Ele se formou em primeiro lugar de sua turma em Economia na Universidade de Indiana e conseguiu uma bolsa de estudos para pesquisa por intermédio da Automotive Company, o que provavelmente ajudou porque ele era negro. E eu também sei que ele entrou em Harvard porque ele teve resultados terríveis no GMAT[10], mas ele entrou. Ele não teve [resultados] terríveis, ele teve cerca de 500 pontos. Ele entrou e se formou em Harvard e agora é um banqueiro de investimentos. Mas sabe o quê? Ele é um cara legal. O que lhe falta em intelecto, ele compensa... ele se esforça muito e está sempre tentando melhorar. Ele deveria estar lá porque ele se esforça mais do que qualquer um que eu conheço.

Um dos "melhores amigos" de Jill, de acordo com sua própria narrativa, era "muito inteligente", mas obteve "terríveis notas no GMAT". No entanto, ela prosseguiu, ele "conseguiu entrar em" Harvard, o que ele merecia porque "ele é um cara legal" que compensa "o que falta em intelecto" com "muito esforço (o seu "melhor amigo" era "muito inteligente" ou carecia "de intelecto"?) Ela também borrifou a história com suas preocupações veladas sobre a ação afirmativa (seu comentário sobre o fato de a Automotive Company ajudá-lo "porque ele era negro"). Observe também que esse "melhor amigo" nunca é identificado pelo nome.

"Eu Não Sou Negro, Então Não Sei"

Posto que os movimentos acima mencionados se tornaram um clichê (e, portanto, menos eficazes), o racismo da cegueira de cor produziu outros movimentos semânticos. Tais movimentos, como todas as partes de qualquer ideologia, se desenvolveram coletivamente, por meio de um processo de tentativa e erro, tornando-se recursos disponíveis para a produção dos relatos raciais das pessoas[11]. Um desses movimentos que apareceu com frequência entre estudantes universitários brancos, mas não entre os entrevistados do DAS, foi a frase "Eu não sou negro, então não sei". Depois que essa frase foi interposta, os entrevistados prosseguiram com afirmações indicativas de seus fortes pontos de vista sobre a questão racial em pauta. Por exemplo, Brian, um estudante da SU, inseriu a declaração em resposta à pergunta direta sobre discriminação.

> Eu não sei. Eu acredito neles. Eu não sei, eu não sou uma pessoa negra, então eu não saio com um monte de negros, então eu não vejo isso acontecer. Mas eu assisto à TV e nós estávamos vendo uns *talk shows* estúpidos – não há mais nada passando – e há pessoas por ali. E apenas isso, apenas ouvindo as notícias e outras coisas. Tenho certeza que é menos do que costumava haver, pelo menos é o que todo mundo continua dizendo... *Eu acho que há menos, mas não posso dizer.* Mas eu não posso falar por uma pessoa negra que diz que está sendo assediada ou que está sendo discriminada.

A declaração de Brian pode ser dividida da seguinte forma. Primeiro, ele afirmou: "Eu não sou uma pessoa negra", então não viu a discriminação ocorrendo. Em segundo lugar, ele reconheceu que a discriminação ainda acontece. Em terceiro lugar, ele declarou cuidadosamente sua opinião: "É menos do que costumava ser."

O segundo exemplo é Liz, uma estudante da MU. Ela também usou a frase em sua resposta à pergunta direta sobre discriminação:

> Hum, só porque não sou negra, não sou hispânica, eu realmente, eu não entendo. Acho que eu não passo por isso. Mas, novamente, eu vi tipo o racismo, sabe, em relação aos brancos, a bolsas de estudo e, tanto quanto diz respeito à escola, o que, quer dizer, me incomoda também. Então eu acho que posso entender.

Liz começou sua resposta com o movimento e ponderou se ela poderia ou não entender as queixas das minorias sobre discriminação, porque "Acho que eu não passo por isso". Então, mudou o tópico para a questão da chamada discriminação reversa em relação aos brancos no que tange a "bolsas de estudo", o que "me incomoda também". Assim, Liz equalizou as queixas sobre discriminação ao longo de todos os grupos e concluiu que, afinal de contas, "Eu acho que posso entender" as queixas das minorias sobre discriminação. Em sua resposta a uma pergunta específica sobre se os negros vivenciam ou não discriminação em empregos e promoções, Liz evitou a questão por completo: "Hum, eu só acho que a pessoa melhor qualificada deve provavelmente conseguir o emprego, sabe, tipo eu não vejo por que alguém negro não conseguiria um emprego em lugar de um branco que fosse mais qualificado ou melhor adequado para o trabalho." Como Liz insinuou que os negros mentem quando fazem alegações de discriminação, o entrevistador perguntou-lhe: "Então, quando eles dizem que [a discriminação] acontece com eles, você acha que eles estão mentindo ou…?" Liz fez uma rápida reversão a fim de restaurar sua imagem de neutralidade:

> Quer dizer, eu não acho que eles estão mentindo, mas eu não, eu acho que no meu mundinho tudo é perfeito, eu não vejo por que isso aconteceria. Mas eu acho que existem pessoas que são, sabe, racistas, que não promoveriam alguém negro só porque é negro, o que eu realmente não entendo, sabe.

A retórica de Liz (não entender as queixas das minorias acerca da discriminação e, em seguida, alegar que entende) e as reversões (insinuar que as minorias mentem quando afirmam ter sofrido discriminação e então dizer que a discriminação acontece) tipifica quão perigosas são as águas da cegueira de cor. Negociar as concepções aparentemente contraditórias de que "raça não importa", mas, ao mesmo tempo, que "raça importa" um pouquinho para as minorias e muito para os brancos, sob a forma de discriminação reversa, não é uma tarefa fácil.

"Sim e Não, Mas..."

Outro movimento semântico típico do racismo da cegueira de cor é a estratégia do "Sim e não". Depois que os entrevistados inserem essa frase e, aparentemente, examinam todos os aspectos, eles assumem uma posição sobre o assunto em pauta. Estudantes eram mais propensos do que os entrevistados do DAS a usar esse movimento, um achado que reverbera o fato, discutido no capítulo anterior, de que os entrevistados do DAS foram mais diretos na enunciação dos enquadramentos do racismo da cegueira de cor. A resposta de Emily, uma estudante da SU, a uma pergunta referente à concessão de oportunidades especiais para as minorias, a fim de que sejam admitidas nas universidades, exemplifica como os entrevistados usaram esse movimento:

> Oportunidades únicas? Não sei. Pode haver, eu acho, algumas minorias que recebam escolas [que] não sejam tão bem financiadas quanto outras. Então, eu teria que dizer sim e não. Eu acho que elas deveriam ter a oportunidade de vir, mas eu também não acho que deveriam permitir que outras pessoas viessem. Porque isso é tipo uma faca de dois gumes, talvez porque você está discriminando um grupo não importa o que se faça e eu não acredito nisso, e eu não acho que você deve discriminar um grupo para dar a outro uma oportunidade melhor. E não acredito que isso seja justo. Mas também não acredito que seja justo que elas [frequentem] uma escola que não pode ensinar tão bem ou que não tenha os recursos para ensinar como se deveria. Eu não sei. Eu estou meio que indecisa a respeito disso.

Essa resposta "sim e não" pode ser interpretada como uma expressão da ambivalência dos brancos acerca de uma política social muito "controversa"[12]. No entanto, a resposta de Emily à pergunta direta sobre a discriminação mostra com clareza que ela é decididamente contra ações afirmativas:

> Eu só tenho um problema com a discriminação, você vai discriminar um grupo e o que aconteceu no passado é horrível e nunca deveria acontecer de novo, mas eu também acho que para seguir em frente você tem que abandonar o passado e o que aconteceu. Você sabe, realmente deveria começar a se igualar, hum, porque eu sinto que muito disso irá longe demais e vai pender para o outro lado. Um grupo vai ser discriminado – eu não acredito nisso. Eu não acho que um grupo deva ter uma vantagem sobre outro, independentemente do que aconteceu no passado.

Assim, Emily se opõe a ações afirmativas do modo em que são praticadas, porque ela as interpreta como discriminação reversa. Por outro lado, ela é a favor de programas que não estão instituídos (ampliar as oportunidades educacionais para as minorias antes da faculdade) ou que não alterariam o *status* das minorias de forma significativa (igualdade de oportunidades).

Mark, um estudante da MU, usou a estratégia do "sim e não" no intuito de expressar seu ponto de vista sobre ações afirmativas:

> Sim e não. Essa é provavelmente a coisa mais difícil que tenho de decidir. Eu realmente, porque eu pensei muito sobre isso, mas eu posso fazer uma lista de prós e contras e ainda assim não gostaria. Tenho ouvido a maior parte das discussões sobre esse assunto e eu honestamente não poderia dar uma resposta definitiva.

Mark, que cursava Sociologia no momento da entrevista, reconhecia que as minorias "não têm os mesmos pontos de partida e, se você começa a partir de muito baixo, eles definitivamente deveriam ter *algumas* oportunidades adicionais para pelo menos jogar no mesmo campo". Entretanto, imediatamente acrescentou: "Eu vou sair para procurar emprego no próximo ano e vou ser honesto, ficaria chateado se eu fosse tão qualificado quanto outra pessoa, e individualmente, eu ficaria chateado se uma empresa preferisse, sabe, um afro-americano a mim só porque ele é afro-americano."

Mark repete esse ponto ao discutir três cenários de contratação baseados em ações afirmativas. Quando indagado se ele apoiaria as decisões de contratação da empresa hipotética, Mark disse: "Se eu sou essa pessoa, não vou apoiar isso. Se eu for daquela maioria rejeitada só porque sou de uma raça diferente." Portanto, o "sim e não" filosófico de Mark sobre ações afirmativas parece desaparecer quando a política é discutida em termos práticos.

É importante ressaltar que outros entrevistados não utilizaram especificamente o "sim e não", porém inseriram declarações suavizantes parecidas para expressar com segurança suas reservas, objeções e, às vezes, oposição a determinadas políticas. Brian, um estudante da SU, assim explicou sua posição sobre ações afirmativas: "Cara, essa é outra que [*risos*] eu meio que apoio e meio me oponho [*risos*], sabe? Uh, praticamente a mesma coisa que eu disse antes foi que, eu não sei, se eu vier, eu não sei – alguém subqualificado não deveria ser escolhido, sabe?" Brian se opôs à concessão de oportunidades únicas às minorias para que sejam admitidas em universidades e no tocante a decisões de contratação nos três cenários de ações afirmativas. Isso sugere que ele tende mais para o "contra" do que para o "a favor" no que diz respeito a ações afirmativas, independentemente de sua postura um tanto estranha de "Eu meio que apoio e meio me oponho".

Sandra é um exemplo dos entrevistados do DAS que fizeram uso dessa estratégia. Uma varejista de seus quarenta anos, Sandra usou o movimento para expressar sua oposição a ações afirmativas. A resposta de Sandra à pergunta: "Você é a favor ou contra ações afirmativas?" foi:

> Sim e não. Eu sinto que alguém deveria ser capaz de ter *alguma coisa*, educação, trabalho, seja o que for, porque eles conquistaram, eles merecem, eles têm a habilidade para fazer isso. Você não quer colocar uma criança de seis anos como *cientista de foguetes*. Eles não têm a habilidade. Não importa se o garoto é negro ou branco. Quanto a deixar que alguém consiga um trabalho em

lugar de outro apenas por causa de sua raça ou do seu sexo, eu não acredito nisso.

A resposta de "sim e não" de Sandra a ações afirmativas parece ser realmente um forte "não", já que ela não encontrou nenhuma razão para que programas de ação afirmativa sejam implementados. Seu "sim e não" no início foi seguido por uma longa declaração sobre por que ações afirmativas são erradas e, portanto, ela concluiu dizendo: "Quanto a deixar que alguém consiga um trabalho em lugar de outro apenas por causa de sua raça ou do seu sexo [que é a maneira em que ela interpreta políticas de ação afirmativa], eu não acredito nisso."

Qualquer Coisa Menos Raça

Outro movimento retórico semelhante ao "Eu não sou racista, mas" e "Alguns dos meus melhores amigos são" é "Qualquer coisa menos raça". Essa estratégia envolve interpor comentários como "Não é uma coisa de preconceito" para descartar o fato de que a raça afeta um aspecto da vida do respondente. Por conseguinte, essa ferramenta permite que os brancos expliquem fraturas raciais em sua história de cegueira de cor. Ray, por exemplo, um estudante da MU, descartou a noção de que a raça tinha algo a ver com o fato de ele não ter tido amigos das minorias no ensino médio:

> Sim, eu acho, eu acho que, como as coisas aconteceram mais tarde, eu não acho que houve qualquer tipo de preconceito envolvido. Eu só acho que nós realmente não conhecíamos essas crianças. Sabe o que eu quero dizer? Elas viviam em diferentes bairros, iam a diferentes escolas. Hum, e nunca houve nenhum esforço para excluir e, se houve alguma coisa, foi um esforço para educar essas crianças.

Sonny, uma estudante da MU, também usou essa ferramenta para explicar por que ela não tinha amigos das minorias enquanto crescia. Sonny revelou na entrevista que ela teve amigos italianos[13], porém sugeriu que "a raça nunca entrou em jogo" e que "a maioria dos meus amigos era apenas de crianças normais". Depois de revelar que "uma das minhas melhores amigas é indiana" (asiática), ela ponderou por qual motivo ela e seus amigos não tinham negros na sua turma:

> Quer dizer, havia tantas crianças. Eu não acho que tínhamos amigos negros. Eu não sei por quê. A gente meio que ficava unidos e eu não sei, não era que nós, não era que nós não, tipo ... permitíssemos pessoas negras. É que apenas nunca houve, tipo, uma oportunidade. Não há uma população assim próximo de onde vivíamos.

Ambos, Ray e Sonny, pareceram perceber que suas redes quase todas brancas violam sua perspectiva de cegueira de cor de si mesmos. Assim, em suas descrições, assinalaram que esse era um fato não racial em sua vida. Meu objetivo aqui não é acusar brancos que não têm amigos das minorias de serem "racistas" (ver minha definição de "racismo" no capítulo 1). Em vez disso, quero mostrar que os brancos explicam o produto da vida racializada (bairros, escolas e redes de amizade segregados) como consequências não raciais e se valem dos elementos estilísticos disponíveis da cegueira de cor para produzir tais relatos.

À semelhança dos estudantes universitários, os entrevistados do DAS usaram frases em consonância com a estratégia de "qualquer coisa menos raça". Marge, uma desempregada de cerca de cinquenta anos, por exemplo, usou essa estratégia retórica em sua resposta à pergunta sobre o casamento inter-racial:

> Muito diferente do que eu costumava pensar, eu acho que não tem nada a ver com racismo. Tem a ver com como todos vocês serão tratados. Agora, se é apenas um assunto entre você e a outra pessoa e não há famílias envolvidas, não há filhos envolvidos, e se você está morando em uma área [na qual as pessoas têm] mente

aberta, eu acho que está tudo bem. Mas quando você começa a envolver as crianças, não importa o quanto você ama ou se você é racista ou não, essa não é a questão, é como essas crianças serão tratadas. E então minha resposta é que, se há crianças, sabe, famílias e tudo o que está envolvido, e você mora, sabe, em uma espécie de área racista, não, eu não acredito no casamento com alguém de uma raça diferente. Mas se for somente vocês dois juntos e não houver mais ninguém envolvido, então eu digo tudo bem. Mas, sabe, quando você arrasta outras pessoas para dentro, você tem que pensar nelas também.

Obviamente, a frase "eu acho que não tem nada a ver com o racismo" e a declaração cuidadosa, se bem que prolixa, posterior, permitiu que Marge se opusesse a quase todos os tipos de uniões inter-raciais com base em uma gama de fundamentos aparentemente não raciais (ver, porém, o capítulo 5).

"Eles É Que São os Racistas": Projeção Como Ferramenta Retórica

Desde Freud, psicólogos têm argumentado que a projeção faz parte do nosso equipamento normal de defesa[14]. É também uma ferramenta essencial na criação de uma identidade corporativa (Nós *versus* Eles)[15]. Mais pertinente a esta seção, a projeção ajuda a todos nós a "escapar da culpa e da responsabilidade e acusar outros"[16]. Entrevistados dentre os estudantes universitários e os participantes do DAS projetaram o racismo ou as motivações raciais nos negros e em outras minorias como uma maneira de evitar responsabilidade e se sentir bem consigo mesmos. As projeções dos estudantes universitários apareceram em diversos assuntos (por exemplo, ações afirmativas, segregação escolar e residencial, amizade e casamento inter-raciais e ética de trabalho dos negros), porém com mais frequência no que tange ao tema polêmico do momento, a chamada autossegregação negra. Por exemplo, Janet, uma aluna da su, assim respondeu à pergunta sobre se os negros se autossegregam ou não:

> Eu acho que eles se autossegregam. Ou, quer dizer, eu não sei como todos os outros são, mas eu não teria problema em conversar ou ser amiga de uma pessoa negra ou de qualquer outro tipo de minoria. Eu acho que eles enfiaram na cabeça que são diferentes e, como resultado, estão se afastando.

A entrevistadora fez outra pergunta a Janet, a fim de verificar se ela tentara ou não se misturar com negros, mas Janet cortou suas palavras rapidamente com a seguinte declaração: "Eles estão escapando para seu tipo de mundinho próprio."[17]

Janet fez outra projeção em sua resposta relacionada à pergunta sobre o casamento inter-racial, porém dessa vez não nos negros e sim em pessoas que se casam além da "linha de cor":

> Eu sinto que na maioria das situações eles não estão realmente pensando na, na criança. Quer dizer, eles podem não pensar nada sobre isso, *mas* na realidade eu acho que, na maioria das vezes, quando a criança está crescendo, ela vai ser apoquentada porque tem pais de raças diferentes e isso vai acabar afetando a criança e, e o resultado final é que eles só pensam em si mesmos – na sua própria felicidade, não na felicidade da criança.

Ao projetar o egoísmo em pessoas de raças diferentes que se casam ("eles não estão realmente pensando na criança"), Janet conseguiu expressar com segurança sua oposição, por outro lado racialmente problemática, ao casamento misto. Mesmo assim, admitiu que se ela ou um membro de sua família alguma vez se envolvesse com alguém de uma raça diferente, sua família "*não* gostaria disso *de jeito nenhum*! [*risos*]"

Outros exemplos de projeção entre os estudantes vieram à tona quando discutiram ações afirmativas. Embora a maioria deles tenha expressado abertamente ressentimento sobre esse tema, alguns estudantes projetaram a ideia de que os negros se sentem "péssimos" se são contratados por causa de sua raça. Rachel, a conservadora estudante da MU citada anteriormente, explicou sua posição sobre ações afirmativas como segue:

> Programas de ação afirmativa? Como eu estava dizendo, eu acho, eu não sei se eu apoio porque, quer dizer, acho que a única razão pela qual eles, sabe, as determinaram era para compensar os duzentos e tantos anos de escravidão. E, está somente tentando, tipo, para nós está somente tentando compensar o passado. E quanto aos negros, por essa razão, acho que eles tipo... Eu me sentiria mal, sabe, por ser incluída por causa da cor da minha pele, não por causa dos meus méritos. E eu me sentiria meio que inferior, sabe, como se eu achasse que todo o sistema de ações afirmativas me inferiorizaria. Só porque talvez eu consiga, sabe, uma melhor colocação, sabe, em uma escola só por causa da cor da minha pele. Eu não sei.

Esse argumento figura com bastante frequência nas objeções dos brancos a ações afirmativas[18]. A beleza retórica dessa projeção é o fato de ela ser expressa como uma "preocupação" sobre como os negros se sentem. É claro, como o mercado está fortemente inclinado a favor dos brancos, se alguém deve se sentir "inferior" no que diz respeito às decisões de mercado são os brancos, pois são eles que recebem tratamento preferencial "apenas por causa da cor da [sua] pele".

Os entrevistados do DAS também projetaram o racismo e as motivações raciais nos negros e em outras minorias, porém em um índice ligeiramente superior. Dos 66 entrevistados brancos, 22 projetaram racismo ou motivações raciais nos negros em diversas questões. Ann, uma mulher desempregada de vinte e poucos anos, respondeu à pergunta sobre se é difícil se aproximar dos negros ou se eles não são bem-vindos pelos brancos da seguinte forma: "Eu acho que, eu não sei – eles vivem muito no passado, se você quer saber. Alguns deles o fazem. Sabe, eu acho que os negros são mais preconceituosos contra os brancos do que os brancos contra os negros."

Francine, uma dona de casa de seus vinte e tantos anos, assim respondeu a uma pergunta sobre por que negros e brancos veem a polícia e o sistema judiciário penal diferentemente: "Os negros são apenas preconceituosos. Eles só acham que estão ali para agarrá-los ou algo assim."

Pat, uma servente em um hospital psiquiátrico, de seus trinta anos, rejeitou a ideia de o governo estabelecer programas em prol dos negros para lidar com os efeitos da discriminação:

> Em prol dos negros? Não, eu acho que está nivelando, quer dizer, se você quiser ir à escola, você pode. Eu não acho que deveria haver – anos atrás [o governo] lançou um Negro College Fund. Nós não temos nenhum United Caucasian Fund, quer dizer, eu não sei por que eles se separam, porque lhes permitem ir às mesmas escolas e faculdades e tudo o mais como os brancos. Deve ser tudo junto. Eu não acho que deveria haver *especiais*, sabe o que estou dizendo? [*exprime desdém*] Não, eu não – deveria ser tudo igual para todos. Todo mundo quer direitos iguais, iguale isso e iguale aquilo e tudo vai ficar igualado.

Beverly, proprietária de uma pequena empresa e dona de casa de quarenta anos, projetou a ideia de que os negros contratados por meio de uma ação afirmativa se sentem péssimos. Ela disse que a ação afirmativa é "injusta para negro e branco". Quando o entrevistador lhe pediu que explicasse o que queria dizer, Beverly retrucou: "Porque muitas empresas, eles sabem que eles são contratados [porque são negros]. Quer dizer, isso tem que estar na cabeça deles, estaria na [minha] cabeça, é por esse motivo que estou dizendo isso. 'Fui contratado porque era bom ou porque era negro?'"

Projeções raciais trazem à mente a famosa declaração de Du Bois: "Como a pessoa se sente sendo um problema?"[19] Os brancos atacam livremente as minorias ("*Eles* se autossegregam", "*Eles* tiram proveito do sistema de bem-estar social", "*Eles* devem sentir-se péssimos quanto à ação afirmativa") e raramente exibem autorreflexividade. As minorias são o problema; os brancos não são.

"Isso Me Deixa um Pouco Irritado": O Papel dos Diminutivos na "Conversa Sobre Raça" da Cegueira de Cor

Posto que manter uma postura não racial e cega à cor é fundamental na era pós-movimento dos direitos civis, os brancos recorrem a diminutivos para suavizar seus golpes raciais. Consequentemente, quando se opõem às ações afirmativas, poucos dizem: "Sou contra a ação afirmativa." Em vez disso, afirmam algo como: "Sou apenas um pouquinho contra a ação afirmativa." Da mesma forma, poucos brancos que se opõem ao casamento inter-racial afirmam categoricamente: "Sou contra o casamento inter-racial." Em vez disso, dizem algo como: "Estou apenas um pouquinho preocupado com o bem-estar das crianças."

Cerca de metade dos estudantes universitários e um quarto dos participantes do DAS entrevistados fizeram uso de diminutivos para suavizar os seus pontos de vista sobre questões tais como casamento inter-racial e ações afirmativas. Mickey, um estudante da WU, usou diminutivos duas vezes para declarar suas preocupações sobre o casamento inter-racial[20]:

> Eu diria que tenho um pouquinho da mesma preocupação com as crianças só porque é mais, quer dizer, seria mais difícil para elas. Mas, quer dizer, eu definitivamente [*riso nervoso*] não tenho nenhum problema com qualquer forma de casamento inter-racial. É apenas, isso é apenas um obstáculo extra que eles teriam que superar, superar com as crianças, mas, mas eu – [isso] não causaria um dano às crianças, eu não acho. Só faz com que seja um pouquinho mais difícil para elas.

Mickey, um estudante da MU, usou diminutivos para fazer a alegação potencialmente problemática de que as pessoas na MU eram sensíveis demais no tocante a questões relacionadas com raça ou orientação sexual. Ele teceu seus comentários em resposta à pergunta sobre se havia ou não participado de atividades políticas no *campus*. Depois de afirmar, em termos inequívocos, que não participou de nenhuma atividade política, o entrevistador, curioso sobre o tom da resposta, comentou: "Você pareceu bastante firme no seu não." Ao que Mickey retrucou:

> Sim, eu só, eu não sei. Eu acho que todo mundo, todo mundo aqui parece realmente tenso com esse tipo de coisa e, quer dizer, talvez seja só porque eu nunca tive que lidar com esse tipo de coisa em casa, mas, sabe, parece que você tem que tomar cuidado com tudo o que diz, porque se você escorregar um pouco comete um pequeno deslize, e nunca se sabe, haverá um protesto no dia seguinte.

Quando solicitado a explicar a que tipo de "pequenos deslizes" ele estava se referindo, Mickey disse:

> Tipo, quer dizer, se você ouve um professor dizer alguma coisa, como um insulto racial, ou algo um pouquinho parecido, sabe, um pouco fora de controle, sabe. Quer dizer. Eu apenas veria isso como, sabe, ele estava apenas..., você tirou isso do contexto ou algo assim, mas, sabe, são apenas coisinhas como essa. É somente..., é tão melindroso. Parece que por aqui tudo é tão melindroso. E eu não, tipo, eu não gosto de entrar em discussões sobre coisas e, sabe, sobre culturas e coisas assim. Porque eu vi, eu vi isso por aqui, sabe, muito, sabe, sobre tipo coisas religiosas, coisas gays e coisas de minorias. E não é nada disso, só não gosto de entrar nessas coisas.

Assim, Mickey usa os diminutivos para afirmar que as pessoas na MU são hipersensíveis porque protestam quando um professor faz "coisinhas", como "um insulto racial" em sala de aula ou algumas observações religiosas ou homofóbicas insensíveis.

Os entrevistados do DAS também fizeram uso de diminutivos, porém, eram menos propensos a utilizá-los, de modo consistente com o que tenho documentado a respeito de outras ferramentas retóricas e os enquadramentos da cegueira de cor. Os dois exemplos a seguir ilustram como eles usaram diminutivos. O primeiro se refere a Rita, uma mulher subempregada de seus vinte anos. Rita afirmou sua crença controversa de que os negros são naturalmente diferentes dos brancos da seguinte forma: "Bem, eu não posso dizer que em geral todos são, mas muitos dos que encontrei são **um pouquinho mais agressivos, um pouquinho mais temperamentais**, ou qualquer coisa desse tipo."

Obviamente, os diminutivos e a qualificação dela de que seu ponto de vista se aplica à maioria dos negros, porém não a todos, atenuou a sua postura Jim Crow tradicional.

Judy, uma professora universitária de quarenta anos que, durante toda a entrevista, expressou seu "progressismo racial", suavizou sua oposição a ações afirmativas usando um diminutivo. "**Sou um pouquinho a favor**, mas não radicalmente. Eu acho que é ah, acho que é uma solução temporária. Eu acho que é ruim quando se tem, tipo, quando é usada para cotas."

"Eu, Eu, Eu, Eu Não Quero Dizer, Sabe, Mas...": Incoerência Retórica e Cegueira de Cor

A incoerência retórica (por exemplo, erros gramaticais, longas pausas, ou repetição) faz parte de todo discurso natural. Contudo, o nível de incoerência aumenta visivelmente quando as pessoas discutem assuntos sensíveis. Como o novo clima racial na América proíbe a expressão aberta de sentimentos racialmente fundamentados, quando os brancos discutem questões que fazem com que se sintam desconfortáveis, os pontos de vista e as posições se tornam quase incompreensíveis[21].

Quase todos os estudantes universitários foram incoerentes quando discutiram certas questões raciais, particularmente suas relações pessoais com negros. Ray, o estudante da MU citado acima, que foi muito articulado ao longo da entrevista, tornou-se quase incompreensível ao responder à pergunta sobre se ele estava envolvido com minorias na faculdade:

> Hum, então para responder a essa pergunta, não. Mas eu não, quer dizer, eu nunca iria evitar que uma mulher negra fosse minha namorada pelo fato de ela ser negra. Sabe, quer dizer, você sabe o que eu quero dizer? Se você considera isso, sabe, a partir do ponto de vista de atração apenas, quer dizer, eu acho que, sabe, eu acho, sabe, eu acho, sabe, que todas as mulheres são, quer dizer, todas as mulheres têm um tipo diferente de beleza, se você preferir. E eu acho que, sabe, para as mulheres negras, é um pouco diferente do que para as mulheres brancas. Mas eu não acho que é, sabe, quer dizer, isso não é, isso não é nada que jamais me deteria de, tipo, quer dizer, não sei, quer dizer, não sei se isso é, quer dizer, isso é apenas meio que foi minha impressão. Quer dizer, não é como se eu fosse dizer alguma vez: "Não, eu nunca vou ter uma namorada negra", mas simplesmente me parece que não me sinto tão atraído por mulheres negras quanto pelas mulheres brancas, por qualquer motivo. Não se trata de preconceito, é mais ou menos tipo, sabe, qualquer outra coisa. Apenas o modo como eu vejo mulheres brancas em comparação a mulheres negras, sabe?

O entrevistador perguntou-lhe em seguida: "Você tem alguma ideia do porquê disso?" Ray respondeu: "Eu, eu, eu [*suspiros*] realmente não sei. É meio difícil descrever. É como, sabe, por quem você se sente mais atraído, sabe, por qualquer motivo, sabe?"

Mark, o estudante da MU supramencionado, respondeu a uma pergunta direta sobre casamento inter-racial da seguinte maneira:

> Quer dizer, pessoalmente, eu não me vejo, sabe, me casando com outra pessoa. Quer dizer, eu não tenho nada contra isso. Eu só acho que estou mais atraído por, quer dizer, outras. Nada tipo,

eu não poderia e eu nunca o faria, e eu não sei como meus pais iriam – só do outro lado, eu não, tipo, como meus pais se sentiriam sobre qualquer coisa assim.

Mark foi um dos três estudantes que se opuseram abertamente ao casamento inter-racial. A admissão desse fato parece tê-lo abalado emocionalmente, pois seu padrão de fala tornou-se incongruente.

Outra questão que fez com que os alunos se sentissem desconfortáveis foi discutir seus pontos de vista sobre a autossegregação. Ann, por exemplo, uma estudante da WU, hesitou muito em sua resposta à pergunta sobre se os negros se autossegregam (lembre-se, traços [–] significam autocorreção):

> Hum, não, eu não acho que eles se segregam, eles provavelmente apenas, eu acho que provavelmente eles estão..., não sei. Vamos ver, vamos tentar – como se estivéssemos tentando – como amigos em comum, eu suponho, talvez e talvez seja apenas seus colegas que você conhece, ou talvez eles, eles têm mais, mais tipo atividades ou aulas e clubes, eu realmente não sei, mas eu não acho que é necessariamente consciente, eu não – eu não diria que eu me sentiria desconfortável em ir e conversar com um grupo inteiro.

Uma possível razão pela qual alguns brancos saem do ritmo ao falar sobre a autossegregação é a percepção de que o quer que digam sobre as minorias pode ser dito sobre eles. Assim, quando explicam suas opiniões sobre essa questão, os entrevistados certificam-se de que fornecem explicações não raciais do porquê as minorias aparentemente se autossegregam (Ann sugere que as redes de amizade são baseadas em pessoas que compartilham interesses semelhantes).

Os entrevistados do DAS foram significativamente menos propensos do que os estudantes a se tornarem incoerentes, porém quando o fato ocorreu, estava relacionado aos mesmos problemas. Dorothy, uma funcionária aposentada de uma empresa de automóveis, de seus setenta anos, que falou claramente durante toda a entrevista, pareceu confusa ao abordar o tema do casamento inter-racial:

> Eh, bem, eu não sei, mas eu, eu, eu sinto que uh, eu não sei, eu sinto apenas que, uh, você deveria [*voz baixa*] apegar-se à sua própria raça para um casamento [*Entrevistador: E por que isso?*] Uh, porque eu sinto que há, uh, proble... – haveria problemas em ambos os lados. Uma garota se sentiria magoada se, se seus pais fossem... [*Fim da fita 1. O entrevistador pediu a ela que continuasse com sua resposta.*] Sim, eu realmente sinto. Bem, não – eles têm uma cultura diferente do que nós, realmente, e eu acho que a família dele ficaria, sabe, provavelmente ficaria também chateada. Eu assisto isso na TV todo dia e vejo como, sabe, como eles, eles têm um... diferente, eu não – eu ouço os homens, sei que ouço os negros na TV dizerem que as mulheres negras são assim, sabe, selvagens e loucas, sabe, temperamentos, você sabe o que eu quero dizer. E eu sinto que esse é o limite. Eu não sei, se minha fi... – se uma das minhas filhas, ah, se casasse com um deles, se eu teria aceitado porque é minha filha e eu, eu – eu nunca seria, eu nunca seria desagradável com eles. Porque eu sinto que eles são tão humanos quanto nós. Se eles me tratam de forma decente, eu vou tratá-los de forma decente. Esses são os meus sentimentos!

A incoerência de Dorothy "faz sentido" à luz de sua oposição ao casamento inter-racial. Posto que se opor abertamente ao casamento inter-racial é algo controverso e viola a noção de cegueira de cor, Dorothy parecia compelida a modificar sua resposta e inserir a declaração profundamente embaraçosa sobre a igualdade das raças ("eles são tão humanos quanto nós").

Lynn, uma gerente de recursos humanos de cinquenta e poucos anos, tornou-se incoerente quando declarou suas ressalvas sobre namorar homens negros:

> Eu não sei. Apenas, bem [*voz aguda*], eu acho que ficaria muito desconfortável, ok, eu realmente acho. Quer dizer, seria apenas, eu

> [*levanta a voz*] não gostaria de sair com um homem do Oriente Médio realmente escuro, ou indiano, ou oriental. Quer dizer, eu, eu só ficaria desconfortável. Se eles são mais parecidos comigo na aparência, tudo bem. Foi assim que eu sempre me senti. Não que eu não gostasse de homens de diversidade étnica, mas eu apenas – você tem um certo gosto, sabe. Eu acho que tenho.

Tal como aconteceu com os estudantes universitários, os entrevistados do DAS ficaram nervosos ao abordar alguns assuntos além do casamento inter-racial. Eric, auditor de uma empresa automotiva, por exemplo, ficou ansioso ao debater sobre se ele se confraterniza ou não com seus colegas negros:

> Claro, claro, você pode – se você trabalha naquele ambiente, a, a raça está ali, obviamente. Eu não acho que ela jamais irá embora, mas eu não pratico isso e vejo muitas pessoas que não praticam. Eles, eles, sabe, mas existe e eu sei disso e não sei. Sim, eu, eu, eu, eu saio com os caras negros. Eu nem mesmo ligo. Isso não importa para mim.

Conclusão

Se as histórias de racismo da cegueira de cor persistirem, os brancos precisam ser capazes de reparar erros (ou o aparecimento de erros) retoricamente. Neste capítulo, documentei a variedade de ferramentas disponíveis aos brancos para reparar fissuras raciais, para restaurar uma imagem cega à cor quando a branquitude se infiltra através das rachaduras discursivas. A conversa sobre raça do racismo da cegueira de cor evita a terminologia racista e preserva seu não racialismo mitológico por meio de movimentos semânticos tais como "Eu não sou racista, mas,"; "Alguns dos meus melhores amigos são…"; "Eu não sou negro, mas"; "Sim e não"; ou "Qualquer coisa menos raça". Portanto, se uma escola ou bairro é completamente branco, eles podem dizer: "Não é uma coisa racial", ou

"É economia, não raça". Eles também podem projetar a questão nos negros, afirmando: "Eles não querem viver conosco", ou "Os negros são os verdadeiros preconceituosos".

Como os brancos podem se proteger contra a acusação de racismo quando declaram posturas que podem ser interpretadas como racistas? Eles podem fazer uso de diminutivos como amortecedores de choque racial e proferir afirmações tais como: "Sou um pouquinho contra a ação afirmativa porque ela é terrivelmente injusta para com os brancos"; ou "Estou um pouquinho preocupado com o casamento inter-racial porque as crianças sofrem tanto". E, como no caso dos enquadramentos do racismo da cegueira de cor, os brancos misturam e combinam as ferramentas estilísticas do racismo da cegueira de cor. Portanto, os entrevistados podiam usar um diminutivo ("Estou um pouquinho chateado com os negros…"), seguido por uma projeção ("… porque eles gritam racismo por tudo, mesmo que sejam eles os racistas"), e equilibrar a afirmação com um movimento semântico no final ("… e eu não estou sendo racial sobre isso, é só isso, eu não sei").

As entrevistas também revelaram que falar sobre raça nos Estados Unidos é algo altamente emocional. Quase todos os entrevistados exibiram um grau de incoerência em algum momento nas entrevistas. Digressões, longas pausas, repetições e autocorreções estavam na ordem do dia. Esse discurso incoerente é o resultado de falar sobre raça em um mundo que insiste que raça não importa, em vez de ser uma ferramenta de cegueira de cor. Contudo, pelo fato de ser tão preeminente na conversa dos brancos sobre raça, deve ser incluído como parte das modalidades linguísticas do racismo da cegueira de cor.

Um último ponto importante a destacar é que a probabilidade de os estudantes universitários usarem movimentos semânticos como "Eu não sou racista, mas,"; "Alguns dos meus melhores amigos são…"; "Sim e não"; e "Eu não sou negro, mas" foi maior do que os entrevistados do DAS. Os estudantes também eram mais propensos a fazer uso de diminutivos para suavizar suas concepções raciais e a se tornarem incoerentes ao discutir questões raciais sensíveis. Os entrevistados do DAS, no entanto, eram mais propensos a fazer projeções do que os estudantes. Esses resultados correspondem às minhas descobertas no capítulo anterior. Por que isso acontece? Uma análise preliminar dos dados da pesquisa e das entrevistas desses dois projetos sugere que é mais provável que pessoas jovens, instruídas, da classe média, façam pleno uso dos recursos do racismo da cegueira de cor do que pessoas mais velhas, menos instruídas, da classe trabalhadora.

Isso significa que os jovens brancos são mais hábeis em surfar nas águas perigosas da paisagem racial contemporânea dos Estados Unidos. Isso não deveria surpreender, já que são a coorte que tem sido impregnada desde o primeiro dia com a ideologia da cegueira de cor. No entanto, vale a pena observar que os entrevistados jovens, instruídos e da classe média do DAS não estão muito distantes de seus congêneres mais velhos, menos instruídos, da classe trabalhadora em sua crueza e falta de sofisticação retórica. Isso pode significar que, quando os brancos entram no mercado de trabalho, eles se sentem no direito de expressar seu ressentimento com relativa franqueza. Não há necessidade de dourar a pílula quando você se sente moralmente merecedor de um trabalho ou promoção em comparação a todos os negros, pois acredita que eles "não são qualificados", quando você acredita que os impostos que você paga estão sendo em grande medida desperdiçados em "negros dependentes da assistência social", quando você está convencido de que os negros usam a discriminação como uma desculpa para encobrir suas próprias inadequações.

Na minha comprovação dos enquadramentos e do estilo da cegueira de cor, muitos entrevistados inseriram histórias para expor seus pontos: histórias sobre o misterioso "homem negro" que tirou "seu trabalho" ou seu "lugar em Harvard". Essas histórias fornecem o vínculo emocional e o selo de autenticidade necessários para validar fortes alegações raciais. Sem tais histórias, o desabafo da animosidade racial seria insustentável. Irei examiná-las, bem como suas funções, no próximo capítulo.

"Não Consegui Aquele Emprego por Causa de um Homem Negro"

Histórias Raciais do Racismo da Cegueira de Cor

5

A contação de histórias é fundamental para a comunicação. Em grande parte, toda comunicação tem a ver com contar histórias[1]. Contamos histórias para nossos cônjuges, filhos, amigos e colegas de trabalho. Por meio das histórias apresentamos e representamos nós mesmos e os outros[2]. As histórias têm sido definidas como "eventos sociais que nos instruem sobre processos sociais, estruturas sociais e situações sociais"[3]. Narramos literalmente o *status* ("Quando estávamos no Gold Golf Club..."), preconceitos ("Esse cara, que nem sequer era membro do GG Club...") e crenças sobre a ordem social ("...teve a audácia de me convidar, embora ele dirija apenas um Cavalier"). As histórias também são importantes porque nos ajudam a reforçar nossos argumentos; elas nos auxiliam em nossa tentativa de persuadir os ouvintes de que estamos "certos".

Assim, as histórias que contamos não são aleatórias, pois evidenciam a posição social dos narradores e pertencem ao que Serge Moscovici rotula de "representações sociais"[4]. A contação de histórias representa frequentemente os momentos mais ideológicos; quando contamos histórias, as contamos como se houvesse *apenas uma maneira* de contá-las, como a maneira "óbvia" de entender o que está acontecendo no mundo. Esses são momentos em que estamos "menos conscientes de que [nós] fazemos uso de um referencial particular, e que se [nós] utilizássemos outra estrutura, as coisas de que estamos falando teriam um significado distinto"[5]. Esse é também o poder da contação de histórias – de que as histórias parecem estar no reino do determinado, do mundo prosaico. Por isso, as histórias nos ajudam entender o mundo, porém de maneiras que reforçam o *status quo*, servindo a interesses particulares sem parecer fazê-lo.

Não é de surpreender, portanto, posto que as histórias são uma parte normal da vida social, que elas constituam um componente importante do racismo da cegueira de cor. Neste capítulo, examino as histórias que as pessoas contam quando tentam entender as questões raciais na América contemporânea. Embora vários autores tenham analisado as histórias raciais que as pessoas contam[6], poucos se concentraram especificamente na própria contação de histórias ou nas suas funções ideológicas. Nas páginas que seguem eu me aprofundo em histórias raciais modernas dos entrevistados dentre os estudantes universitários e os participantes do DAS. Essas histórias não foram orientadas por pesquisas, já que eu não as investiguei nesses projetos. Elas surgiram espontaneamente nas respostas dos entrevistados, em seus esforços para destacar certos pontos ou sublinhar a importância de uma questão, ou como digressões em meio a discussões racialmente sensíveis.

Analiso dois tipos de histórias neste capítulo: *story lines* e *testemunhos*. Defino *story lines* como as *narrativas socialmente compartilhadas que são semelhantes à fábula e incorporam um esquema e fraseado comuns*. As *story lines* raciais são como fábulas porque, ao contrário dos testemunhos (ver infra), elas frequentemente se baseiam em argumentos impessoais, genéricos, com pouco conteúdo narrativo – elas são as narrativas raciais ideológicas "por natureza". Nas *story lines*, as personagens provavelmente serão subdesenvolvidas e, em geral, tipos sociais (por exemplo, o "homem negro" em afirmações tais como, "Meu melhor amigo perdeu um emprego para um homem negro"; ou a "rainha da assistência social", em "Mulheres negras pobres são as rainhas da assistência social"). Além disso, as *story lines* são produtos sociais, um fato revelado por esquemas similares empregados por diferentes contadores de histórias na execução das *story lines* – por exemplo, no uso de frases e palavras semelhantes (como "o passado é o passado") nos relatos. O que torna essas *story lines* "ideológicas" é que os contadores de histórias e seus públicos compartilham um mundo representacional que faz com que essas histórias pareçam factuais. Por conseguinte, ao contar e recontar essas *story lines*, membros de um grupo social (nesse caso, a raça dominante) reforçam sua compreensão coletiva sobre como e por que o mundo é como é; de fato, essas histórias contam e recontam uma história moral pactuada pelos participantes. Essas narrativas raciais, portanto, fazem mais do que auxiliar grupos dominantes (e subordinados) a entender o mundo de maneiras específicas; elas também justificam e defendem (ou contestam, no caso de histórias de oposição)[7] arranjos raciais em voga.

Testemunhos, por outro lado, *são relatos nos quais o narrador é um participante central da história ou está próximo das personagens da história*[8]. Os testemunhos conferem a aura de autenticidade e emotividade que apenas narrativas "em primeira mão" podem propiciar ("Eu sei que isso é um fato, pois trabalhei minha vida toda com negros"). Essas histórias, portanto, auxiliam os narradores a angariar simpatia dos ouvintes ou persuadi-los sobre os pontos que querem transmitir. Apesar de *aparentemente* envolver mais detalhes e empenho pessoal do que as *story lines* (ver, contudo, minha análise mais adiante), muitos dos testemunhos contados pelos brancos ainda servem a funções retóricas no que diz respeito a questões raciais, tais como salvar as aparências, indicar não racialismo ou apoiar seus argumentos sobre questões raciais controversas. Ademais, muitas vezes estão intimamente ligados às *story lines*, pois as experiências pessoais são compreendidas e interpretadas através da lente de narrativas e compreensões raciais mais gerais acerca do mundo.

As Principais Story Lines da História do Racismo da Cegueira de Cor

Durante o período Jim Crow, o mito do estuprador negro tornou-se uma poderosa *story line* que poderia ser invocada para manter os negros "no seu devido lugar"[9]. No período do novo racismo (ver capítulo 1), surgiram novas *story lines*, que ajudam a manter negros e outras minorias em seu (novo, porém ainda secundário) "lugar". As principais *story lines* raciais da era pós-movimento dos direitos civis são: "O passado é o passado"; "Eu não possuía escravos"; "Se [outros grupos étnicos] o conseguiram, por que os negros não?"; "Não consegui (emprego ou promoção) por causa de um homem negro". Embora algumas dessas *story lines* (por exemplo, "O passado é o passado" e "Eu não possuía escravos") tenham sido muitas vezes usadas em conjunto pelos entrevistados, apresento minha análise de cada uma separadamente.

"O Passado É o Passado"

A *story line* "O passado é o passado" é central para o racismo da cegueira de cor, já que se encaixa bem com a minimização do quadro de discriminação. Assim, mais de 50% (21 de 41) dos estudantes universitários e a maioria dos participantes do DAS entrevistados a usaram com mais frequência ao discutir ações afirmativas ou programas governamentais voltados aos negros. O cerne dessa *story line* é que devemos esquecer o passado e que programas como ações afirmativas fazem exatamente o oposto, mantendo viva a chama racial. Um exemplo perfeito de como os estudantes inseriram a *story line* foi fornecido por Andy, um estudante da WU. A resposta de Andy à pergunta: "Você acredita que a história de opressão sofrida pelas minorias merece a intervenção do governo em seu benefício?" foi:

Eu quase – eu acho que o passado é tipo, passado e, portanto, história de opressão?¹⁰ Eu não sei se alguém faz jus a qualquer coisa por causa do, tipo, o passado [é] realmente história passada, mas olhar para as coisas, a maneira como as coisas estão exatamente neste momento e tentar seguir adiante a partir daí. Então eu apoio algumas coisas, talvez ações afirmativas, desde que não sejam uma espécie desenfreada de...

Emily, uma estudante da SU, usou a *story line* em um diálogo com o entrevistador sobre o significado das ações afirmativas:

Eu tenho, eu só tenho um problema com a discriminação, você vai discriminar um grupo e o que aconteceu no passado é horrível e nunca deveria acontecer de novo, mas eu também acho que para seguir em frente você tem que abandonar o passado e o que aconteceu, sabe? E realmente deveria começar a se igualar, hum, porque eu sinto que muito disso irá longe demais e vai pender para o outro lado. Um grupo vai ser discriminado, eu não, eu não acredito nisso. Eu não acho que um grupo deva ter uma vantagem sobre outro, independentemente do que aconteceu no passado.

Muito poucos entrevistados do DAS que expressaram seu descontentamento com programas que, acreditam eles, irão beneficiar exclusivamente negros por causa de sua origem racial, não utilizaram uma versão dessa *story line*. Jennifer, diretora de pessoal de uma escola distrital, de seus quarenta anos, expressou sua oposição a ações afirmativas de modo bem direto: "Em geral, sou contra. Eu acho que já teve o seu lugar. Foi necessário." Mais tarde, ela reafirmou sua posição usando uma versão da *story line* em resposta a um caso hipotético no qual uma empresa decide contratar um negro em lugar de um candidato branco por causa da discriminação do passado:

Novamente, eu não acho que podemos fazer qualquer retribuição por coisas que aconteceram no passado. Eu não acho que isso sirva a qualquer propósito hoje para tentar reparar algo que ocorreu há muito tempo e que não afeta ninguém hoje. Tudo o que isso faz é trazer à tona que houve um problema.

A última declaração de Jennifer ("Tudo o que isso faz é trazer à tona que houve um problema") é o componente ideológico central dessa *story line*. Para os brancos, as políticas corretivas intrinsecamente causam dissensão, daí a insistência dos brancos em esquecer o passado.

Kate, uma vendedora e estudante universitária de meio período, de vinte anos, usou a *story line* para explicar sua oposição aos programas do governo para negros. Kate primeiro afirmou: "Para compensar pelo que fizemos no passado, eu diria que não. Quer dizer, não podemos punir até agora os alemães pelo que aconteceu com os judeus, então se isso é para compensar pelo que eles fizeram, então eu diria que não." Como sua resposta deixou aberta a possibilidade de haver casos em que a assistência compensatória seria razoável, o entrevistador pediu esclarecimentos. Depois que ele leu a pergunta novamente, Kate respondeu:

> Eu não estou detalhando o suficiente? [*Entrevistador: Oh, não, não, não, não, só estamos...*] Não, eu não acho que o governo deveria porque acho que isso seria dizer: "Ok, nós cometemos um erro há cem anos, então agora vamos tentar compensar isso." Mas ainda assim, sabe, eu acho que é o passado e você tem que seguir em frente; quer dizer, eles deveriam admitir que cometeram um erro? Sim! Mas deveria haver programas para negros que não são para brancos que estão na mesma situação? Se eles estão sofrendo ou estão maltratados ou estão morrendo de fome, deveria ser diferente porque não são negros? Não!

Alguns entrevistados usaram a *story line* enquanto descarregavam muita raiva em relação à ideia de ações afirmativas ou reparações. John II, por exemplo, um arquiteto e construtor residencial aposentado de sessenta anos, deu vazão à sua raiva na resposta à pergunta sobre reparações:

Nem um centavo, nem um centavo! Eu acho isso ridículo. Eu acho que é uma ótima maneira de obter o voto dos negros. Mas eu acho que é uma suposição ridícula porque aqueles que dizem que devemos pagar a eles porque foram escravos no passado e, no entanto, quantas vezes você ouve sobre brancos que eram escravos e, ah, os brancos que eram, ah? Cara, nós deveríamos receber reparações, os irlandeses deveriam receber reparações dos ingleses...

Mas, o que é ideológico sobre essa história? Não é verdade que "o passado é o passado"? Primeiro, os brancos interpretaram o passado como escravidão, mesmo quando em algumas perguntas deixamos isso em aberto (por exemplo, perguntas sobre a "história da opressão") ou especificamos que estávamos nos referindo à "escravidão *e* ao Jim Crow". Posto que o período Jim Crow morreu lentamente no país (nos anos de 1960 a 1970), a constante referência deles a um passado remoto distorce o fato de como formas recentes e manifestas de opressão racial impediram o progresso dos negros. Isso também significa que a maioria dos brancos ainda está conectada aos pais e avós que participaram do Jim Crow de alguma maneira. Em segundo lugar, os efeitos da discriminação histórica têm limitado a capacidade dos negros de acumular riqueza no mesmo índice que os brancos. De acordo com Melvin L. Oliver e Thomas M. Shapiro, a "acumulação de desvantagens" tem "sedimentado" os negros economicamente de modo que, mesmo se todas as formas de discriminação econômica enfrentadas pelos negros terminassem hoje, eles não alcançariam os brancos por centenas de anos![II] Em terceiro lugar, acreditar que a discriminação é uma coisa do passado ajuda os brancos a reforçar a sua oposição ferrenha a todos os programas compensatórios baseados em raça. Essa *story line*, então, é usada para negar os efeitos duradouros da discriminação histórica, bem como a importância da discriminação contemporânea. Portanto, quando se considera os efeitos combinados da discriminação histórica e da contemporânea, a âncora que mantém as minorias no lugar pesa uma tonelada e não pode ser facilmente descartada.

"Eu Não Possuía Nenhum Escravo"

A essência da *story line* "Eu não possuía nenhum escravo" é que as gerações atuais não são responsáveis pelos males da escravidão. Ela foi usada amiúde, em conjunto com "O passado é o passado", porém inserida com menor frequência (nove estudantes e um terço dos entrevistados do DAS). Tal como acontece com a *story line* anterior, foi normalmente invocada em discussões sobre ações afirmativas. Carol, por exemplo, uma estudante da SU, disse em resposta à pergunta sobre a intervenção do governo: "Quer dizer, eu quase tenho, tipo, a atitude de 'o que aconteceu, aconteceu'. Sabe, quer dizer que a minha geração certamente não infligiu nada disso à sua geração, quer dizer, se qualquer um deveria pagar, é a geração que causou isso." Como a geração que "causou essa aflição" se foi há muito tempo, a sugestão dela não teria nenhum impacto sobre os negros atualmente.

Lynn, uma estudante da MU, usou a *story line* para explicar sua oposição ao caso hipotético de uma empresa que prefere contratar um candidato negro a um candidato branco por causa da discriminação do passado:

> Eu acho que eu iria, eu iria, eu discordaria, eu acho. Quer dizer, sim, acho que eu discordaria porque, quer dizer, ainda que seja um tipo de ação afirmativa – bem, não é realmente, porque eu não acho que minha geração deveria – quer dizer, de certa forma, deveríamos, mas não deveríamos ser punidos severamente por coisas que os nossos antepassados fizeram, por um lado, mas por outro lado, acho que agora deveríamos tentar mudar a maneira que fazemos as coisas, para não fazermos as mesmas coisas que nossos ancestrais fizeram.

O uso da *story line* deu credibilidade à postura de Lynn nesse caso, porque ela havia afirmado antes que apoiava ações afirmativas e que percebeu que esse caso era "meio que uma ação afirmativa". Isso também ajudou Lynn a recuperar a compostura depois de um sério ataque retórico de incoerência ("Eu acho que eu iria, eu iria, eu discordaria, eu acho. Quer dizer, sim, eu acho que eu discordaria, porque, quer dizer").

Finalmente, Sara, uma estudante da su, usou a *story line* para declarar sua opinião sobre a intervenção do governo em favor dos negros:

> Hmm [*longa expiração*], talvez, apenas – Bem, eu não sei porque parece que as pessoas estão sempre se perguntando se, sabe, se nós, tipo, se nós, como pessoas brancas devemos algo às pessoas negras porque seus ancestrais foram, sabe, tratados tão mal. Mas então, quer dizer, não fomos realmente nós que fizemos isso, então eu não sei. Quer dizer, eu acho que a raça ou aquela cultura deveriam, sabe, serem pagas de volta por algo, de alguma forma. Mas eu não acho que... Eu não sei [*risos*].

Os entrevistados do DAS usaram essa *story line* de modo semelhante aos dos estudantes. Dina, por exemplo, gerente de empregos de uma agência de publicidade no início dos seus trinta anos, usou a *story line* para responder à pergunta sobre a reparação do governo aos negros pela discriminação do passado:

> Não, e eu, sabe, tenho que dizer que sou muito favorável a qualquer coisa para ajudar as pessoas, mas eu não sei por que essa coisa da escravidão tem – fico ressentida por causa disso. Tipo, isso aconteceu há tanto tempo e tem esses garotos de dezesseis anos dizendo: "Bem, eu mereço porque meu tataravô, meu bisavô, meu avô foi um escravo." Bem, sabe o quê, isso não afeta você. Eu, como pessoa branca, eu não tive nada a ver com a escravidão. Você, como pessoa negra, você nunca vivenciou isso. Foi há tanto tempo que eu não vejo como isso se relaciona com o que está acontecendo com a raça hoje, então, sabe, é uma coisa a que eu diria, "Meu Deus, cala essa boca!"

Roland, um engenheiro eletricista de seus quarenta anos, também usou a *story line* para se opor à ideia de reparações:

> Eu acho que eles já conseguiram o suficiente. Eu não acho que precisamos pagar nada a eles ou eu acho que, por todo o tempo em que lhes são oferecidas oportunidades e eles se beneficiam das oportunidades como todo mundo, eu, eu não sei por que devemos dar a eles qualquer reparação por algo que aconteceu, sabe... Eu não, eu *não* tenho culpa pelo que aconteceu nos anos de 1400, 1500 ou 1600, quando os negros foram trazidos para cá e colocados na escravidão. Quer dizer, eu não tinha controle sobre isso, nem você, então eu não acho que devemos fazer alguma coisa no que diz respeito às reparações.

Embora a maioria dos brancos da área de Detroit usasse essa *story line* como parte de seu repertório argumentativo para explicar sua oposição a, ou suas dúvidas sobre, ações afirmativas, fazia uso dela ocasionalmente em situações estranhas. Monica, uma transcritora da área médica de seus cinquenta anos, muito comprometida com o ponto de vista religioso das Testemunhas de Jeová, usou a *story line* ao discutir a discriminação. Depois de uma longa declaração argumentando que, devido à discriminação do passado, os negros desenvolveram uma perspectiva cultural baseada na ideia de que eles não podem ser bem-sucedidos por causa da discriminação do passado, Monica acrescentou: "É, isso se tornou uma bagunça e é perpetuado novamente pela mídia e por esses grupos de interesses especiais. Você e eu não somos responsáveis pelo que nossos ancestrais fizeram na escravidão, nós não criamos essa escravidão."

Como pode ser visto, essas duas histórias serviram aos brancos como instrumentos para contestar as demandas dos negros por políticas compensatórias. Além disso, elas ajudaram os brancos a manter um elevado nível moral enquanto se opunham a tais políticas. Porém, o que há de ideológico nessa *story line* em particular?

É fato que a maioria dos brancos não participou diretamente[12] da escravidão ou chegou ao país anos após o fim da escravidão[13]. Essa *story line*, no entanto, ignora o fato de que políticas pró-brancos ("tratamento preferencial") em empregos, habitação, eleições e acesso ao espaço social ("Negros e mexicanos não são permitidos aqui!") tiveram (e continuam a ter) um efeito multiplicador positivo para todos aqueles considerados "brancos". Por conseguinte, não é de surpreender que grupos raciais "suspeitos", tais como irlandeses, italianos e judeus[14], entre outros, tenham lutado para se tornarem "brancos" porque, ao fazê-lo, poderiam receber os múltiplos "salários da branquitude" (ver capítulo 1). Assim, a abordagem "Não fui eu"[15] dessa *story line* não se encaixa com a realidade de como o privilégio racial operava e ainda opera nos Estados Unidos. Embora brancos específicos possam não ter participado diretamente das práticas discriminatórias manifestas que feriram negros e outras minorias no passado, todos receberam privilégios não merecidos[16] em virtude de serem considerados "brancos" e se beneficiado das várias encarnações da supremacia branca nos Estados Unidos.

"Se Judeus, Italianos e Irlandeses Conseguiram, Por Que os Negros Não Conseguem?"

Outra *story line* que se tornou bastante popular é: "Se (grupos étnicos como japoneses, chineses, judeus e irlandeses) conseguiram, por que os negros não conseguem?" Ela é usada pelos brancos para sugerir que o *status* dos negros nos Estados Unidos se deve a eles mesmos, já que outros grupos que sofreram discriminação no passado estão se saindo muito bem hoje. Poucos estudantes universitários, porém, dez entrevistados do DAS, fizeram uso dessa *story line*. No entanto, é importante salientar que 35% dos estudantes concordaram com a premissa dela quando colocada em questão na pesquisa.

Um dos exemplos de estudantes que usaram essa *story line* foi Kim, da SU. Ela inseriu uma versão dela combinada com "O passado é o passado" para explicar por que não é a favor da intervenção do governo em favor das minorias:

> Hum, não. Eu acho que, sabe, muitas coisas ruins aconteceram com muitas pessoas, mas você não pode ficar sentado ali e concentrar-se nisso. Quer dizer, como o povo judeu, veja o que aconteceu com eles. Sabe, você os ouve por aí reclamando sobre isso, sabe, e atribuindo, sabe, qualquer coisa ruim que acontece com eles? Nunca ouvi ninguém dizer: "Ah, é porque sou judeu." Sabe, e eu sei que é um pouco diferente porque, sabe, um negro, quer dizer, você não pode realmente, muito, você não pode dizer de fora muitas vezes, mas, quer dizer, eles não ficam chafurdando no que aconteceu com eles há tanto tempo. Quer dizer, foi uma coisa horrível, admito, mas acho que você precisa seguir em frente e tentar deixar isso para trás, sabe, deixar isso para trás.

Embora os entrevistados do DAS tenham mais probabilidade do que os estudantes de fazer uso dessa *story line*, eles não o fizeram com tanta frequência. Um exemplo de como eles a utilizaram foi fornecido por Henrietta, uma professora transexual na casa dos cinquenta anos. Henrietta usou a *story line* em sua resposta à pergunta sobre os gastos do governo em benefício dos negros:

> [*Pausa de cinco segundos*] Como uma pessoa que já sofreu de discriminação reversa, eu teria que dizer não. Porque o governo não precisaria de programas se elas, se as pessoas fossem motivadas a sair do nível de pobreza. Quando falamos sobre certos programas, quando os irlandeses vieram, quando os italianos, os poloneses e os judeus do Leste Europeu, todos eram imigrantes que viviam em condições terríveis, que trabalhavam em condições terríveis também. Mas eles tinham uma coisa em comum: todos sabiam que a educação era o caminho para sair dessa pobreza. E eles o fizeram. Não estou dizendo que os negros foram trazidos para cá talvez não voluntariamente, mas se eles perceberem que a educação é a chave, é isso aí. E isso é baseado na individualidade.

Mandy, uma enfermeira de seus quarenta anos, usou a *story line* para responder à pergunta sobre se a posição dos negros neste país se deve ou não aos seus valores e à preguiça:

> *Mandy*: Em geral, acho que isso é provavelmente verdade. Bem, você está falando sobre *todas as minorias*? [*Entrevistador: Umhumm.*] Porque eu não – quando você olha as pessoas vindas da Ásia, do Japão e da China... elas fazem parte do quadro de honra. Quando você olha [o quadro de] honra aqui em Rochester, são todos nomes estrangeiros. Sabe, algumas dessas crianças de famílias das minorias entenderam que elas tinham que trabalhar e se esforçar e trabalhar mais ainda se quisessem chegar ao topo.
> *Entrevistador*: Ok. Então você está dizendo que classificaria as minorias por raça e partiria disso?
> *Mandy*: Nem todas as minorias são preguiçosas e ficam deitadas no sofá o tempo todo.

Essa *story line* compara as experiências de grupos de imigrantes com os de "imigrantes" involuntários (como africanos escravizados). Porém, como Stephen Steinberg apontou, de maneira perspicaz em seu *The Ethnic Myth*, a maioria dos grupos imigrantes conseguiu se firmar em certos nichos econômicos ou usou recursos como a educação ou pequenas quantias de capital para alcançar a mobilidade social.

> Em contraste, as minorias raciais foram, na maior parte das vezes, relegadas aos setores pré-industriais da economia nacional e, até que o fluxo de imigração fosse cortado pela Primeira Guerra Mundial, lhes foi negado o acesso aos empregos industriais que atraíram dezenas de milhões de imigrantes. Todos os grupos começaram de baixo, mas, como Blauner aponta, "o baixo" nunca foi o mesmo para todos os grupos.[17]

Assim, a comparação entre tais grupos, segundo essa *story line*, equivale a comparar maçãs e peras como uma forma de "culpar as vítimas" (muitos grupos das minorias).

"Não Consegui um Emprego (ou uma Promoção), ou Não Fui Admitido em uma Faculdade Por Causa de uma Minoria"

Essa *story line* é muito útil para os brancos, retórica e psicologicamente. Quando os brancos não conseguem um emprego ou uma promoção, deve ser por causa de uma minoria. Se eles não são admitidos em uma faculdade, deve ser por causa de uma minoria. Essa *story line* permite que os brancos jamais considerem a possibilidade de não estarem qualificados para um emprego, uma promoção ou uma faculdade. Curiosamente, o número de processos reais movidos contra discriminação reversa perante a Equal Employment Opportunity Commission[18] é bastante pequeno e a imensa maioria deles é descartada por falta de fundamento[19]. De mais a mais, como mostrarei, a maior parte das versões dessa *story line* carece de substância, baseia-se em dados limitados e depende de informações pouco confiáveis[20]. Essa falta de especificidade, no entanto, não diminui a utilidade dessa *story line*, já que seu senso de veracidade não é baseado em fatos, mas em crenças comumente mantidas por brancos. Assim, quando os brancos fazem uso dela, informações acuradas não precisam ser incluídas. E pelo fato de essa *story line* ser construída sobre um conto moral pessoal, muitos brancos dão vazão a frustrações pessoais ou a ressentimento contra as minorias ao utilizá-la.

Quase um quarto dos estudantes entrevistados (10 de 41) e mais de um terço dos entrevistados do DAS fizeram uso dessa *story line*. Bob, o estudante da SU mencionado anteriormente, se opôs a que fossem dadas oportunidades únicas de admissão nas universidades às minorias. Depois de ancorar seu ponto de vista no liberalismo abstrato ("você deve ser julgado por suas qualificações, sua experiência, sua educação, sua formação, não sua raça"), ele acrescentou:

> Eu tinha um amigo, ele não era – eu não gosto tanto dele, acho que é amigo do meu irmão, um bom amigo do meu irmão, que não

entrou na faculdade de Direito aqui e ele sabe como fato certo que outros alunos, menos qualificados do que ele, *foram aceitos*. E isso realmente, e ele estava considerando mover um processo contra a escola. Mas por algum motivo não o fez. Ele tinha melhores notas, melhores resultados no LSAT[21], melhor tudo e ele – outras pessoas entraram e ele não, eu não me importo quem é, se é esquimó ou australiano, ou o que seja, a melhor pessoa deveria estar lá.

Esse é um exemplo clássico dessa *story line*. Bob "tinha um amigo" (que não era seu amigo, mas amigo de seu irmão e de quem ele não "gosta tanto") que alegou saber "como fato certo" (fatos que ele nunca documenta) que estudantes de minorias menos qualificados do que seu irmão[22] foram admitidos na Escola de Direito da SU. Bob usa o enredo aqui para reforçar seu ponto de vista, de que a admissão a faculdades deve ser estritamente baseada em mérito.

Kara, uma estudante da MU, inseriu a *story line* quando lhe perguntaram se ela havia sido vítima de "discriminação reversa":

> Eu penso em me candidatar a escolas. Eu conheço algumas pessoas, tipo, escolas como Notre Dame que são, sabe, muito, tipo concorridas. Tipo, eu fui colocada na lista de espera e esse garoto da minha escola que era negro foi admitido e, tipo, para mim, sabe, tipo, eu quase tive quatro pontos, sabe, fui bem no meu SAT, e ele era meio que preguiçoso em relação às notas, e eu sempre pensei que *poderia* ter sido outra coisa, mas não fazia sentido para mim e essa foi a única coisa à qual eu poderia atribuí-lo.

Quando indagada se ela conhecia outros casos de "discriminação reversa", Kara acrescentou: "Sim, especialmente meus amigos que se inscreveram nas escolas da Ivy League[23]. Eles realmente sentiram que estavam sendo discriminados."

Kara afirma que, embora não tivesse sido aceita na Notre Dame, um "garoto" negro da sua escola, que era "meio preguiçoso", foi admitido. Ela acredita que a única explicação lógica para isso é "discriminação reversa" e que muitos de seus amigos também a vivenciaram. No entanto, não obtivemos nenhum dado sobre como ela se saiu no seu SAT (ela relata que foi "bem", mas não indica sua pontuação) e, o que é mais significativo, não obtivemos absolutamente nenhuma informação sobre o quão bem se saiu o estudante negro no SAT. No tocante às alegações de seus amigos, Kara fornece ainda menos informações.

Essa *story line* também foi importante para os entrevistados brancos do DAS, uma vez que mais de um terço deles fez uso dela. Um exemplo é Ann, uma jovem mulher desempregada. Ela usou a *story line* na sua resposta à pergunta "Você acha que ser branco é uma vantagem ou uma desvantagem na América contemporânea?"

> Não. É, eu não sei. [*Entrevistador: Por que você acha isso?*] Eu não sei, é [*risos*], é estranho porque minha amiga que está ali, ela foi a uma entrevista de trabalho com duas de suas amigas brancas. Era ela e aquelas três mulheres brancas e o resto eram negras. Bem, quando terminaram o teste, pegaram suas notas e todas tiveram a mesma pontuação, as três meninas brancas. E aí eles contratam, eles disseram que as duas meninas brancas não foram aprovadas no teste de matemática, mas eles disseram que ela passou e então a contrataram.

Ann alega que uma amiga negra recebeu tratamento preferencial em uma busca de emprego. Como de costume nas iterações dessa *story line*, a história é muito confusa e se refere a terceiros. Na narrativa de Ann é muito difícil avaliar qualquer das particularidades do caso. Quantas pessoas foram procurar emprego? Quantos testes fizeram? Que pontuações todos os candidatos receberam? Os candidatos foram entrevistados depois de serem testados? Para que tipo de trabalho estavam se candidatando? As respostas a todas essas perguntas são incertas.

Marie, uma dona de casa na segunda metade da casa dos trinta anos, anos, usou a *story line* para explicar sua postura acerca das ações afirmativas:

Ah, estou um pouquinho confusa com isso. Sou a favor de que todos tenham oportunidades iguais. Eu acho que há pontos, entretanto, onde é impróprio. Só como exemplo, minha irmã tem uma boa aluna que se candidatou para lecionar em uma universidade e lhe disseram que ela era uma dentre três candidatos finais para o cargo, mas os outros dois candidatos, um era mexicano-americano e o outro uma mulher negra. A menos que ela pudesse provar que descendia de alguma minoria, ela não poderia ser considerada para o cargo, porque eles tinham que contratar um membro de uma minoria.

A despeito da história de Marie parecer mais sólida do que o habitual, os detalhes não estão de acordo com o que sabemos acerca do mercado de trabalho acadêmico. Primeiro, com base na lista peculiar de candidatos finais (peculiar porque é muito incomum haver dois estudiosos acadêmicos das minorias como finalistas em uma busca de emprego), parece que esse trabalho exigia competência especializada em questões raciais. Isso não desqualifica a candidata branca, mas acrescenta alguma complexidade à história. Em segundo lugar, o argumento de que ela teve que provar a descendência de alguma minoria para se qualificar ao cargo (depois de passar pelo corte final) não é crível. Se esse fosse o caso, tal candidata poderia ter processado com sucesso a universidade por discriminação. Uma leitura alternativa dos eventos é que essa candidata branca perdeu o cargo para uma candidata das minorias e explicou isso para si mesma, seu professor e seus colegas, como muitos brancos o fazem, como um caso de discriminação reversa.

Numerosos trabalhadores da amostra expressaram muita raiva contra o que consideravam um "tratamento preferencial" dado às minorias, se bem que poucos soubessem o que era uma ação afirmativa. Não é de surpreender, pois, que muitos tenham usado a *story line* em seu sentido mais genérico. Os dois casos seguintes ilustram o meu ponto. O primeiro é Darren, um motorista de ônibus de seus quarenta e tantos anos. Ele se opôs às ações afirmativas, declarando que "um erro não justifica o outro" e usou a *story line* para fornecer provas nas quais fundamentar sua opinião:

> Ah, não, além de eu ter me candidatado a empregos e ter sido recusado porque era branco. *Ora, não tenho nada* contra o negro [se ele] fosse mais bem qualificado do que eu. Mas quando o cara entra na entrevista e eu estou ali do lado e posso ouvi-los conversando e ele nem pode falar um bom inglês, ele não sabe como ler um mapa, e eles vão fazer dele um motorista de ônibus e contratá-lo em vez de a mim. Eu dirijo ônibus desde 1973 e conheço o cara bem o suficiente para [saber] que ele é um péssimo motorista. Eu sei por que ele recebeu o trabalho, e não acho isso justo.

Darren acreditava que havia sido recusado para o trabalho de motorista de ônibus porque era branco. De mais a mais, ele afirmou que ouviu a entrevista e que seu concorrente negro não podia "nem falar um bom inglês". Essa história, contudo, é tão imprecisa quanto as outras. Ambos os candidatos trabalham agora na mesma empresa, o que sugere que Darren conseguiu um emprego ali em algum momento. E Darren não mencionou dois outros fatores – além de habilidades de condução, que não podemos determinar com base nas informações por ele fornecidas – que podem explicar por que esse outro motorista pode ter conseguido o emprego antes dele. Primeiro, essa empresa está localizada em Detroit e faz sentido comercial contratar motoristas de ônibus negros. Em segundo lugar, e mais importante, Darren mudou de residência inúmeras vezes e teve mais de doze empregos. Consequentemente, qualquer gerente sensato deve ler suas referências com certo temor, questionando por que mudou de endereço tantas vezes e se ele seria um funcionário confiável.

Tony, um instalador de carpetes na casa dos vinte anos, usou uma versão muito incomum da *story line* para explicar por que acredita que ser branco não é mais uma vantagem nos Estados Unidos: "Oh sim. Tipo quando minha namorada foi pedir ajuda assistencial, a senhora disse a ela que se fosse negra poderia ter conseguido ajuda, mas ela não era negra e não estava recebendo ajuda." O relato de Tony pode ser traduzido como "Eu não recebi assistência social por causa dos negros."

Testemunhos e Cegueira de Cor

O papel dos testemunhos no drama da cegueira de cor não pode ser subestimado. Quase todos os entrevistados nos dois estudos os interpolaram para fins retóricos, como salvar as aparências, expressar não racismo ou reforçar um argumento. Embora os testemunhos fossem mais aleatórios do que as *story lines*, eu os classifiquei em três categorias: histórias de interações com negros (negativas e positivas); histórias de revelação de conhecimento de alguém próximo que é racista; e uma categoria residual de testemunhos *sui generis*. O objetivo dessa análise é examinar as semelhanças na forma narrativa dessas histórias, bem como avaliar sua função retórica. Analiso cada categoria separadamente.

Histórias de Interações Com Negros

A maior parte das histórias de interações com negros contada pelos brancos nessas entrevistas foi de dois tipos. Um deles retratava um incidente negativo com negros, geralmente usado para justificar uma posição acerca de algum assunto (por exemplo, "Os negros são agressivos. Um ano atrás fui chamado de racista por..."). O outro tipo de história envolvia um incidente ou relação positiva com uma pessoa negra, como forma de indicar as boas relações ou os pontos de vista do narrador no que tange aos negros. Cerca de um terço dos estudantes e participantes do DAS entrevistados fez um desses testemunhos em algum momento da entrevista.

Interações Negativas Com Negros

Mickey, um estudante da MU, admitiu que sua família fala sobre assuntos raciais com frequência e culpou a sua área de residência por isso. Ele disse que sua família morava perto de Benton Harbor – uma antiga área branca que se tornou predominantemente negra, um bairro que tem "um dos maiores índices de criminalidade no país" e que "agora [é] um lugar realmente dos mais sujos". O entrevistador perguntou-lhe se as pessoas da sua comunidade estavam ou não preocupadas com a violência e com o fato de o crime se espalhar para sua comunidade. Mickey reconheceu que ele pensava "muito sobre isso" e acrescentou:

> Mas, quer dizer, nada de horrível realmente aconteceu. Na verdade, um vizinho meu [*risos*] – é uma espécie de história sinistra – eu tenho um irmão mais novo que é amigo de um dos meus vizinhos na mesma rua e que sai com ele às vezes. E ele estava dirigindo no centro de Benton Harbor há uns dois meses, e eu acho que ele estava tentando conseguir maconha ou alguma coisa estúpida desse tipo e ele foi espancado na cabeça com um taco de beisebol. Ficou com os olhos pretos e teve danos cerebrais. Ele está bem agora, mas ficou em coma por um tempo. E ele é como, eu acho que ele tem danos cerebrais menores, irreversíveis. Mas nada que o afete, tipo, muito ruim, mas, quer dizer, isso foi apenas um incidente que aconteceu uns meses [atrás] e que me fez pensar sobre coisas assim.

Esse testemunho ajudou Mickey a afirmar com segurança, mais tarde na entrevista, sua crença de que os negros são "mais agressivos" do que os brancos e a sugerir que os problemas de Benton Harbor são morais.

Leslie, uma estudante da WU, apoiou "a proposta de valores liberais" e de "haver pessoas que valorizem a diversidade cultural em nosso país" como uma estratégia do governo destinada a aumentar a integração escolar nos Estados Unidos. No entanto, ela tinha reservas sobre o *busing* e narrou a seguinte história para reforçar seu ponto de vista:

> Houve uma vez em que um dos garotos negros realmente socou o diretor. E houve uma vez em que eu estava no vestiário do ginásio de Educação Física e deixei a minha bolsa no chão só para ir ao banheiro e depois voltar e colocar tudo no meu armário. Fiquei longe do armário talvez, sabe, um minuto e quando voltei vi uma mulher muito grande [com outras estudantes] roubando dinheiro da minha bolsa. Eu as confrontei e elas disseram: "Não, não estamos fazendo nada", e então eu fui falar com o diretor porque elas roubaram sessenta dólares [*risos*]. E o único motivo pelo qual eu tinha tanto dinheiro comigo era que eu ia às compras depois da escola e eu con... confrontei, tipo, o diretor, e ele as confrontou. E elas ameaçaram me espancar e disseram: "Você quase fez com que fôssemos suspensas." E elas, tipo, me cercaram durante o almoço [*risos*].

É difícil determinar se Leslie foi escolhida como vítima porque parecia diferente (ela se vestia ao estilo hippie) nessa escola mista, uma escola que, no entanto, era majoritariamente branca. O importante, porém, é que ela acredita que foi isso que aconteceu e a interpretação dessa experiência explica sua postura quanto ao *busing*. Leslie se opõe ao *busing* e esse testemunho lhe dá uma justificativa conveniente para a sua oposição.

O último exemplo dessas histórias de estudantes universitários vem de Rick, um estudante mórmon da WU. Quando perguntado sobre as queixas dos negros, de sofrerem discriminação, Rick sugeriu: "Algumas pessoas interpretam demais o que outras dizem." Ele mencionou que ele próprio foi acusado de ser racista por um homem negro em uma discussão sobre ações afirmativas:

> Eu, eu não me lembro. Foi – acho que se estava falando sobre ações afirmativas ou algo assim, e ele disse que eu estava sendo racista ou algo assim e eu disse: "Sinto muito. Eu não quis dizer isso daquela forma, se assim foi interpretado." Eu me desculpei

porque eu, meu sistema de crenças não incorpora o racismo, de acordo comigo. Mas talvez eu não estivesse sendo tão sensível ou talvez ele estivesse sendo hipersensível – não sei qual dos dois – porém, pela minha experiência, eu meio que desenvolvi a atitude que acho muitos – muitas vezes somos ofendidos com muita facilidade e isso nos dois sentidos, não apenas negros, mas brancos, sabe.

A despeito de Rick afirmar que sua tese de hipersensibilidade funciona nos dois sentidos, sua história foi narrada em resposta a uma pergunta sobre negros e discriminação. Quando Rick foi indagado novamente se acreditava que negros sofriam muita discriminação, ele retrucou: "Depende em que parte do país." Essa resposta foi usada por muitos entrevistados para sugerir que o racismo acontece "em outros lugares". Assim, seu testemunho lhe foi de valia para reforçar sua crença de que os negros acusam falsamente os brancos de discriminação e, portanto, para minimizar a importância do racismo.

Os entrevistados do DAS também contaram histórias negativas de interação com negros. Bill, um professor aposentado de oitenta anos, narrou uma história para explicar por que ele acha que negros e brancos são diferentes. Depois de observar que os negros "parecem ser muito *religiosos*" e de mencionar que eles compraram uma igreja no seu bairro, Bill alegou que forçaram um restaurante a encerrar as atividades:

> Eles tinham um Sweden House[24] na esquina e todos os vizinhos estavam felizes com isso porque podiam [ir] ao Sweden House e jantar. Bem, pouco tempo antes que os negros assumissem. Eles ficam a apenas uma milha de distância e, no domingo à tarde, eles vêm em massa, *em ônibus*, das igrejas, *ônibus lotados deles*, e enchem o restaurante e os brancos chegam e veem e isso, dão meia-volta e *vão embora*. Eles destruíram o Sweden House. Nós não temos mais um Sweden House.

O entrevistador perguntou a Bill por que eles haviam fechado o restaurante. Bill disse que o restaurante fechou porque "não estavam ganhando dinheiro com eles". Bill explicou isso da seguinte forma:

> Eles gostam de comer. Eles *empilham seus* pratos com aquelas coisas e eu realmente não vi, mas vi uma senhora com um prato cheio de frango. Eu não prestei muita atenção, mas a próxima coisa que eu sei é que eles estavam saindo. Ora, eu sei que ela não comeu todo aquele frango. Ela provavelmente colocou na bolsa e saiu com ele. Eu não vi isso. Muitos deles estão fazendo a mesma coisa, então como eles podem ganhar algum dinheiro? E vendo que todas elas são *pessoas pesadas*, parece que comem muito. *Então* eu não sei o que dizer sobre algo assim.

Embora a maior parte dessa história seja baseada na interpretação racista de Bill dos eventos, fato é que ele faz uso dela para validar sua crença de que os negros "gostam de comer", são vulgares e roubam.

O segundo exemplo é Joan, uma funcionária de uma locadora de vídeo, no fim dos seus trinta anos. Ela contou uma história sobre uma mulher negra que a acusou injustamente de ser racista:

> Como negros, eles usam a desculpa de que são negros e esse é o motivo pelo qual as pessoas brancas não vão me aceitar. Eu também vi isso. Tinha essa pessoa negra, por exemplo, que me repreendeu com severidade no Videobuster. Gritou comigo um ano atrás. Começou a me chamar de branquela e de todo insulto racista que você poderia imaginar. Meu tio apareceu, sabe, ele trabalha para o governo e eu o vejo frequentemente. Ele entrou e eu estava chorando porque não fui educada dessa maneira. Essa mulher ficou totalmente espantada porque meu tio perguntou se ela tinha algum problema e lhe disse que eu era sobrinha dele. Eu apenas o abracei. Essa mulher estava me chamando de todo tipo de nomes que eram totalmente desnecessários. Ela não tinha um recibo. Eu não – eu faria isso com todo mundo. Se você não tem um recibo, você não recebe uma troca. Ela tentou devolver os nossos produtos, nossos produtos alugados, sem o código da

loja nele, como um presente recebido. Ela disse que eu a estava acusando de roubá-lo da loja. Eu não podia reembolsar o dinheiro. Ela me chamou de nomes racistas.

A história e o caso de Joan são muito interessantes, porque ela se considerava branca, embora alegasse ter ancestrais negros, indígenas e judeus. Ela foi codificada como branca (e, ao que tudo indica, assim parecia), porque na pesquisa original afirmara que era branca. O "tio" a quem ela se referiu nessa história era um homem negro, na verdade somente o seu padrinho. O objetivo retórico dessa história específica era pontuar sua crença de que os negros usam a raça como uma desculpa, crença essa que ela repetiu muitas vezes na entrevista.

Interações Positivas Com Negros

O número de brancos que dão testemunhos positivos de interações com negros foi semelhante ao número daqueles cujos testemunhos eram negativos. Essas histórias tinham um objetivo retórico de autoapresentação positiva. Mary, uma estudante da SU, disse, em resposta à pergunta sobre se os negros se autossegregam ou não se sentem bem-vindos pelos brancos, que sua família é racista. Nesse contexto, Mary narrou seu testemunho de interações positivas com sua colega de quarto negra:

> O meu andar, na verdade, o ano em que eu tive uma colega de quarto negra, era predominantemente afro-americano e assim aquelas pessoas se tornaram algumas das minhas melhores amigas, as pessoas à minha volta. E nós realmente nos sentávamos e conversávamos sobre estereótipos e preconceitos e eu aprendi muito sobre a textura do cabelo, sabe? O que significa para uma pessoa negra fazer uma permanente em comparação a mim, sabe? Eu aprendi *muito*. E isso realmente, eu acho, para mim, quebrou muitas barreiras e acabou com muitos estereótipos que eu ainda [tenho] tinha. Porque como eu disse, quer dizer, aquelas pessoas

realmente se tornaram algumas das minhas melhores amigas. E mesmo que a gente não mantenha contato, se eu vejo alguma delas no *campus*, sabe, nós sempre conversamos e tudo o mais.

A história de Mary soa como uma autoapresentação do início ao fim. No entanto, como ela não foi muito refinada em sua elocução, a história a prejudicou mais do que a ajudou. Por exemplo, ela fez uso do termo "aquelas" pessoas duas vezes e assinalou duas vezes que elas se tornaram "algumas das minhas melhores amigas". Ademais, sua alegação de ter aprendido muito com essa interação parece superficial, já que ela só falava sobre a textura do cabelo e de permanentes. Finalmente, essas "melhores amigas" anônimas mais tarde se tornaram apenas conhecidas casuais depois de um ano em que compartilharam o mesmo andar com Mary.

Outro exemplo de como os estudantes usaram essas histórias positivas foi fornecido por John, um estudante de quarenta anos da WU. Em resposta à pergunta "Você fala sobre raça ou questões raciais agora?", John inseriu uma história sobre sua prima se casar com um homem negro:

> Sim, eu falo, tinha uma prima minha – ela se casou com um homem negro. Eles vieram me visitar e eu tive que realmente refletir e considerar o fato de que ele é na verdade uma pessoa muito legal com quem ela se casou e eu considerei injusto que fizessem com que ela se entristecesse e eu não.

A história de John o ajudou a projetar uma imagem de maturidade e sensibilidade racial. No entanto, com base em suas respostas durante toda a entrevista, fica claro que ele tinha algumas concepções racistas sobre as minorias. Ele afirmou, por exemplo, que as pessoas da Índia do Sul tinham um cheiro diferente porque "elas comem um monte de especiarias". Ele também assinalou que os negros exalavam um forte odor corporal que tem um "efeito na psique das pessoas, como elas reagem à questão racial, um tipo de coisa subliminar".

Os entrevistados do DAS usaram essas histórias positivas de interação com negros para os mesmos propósitos. Porém, posto que tais entrevistados eram mais velhos, suas histórias incluíam uma gama maior de assuntos. John II, um designer de casas semi-aposentado, de seus sessenta anos, inseriu uma história da Segunda Guerra Mundial sobre uma interação positiva com os negros em resposta à pergunta sobre se é difícil se aproximar dos negros ou se eles não se sentem bem-vindos pelos brancos. Depois de afirmar que ele não tinha experiências sobre as quais basear uma opinião a respeito, John II narrou a seguinte história:

> Três batedores filipinos e eu estávamos esperando, tentando pegar uma carga para o sul. Nós tínhamos uma lâmpada, provavelmente uma lâmpada de duzentos ou trezentos watts, pendurada no cruzamento para iluminar um pouco, e havia um beco que ia para uma das vias da qual podíamos ouvir alguém gritando. Nós podíamos ver na escuridão daquele beco, ver a luz de uma porta e uns três caras correram para fora e nos viram, os batedores filipinos e eu, e pensaram que nós [éramos] aqueles que aparentemente tinham feito algo ultrajante e atiraram em nós com uma carabina automática. Então os batedores filipinos ficaram mais distantes de mim e me deram cobertura e eu me posicionei atrás do parapeito. Não havia parapeito suficiente atrás do qual eu pudesse me esconder, e o sujeito começou a atirar. Um jipe surgiu de uma das vias, parou e disse: "Entre!" Eles disseram: "Vamos!", porque eu estava deitado no banco de trás e ele se mandou. Quando chegamos ao fim da estrada, eu passei do banco de trás para o banco da frente e era um capitão *colored*. Ele não quis me dar seu nome nem nada. Ele disse: "Está tudo bem", mas eu sempre me lembrei disso. Ele se colocou em risco para apanhar um homem e tirá-lo da linha de fogo.

O testemunho de John serviu a ele como um veículo para afirmar sua opinião de que negros e brancos podem agir com civilidade uns com os outros. Sua história se assemelha a muitas outras contadas pelos veteranos sobre a solidariedade inter-racial durante a guerra. Contudo, para John, como para muitos veteranos brancos, essas histórias se tornaram apenas histórias, sem muito efeito sobre o seu comportamento ou suas atitudes em relação aos negros depois que retornaram aos Estados Unidos[25]. John II, que usou o termo *colored* para se referir ao homem negro que salvou sua vida, se opôs ao casamento inter-racial e admitiu que se sente "mais confortável ao redor de brancos porque eu cresci com eles" e, portanto, não tinha quaisquer dúvidas sobre bairros ou escolas serem quase completamente brancos. Por isso, John II representa uma versão moderna da política de separados-mas-iguais do passado; negros e brancos podem ser gentis uns com os outros, porém não devem morar uns perto dos outros ou casarem entre si.

Histórias da Revelação do Conhecimento de Alguém Próximo Que É Racista

Doze estudantes e oito participantes do DAS entrevistados revelaram informações sobre alguém próximo que é racista (em geral, um dos genitores ou um dos avôs). A forma narrativa utilizada para revelar essa informação se assemelha à confissão na igreja, porque os entrevistados inserem tais testemunhos como se esperassem que os ouvintes os absolvessem da possibilidade de serem considerados racistas. Essas histórias são estruturadas em torno de uma fórmula da trindade: confissão, exemplo e autoabsolvição. O tema religioso é reforçado mais ainda pelo fato de que o contador de histórias espera receber absolvição geralmente por meio da influência de uma mulher (a mãe Maria). Bob, o aluno da SU anteriormente citado, admitiu que o pai era racista em resposta a uma pergunta sobre se sua família falava sobre raça enquanto ele crescia:

> Hum [*pigarro*], você pode descobrir a origem de meus pais pela maneira em que eles falam sobre as coisas. Ambos nasceram em Nova York, numa pequena cidade de Nova York. Minha mãe

tem a mente muito aberta para as coisas, mas meu pai, ele, ele ainda usa termos como "eles" e "essas pessoas" e coisas assim das quais eu não gosto de jeito nenhum, das quais eu mesmo nem falo com ele. Nós nos damos bem, mas há só algumas coisas com as quais não concordamos e isso é algo que você não pode mudar. Ou seja, eu tentei por doze anos. Eu me lembro de uma vez, acho que foi meu pai quem me perguntou algo como, por que é que eu não tenho mais amigos brancos? E eu disse: "Bem, por que você não vai morar em um bairro branco e me coloca em uma escola branca?" [*risos*]. Então esse foi o fim da conversa.

A história de Bob se encaixa perfeitamente na fórmula da trindade. Primeiro, ele confessa que seu pai usa termos como "eles" e "essas pessoas". Depois, dá um exemplo justificativo de como ele contestou as tendências racistas do pai. E, ao longo da narrativa, Bob insere elementos ("minha mãe tem a mente muito aberta para as coisas") ou comentários ("coisas assim das quais eu não gosto de jeito nenhum"), a fim de indicar que ele não é como o pai, provavelmente por causa da mãe, que "tem a mente muito aberta para as coisas".

Emily, a estudante da su supracitada, em resposta à mesma pergunta respondida por Bob, admitiu que o pai era racista:

Hum, eu não sei se foi necessariamente uma conversa, mas minha mãe, quer dizer, ela nunca foi racista contra as pessoas, sabe. Ela sempre olhou para elas como pessoas e coisas assim e eu acho que minha irmã e eu recebemos muito disso dela. E meu pai é racista, mas eu não morava com ele quando estava crescendo. Meus pais eram divorciados, mas ela falaria sobre, sabe, de que isso não é bom. E eu me lembro, certa vez, na verdade, eu era uma garotinha e minha melhor amiga era negra, e uma vez eu disse algo que era – eu não sei se era racista, só não foi uma observação muito amável, eu não acho que tenha sido. E minha mãe me fez sentar e disse: "Como você acha que ela se sentiria se ouvisse você dizer isso?", sabe? Então, ela realmente chamava a atenção para as coisas, para que prestássemos atenção no que estava acontecendo.

Emily usa todos os elementos da fórmula da trindade: confissão ("meu pai é racista"), autoabsolvição ("minha irmã e eu recebemos muito disso dela") e exemplo (como a mãe corrigiu o comentário racista dela sobre a amiga). O uso retórico que Emily faz da história é mais claro que o de Bob, dado que ela se concentra em provar que puxou a mãe e não o pai.

O último exemplo de como os estudantes universitários usaram essa história é de Mike, um estudante da MU. Em resposta à pergunta: "Você já conversou sobre assuntos raciais em casa?", Mike disse:

> Sim, nós conversamos. Quer dizer, meu pai veio de um ambiente bastante racista, quer dizer, não, sabe, tipo – bem, na verdade, o avô dele, eu acho, era da Ku Klux Klan, hum, até que se casou. E minha bisavó, que eu conheci – ela já morreu, mas eu a conheci – era completamente o oposto. E basicamente, quando eles se casaram, ela disse "de jeito nenhum". Então *aquilo* terminou, mas quer dizer, ainda havia um certo racismo imbuído. Na família dele eles eram bem racistas, então você ainda ouve, sabe, insultos raciais que escapam de vez em quando, mas acho que ele faz um esforço consciente para não o fazer, quer dizer, ele certamente nunca tentou me ensinar coisas assim, sabe. Em primeiro lugar, meu pai esteve na Marinha por muito tempo, então eu cresci com a minha mãe pelos primeiros cinco anos ou mais, e então ele trabalhava e minha mãe ficava em casa comigo. Então, para começar, a influência do meu pai não foi tanta quanto a da minha mãe e mesmo se existia, eu não diria que isso me influenciou muito, mas havia definitivamente, quer dizer, ideias racistas na família dele. E eu vejo isso com meus avós, você sabe, os pais dele.

Mike confessa que seu pai vem de um "ambiente bastante racista". Depois menciona que seu bisavô estava na KKK. Finalmente, conclui a história sugerindo que era imune a esse cenário, porque o pai "nunca tentou me ensinar coisas assim" e porque ele foi criado principalmente pela mãe.

Já que não perguntamos aos entrevistados do DAS se conversavam sobre raça enquanto cresciam, poucos (8 dos 66) usaram essa história pessoal; e quando o fizeram, a elocução da história foi um pouco mais desorganizada que a dos estudantes. Porém, quando os entrevistados do DAS inseriram a história, ela também foi organizada em torno da fórmula da trindade. Scott, um desenhista de 23 anos, ao explicar seu ponto de vista sobre se os negros se autossegregam ou não se sentem bem-vindos pelos brancos, revelou que o pai era racista. Em resposta à pergunta específica: "Você acha que (trabalhadores brancos) se sentem apreensivos em se aproximar de seus colegas negros ou algo assim?", Scott afirmou:

> Da mesma forma, apenas invertida, sabe, só porque, você sabe. Quer dizer, meu pai cresceu em Detroit em um bairro muito ruim e foi educado assim, quer dizer, ele é realmente preconceituoso. Certa vez, eu trouxe um dos meus amigos para casa e ele estava tipo, "Não, eu não quero que você saia com ele", sabe, ele não confia neles.

Scott imediatamente acrescentou: "Esse é meu pai, mas não sou eu. Eu aceito, sabe, eu aceito as pessoas pelo que elas são e não julgo as pessoas pelas palavras de sua boca, sabe, apenas trato você do jeito que você me trata." Em seguida, o entrevistador perguntou a Scott por que ele não desenvolveu as mesmas atitudes do pai em relação aos negros. Scott afirmou que isso se devia à sua mãe, porque "ela foi para a escola católica até o ensino médio. Então ela tem muitos valores católicos, não se pode ser preconceituoso se você é, se você é religioso. Então minha mãe sempre evitou ser preconceituosa". A história de Scott é claramente enquadrada pela fórmula da trindade. Primeiro, ele confessa que o pai é "realmente preconceituoso". Depois, usa o exemplo das concepções racistas do pai sobre o amigo dele. Finalmente, Scott sugere que ele não é como o pai por causa da influência católica da mãe. No entanto, entre os jovens entrevistados do DAS, Scott teve alguns dos pontos de vista mais racializados no que diz respeito a vários assuntos (ver suas opiniões sobre o casamento inter-racial no capítulo 7).

O último exemplo de um entrevistado do DAS que usa essa história é Jenny, uma administradora de escola pública, de seus cinquenta anos. Em resposta à pergunta sobre como ela se sentia em relação ao bairro onde cresceu, Jenny afirmou que muitos de seus vizinhos eram de mente fechada e ela os rotulou de "Archie Bunkers". Depois de narrar um incidente em que um garoto negro foi recusado como parceiro de dança por uma garota em sua escola, Jenny disse:

> Minha, minha avó, que era – ela era escandinava. Mas ela costumava tirar sarro dos negros. E quando passávamos de carro por um bairro negro, ela dizia coisas como: "Veja todas aquelas pequenas gotas de chocolate." Eu me lembro que era uma criança pequena – talvez de cinco, seis ou sete anos– e de ter ficado ofendida por causa das observações dela. Meus pais nunca, jamais disseram nada parecido. Meus pais têm uma mentalidade muito aberta.

Mais uma vez, Jenny usa a mesma fórmula. Primeiro, ela confessa as visões racistas da avó. Depois, dá o exemplo da avó fazendo comentários depreciativos contra as crianças negras. Finalmente, Jenny se distancia dessa parente ao declarar que ficava "ofendida por causa das observações dela (da avó)", e dizer que seus pais tinham "uma mentalidade muito aberta".

Estou fazendo com que essas histórias pareçam raciais? Não é possível que os brancos contem histórias sobre membros da família que são racistas sem que tais histórias sejam ligadas ao racismo da cegueira de cor? Não é verdade que às vezes uma história é só uma história? Se esses testemunhos fossem apenas histórias aleatórias que as pessoas contam, sem nenhum conteúdo ideológico, não seria possível encontrar nelas uma estrutura similar e seria difícil atribuir-lhes qualquer função retórica. De mais a mais, o fato de elas terem sido contadas em momentos semelhantes nas entrevistas sugere que são parte do que John Dollard denominou, há quase setenta anos, "crenças defensivas"[26]. Em contraste, quando progressistas raciais brancos mencionaram que tinham membros racistas na família ou que haviam crescido em bairros racistas, eles não utilizaram a fórmula da trindade típica desse testemunho (ver capítulo 7). De uma perspectiva analítica, portanto, esses testemunhos não podem ser vistos como expressões de "fatos" ou apenas simples histórias.

Outras Histórias Pessoais

O grupo final de testemunhos pessoais é uma categoria residual de histórias relacionadas à raça. Essas histórias eram ainda mais *sui generis* e menos prevalentes entre os entrevistados. Além disso, elas pareciam ser características da variedade do último recurso e não foram úteis o tempo todo para as tentativas dos entrevistados em salvar as aparências. As duas que figuraram com mais frequência foram histórias sobre alguém próximo estar envolvido com um membro das minorias e histórias sobre ter tido bons amigos negros no passado distante.

Alguém Que Me É Próximo Se Casou ou Namorou um Membro das Minorias

Essas histórias são parecidas com o movimento retórico de "Alguns dos meus melhores amigos são…", discutido no capítulo 4. Sua finalidade é principalmente a autoapresentação positiva. Posto que não sou de opinião que generalizações possam ser extrapoladas dessas histórias, apresento apenas um exemplo de cada. O exemplo do primeiro testemunho veio de Trudy, uma vendedora de vinte e tantos anos. Quando indagada se já havia namorado um homem negro, ela disse: "Não, não. Não, nun – Havia um cara que eu meio que gostava. Ele era oriental." Quando lhe pediram sua opinião sobre o casamento inter-racial, Trudy respondeu:

Eu realmente não sei como me sinto sobre isso. Eu não acho que haja nada de errado nisso. Eu não sei se, se eu tivesse um filho e ele quisesse se casar com uma pessoa negra, não sei como eu me sentiria. Eu acho que poderia ser meio estranho para as crianças. E, para dizer a verdade, meu marido tem uma amiga muito boa no trabalho, o nome dela é Laverne. Ela é negra e o marido dela é branco e, sabe, eles nos convidam para jantar. Quer dizer, é um *casal muito legal*! Quer dizer, eu não vejo nada de errado, sabe, se é isso que eles querem fazer, eu não tenho problema. Eu, pessoalmente, não sei se me sentiria confortável, sabe.

O objetivo da história sobre a "boa amiga" do marido parece óbvio. Ao incluir essa história, Trudy foi capaz de expressar suas preocupações pessoais com o casamento inter-racial como se elas fossem não raciais porque, afinal, o marido dela tem uma amiga negra que é casada com um cara branco e eles parecem um "casal muito legal" e os convidam para jantar. Contudo, a estranheza da história e o fato de ela se referir ao seu namorado asiático como "oriental" não faz disso um testemunho ideologicamente útil.

Eu Costumava Ter Ótimos Amigos Negros

Os entrevistados brancos que não tinham quaisquer associações com negros não podiam fazer uso do movimento "Alguns dos meus melhores amigos são negros" para expressar cegueira de cor. Assim, alguns dos entrevistados nessa desagradável situação alegaram que tinham tido amigos negros muito bons no passado. Como no testemunho acima, dou somente um exemplo. Lucy, cozinheira em meio período em uma empresa de vendas no final dos seus sessenta anos, teve pouquíssimas interações com negros durante toda a sua vida. No entanto, quando solicitada a descrever a composição racial do seu local de trabalho, ela disse: "Nós costumávamos ter três moças *colored*, mas elas deixaram o emprego." Mais tarde, em resposta a uma pergunta sobre sua interação com os colegas de trabalho, Lucy disse que "(as pessoas) da cozinha comercial compartilhada são bons amigos"; que ela iria "sair para jantar com pessoas que costumavam trabalhar ali e (os) que ainda trabalham"; e que eles inclusive "fazem um churrasco uma vez por ano e um piquenique no verão". Porém, quando indagada se negros participavam dessas atividades, ela disse: "Uh, não, não." Como essa resposta não se encaixava muito bem na perspectiva da cegueira de cor que Lucy queria retratar, ela tentou corrigi-la em sua resposta à próxima pergunta, que tinha a ver com o assunto da chamada autossegregação negra:

> Bem, como eu disse a você, nós tivemos algumas delas e Kathleen, ela saía para jantar conosco. Sabe, e assim, as pessoas que eu penso – sua outra amiga, ela, ela tinha se mudado para fora da cidade e ela veio, ela veio nos ver. E sabe, nós estamos muito felizes por ela e na verdade outra veio nos ver há pouco tempo. Ela tinha – nós dissemos a ela, sabe, bem, ela tinha cometido alguns erros, um casal de filhos e não se casou. E nós dissemos, sabe, "Deanna, volte para a escola". Bem, ela voltou para nos dizer que tinha ouvido nossa opinião e está indo muito bem e tem um bom trabalho, sabe. Eu suponho, sabe, que elas ainda sejam nossas amigas, sabe. Nós não as vemos tanto agora, mas elas voltaram e disseram que estavam felizes por terem ouvido nossa opinião.

Ao ressuscitar conhecidas negras do passado e transformá-las em suas amigas (ver capítulo 6), Lucy tentou reconstruir seu investimento na cegueira de cor. Essa tentativa retórica, contudo, não foi muito bem-sucedida, porque Lucy ainda está presa na linguagem do passado (*colored* e "algumas delas") e narrou uma história repleta de paternalismo do estilo Jim Crow.

Conclusão

No início deste capítulo, afirmei que fazemos histórias e que essas histórias, por sua vez, nos fazem. Descrevi dois tipos de histórias raciais, *story lines* e testemunhos. Essas histórias raciais "fazem" os brancos, mas também os ajudam a navegar nas águas turbulentas das discussões públicas contemporâneas sobre raça. As quatro *story lines* que analisei: "O passado é o passado", "Eu não possuía nenhum escravo", "Se (outros grupos étnicos como italianos ou judeus) conseguiram, por que os negros não conseguem?" e "Não consegui (emprego ou promoção) por causa de um homem negro" ajudam os brancos discursivamente, pois fornecem "evidências" para solidificar seus pontos de vista. Por exemplo, se os brancos se opõem à ideia de ações afirmativas ou a reparações, eles podem inserir *story lines* tais como "O passado é o passado", ou "Eu não possuía escravos" para fortalecer a aparente razoabilidade do seu argumento. Se o problema em questão é explicar o *status* dos negros nos Estados Unidos, a *story line* "Se (outros grupos étnicos como italianos ou judeus) conseguiram, por que os negros não conseguem?" é muito apropriada. Finalmente, posto que a *story line* "Eu não consegui (emprego ou promoção) por causa de um homem negro" parece pessoal (na verdade, os fatos incluídos tendem a ser de segunda mão ou baseados em impressões racializadas de resultados sociais), ela se transformou em uma poderosa arma retórica para vencer argumentos ("Eu sei *de fato* que...").

Além do papel retórico desempenhado pelas *story lines*, elas também servem aos brancos como veículos para dar vazão a emoções profundas[27] acerca de questões raciais. Caso após caso, sejam eles estudantes ou brancos da área de Detroit, os entrevistados expressaram raiva sobre o que interpretaram como lamúrias dos negros ("Eu não tinha escravos e não entendo por que eles continuam pedindo coisas quando a escravidão acabou há duzentos *malditos* anos!") ou sobre não serem admitidos em certos empregos ou em universidades por causa das minorias ("Um amigo meu não foi admitido na Escola de Direito da su, porém muitos estudantes negros *não qualificados* foram aceitos e isso está *errado*"). As *story lines*, então, servem aos brancos como canais legítimos para expressar raiva, animosidade e ressentimento em relação às minorias raciais.

Embora os testemunhos sejam mais frouxos e menos estruturados do que as *story lines*, eles são igualmente importantes no arsenal retórico dos brancos. Quase todos os entrevistados fizeram uso deles em algum momento nas entrevistas. Apesar de essas histórias serem mais aleatórias quando comparadas às *story lines*, eu as organizei em três categorias, ou seja, histórias de interações com negros (negativas e positivas), histórias de revelação de alguém próximo que é racista, e outras histórias. Os testemunhos de revelação de alguém próximo que é racista servem a propósitos claros de autoapresentação ("Eu não sou um racista como meu pai, tio ou amigo"). Histórias de interações positivas com negros foram também usadas para fins de autoapresentação. Por exemplo, se um entrevistado teve uma "boa experiência" no passado com uma pessoa negra, essa experiência poderia ser usada para encobrir um presente do qual os negros não fazem parte, ou seja, uma vida totalmente branca – uma aparente mácula na fábula da cegueira de cor. Testemunhos de "experiências ruins" com negros foram utilizados principalmente para dar credibilidade às concepções negativas dos entrevistados sobre eles. Por exemplo, se os entrevistados acreditam que os negros são agressivos, narrar uma história sobre uma pessoa negra se comportando de maneira agressiva reforça o seu argumento.

Embora a última categoria de histórias pessoais seja residual, destaquei duas que figuraram com maior frequência nas entrevistas e pareciam mais estruturadas, especificamente: "Alguém próximo a mim se casou ou namorou um membro das minorias", e "Eu costumava ter bons amigos negros". Entrevistados que fizeram uso dessas histórias geralmente se preocupavam com uma autoapresentação positiva, ainda que tais histórias fossem em grande parte ineficazes e extremamente estranhas ("Eu não sou um racista porque minha irmã namorou um cara negro há algum tempo"). Contudo, essas histórias foram provavelmente os *únicos* veículos a sinalizar não racialismo para os entrevistados que viviam totalmente submersos na branquitude. Da mesma forma, entrevistados que usaram as histórias pessoais de "Eu costumava ter bons amigos negros" navegavam em ambientes completamente brancos e, portanto, dependiam dessas lembranças para validar sua reivindicação da cegueira de cor.

Um ponto final sobre as *story lines* e os testemunhos: como essas *story lines* são produtos sociais, a mídia desempenha um papel importante no seu reforço[28]. Novos relatórios sobre ações afirmativas raramente abordam a branquitude da academia ou do local de trabalho e suas implicações[29]; relatórios sensacionalistas sobre fraudes relacionadas à assistência social nunca enfocam a realidade, ou seja, que os beneficiários dessa assistência vivem abaixo da linha de pobreza[30]; histórias de comportamento "ruim" por parte de jovens negros e latinos são apresentadas como "normais", o que não ocorre com as histórias que descrevem comportamento "ruim" dos jovens brancos[31]. As notícias sobre as minorias tendem, pois, a serem apresentadas como contos de moralidade que dão suporte às várias histórias raciais do período da cegueira de cor. Esses relatos são então reciclados pelo público branco como verdades absolutas ("Você não ouviu falar daquele cara negro que não sabia ler e foi aceito em Harvard? Deu no jornal"). Por conseguinte, a mídia usa as histórias raciais que criamos e faz com que sejam criações independentes que validam nossa angústia racial[32].

Uma das coisas que mostrei indiretamente neste e nos capítulos anteriores é que brancos tendem a interagir principalmente com brancos. Esse fato e suas implicações não foram analisados pelos cientistas sociais de modo adequado. Poucos fizeram perguntas tais como: Quais são as consequências sociológicas e sociopsicológicas de brancos viverem em ambientes predominantemente brancos? Como os brancos podem desenvolver empatia e compreensão dos negros se tão poucos desenvolvem interações significativas com os negros? Volto minha atenção para esses e outros assuntos relacionados no próximo capítulo.

Espreitando a Casa (Branca) da Cegueira de Cor

6

A Importância da Segregação dos Brancos

> *Em todos os guetos raciais existem "problemas raciais" específicos às vidas e condições das pessoas naquele gueto. [Em] nossa sociedade branca, embora não estejamos acostumados a pensar em nós mesmos como pessoas guetoizadas, temos um "estilo de vida branco" e "problemas raciais brancos", que surgiram como resultado do nosso confinamento em uma prisão construída pelo racismo […] A língua que falamos, a comida que comemos, as pessoas com quem nos casamos, as canções que cantamos e as organizações as quais pertencemos são únicas por causa de nossa vida residencial e cultural separada.*
>
> Joseph Barndt, *Liberating Our White Ghetto*

Cientistas sociais em vários campos têm mostrado amplamente as sérias repercussões do isolamento social e espacial para os negros. Na década de 1960, por exemplo, observadores da vida no gueto negro argumentaram com veemência que a segregação vivenciada pelos negros os levou a viver em uma "cultura de pobreza"[1]. No final dos anos de 1970 e na década de 1980, essa ideia ressurgiu no trabalho de comentaristas conservadores como Charles Murray e Lawrence Mead, liberais como William Julius Wilson e Ken Auletta e, inclusive, comentaristas radicais como Cornel West[2].

Todos esses autores alegaram que negros segregados em guetos desenvolveram uma perspectiva cultural que não promove um senso de responsabilidade pessoal (Murray e Mead), produz um comportamento patológico (Wilson e Auletta) ou cria um profundo sentimento de desespero e niilismo (West). Outros argumentaram que a segregação e o isolamento levaram os negros nos guetos a desenvolver um estilo único ("postura descolada"), uma estratégia anti-intelectual incorporada em uma "identidade de oposição" para lidar com barreiras educacionais e proteger sua autoestima (Ogbu), e inclusive um "código da rua" para interações públicas (Anderson)[3]. Os estudiosos apresentaram argumentos análogos sobre os latinos em circunstâncias semelhantes[4].

Um dos exemplos mais lúcidos desse tipo de análise é o *American Apartheid* (Apartheid Americano), de Massey e Denton. Nessa obra, os autores mostram com clareza os níveis incrivelmente altos de segregação residencial e isolamento vivenciados pelos negros e especulam, com base no em outros trabalho, que essas realidades fomentam nos negros o que eles chamam de "a cultura da segregação" ou "um conjunto de comportamentos, atitudes e valores que são cada vez mais discrepantes daqueles mantidos na sociedade mais ampla"[5]. Segundo esses autores, algumas das principais características dessa cultura são pouca preocupação com o casamento, um estilo de vida relacionado a drogas e até mesmo uma "linguagem de segregação".

A despeito das sérias limitações desse enfoque subcultural no que tange ao estilo de vida dos negros pobres[6], ninguém deve duvidar que, geralmente, o isolamento social e espacial de um grupo em relação a outros leva à diferenciação daqueles grupos, bem como ao desenvolvimento de coesão e identidade grupal no grupo segregado. Se essa ideia se aplica a minorias raciais, deve se aplicar também aos brancos; e como os brancos vivenciam níveis ainda *mais elevados* de isolamento social e espacial do que os negros, os "problemas raciais" relacionados ao "confinamento na prisão construída pelo racismo" devem ser tão consequentes quanto os produzidos pela guetoização negra e latina. Portanto, neste capítulo, exploro como os altos níveis de segregação social e espacial dos brancos e o isolamento das minorias criam o que denomino "*habitus* branco"[7], um processo de socialização racializado e ininterrupto que *condiciona* e *cria* o gosto racial, as percepções, os sentimentos e as emoções dos brancos e suas opiniões sobre questões raciais.

Uma das consequências centrais do *habitus* branco é que ele promove um sentimento de pertença grupal (uma cultura branca de solidariedade) e visões negativas sobre os não brancos[8]. A análise se concentra nos negros em particular, por causa dos dados de que disponho (ver capítulo 1), mas também porque os negros ainda são a antítese racial dos brancos no espectro racial. Examino primeiro os níveis de segregação residencial e de associação pessoal dos brancos com negros. Em segundo lugar, exploro como eles interpretam sua segregação racial e seu isolamento dos negros. Em terceiro lugar, apresento dados que sugerem algumas das consequências potenciais do nível limitado de interação de brancos com negros.

A Segregação Racial e o Isolamento dos Brancos

Em pesquisas, os brancos expressam abertura e, em muitos casos, inclusive preferência por um estilo de vida inter-racial[9]. As respostas dos estudantes universitários e dos respondentes do DAS a perguntas sobre integração residencial e escolar, bem como a outras que indicam apoio ao princípio de integração (tabela 6.1) corroboram isso[10]. Da mesma forma, nas tradicionais perguntas sobre "distância social"[11], tais como se os respondentes se opõem a que um membro da família convide um amigo negro para jantar ou se aprovam o casamento entre negros e brancos, um grande número de brancos concordou com a resposta de tolerância racial. Assim, 92% dos estudantes (e 87,2% dos respondentes do DAS) indicaram que não faziam "objeção" ao primeiro tópico; 80,4% dos estudantes (e 57,7% dos respondentes do DAS) aprovaram o segundo.

No entanto, com base em suas respostas às perguntas que tratam de seu próprio comportamento, os brancos pareciam menos comprometidos com uma vida inter-racial. Por exemplo, quando os estudantes foram indagados sobre as cinco pessoas com quem mais interagiam diariamente, 67,7% afirmaram que nenhuma delas era negra. Da mesma forma, no tocante à pergunta sobre distância social, "Você convidou um negro para almoçar ou jantar recentemente?", 68,5% responderam "não" (ver os itens não tradicionais na tabela 6.1). De acordo com esses resultados, 87% dos respondentes brancos do DAS admitiram que nenhum dos seus três amigos mais íntimos era negro, 89% que nunca tiveram um relacionamento amoroso com uma pessoa negra, e 94,5%[12] tinham um cônjuge branco no momento da entrevista. Dos 323 respondentes brancos na pesquisa do DAS, apenas um era casado com uma pessoa negra no momento da entrevista! Nesta seção, começo a desconstruir o aparente "paradoxo"[13] entre o compromisso dos brancos para com o princípio do inter-racialismo e seu padrão principalmente branco de associação, com base em suas respostas a uma série de perguntas sobre sua vida passada e presente.

TABELA 6.1

PERGUNTAS SOBRE DISTÂNCIA SOCIAL	ESTUDANTES BRANCOS (N= 451)	AMOSTRA DE ESTUDANTES BRANCOS ENTREVISTADOS (N= 41)	RESPONDENTES BRANCOS DO DAS (N= 323)
Itens tradicionais			
B2. Se uma família negra, com aproximadamente a mesma renda e educação que a sua, se mudasse para a casa ao lado, você se incomodaria muito, um pouco, ou não se incomodaria de modo algum?			
1. Não me incomodaria de modo algum[a]	92,4%	95,1%	90,9%

B12. Você aprova ou desaprova o casamento entre brancos e negros?

1. Aprovo	80,4%	90,2%	57,5%
2. Não tenho certeza[b]	12,9%	4,9%	–
3. Desaprovo	6,7%	4,9%	42,5%

B7. Quão fortemente você se oporia se um membro da sua família tivesse uma relação de amizade com uma pessoa negra?

1. Nenhuma objeção[a]	92,4%	92,7%	87,2%

Itens não tradicionais

A13. Pense sobre cinco pessoas com as quais você mais interage quase diariamente. Dessas cinco, quantas são negras?

1. Nenhuma	67,7%	68,3%	ND
2. Uma	20,9%	24,4%	
3. Duas ou mais	12,2%	7,3%	

A15. Você convidou recentemente uma pessoa negra para almoçar ou jantar?

1. Não	68,5%	75,0%	ND
2. Sim	31,5%	25,0%	

A6. Pense nos seus três amigos mais íntimos, sem considerar parentes. Com que frequência você se envolve em atividades sociais com eles?

1. Mais de uma vez por semana			21,7%
2. Uma vez por semana			29,5%
3. Uma vez por mês	ND	ND	28,9%
4. Menos de uma vez por mês			17,1%
5. Nunca			2,8%

A7. Quantos desses (três) amigos são (brancos/negros)?

0. Nenhum			87,0%
1. Um			11,2%
2. Dois	ND	ND	11,2%
3. Três			0,6%

H10. Como o seu cônjuge se considera: principalmente branco ou caucasiano; negro ou afro-americano; indígena americano ou nativo do Alasca; asiático ou das ilhas do Pacífico; ou outro?

1. Branco			94,5%
2. Negro			0,5%
3. Indígena	ND	ND	0,5%
4. Asiático			1,5%
5. Outro			3,0%
Você já teve um relacionamento amoroso com uma pessoa (negra/branca)?			
1. Sim	ND	ND	10,3%
2. Não			89,7%

^a As porcentagens nas outras categorias não foram significativas e, portanto, não foram incluídas aqui.
^b A opção "não tenho certeza" não foi incluída na pesquisa.

Fontes: 1997 Survey of Social Attitudes of College Students e 1998 Detroit Area Study.

"Era um Bairro Branco": Fatos da Segregação e do Isolamento dos Brancos

Se os resultados da pesquisa sugerem que poucos brancos vivem uma vida integrada, os dados das entrevistas o confirmam. Por exemplo, apenas 4 dos 41 estudantes brancos entrevistados para esse projeto relataram ter residido em bairros com uma presença significativa de negros ou de outras minorias (isto é, nos quais as minorias constituíam pelo menos 20% de seus vizinhos). Da mesma forma, apenas 8 dos 66 brancos entrevistados do DAS cresceram em bairros racialmente mistos. Esses resultados são consistentes com pesquisas sobre segregação residencial[14].

Por mais desconcertantes que sejam tais números, os fatos da "branquitude" (níveis de isolamento racial e segregação dos negros) se tornam ainda mais perturbadores. Por exemplo, dois dos quatro estudantes universitários entrevistados que cresceram em bairros racialmente mistos não se associaram com minorias e um relacionava-se com as minorias de forma racializada[15]. Dos oito entrevistados do DAS que cresceram em bairros mistos, dois não tiveram interações significativas com negros e quatro tiveram interações muito limitadas.

Não é surpreendente, dado o isolamento racial dos brancos, que poucos relatassem ter amigos íntimos das minorias ou amigos negros. Embora "amizade" seja um conceito difícil de operacionalizar dada a sua natureza histórica e culturalmente contingente e limites pouco claros, a maioria dos pesquisadores concorda que amigos íntimos exibem um alto grau de *interação, interdependência* e *intimidade*[16]. Na realidade, quando pesquisadores perguntaram às pessoas sobre bons amigos, descobriram que a metáfora mais comum para descrever a intimidade é o parentesco. Assim, bons amigos são como membros da família[17].

Com base nesses critérios e nos autorrelatos dos entrevistados sobre "amizade" inter-racial, 34 dos 41 estudantes universitários não tiveram amigos negros enquanto cresciam (nas escolas e nos bairros). Depois de fazer uma validação cruzada[18] das respostas daqueles que haviam relatado amizade com negros, *apenas* três dos sete estudantes restantes tiveram amigos negros enquanto cresciam. Entre os entrevistados do DAS, sessenta dos 66 relataram que não tinham amigos íntimos negros em seus bairros. E, como no que tange aos estudantes universitários, depois de examinar cuidadosamente as respostas dos seis entrevistados que alegavam ter tido amigos negros, apenas três poderiam ser considerados como tendo tido um amigo íntimo negro.

Posto que minha alegação de que muitos brancos inflam seus relatórios sobre amizade com os negros é controversa, forneço dois exemplos para ilustrar como esse processo funciona. O primeiro caso é Sally, uma estudante da MU. Ela cresceu em Novi, Michigan, um bairro que descreveu como "cem por cento branco e de classe média alta". Consequentemente, todos os seus amigos do bairro eram brancos. Sally, entretanto, frequentou principalmente escolas "integradas". Quando indagada "Com quem você andava na escola?", ela respondeu:

Não foi ruim. Todo mundo andava com todo mundo. Em particular, eu teria que dizer que minhas três melhores amigas eram meninas brancas, mas eu definitivamente tive uma excelente amiga que era afro-americana e tive vários conhecidos que eram asiáticos. É mais ou menos isso, nunca realmente nenhuma.

A "excelente amiga afro-americana" de Sally não participava de nenhuma das atividades das quais ela desfrutava com suas "três melhores amigas" nos fins de semana, como jogar tênis, ir às compras ou simplesmente passar o tempo. Sally tampouco assinalou qualquer coisa que indicasse intimidade ou interdependência entre ela e sua amiga negra.

O segundo caso é Pauline, uma mulher aposentada de setenta anos. Ela cresceu em Hamtramic, Michigan, um bairro onde "havia algumas (famílias negras), mas não muitas". Quando lhe perguntaram quem eram seus amigos íntimos enquanto crescia, Pauline disse: "A maioria era de brancos." O entrevistador então perguntou: "Você se lembra de ter tido amigos negros quando crescia?" A resposta de Pauline foi: "Eu sempre tive amigos negros, mesmo quando eu trabalhava[19] eu tinha amigos negros. Na verdade, dois eram alguns dos meus melhores amigos." Pauline também alegou ter tido amigos negros na escola porque "eu tinha *um monte* de amigos" e "eu era popular na escola". Em ambos os casos, Pauline parece estar se referindo a ser "amigável" para com os negros em vez de desenvolver uma interação pessoal significativa com eles. Isso se depreende de sua afirmação de que ela foi treinada para "respeitar a todos".

Esses resultados são consistentes com pesquisas sobre amizade inter-racial, que em geral revelam que menos de 10% de brancos têm amigos negros[20]. De mais a mais, a "promoção" de colegas negros a amigos é consistente com a pesquisa do especialista Tom W. Smith. Ele mostra que, quando se pergunta diretamente aos brancos se eles têm ou não amigos negros, uma grande proporção (cerca de 20%) responde positivamente. Quando a questão é filtrada, perguntando-se primeiro se o entrevistado tem ou não amigos, a proporção de respondentes que alega em seguida ter amigos negros cai de modo significativo. Finalmente, quando os respondentes são indagados primeiro se eles têm amigos, então quais são os seus nomes e, finalmente, se qualquer um desses amigos é negro, a proporção de brancos que alega ter amigos negros declina abruptamente[21].

Pode a baixa proporção de brancos que faz amizade com negros ser atribuída à *hipersegregação*, como sugerem alguns pesquisadores?[22] Alternativamente, se os brancos tivessem a oportunidade demográfica de interagir com negros de *status* similar, eles o fariam? Com base nos dados dos meus dois estudos, nem os estudantes nem os detroitianos que tiveram a oportunidade demográfica de interagir com negros fizeram isso. Por exemplo, dos 21 estudantes entrevistados que estudaram em escolas "integradas", apenas dois desenvolveram associações significativas com negros. Uma proporção maior dos entrevistados do DAS (cinquenta de 66) estudou em escolas predominantemente brancas, mas dos dezesseis que frequentaram escolas integradas, cinco tinham conhecidos negros, cinco não tinham colegas negros e apenas seis tinham amigos negros.

Por que as escolas integradas não constituíram uma plataforma significativa para contatos inter-raciais? Primeiro, a estrutura das escolas "dessegregadas" é tal que as interações inter-raciais não levam a relações inter-raciais significativas[23]. Por exemplo, mesmo quando os brancos são transportados de ônibus para escolas predominantemente de minorias, o *tracking* garante que eles tenham uma experiência principalmente branca em suas escolas[24]. Outro exemplo: quase todos os nossos respondentes descreveram suas aulas (*track* acadêmico) como "principalmente brancas", mesmo em casos nos quais as escolas foram descritas como tendo 40% ou mais de alunos das minorias. Nossos respondentes também raramente se lembravam de frequentar aulas ou clubes nos quais estudantes de cor constituíam a maioria. Em segundo lugar, a integração escolar ocorre tipicamente mais tarde na vida dos brancos (em geral, no ensino médio). Nessa época, eles já desenvolveram ligações emocionais com brancos como seu grupo social primário, aprenderam uma série de estereótipos sobre as minorias e desenvolveram as habilidades necessárias para navegar em situações multiculturais. Ray, um estudante da MU, explicou apropriadamente esse último ponto:

> *Entrevistador:* Uh, então, e sobre o ensino fundamental II ou o ensino médio? Mudou muito (comparado com suas experiências educacionais anteriores todas brancas)?[25]
> *Ray:* Sim, no ensino fundamental II as coisas começaram a mudar um pouco. Porque havia mais áreas sendo incluídas. E as coisas ficaram um pouco mais diversificadas, mas em geral, era praticamente a mesma coisa, a mesma música e a mesma dança, sabe o que quero dizer? Porque, eu não sei se esse era o jeito que eles tinham estabelecido, mas era quase como se eles não quisessem que o tipo de áreas inferiores se assimilasse às áreas superiores até o ensino médio. E então isso significava que não era um jogo totalmente novo no ensino médio; as pessoas que eram amigas antes permaneceram amigas. E isso não é cem por cento verdade, mas me parecia que as coisas eram bastante segmentadas no ensino médio.

Outro lugar possível para uma interação inter-racial significativa é a faculdade; devido à "ênfase na realização individual e no universalismo no ensino superior, é menos provável que pessoas com educação universitária se identifiquem com suas raízes sociais e culturais"[26]. Contudo, com base nos resultados tanto da pesquisa quanto das entrevistas dos dois estudos, o padrão pré-universitário de interação limitada e superficial com negros é mantido na faculdade. Como afirmei anteriormente, quase 70% dos estudantes universitários relataram não haver um negro entre "as cinco pessoas com as quais eles mais interagem diariamente", nem "tinham convidado uma pessoa negra para almoçar ou jantar recentemente"[27]. Esse mesmo resultado foi confirmado nas entrevistas. Dos 38 estudantes que não tinham amigos negros antes da faculdade, apenas dois desenvolveram amizades com negros no ensino superior. Entre os três sujeitos que tinham amigos negros antes de irem à faculdade, apenas uma fez amizade com um negro na faculdade (seu namorado, que era também de sua cidade natal). No total, apenas 3 dos 41 estudantes universitários entrevistados tinham um amigo negro no momento da entrevista. Esse achado é também consistente com pesquisas anteriores sobre a extensão limitada da interação entre brancos e negros no contexto universitário[28].

No caso dos entrevistados do DAS, como todos tinham dezoito anos ou mais, a questão que nos levou a avaliar seu nível atual de interação ou associação com negros foi: "Você está atualmente na faculdade, empregado, procurando emprego ou qualquer outra coisa?" Por grande diferença, a maioria dos entrevistados brancos do DAS (44) estava trabalhando no momento da entrevista, seguida pelos aposentados (10), pelas donas de casa (6), por pessoas que trabalhavam meio período (3) e por desempregados (3). Dos brancos nessas várias situações, 41 encontravam-se em ambientes praticamente todos brancos, mas 25 não. Destes, oito não se associavam em absoluto com negros, dez tinham relacionamentos superficiais com negros e apenas sete tinham amigos negros.

Uma vez mais, descobri que uma grande parte dos entrevistados promoveu conhecidos negros à condição de "bons amigos" ou mesmo "melhores amigos". Entre os estudantes da faculdade, quase 50% (19 dos 41) declararam que tinham "amigos" negros ou "saíam" com negros. Depois que suas afirmações foram analisadas, no entanto, ficou claro que apenas 3 realmente tinham amigos negros segundo os critérios discutidos acima. E entre os entrevistados do DAS, pouco mais de um terço (24 de 66) fez tais declarações, embora somente dez tivessem interagido seriamente com negros[29]. Os dois casos a seguir exemplificam os entrevistados que promoveram conhecidos a amigos na faculdade ou no ambiente de trabalho. O primeiro caso é Emily, uma estudante da MU que, em resposta a uma pergunta sobre seus amigos da faculdade, disse: "Quase, bem, principalmente brancos." No entanto, quase de imediato, acrescentou: "Eu tenho alguns amigos negros." Como eu havia instruído meus entrevistadores a fazer o acompanhamento das declarações de amizade dos brancos com negros (também lhes pedi que fizessem o mesmo quando os negros declararam ter amizade com brancos, ver o capítulo 8), a fim de avaliar o grau de intimidade dessas relações, o entrevistador indagou Emily acerca de seus amigos:

> *Entrevistador:* Ok, então, além de Jessica [sua melhor amiga branca], quem mais? Há outras pessoas com as quais você realmente passa muito tempo? Ou...
> *Emily:* Não. Apenas às vezes, mas eu estou muito ocupada...
> *Entrevistador:* Então, quem, se você pode me dar um apanhado de algumas dessas outras pessoas que você mencionou, como uma grande turma de pessoas com as quais você poderia sair? Talvez a sua colega de quarto[30] seja uma delas. Hum, quem são essas pessoas? Ao que parece, é com Jessica que você passa a maior parte do tempo.
> *Emily:* Bem, minha colega de quarto é – eu sou amiga de algumas garotas no meu andar. E elas são todas negras e são muito legais. E eu saio com elas e com minha colega de quarto, às vezes fazemos coisas juntas como ir ao shopping ou – não é que eu seja realmente muito amiga delas, mas fazemos coisas juntas.

No final, Emily reconheceu que "não é que eu seja realmente muito amiga delas", porém a alegação de amizade com os negros a ajudou a manter uma perspectiva pluralista e cega à cor.

Jannis, uma gerente de recursos humanos em uma empresa por ela descrita como sendo "55% negra", quando indagada se tinha amigos no trabalho, respondeu que tinha "uma certa quantidade deles". O entrevistador então perguntou qual era a origem racial desses amigos e Jannis retrucou: "Realmente não faz diferença" e que "membros da equipe que são ambos negros e brancos, nós compartilhamos as refeições". Entretanto, Jannis não se associava com nenhum desses amigos negros fora do trabalho, nem demonstrou já ter confiado neles. De mais a mais, Jannis acredita que a autossegregação é natural porque "não importa de que grupo racial você é, você, tipo, se *reúne com* aquelas pessoas que são parecidas com você". Isso pode explicar por que ela descreveu o casamento inter-racial como "salmões nadando contra a corrente".

Três coisas são dignas de nota sobre esses autorrelatos de amizade com negros. Primeiro, os negros tendem a ser chamados de "outros" ("essas pessoas", "eles" e assim por diante), denotando a distância social dos respondentes em relação a eles. Por exemplo, os "amigos" negros raramente são identificados pelos seus prenomes. Em segundo lugar, contatos superficiais (para estudantes universitários, esportes, música[31] e ocasionalmente uma conversa amigável com um estudante negro e, para os residentes de Detroit, um almoço ocasional ou uma conversa no trabalho com os negros) são usados como fatos autoevidentes de amizade. A evidência de confiança, da capacidade de confidenciar e de interações com esses amigos além do local ou da situação de contato formal (sala de aula, colegas de quarto ou de trabalho) está ausente desses relatos de amizade com negros. Finalmente, tais "amizades" com negros sempre desaparecem depois que termina o motivo para a interação formal – participar da mesma aula, ser colega de quarto, tocar numa banda, jogar no mesmo time esportivo ou trabalhar na mesma empresa.

"É Só o Modo Como as Coisas Eram": A Interpretação dos Brancos Sobre Sua Própria Segregação Racial

Até agora, mostrei que os brancos têm muito pouco contato com os negros nos bairros, nas escolas, nas faculdades e nos locais de trabalho. Como os brancos interpretam sua segregação e seu isolamento dos negros? Como eles se sentem em relação a essa realidade racial que parece contradizer seu endosso da cegueira de cor? A descoberta mais significativa nesta seção é que os brancos não interpretam a sua hipersegregação dos negros como um problema, porque não a interpretam como um fenômeno *racial*. Em vez disso, normalizam esse aspecto crucial de sua vida, seja por não o considerar um problema, seja interpretando-o como "normal", "só o modo como as coisas são". Por exemplo, a maioria dos entrevistados que vivia em bairros segregados os descreveram como "totalmente brancos", "predominantemente brancos" ou "principalmente brancos", porém, quando indagados sobre como se sentiam com esse fato, poucos pararam para pensar que isso fosse algo problemático. Entre os estudantes universitários, apenas cinco achavam que a composição racial do seu bairro fosse um problema e, entre os entrevistados do DAS, apenas oito fizeram tais comentários. Entre os oito entrevistados do DAS que teceram comentários negativos sobre a branquitude da composição racial de seus bairros, uma era uma mulher judia que se queixava de antissemitismo, outro era um holandês que se queixou de se sentir isolado como estrangeiro e outros dois eram brancos que viveram em bairros de minorias enquanto cresciam. Portanto, apenas quatro entrevistados do DAS admitiram seu isolamento racial das minorias como um problema.

Os estudantes universitários típicos descreveram seus sentimentos sobre a composição racial de seus bairros com declarações como: "Eu gostava, para mim foi bom" (Kim, SU); "Quando eu estava crescendo, eu não pensava muito sobre isso. Quer dizer, foi bom para mim, isso não me incomoda tanto assim"(Brian, SU); "Eu realmente não pensava nisso"(Mary, MU); "Sim, muito confortável" (Kara, MU); "Eu não me importava, o que é bastante normal, eu acho, para crianças. É tomado como certo" (Bill, WU). A interpretação da hipersegregação como algo normal e trivial foi expressa por estudantes com declarações como: "É como o perfeito bairro americano" e "O tipo de classe média alta branca, do tipo *Leave it to Beaver*[32], é o que eu penso" (Ray, MU) e "Era um bairro normal da classe média" (Rick, WU). As respostas dos entrevistados do DAS a uma pergunta semelhante produziram reações tais como: "Eu o adorava! Éramos todos uma grande família feliz" (Jill); "Bem, é uma cidade muito confortável, porque se alguém tinha algum problema, então o resto da cidade estava lá para ajudar" (Monica); "Oh, foi ótimo. Eles eram basicamente o mesmo tipo de pessoas" (Don); "Elas eram boas pessoas. *Era um bom bairro*" (Pat).

Essa falta de reflexividade não é surpreendente, uma vez que, como a psicóloga Beverly Tatum argumenta, identidades dominantes tendem a permanecer inarticuladas justamente porque são vistas como "norma" e, portanto, "os brancos podem facilmente chegar à idade adulta sem pensar muito sobre seu grupo racial"[33]. Assim, ao passo que a branquitude não é percebida como uma categoria racial, outras categorias são; enquanto um bairro branco é um bairro "normal", um bairro negro é "racialmente segregado". Contudo, além dos progressistas raciais brancos (ver capítulo 7) que reconheceram a segregação racial e o isolamento como um problema, alguns outros entrevistados deram-se conta na entrevista de que a composição racial de seus bairros ou de suas redes de amigos *poderia* ser considerada problemática. Para tais entrevistados, porém, o problema era como explicar essas questões sem envolver preconceito de sua parte. Carol, uma estudante da SU, assim disse sobre a mistura racial de seu bairro: "Nunca, nunca isso passou pela minha cabeça, era somente o meu bairro", enfatizando que sua comunidade era completamente mista. No entanto, quando indagada sobre quem eram seus amigos, ela assinalou que quase todos eles eram brancos (ela tinha um amigo "hispânico"). Nesse ponto, Carol pareceu perceber a contradição entre sua alegação de morar em um bairro misto e ter na prática apenas amigos brancos. Por isso, observou em um tom indignado: "Quer dizer, eu não acho que, tipo, eu ser amiga deles tinha algo a ver com o fato de eles serem brancos, é só que eles moravam na casa ao lado e em frente à minha." Carol acrescentou que a raça de seus amigos era apenas resultado de "localização".

Sonny, estudante da MU, explicou a interação limitada entre negros e brancos em sua escola como produto da demografia:

> Eu acho que não tínhamos amigos negros. Eu não sei por quê. A gente meio que ficava grudado um no outro e, eu não sei, não é que nós, não é que nós, tipo, não permitíamos negros, é que nunca houve, tipo, uma oportunidade. Não há população parecida perto de onde eu morava.

Ray, o estudante da MU citado anteriormente, abordou o mesmo problema de forma bastante defensiva:

> Eu não acho que houve algum tipo de preconceito envolvido, eu apenas acho que nós realmente não conhecíamos essas crianças. Você sabe o que eu quero dizer? Elas viviam em bairros diferentes, estudavam em escolas diferentes. E nunca houve nenhum esforço para excluir, e na verdade, houve um esforço para educar essas crianças. Qualquer tipo de discriminação em termos de qualquer coisa era tabu em East Lansing. Não era como se as pessoas estivessem tentando excluí-las, é só que elas não as conheciam. É assim que as coisas eram.

Naturalizar o isolamento racial dos brancos ("É assim que as coisas eram"; ver capítulo 2) foi uma estratégia adotada pela maioria dos estudantes universitários para racionalizar seu contato limitado com negros. Daniel, um estudante da WU e recente imigrante, afirmou sobre a segregação: "Eu acho que na sociedade americana parece mais ou menos, meio que natural, parece ser o jeito como as coisas são." Andy, outro estudante da WU, afirmou sobre a segregação: "Eu concordaria que nós, ou pessoas caucasianas, ou a maioria, não fazemos com que as coisas sejam necessariamente confortáveis para eles, mas não, tipo, intencionalmente, então eu acho que é meio assim que acontece [*risos*]." Sue, estudante da SU, comentou sobre a branquitude de seu bairro: "Morei lá desde que eu tinha dois anos, eu realmente não tenho muita opinião sobre isso. Eu meio que, as coisas eram assim."

Os poucos entrevistados do DAS que se deram conta de que sua limitada interação com negros poderia ser interpretada como "racista" também estavam muito interessados em assinalar que a raça não teve influência em suas vidas. À semelhança dos estudantes universitários, muitos fizeram uso da desculpa demográfica para explicar por que não interagiam com minorias. Kim, uma dona de casa de vinte e poucos anos, levava uma vida racial típica dos entrevistados do DAS. Kim cresceu em várias cidades de Michigan, com poucos negros por perto, com os quais não tinha interações. Na época da entrevista, vivia em um bairro que descreveu como "principalmente branco". Quando indagada se tinha tido amigos negros na escola, Kim disse: "Eu nunca tive amigos íntimos negros." Kim então inseriu uma história pessoal sobre seu pai ser racista (para uma análise dessas histórias, ver o capítulo 4). Mais tarde, ao discutir com quem ela interagia como dona de casa, Kim disse:

> Sim, sim, meu marido tem alguns amigos negros que já vieram aqui, sabe. Você simplesmente não os vê [*a entrevistada se refere a negros aqui*]. Eles se mudam, ou qualquer coisa assim, nós não os vemos. É só que – eu queria poder dizer, sabe, "eu tenho" [amigos negros]. Eles simplesmente não estão por perto, eles não vivem na nossa área.

Trudy, uma vendedora de uma grande loja de varejo de seus vinte e tantos anos, também tivera uma típica vida branca. Ela cresceu em Warren, Michigan, uma área que descreveu como "bastante branca". Estudou em escolas particulares e públicas que também descreveu como "principalmente brancas". Em nenhum dos bairros em que morou nem nas escolas que frequentou Trudy desenvolveu amizades com negros. 20% de seus colegas de trabalho são negros, porém, quando indagada sobre amigos no seu local de trabalho, ela relatou que eles são "principalmente brancos". Quando lhe perguntaram se ela tinha algum amigo negro no trabalho, Trudy disse: "Sim, principalmente como conhecidos, não como amigos de verdade." Indagada a respeito dessa situação, Trudy disse que ela "não fazia muitas coisas" com seus conhecidos negros porque "quer dizer, eu não tenho muita oportunidade porque não há muitos negros com quem trabalho".

Por fim, Rita, funcionária subempregada de uma empresa de biscoitos, de seus vinte anos, explicou o fato de não ter tido amigos negros quando estudava em escolas racialmente mistas em Detroit da seguinte maneira: "Não, mas não foi porque eu não queria. Não é, não é porque – eu não tinha nenhum problema com eles. É só que nunca me socializei com eles. Sim, mais, tipo, eles realmente nunca socializaram comigo."

Como Rita, a falta de reflexividade dos brancos sobre como a raça rompe suas próprias vidas evidencia-se em suas projeções raciais numa variedade de questões (para uma análise do papel da projeção, ver o capítulo 3). Kara, estudante da UM, assim comentou sobre a chamada autossegregação negra: "Eles só meio que formam panelinhas com aquelas pessoas e no início, eu fiquei tipo, eu acho que você sempre fica meio que surpreso quando vê, tipo, uma mesa inteira de minorias, é mais difícil ir até as pessoas e conversar com elas quando há um todo, um grupo delas." Mickey, outro estudante da MU, disse sobre a mesma questão: "Eu definitivamente vi isso. Eu acho que a coisa que mais se destaca, o exemplo único, são os refeitórios. Tipo, nunca, nunca é integrado. É sempre, eles sempre têm seu próprio lugar para comer." O entrevistador perguntou a Mickey se ele achava que essa prática era exclusiva aos negros e ele respondeu: "Isso é principalmente em relação aos afro-americanos, sim." Finalmente, Dan, outro aluno da WU, observou que o fato de os negros terem "seus próprios dormitórios, atividades, clubes, e coisas afins pode ser um fator que contribui, pois meio que os incentiva a passar mais tempo uns com os outros e não se preocupar [em] interagir com outras pessoas". Kara não vê panelinhas brancas, Mickey não vê mesas brancas e Dan não vê nada branco!

Muitos entrevistados do DAS também projetaram motivações raciais nos negros. Ian, gerente de segurança da informação em uma empresa automotiva, de seus cinquenta anos, abordou essa questão da seguinte forma:

> Eu acho que, às vezes, eles são difíceis de lidar. Pelo menos aqueles com quem lidei e lido no dia a dia. Se você os questiona, eles levam para o lado pessoal, ficam muito na defensiva. E eu tento não fazer, não fazer da raça um problema porque eu tenho que lidar com, sabe, indianos e chineses e, desde que, sabe, eles possam fazer o trabalho, eu não tenho nenhum problema com isso. Mas quando você vai constantemente até alguém e diz – apenas para fazer um acompanhamento, "Você fez isso? Você fez aquilo? Você se assegurou disso?", eles levam para o lado pessoal e eu tenho um problema com isso. Sabe, porque não é, sabe, não estamos questionando a integridade de ninguém. É só: "Você fez o trabalho?" e, às vezes, eles não gostam de ser questionados.

Quando perguntado se ele achava que isso era "mais um problema de autossegregação ou um problema de não se sentirem bem recebidos" pelos brancos, Ian respondeu sem nenhuma hesitação: "Autossegregação".

Matt, um funcionário da Prefeitura, na casa dos vinte anos, forneceu uma explicação unilateral semelhante:

> Ok, tudo bem. Eu não sei nada sobre se eles são difíceis de lidar, mas, ah, onde eu trabalhei no passado e atualmente, parece que eles não estão abertos a nenhuma informação ou ideias de pessoas brancas. Que eles, sabe, definiram sua própria maneira ou talvez a sua maneira seja melhor, o que pode ou não ser verdade. Mas eles são, eles não são difíceis de lidar. Eu não tenho problema em me aproximar deles, porém quando eu faço isso, é como se entrasse por um ouvido e saísse pelo outro. Eles realmente não,

sabe, tomam o que você tem a dizer como encorajamento ou apoio ou ajuda. E, sabe, apenas veem um cara branco falando sem motivo.

Finalmente, vários entrevistados fizeram declarações diretas que significam que eles consideraram a branquitude "normal" e, portanto, não racial. Rick, estudante da WU, disse que os negros gostam da "síndrome do eu", que ele acha "tão estúpido", e acrescentou que em suas relações com pessoas de outros grupos étnicos a questão da segregação "nem sequer foi abordada, nós éramos apenas amigos e como eu cresci em um bairro branco, eu realmente nunca vi raça". O que permite a Rick afirmar que, devido ao fato de ele "ter crescido em um bairro branco", ele "nunca viu raça" é o fato de ele interpretar "raça" como algo que apenas minorias raciais têm.

Lee, outro estudante da WU, queixou-se da monotonia de seu bairro porque era "todo de pessoas brancas, mas vivíamos muito perto de Washington, D.C., e havia muita cultura lá, quero dizer". Para Lee, portanto[34], a cultura, que ele define estreitamente como música, comida e artes, era a prerrogativa de D.C., uma área cuja população era mais de dois terços negra no momento da entrevista. Para Lee, então, negros e latinos têm "cultura", porém os brancos (que não são considerados uma raça) não têm.

Muitos entrevistados do DAS também viam os negros e outras minorias como os únicos atores que poderiam ser considerados raciais. Embora isso possa ser inferido da maneira pela qual responderam a muitas perguntas, algumas expressões usadas mostram-no diretamente. Susie, uma assistente social no fim da casa dos quarenta anos, disse o seguinte acerca da mistura racial em sua escola: "Eu não acho que havia *quaisquer* crianças raciais nas minhas, sabe, escolas públicas." Susie repetiu a expressão (crianças raciais) ao descrever a composição racial no seu local de trabalho:

Oh, caramba, acabei de ter um empregado com isso. Um-hum [*levanta a voz*]. Eu acho que é provavelmente 52/48 [por cento],

52 sendo caucasianos, 48 sendo negros, perto de 50/50. Mas ela apontou [*referindo-se a um "amigo" negro no trabalho*] que faltam alguns negros [*baixa a voz*], um dos meus amigos raciais.

Os dados apresentados nesta seção indicam que os brancos não veem ou não interpretam sua própria segregação racial e seu isolamento como uma questão racial. Essa cegueira de cor é fundamental para entender seus pontos de vista sobre uma série de questões raciais. O reconhecimento de que a falta de percepção dos brancos de que a raça é importante em suas vidas, combinado com sua socialização inter-racial limitada, ajuda a decifrar a aparente contradição entre sua preferência declarada por uma abordagem da vida cega à cor (que corresponde à sua percepção de como eles vivem suas próprias vidas) e a realidade branca de suas vidas. Analisarei essa aparente contradição enfocando seus pontos de vista sobre o sensível tema das relações inter-raciais.

"Se Duas Pessoas Estão Apaixonadas...": As Concepções dos Brancos Acerca do Casamento Inter-racial

A despeito do interesse dos brancos na cegueira de cor, é mais provável que nas pesquisas eles se oponham ao casamento inter-racial do que a qualquer outra forma de associação inter-racial[35]. Por exemplo, somente 57,5% dos respondentes brancos do DAS aprovaram o casamento inter-racial na pesquisa. Embora o índice de aprovação fosse maior entre os estudantes universitários – 80% para uniões de brancos e negros e 86% para uniões de brancos e mexicanos –, ele ainda era mais baixo entre os estudantes do que o apoio relacionado a outras perguntas referentes à distância social (ver tabela 6.1). Esse último achado acerca dos estudantes universitários se adequa à pesquisa, que sugere ser mais provável que pessoas instruídas expressem aprovação no que tange aos princípios de integração[36].

No entanto, a maioria dos entrevistados do DAS e até mesmo os poucos estudantes universitários que admitiram ter problemas com o casamento inter-racial nas entrevistas exibiram um ponto de vista de *laissez-faire* ou de cegueira de cor sobre o amor. O amor foi descrito como uma questão de escolha pessoal entre duas pessoas e, portanto, algo que não diz respeito a mais ninguém, pois "o amor vence todos os obstáculos" (ver minha análise do liberalismo abstrato no capítulo 2)[37]. Esse endosso da cegueira de cor nos relacionamentos românticos, entretanto, não pode ser interpretado de forma simples. A maioria dos entrevistados *qualificou* seu apoio de tal modo ou vive estilos de vida tão segregados que suas posturas de *laissez-faire* parecem vazias. De mais a mais, muitos brancos expressam uma aversão pela negritude ("negrofobia") que lança dúvidas sobre a sua professada cegueira de cor.

Na tabela 6.2, mapeio as respostas dos entrevistados à pergunta sobre o casamento inter-rracial. As classificações não são mutuamente exclusivas (por exemplo, alguns entrevistados que classifiquei como categoria 2 poderiam ter sido classificados como 4) e não podem ser lidas como uma escala ordinal, isto é, passar de progressistas raciais para reacionários raciais (por exemplo, alguns entrevistados que classifiquei como 3 ou 4 eram, na verdade, mais racialmente progressistas do que outros classificados como 2). O objetivo dessa taxonomia é só organizar as respostas a essa pergunta, em vez de fornecer a análise final de quais entrevistados são verdadeiramente "a favor" ou "contra" essas uniões.

No caso dos estudantes universitários, a resposta típica foi a categoria 4, entrevistados que caracterizaram seu apoio com manifestações de preocupação pelas crianças, reações familiares, ou localização, ou com manobras retóricas indicativas de pouco compromisso pessoal com tais uniões ("*Eles* podem ter toda a diversão que *eles* querem, isso em nada *me* incomoda"). Oito estudantes

Tabela 6.2
Respostas dos Entrevistados à Pergunta Sobre o Casamento Inter-racial

	Estudantes Universitários (%)	Amostra do DAS (%)
1. Apoia o casamento/vida inter-racial	5 (12,5)	7 (11,0)
2. Apoia o casamento/redes brancas primárias	8 (20,0)	14 (22,0)
3. Tem reservas quanto ao casamento misto/vida inter-racial	4 (10,0)	2 (3,0)
4. Tem reservas quanto ao casamento misto/ redes brancas primárias	21 (52,5)	21 (32,0)
5. Opõe-se ao casamento misto/vida inter-racial	0 (0,0)	7 (11,0)
6. Opõe-se ao casamento misto/redes brancas primárias	2 (5,0)	14 (22,0)
Número total de entrevistados	40[a]	65[a]

[a] A pergunta não foi formulada a um dos estudantes universitários e a um dos entrevistados do DAS.

apoiaram o casamento inter-racial, porém tinham associações apenas com brancos[38] e dois admitiram diretamente que eles próprios não o fariam. Entre os entrevistados do DAS, a resposta típica foi também a categoria 4 (32%), seguida de perto por entrevistados que se opuseram ao casamento inter-racial (22%). Uma proporção similar de entrevistados do DAS e dos estudantes universitários declarou seu apoio ao casamento inter-racial nas entrevistas (32,5% a 33%).

Posto que as respostas a essa pergunta sensível são complexas, apresento vários exemplos de cada categoria. Primeiro, forneço exemplos de respostas dos entrevistados na categoria 1 – aqueles que aprovaram o casamento inter-racial e levavam um estilo de vida inter-racial[39]. Kay, estudante da MU, respondeu à pergunta inter-racial como a seguir: "Não vejo nada de errado com isso [*risos*]." Kay riu porque antes que essa pergunta lhe fosse formulada, ela havia dito que seu namorado era negro (ela era a única pessoa branca que namorava ou havia se casado com uma pessoa negra entre os 107 brancos entrevistados nesses dois projetos). Franci, uma dona de casa de seus vinte anos, respondeu à pergunta da mesma forma: "Desde que estejam felizes, sigam em frente!" Embora muitos outros brancos tenham usado expressões similares, eles adicionaram imediatamente declarações prolixas caracterizando seu apoio. Em contraste, os entrevistados dessa categoria responderam sem hesitação e tinham um estilo de vida inter-racial que incluía, em alguns casos, terem namorado alguém do outro lado da "linha de cor". Franci, por exemplo, namorou *quatro* membros de minorias, um dos quais negro.

Contudo, mesmo nessa categoria, que era a mais internamente consistente, houve alguma variação. Scott, um desenhista mecânico de seus vinte anos, assim respondeu à pergunta inter-racial: "Se você se sente confortável com isso, faça-o. Sabe, quer dizer, estou procurando uma vietnamita – meio vietnamita, meio chinesa neste momento. Essa é a mulher dos meus sonhos. Eu amo mulheres asiáticas." Scott, que tinha namorado no passado mulheres asiáticas (meio vietnamitas), latinas e árabes, parece um claro exemplo de entrevistados na categoria 1. No entanto, o fascínio de Scott por mulheres asiáticas era altamente racializado (ele afirmou que gostava delas porque sua comida "é incrível", elas são "tão atraentes para mim", e ele "apenas ama a raça asiática, ela é mística para mim de certa forma") e em sintonia com o modo como muitos homens brancos hoje pensam nas mulheres asiáticas[40]. Mais problemática ainda foi a resposta de Scott em um acompanhamento relacionado à questão do casamento inter-racial. Depois de Scott afirmar que "não teria nenhum problema" em se casar com alguém de uma raça diferente, o entrevistador perguntou-lhe: "Então, o que você pensa sobre pessoas que são totalmente contrárias a isso, sabe, que querem manter as raças puras ou algo assim?" A resposta de Scott foi:

Quer dizer, eu tipo me sinto assim também porque eu meio que, não sei, eu meio que quero ficar com a minha nacionalidade de certo modo, sabe. Eu penso que, uma vez, uma vez que você começar a se desligar, você começa a perder a sua própria, como valores familiares profundos e de certa forma, você tem emoções mistas, sabe. Mas, novamente, é como se os velhos tempos tivessem ido embora, você sabe que tudo é moderno agora. Então a sua nacionalidade realmente não, não deveria contar. Mas, novamente, algumas pessoas não querem ter tanto sangue dentro de sua família, dentro de seu nome, sabe. Eu conheço pessoas que não se casarão com ninguém que não seja cem por cento italiano. Eu conheço algumas pessoas que não namorarão ninguém, a menos que a pessoa seja cem por cento italiana, então...

Com base nessa resposta e no fato de Scott ter sido classificado como tendo um estilo de vida inter-racial porque teve *um* amigo negro na infância, ele poderia ter sido classificado como alguém que se opõe ao casamento inter-racial.

Os entrevistados na categoria 2 – aqueles que aprovavam o casamento inter-racial, mas que se associavam principalmente com brancos – deram respostas mais diversas. Alguns eram entrevistados do lado "progressista racial" (ver capítulo 7), como Sam, de seus vinte anos, que trabalhava em um armazém. Sua resposta à pergunta acerca dos casamentos mistos foi: "Eu não tenho problemas com isso. Acabei de fazê-lo." Sam era casado com uma mulher mexicano-americana e afirmou que se sentira "atraído [por mulheres negras], mas eu nunca realmente namorei alguém assim". Outros apoiaram o casamento inter-racial, porém tinham uma preferência racial por parceiros brancos. Ray, o estudante da MU supracitado, respondeu à questão do casamento inter-racial da seguinte forma:

> Eu acho que existe, eu acho que o casamento inter-racial é totalmente legítimo. Eu acho que se duas pessoas se amam e querem passar o resto da vida juntas, eu acho que elas definitivamente deveriam se casar. E a raça não deve ser, de maneira alguma, um fator inibitório.

Conquanto Ray pareça apoiar o casamento inter-racial, sua vida antes da faculdade e na faculdade foi centrada exclusivamente em torno de brancos. Ele cresceu em uma cidade de médio porte no Centro-Oeste, em um bairro de classe média alta que ele caracterizou como "todo branco" e descreveu seus amigos como "o que parece o garoto suburbano médio hoje em dia". O que é mais significativo, Ray, que fora extremamente articulado na entrevista, gaguejou muito no tocante à pergunta (formulada antes daquela que se referia ao casamento misto), que tratava sobre se ele já havia sido ou não atraído a negros (ver o capítulo 3 para a resposta de Ray). A hesitação de Ray foi devida ao fato de ele não se sentir atraído por mulheres negras, algo que colide com sua abordagem de cegueira da cor autoproclamada do amor e seu aparente apoio a casamentos inter-raciais.

A terceira e quarta categorias incluem entrevistados que tiveram reservas a respeito do casamento inter-racial. Eu as analiso em conjunto porque não há variações significativas nessas duas categorias e apresento muitos exemplos, uma vez que grande número de entrevistados (quase 50%) estava em uma dessas duas categorias afins. A maioria dos entrevistados nas categorias 3 e 4 afirmou que não tinha nenhum problema com o casamento inter-racial, mas prosseguiu citando razões pelas quais esses casamentos são mais difíceis. Um exemplo típico é Olga, uma vendedora de software de uma companhia de seguros, de cerca de quarenta anos:

> Bem, eu acho que minha única preocupação é sempre se há crianças e como essas crianças serão aceitas ou não. E seria bom pensar que o mundo seria lindo e maravilhoso, mas, sabe, eu acho que se deveria permitir às pessoas fazer o que quiserem. Eu não acho que você deveria olhar para a cor da pele das pessoas ou sua origem ou qualquer coisa para determinar o que você quer fazer. No entanto, o que você está fazendo essas crianças vivenciarem quando são mistas, que *nenhuma* cultura aceitaria, porque as culturas são às vezes tão ruins sobre ficar juntos quanto são, como

eles estão prestes a afirmar que ninguém vai deixá-los entrar e sair das áreas um do outro. Então, às vezes isso realmente afeta as crianças e nenhuma cultura vai aceitar a criança como sendo de sua cultura ou da outra. Então isso me preocupa, mas em geral, eu não tenho nenhum problema com qualquer dessas coisas.

Joann, funcionária de uma loja de departamentos no início de seus sessenta anos, afirmou: "A não ser para alguém que seja extremamente jovem, acho que [se] eles querem se casar fora de sua raça e suportar o que eles [irão enfrentar], o problema é deles." Joann, porém, reconheceu que o casamento inter-racial não poderia ter acontecido em sua própria família porque,

> eu, que nunca [*muito alto*] mesmo se – porque meu marido era "brancos se casam com brancos, negros se casam com negros", ele era muito preconceituoso em relação a isso. Ele cresceu com isso criado[em] sua mente e foi isso. Qualquer branco poderia se casar com quaisquer brancos, mas negros se casam com negros e é assim que as coisas eram.

Ian, o gerente de segurança da informação supracitado, disse, de forma característica, sobre o casamento inter-racial: "Eu não tenho nenhum problema com isso", porém acrescentou:

> Vai haver problemas. Branco e chinês, branco e mesmo italiano, haverá problemas, branco e negro. Eu não tenho problemas com isso, mas é melhor que eles encarem os fatos da vida, eles vão ter muitos problemas. E eles não serão aceitos, eu não, pelo menos, eu penso que não, muito bem por qualquer um dos lados.

Os estudantes universitários nessas categorias responderam de modo semelhante. Sally, estudante da MU, assim afirmou sua opinião sobre o casamento inter-racial:

> Eu certamente não me oponho ao casamento, de modo nenhum, dependendo de onde eu estiver, se eu tivesse que ter uma

preocupação, sim, seria com as crianças. Sabe, pode ser desagradável e então outras crianças nem sequer notariam. Acho que eu não dou a mínima para o que as pessoas fazem com suas vidas, contanto que sejam realmente felizes. E se os pais puderem estabelecer uma base realmente forte em casa, isso pode ser conquistado, mas tenho certeza de que, em alguns lugares, isso poderia causar um problema.

A apreensão de Sally combinava com a natureza de sua vida e seus específicos pontos de vista sobre os negros. A rede de relações de Sally era, em termos de interações, relacionamentos e residência, quase inteiramente branca. Quando indagada sobre sua vida romântica, Sally disse que nunca namorou uma pessoa de cor e reconheceu que "eu nunca me senti atraída por uma pessoa negra" e que "eu nunca presto atenção em como eles se parecem, isso simplesmente não aconteceu na minha vida".

Alguns entrevistados nessas duas categorias poderiam ter sido classificados como pessoas que se opunham ao casamento inter-racial, mesmo que não o tivessem dito. Mandi, uma enfermeira de trinta anos, que trabalha em uma casa de repouso, respondeu à pergunta sobre o casamento misto, dizendo: "Eu não o faria." Quando perguntada sobre sua postura geral, ela afirmou: "Eu não acho que poderia dizer às pessoas o que fazer. Eu acho que fica difícil para as pessoas quando elas se casam fora de sua raça. As crianças." Mandi recorre, pois, ao liberalismo abstrato no que tange à sua postura geral sobre o casamento inter-racial, mas é claro que o casamento inter-racial não é para ela.

Outro exemplo é Dina, uma gerente de recursos humanos em uma agência de publicidade, de seus vinte anos. Sua resposta à pergunta sobre o casamento inter-racial foi:

> Eu não tenho nenhum problema com isso. Sabe, eu pessoalmente, eu não [namoro pessoas] de outra raça, então é muito difícil para mim dizer, mas eu não acho [*suspira*] Eu não consigo me ver fazendo isso, casando com alguém de outra raça. Mas

temos amigos com relacionamentos inter-racionais – inter-
-raciais e...

Curiosamente, Dina namorou um negro por uma semana no ensino médio. No entanto, ela assinalou que "ele era meio que uma pessoa branca, sabe, ele agia branco, ele falava branco" e que fez isso "meio que para irritar o meu avô". Em geral, Dina disse: "Os caras que eu namorei eram, tipo, atletas brancos."

Por fim, apresento as respostas dos entrevistados nas categorias 5 e 6, aqueles que se opuseram ao casamento inter-racial. O primeiro exemplo é Janet, uma estudante casada da su. Janet, à semelhança de alguns entrevistados, acusou pessoas que mantêm relacionamentos inter-raciais de serem egoístas:

> Eu sinto que na maioria das situações eles não estão realmente pensando na, na criança. Quer dizer, eles podem realmente não pensar em nada disso, mas na realidade eu acho que na maior parte do tempo em que a criança estiver crescendo, ela vai ser azucrinada por ter pais de diferentes raças, e isso vai acabar afetando a criança e, e o resultado final é que eles só pensam em si mesmos – na sua própria felicidade, não na felicidade da criança.

O entrevistador seguiu perguntando: "Como você acha que sua família lidaria com isso se você ou alguém da sua família se envolvesse com alguém de outra raça?" A resposta de Janet foi: "Eles *não* gostariam disso *de jeito nenhum* [*risos*]!"

A maioria dos entrevistados mais velhos expressou sua desaprovação ao casamento inter-racial sem hesitar, recorrendo aos princípios do período Jim Crow para justificar sua postura. Jim, um aposentado de setenta anos, afirmou:

> Bem, sou contra. Eu acho que as Escrituras dizem que deveríamos ser muito cuidadosos quando escolhemos nossos parceiros. Eu posso amar a garota com quem quero casar e ela é negra, mas eu não posso apenas olhar para essa situação. Eu tenho que

olhar para o que vai acontecer depois, o que vai acontecer com nossos filhos. Eles são os únicos que levarão uma surra. Você não é branco, você não é negro.

Alguns entrevistados mais velhos, no entanto, expressaram sua oposição de forma mais refinada. Rhonda, uma vendedora de meio período em uma loja de artigos de golfe e de origem judaica, usou o filme *Fiddler in the Roof* (Violinista no Telhado) para declarar sua opinião sobre este assunto: "Um pássaro e um peixe podem se apaixonar, mas onde iriam construir o seu ninho?" Depois de dizer isso, Rhonda narrou um testemunho (ver capítulo 4) para sugerir que negros e brancos não devem se casar, porque isso causa muitos problemas às crianças. Então comentou: "As crianças são aquelas que são – elas são as que não serão, elas são as que não [sabem] onde pertencem. Elas não sabem se são brancas, elas não sabem se são negras."

Como os exemplos anteriores ilustram, o argumento dos filhos (ou as preocupações com a família) não é muito diferente daquele dos entrevistados nas categorias 3 e 4. O que é mais significativo, alguns entrevistados nessas categorias (aqueles que se opunham ao casamento inter-racial) usaram o jargão da cegueira de cor em suas respostas. Henrietta, uma professora transexual de seus cinquenta anos, assim respondeu à pergunta sobre o casamento inter-racial: "[*Pausa de cinco segundos*] Se duas pessoas… estão [apaixonadas] … não vejo nada de errado nisso. É coisa delas." Henrietta parece ter uma visão *laissez-faire* sobre o casamento inter-racial. No entanto, depois de afirmar sua opinião, ela passou a discutir os problemas que tem visto nas crianças birraciais em sua escola. Nessa discussão, Henrietta pareceu mudar de ideia e afirmou: "Eu diria que teria que ser contra." O entrevistador lhe perguntou: "Então, ao que parece, você não pensaria em se casar com alguém de outra raça ou…?" Ao que Henrietta contestou: "Depende. Depende de como me sinto em relação à pessoa, devido à minha criação, eu poderia, você está me perguntando se eu poderia me casar com um homem negro? Não. Se você está me perguntando se eu poderia me casar com um homem asiático ou um homem americano, um indígena americano? Sim."

Há três coisas claras nas respostas dos entrevistados nesses estudos referentes à questão do casamento inter-racial. Primeiro, ainda que a maioria faça uso da linguagem da cegueira de cor ("Não tenho problema com isso" ou "Se duas pessoas estão apaixonadas"), suas respostas revelam um profundo nível de reticência, se não de oposição direta, a essas uniões. Em segundo lugar, muitos brancos expressam clara preferência por brancos como parceiros que parece violar sua professada cegueira de cor racial. Em terceiro lugar, embora os brancos não tenham muito contato com negros ou com pessoas em casamentos inter-raciais, eles rejeitam essas uniões por causa dos supostos "problemas" que ocorrem em tais casamentos.

Sugiro que as respostas dos brancos à pergunta sobre o casamento inter-racial sejam uma evidência *prima facie* de uma das consequências do *habitus* branco. As respostas dos brancos significam que eles têm sérias dificuldades em pensar sobre esses relacionamentos como sendo normais. De uma perspectiva sociopsicológica, isso não é um mistério. Como os brancos podem se apaixonar por pessoas que nunca veem, que consideram "diferentes" e com quem dificilmente se associam? Suas respostas à questão inter-racial evidenciam, portanto, que a branquitude como um estilo de vida promove a branquitude como uma escolha de amigos e parceiros. Suas respostas também revelam preocupações de não soarem "racistas", preocupações que se encaixam bem com o que discuti sobre o racismo da cegueira de cor até agora.

Conclusão

No início deste capítulo, argumentei que os brancos vivem um *habitus* branco que cria e condiciona seus pontos de vista, suas cognições e, inclusive, sua percepção de beleza e, mais importante, promove um senso de solidariedade racial. Esse postulado se encaixa nos argumentos e conclusões das teorias de construção de *status* e de identidade social. Conquanto o trabalho na tradição da identidade social tem amplamente demonstrado quão pouco é necessário para criar grupos antagônicos, o trabalho na tradição de construção de *status* revelou que, uma vez que há dois ou mais grupos de *status* em um sistema social, aqueles no topo tendem a determinar diferenças de *status* em termos de características nominais como raça e gênero[41]. A pesquisa dessas tradições também mostrou que, quando existem diferenças de *status* entre grupos, como no caso entre brancos e negros, o grupo favorecido desenvolve suas próprias "reflexões grupais", seus valores e suas normas para explicar e racionalizar tais diferenças.

Neste capítulo, documentei três coisas relacionadas ao *habitus* branco. Primeiro, mostrei que os brancos vivenciam enormes níveis de segregação racial e isolamento à medida que crescem. Esse isolamento continua na faculdade e no local de trabalho, mesmo quando negros estão presentes nesses ambientes. Em segundo lugar, documentei como os brancos, na maioria das vezes, não interpretam seu isolamento racial e sua segregação dos negros como racial. Em vez disso, ou não veem nenhuma necessidade de explicar isso ou o explicam como uma questão não racial ("Raça não tem nada a ver com isso" ou "É assim que as coisas são"). Por fim, examinei as respostas deles à pergunta sobre o casamento inter-racial e sugeri que elas constituem um exemplo do que o *habitus* branco produz, pois significam, a despeito da retórica da cegueira de cor, que não é muito provável que brancos se envolvam em uniões inter-raciais com negros.

A psicologia social produzida pelo *habitus* branco leva à criação de autoconcepções positivas ("Somos pessoas legais, normais") e de concepções negativas sobre os outros ("Eles são preguiçosos")[42]. Quanto mais distante estiver o grupo em questão da "norma" branca, em igualdade de circunstâncias, mais ele será considerado negativamente pelos brancos. Posto que os negros constituem o grupo mais distante dos brancos do aspecto residencial e social neste país[43] – embora não necessariamente a partir de uma perspectiva cultural[44] –, eles são os candidatos mais prováveis à humilhação[45]. Nos capítulos anteriores, documentei como os brancos veem os negros em uma óptica negativa. Por exemplo, eles consideram os negros preguiçosos, dependentes da assistência social e recebedores de tratamento preferencial. Também acreditam que os negros se queixam demais de racismo e discriminação. Essa opinião negativa sobre os negros se estende para a esfera mais pessoal: associações inter-raciais íntimas como amigos e parceiros. Ainda que a maioria dos brancos recorra à cegueira de cor ("A raça não importa"), a uma lógica de livre mercado nos relacionamentos humanos ("Se duas pessoas estão apaixonadas") e ao individualismo liberal ("Eu não acho que ninguém deve ter o direito de dizer a outra pessoa se ela deve ou não se casar") no intuito de articular seus pontos de vista sobre o casamento inter-racial, poucos parecem apoiar tais relacionamentos e, o que é mais significativo, estar na posição de se envolver pessoalmente em tal relacionamento ou mesmo assumir uma postura de neutralidade no caso do envolvimento de um familiar próximo.

A falta de verdadeira empatia ou interesse por parte dos brancos no que tange a casamentos inter-raciais com negros não deve ser um choque ou um mistério para os leitores. As pessoas não podem gostar de, ou amar, pessoas que não veem ou com as quais não interagem. Esse truísmo foi corroborado por psicólogos sociais, que durante anos alegaram que amizade e amor surgem quando as pessoas compartilham atividades, proximidade, familiaridade e *status*[46]. Assim, o isolamento racial extremo dos brancos em relação aos negros não propicia um solo fértil sobre o qual associações inter-raciais primárias possam florescer, independentemente do nível de assimilação dos negros. Por conseguinte, o apoio teórico dos brancos às associações inter-raciais com negros provavelmente não leva a um aumento significativo de suas associações pessoais com negros.

As implicações sociais e políticas do *habitus* branco são assaz significativas. O universo da branquitude navegado diariamente pela maioria dos brancos promove um alto grau de homogeneidade de concepções raciais, inclusive das formas pelas quais os brancos expressam tais pontos de vista. Não obstante a revolução dos direitos civis, os brancos, jovens e idosos, vivem uma vida fundamentalmente segregada que tem implicações atitudinais, emocionais e políticas. É importante, todavia, ressaltar a existência de progressistas raciais nessas amostras. Sua existência sugere que, a despeito do fato de o *habitus* branco condicionar as vidas dos brancos, os brancos podem, como disse Marx, "fazer sua própria história"[47]. Encontrei um número de entrevistados que vivia estilos de vida inter-raciais, compreendia o significado da discriminação contemporânea e não recorreu à cegueira de cor para articular suas visões raciais. Volto minha atenção para esse grupo de progressistas raciais no próximo capítulo.

7

Todos os Brancos São Archie Bunkers Refinados?

Uma Análise de Progressistas Raciais Brancos

A maioria dos brancos nos Estados Unidos vale-se da ideologia do racismo da cegueira de cor para articular suas visões (recorrendo aos enquadramentos da ideologia), apresentar suas ideias (usando o estilo da ideologia), e interpretar interações com pessoas de cor (compartilhando as histórias raciais da ideologia). Eles acreditam que os negros são culturalmente deficientes, dependentes da assistência social e preguiçosos, e consideram ações afirmativas e reparações equivalentes à "discriminação reversa". E como os brancos acreditam que a discriminação é coisa do passado, os protestos das minorias sobre serem racialmente perfiladas, sofrerem discriminação nos mercados da habitação e do trabalho, em restaurantes, lojas e outros ambientes sociais são interpretados como "desculpas". Seguindo o roteiro da cegueira de cor, os brancos apoiam, em princípio, praticamente todos os objetivos do movimento dos direitos civis, mas se opõem na prática a quase todos os programas de ação desenvolvidos para transformar essas metas em realidade. Apesar de abominarem o que consideram uma "autossegregação" dos negros, não têm problema nenhum com sua própria segregação racial, posto que não a enxergam como um fenômeno racial. Finalmente, embora entoem em voz alta a música da cegueira de cor, como mostrei no capítulo anterior, vivem uma vida codificada pela cor branca.

Isso significa que todos os brancos são "Archie Bunkers" refinados? Porventura todo branco endossa os enquadramentos, as histórias raciais e o estilo associado com o racismo da cegueira de cor? A resposta é obviamente não. Do ponto de vista histórico, o progresso racial nos Estados Unidos sempre ocorreu devido aos esforços conjuntos de minorias raciais e progressistas brancos. Ninguém pode esquecer os corajosos empenhos de brancos como John Brown, Thaddeus Stevens, Charles Sumner, Lydia Maria Child, as irmãs Grimke e os inúmeros brancos que se uniram às fileiras do movimento de direitos civis; ninguém deveria ignorar os militantes brancos que lutaram pela igualdade racial e arriscaram sua vida por esse objetivo[1]. Portanto, hoje, como ontem, uma parte da população branca não entoa a melodia da cegueira de cor. Quem são esses "traidores brancos" modernos?[2] São eles brancos da classe média, instruídos, racialmente esclarecidos, como afirma a maioria dos cientistas sociais?[3] Têm eles maior probabilidade de serem socializados fora do *habitus* branco (ver o capítulo 6)? Os progressistas raciais estão além das contradições raciais? Essas são algumas das questões que examino neste capítulo.

A Demografia Surpreendente dos Progressistas Raciais

Dados da entrevista da pesquisa de 1997 sobre as atitudes sociais dos estudantes universitários e do estudo de 1993 da área de Detroit (DAS) sugerem que mulheres jovens, da classe trabalhadora, são os candidatos mais prováveis a serem progressistas raciais[4]. Esse resultado contradiz as afirmações da maior parte dos meios de comunicação e dos estudiosos (do *The Authoritarian Personality* [A Personalidade Autoritária], de Theodor Adorno, em diante), que sustentam que os "racistas" são brancos pobres ou da classe trabalhadora[5]. Esses analistas afirmam que brancos pobres projetam seus temores, sua sensação de desvantagem e suas preocupações com mudanças demográficas, civis e políticas nos Estados Unidos nas minorias raciais. Tais agentes formadores de opinião também propagam a concepção de que a maioria dos brancos, a quem classificam como "classe média", é racialmente tolerante. Mas, se o racismo é sistêmico[6], essa noção de brancos "bons" e "maus" distorce a realidade. Os sistemas de privilégio são defendidos pela maioria de seus beneficiários de modos variegados. Alguns atores defendem o privilégio sistêmico por meio da violência, porém a maioria o faz seguindo os costumes e as práticas normais que ajudam a manter o sistema no lugar. Assim, a questão analítica (e política) relativa ao "racismo" (ideologia racial) deveria ser sempre: qual segmento da raça dominante não aprova a ideologia racial dominante e por que não?

Classifiquei como progressistas raciais os entrevistados que apoiam ações afirmativas e o casamento inter-racial e reconhecem a importância da discriminação nos Estados Unidos. Nos casos em que exibiram reservas acerca de uma das questões, fiz um esforço para procurar outros elementos revelados na entrevista que me ajudassem a classificá-los (por exemplo, se tiveram relacionamentos significativos com minorias ou o grau de progressismo racial em outras questões relacionadas à raça discutidas nas entrevistas). Com base nesses critérios, classifiquei 15% dos estudantes universitários (seis de 41) e 12% dos entrevistados do DAS (oito de 66) como progressistas raciais.

Perfis dos Progressistas Raciais: Estudantes Universitários

Classifiquei duas estudantes da WU e três da MU como progressistas raciais. As características comuns a essas cinco entrevistadas foram seus antecedentes de classe (quatro pertenciam à classe trabalhadora ou à classe média baixa), gênero (todas eram mulheres) e o fato de estarem cursando a faculdade. Outros elementos que afetaram seu grau de progressismo racial eram suas associações significativas ou amizades com pessoas de cor (três dessas mulheres haviam namorado negros ou latinos) e ter uma ideologia política muito liberal ou radical. Traço o perfil de três estudantes nas páginas seguintes.

Beth:
"Sendo um Homem Branco, Acho Que Você Não Percebe a Merda a Menos Que Ela Seja Empurrada na Sua Cara."

Beth era uma estudante na WU no momento da entrevista. Ela cresceu no sudeste de Portland, em um bairro de classe média baixa e, embora se classificasse como classe média, admitiu que, quando criança, seus pais não "ganhavam muito". Esse elemento, o fato de seu pai ser supervisor em uma fábrica e ter apenas um diploma do ensino médio, bem como o bairro onde ela cresceu sugerem que Beth foi fortemente influenciada pela classe trabalhadora em seus anos de formação.

Desde cedo, Beth foi exposta a pessoas de várias origens. Dos quatro amigos de infância por ela mencionados, um era meio negro, outro era um tailandês adotado e outro era chinês. Dos quatro amigos que ela mencionou ter tido no ensino médio, uma era uma garota de Trinidad e outra, da China. A despeito de Beth só ter namorado homens brancos (um deles tinha algum ancestral indígena, porém, como ela apontou, "ele não parece uma minoria estereotipada, ele apenas parece branco"), ela admitiu ter nutrido uma "grande paixão por um rapaz negro no ensino médio". Quando sondada sobre esse assunto, Beth afirmou que não tomou a iniciativa por ser "tímida demais". Ademais, ela mencionou que esse garoto negro namorou mais tarde uma de suas amigas brancas, o que a deixou "bastante brava".

Beth se descreveu politicamente como "muito liberal" e, com base no que disse ao longo da entrevista sobre uma série de questões sociais, o rótulo era adequado. Ela apoiava com veemência, por exemplo, o casamento inter-racial. A resposta de Beth à questão inter-racial era diferente daquela da maioria dos brancos:

> Eu não acho que haja algum problema com isso. Sim, vai ser diferente quando as raças já não forem tão capazes de serem definidas com clareza. Quer dizer, vai ser uma identidade totalmente nova para que nós a rotulemos novamente, mas eu não sei, eu acho que a rotulagem, depois de um tempo, vai se tornar obsoleta.

Seus pontos de vista sobre ações afirmativas foram igualmente fortes. Em referência a um rapaz branco em uma de suas aulas que se opunha às ações afirmativas, Beth disse que, "sendo um homem branco, acho que você não percebe a merda a menos que ela seja empurrada na sua cara." De mais a mais, Beth mencionou ter dito a esse mesmo estudante, no que tange à concepção dele de ações afirmativas:

> Eu disse: "Bem, se você acha que é um sistema de cotas, você está errado", e que talvez seja difícil ver pelo que essas pessoas passam a vida toda e eu, quer dizer – eu também, sendo mulher, o que você passa, apenas uma discreta discriminação, tipo, um insulto comum, você não entende isso. Você acha que é uma piada inofensiva, mas não é. Ela aumenta [*risos*]. Ele não entendia nada.

Beth compreendia que a discriminação afeta as oportunidades de vida das minorias e inclusive apoiava programas que compensam minorias pela discriminação no passado, porque "é difícil começar quando você atinge o fundo do poço, é difícil subir de volta". Embora três das outras estudantes progressistas tivessem dificuldade em entender o significado da integração na escola e no bairro, Beth argumentou que "a integração pode mudar o coração [das pessoas]" e que "se as pessoas aprenderem a se dar bem, elas conseguem, mas se forem mantidas separadas umas das outras não saberão se comunicar".

No entanto, como ocorreu com todos os progressistas da amostra, o radicalismo de Beth tinha algumas limitações. Conquanto mantivesse um nível impressionante de interação com as minorias antes de entrar na faculdade, ela admitiu que "eu não tenho muito contato com minorias aqui". Beth também interpreta as ações afirmativas exclusivamente como um programa que visa garantir oportunidades iguais, a fim de que as minorias possam competir de forma justa com os brancos ou, nas palavras de Beth, como um programa que "apenas dá a eles a chance de pelo menos tentar"[7]. Não obstante essa interpretação limitada das ações afirmativas, Beth apoiou a concessão de oportunidades educacionais únicas às minorias pois, "caso contrário, muitos não teriam uma chance de qualquer modo" e apoiou a contratação do candidato das minorias nos dois casos hipotéticos da empresa ABZ. Além disso, quando indagada se as decisões dessa empresa hipotética poderiam ser consideradas como discriminação reversa, ela disse: "Bem, veja o local de trabalho. É 97% branco e quem está recebendo o tratamento preferencial?"

Mandy:

"Eu Acho Que São as Pessoas Que se Opõem aos Relacionamentos Inter-raciais Com Base no Problema Que Teriam Com as Crianças [Que] Criam os Problemas Para Seus Filhos."

O segundo caso é Mandy, uma estudante meio cherokee[8], da WU. Ela foi um dos poucos estudantes que admitiu, tanto no questionário como na entrevista, ser oriunda da classe trabalhadora. Mandy relatou que morava em "uma parte da cidade que era considerada por todos como o lixo branco". Mandy, que é casada, descreveu seu lar como "pobre" e afirmou que ela e o marido ganhavam menos que 20 mil dólares por ano.

No questionário, Mandy assinalou que era "extremamente liberal" a respeito de questões econômicas e sociais, e disse na entrevista que havia participado de organizações feministas, bem como de grupos de defesa dos direitos de gays e lésbicas. Apesar de Mandy ter crescido em uma área por ela descrita como "98% branca", ela indicou que tinha amigos indígenas, negros e asiáticos. Havia namorado um negro e mencionou que ele "ainda é um grande amigo meu". Alinhada com essa história, Mandy apoiava uniões inter-raciais com firmeza:

> Eu acho que são as pessoas que se opõem aos relacionamentos inter-raciais com base no problema que teriam com as crianças [que] criam os problemas para seus filhos [*risos*]. Tenho muitos amigos que estão em casamentos inter-raciais e eles têm filhos e esses filhos são bem-amados, são bem-socializados, sabem quem são, de onde vêm. E eu acho que são as pessoas que se opõem que criam a maior parte dos problemas.

Mandy foi muito clara acerca do impacto da discriminação nas minorias raciais e narrou dois incidentes por ela testemunhados, no intuito de ilustrar sua posição. Um deles revela a clareza com a qual ela compreende a nova face da discriminação:

> Eu estava em uma loja na região rural e tinha comigo minha mochila, que estava vazia. E eu estava tentando achar algo para levar para uma refeição compartilhada na escola, e estava ali meio que há um tempão, andando de um lado a outro, e o cara no balcão não se incomodava com isso. Eu poderia ter enfiado alguma coisa na minha mochila, se quisesse. Fui pagar pelo item, e ele disse: "Bem, como você está, senhora?" e "Você está tendo um bom dia?" E de repente vi seu rosto mudar e ele estava olhando para atrás de mim e tinha esse olhar estranho. Então eu me virei e havia um homem negro parado atrás de mim. O cara do balcão foi até as armas e escolheu uma. E eu estou lá com dinheiro na mão e ele diz ao homem negro: "Posso ajudá-lo?" Ele diz: "O senhor precisa de alguma coisa? Há alguma coisa de que o senhor precisa?" E apenas continuou olhando para ele. E então eu disse, sabe: "Aqui está o meu dinheiro [*risos*] se você quiser pegá-lo".

E ele só se desculpa e pega o meu dinheiro, mas ainda está de olho naquele cara. E eu olhei para o cara e ele tinha esse olhar no rosto que me partiu o coração, porque você podia ver que ele tinha que lidar com isso e eu nunca tive que lidar com isso.

Posto que Mandy entendeu que a discriminação acontece atualmente, ela foi um dos poucos brancos a apoiar que fosse concedido algum tipo de reparação às minorias pela discriminação no passado, seja por meio de programas governamentais seja via pagamentos diretos.

Apesar de Mandy ter hesitado em seu apoio a ações afirmativas na pergunta direta, suas respostas às decisões específicas da empresa ABZ foram positivas. Enquanto a maioria dos brancos pensava que contratar um candidato negro que obtivera uma pontuação um pouco menor que a de um branco num teste fosse um ato de discriminação reversa, Mandy opinou que "o país tinha um histórico de contratação de somente pessoas brancas em prejuízo dos negros, então é chegada a maldita hora de contratarem uma pessoa negra e, se isso é discriminatório para a pessoa branca, que pena". Ela também foi uma das poucas a assinalar que "cinco pontos percentuais não era uma diferença suficiente em termos de pontuação". Quando indagada sobre a ideia de discriminação reversa, Mandy disse: "Discriminação em reverso? No minuto em que você nasce macho e branco neste país, você tem muito mais privilégios do que o resto das pessoas, é inacreditável."

Dos 41 estudantes universitários, Mandy foi a entrevistada racialmente progressista mais consistente (ver no início deste capítulo a análise dos elementos envolvidos na classificação dos entrevistados como "progressistas"). As únicas questões problemáticas em suas respostas foram um comentário sobre ela ser "um pouco hesitante" se tivesse que se sentar a uma mesa em que houvesse somente negros, a manifesta preocupação com méritos servindo de base para programas de ação afirmativa e o fato de descrever sua família, incluindo avôs, tios e primos, como "muito racista". Muito embora a história não tivesse sido narrada como um testemunho ideológico (ela não fez uso da fórmula da trindade; ver capítulo 5), ter familiares que são "muito racistas" diz respeito à vida de qualquer um. Meu ponto não é fazê-la racista por associação. Em vez disso, sugiro que os membros da família que são "muito racistas" marcam algumas de suas ações e pontos de vista, quer ela queira quer não. Por exemplo, Mandy admitiu que sua família teve "dificuldade" quando ela namorou um negro. Ela também reconheceu que seu irmão acredita ter sido vítima de "discriminação reversa", embora ela discorde dele inflexivelmente. Contudo, no tocante a essa última questão, ela utilizou argumentos semelhantes aos do irmão para apoiar ações afirmativas. Por conseguinte, as associações de Mandy com a família continuarão sendo parte do seu meio social, já que poucos podem se dissociar totalmente das pessoas importantes em sua vida[9].

Kay:
"Estou Saindo Com o Mesmo Cara
Desde o Segundo Ano do Ensino Médio. Ele É Negro."

Kay estava no segundo ano da MU quando foi entrevistada. À semelhança da maior parte dos progressistas raciais, Kay é de classe baixa. Ela cresceu em Cassopolis, uma pequena, se bem que heterogênea, comunidade em Michigan. Kay afirmou que a comunidade era constituída por "30 a 40% de negros" e "10 a 20% de laosianos". Ela tinha amigos das minorias quando estudava na escola pública local, na qual havia mais de 50% de alunos das minorias.

Na MU, Kay namorava um jovem negro de Cassopolis, com quem se relacionava desde o ensino médio. Sua associação com esse jovem negro a colocava em contato, na MU, com outras pessoas de cor. Por conseguinte, a resposta de Kay à pergunta sobre o casamento inter-racial foi: "Eu não vejo nada de errado nisso." Kay apreciava a diversidade racial e afirmou:

Eu acho que é uma coisa muito boa, porque estou contente por ter vindo de um ambiente heterogêneo. Porque as amigas brancas que eu tenho aqui, tipo, vieram de escolas católicas que eram todas brancas e só de garotas, e é apenas – elas são tão diferentes de mim, e elas são *tão* protegidas. E estou realmente contente e, tipo, orgulhosa de onde eu vim.

Ela também apoiava ações afirmativas e as relacionou à sua própria admissão à MU:

Porque eu sou, tipo, em comparação com muitas outras pessoas, minha média de notas não é alta e é bom que eles olhem para outras coisas, tipo, suas atividades e não apenas sua média de notas, porque isso não reflete, sabe, se você é um bom aluno, é apenas a sua média de notas. Sabe, eles precisam ver muitas outras coisas.

Kay foi uma das poucas pessoas entrevistadas nos dois estudos que entendeu que ações afirmativas não tinham a ver somente com a raça e que muitas faculdades admitem uma parte de seus alunos com base em critérios diferentes que não a média de notas e a pontuação no SAT. No entanto, Kay foi a progressista racial que demonstrou menos firmeza dentre os estudantes universitários. Por exemplo, mesmo que apoiasse ações afirmativas e declarasse que a diversidade fora muito importante em sua vida, ela se opôs à hipotética contratação, pela empresa ABZ, de um negro igualmente qualificado em lugar de um candidato branco, por preocupações de diversidade:

Bem, eu acho que se eu fosse, tipo, colocada na situação e, tipo, eu penso que se eu estivesse nessa situação, se eu fosse o candidato, ficaria muito chateada. Se eu descobrisse que esse foi o motivo, sabe, eu não acho que seja um bom motivo. Somente porque, sabe, nós temos uma falta de diversidade. Quer dizer, você precisa, eu não sei [*risos*], vou calar a boca [*risos*].

Todas as respostas de Kay às perguntas sobre a hipotética empresa ABZ foram problemáticas e similares às da maioria dos brancos. Esse foi também o único assunto na entrevista que a fez hesitar a ponto de se tornar retoricamente incoerente (ver capítulo 4).

Kay também se opôs ao *busing* e usou o enquadramento do liberalismo abstrato para explicar sua postura. Quando indagada se o governo deveria intervir para assegurar que a integração escolar se tornasse uma realidade, ela disse: "Eu acho que as pessoas devem poder ir à escola que quiserem. Quer dizer, não serem forçadas a ter tantos, sabe, tantos negros nessa escola, tantas pessoas asiáticas nessa escola, sabe, isso é difícil." A opinião específica de Kay acerca do *busing* era: "Eu não sei se você já ouviu falar de Benton Harbor, Michigan. Tipo, eles transportam de ônibus os negros de lá para sua escola porque a comunidade deles é, tipo, toda branca. Não sei exatamente por que fizeram isso, mas eu acho que é meio ridículo."

Finalmente, assim como a maior parte dos brancos que namorou ou interagiu intensamente com negros, os pais de Kay se opunham a tais relacionamentos. Ela explicou: "Meus pais sempre me disseram que eu poderia ser amiga de negros, mas que eu não poderia namorá-los." Como no caso de Mandy, esse fato da vida de Kay não a condena perpetuamente por racismo; no entanto, considerações racializadas afetarão seu processo de tomada de decisão no futuro, desde que ela interaja com a família.

Perfis dos Progressistas Raciais: Residentes da Área de Detroit

A despeito de eu ter classificado oito entrevistados do DAS como progressistas raciais, quatro eram claramente mais progressistas que os demais. Como no caso dos estudantes universitários, tais entrevistados eram, em sua maioria, mulheres (sete de oito), da classe operária ou da classe média baixa (seis de oito), e tinham um estilo de vida inter-racial. Traço primeiro o perfil de duas das mulheres brancas mais progressistas do DAS de 1998, seguido do perfil de duas das menos progressistas.

Sara:

"Por Que [a Empresa Era 97% de Brancos]?
Porque Esse É, Bem, o Fato É Que Existe Racismo."

Sara é uma mulher desempregada de seus vinte anos, que nasceu e cresceu na cidade de Detroit, em um bairro de baixa renda. Ela caracterizou a diversidade em seu bairro como "apenas um monte de pessoas diferentes". Essa descrição corresponde aos amigos que ela tinha: um árabe, um negro, um branco e um mexicano. Sara ainda mora no mesmo bairro em que cresceu, que ela descreve como "todo de baixa renda" e racialmente muito heterogêneo. As escolas nas quais estudou também eram heterogêneas e sua melhor amiga era uma garota negra chamada Bridget. Ela e Bridget andavam juntas na escola e até "matavam aula" juntas.

O estilo de vida inter-racial de Sara incluía ter "um caso com um cara negro", que ela descreveu como "realmente um doce". Embora mais tarde ela esclarecesse que esse "caso" tinha sido "só um encontro", Sara parecia realmente levar um estilo de vida inter-racial. Seu namorado atual era "hispânico" e sua própria irmã estava se casando com um negro, com quem tinha dois filhos. Portanto, sua resposta à questão do casamento inter-racial foi direta: "Eu acho que se você ama essa pessoa, é da sua conta; ninguém mais tem direito a dizer qualquer coisa."

Suas respostas à pergunta sobre a discriminação foram consistentemente progressistas. Ela acredita que os negros sofrem discriminação diária e não são mais preguiçosos que os brancos, e inclusive apoia a ideia de gastos do governo em favor dos negros para compensar a discriminação do passado. Sara, à semelhança de muitos dos brancos pobres e sem instrução na amostra, tinha muito pouco conhecimento sobre programas como *busing* ou "ações afirmativas" e não pôde dar respostas sensatas a perguntas sobre eles. No entanto, quando situações de contratação do tipo de ação afirmativa lhe foram apresentadas por meio da hipotética empresa ABZ, ela se opôs às três decisões. Mesmo assim, foi uma das poucas brancas que, quando solicitada a explicar por que a empresa era 97% branca, disse: "Por quê? Porque esse é, bem, o fato é que existe racismo." De mais a mais, ela expressou uma opinião decidida contra os brancos que estão com raiva de uma empresa quase toda branca que contrata negros:

> Eu não poderia, eu não poderia dizer que eles deveriam ficar com raiva disso. Sabe, mas, sabe, eles deveriam tentar, eles precisam de mais pessoas negras lá, sim, eles precisam. Eles também têm que ter a imparcialidade, porque se eles, se eles podem fazer aquele *trabalho*, então deixe-os ter aquele trabalho. Não – acho estúpida a besteira da discriminação [referindo-se aos brancos que alegam sofrer de discriminação].

A resposta de Sara à última pergunta da entrevista, "Se você fosse o presidente dos EUA, o que faria para eliminar a desigualdade racial e aliviar as tensões raciais?", foi outro exemplo do seu progressismo:

> [*Levanta a voz*] Eu diria que deveria ser igual para cada pessoa que está ali. Escola igual, empregos iguais, tudo deve ser igual. Eu não acho que um deveria ter mais do que o outro. Deve ser bem no meio, igual. Igual para ambos.

Quando indagada se havia algo mais que gostaria de acrescentar, Sara disse: "Hum, sei que muitas pessoas não acreditam em brancos e negros se misturando em casamentos e coisa desse tipo, mas acho que isso está errado. Eu acho que se eles se amam, então é da conta deles. Eu acho que as pessoas deveriam deixá--los em paz."

Sue:
"Suponho Que Se Você Continuar a Bater a Cabeça na Parede, Depois de um Tempo Acaba Dizendo, 'Chega'."

A definição de classe de Sue é confusa. Embora tenha crescido em uma casa de classe média alta, ela parece pertencer hoje a uma classe social diferente. Sue é uma professora aposentada de cinquenta e poucos anos, porém, como muitos outros adultos solteiros, retrocedeu em seu *status* social. Ela descreveu sua atual situação de trabalho da seguinte forma:

> Eu mexo com imóveis e limpeza de propriedades como bico [*risos*] para complementar minha renda, então é aí que eu estou. Ou para aluguel grátis ou qualquer outra coisa, tipo, estou aqui para aluguel grátis [indecifrável], pintar, limpar, sem contas. Isso seria um bom negócio para você [*dirigindo-se ao entrevistador*].

Sue parece ter tido uma rede de interação principalmente branca da infância à idade adulta, porém ela apontou ter ficado (e ainda está) próxima da "faxineira" que trabalhava para o pai e que "eu tinha amigos de cor na faculdade e jamais tive nenhum problema com isso". Mais tarde, ela se referiu aos seus "conhecidos negros" e à "difícil experiência pela qual têm que passar" no local de trabalho. Embora as conexões de Sue com os negros sejam tênues, elas são reais. Por exemplo, ela permaneceu em contato com a faxineira que trabalhou para seu pai inclusive depois que ela deixou o emprego.

Sue acredita que a discriminação é um fator importante para explicar o *status* dos negros e reconheceu que "as pessoas não lhes deram chances". Ela disse que tinha visto isso desde o início de sua vida com a atitude do tipo *Kentucky and hillbilly*[10]. Quando indagada se a preguiça tinha algo a ver com a situação contemporânea dos negros, Sue respondeu:

Eu não acho que isso seja verdade. Eu acho que muitos deles trabalham duas vezes mais que [*indecifrável*] porque tornam as coisas tão difíceis para eles. Outros, eu não sei se eu concordo com isso, seja o que for, eu suponho que se você continua a bater a cabeça na parede, depois de um tempo você acaba dizendo, "chega."

Sue apoia ações afirmativas, acredita que ser branco é uma vantagem e acha que a raiva dos brancos provém do seu medo de perder o controle:

> Eu acho que é porque eles sentem que vão perder o controle do que eles supõem que seja o ente mais fraco da sociedade. E eu não acho que eles querem que eles tenham as oportunidades para se tornarem iguais, porque eles não querem que eles se sentem ao seu lado no clube de campo ou no escritório. Eles gostariam só de mantê-los exatamente onde estão, debaixo de seus pés. Sabe, acho que muito disso seja medo. Porque eu acho que raiva é medo reprimido, é reprimido. Medo, eles estão com medo e eu não sei por que, sabe, qual é a sua causa; é obviamente também o seu passado.

No entanto, à semelhança de todos os progressistas raciais brancos, Sue tinha algumas contradições. Primeiro, sua postura sobre o casamento inter-racial não era muito progressista. Apesar de ter afirmado: "Eu não tenho um problema com isso" e assinalado que há vários membros de sua família em casamentos inter-raciais, Sue também disse: "Eu fico pensando sobre as crianças, se é justo, porque acho que a sociedade não lhes dá uma chance justa e às vezes sinto pena das crianças. Eu tenho alguma empatia a respeito disso, eu não sei – ignore minha opinião sobre isso."

Além disso, a própria Sue não se envolveria em casamentos inter-raciais por causa de "uma experiência muito ruim com um homem [negro] que trabalhou para o meu pai em nossa casa". Embora ela diga que agora se sente "muito confortável com homens de cor", ela não foi capaz de "apagar isso totalmente"[11].

Sue também interpretou algumas das diferenças entre brancos e negros como biológicas. Por exemplo, conquanto ela acredite que as diferenças entre brancos e negros sejam "cultivadas", ela disse que "o nariz mais gordo, mais largo, faz deles, é mais fácil para eles serem corredores em altitudes elevadas". Mais tarde, Sue acrescentou, para enfatizar sua postura: "Quer dizer, eu não tenho ritmo, quer dizer, meus amigos negros [têm]." Por acaso, ela finalizou essa discussão problemática dizendo: "Eu acho que eles praticam muito."

Por fim, o fato de que a principal rede de interação de Sue é branca e de que seu namorado e alguns de seus amigos sejam preconceituosos deve influenciar suas cognições e pontos de vista. Por exemplo, por que uma progressista racial namoraria (e permaneceria com) alguém que é "preconceituoso"? As concepções do seu namorado e dos seus amigos preconceituosos afetam as suas próprias opiniões? Porventura a associação com brancos que são cegos à cor ou diretamente preconceituosos ao estilo Jim Crow amortece o progressismo racial de Sue? Sue admitiu que "meu namorado, ele é preconceituoso" e, como parte de sua resposta à pergunta sobre a vantagem branca, ela afirmou que o namorado diz que "ele gostaria de ser uma mulher negra, sabe, porque [*rindo*] ele estaria acima em muitos níveis". Sue declarou que apoia ações afirmativas, porém fez uso do enquadramento do liberalismo abstrato para se opor a *todas* as decisões de contratação da empresa hipotética ABZ. Mais uma vez, não estou sugerindo que ela seja culpada de racismo por associação. No entanto, meu propósito é ressaltar novamente que as redes de interação social são importantes, estejam os atores cientes disso ou não.

Staci:
"Provavelmente Por Causa do Racismo"

Staci era uma zeladora de escola de seus cinquenta anos. Ela cresceu em Troy, Michigan, em uma comunidade de classe média (seus pais inclusive possuíam um pequeno chalé no norte de Michigan). Até começar a trabalhar, a maioria de suas redes sociais era totalmente branca. No entanto, Staci trabalhou como cabeleireira e agora trabalha como zeladora, o que a levou a um elevado nível de interação com negros nos últimos 25 anos de sua vida. Embora Staci nunca tenha namorado além da "linha de cor", ela não faz objeções ao casamento inter-racial. Em sua resposta à pergunta sobre esse tópico, Staci incluiu apenas uma pequena ressalva:

> Eu acho que está tudo bem. Sabe, se você encontrar alguém que, sabe, é sua alma gêmea, não vejo nada de errado com isso. É – acho que é provavelmente difícil por causa da maneira como as outras pessoas, sabe, verão você, mas se elas forem pessoas fortes o suficiente para lidar com isso, então eu acho que está tudo bem.

Staci acredita que a discriminação contra os negros é diária e indica como, a seu ver, ela ocorre:

> Provavelmente de um milhão de formas diferentes: desde comprar algo em, sabe, esperar na fila só para comprar – não esperar na fila, mas em um balcão para comprar algo numa loja e talvez você seja o primeiro a [comprar] [e] você não é atendido, sabe, na ordem correta ou... Sabe, eu passei por isso pessoalmente, então é difícil dizer, mas tenho certeza de que isso pode acontecer de diversas formas.

Quando indagada por que os negros estão em pior situação do que os brancos, Staci respondeu sem rebuço: "Provavelmente por causa do racismo." Ela também acredita que ser branco é uma vantagem e descreveu o privilégio da pele branca da seguinte forma:

> As coisas são mais acessíveis pra você, sabe. Você não entra em algum lugar e é julgado automaticamente pela cor da sua pele. Sabe, você é mais ou menos aceito até que as pessoas descubram se gostam ou não de você e se vão lhe dar certa margem de confiança, sabe, tipo uma segunda chance. Isso seria uma vantagem.

O racismo da cegueira de cor, entretanto, tem afetado também os progressistas raciais. Por conseguinte, Staci acredita que os negros não merecem nenhuma assistência especial do governo e fez uso da *story line* "O passado é o passado" para pontuar sua opinião: "As pessoas têm que deixar o passado para trás." Para explicar sua postura frente às reparações, ela utilizou outra *story line*: "Você tem os irlandeses, os italianos, todos os tipos de pessoas que vieram aqui para este país e que não foram tratadas bem quando chegaram pela primeira vez e, sabe, você não pode dar reparações para todos os que foram maltratados." Staci também se opunha ao *busing* e acreditava que a segregação residencial é "mais uma questão de economia do que qualquer outra coisa" (esse é o movimento semântico "Tudo menos racismo"). Quando pressionada em uma pergunta de acompanhamento sobre essa questão, ela usou o enquadramento do liberalismo abstrato e disse que "o governo não pode começar a dizer às pessoas onde viver" e que a escolha residencial era "uma das coisas pelas quais você se esforça na vida para poder, sabe, morar no bairro em que você quer, ir às escolas que você acha que seriam certas para seus filhos e eu não acho que é da conta do governo onde as pessoas vivem". Finalmente, Staci também se opôs a ações afirmativas e a duas das três decisões de contratação da empresa ABZ.

Judy:
"Sou um Pouco a Favor Disso [Ações Afirmativas], Não de Forma Radical"

Judy é uma professora universitária de enfermagem, de seus quarenta anos. Ela cresceu entre Kalamazoo e Royal Oak, Michigan, áreas que descreveu como "majoritariamente caucasianas". Seu bairro, bem como seus amigos de escola, eram todos brancos, porém isso mudou na faculdade, quando ela desenvolveu amizade com mulheres negras. Ela se encontra uma vez por mês com uma de suas amigas negras para jantar, compartilhar histórias de vida e "trocar poemas". No seu trabalho atual, a maioria dos funcionários e 30% dos professores são negros. Quando indagada se ela interage com seus pares negros, Judy afirmou: "Oh sim! Eu interajo bastante com os membros das minorias porque eu presido o comitê de relações culturais em nossa faculdade, tenho feito isso pelos últimos dois anos, de modo que eu *deliberadamente* me envolvo com eles em conversas e interações."

Judy se dá conta de que a discriminação ainda é importante e descreveu vários exemplos de discriminação, do estilo antigo e do novo. Por exemplo, Judy disse que um homem negro lhe contou que não foi atendido "no hospital Henry Ford" porque era negro. Judy também disse que muitos negros são usados como cobaias porque são negros e pobres. Por fim, ela mencionou que uma mulher negra lhe contou que, quando faz compras nos subúrbios, "ela percebe que as pessoas não lhe dão o troco na mão" porque têm "medo dela e isso a incomoda terrivelmente". À semelhança do que acontece com muitos progressistas raciais, a experiência de Judy como mulher a ajudou a ter empatia pela má situação dos negros. Por exemplo, enquanto explica como os poucos negros que sobem na sociedade "sempre se sentem em exibição pública", ela relacionou isso com suas experiências como mulher:

É meio que como as mulheres, sabe. Eu tenho que ser muito melhor só devido às várias condições e práticas que ocorrem. Então, desse modo, posso entender por que é difícil ser mulher nessa sociedade. Ela é planejada, é organizada por homens. É criada para eles e tivemos que nos esforçar para nos tornarmos iguais. É exatamente assim para as pessoas de cor.

Embora eu tenha classificado Judy como uma progressista racial, quase todas as respostas dela a questões raciais críticas não foram de todo progressistas e, ocasionalmente, não diferiram das respostas da maioria dos brancos. A resposta de Judy à pergunta sobre o casamento inter-racial foi típica:

Ah, eu acho que é aceitável. Naturalmente, é [*abaixa a voz*] – os [*levanta a voz*] problemas com isso eu acho que só ocorrem quando isso envolve as crianças e quando se cresce em uma cultura que não apoia, sabe, tal como – não apoia realmente o casamento inter-racial, nossa cultura. Então eu acho que o casal é – são adultos quando assumem isso e é uma escolha e eles sabem o que estão fazendo e [eu] acho que eles têm mais conflitos porque realmente não têm uma cultura que diz: "ok, ótimo, quem quer que você seja está bem!" Então é meio que um problema; esse é o maior problema que vejo.

Quando indagada se ela teria cogitado acerca do casamento inter-racial, Judy retrucou: "Eu não acho que na época em que me casei eu teria [cogitado], o que seria, sabe, 25 anos atrás." No entanto, ela acrescentou de imediato: "Atualmente, eu o faria."

Da mesma forma, sobre a questão crucial das ações afirmativas, Judy disse: "Sou um pouco a favor, não de forma radical." Começou então a declarar que é uma "solução temporária", que "é ruim" quando "é usada para cotas", que não deveria ser usada para "empregos reais" e que não é "consistente com os demais valores do mercado". Portanto, quando lhe perguntaram se ela pensava que as ações afirmativas eram injustas para com os brancos, Judy disse que "pode ser injusto para com os brancos" quando forem usadas no local de trabalho. Ela também tinha muita dificuldade em aceitar qualquer uma das decisões de contratação da hipotética empresa ABZ.

Em conclusão, Judy não conseguia ver quase nenhum papel para o governo ao se lidar com desigualdade racial ou segregação residencial e escolar. Ao longo da entrevista, quando solicitada a especificar uma solução para tais problemas, Judy sugeriu educação e diálogos. Por exemplo, a solução de Judy para a segregação residencial é "reuniões municipais". A intervenção do governo que ela apoia é "creches e escolas e eu acho que talvez mais programas de educação seria o melhor". Judy também afirmou que ela gostava dos diálogos raciais de Bill Clinton porque "precisamos dialogar sobre isso em vez de tentar consertá-lo por meio desses programas de ação afirmativa depois do ocorrido". E quando indagada o que faria para eliminar a desigualdade racial e aliviar a tensão racial se fosse a presidente dos Estados Unidos, Judy afirmou: "Começar com programas educacionais" e "manter a educação fluindo e gastar dinheiro com ela."

Conclusão

Neste capítulo, tracei o perfil dos progressistas raciais brancos. Ao contrário daqueles que mantêm uma visão de "senso comum" acerca de questões raciais, é mais provável que os progressistas raciais provenham da classe trabalhadora. Especificamente, descobri que mulheres jovens da classe trabalhadora são mais propensas do que qualquer outro segmento da comunidade branca a serem racialmente progressistas. Elas eram mais inclinadas a apoiar ações afirmativas e o casamento inter-racial, a manter estreitas relações pessoais com minorias em geral e negros em particular, e a entender que a discriminação é um fator central que configura as oportunidades de vida das minorias neste país. A maior parte delas também admitiu que ser branco é uma vantagem nos Estados Unidos.

Embora essas entrevistadas tivessem sido substancialmente diferentes em seus pontos de vista da maioria dos brancos nesses dois estudos, muitas das suas concepções denotam a influência do racismo da cegueira de cor. Por exemplo, todos os entrevistados, ainda que em graus variados, foram influenciados pelos enquadramentos da cegueira de cor e, portanto, em algumas questões tiveram *exatamente* as mesmas opiniões da maioria dos brancos. Muitos tinham problemas com programas e políticas de ação afirmativa; para alguns, tais problemas eram sérios. Outros ponderaram acerca dos "problemas" que os filhos de casais inter-raciais enfrentariam. Outros ainda pensavam que decisões residenciais e escolares deveriam ser deixadas para "as escolhas das pessoas" e, assim, não viam razão para a intervenção governamental.

Argumentei alhures que a branquitude é *poder racial corporificado* porque "todos os atores socialmente considerados 'brancos'[...] recebem privilégios sistêmicos apenas em virtude de usar a roupa branca, enquanto àqueles considerados não brancos tais privilégios são negados"[12]. No entanto, os salários da branquitude não são igualmente distribuídos. Brancos pobres e da classe trabalhadora recebem ofertas melhores que seus irmãos das minorias, porém a sua fração material dos benefícios da branquitude é pequena, pois eles permanecem próximos demais do abismo econômico[13]. Portanto, os trabalhadores brancos têm uma forte razão para exibir mais solidariedade para com as minorias do que brancos de outras classes sociais.

Mas se é assim, por que a maioria dos trabalhadores nos Estados Unidos tem sido historicamente antinegro, antiminoria e anti-imigrante?[14] Creio que a resposta tem a ver com a interação entre raça e gênero. Foram trabalhadores brancos do *sexo masculino* que historicamente apoiaram a ordem racial. Por quê? Porque seja em períodos de segurança ou de insegurança econômica, a masculinidade branca propiciou aos homens brancos benefícios econômicos e não econômicos[15]. Durante os bons tempos, os homens da classe trabalhadora eram "os reis do castelo" (a casa) e, nos momentos ruins (quando "suas" mulheres passaram a fazer parte da força de trabalho remunerada), eles conseguiram manter um senso de controle, exigindo uma organização patriarcal tradicional da casa e "patrulhando os bairros" e a família contra a "poluição" racial (ver

Fine e Weiss na nota 15)[16]. O vínculo branco masculino[17] impediu, desse modo, que os homens brancos da classe trabalhadora se juntassem *en masse* aos movimentos raciais progressistas.

Em consonância com esse argumento, pode-se também entender por que as mulheres brancas são o segmento que tem a maior probabilidade de expressar solidariedade com minorias raciais. Posto que os sistemas de dominação são sempre "articulados"[18], é mais provável que os atores que sofrem opressões múltiplas sejam aqueles que passem a compartilhar literalmente um "espaço social", bem como um conjunto de experiências, que tende a desenvolver um senso de "pertencimento comunal"[19]. Desde a década de 1960, as porcentagens de minorias raciais e de mulheres brancas na classe trabalhadora aumentaram. A pesquisa de Mitra Toossi ilustra que, até 2050, a proporção de brancos não hispânicos na força de trabalho norte-americana diminuirá de 73 para 53%. Em contraste, espera-se que os negros aumentem o seu número de 12 para 14% e que o número de hispânicos e asiáticos na força de trabalho duplique (de 11 a 24% para os primeiros e de 5 a 11% para os últimos)[20]. O complexo funcionamento do capitalismo racializado contemporâneo criou uma situação na qual as mulheres brancas e as minorias raciais compartilham cada vez mais condições de classe similares no ambiente de trabalho[21], bem como degradação social, situação que já está produzindo altos níveis de ação política conjunta em diversas áreas[22].

Nos meus dois projetos, mulheres racialmente progressistas, uma após outra, fizeram uso de suas próprias experiências de discriminação enquanto mulheres como uma lente através da qual se pode compreender a opressão racial das minorias. Também ficou claro que sua vulnerabilidade de classe compartilhada com as minorias (como trabalhos ruins e baixos salários) estava envolvida no seu progressismo racial e pode até ser a razão pela qual elas constituíam o subgrupo mais provável, dentre todos os brancos nessas amostras, a ter namorado alguém do outro lado da "linha de cor".

Conforme argumenta Gordon Allport, os contatos de raça entre *iguais* levam a melhores relações de raça[23].

Além do plano de fundo histórico de classe social/gênero desse grupo de brancos, quais outros atributos eles compartilham que possam explicar sua alta propensão para o progressismo racial? Primeiro, a maioria desses entrevistados cresceu em bairros racialmente mistos. Embora o fato de crescer em bairros "integrados" não leve necessariamente ao progressismo racial (por exemplo, Bob, um entrevistado da SU, cresceu em um bairro integrado), ele aumenta a probabilidade de contatos de *status* igual entre brancos e pessoas de cor, o que, por sua vez, pode aumentar a probabilidade de que os brancos considerem as minorias como seus iguais. Em segundo lugar, e talvez relacionado ao primeiro atributo, quase todos esses entrevistados tiveram amigos das minorias enquanto cresciam. Como assinalei no capítulo 6, a própria segregação racial e o isolamento dos brancos os conduzem a um *habitus* branco que impede o desenvolvimento de empatia por pessoas de cor e promove um senso (e as opiniões que o acompanham) de "nós contra eles". É menos provável que essa "solidariedade racial (branca)" se desenvolva entre brancos que tenham amizades reais com minorias, pois a raça "pode ser uma função de experiências e laços"[24]; quanto mais positivos os vínculos e as experiências dos brancos com as pessoas de cor, mais provável é que os vejam em toda a sua humanidade. Em terceiro lugar, muitos desses entrevistados eram, em termos gerais, politicamente progressistas ou radicais. Por conseguinte, foram capazes de fazer conexões que poucos brancos conseguem fazer (por exemplo, associar opressão patriarcal, classe e opressão racial). Em quarto lugar, muitos desses entrevistados tinham namorado alguém do outro lado da "linha de cor". Embora namorar ou se casar com alguém de uma raça diferente não se traduza em crenças de igualdade racial (por exemplo, Scott, um mecânico de 23 anos, havia namorado mulheres asiáticas e árabes, porém as considerava objetos racializados e sexualizados),

o trabalho que a maior parte das pessoas nessas relações faz *antes* da interação e *durante* a mesma requer que se lide com muitos dos aspectos raciais centrais da sociedade norte-americana[25].
Esses resultados podem ser utilizados para pesquisa e política. Outros pesquisadores devem verificar sistematicamente se meus resultados podem ou não ser replicados. Eles podem nos afastar da ideia de que a tolerância racial é ampliada por meio da mera educação e em formulações mais específicas sobre o que a educação faz e não faz e para quem. Devemos igualmente examinar se as quatro variáveis adicionais supramencionadas (crescer em bairros mistos, ter amigos negros, ser politicamente progressista e namorar alguém do outro lado da "linha de cor") de fato aumentam, em separado ou em conjunto (o que os cientistas sociais chamam de "efeito de interação"), a probabilidade de ser racialmente progressista. Do aspecto político, minhas descobertas apontam a necessidade de um novo tipo de política da classe trabalhadora nos Estados Unidos (ver o capítulo 9). Se é mais provável que as mulheres da classe trabalhadora sejam racialmente progressistas, organizações que buscam mudanças sociais progressistas devem repensar sua política. Pode ser que, afinal de contas, a classe social seja o fator de união na política progressista, mas será solidariedade de classe por meio de prismas de raça e de gênero[26].

Se os progressistas raciais são influenciados pelo racismo da cegueira de cor, porventura serão os negros influenciados também? Ou seja, os negros são tão cegos à cor quanto os brancos – progressistas ou não? Eles usam os enquadramentos do racismo da cegueira de cor tanto quanto os brancos? Eles recorrem ao estilo da cegueira de cor quando expressam seus pontos de vista? Os negros usam as histórias raciais da cegueira de cor para pontuar suas posturas raciais? Examino esses assuntos no próximo capítulo.

Negros Também São Cegos à Cor?

8

Pesquisadores de opinião pública estão em grande parte de acordo acerca das atitudes raciais dos negros. Embora todos ressaltem que negros compartilham elementos básicos de "americanismo" ou do "credo americano" – como a crença de que aqueles que trabalham duro serão compensados na vida –, eles também apontam que, comparados aos brancos, os negros têm posturas muito diferentes no que tange a questões raciais centrais[1]. Por exemplo, nas pesquisas, frequentemente negros e brancos têm pontos de vista polarizados sobre questões tais como a importância da discriminação nos Estados Unidos, os méritos das ações afirmativas, o apoio a certos programas governamentais e ao *busing*. As pesquisas chegam a encontrar diferenças significativas no nível de apoio à interação social inter-racial (vinte pontos percentuais em alguns itens)[2].

Os resultados da pesquisa do DAS de 1998 também mostram isso. Enquanto 53% dos brancos declararam sua preferência por bairros que são "todos" ou "principalmente" brancos, apenas 22% dos bairros preferidos pelos negros são descritos como "todos" ou "principalmente" negros. Na verdade, 62% dos negros preferiram bairros descritos como "meio a meio". Em relação à política de *busing*, 69% dos brancos se opuseram, comparados a 26% dos negros. Sobre a questão controversa das ações afirmativas, 50%

dos brancos afirmaram que apoiariam uma proposta semelhante à aprovada na Califórnia em 1996[3] para eliminar ações afirmativas, se tal proposta fosse colocada à votação no estado de Michigan. Em contraste total, apenas 6% dos negros disseram que apoiariam tal proposta. Finalmente, enquanto 56% dos brancos concordaram que este país vivenciou muito progresso racial, apenas 29% dos negros concordaram com essa afirmação.

Tais diferenças atitudinais entre negros e brancos foram corroboradas em estudos qualitativos? A resposta a essa pergunta não está clara, porque os estudos qualitativos das atitudes dos negros são esparsos, voltados para um único tópico, baseados em segmentos da comunidade negra, e em geral não abarcam uma ampla gama de questões raciais. A maioria dos dados qualitativos sobre as visões dos negros é parte de estudos maiores sobre os infortúnios da classe média ou alta negra, da classe trabalhadora, dos trabalhadores pobres ou da subclasse negra[4]. Outra pesquisa qualitativa sobre negros aborda aspectos específicos de sua vida, como as experiências em faculdades historicamente brancas ou com as amizades inter-raciais[5].

Dado o número limitado de estudos sistemáticos e qualitativos dos pontos de vista dos negros, analiso neste capítulo as visões raciais dos negros de Detroit, utilizando dados de entrevistas que coletei como parte do DAS de 1998. Meu objetivo específico é avaliar até que ponto os negros recorrem a enquadramentos, estilo e histórias raciais de cegueira de cor para articular suas posições. Reconheço, no entanto, que o tamanho relativamente pequeno da amostra (N = 17) limita a possibilidade de generalização. No entanto, posto que os casos foram selecionados aleatoriamente de uma amostra maior também escolhida aleatoriamente (ver capítulo 1), acredito que os resultados são sólidos e serão corroborados em estudos com amostras maiores de negros.

Primeiro, avalio a influência dos enquadramentos da cegueira de cor nos negros; em segundo lugar, examino em que medida os negros recorrem ao estilo do racismo da cegueira de cor; finalmente, exploro se os negros adotaram ou não as histórias raciais do racismo da cegueira de cor.

Ligeiramente Cegos à Cor: Os Enquadramentos do Racismo da Cegueira de Cor e os Negros

Os negros endossam os enquadramentos do racismo da cegueira de cor? Eles fazem uso deles como a base sobre a qual articular seus pontos de vista sobre questões raciais? A análise de conteúdo das entrevistas com negros e brancos do DAS sugere ser significativamente menos provável que os negros utilizem diretamente os enquadramentos da cegueira de cor. Como mostra a tabela 8.1, conquanto todos esses enquadramentos sejam essenciais para as explicações dos brancos sobre questões raciais, somente três (liberalismo abstrato, racismo cultural e naturalização de questões raciais) impactaram a consciência dos negros.

TABELA 8.1
Distribuição dos Enquadramentos de Cegueira de Cor por Entrevistados Brancos e Negros, DAS 1998

ENQUADRAMENTOS	BRANCOS	NEGROS
Liberalismo Abstrato	64/66 (97%)	6/17 (35%)
Sobre Ações Afirmativas	59/66 (89%)	1/17 (6%)
Racismo Cultural	59/66 (89%)	4/17 (24%)
Naturalização	27/66 (41%)	4/17 (24%)
Negação da Natureza Sistêmica da Discriminação	56/66 (85%)	1/17 (6%)

Posto que o efeito direto dos enquadramentos do racismo da cegueira de cor sobre os negros é mínimo, é plausível argumentar que negros e brancos navegam em dois mundos ideológicos totalmente diferentes e, portanto, que o racismo da cegueira de cor é em parte ineficaz. No entanto, uma ideologia não é dominante porque afeta todos os atores de um sistema social do *mesmo* modo e no *mesmo* grau. Ao contrário, uma ideologia é dominante se a *maioria* dos membros (dominantes e subordinados) de um sistema social tem que acomodar suas opiniões *vis-à-vis* a essa ideologia[6]. Se uma ideologia domina o espaço do que as pessoas acreditam ser viável e pensável e ainda fornece os parâmetros para se opor ao *status quo*, então essa ideologia é dominante. Nesta seção analiso como os diferentes enquadramentos do racismo da cegueira de cor têm afetado os negros. Minha principal alegação é que o racismo da cegueira de cor afetou os negros *indiretamente* e que isso tem consequências no que diz respeito à probabilidade de os negros desenvolverem uma ideologia de oposição ao racismo da cegueira de cor.

Liberalismo Abstrato e Negros

O liberalismo abstrato é o poço explicativo do qual os brancos reúnem ideias para prestar contas da segregação residencial e escolar, dos níveis limitados de casamentos inter-raciais e de uma série de outras questões raciais. Pouco mais de um terço dos negros deste estudo usou esse enquadramento diretamente em suas respostas[7]. Ilustrarei nesta seção como esse enquadramento tem afetado as visões dos negros em dois tópicos, a saber, as ações afirmativas e a segregação escolar e residencial.

Ações Afirmativas

As ações afirmativas tornaram-se emblemáticas das tensões raciais nos Estados Unidos contemporâneo. Não surpreendentemente, os enquadramentos da cegueira de cor tiveram muito pouca influência direta e indireta sobre os negros acerca desse importante tópico. Os negros expressaram, de forma predominante, apoio a ações afirmativas e a outros programas voltados para a raça e reprovaram a oposição branca a eles. Uma resposta típica à pergunta "Você é a favor ou contra ações afirmativas?" foi a de Edward, um homem desempregado, na casa dos cinquenta anos:

> Eu diria que teria que ser a favor das ações afirmativas simplesmente porque você ainda tem pessoas ignorantes. Algumas dessas pessoas ignorantes estão no controle e têm um pouco mais de poder do que eu gostaria de pensar que deveriam ter em relação ao que podem fazer para evitar que outras pessoas tenham oportunidades o que significa que elas não podem crescer e se desenvolver. As ações afirmativas são um meio e um método. Então é como uma chave quando você tem uma porta trancada. Você precisa tê-la.

Quando indagado "O que você responderia àqueles que dizem que as ações afirmativas são injustas para com os brancos?", Edward afirmou: "Eu digo a eles que 'o que você chama de justo?' Se você tem tudo, é como dizer que você está chateado porque tem sorvete e não tem uma casquinha. Então coloque-o numa tigela e você já tem tudo. Não se preocupe com isso."

Regina, uma dona de casa pobre, de cerca de cinquenta anos, com pouca instrução formal, expressou seu apoio a ações afirmativas em termos claros. Sua resposta foi: "Sou a favor." Na pergunta de acompanhamento sobre se as ações afirmativas podem ser consideradas injustas para com os brancos, Regina declarou: "Bem, eu digo que a raça *colored* tem passado por *tempos difíceis* durante toda a vida e os brancos, bem, tem sido fácil para eles. Eu acho que eles deveriam lhes dar [aos negros] uma chance."

Por fim, Joe, um técnico em eletrônica de seus trinta anos, reverberou as opiniões dos entrevistados anteriores sobre as preocupações dos brancos com a parcialidade das ações afirmativas: "*Eles precisam acordar pra vida.*"

Apenas Irma, uma entrevistada negra, funcionária contábil de seus trinta anos, se opôs às ações afirmativas. Ela explicou sua oposição de um modo similar ao que os brancos usam para explicar a oposição deles ao programa: "Ações afirmativas [*prolonga as palavras*], eu acho que eu diria que sou contra porque acredito que você deveria ter a mesma oportunidade e não receber algo apenas por causa de sua raça. Eu acho que é só para oportunidades iguais." A postura de Irma sobre ações afirmativas, entretanto, foi mais complexa do que essa resposta sugere. Ela acredita, por exemplo, que a discriminação é uma coisa cotidiana e deu exemplos pessoais. Quando perguntada "Você já sofreu esse tipo de discriminação?", ela disse "[*responde imediatamente*] Ah, sim, hum." A pedido do entrevistador, Irma forneceu mais detalhes sobre seus encontros pessoais com a discriminação: "Hum, nós sofremos discriminação em nossos bairros quando crianças, caminhando na rua. Os policiais eram, sabe, ofendiam, sabe, a raça branca ofendia você, jogava achocolatado em você." De modo compatível com essa resposta, Irma apoiou a decisão da empresa hipotética ABZ, descrita como 97% branca, de contratar um candidato negro em vez de um branco, a fim de remediar a discriminação. E quando lhe perguntaram: "O que você diz àqueles que acham que isso é tratamento preferencial?", Irma respondeu:

> Nós dizemos que alguns negros sofrem tanta discriminação que às vezes, eu acho, nós merecemos uma pausa. Mas eu ainda acho que dado, colocado no mesmo campo de jogo e as mesmas regras e o mesmo tipo de pontuação e tudo o mais, quem recebe as pontuações mais altas deve ser capaz de preencher esse cargo.

Irma compreende que "os negros sofrem muita discriminação", porém espera viver em uma sociedade onde a raça não importe em decisões de contratação. No entanto, uma vez que ela percebe que os empregadores não são cegos à cor, quando indagada por que pensava que a empresa hipotética em questão era 97% branca, ela sugeriu: "Provavelmente porque eles querem mantê-la assim."

Segregação Escolar e Residencial

Em contraste com a questão das ações afirmativas, o liberalismo abstrato teve profunda influência sobre como os negros interpretavam a segregação. Embora um grande número de negros culpasse o governo, os brancos ou o racismo pela segregação residencial (7 de 17) e a maioria o culpasse pela segregação escolar (12 de 17) e exigisse igualdade nas escolas (no que tange ao financiamento e outras questões), as opiniões dos negros não foram monolíticas. Quatro negros acreditavam que a segregação escolar ou residencial era "natural"; três, que os negros tinham algo a ver com a segregação residencial ou que não era "culpa de ninguém"; e dois, que a segregação racial não era um problema. O que é mais significativo, seis negros fizeram uso do enquadramento do liberalismo abstrato diretamente para explicar a segregação escolar ou residencial. (Note-se que a soma dos números não "bate" porque alguns entrevistados culparam os brancos pela segregação e ainda usaram o enquadramento do liberalismo abstrato ou alegaram que os negros também tinham algo a ver com isso.)

Primeiro, deixem-me dar um exemplo de como *a maioria* dos negros respondeu às perguntas sobre segregação residencial e escolar. Latasha, uma manicure autônoma de vinte e tantos anos, culpou o governo pela falta de integração escolar. Ela assinalou que, enquanto as escolas nos subúrbios "podem receber 2.500 dólares por criança", as escolas públicas da cidade de Detroit "só recebem mil dólares por criança". Ela afirmou em sua discussão sobre o *busing* que "o problema que acontece com a educação é o dinheiro, isso é que é a principal coisa, é o dinheiro com as crianças". A preocupação de Latasha com o financiamento limitado recebido pelas escolas do centro da cidade reverberou a da maioria dos negros.

Latasha aspira a viver em uma sociedade na qual a raça não afeta as escolhas residenciais das pessoas, ou, em suas palavras, "você não deveria ter que se restringir a essa área ou se restringir àquela área porque você é [de uma] raça diferente". No entanto, como Latasha compreende que a discriminação não desapareceu nos Estados Unidos, seu sonho de cegueira de cor não é como o dos brancos. Depois de declarar sua esperança em um mercado imobiliário neutro do ponto de vista racial, Latasha admitiu que a raça "*às vezes é*" um fator. Mais especificamente, ela comentou ter sofrido discriminação enquanto fazia compras no centro de Detroit. Por conseguinte, apoiava a intervenção do governo, no intuito de garantir o acesso dos negros a todos os bairros e programas, para melhorar os bairros nos quais a maioria dos negros vive.

Embora a maior parte dos negros culpe os brancos ou o governo pelo elevado nível de segregação nos Estados Unidos, suas visões são mais confusas e contraditórias. Tyrone, um homem desempregado no início dos seus quarenta anos, apoiou a integração escolar e residencial. Tyrone declarou seu apoio à integração residencial, uma opção defendida por 62% dos negros na pesquisa, como segue: "Eu acho que todos os bairros deveriam ser mistos. Então cada um- então não haveria nenhum conceito de quão diferentes as pessoas são. Elas saberiam como seria cada raça." Tyrone se opôs à intervenção do governo para garantir a integração residencial: "Bem, você não pode dizer às pessoas onde morar. Elas têm que pagar por sua própria casa, então as pessoas irão morar onde quiserem morar. Então você não pode fazer isso." Tyrone usou o enquadramento do liberalismo abstrato ("você não pode dizer às pessoas onde morar" e "elas têm que pagar por sua própria casa") para se opor a fazer algo a respeito de um dos fatores centrais por trás da situação dos negros nos Estados Unidos contemporâneo[8]. Curiosamente, Tyrone, como mostrarei adiante, era um forte defensor da intervenção do governo em muitas outras questões raciais.

A posição contraditória de Tyrone não foi única. Mark, um motorista de ônibus na casa dos trinta anos, reconheceu o papel da violência branca na manutenção da segregação escolar. No entanto, ele se opôs à intervenção do governo para aumentar a integração residencial:

Não mais do que se negros ou brancos tentam se integrar em uma área e são confrontados com, são confrontados com... [*Mark sussurra para si mesmo: "Não consigo pensar na palavra"*] agressão ao tentar fazê-lo. E eu não posso dizer necessariamente o governo federal, mas em nível local, eles devem receber toda a proteção ou a oportunidade que eles merecem e que é seu direito.

A resposta de Mark, em particular sua insistência na intervenção governamental para garantir o acesso dos indivíduos aos mercados da habitação, é quase literalmente a resposta padrão dada pela maioria dos brancos.

Um bom exemplo de como o liberalismo abstrato tem obscurecido as visões dos negros a respeito de algumas questões foi fornecido por Nel, uma zeladora aposentada de seus setenta anos, que pensava que o racismo fosse uma força importante por trás da segregação de bairros. Nel, contudo, acreditava que os negros eram parcialmente responsáveis por essa situação:

> Bem, [a] única coisa que posso dizer é que acredito que os brancos não querem viver em torno de negros e alguns negros não querem viver em torno dos brancos. Isso é porque eles guardam, bem, guardam ressentimento porque acham que foram tratados injustamente. Eu acho que um bairro é muito melhor quando é misto, sabe. Nós temos essa coisinha que é o racismo. É o que causa muito disso também, entre negro e branco.

A consequência de interpretar a segregação de bairro como resultado das escolhas das pessoas ("alguns negros não querem viver em torno de brancos") é que Nel não viu nenhuma responsabilidade do governo em ajudar a remediar essa situação[9]. Por isso, Nel afirmou de maneira pessimista o seguinte sobre as perspectivas de o governo compensar a segregação residencial nos Estados Unidos: "Eles vão [*risos*] ah, se eles estivessem certos seria bom se pudessem fazer alguma coisa sobre isso, mas eu não vejo muito [que eles possam fazer]."

Finalmente, Carla, uma secretária executiva de seus quarenta anos, é um exemplo extremo da dependência dos negros no que tange ao liberalismo abstrato para explicar a segregação. Ela acreditava que a segregação escolar fosse uma questão de escolha:

> Acho que é culpa de todos, exceto do governo. Pessoas brancas e negras escolhem colocar seus filhos na escola em que queriam que estudassem e muitas vezes você vai a uma escola e eles dizem: "Há muitos negros matriculados então vou mandar você para essa aqui", ou: "Há mais pessoas brancas aqui do que negras, então eu vou mandar você para essa aqui." Então, é mais a culpa dos pais.

Para Carla, a segregação de bairro é produto de escolhas pessoais. Portanto, ela não acredita que algo possa ser feito a respeito. Acerca das perspectivas de mudar a situação, ela diz: "Nada, quero dizer, com referência a mostrar qualquer coisa ou dizer qualquer coisa a alguém. Eles só farão o que querem fazer para que você possa lhes dizer e enfatizá-lo, mas se eles escolherem não o fazer, não o farão."

Racismo Cultural e Negros

A explicação cultural dos brancos sobre a posição dos negros nos Estados Unidos afetou diretamente apenas alguns negros (3 de 17). O entrevistado negro típico argumentou que esse é um ardil usado pelos brancos, a fim de ocultar seu papel na situação contemporânea dos negros. Jimmy, um assistente social de quarenta anos, explicou a posição inferior dos negros em relação aos brancos da seguinte forma:

> Porque os brancos são a maioria e tudo isso e estão em uma posição de poder. Eles têm a riqueza, são eles que contratam, [são] eles os empregadores em contraposição aos empregados. Eles – nós somos os últimos a sermos contratados, os primeiros a sermos demitidos e temos os empregos mais inferiores e essas [são] as coisas que perpetuam tais situações.

Outro exemplo de respostas típicas dos negros a essa questão é Trisha, uma dona de casa de quarenta e poucos anos: "Eu não diria que eles são preguiçosos. Eu acho que eles apenas dizem que você é preguiçoso porque é negro. Mas eu não acho que eles são. Eles só não querem dar a eles uma chance de provar que podem alcançar mais."

A despeito do fato de poucos negros terem comprado totalmente essa explicação cultural, ela *limitou* o modo em que muitos negros discutem questões como a discriminação ou a acusação específica de serem preguiçosos. A influência direta e indireta desse enquadramento cultural nas entrevistas não foi uma surpresa total, já que nos questionários uma proporção significativa de negros concordou com muitos estereótipos sobre negros. Por exemplo, 32% dos negros concordaram com a proposição de que os negros são "violentos"; 32% com a ideia de que os negros são "preguiçosos"; e 30% com a noção de que os negros são "dependentes da assistência social" (50%, 20% e 53% dos brancos concordaram com esses estereótipos, respectivamente).

Os dois exemplos abaixo ilustram como esse enquadramento delimitou as concepções dos negros. O primeiro se refere a Vonda, uma dona de casa de quase sessenta anos e com pouca instrução. Ela explicou a posição inferior dos negros em relação aos brancos como a seguir: "Ah. [*Pausa de oito segundos*] Eu não sei, eu não sei como responder a isso. Talvez se eles levantarem o traseiro e receberem uma educação como os brancos, eu não sei. Talvez seja isso."

Quando indagada especificamente se ela acredita que os negros estão em pior situação do que os brancos porque são preguiçosos, Vonda declarou: "*Sim, eu acho que eles provavelmente são mais preguiçosos do que os brancos.*" Embora a resposta de Vonda seja muito parecida com a dos brancos, é importante salientar que ela concordou com a maioria dos negros na maior parte das outras questões.

O segundo exemplo é Regina, uma dona de casa de cinquenta e poucos anos, que compartilhou a maioria das posturas a respeito de questões raciais com a maior parte dos negros da amostra. Entretanto, o tema cultural enquadrou a maneira pela qual ela explicou por que os negros estão em pior situação do que os brancos neste país:

> Bem, eu não acho que eles [careçam] das coisas adequadas, sabe, coisas para ter sucesso, mas os que querem ter, podem ter. Mas é que alguns não querem ter nada. Eles não podem culpar a outra pessoa, *o que eu não faço*. Eu não culpo ninguém porque eu não tenho nada. Eu culpo a mim mesma porque eu acho que eu deveria ter feito melhor quando estava crescendo e conseguido uma educação melhor

Regina, no entanto, assim como a maior parte dos negros, acredita que a discriminação é importante e afirmou, sem hesitação e com ênfase, que ser branco ainda é uma *"vantagem!"*. Quando lhe perguntaram: "Por quê?", Regina respondeu: "Por causa da *cor* deles." Em suas respostas às perguntas sobre discriminação, Regina disse que os negros sofrem "muita discriminação" e que a razão pela qual os negros estão em uma posição inferior à dos brancos é que "eles não têm a educação que deveriam ter".

Há duas coisas significativas a destacar nas respostas de Vonda e de Regina. Primeiro, ambas aceitam a premissa cultural para explicar o *status* dos negros nos Estados Unidos (a preguiça é um motivo central devido ao qual os negros estão atrás dos brancos neste país), embora Regina o restrinja a alguns negros. O segundo ponto é que, como a maioria dos negros, ambas as entrevistadas acreditam que a discriminação seja um fator fundamental por trás da posição dos negros nos Estados Unidos atualmente. Sua postura intrigante (acreditar que os negros são preguiçosos, mas que a discriminação é central) exemplifica como o racismo da cegueira de cor tem afetado alguns negros no tocante a questões raciais importantes.

A Naturalização de Questões Raciais e os Negros

Embora os negros não tenham uma concepção coesa da segregação, suas explicações para a existência da segregação são diferentes das dos brancos. A maioria dos negros assinala que os brancos têm algo a ver com segregação ou que os brancos não querem viver ou compartilhar recursos com os negros. Jimmy, o assistente social mencionado anteriormente, afirmou o seguinte sobre a segregação escolar:

> Sim, eu acho que a mistura das raças na escola, para mim, é provavelmente a culpa dos brancos, para mim. E, se é uma escola melhor, os negros tentam ir para lá e tudo o mais, e eu acho que eles não são realmente bem-vindos e não é dada a eles uma oportunidade para [se desenvolver] e então eles não obtêm – nos distritos de baixa renda no centro e tudo o mais, não é – a educação escolar, o financiamento escolar não é o mesmo. Se fosse igual aqui nas áreas negras e nas áreas brancas e tudo isso, eles talvez nem quisessem ir para lá. Mas eu acho isso, se eles, [quando] eles tentam estudar em escolas melhores, eu acho que eles são proibidos de ir mais para lá pelos brancos e pelo governo e tudo isso.

Contudo, alguns negros (3 de 17) recorreram ao enquadramento da naturalização combinado com o do liberalismo abstrato para explicar a segregação. Por exemplo, embora Jimmy tenha ressaltado o papel da discriminação na segregação escolar, ele atribuiu a segregação de bairro a tendências naturais das pessoas:

> Bem, tenho certeza que as pessoas fazem panelinhas por escolha e tudo isso. Quer dizer, brancos tendem a ficar com brancos porque eles se sentem confortáveis. Mas dado, sabe – eu diria que se tentássemos misturar um pouco mais, poderíamos ter a tendência de nos juntarmos mais e mais, nos integrarmos mais e tudo isso, porém como as coisas estão agora, tendemos a ficar confortáveis [com] nossa raça e é assim que geralmente acontece.

Natasha, uma enfermeira com trinta e poucos anos, culpou o governo pelo baixo nível de integração escolar neste país "porque eles fazem as leis". Ela também apoiou o *busing* porque é "uma boa coisa porque você começa a conhecer as culturas de outras pessoas e seu modo de vida". No entanto, Natasha acredita que a segregação de bairro seja produto das escolhas naturais das pessoas ou, em suas próprias palavras:

> Eu realmente não [penso nessa situação] porque eu basicamente me mudo [*risos*] para onde eu posso pagar. Eu não acho que a nenhuma raça se deva proibir ficar em algum lugar deste mundo. É um país livre, não? Eu acho que eles só escolhem ficar com a gente *deles*. Os negros escolhem morar ao redor dos negros e os brancos escolhem morar ao redor dos brancos.

Portanto, quando lhe perguntaram se ela acredita que o governo pode desempenhar um papel para remediar a segregação residencial, Natasha respondeu:

> Não, mas eu acho que não deveria haver limitações em relação àquele homem, àquela mulher negra que se muda para um bairro todo branco. Ele não deveria ser tratado de modo diferente. Mas eu sei que [*abaixa a voz*] [eu estou] fantasiando [*levanta a voz e dá risadinhas*]. Quer dizer, você nunca sabe, pode dar certo. Eu realmente não acho que o governo deveria entrar nisso porque eu não acho que eles diriam "OK, esse é um bairro branco [*levanta a voz*]", sabe o que estou dizendo? Como eu disse, as pessoas tendem a segregar juntas.

O terceiro entrevistado a fazer uso do enquadramento da naturalização foi Mark, o motorista de ônibus citado anteriormente. Mark acredita que a segregação escolar é mantida pelos brancos – muitas vezes por meios violentos – em detrimento de "muitos estudantes afro-americanos brilhantes em áreas urbanas

[que] não têm recursos para estudar em escolas predominantemente brancas e ter maiores experiências de aprendizagem". No entanto, Mark explicou a segregação dos bairros como resultado de tendências naturais das pessoas: "É algo que vai acontecer naturalmente. E por causa de queixas tanto econômicas como sociais, haverá alguns brancos que estão economicamente melhor do que outros brancos e outros negros e eles vão querer ficar junto com outras raças. E isso vale também para os negros."

A Minimização do Racismo e os Negros

Não obstante a forma pela qual o racismo da cegueira de cor afeta o entendimento dos negros a respeito de várias questões raciais, a realidade da discriminação é tal que poucos negros acreditam que ela não seja mais muito importante. Uma esmagadora maioria dos negros afirmou que a discriminação contra os negros ainda é central nos Estados Unidos. Nas perguntas do questionário sobre esse assunto, as respostas dos negros confirmando discriminação foram de 20 a 30 pontos percentuais mais altos que as dos brancos. O que é ainda mais significativo, 61% dos negros, em comparação com apenas 33% dos brancos, concordaram com a afirmativa: "Os negros estão na posição que ocupam como um grupo por causa da discriminação atual."

As respostas dos negros às perguntas sobre discriminação na entrevista mais aprofundada foram tão fortes, se não mais, do que suas respostas no questionário. Tyrone, o desempregado supracitado, disse o seguinte sobre os negros que sofrem discriminação:

> Eu acho que às vezes isso acontece. Porque eu costumava trabalhar em Sterling Heights [um bairro em Detroit]. Eu costumava ficar ali esperando o ônibus, alguém passaria de carro e me chamaria de "*nigger* da bunda preta" pelo menos três vezes por semana [*risos*] e eu estou apenas tentando ir trabalhar e voltar para casa [*Entrevistador: Uau!*].

Da mesma forma, quando lhe perguntaram por que ele acha que nos Estados Unidos os negros estão em posição inferior à dos brancos, Tyrone citou a discriminação racial como um fator:

> Bem, porque, quem é o chefe? Ele quer lhe dar o pior emprego por causa da cor da sua pele. Eu passei por isso em Sterling Heights. Eu e Dwayne éramos os dois únicos negros no departamento de manutenção. Eu e Dwayne conseguimos os empregos mais desagradáveis que havia. Eles dizem: "Vá buscá-los, eles farão isso!"
> E eles vieram buscar a mim e a Dwayne. Eu e Dwayne tivemos os trabalhos mais desagradáveis.

Consequentemente, Tyrone era um forte defensor das ações afirmativas, de programas governamentais para negros e até mesmo de reparações. Ele declarou seu apoio às reparações da seguinte forma:

> Eles devem receber alguma coisa [*levanta a voz*], eles devem receber alguma coisa. Eles eram para dar ao homem negro quarenta acres e uma mula. Onde estão meus quarenta acres de terra ou meu dinheiro que você vai me pagar por esses quarenta acres que eu *deveria receber*? Sabe, me dá um trator, me dá algum dinheiro, me dá alguma coisa!

Natalie, uma escrevente de seus vinte anos, assim disse sobre se os negros sofrem ou não muita discriminação: "Eu acho que alguns negros sim." Quando solicitada a dar exemplos, Natalie, como a maioria dos negros[10], narrou uma experiência pessoal.

> Sim, eu concordo com isso porque tive pessoas nas lojas [*gagueja levemente*], pessoas que trabalham nas lojas, me seguindo [*levanta a voz*], "*Posso lhe ajudar?*", sabe, eles fazem isso de uma maneira que você, se você não estivesse prestando atenção, você não pensaria que eles estavam seguindo você, mas eles estão, e eles tendem a seguir pessoas negras mais do que outras pessoas.

Consistente com seu ponto de vista sobre a discriminação, Natalie acredita que os negros estão em pior situação que os brancos por causa do "racismo" e, portanto, apoia a intervenção do governo em favor dos negros. Sua resposta à pergunta sobre se o governo deveria intervir em favor dos negros foi:

> Sim, porque eles tendem a ter, eles [*levanta a voz*] têm *programas* para outras pessoas que sofreram discriminação no passado. Eles ajudam, tipo, os japoneses e coisas assim, então por que eles não podem nos ajudar? Quer dizer, basicamente, a razão pela qual éramos discriminados e as pessoas do Japão foram discriminadas contra seu próprio povo pelo seu próprio povo, mas nós os ajudamos. Por que eles não podem ajudar alguns negros como os ajudam?

Outros entrevistados narraram incidentes típicos de discriminação pós-movimento dos direitos civis[II]. Por exemplo, Jimmy, o assistente social mencionado, assim discorreu sobre a discriminação:

> Bem, eu acho que é real e é verdade e tudo isso e se você realmente – é difícil conseguir evidência e colocá-la sobre a mesa e expor tudo. Mas há exemplos, como quando você vê um negro e um branco indo juntos se candidatar a um apartamento e ao branco se diz uma coisa e ele ganha a melhor oportunidade e ao negro se diz o contrário e ele tem a pior oportunidade. É só um modo de expor isso e tudo o mais. Mas é real e existe e é difícil de revelar.

Latasha, a manicure citada anteriormente, respondeu à pergunta sobre o significado da discriminação contra os negros de forma pessoal:

> Acontece, isso realmente acontece, porque você tem algumas pessoas que simplesmente não vão deixar isso passar. Sabe, eles fingem muito e empinam o nariz e tem algumas pessoas que

simplesmente não desistem e algumas pessoas que simplesmente não escondem isso. Eles vão jogar isso na sua cara e fazer isso na sua frente.

Quando perguntada se ela poderia fornecer algum exemplo, Latasha narrou como seu próprio supervisor evita lidar com ela diretamente e relega essa tarefa a alguns de seus colegas de trabalho brancos.

Thelma, uma viúva no final dos seus sessenta anos, respondeu à pergunta sobre a discriminação afirmando: "Por brancos? [*Entrevistador: Ou por quem quer que seja, sim alguém.*] Sim!" Quando solicitada a dar mais detalhes, Thelma disse: "Porque é como se eu ou você vamos procurar um emprego e nos candidatamos a um emprego, certo? Eles nos recusam e aí um homem branco ou uma mulher branca vai lá e eles o contratam. Então isso é discriminação, bem ali!"

Um dos incidentes mais assustadores de discriminação manifesta foi narrado por Edward, o desempregado de 41 anos supracitado. Como parte de sua explicação sobre as interações que ele costumava ter com brancos nos empregos, ele narrou o seguinte incidente:

> Eu até tive uma discussão quando fui contratado pela Cross Company, e advinha sobre o que foi? Eles disseram como nós éramos violentos e eu estava comentando isso, dizendo "Bem, olhe, cara, você não é diferente." E adivinha o quê? Alguém atrás de mim se levantou de repente – e nós estávamos em um escritório de engenharia – e me chamou. E era alguém que eu achava uma pessoa razoavelmente decente, com a qual eu pensava ter boas relações. E eles começaram essa conversa sobre racismo, sobre a diferença entre pessoas negras e brancas. Não fui eu. Eu sou a única pessoa negra no escritório. Eu já tinha trocado opiniões com pessoas no escritório. Ele se levanta e ele não estava necessariamente sendo insultado. Ele pula à frente e me chama de *nigger* africano. Ele passa pela mesa de desenho e eu tento

persuadi-lo o tempo todo, porque eu acho que ele não vai fazer nada. Mas o cara tenta me dar um soco e me atinge no queixo.

Até agora mostrei que os negros acreditam que a discriminação é evidente, que ela os afeta pessoalmente e opera de forma grosseira ou sutil. No entanto, o enquadramento da minimização do racismo afetou a maneira na qual *alguns* negros pensam sobre discriminação. Por exemplo, a maioria dos brancos considera a discriminação *exclusivamente* um comportamento racista individual e antiquado de brancos contra minorias e, portanto, acha que a discriminação está diminuindo em importância. Alguns negros concordam com esse ponto de vista e não acham que a discriminação seja importante. Carla, a secretária executiva supramencionada, respondeu à pergunta sobre a discriminação afirmando: "Eu não tenho experiência com isso, ah, você disse discriminação racial? Eu não sofro discriminação diariamente, talvez isso aconteceu em uma ou duas ocasiões, mas não todos os dias."

Outros negros, que consideraram a discriminação um comportamento abertamente racista, acreditavam que apenas os negros que trabalham com brancos sofrem muita discriminação. Alma, uma dona de casa que trabalha fora meio período, respondeu da seguinte forma:

> Bem, se eles são [*risos*], quer dizer, é meio difícil dizer isso em relação a todos, porque em média a maioria das pessoas não fica perto de outra raça todos os dias, a fim de considerar a discriminação. Mas provavelmente uma pessoa que trabalha em [um] misto, sabe, com brancos e negros, é bem, sim, ouvi que eles sofrem discriminação.

Outros negros, no entanto, caracterizaram suas respostas ("Alguns negros sofrem discriminação, mas...") e fizeram uso dos enquadramentos do liberalismo cultural e abstrato para explicar o *status* dos negros. Natasha, a enfermeira supracitada, afirmou:

"Eu diria [*voz aguda*] que alguns provavelmente sofrem, eles provavelmente sofrem. Isso depende de, em qual plano em sua vida, onde estão, além do trabalho, que tipo de trabalho, eles sofreriam alguma discriminação." Quando pressionada pelo entrevistador com a pergunta: "O quanto você acha que isso afeta, sabe, pessoas negras, essa discriminação, em suas vidas diárias?" Natasha declarou:

> Não – isso [não impede] nada na medida em que acontece, sabe. Sabe o que estou dizendo? Você pode ter que lidar com isso, mas você tem que seguir em frente. Eu não acho que isso realmente produz um impacto nos dias de hoje, ou inibe alguém de fazer o que quer fazer ou ser o que quer ser. Isso tem a ver com cada indivíduo.

Vonda, a dona de casa mencionada anteriormente, nem pôde sequer avaliar se a discriminação afeta muito os negros ou não: "[*Pausa de oito segundos*] eu não sei como, sabe, eu não sei como responder a essa pergunta."

O Estilo de Racismo da Cegueira de Cor e os Negros

Sugeri no capítulo 4 que o estilo da cegueira de cor é oblíquo, indireto, sutil e cheio de aparente ambivalência e inclusive de contradições diretas. Minha principal descoberta nesta seção é que os negros não foram afetados de maneira significativa pelo estilo do racismo da cegueira de cor. Posto que a influência do estilo dessa ideologia sobre os negros é praticamente inexistente em algumas áreas (terminologia racista, projeções raciais e diminutivos), analiso aqui apenas o seu impacto nas áreas de movimentos semânticos e de incoerência retórica.

Os Movimentos Semânticos e os Negros

Os brancos utilizam uma série de piruetas verbais para evitar que pareçam "racistas". Especificamente, argumento que a cegueira de cor tem uma *conversa sobre raça* peculiar que inclui movimentos semânticos em situações nas quais os brancos sentem que podem soar racistas. Embora alguns analistas possam esperar que os negros sejam tão conscientes de não serem percebidos como antibrancos como os brancos são de serem percebidos como antinegros, ou que eles possam ser tão conscientes quanto os brancos de serem vistos como tendo fortes concepções raciais, meus resultados sugerem o contrário – uma descoberta consistente com o trabalho anterior[12]. Em geral, os negros falam abertamente. Se eles se opõem ao casamento inter-racial, é significativamente menos provável que tergiversem em comparação aos brancos. Se não têm amigos brancos ou se não se associam com brancos, afirmam isso sem promover um conhecido branco ao *status* de amigo[13]. Se os negros concordam ou discordam de uma política, em geral expressam sua opinião claramente. Eu sugiro que essa franqueza reflete o fato de que os negros têm muito pouco a esconder – ou muito pouco a perder – na ordem racial contemporânea[14]. Enquanto na escravidão ou no período Jim Crow, os negros tinham que ser "negros de palco"[15] se quisessem sobreviver, em consequência de novas normas, os brancos têm agora que ser "brancos de palco". Portanto, estar na parte inferior da ordem racial nos Estados Unidos pós-movimento dos direitos civis dá aos negros pelo menos a liberdade de dizer o que pensam.

Uma área que potencialmente poderia ter tornado os negros defensivos e que trouxe à luz alguma hesitação retórica foi a questão da "discriminação reversa". Contudo, os negros foram claros em suas crenças de que essa ideia é um absurdo. Jimmy, o assistente social citado anteriormente, disse que os brancos que falam sobre "discriminação reversa" estão "apenas vociferando".

A resposta de Jimmy a uma pergunta sobre se a decisão de uma empresa hipotética que contrata um candidato negro em vez de um candidato branco era discriminatória ou não contra brancos[16] foi a seguinte:

> Sim, é discriminar os brancos, mas no sentido de que você já tem todo o poder de uma posição e tudo o mais. E é como se você fosse 100% e tudo isso e se eu disser que vai cair para 97%, você vai vociferar, "você está me discriminando" e tudo o mais. Mas, sabe o que eu quero dizer, você precisa de alguma discriminação [*risos*].

Embora Jimmy interprete ações afirmativas como "discriminatórias", ele acredita que é necessário melhorar o *status* dos negros. Malcolm, um operário da construção civil de seus quarenta anos, expressou concepções semelhantes às de Jimmy e também de forma direta. Por exemplo, quando indagado sobre seu ponto de vista acerca de ações afirmativas, ele respondeu: "Eu sou a favor." À pergunta de acompanhamento sobre se ele achava que esse programa era injusto para com os brancos, replicou: "Bem, o racismo afeta todos os negros, mas as ações afirmativas afetam uma certa porcentagem de brancos. Então você realmente não pode comparar. Sabe, assim, eles chamam isso de anti-[*baixa a voz*]discriminação ou, sabe, você não pode comparar os dois."

Apesar de a maioria dos negros ter respondido às perguntas sem filtrá-las pelo labirinto retórico da cegueira de cor, alguns fizeram uso de frases semelhantes às da cegueira de cor. Contudo, eu sugiro que esses entrevistados, ao contrário dos brancos, não estavam tentando amenizar pontos de vista polêmicos ou racistas. Ao contrário, eles geralmente assinalavam contradições entre a maneira como as coisas deveriam ser e como as coisas são. Por exemplo, Tyrone, o trabalhador desempregado que citei antes, fez uso do que poderia ser visto como o movimento do "Sim e não" para explicar seu ponto de vista sobre ações afirmativas:

Bem, por um lado sou a favor disso, por outro lado sou contra. Agora, se todos tivessem uma oportunidade igual, não há nada contra a cor da sua pele ou nada, nós não precisaríamos de ações afirmativas. Mas quando não se dá oportunidades às pessoas, nós precisamos disso. Você tem que ter algo, sabe, para ajudar.

Embora sua resposta pareça incluir o movimento do "Sim e não" ("por um lado sou a favor, por outro lado sou contra"), Tyrone não hesita em afirmar que, como os Estados Unidos são cegos à cor, precisamos de ações afirmativas ("Você tem que ter algo para ajudar.") Em contraste, quando os brancos usaram o movimento do "Sim e não", eles adicionaram outras frases para significar ambivalência e insegurança (por exemplo, "não tenho certeza" ou "não sei"), mesmo quando tinham um argumento convincente, de uma forma ou de outra (ver capítulo 3). Tyrone não fez isso. Outra evidência de que Tyrone não era ambivalente nem estava tentando esconder racionalmente suas opiniões sobre ações afirmativas pode ser vista na sua resposta à pergunta sobre se as decisões da empresa hipotética eram discriminatórias ou não contra os brancos. Ele afirmou: "Como eles podem discriminar os brancos quando o emprego é 97% branco? Isso não é discriminação! Você tem 97% de pessoas brancas e 3% de uma raça diferente."

Na mesma linha, quando lhe pediram para explicar por que tantos brancos parecem irritados com as ações afirmativas, Tyrone respondeu de forma consistente com seu forte apoio:

> Bem, alguns deles imaginam que não estão tendo uma oportunidade justa. Alguns não gostam disso só porque está ajudando os negros. Mas para mim, sabe, como eu disse, se todos nós tivéssemos uma chance justa, não precisaríamos de ações afirmativas. Eles deveriam saber. Veja, eles não são negros e como eles podem dizer que é por isso que estão passando? Eles nunca foram negros. Eles nunca passaram pelo que nós passamos.

Outro movimento semântico que se tornou bastante popular entre os brancos é "Alguns dos meus melhores amigos são negros." Não encontrei um único entrevistado negro que tivesse feito uso da análoga "Alguns dos meus melhores amigos são brancos." Enquanto os brancos usaram essa frase para inflar suas associações com os negros e, ocasionalmente, serem capazes de dizer algo muito negativo sobre os negros, os negros não recorreram a frases semelhantes para declarar seus pontos de vista sobre os brancos. Por exemplo, os negros que não tinham amigos brancos não tiveram nenhum problema em afirmá-lo. Os exemplos a seguir ilustram como os negros que não tinham amigos brancos descreveram essa situação. Mark, o motorista do ônibus anteriormente citado, quando questionado sobre se ele teve ou não amigos íntimos brancos na escola, respondeu: "Na Renaissance eu não tinha amigos íntimos brancos. Tinha alguns com quem eu interagia e que eram colegas e conhecidos." Mais tarde na entrevista, quando indagado se ele tinha amigos brancos no seu emprego atual, Mark disse: "Não posso dizer que tenho amigos. Tem esses brancos com os quais me relaciono basicamente no trabalho." Natasha, a jovem enfermeira supracitada, quando lhe perguntaram: "Você teve algum amigo íntimo branco na escola"?, respondeu: "Ah, não, eu não tive nenhum." Regina, a dona de casa já mencionada, afirmou em termos inequívocos que ela não tinha amigos brancos enquanto crescia: "Não, não lá [*levanta a voz*], não na Louisiana. Não."

A Incoerência Retórica e os Negros

A maioria dos brancos nesses estudos foi incoerente em algum momento nas entrevistas por causa da natureza racialmente sensível do tema em discussão. Em contraste, quando os negros eram incoerentes, isso se devia ou ao seu padrão habitual de fala ou ao fato de não terem conhecimento do assunto. Por exemplo, enquanto o tópico de casamentos mistos levou muitos brancos ao silêncio virtual, os negros declararam suas opiniões sem muita hesitação. Seu comportamento corresponde aos resultados da pesquisa: 58% dos brancos e 88% dos negros no DAS aprovaram o casamento inter-racial. No entanto, quando a pergunta foi: "Suponha que o seu próprio filho se casasse com uma pessoa (branca/negra). Você se incomodaria muito, pouco ou nada?", 58% dos brancos disseram que se incomodariam "muito", ao passo que 32% disseram que se incomodariam "um pouco"; 84% dos negros disseram que não se incomodariam, índice que quase coincide com os 88% que aprovaram as uniões inter-raciais. Isso sugere que os negros têm pontos de vista mais consistentes acerca desse assunto sensível e, portanto, em comparação aos brancos, é menos provável que tentem dar respostas socialmente desejáveis.

Quer os negros tenham aprovado o casamento inter-racial e eles próprios o fariam (8 de 17); quer tenham aprovado, porém eles próprios nunca o fariam (7 de 17); quer tenham aprovado, mas assinalado problemas que os casais poderiam enfrentar (2 de 17); e quer tenham se oposto a esses relacionamentos (1 de 17); eles declararam suas respostas de forma mais clara que os entrevistados brancos (a soma total é de 18 em vez de 17 porque a resposta de um entrevistado se encaixa em duas categorias). Antes de continuar com minha análise, preciso adicionar duas advertências. Primeiro, estou interessado em destacar a *forma* ou o *estilo* de suas respostas, em vez de examinar o seu significado final. Em segundo lugar, devo destacar a interpretação assimétrica dessas questões em relação aos entrevistados negros e brancos[17]. Considerando que para os brancos a questão do casamento inter-racial parece evocar reações viscerais baseadas em leituras racializadas de corpos negros, para os negros – em particular para os negros mais velhos – ela evoca uma história de rejeição, exclusão, e até mesmo o ainda pouco estudado treinamento social e familiar entre os negros que visa evitar tais relações, no intuito de não criar problemas. Isso significa que a desaprovação de negros e brancos do casamento inter-racial significa coisas diferentes, porque a questão evoca circunstâncias e reações pessoais e históricas diferentes.

Um exemplo de uma entrevistada negra que não teve problemas com o casamento inter-racial, porém não faria isso ela mesma, foi Nel, a zeladora aposentada que já mencionamos:

> *Entrevistador*: OK, obrigado. Agora você pode me dizer, eu acho que você sabe, [quem] foram as pessoas com as quais você namorou e se casou? De que raça eram?
> *Nel*: Negras [*risos*].
> *Entrevistador*: Elas eram todas negras?
> *Nel*: Sim.
> *Entrevistador*: Tudo bem, obrigado. Vamos ver, agora, você já teve algum interesse romântico por uma pessoa branca?
> *Nel*: Nem sequer sonhei, sabe, nem pensei nisso.
> *Entrevistador*: Por quê?
> *Nel*: Não sei. Você está falando de romance, não? [*ininteligível*] eu realmente não posso responder a essa pergunta.

As respostas de Nel a essa série de perguntas foram, na maior parte, muito diretas. Apenas no que tange à última pergunta, por que ela não tinha tido algum interesse romântico por brancos, Nel não forneceu uma resposta satisfatória. No entanto, o comportamento, o tom e a retórica usados por Nel e pelos demais entrevistados a perguntas nessa categoria sugerem que eles não estavam tentando ocultar ou distorcer seus sentimentos e suas opiniões sobre esse assunto sensível.

O estilo direto de Nel, por exemplo, veio à tona mesmo quando lhe foi solicitada sua opinião sobre o casamento inter-racial. Sua resposta foi um simples "Eu não acho que haja algo de errado com isso". Quando o entrevistador lhe pediu para explicar essa resposta, Nel afirmou: "Eu não vejo nada, realmente, eu não vejo nenhuma diferença além do tom da pele." Embora essa resposta pudesse ser interpretada como desprovida de fundamento, semelhante à da maioria dos brancos, Nel não caracterizou seu apoio a esses casamentos, como fez a maior parte dos brancos. De mais a mais, ela acrescentou a seguinte informação que reforçou a credibilidade de sua resposta: "Mas agora eu tenho um irmão que ainda está [animado] e sua esposa [branca]. E eles eram tão legais, sabe. Eles moravam em Minnesota, mas eles eram legais, sabe. Talvez seja por isso que eu não pense em algo sobre isso, sabe."

Oito entrevistados negros aprovaram o casamento inter-racial e disseram que eles próprios se casariam com brancos. Suas respostas às questões inter-raciais foram semelhantes às de Irma, a jovem contadora conservadora já citada:

> *Irma*: Eu, eu não me importo. Se, se as pessoas [estão] apaixonadas, então isso não importa.
> *Entrevistador*: Você teria pensado em se casar com alguém de uma raça diferente?
> *Irma*: Sim, se eu tivesse, se houvesse oportunidade, sim, eu acho.

Um exemplo extremo de negros que aderiram a essa concepção é Carla, a secretária executiva anteriormente citada. Ela também é um modelo de como negros heterossexuais responderam à pergunta sobre o casamento inter-racial. Sua resposta foi: "Se você gosta disso, eu amo isso." Indagada se consideraria se casar com alguém que não fosse da sua raça, afirmou: "Sim." Essas respostas foram incomuns para os negros, porém estão adequadas às respostas dadas por Carla sobre esse e outros assuntos. Por exemplo, quando lhe perguntaram se ela já teve algum interesse romântico por pessoas de outras raças, ela disse: "[Eu] sempre quis." E quando lhe perguntaram se alguma vez ela se interessou por brancos, respondeu: "Sim."

Os entrevistados negros que se opunham ao casamento inter-racial declararam seu ponto de vista sem muita hesitação. Joe, por exemplo, um mecânico eletrônico de seus quarenta anos, se opôs a relações inter-raciais sem vacilar:

Entrevistador: Você já teve algum relacionamento com brancos?
Joe: Não.
Entrevistador: Você já teve algum interesse romântico por uma pessoa branca?
Joe: Não.
Entrevistador: E por que você acha que é assim?
Joe: Minha preferência.
Entrevistador: O seu cônjuge tem a mesma ascendência racial que você?
Joe: Sim.
Entrevistador: As pessoas têm sentimentos mistos sobre se casar com uma pessoa de raça diferente. Qual a sua opinião sobre esse assunto delicado?
Joe: [*limpa a garganta, pigarreando*] Eu sinto que pessoas da mesma raça devem ficar juntas, em vez de só interagir.
Entrevistador: Então você mesmo não pensaria em se casar com alguém ou não teria considerado se casar com alguém de uma raça diferente?
Joe: Eu diria isso. Eu diria isso.

Joe respondeu a todas essas difíceis perguntas da mesma maneira que respondeu a todas as demais perguntas durante a entrevista: de forma breve e precisa.

De todos os negros nessa amostra, encontrei apenas dois que hesitaram marcadamente no que tange à questão do casamento inter-racial. A hesitação de um desses entrevistados se revelou quando o entrevistador fez uma pergunta que não fazia parte do protocolo de entrevista. Malcolm, o trabalhador da construção civil já mencionado, vacilou um pouco na sua resposta à pergunta: "Você acha que poderia se ver tendo um interesse romântico por outra pessoa negra aqui?" A resposta de Malcolm: "Eu provavelmente poderia. Eu, eu, se acontecesse assim, então eu diria seja como for." O entrevistador formulou essa pergunta bastante incomum para Malcolm, um homem de seus quarenta anos, porque ele se descrevera como uma "pessoa solitária", mas havia dito que tinha saído com algumas mulheres enquanto estava em "serviço" na Alemanha e *todas elas* eram brancas. Sua hesitação, então, poderia ser atribuída ao fato de o entrevistador abordar uma questão delicada, mas em uma frente distinta: um homem de quarenta e poucos anos não envolvido com *nenhuma mulher* (estaria ele preocupado que o entrevistador estivesse verificando sua orientação sexual?) ou seu interesse exclusivo por mulheres brancas (estaria ele preocupado que o entrevistador pensasse que ele era um negro negrofóbico?).

Histórias Raciais de Cegueira de Cor e os Negros

No capítulo 5, documentei a proeminência de quatro *story lines* de cegueira de cor, especificamente, "O passado é o passado"; "Eu não possuía nenhum escravo"; "Eu não consegui um (emprego/promoção) por causa de um homem negro"; e "Se (grupos étnicos como judeus e italianos) conseguiram, por que os negros não conseguem?". Analisei também o papel desempenhado pelos testemunhos ou histórias pessoais na ideologia da cegueira de cor. Argumentei que as histórias raciais ajudam os brancos a selarem firmemente sua maior fábula da cegueira de cor, fornecendo argumentos viscerais e emocionais a fim de validar alguns mitos importantes acerca das relações raciais nos Estados Unidos. A despeito de a cegueira de cor ter maculado as formas nas quais os negros formulam muitas questões, com base na minha análise das dezessete entrevistas, parece que os negros não acreditam nessas histórias e nem as apoiam de modo significativo. Não consegui detectar nenhuma influência das duas últimas histórias, mesmo entre os entrevistados negros conservadores, nem tampouco dos testemunhos. Mesmo assim, as *story lines* "O passado é o passado" e "Eu não possuía nenhum escravo" afetaram um entrevistado negro diretamente e quatro indiretamente.

As duas primeiras histórias, que tendem a aparecer juntas, foram usadas diretamente por Carla, a secretária executiva conservadora. Ela respondeu à pergunta sobre as reparações como a maioria dos brancos o fez:

> Isso virou [um] um assunto na escola. Não lembro o que eu disse, mas agora sinto que foi há tanto tempo que as pessoas que estão aqui agora não tiveram nada a ver com isso. Então, eu não acho que seria, você pode dizer que sente muito, mas não vai, não vai levar de volta o que aconteceu. Portanto, eu não acho que seja necessário.

Conquanto essas histórias e sua lógica tenham afetado diretamente muitos poucos negros, elas influenciaram quatro negros indiretamente. Natasha, a jovem enfermeira, respondeu à pergunta sobre reparações da seguinte forma: "Sim, acho que sim. Mas ainda há alguma dessas pessoas por perto? Iria para aqueles membros sobreviventes da família?"

Embora Natasha apoie as reparações, ela parece influenciada pela ideia de que apenas pessoas *diretamente* afetadas pela escravidão podem exigi-las. Essa ideia, mencionada por muitos entrevistados brancos, opera sob a suposição de que a discriminação tem a ver com um passado distante que não afeta as oportunidades de vida dos negros atualmente. Se a discriminação terminou nos anos de 1860, então os negros que foram impactados por ela desapareceram e as reparações e outras formas de intervenção do governo em favor dos negros são desnecessárias.

Outro exemplo da influência indireta dessas histórias é Edward, o desempregado de 41 anos. Sua resposta sobre reparações foi: "Oh besteira, não, não! Eu acho que a América precisa pensar em seu povo agora e o povo americano é todo tipo de gente." Edward exibe a mesma emoção de muitos brancos ao responder a essa pergunta ("Oh, besteira, não, não!") e pensa, como a maioria dos brancos, que a questão é ajudar todos os americanos agora, em vez de perder tempo com o passado.

Conclusão

Neste capítulo, examinei a extensão do racismo de cor e como ele afeta os negros. Primeiro, mostrei que os negros, na maioria das vezes, não apoiam sinceramente os enquadramentos da cegueira de cor. Além disso, assinalei que os negros têm pontos de vista opostos sobre muitas questões importantes. Eles acreditam, por exemplo, que a discriminação é um fator central que molda suas oportunidades de vida neste país, apoiam com determinação ações afirmativas e são muito claros sobre a posição vantajosa dos brancos nessa sociedade. No entanto, também documentei que alguns dos enquadramentos e ideias da cegueira de cor tiveram efeito *indireto* significativo sobre os negros. Por exemplo, o enquadramento do liberalismo abstrato moldou o modo pelo qual muitos negros explicam a segregação escolar e residencial. Em segundo lugar, documentei que o estilo do racismo da cegueira de cor teve um impacto muito limitado sobre os negros. Enquanto os brancos vacilam e usam o discurso duplo para expor seus pontos de vista sobre questões raciais, os negros declaram suas concepções claramente e sem muita hesitação, mesmo quando o tópico em discussão é o casamento inter-racial. Finalmente, sugeri que apenas duas das quatro *story lines* da cegueira de cor tiveram algum impacto sobre os negros. Ainda que a maior parte do impacto dessas histórias tenha sido indireto, o fato de cinco dos dezessete negros terem sido, direta ou indiretamente, afetados por elas sugere que a correia de transmissão ideológica está funcionando bem. Assim, considero a ideologia da cegueira de cor como a ideologia racial hoje *dominante*, porque une os brancos e turva, configura e fornece muitos dos termos do debate para os negros.

Para os estudantes de ideologia, minhas descobertas não devem ser surpreendentes. Atores dominantes (homens, capitalistas, brancos), em virtude de sua centralidade no sistema social e seus recursos superiores, são capazes de enquadrar o terreno dos debates e influenciar as visões de grupos subordinados. Por conseguinte, como argumentei acima, uma ideologia dominante é eficaz não pelo fato de estabelecer uniformidade, mas por propiciar os enquadramentos para a organização da diferença[18]. Como Nicos Poulantzas escreveu sobre a ideologia da classe dominante:

> O domínio de [uma ideologia] é mostrado pelo fato de as classes dominadas viverem suas condições de existência política por meio das formas do discurso político dominante: isso significa que, muitas vezes, elas vivem *inclusive sua revolta* contra a dominação do sistema dentro do quadro de referência da legitimidade dominante[19].

Mulheres e trabalhadores, por exemplo, podem ter visões distintas daquelas dos homens e dos capitalistas, porém compartilham o suficiente seus pontos de vista e ideias e, mais importante, o *terreno* do discurso político, de modo que mesmo suas contestações do patriarcado e do capitalismo estão dentro dos limites do que é "legítimo" para homens e capitalistas. Mulheres e trabalhadores podem exigir "igualdade de oportunidades" – uma demanda que não subverte os parâmetros de gênero ou a regra de classe – mas é menos provável que lutem por representação proporcional e recompensas em todas as redes e instituições sociais ou pela redistribuição de riqueza.

Qual é o significado dos resultados por mim obtidos? Por um lado, minhas descobertas revelam com algum detalhe o modo preciso pelo qual os negros discordam dos brancos em questões raciais importantes do nosso tempo. Por exemplo, ao contrário dos brancos, os negros percebem que o racismo é estrutural e que a falta de poder e o acesso diferenciado às recompensas está no âmago da situação racial estadunidense. Portanto, eles apoiam fortemente programas como ações afirmativas, não obstante a implacável campanha ideológica contra elas. A tal respeito, concordo com aqueles[20] que alegam que negros e brancos têm visões distintas acerca da maior parte das questões raciais. Por outro lado, minhas descobertas revelam com clareza que os negros são influenciados *diretamente* (por exemplo, o fundamento lógico cultural e a naturalização das questões raciais) e *indiretamente* (por exemplo, o fundamento lógico do livre mercado e o racismo do *laissez-faire*) pelos enquadramentos da cegueira de cor. Embora se espere que os negros tenham uma forte tendência contra o conceito de "cultura da pobreza", descobri que muitos aceitam partes substanciais desse argumento. Essa infiltração ideológica dos enquadramentos da cegueira de cor na consciência política dos negros dificulta o desenvolvimento de uma ideologia de oposição total ou "utopia"[21] para lutar contra a supremacia branca contemporânea. Assim, posto que muitos negros são influenciados por elementos da cegueira de cor, a luta contra esse tipo de racismo terá que ser travada não só contra os brancos que não conseguem ver a centralidade da raça nos Estados Unidos, mas também contra os muitos negros *ligeiramente* cegos à cor.

Uma possível pergunta premente de muitos leitores é se os negros são tão "racistas" quanto os brancos. Para responder de modo adequado, preciso retomar o referencial teórico que ancora este livro: o referencial racializado do sistema social (ver capítulo 1). Minha preocupação tem sido descrever em detalhe a ideologia racial dominante da era pós-movimento dos direitos civis e explorar como isso afeta brancos e negros. Nesse processo, evitei moralizar a análise (tentando identificar pessoas "boas" e "más"). Minhas descobertas gerais são de que a *maioria* dos brancos acredita sinceramente nessa nova ideologia, recorre a seus vários elementos para articular os seus pontos de vista sobre questões raciais e que um número significativo de negros é indiretamente afetado por essa ideologia, fazendo também uso de alguns dos seus elementos.

Não quero, no entanto, evitar o que pode ser a verdadeira questão para alguns leitores: os negros são tão "racistas" (significando antibrancos) quanto os brancos (ou seja, antinegros)? Essa questão, formulada por alguns entrevistados brancos nos meus estudos, tem recebido alguma legitimidade nos círculos liberais e radicais devido à posição articulada por Michael Omi e Howard Winant na edição de 1994 de sua importante obra *Racial Formation in the United States* (A Formação Racial nos Estados Unidos)[22]. Nela, Omi e Winant argumentam que o racismo equivale a qualquer prática que *"cria ou reproduz estruturas de dominação baseadas em categorias essencialistas de raça"*[23]. Com base nesse critério, eles concluem que os negros também podem ser "racistas" e que, na verdade, alguns são. Do ponto de vista de vantagem do referencial racializado do sistema social por mim desenvolvido, a resposta a essa pergunta é diferente. Em primeiro lugar, a pergunta deve ser reformulada: em vez de "Os negros são tão 'racistas' quanto os brancos"? para "Os negros são tão 'preconceituosos' quanto os brancos?". Faço isso porque o conceito de "racismo" utilizado pela maioria dos cientistas sociais e comentaristas baseia-se no individualismo metodológico (a separação entre indivíduos "racistas" e "não racistas") e no psicologismo (a suposição de que indivíduos "racistas" são patológicos, enquanto os não "racistas" são normais). Em contraposição, tentei definir o racismo como um conceito sociopolítico que se refere exclusivamente à ideologia racial que serve de "cola" a uma determinada ordem racial. Assim, sugeri que o racismo da cegueira de cor é a ideologia da era do "novo racismo". Minha resposta, portanto, a essa pergunta reformulada é que qualquer raça (ou grupo étnico) pode ser "preconceituosa" contra qualquer outra raça ou raças (por exemplo, os negros podem ser antijudeus e os judeus podem ser antinegros). No que diz respeito à questão do grau em que os negros são antibrancos, a maior parte das pesquisas sugere que é *menos provável* que eles sejam antibrancos do que os brancos sejam antinegros. Na verdade, a descoberta mais interessante na pesquisa do preconceito é que tanto os negros quanto os brancos tendem a acreditar em muitos dos estereótipos antinegros[24].

Se a pergunta for: "É *provável* que os negros desenvolvam um sistema social racializado nos Estados Unidos no qual os negros são a raça dominante?", a resposta é absolutamente não. Os negros não têm o poder[25] (capacidade organizacional e recursos) para levar a cabo um programa nacionalista[26] que visa criar um Estado racial pró-negro. Os negros também carecem da capacidade demográfica (números) necessária para organizar uma revolução como no Haiti, no século XVIII. Na realidade, dadas as atuais mudanças na demografia racial da nação (os negros já não são o maior grupo minoritário do país), o cenário futuro mais provável é que as relações raciais se tornem similares às existentes na América Latina – isto é, que uma nova ordem trirracial emergirá com um componente pigmentocrático[27]. Como uma sociedade similar à latino-americana, qualquer forma de contestação se tornará cada vez mais difícil, o que, como na América Latina, permitirá que a supremacia branca reine soberana, oculta do debate público.

No próximo capítulo, formulo a hipótese de como a estratificação racial nos Estados Unidos poderá parecer no futuro.

9

E Pluribus Unum[1] ou o Mesmo Perfume Antigo em um Novo Frasco?

Sobre o Futuro da Estratificação Racial nos Estados Unidos

O Que Significa Todo o Ruído Racial? Um Esboço de Coisas Por Vir

Os latinos constituem agora, oficialmente, o maior grupo minoritário do país. De acordo com o Census Bureau, enquanto os negros compreendem 13% da população dos EUA, os latinos são 16,3%[2]. Essa explosão da população latina, gerada pela imigração, já criou uma série de fraturas visíveis nos Estados Unidos que parecem estar mudando o terreno racial. Nos círculos acadêmicos, por exemplo, estudiosos conservadores começaram a atacar a nova demografia racial como sendo devastadora para o futuro do país. Um exemplo deles é Samuel Huntington, cientista político de Harvard, que em seu recente livro *Who Are We? The Challenges to America's National Identity* (Quem Somos Nós? Os Desafios da Identidade Nacional Americana), argumentou que a imigração latina ameaça a cultura americana anglo-saxônica, bem como a integridade política do país[3]. E políticos de ambos os partidos, bem como notáveis comentaristas, como Lou Dobbs – desde aproximadamente 2003, ele tem abordado todas as noites o tópico da imigração ilegal em seu show *Lou Dobbs Tonight*, no segmento "Broken Borders"[4] – e quase todos os comentaristas da Fox News (como Brit Hume,

Tony Snow, Sean Hannity, John Gibson e o mais vitriólico deles, Bill O'Reilly) articulam e inflamam os temores anti-imigrantes junto ao público em geral.

Além da explosão populacional latina, surgiram outras tendências que desafiam a nossa divisão birracial tradicional (branca *versus* não branca) e, mais especificamente, o nosso entendimento negro-branco de política racial nos Estados Unidos. Outro grupo que ganhou visibilidade em nossas discussões raciais são os asiáticos americanos, em alguns aspectos devido aos seus ganhos demográficos (eles constituem agora 5% da população), parcialmente porque, enquanto grupo, são vistos como muito bem-sucedidos do ponto de vista econômico e educacional e, mais importante, em parte porque ainda são percebidos pela maioria dos americanos através das lentes do que aconteceu no Sudeste Asiático[5]. Neste último ponto, a ascensão comercial do Japão e, particularmente, da China, gerou um temor no Oriente que pode ser visto em filmes (*Red Corner* [Justiça Vermelha], 1997; *Mulan*, 1998 etc.), escândalos políticos, e no modo como a China é discutida quase todas as noites nos noticiários[6].

Outra ilustração da mudança do terreno racial nos Estados Unidos é a nossa recente discussão nacional sobre o *status* de pessoas "multirraciais" e "birraciais"[7]. Dois eventos moldaram nosso engajamento coletivo nessas questões nos últimos dez anos. Primeiro, o golfista fenomenal Tiger Woods, filho de pai negro e mãe tailandesa, fez uma declaração pública sugerindo que ele não era negro, porém *cablanasian* (uma mistura de caucasiano, negro e asiático). Isso levou a um debate público furioso sobre o que significa ser "negro" ou "misto" e se as pessoas podem ou não reivindicar uma identidade diferente daquelas já inscritas em nosso pentagrama racial. (Quem já ouviu falar de algo como um *cablanasian*?) Em segundo lugar, a luta travada por pessoas no movimento multirracial[8] visando forçar mudanças na forma pela qual o Census Bureau coletou dados raciais – especificamente, de modo a incluir uma categoria multirracial, que coincidiu com os esforços dos políticos republicanos para pôr fim à coleta de dados raciais completamente – terminou com a adição do item "mais de uma raça" na programação do Censo 2000.

Finalmente, e em relação a alguns dos desenvolvimentos já mencionados, o índice de namoros e de casamentos inter-raciais entre latinos e brancos e asiáticos e brancos disparou[9]. Em geral, o casamento inter-racial, que representava menos de 1% de todos os casamentos no país, representa hoje 5,4%. Muitos demógrafos e alguns intelectuais anunciaram que esse desenvolvimento significa a erosão dos limites raciais e talvez aponte o caminho para sair do nosso atoleiro racial nacional[10].

Assim, enquanto escrevo esta edição revisada, todos nós refletimos sobre qual será o futuro da raça na América. Como a explosão populacional latina afetará o drama racial de trezentos anos do país? Será que os latinos substituirão os negros como o bicho-papão racial[11] ou irão se tornar brancos, como alguns analistas sugeriram?[12] E como os asiáticos se encaixarão no emergente sistema hierárquico racial? Serão tratados como brancos ou vilipendiados como os inimigos internos, como aconteceu com os nipo-americanos durante a Segunda Guerra Mundial? Ou todas essas tendências significam que perdi meu tempo (e o seu dinheiro) escrevendo este livro porque, como alguns comentaristas argumentaram, vivemos na época do "fim do racismo" ou, pelo menos, do "declínio da importância da raça"?[13]

Esses são os tipos de problemas que me levaram a escrever este capítulo. Minha alegação básica, ao contrário das previsões românticas dos assimilacionistas[14] ou do pessimismo racializado de anglo-saxões como Huntington, é que todo esse rearranjo denota que a ordem birracial típica dos Estados Unidos, que foi a exceção no sistema racial mundial[15], está se desenvolvendo em um sistema de estratificação trirracial complexo e frouxamente organizado, similar ao de muitas nações da América Latina e do

Caribe. Especificamente, sustento que o sistema trirracial emergente será composto por "brancos" no topo, um grupo intermediário de "brancos honorários" – semelhantes aos *coloreds* na África do Sul durante o *apartheid* formal – e um grupo não branco ou o "coletivo negro" na parte inferior. Ilustro na figura 9.1 o que esses três grupos podem parecer. Minha hipótese é que o grupo branco incluirá brancos "tradicionais", novos imigrantes "brancos" e, num futuro próximo, latinos brancos totalmente assimilados (como o ex-secretário de educação Lauro Cabazos, o treinador de futebol americano da Universidade de Wisconsin Barry Alvarez e atores como Martin Sheen), multirraciais de pele mais clara e outros subgrupos; o grupo racial intermediário, ou de brancos honorários, compreenderá a maior parte dos latinos de pele mais clara (por exemplo, a maioria dos cubanos e segmentos das comunidades mexicana e porto-riquenha); nipo-americanos; coreanos americanos; indianos; sino-americanos; a maior parte dos americanos do Oriente Médio; e, finalmente, que o grupo coletivo negro incluirá negros, latinos de pele escura, vietnamitas, cambojanos, filipinos e laocianos.

Como um sistema trirracial (ou ordem racial similar à latina ou à caribenha), o conflito racial será amortecido pelo grupo intermediário, como acontece com o conflito de classe quando a estrutura de classes inclui uma grande classe média. Ademais, gradações de cor, que sempre foram questões importantes na diferenciação de intergrupos, se tornarão fatores mais salientes de estratificação. Por último, os americanos, à semelhança de pessoas em ordens complexas de estratificação racial, começarão a fazer apelos nacionalistas ("Somos todos americanos"), a condenar o seu passado racial e a afirmar que estão "além da raça".

Argumento que essa nova ordem será aparentemente mais pluralista e exibirá maior fluidez racial do que a ordem que está substituindo. Esse novo sistema, entretanto, servirá como uma fortaleza formidável para a supremacia branca. O seu "estamos além da raça" e sua música de cegueira de cor irão afogar as vozes daqueles que lutam pela igualdade racial ("Por que continuar falando sobre raça e racismo quando somos todos americanos?") e pode até obscurecer completamente o espaço da conversa sobre raça. Assim, nessa emergente América ao estilo da América Latina, a desigualdade racial permanecerá – e poderá até aumentar –, porém haverá um espaço restrito para combatê-la.

Figura 9.1
Mapa Preliminar da Ordem Trirracial nos Estados Unidos

"Brancos"
    Brancos
    Novos brancos (russos, albaneses etc.)
    Latinos brancos assimilados
    Alguns multirraciais
    Indígenas americanos assimilados (urbanos)
    Algumas pessoas de origem asiática

"Brancos Honorários"
    Latinos de pele clara
    Nipo-americanos
    Coreanos americanos
    Indianos
    Sino-americanos
    Americanos do Oriente Médio
    A maioria dos multirraciais

"Coletivo Negro"
    Vietnamitas americanos
    Filipinos americanos
    Hmong americanos
    Laocianos americanos
    Latinos de pele escura
    Negros
    Novos imigrantes das Índias Ocidentais e da África
    Indígenas americanos das reservas

Devo fazer algumas advertências importantes antes de prosseguir. Primeiro, a figura 9.1 é heurística e não definitiva e, portanto, é incluída aqui somente como um guia de como, a meu ver, os vários grupos étnicos irão se alinhar na ordem racial emergente. Reconheço, no entanto, que a posição de alguns grupos pode mudar (por exemplo, com referência a sino-americanos, indianos e, particularmente, árabes americanos – sobre isso ver, por favor, meus comentários no final do capítulo); que o mapa não inclui todos os grupos nos Estados Unidos (samoanos, micronésios e esquimós, entre outros, não estão no mapa); que é *possível* que surjam mais de três estratos raciais; e que nessa fase inicial deste projeto e tendo em conta algumas limitações de dados, alguns grupos podem acabar em estratos raciais totalmente diferentes (por exemplo, os filipinos podem se tornar "brancos honorários" em vez de um subgrupo do "coletivo negro"). Mais significativamente, se a minha tese de latino-americanização for precisa, haverá uma porosidade de categorias, bem como uma "pigmentocracia", tornando o mapa útil para previsões de grupo mais que em nível individual. A primeira refere-se a membros individuais de um estrato racial ascendendo (ou descendendo) no sistema de estratificação (por exemplo, um negro de classe média e de pele clara que se casa com uma mulher branca, movendo-se para o estrato de "brancos honorários") e a última refere-se à ordenação de grupos e membros de grupos de acordo com o fenótipo e as características culturais (por exemplo, filipinos no topo do "coletivo negro" devido ao seu elevado nível de educação e renda, bem como alto índice de casamento inter-racial com brancos). Por último, posto que estou prevendo o futuro, realmente espero que possamos evitar por completo a cristalização dessa ordem racial ou pelo menos solapá-la parcialmente.

Neste capítulo, procedo da seguinte maneira. Em primeiro lugar, como estou sugerindo que os Estados Unidos estão se tornando similares à América Latina, enumero sucintamente algumas poucas características principais da estratificação racial na América Latina. Em segundo lugar, explico o porquê da minha afirmação do surgimento de um sistema trirracial. Em terceiro lugar, examino alguns poucos indicadores objetivos disponíveis (por exemplo, dados sobre renda e educação); indicadores subjetivos (como atitudes raciais e autoclassificação racial); e indicadores de interação social (casamento inter-racial e escolhas residenciais), no propósito de ver se são adequados às expectativas da minha tese de latino-americanização. Por fim, discuto as implicações dessa nova ordem para a política racial do futuro.

Como a Estratificação Racial Funciona nas Américas

Não obstante as alegações de não racialismo ("Não temos racismo aqui. Esse é um problema americano"), as minorias raciais nos países latino-americanos tendem a estar em pior situação, comparativamente falando. No entanto, poucas revoltas nos séculos XX e XXI na América Latina tiveram um componente racial tão claro (apesar de exceções importantes, como o movimento zapatista). Essa aparente contradição é explicada pelo fato de que a raça tem um "espaço discursivo" muito limitado na América Latina e, para que as pessoas lutem ao longo de um eixo de divisão social, esse eixo deve ser visível e real para elas. "O preconceito" – os latino-americanos não falam sobre "racismo" – é considerado um legado da escravidão e do colonialismo e a desigualdade "racial" (novamente, latino-americanos e caribenhos não acreditam que a raça seja parte de sua realidade social) é vista como o produto da dinâmica de classe.

Uma vez que a análise da longa história que produziu esse estado de coisas está além do escopo deste capítulo, apenas esboço[16] seis características fundamentais da estratificação racial latino-americana (e caribenha).

Miscigenação ou "Mestiçagem"

Os Estados-nação latino-americanos, com poucas exceções, estão totalmente misturados segundo o aspecto racial. A mistura racial, porém, de modo algum contestou a supremacia branca na América Latina colonial ou pós-colonial, pois 1. a mistura era de homens brancos e mulheres índias ou negras, mantendo a ordem de raça/gênero no lugar; 2. os homens eram fundamentalmente pobres e/ou da classe trabalhadora, o que ajudou a manter a ordem de raça/classe no lugar; 3. a mistura seguiu um padrão racialmente hierárquico, tendo o "branqueamento" como objetivo; e 4. os casamentos entre pessoas nos três principais grupos raciais eram (e ainda são) principalmente homógamos (entre pessoas dos mesmos estratos raciais).

Sistemas de Estratificação Racial Plural

Embora os Estados coloniais portugueses e espanhóis quisessem criar "duas sociedades", as realidades demográficas da vida colonial suplantaram seus desejos. Já que a maioria dos postos avançados coloniais atraía poucos europeus, tais sociedades desenvolveram grupos intermediários de "pardos" ou "mestiços", que amorteciam os conflitos sociopolíticos. Mesmo que esses grupos não alcançassem o *status* de "brancos" em nenhum lugar, ele era melhor que o das massas índias ou negras e, portanto, tais grupos desenvolveram seu próprio interesse distinto.

Colorismo ou Pigmentocracia

Existe ainda outra camada de complexidade nos sistemas de estratificação racial latino-americanos. Os estratos raciais plurais também são internamente estratificados por "cor" (entre aspas porque, além do tom de pele, o fenótipo, a textura do cabelo, a cor dos olhos, a cultura e a educação, e a classe são importantes na classificação racial de indivíduos na América Latina), um fenômeno conhecido na literatura como pigmentocracia ou colorismo.

Branqueamento Como Ideologia e Prática

O "branqueamento" tem sido tratado na literatura latino-americana como uma ideologia. No entanto, ele foi e é um processo econômico, político e pessoal verdadeiro. No nível pessoal, as famílias podem ser *colored* ou mesmo racialmente divididas e exibir um tratamento diferenciado para com membros de pele escura. Assim, em vez de mostrar a flexibilidade racial latino-americana, a mistura racial orientada pelo objetivo de branqueamento mostra a eficácia da lógica da supremacia branca.

A Ideologia Nacional da Mestiçagem

A independência nacional na América Latina significou, entre outras coisas, silenciar qualquer discussão sobre raça, forjando o mito de unidade nacional. Depois de anos de tentativas de juntar as nações latino-americanas sob a bandeira da *hispanidade*, cristalizou-se uma ideologia mais formidável: a ideologia da *mestiçagem* (mistura racial). Conquanto escritores e políticos latino-americanos tenham louvado as virtudes da *mestiçagem*, essa noção funcionou como ideologia para ajudar a manter a raça abaixo do radar social e melhor salvaguardar o poder branco.

"Somos Todos 'Latino-Americanos'": Raça como Nacionalidade/Cultura

A maioria dos latino-americanos se recusa a identificar-se em termos raciais. Prefere usar descritores nacionais (ou culturais), tais como: "Sou porto-riquenho ou brasileiro." Esse comportamento é citado como um exemplo da fluidez da raça na América Latina. No entanto, definir nação e povo como a "fusão de culturas" (ainda que a fusão seja vista de forma eurocêntrica) é o resultado lógico de todos os fatores já mencionados. Declarações nacionalistas do tipo "Somos todos porto-riquenhos" não constituem evidências de não racialismo, porém a manifestação direta da estratificação racial peculiar à América Latina.

Por Que a Latino-Americanização Agora?

Quais são as razões por trás da estratificação racial ao estilo da América Latina neste momento da nossa história? As razões, na minha opinião, são múltiplas. Primeiro, como discuti acima, a demografia da nação está mudando. As minorias raciais compõem atualmente cerca de 30% da população e, segundo sugerem projeções populacionais, elas poderão se tornar a maioria numérica por volta do ano de 2050. Esse rápido escurecimento da América está criando uma situação semelhante à de Porto Rico, Cuba ou Venezuela nos séculos XVI e XVII, ou da Argentina, do Chile e do Uruguai no final do século XVIII e início do século XIX. Em ambos os períodos históricos, as elites perceberam que seus países estavam se tornando majoritariamente "negros" (ou "não brancos") e delinearam uma série de estratégias (malsucedidas no primeiro caso e bem-sucedidas no último) para branquear a população[17]. A despeito de o branqueamento da população por meio da imigração ou pela classificação de muitos recém-chegados como brancos ser uma possível solução para a nova demografia americana, por razões discutidas abaixo, não creio que isso seja provável[18]. Por conseguinte, uma acomodação mais plausível à nova realidade racial é: 1. criar um grupo racial intermediário para amortecer o conflito racial[19]; 2. admitir alguns recém-chegados aos estratos raciais brancos; e 3. incorporar a maioria dos imigrantes nos estratos do coletivo negro.

Em segundo lugar, como parte da imensa reorganização que ocorreu nos Estados Unidos na era pós-movimento dos direitos civis, surgiu uma nova supremacia branca, mais gentil, que rotulei alhures de o "novo racismo" (para um breve resumo do meu argumento, ver o capítulo 1 deste livro ou o capítulo 4 em minha obra de 2001, *White Supremacy and Racism in the Post-Civil Rights Era*). Nos Estados Unidos pós-movimento dos direitos civis, a manutenção do privilégio branco sistêmico é realizada social, econômica e politicamente por meio de práticas institucionais, veladas e aparentemente não raciais. Seja em bancos ou universidades, lojas ou mercados de habitação, a discriminação sorridente parece ser a ordem do dia. Esse tipo de discriminação "mais suave" se coaduna com a forma na qual a discriminação opera na América Latina e facilitará a transição para um discurso de "o racismo está diminuindo em importância aqui".

Essa nova supremacia branca também produziu uma ideologia concomitante que ressoa em toda a América Latina: a ideologia do racismo da cegueira de cor. Tal ideologia, como é norma em toda a América Latina, nega a proeminência da raça, escarnece daqueles que falam de raça e cada vez mais proclama que "somos todos americanos" (tema principal deste livro que, portanto, precisa de pouca discussão.)

Em terceiro lugar, as relações raciais se tornaram globalizadas. As nações ocidentais, outrora quase todas brancas, já "interiorizaram o outro"[20]. A nova necessidade sistêmica mundial de acumulação de capital levou à incorporação de estrangeiros "escuros" como "trabalhadores convidados" e inclusive como trabalhadores permanentes. Assim, as nações europeias nos dias de hoje têm minorias raciais em seu meio, que estão se tornando progressivamente uma subclasse[21], desenvolveram uma "estrutura racial" interna (ver capítulo 1) para manter o poder branco, e possuem uma ideologia racial curiosa, que combina etnonacionalismo com uma ideologia cega à raça similar ao racismo da cegueira de cor dos Estados Unidos atualmente[22].

Essa nova realidade racial global, creio eu, reforçará a tendência de latino-americanização nos Estados Unidos à medida que versões do racismo da cegueira de cor se tornem predominantes na maioria das nações ocidentais. De mais a mais, posto que muitos países ocidentais outrora quase todos brancos (Alemanha, França, Inglaterra etc.) tornam-se cada vez mais diversificados, o modelo latino-americano de estratificação racial pode vir à tona também nessas sociedades.

Em quarto lugar, a convergência das ações políticas e ideológicas do Partido Republicano, de comentaristas e ativistas conservadores e do chamado movimento multirracial criou espaço para a transformação radical da forma em que coletamos dados raciais nos Estados Unidos. Um possível resultado do vaie vem de categorias do Census Bureau sobre classificações étnicas e raciais é ou a diluição dos dados raciais ou a eliminação da raça como categoria oficial. Nesse ponto, Ward Connerly e seus camaradas perderam o primeiro *round* em sua California Racial Privacy (Proposição de Privacidade Racial da Califórnia)[23], porém acredito que possam ser bem-sucedidos em outros Estados e, consideradas as mudanças na Suprema Corte, seus esforços poderão dar frutos no futuro próximo.

Se a raça desaparece como categoria de divisão oficial, como tem ocorrido na maior parte do mundo, isso facilitará o surgimento de uma ordem racial plural na qual os grupos existem *na prática*, mas não são oficialmente reconhecidos – e quem quer que tente abordar divisões raciais provavelmente será repreendido por racializar a população. Esse é, como argumentei alhures, o segredo da raça na América Latina[24].

Por último, o ataque a ações afirmativas, que é parte do que Stephen Steinberg denominou o "recuo racial"[25], é a convocação que sinaliza o fim da política social baseada na raça nos Estados Unidos. A recente decisão da Suprema Corte em *Grutter v. Bollinger*[26], saudada por alguns observadores como uma vitória, é, na melhor das hipóteses, uma vitória frágil, pois permite o emprego restrito da raça nas admissões em faculdades, impõe um prazo final artificial de 25 anos para o programa, e incentiva uma análise caso a caso monumental para admitir estudantes, o que provavelmente criará caos e pressionará as instituições a tomar decisões de admissão com base nos resultados dos testes. Novamente, isso reforça a tendência de latino-americanização, porque a eliminação da política social com base na raça é, entre outras coisas, fundamentada na noção de que a raça não mais afeta as oportunidades de vida dos americanos. Contudo, como na América Latina, podemos eliminar a raça por decreto e manter – ou inclusive ver um aumento em – o grau de desigualdade racial.

Uma Visão dos Dados

Recapitulando, sustento que, devido a importantes mudanças demográficas, sociopolíticas e internacionais, os Estados Unidos estão desenvolvendo um sistema mais complexo de estratificação racial que se assemelha àqueles típicos das sociedades latino-americanas. Sugiro que três estratos raciais irão se desenvolver, especificamente, brancos, brancos honorários e o coletivo negro, e esse "fenótipo" será um fator central que determinará onde grupos e membros de grupos raciais e étnicos se encaixam – pessoas de pele mais clara no topo, de tons de pele intermediários no meio e de pele escura na parte inferior[27]. Embora eu postule que a latino-americanização não se concretizará por várias décadas, forneço nas seções a seguir uma análise superficial de vários indicadores objetivos, subjetivos e de interação social, para verificar se as tendências corroboram minha tese.

A Posição Objetiva de "Brancos", "Brancos Honorários" e "Negros"

Se a latino-americanização está acontecendo nos Estados Unidos, disparidades relacionadas à renda, aos índices de pobreza, à educação e à posição ocupacional entre brancos, brancos honorários e o coletivo negro deveriam estar se desenvolvendo. Os dados disponíveis sugerem que esse é o caso. Em termos de renda, como mostra a tabela 9.1, latinos "brancos" (argentinos, chilenos, costa-riquenhos e cubanos) estão em melhor situação que latinos de pele escura (mexicanos, porto-riquenhos etc.). As aparentes exceções (bolivianos e panamenhos) são exemplos de autosseleção entre esses grupos de imigrantes. Por exemplo, quatro das dez maiores concentrações de bolivianos nos Estados Unidos estão na Virgínia, um Estado com apenas 7,2% de latinos (Census Bureau, 2000)[28].

Tabela 9.1
Renda Média Per Capita ($) de Seletos Grupos Étnicos Asiáticos e Latinos, 2000

LATINOS	RENDA MÉDIA	ASIÁTICOS AMERICANOS	RENDA MÉDIA
Mexicanos	9.467,30	Chineses	20.728,54
Porto-riquenhos	11.314,95	Japoneses	23.786,13
Cubanos	16.741,89	Coreanos	16.976,19
Guatemaltecos	11.178,60	Indianos	25.682,15
Salvadorenhos	11.371,92	Filipinos	19.051,53
Costa-riquenhos	14.226,92	Taiwaneses	22.998,05
Panamenhos	16.181,20	Hmongs	5.175,34
Argentinos	23.589,99	Vietnamitas	14.306,74
Chilenos	18.272,04	Cambojanos	8.680,48
Bolivianos	16.322,53	Laocianos	10.375,57
Brancos	17.968,87	Negros	11.366,74

Fonte: 2000 PUMS (Public Use Microdata Sample) 5% Amostra.

Nota: Utilizo a renda *per capita* posto que a renda familiar distorce o *status* de alguns grupos, pois em alguns deles há mais indivíduos que contribuem para a renda familiar do que em outros (por exemplo, o caso da maioria das famílias asiáticas).

A tabela 9.1 também mostra que os asiáticos exibem um padrão similar ao dos latinos. Assim, surge uma grave disparidade de renda entre os grupos que denomino asiáticos brancos honorários (japoneses, coreanos, filipinos e chineses) e aqueles que, segundo minha sugestão, pertencem ao coletivo negro (vietnamitas, cambojanos, hmongs e laocianos).

A análise dos dados sobre educação, ocupações e desemprego revela padrões similares (para tabelas sobre tais tópicos, ver o capítulo mencionado na nota 15). Isto é, os latinos de pele clara e os asiáticos de elite estão em situação significativamente melhor do que seus irmãos de pele mais escura em todas essas áreas.

A Posição Subjetiva dos Estratos Raciais

Psicólogos sociais têm demonstrado amplamente que é preciso muito pouco para que grupos se formem, desenvolvam uma visão comum e adjudiquem posições de *status* a características nominais[29]. Portanto, não deveria ser surpreendente que disparidades relacionadas à renda, ao *status* ocupacional, à educação e ao emprego entre esses vários estratos estejam levando a estágios iniciais de formação de grupo. Por exemplo, membros dos grupos que, no meu parecer, tinham mais probabilidade de se tornarem brancos honorários, podem estar se classificando como "brancos" e acreditando que são diferentes (melhores) daqueles que, segundo alego, provavelmente estarão incluídos na categoria do coletivo negro. Se isso está ocorrendo, os membros desses grupos também devem estar no processo de desenvolver atitudes raciais parecidas com as dos brancos, condizentes com sua nova posição social e diferenciando-se (distanciando-se) dos membros do grupo que, acredito, serão abrangidos pelo coletivo negro.

De acordo com minha tese, espero que os brancos façam distinções entre brancos honorários e o coletivo negro, especificamente, exibindo uma perspectiva mais positiva em relação aos brancos honorários do que aos membros do coletivo negro. Finalmente, se a latino-americanização está acontecendo, especulo que os membros do coletivo negro irão exibir uma consciência racial difusa e contraditória, à semelhança de negros e índios por toda a América Latina e o Caribe[30]. Examino alguns desses tópicos nas subseções a seguir.

Identidade Social dos Brancos Honorários

Autorrelatos Sobre Raça: O Caso dos Latinos

Historicamente, a maioria dos latinos se classificou como "brancos", mas a proporção de latinos que se autoclassificam como tal varia imensamente por grupo.

Tabela 9.2
Autoclassificação Racial por Seletos Grupos Étnicos Latinos de Origem Latino-americana, 2000

	BRANCOS	NEGROS	OUTROS	INDÍGENAS AMERICANOS	ASIÁTICOS
Dominicanos	28,21	10,93	59,21	1,07	0,57
Salvadorenhos	41,01	0,82	56,95	0,81	0,41
Guatemaltecos	42,95	1,24	53,43	2,09	0,28
Hondurenhos	48,51	6,56	43,41	1,24	0,29
Mexicanos	50,47	0,92	46,73	1,42	0,45
Porto-riquenhos	52,42	7,32	38,85	0,64	0,77
Costa-riquenhos	64,83	5,91	28,18	0,56	0,53
Bolivianos	65,52	0,32	32,79	1,32	0,05
Colombianos	69,01	1,53	28,54	0,49	0,44
Venezuelanos	75,89	2,58	20,56	0,36	0,60
Chilenos	77,04	0,68	21,27	0,44	0,56
Cubanos	88,26	4,02	7,26	0,17	0,29
Argentinos	88,70	0,33	10,54	0,08	0,35

Fonte: 2000 PUMS (Public Use Microdata Sample) 5% Amostra.

Assim, como mostra a tabela 9.2, enquanto 60% ou mais dos membros dos grupos latinos que considero brancos honorários se autoclassificam como brancos, 50% ou menos dos membros dos grupos que considero pertencentes ao coletivo negro o fazem. Como exemplo característico, enquanto é muito provável que mexicanos, dominicanos e centro-americanos informem "outro" como sua classificação "racial" preferida, a maioria dos costa-riquenhos, cubanos, chilenos e argentinos escolhem o descritor "branco"[31]. Portanto, os dados nessa tabela parecem corroborar a minha tese.

Distinções "Raciais" Entre Asiáticos

Embora, por questões políticas, os asiáticos tendam a votar pan-etnicamente[32], estão se desenvolvendo distinções entre nativos e estrangeiros (por exemplo, chineses nascidos nos EUA e chineses nascidos no estrangeiro) e entre asiáticos economicamente bem-sucedidos e malsucedidos. Na realidade, de acordo com vários analistas, dada a enorme diversidade de experiências entre os asiáticos americanos, "todos os discursos sobre pan-etnicidade asiática devem ser agora abandonados como uma especulação inútil"[33]. Leland Saito aponta que muitos asiáticos reagiram à "propaganda asiática" que estão experienciando com o aumento da imigração asiática, fugindo das cidades de imigração, se desidentificando com novos asiáticos e invocando a imagem do "bom imigrante". Em algumas comunidades, isso levou a segmentos mais antigos e assimilados de uma comunidade a se dissociar de migrantes recentes. Por exemplo, um nissei que retornou à sua comunidade depois de anos de serviço militar no exterior disse ao pai o seguinte sobre a nova demografia da cidade: "Maldição, pai, de onde diabos vieram todos esses chineses? Merda, essa nem é mais a nossa cidade."[34]

Para ser claro, o meu argumento não é que os asiáticos americanos não se envolveram na política de coalizão e, de fato, em várias localidades, participaram de esforços combinados a fim de eleger candidatos asiáticos americanos. Meu ponto é que o grupo denominado "asiáticos americanos" é profundamente dividido ao longo de muitos eixos e, assim, a minha previsão é de que muitas dessas divisões já existentes serão racializadas por brancos (por exemplo, exploração sexual de mulheres asiáticas por homens brancos solitários no mercado da "noiva oriental"), bem como pelos próprios asiáticos americanos (por exemplo, as preferências intra-asiáticas parecem seguir uma hierarquia racializada de desejo.)[35].

Atitudes Raciais dos Diversos Estratos Sociais

Atitudes Raciais dos Latinos

Embora os pesquisadores tenham mostrado que os latinos tendem a manter visões negativas sobre os negros e visões positivas sobre os brancos[36], o quadro é mais complexo. Imigrantes latinos estão propensos a ter opiniões mais negativas sobre os negros do que os latinos nativos. Um estudo sobre latinos em Houston, Texas, revelou que 38% dos nativos, em comparação a 47% dos nascidos no exterior, tinham estereótipos negativos vinculados aos negros. Isso pode explicar por que 63% dos latinos nativos, em contraposição a 34% dos nascidos no exterior, relatam contato frequente com negros[37].

    Contudo, a incorporação da maioria dos latinos como "súditos coloniais" (porto-riquenhos), refugiados de guerra (centro-americanos) ou trabalhadores migrantes ilegais (mexicanos) prenunciou padrões subsequentes de integração na ordem racial. Na mesma linha, a incorporação de uma minoria de latinos como "refugiados políticos" (cubanos, chilenos e argentinos) ou como imigrantes "neutros" que tentam melhorar sua situação econômica (costa-riquenhos, colombianos) permitiu-lhe um passeio mais confortável no barco racial da América. Por conseguinte, enquanto a incorporação da maior parte dos latinos nos Estados Unidos tem significado se tornar "não brancos", para alguns significou tornar-se quase brancos.

No entanto, dado que a maioria dos latinos sofre discriminação nos mercados de trabalho, de habitação e nas escolas, eles percebem rapidamente o seu *status* "não branco". Isso os leva, como Nilda Flores-Gonzales e Suzanne Oboler mostraram, a adotar uma pluralidade de identidades que significam "alteridade"[38]. Assim, latinos de pele escura inclusive se autodenominam "negros" ou "afro-dominicanos" ou "afro-porto-riquenhos"[39]. José Ali, um latino entrevistado por Clara Rodriguez em seu livro *Changing Race* (Mudando de Raça), declarou: "Por herança, sou hispânico. Porém, eu me identifico mais com os negros porque para a América branca, se você tem minha cor, você é um *nigger*. Eu não posso mudar minha cor e nem quero fazer isso." Quando perguntado: "Por que você se vê como negro?", ele respondeu: "Porque, ao ser atacado por brancos, eu não era chamado de *spic*, e sim de *nigger*."[40]

A identificação da maioria dos latinos como "outros raciais" os levou a que provavelmente fossem pró-negros e não pró-brancos. Por exemplo, dados sobre os sentimentos raciais dos latinos a respeito de vários grupos indicam que a proporção de mexicanos e porto-riquenhos que se sentem bastante cordiais em relação aos negros é muito maior (cerca de 12 pontos percentuais para os mexicanos e 14 pontos para os porto-riquenhos) do que em relação aos asiáticos (as leituras no "termômetro" variam de 0 a 100 e quanto maior a "temperatura", mais positivos são os sentimentos em questão). Em contraste, a proporção dos cubanos que se sentem muito cordiais com os negros é de 10 a 14 pontos percentuais *menor* que a dos mexicanos e porto-riquenhos. Os cubanos também são mais propensos a serem mais cordiais com os asiáticos do que com os negros. Mais apropriado à minha tese, a análise dos mesmos dados na tabela 9.3 mostra que os latinos que se identificam como "brancos" expressam empatia similar em relação a negros e asiáticos, aqueles que se identificam como "negros" expressam sentimentos mais positivos em relação aos negros – cerca de vinte graus a mais em relação aos negros do que aos asiáticos (dados esses mostrados aqui). Mais uma vez, essa conclusão é adequada à minha tese.

Tabela 9.3
Proporção de Latinos Que Expressa Sentimentos Elevados em Relação a Negros e Asiáticos

TERMÔMETRO DE GRAUS-DE-SENTIMENTO	NEGROS	ASIÁTICOS
Mexicanos		
51-74	11,9	11,8
75-100	34,3	22,2
Porto-Riquenhos		
51-74	11,8	9,0
75-100	39,5	25,3
Cubanos		
51-74	14,5	9,9
75-100	25,1	29,9

Fonte: Tyrone Forman, Gloria Martinez e Eduardo Bonilla-Silva, "Latinos" Perceptions of Blacks and Asians: Testing the Immigrant Hypothesis (inédito).

Atitudes Raciais dos Asiáticos

Vários estudos documentaram que os asiáticos tendem a manter atitudes antinegros e antilatinos. Um deles, por exemplo, revelou que os residentes chineses de Los Angeles expressaram atitudes raciais negativas em relação aos negros[41]. Um desses residentes declarou: "Os negros em geral parecem ser excessivamente preguiçosos" e outro afirmou: "Os negros têm um nítido problema de atitude."[42] Estudos sobre donos de loja coreanos em vários locais demonstraram que mais de 70% têm atitudes antinegros[43].

Tabela 9.4
Relação entre Raça/Afiliação Étnica e Estereótipos Raciais de Inteligência e Dependência de Assistência Social de Negros, Latinos, Asiáticos e Brancos em Los Angeles, 1993-1994

ESTEREOTIPIA DO GRUPO	GRUPO ESTEREOTIPADO			
	NEGROS	LATINOS	ASIÁTICOS	BRANCOS
Não inteligente?				
Brancos	3,79	3,96	2,90	3,09
Asiáticos	4,39	4,46	2,90	3,25
Latinos	3,93	3,57	2,74	2,87
Negros	3,31	3,96	3,21	3,32
Razão F	-	-	-	-
Preferem assistência social?				
Brancos	4,22	4,08	2,30	2,48
Asiáticos	5,10	5,08	2,52	2,93
Latinos	5,57	4,49	2,77	2,77
Negros	4,12	4,29	2,67	2,77
Razão F	-	-	-	-

Fonte: Los Angeles Study of Urban Inequality, 1993-1994.

Esses achados gerais são confirmados na tabela 9.4. Essa tabela contém dados sobre o grau (em uma escala de 1 a 7) em que vários grupos raciais endossam estereótipos sobre inteligência e dependência de assistência social com referência a outros grupos. A tabela mostra claramente que é mais provável que os asiáticos (nesse estudo, coreanos, chineses e japoneses) tenham opiniões antinegros e antilatinos que os brancos (os brancos pontuam 3,79 e 3,96 para negros e latinos, os asiáticos, 4,39 e 4,46). Em sincronia com esse resultado, eles têm, comparativamente falando, opiniões mais positivas sobre brancos do que os latinos e os negros[44]. Assim, como em muitas sociedades latino-americanas e caribenhas, membros dos estratos raciais intermediários amortizam questões raciais mantendo atitudes mais pró-brancas do que os próprios brancos.

Atitudes Raciais do Coletivo Negro e dos Brancos

Após um conflito prolongado sobre o significado das atitudes raciais dos brancos[45], pesquisadores parecem ter chegado a um acordo: "Uma ordem racial hierárquica continua a configurar todos os aspectos da vida americana."[46] Brancos expressam/defendem sua posição social em questões como ações afirmativas e reparações; integração escolar e *busing*; integração de bairros; reforma previdenciária; e inclusive pena de morte[47]. No tocante a como os brancos pensam sobre latinos e asiáticos, poucos pesquisadores têm separado os grupos que compõem "latinos" e "asiáticos" a fim de avaliar se os brancos distinguem entre eles. No entanto, a evidência disponível sugere que os brancos têm os asiáticos em alta conta, sendo significativamente menos provável que o mesmo aconteça em relação aos latinos[48]. Por conseguinte, quando julgados em uma série de estereótipos raciais, os brancos classificam a si mesmos e aos asiáticos quase de forma idêntica (classificação estereotipada favorável) e avaliam negativamente (em nível quase idêntico) negros e latinos.

Bobo e Johnson mostram também que os latinos tendem a avaliar os negros negativamente e que os negros tendem a fazer o mesmo em relação aos latinos. Eles revelam também que os latinos, independentemente da ascendência nacional, se autoclassificam em nível inferior ao dos brancos e asiáticos (os negros, contudo, se autoavaliam no mesmo nível que os brancos e em nível superior ao dos asiáticos). Esse padrão parece confirmar a latino-americanização, pois aqueles situados no estrato inferior na América

Latina tendem a exibir uma consciência racial difusa. Minha alegação parece também ser reforçada pelos resultados de Bobo e Johnson de que "os negros se atribuem avaliações que tendem a uma dimensão desfavorável no tocante a características de dependência de assistência social e envolvimento com gangues" e que, "para os latinos, três das dimensões tendem a avaliações negativas intragrupo"[49].

Interação Social Entre Membros dos Três Estratos Raciais

Se a latino-americanização está acontecendo, seria de se esperar mais contato social (amizade, associações na qualidade de vizinhos etc.) e íntimo (por exemplo, casamento) entre brancos e membros dos grupos que denomino brancos honorários do que entre brancos (e brancos honorários) e membros do coletivo negro. Uma análise superficial dos dados disponíveis sugere que esse é, de fato, o caso.

Casamento Inter-racial

A despeito de a maioria dos casamentos nos Estados Unidos ainda ser intrarracial, os índices variam substancialmente por grupo: 93% dos brancos e negros se casam com pessoas do seu próprio grupo, assim como 70% dos latinos e asiáticos, e apenas 33% dos indígenas americanos[50]. O que é mais significativo, quando se separa os termos genéricos "asiáticos" e "latinos" os dados se encaixam ainda mais na tese da latino-americanização. Por exemplo, entre os latinos, os cubanos, os mexicanos, os centro-americanos e os sul-americanos têm maiores índices de casamento com pessoas fora do seu grupo do que os porto-riquenhos e os dominicanos[51]. Conquanto seja muito complexo interpretar os padrões de casamentos mistos dos asiáticos americanos (grupos como filipinos e vietnamitas apresentam índices mais altos do que o esperado, em parte devido à Guerra do Vietnã e as bases militares nas Filipinas), vale ressaltar que o índice mais elevado se refere aos nipo-americanos e chineses e o mais baixo aos do Sudeste Asiático, um padrão que parece se encaixar nos contornos do meu argumento de latino-americanização[52].

De mais a mais, a assimilação racial pelo casamento ("branqueamento") é significativamente mais provável para os filhos de uniões de asiáticos e brancos e de latinos e brancos do que para as uniões de negros e brancos, fato que também reforça a minha tese de latino-americanização. Assim, enquanto apenas 22% dos filhos de pais negros e mães brancas são classificados como brancos, os filhos de uniões similares entre asiáticos têm duas vezes mais chances de serem classificados como brancos[53]. Para os latinos, os dados são ainda mais adequados à minha tese, pois latinos de origem cubana, mexicana e sul-americana apresentam altos índices de exogamia em comparação a porto-riquenhos e dominicanos[54]. Concordamos com a especulação de Moran[55] de que isso pode refletir o fato de que, como os porto-riquenhos e os dominicanos têm muito mais membros de pele escura, suas chances de se casar com brancos em um mercado de casamento altamente racializado são restritas.

Segregação Residencial de Estratos Raciais

Uma medida imperfeita da interação inter-racial é o nível de "integração" dos bairros[56]. Entretanto, os vários índices criados por demógrafos para avaliar o nível de segregação residencial nos permitem aferir em linhas gerais o nível de contato inter-racial em várias cidades. Nesta seção, enfoco a segregação de latinos e asiáticos, posto que a elevada segregação vivenciada pelos negros é bem conhecida[57].

Segregação Residencial – Latinos

Pesquisadores têm demonstrado que os latinos são menos segregados de, e mais expostos a, brancos do que os negros[58]. No entanto, eles também documentaram que latinos de pele escura apresentam índices de segregação residencial de brancos semelhantes aos negros. Uma pesquisa inicial sobre padrões de assentamentos de imigrantes latinos em Chicago, por exemplo, revelou que mexicanos e porto-riquenhos foram relegados a espaços amplamente ocupados por negros, em parte devido à discriminação da cor da pele[59]. Estudos mais recentes também encontraram esse efeito de raça nos padrões de segregação residencial de latinos. É bem mais provável que latinos que se identificam como brancos, principalmente cubanos e sul-americanos, residam em áreas com brancos não latinos do que os latinos que se identificam como negros, principalmente os dominicanos e os porto-riquenhos[60].

Segregação Residencial – Asiáticos

De todos os grupos das minorias, os asiáticos americanos são os menos segregados dos brancos. Entretanto, eles têm sofrido um aumento na segregação residencial nos últimos anos[61]. Em uma recente resenha, Zubrinsky Charles encontrou que, de 1980 a 2000, o índice de dissimilaridade para asiáticos aumentou três pontos (de 37 a 40), enquanto o índice de exposição a brancos havia diminuído dezesseis pontos (de 88 para 62)[62]. Parte do aumento da segregação (e da diminuição concomitante de exposição) pode ser resultado da chegada de novos e mais pobres imigrantes do Sudeste Asiático[63]. Por exemplo, os vietnamitas – um grupo que, pela minha previsão, fará parte do coletivo negro – quase dobraram de tamanho entre 1990 e 2000. Conquanto a maioria dos estudos de segregação residencial seja baseada na proximidade de negros, latinos e asiáticos aos brancos, o que limita uma análise de diferenças intragrupos entre asiáticos e latinos, o fato de asiáticos apresentarem índices de dissimilaridade muito mais baixos e índices de exposição mais altos *vis-à-vis* a latinos e negros, corrobora a minha alegação geral de que a maioria dos asiáticos pertencerá à categoria dos brancos honorários.

Discussão

Apresentei uma tese ampla e ousada sobre o futuro da estratificação racial nos Estados Unidos[64]. Contudo, nessa fase inicial da análise e devido às sérias limitações dos dados sobre "latinos" e "asiáticos" (a maior parte desses dados não é dividida por subgrupos e quase nada é fornecido pelo tom de pele), é difícil defender uma tese concludente. Reconheço que fatores como origem ou características socioeconômicas possam explicar alguns dos padrões que documentei[65]. Mas o fato de que quase todos os indicadores objetivos, subjetivos e de interação social que revisei estavam na direção por mim prevista apoia minha tese de latino-americanização. Por exemplo, os dados objetivos mostram claramente diferenças substanciais entre os grupos que denominei "brancos", "brancos honorários" e "coletivo negro". Em termos de renda e educação, os brancos tendem a estar numa situação um pouco melhor que os brancos honorários que, por sua vez, tendem a estar numa situação significativamente melhor do que o coletivo negro. Não é de surpreender que uma variedade de indicadores subjetivos sinalize o surgimento de estratificação *interna* entre as minorias raciais. É muito provável que alguns latinos (cubanos, argentinos, chilenos etc.) se classifiquem como brancos, porém isso não ocorre com outros (como dominicanos e porto-riquenhos que vivem nos Estados Unidos). Isso os levou a desenvolver um perfil de atitude racial, pelo menos em termos de apoio a pontos de vista estereotipados sobre grupos, similar ao dos brancos. Finalmente, os indicadores objetivos e subjetivos tinham um correlato no nível da interação social. Dados sobre casamento inter-racial e segregação residencial mostram que é significativamente mais provável que os brancos residam na proximidade de brancos honorários e se casem com eles do que os membros do coletivo negro.

Reconheço também que meu mapa racial e meus argumentos podem ser discutidos e, como já ouvi algumas críticas, gostaria de aproveitar a oportunidade para defender meu ponto de vista. As três críticas ao meu trabalho que ouço com mais frequência são as seguintes: 1. Por que classifico os árabes americanos como "brancos honorários" num momento em que todos os árabes, e pessoas que se parecem a eles, estão sendo rotulados de terroristas?; 2. Como posso prever que a cegueira de cor se tornará ainda mais saliente quando parece haver um ressurgimento do antigo racismo?; 3. Por que sugiro que aparecerá uma ordem trirracial quando muitos latinos e brancos lutam para se tornar brancos?

A primeira pessoa com quem debati alguns desses pontos foi minha esposa, que por casualidade é uma mulher palestina. E afirmarei aqui exatamente o que eu disse a ela na privacidade de nossa casa. Em relação ao primeiro ponto, fiz uso de um movimento semântico e lhe disse: "Eu te amo, *baby*, mas…", e prossegui explicando-lhe que esse mapa é heurístico e, portanto, não definitivo. Grupos podem ascender ou descender e estou disposto a contemplar tal possibilidade *se os dados a justificarem*. No entanto, posto que os dados neste capítulo – e em trabalhos futuros – não mostram que os árabes americanos ou os indianos (um grupo que está, por muitas razões, em um local similar no imaginário dos brancos ao dos árabes americanos) mudaram sua política racial, não estou inclinado a movê-los para a categoria do "coletivo negro". Na verdade, sugiro que a sua posição histórica é análoga à dos nipo-americanos durante a Segunda Guerra Mundial. (No caso deles, o registro mostra que, não obstante terem sofrido com a terrível ignomínia do confinamento, os nipo-americanos retornaram rapidamente a um *status* intermediário na ordem racial e como a minoria preferida pelos brancos. Além disso, eles não mudaram suas perspectivas políticas nem aderiram à luta com outras minorias nos anos de 1960 e 1970. Em contraste aos latinos, negros e indígenas americanos, os nipo-americanos mal participaram do movimento pelos direitos civis.) Por conseguinte, os árabes americanos podem estar sofrendo de uma espécie de punição coletiva dos brancos ao serem considerados terroristas, fundamentalistas, incivilizados ou civilizados de modo diferente, porém não vejo evidências sistemáticas sugestivas de que eles estejam desenvolvendo uma identidade de oposição tal qual exibida por outras minorias. No entanto, como também disse à minha esposa, se eu vir dados sugestivos de que os "árabes americanos"[66] estão de fato se tornando membros do "coletivo negro" e se comportando como tal em termos de seus padrões de interação, estarei disposto a revisar o meu mapa.

Em relação ao segundo ponto, ainda defendo que a cegueira de cor se tornará o elo unificador da ordem trirracial. Isso não significa que o racismo Jim Crow esteja totalmente morto ou que não possa ganhar temporariamente espaço – fazendo a Amerika se sentir mais como Amerikkka. Entretanto, devemos entender que, como a cegueira de cor tem a ver com a manutenção do poder branco, essa ideologia, como todas as ideologias, pode se dobrar de muitas maneiras para ajudar nessa tarefa. Inclusive o material que incluí no texto principal do livro mostrou ser possível que os brancos aleguem serem cegos à cor e ainda falem sobre raça de formas grosseiras. Exemplos desse fenômeno são abundantes. Toda noite você pode assistir a Lou Dobbs na CNN atacar os chamados estrangeiros ilegais, falar sobre a China e a Índia como se fossem a verdadeira ameaça aos Estados Unidos, criticar selvagemente as nações árabes e fazer troça, ao estilo da cegueira de cor, do chamado politicamente correto. E "na realidade", para usar um dos maneirismos verbais favoritos de Lou Dobbs, sempre que alguém o chama de "racista" ou afirma ser ele "racista", Dobbs fica indignado e diz estar acima da rixa racial. Da mesma forma, o modo pelo qual o presidente Bush e seu gabinete tentaram contornar a questão nessa "Guerra ao Terror" se encaixa na lógica da cegueira de cor. Seu plano retórico pareceu ser: "Fale muito sobre o 'inimigo', mas use avisos de isenção de responsabilidade para que você nunca seja identificado como intolerante ou racista."

Por fim, sobre se os asiáticos e latinos se unirão às fileiras dos brancos, declaro quase literalmente o que eu disse em um debate a respeito em um livro editado com meu colega George Yancey, autor de *Who Is White? Latinos, Asians, and the New Black/Nonblack Divide* (Quem É Branco? Latino, Asiáticos e a Nova Divisão Negro/Não Negro)[67]. Embora o argumento de Yancey seja meritório — ele alega que, como a maioria dos asiáticos e latinos se autoidentifica como brancos no Censo, eles deveriam ser considerados como tal — e há muitas coincidências entre nossos pontos de vista (eu também argumento que muitos latinos e asiáticos se tornarão brancos), acredito que sua afirmação geral seja improvável. Existem quatro razões pelas quais creio que sua previsão geral seja improvável. Em primeiro lugar, os latinos e asiáticos não são "novos imigrantes". Eles estão nos Estados Unidos desde pelo menos o século XIX. Assim sendo, se fosse para eles se tornarem brancos, esse processo deveria ter começado na década de 1830 (para mexicanos americanos) e 1840 (para sino-americanos). O fato de isso não ter acontecido em massa (reconheço que alguns asiáticos e latinos, como os negros de pele clara no passado, tornaram-se brancos) sugere que a racialização desses grupos é diferente da racialização de pessoas de ascendência europeia.

Em segundo lugar, todas as categorias raciais são construções histórico-políticas e, portanto, sempre exibem maleabilidade e porosidade. Contudo, a incorporação de grupos na categoria branca mostrou, até agora, ter alguns limites epidérmicos, isto é, grupos e indivíduos adicionados à categoria têm aparência europeia. Assim, *grupos* sem capital epidérmico, como latinos e asiáticos, terão mais dificuldade em ser admitidos na branquitude (indico, porém, que membros individuais desses grupos podem usar seu capital racial individual, como a cor clara da pele, a cor dos olhos etc. para ascender na condição social racial).

Em terceiro lugar, o tipo de processo de assimilação experienciado por muitos dos grupos que se presume tornar-se-ão brancos (por exemplo, mexicanos americanos, dominicanos, porto-riquenhos, filipinos etc.) parece diferente do processo de assimilação dos imigrantes europeus no início do século XX. Portanto, os analistas falam agora em "assimilação segmentada" para se referir à diversidade dos resultados desses grupos[68].

E, em quarto lugar, a distância de classe e cultura entre as massas de mexicanos, centro-americanos e alguns imigrantes asiáticos e os brancos é tal que é improvável que a maioria deles seja capaz de se tornar branco. Os *barrios* mexicanos, porto-riquenhos e dominicanos e as cidades chinesas, coreanas e vietnamitas em todo o país não são como os guetos étnicos temporários do passado. Alguns desses bairros têm mais de cem anos de existência, um tempo longo demais para serem considerados "bairros de transição".

Reitero, publicamente, reconhecer que muitos desses novos imigrantes, bem como muitos dos cidadãos da antiga minoria, se tornarão brancos ou quase brancos (brancos honorários). Minha grande diferença com Yancey e outros é que eu acredito que a maioria dessas pessoas não se tornará branca e acompanhará os negros nos grandes estratos raciais frouxamente organizados na parte inferior da ordem racial.

Luta de Raças em um Estados Unidos Com Características de América Latina

Se minhas previsões estiverem corretas, quais serão as consequências do aumento de latino-americanos no que diz respeito às relações raciais nos Estados Unidos? Primeiro, a política racial mudará drasticamente. A dinâmica racial do "nós *versus* eles" irá diminuir à medida que os "brancos honorários" crescerem em tamanho e importância social. É provável que eles amorteçam o conflito racial – ou que o solapem por completo – à semelhança de grupos intermediários em muitos países da América Latina e do Caribe.

Em segundo lugar, é provável que a ideologia do racismo da cegueira de cor que examinei neste livro se torne ainda mais evidente nos Estados Unidos. O racismo da cegueira de cor é, na verdade, uma ideologia similar à que prevalece nas sociedades latino-americana e caribenha e, como ali, ajudará a solidificar a ordem racial emergente e amortecer o conflito racial.

Em terceiro lugar, se o Estado decidir parar de coletar estatísticas raciais, a luta para documentar o impacto da raça em uma variedade de espaços sociais será monumental. Mais significativamente, posto que as ações do Estado sempre impactam a sociedade civil, se ele decide apagar a raça a partir de cima, o reconhecimento *social* de "raças" no sistema de governo pode se tornar mais difícil. Podemos desenvolver uma "aversão" ao estilo latino-americano por sequer mencionar qualquer coisa que seja relacionada à raça.

Em quarto lugar, a história profunda das divisões entre negros e brancos nos Estados Unidos tem sido tal que a centralidade da identidade negra não se dissipará. Por exemplo, pesquisas sobre a "elite negra" mostram que ela exibe atitudes raciais em consonância com o seu grupo racial[69]. Essa identidade, como sugeri neste capítulo, pode ser até tomada por latinos de pele escura, como está sendo rapidamente assumida pela maioria dos naturais das Índias

Ocidentais. Al, um engenheiro jamaicano de 53 anos, entrevistado por Milton Vickerman, afirmou:

> Não tenho nada contra os haitianos; não tenho nada contra os negros americanos [...] Se você é um *nigger*, você é um *nigger*, independentemente se for de Timbuktu [...] Não existe a unidade que se gostaria de ver [...] Negros têm que prezar negros, não importa de onde venham. Apenas encare isso do mesmo jeito que eu: de que vocês são iguais.[70]

No entanto, espero que algumas mudanças importantes ocorram, inclusive entre a população negra. Argumento que sua consciência racial se tornará mais difusa. Por exemplo, será mais provável que os negros aceitem muitos estereótipos sobre si mesmos (como "somos mais preguiçosos que os brancos") e exibam o que eu rotulo aqui de uma "consciência de oposição embotada" (ver o capítulo 8). De mais a mais, a pressão externa de "multirraciais" em contextos brancos[71] e a pressão interna dos negros "étnicos" podem mudar a noção de "negritude" e, inclusive, a posição de alguns "negros" no sistema. O colorismo pode se transformar em um fator ainda mais importante como forma de fazer distinções sociais entre "negros"[72].

Em quinto lugar, o novo sistema de estratificação racial será mais eficaz na manutenção da supremacia branca. Os brancos ainda estarão no topo da estrutura social, porém enfrentarão menos contestações baseadas na raça. E, a fim de evitar confusão sobre meu argumento relativo aos "brancos honorários", deixem-me esclarecer que eu acredito que sua posição e *status* serão, em última análise, dependentes dos desejos e das práticas dos brancos[73]. "Honorários" significa que eles permanecerão secundários, ainda terão que enfrentar a discriminação e não receberão tratamento igual na sociedade. Por exemplo, embora os árabes americanos devam ser considerados "brancos honorários", seu tratamento depois do 11 de Setembro sugere que seu *status* de "brancos" e de "americanos" é, na melhor das hipóteses, frágil. Embora alguns analistas e comentaristas possam saudar a latino-americanização como uma tendência positiva nas relações raciais americanas[74], aqueles que se encontram na parte inferior da hierarquia racial logo descobrirão que por trás da declaração "Somos todos americanos" se oculta uma forma mais profunda e hegemônica de manutenção da supremacia branca. Como uma sociedade ao estilo latino-americano[75], os Estados Unidos irão se tornar uma sociedade com mais desigualdade racial, porém com um fórum reduzido para a contestação racial. A aparente bênção de "não ver raça" se transformará em uma maldição para aqueles que lutam pela justiça racial em anos por vir. Podemos nos tornar "todos americanos", como sugerem os comerciais nos últimos tempos, mas, parafraseando George Orwell, "alguns serão mais americanos do que outros".

No próximo capítulo deste livro, abordarei o significado da eleição do presidente Obama. Apesar de muitos comentaristas e analistas acreditarem que sua eleição significa "o fim do racismo" ou uma mudança monumental em nossa longa história racial, meu argumento é que essa eleição se coaduna com o racismo da cegueira de cor.

10

Da Obamérica¹ à Trumpamérica

A Contínua Importância do Racismo da Cegueira de Cor

10

Em colaboração com
Robert L. Reece

Introdução

Há nove anos, quando escrevi o primeiro rascunho deste capítulo, muitos americanos (principalmente brancos, mas também algumas pessoas de cor confusas) acreditavam que a eleição de Barack Obama como o quadragésimo quarto presidente da nação fosse realmente um evento fundamental. Minhas opiniões críticas sobre Obama, seu centrismo e, especialmente, sua cegueira de cor não foram apreciadas pela maior parte das pessoas. Fui acusado de ser um traidor da raça e de desejar que o racismo permanecesse vivo, a fim de beneficiar a minha carreira, e de que eu tinha inveja de Obama. Contudo, mantive minha posição de que precisávamos explicar por que, em um país onde a raça é importante em todos os níveis, um negro foi eleito *e* reeleito presidente. De fato, questões de raça avançaram rápida e intensamente depois de oito anos de *Obamérica*. Elegemos o homem de negócios Donald Trump como o quadragésimo quinto presidente dos Estados Unidos, um político reacionário, populista, que deu espaço legítimo à mais manifesta versão do racismo na América. Testemunhamos igualmente, graças aos telefones celulares, os espancamentos e os assassinatos de pessoas negras e pardas por policiais e civis brancos. Nos breves quatro anos decorridos desde a última edição deste livro, o racismo parece ter mudado completamente.

Neste capítulo, argumentarei que, a despeito do aumento do racismo tradicional e manifesto, a versão de cegueira de cor ainda é hegemônica. A fim de defender a minha tese, farei três coisas: primeiro, apresentarei um resumo dos processos que levaram à eleição e à reeleição de Obama e analisarei a política racial do seu governo; em segundo lugar, examinarei o fenômeno Trump no contexto da eleição presidencial de 2016; e, em terceiro lugar, explicarei a ascensão de movimentos de resistência tais como Black Lives Matter e os movimentos sociais estudantis nos *campi* por toda a América. Em combinação, essas seções oferecerão uma visão geral profunda acerca da situação da raça nos Estados Unidos, antes de uma análise pessoal relativa aos nossos próximos e necessários passos no capítulo 11.

Obamérica

George Orwell afirmou há muito tempo que "ver aquilo que temos diante do nariz requer uma luta constante"[2]. Nas eleições de 2008, os americanos não viram o que estava diante do seu nariz; viram o que queriam e ansiavam por ver. Enquanto os negros e outras pessoas de cor viram em Obama o sonho impossível se transformar em realidade, os brancos viram a confirmação de sua crença de que a América é, de fato, uma nação com cegueira de cor. Os fatos, porém, são, como disse John Adams, "coisas obstinadas"[3] e analistas sociais perspicazes sabem que desde o final dos anos de 1970 o progresso racial nos Estados Unidos estagnou e, em muitas áreas, regrediu. Indicadores socioeconômicos revelam graves disparidades raciais em renda, riqueza, habitação e posição educacional e ocupacional em 2008. Agora, anos mais tarde, as disparidades permanecem e, no que tange a alguns indicadores, são ainda maiores.

A despeito de todos os grupos terem usufruído de um pequeno progresso econômico quando a recessão minguou, as diferenças raciais continuaram gritantes durante o mandato de Obama. Em 2008, a probabilidade de haver negros e latinos desempregados e vivendo na pobreza era duas vezes maior do que seus pares brancos, enquanto sua renda média era cerca de 65% da dos brancos[4]. Em 2016, as taxas de desemprego de negros e latinos eram de 8,1% e 5,6% respectivamente, em comparação a 4,4% no que diz respeito aos brancos[5]. Do mesmo modo, em 2015, a renda média anual e as taxas de pobreza de negros e latinos eram de 36.898 dólares e 24% e 45.148 dólares e 21% respectivamente, ao passo que para os brancos eram de 62.850 dólares e 9%[6]. É importante lembrar que, devido a fatores como distinto índice de participação na força de trabalho, tais números podem, na verdade, subestimar as diferenças raciais. De fato, um relatório do Economic Policy Institute mostra que, não obstante moderados aumentos por parte de ambos os grupos, a disparidade referente ao salário por hora entre negros e brancos é a maior desde 1979[7].

Além disso, mais da metade dos negros que nasceram na pobreza permaneceu na pobreza, e a mobilidade de mais da metade dos filhos de negros que chegaram à classe média está em direção descendente[8]. Famílias brancas têm treze vezes mais riqueza do que famílias negras, a maior disparidade desde 1989, e somente 32 e 11% dos negros investiram em um plano de aposentadoria 401(k)[9] ou IRA[10] respectivamente, comparados a 47 e 35% dos brancos[11]. Por fim, a probabilidade de famílias brancas receberem heranças é duas vezes maior, sendo que essas heranças são três vezes maiores do que as recebidas por famílias negras[12].

Essas estatísticas são indicadores alarmantes do agravamento do bem-estar econômico dos negros, porém não revelam a verdadeira extensão da história – como vimos, a disparidade de riqueza racial pode ser ainda mais importante do que diferenças de renda[13]. Em 2013, a riqueza dos brancos era treze vezes maior que a riqueza dos negros, o maior índice desde o fim dos anos de 1980 e, neste mesmo ano, era dez vezes maior do que a riqueza latina, o maior índice desde meados da década de 1990[14]. Grande parte desse enorme salto na disparidade de riqueza advém dos efeitos racializados da crise do mercado imobiliário. O Center for Responsible Lending informou que, no final da crise, quase um quarto dos proprietários negros perderia sua casa devido à execução de hipotecas[15]. Vários bancos de grande porte (Wells Fargo, Bank of America e SunTrust) já concordaram em fazer acordos com seus clientes de comunidades negras e latinas por oferecer hipotecas de alto risco e taxas elevadas[16], mas não está claro se essas práticas serão interrompidas.

A desigualdade racial que persiste hoje não é o produto de "forças de mercado impessoais"[17], nem se deve às pressupostas "deficiências" culturais, morais, éticas, intelectuais ou familiares das pessoas de cor, como comentaristas conservadores têm argumentado. A desigualdade racial hoje é devida à "contínua importância" da discriminação racial[18]. A comunidade erudita documentou a persistência da discriminação nos mercados de trabalho e de habitação e desvelou também a coexistência da discriminação antiquada e da sutil "discriminação sorridente"[19]. No entanto, a discriminação racial não tem apenas a ver com empregos e moradia: ela impacta quase todos os aspectos de vida das pessoas de cor: em hospitais[20]; restaurantes[21]; ao tentar comprar um carro ou chamar um táxi[22]; na condução de veículos[23]; nas viagens aéreas[24]; ou para fazer quase qualquer coisa na América. De fato, "viver enquanto negro [ou pardo]"[25] é bastante difícil e afeta imensamente a saúde (física e mental) das pessoas de cor, posto que elas sempre parecem estar em modo "de luta ou de fuga"[26].

A despeito da contínua importância do racismo na vida das minorias, as atitudes da política racial dos brancos em 2008 não haviam mudado significativamente desde os anos de 1980[27]. De fato, a maioria[28] dos pesquisadores contemporâneos acredita que, desde a década de 1970, os brancos desenvolveram novas formas para justificar o *status quo* racial, distintas do preconceito escancarado do passado. Os analistas denominaram as atitudes raciais dos brancos pós-movimento dos direitos civis "racismo moderno", "racismo sutil", "racismo aversivo", "domínio social", "racismo competitivo" ou, o termo que eu prefiro, "racismo da cegueira de cor". Independentemente do nome atribuído à nova maneira dos brancos de enquadrar as questões raciais, sua mudança do racismo Jim Crow ao racismo da cegueira de cor não alterou o básico, pois a nova versão é tão boa quanto a antiga, se não melhor, para salvaguardar a ordem racial.

Ao identificarem de forma equivocada a natureza do atual regime racial, muitos comentaristas liberais e progressistas se viram em uma situação difícil e embaraçosa na eleição de 2008, pois ou assumiram que Obama realmente se ocuparia com uma mudança social e racial ou adotaram a posição de que o racismo branco impediria que Obama fosse eleito[29]. Existe, entretanto, uma explicação mais adequada, historicamente acurada e sociologicamente viável. O "milagre" – o fato de que a raça é extremamente importante na América e, ainda assim, elegemos um negro como nosso presidente – é apenas aparente. Obama, sua campanha e seu "sucesso" foram resultado de quarenta anos de transição da ordem racial do período Jim Crow para o regime racial a que me referi como o "novo racismo". Na nova América que presumivelmente começou em 4 de novembro de 2008, se estendeu em 2012 e continua segundo dados de 2016, o racismo permaneceu firme no lugar e, pior ainda, está se transformando em um obstáculo mais assustador. É provável que a aparente bênção de ter um homem negro na Casa Branca se torne uma maldição para pessoas negras e pardas.

Nas próximas seções deste capítulo, faço três coisas antes de prosseguir para uma análise de Trump e dos movimentos sociais atuais. Primeiro, descrevo o contexto que tornou possível que alguém como Obama fosse eleito presidente. Em segundo lugar, analiso o que Obama fez para ser eleito presidente. Finalmente, reviso as políticas de Obama, a fim de mostrar como recebemos a mesma velha política em uma nova embalagem.

Do Jim Crow ao Novo Regime de Racismo

O fenômeno Obama foi o produto da transformação racial fundamental que ocorreu na América nos anos de 1960 e 1970. Ao contrário do Jim Crow, a nova ordem racial que emergiu – o "novo racismo" – reproduz a dominação racial principalmente por meio de práticas sutis e veladas, com frequência institucionalizadas, defendidas com uma linguagem codificada (*"aquelas* pessoas urbanas") e ligadas pela ideologia racial do racismo da cegueira de cor. Comparado com o Jim Crow, esse novo sistema parece gentil, porém é extremamente eficaz na preservação de vantagens sistêmicas para os brancos. O novo regime é, como diz a letra da música imortal de Roberta Flack, da variedade do "matando-me suavemente" (*Killing me Softly*).

No capítulo 2, descrevi em detalhes como as novas práticas raciais que visam manter privilégios brancos operam do ponto de vista ideológico, social e econômico. Dado o foco deste capítulo, apresentarei sucintamente minha análise dos desenvolvimentos políticos. Atualmente, vários fatores importantes limitam a eleição de políticos negros e de outras minorias, incluindo o *gerrymandering* racial, distritos de múltiplos membros e outros. Apesar de alguns progressos na década de 1970, as pessoas de cor ainda são seriamente sub-representadas entre os políticos eleitos (além do mais, os brancos mostram preferência por votar em candidatos brancos) e nomeados. E dado que a maior parte dos políticos das minorias deve ou "fazer concessões" para ser eleita ou é dependente das elites brancas locais, sua capacidade de decretar políticas que beneficiem as massas minoritárias é bastante limitada.

De forma mais significativa, mencionei na minha análise inicial sobre tais questões o surgimento de um novo tipo de político das minorias. No início dos anos de 1990, era claro que os dois principais partidos políticos (mas, o Partido Democrata em particular) tinham aprendido com os perigos de tentar incorporar líderes veteranos dos movimentos de direitos civis, como Jesse Jackson. Independentemente das limitações de Jackson como líder e de sua estratégia de "coligação arco-íris" dos anos de 1980, ele e sua coligação provaram ser um desafio grande demais para os "poderes estabelecidos"[30]. Por isso, ambos os partidos e seus senhores corporativos desenvolveram um novo processo de seleção e avaliação de políticos das minorias. Depois que o Partido Democrata cooptou líderes de movimentos de direitos civis como John Lewis e Andrew Young, começou a fabricar um novo tipo de político das minorias (o Partido Republicano seguiu o exemplo mais tarde). O político das minorias eleitoralmente orientado dos dias de hoje não é produto de movimentos sociais, em geral afilia-se ao partido de sua escolha ainda na faculdade, move-se com rapidez nas fileiras partidárias e, o mais importante, não é um rebelde de raça[31]. Os novos políticos das minorias, ao contrário de seus antecessores, não são radicais que falam sobre "a revolução" e o "desenraizar do racismo sistêmico". Se republicanos, são conservadores antiminorias, como Marco Rubio (senador da Flórida); Susana Martinez (governadora do Novo México) e Nikki Haley (governadora da Carolina do Sul). Se democratas, são líderes pós-raciais de centro ou centro-direita, como Harold Ford (ex-congressista do Tennessee e ex-chefe do finado e conservador Democratic Leadership Council – Conselho de Liderança Democrática – e comentarista do MSNBC); Cory Booker (senador de Nova Jersey); Deval Patrick (ex-governador de Massachusetts); e, claro, Barack Obama. Os plutocratas amam esses tipos de políticos das minorias porque, sejam eles republicanos ou democratas, não constituem uma ameaça à "estrutura de poder da América"[32].

O caso de Obama é ilustrativo. Embora durante a sua cuidadosamente orquestrada campanha presidencial ele e sua equipe apregoassem suas qualificações de "organizador comunitário", a verdadeira história de Obama é bem diferente. Durante a campanha, ele disse: "Organização de comunidade é 'algo que eu carrego comigo quando penso em política nos dias de hoje – obviamente em um nível diferente e em um lugar diferente, mas o mesmo princípio ainda se aplica'."[33] Sua esposa, Michelle Obama, acrescentou: "Barack não é um político em primeiro lugar"; "ele é um ativista comunitário que explora a viabilidade da política para fazer mudanças"[34]. O registro histórico, contudo, é bastante distinto. Primeiro, Obama realizou muito pouco em seus dois anos como organizador comunitário *pago*[35]: todos os relatórios, inclusive o próprio relato de Obama em *The Audacity of Hope* (A Audácia da Esperança) revelam que ele ficou muito decepcionado com o ritmo de mudança. Em segundo lugar, em 1987 ele praticamente abandonou o ideal de Saul Alinsky do organizador comunitário e sonhava em ser eleito. Assim, no mesmo artigo, que é favorável a Obama, o autor afirma que "Obama [...] tornou-se exatamente o tipo de político contra o qual seus mentores podem ter advertido"[36].

De mais a mais, quando Obama concorreu ao Senado estadual em 1996, ele já havia adquirido muitas das características típicas dos políticos das minorias no período pós-movimento dos direitos civis. Depois de ele ser eleito senador estadual de Illinois, Adolph Reed, um professor negro de Ciências Políticas e colaborador de várias revistas progressistas, disse o seguinte sobre Obama:

> Em Chicago, por exemplo, tivemos uma prévia da nova estirpe de vozes comunitárias negras, crias de fundações conservadoras; uma delas, um advogado maneiroso de Harvard, com qualificações impecáveis e uma política neoliberal de vazia a repressiva, ganhou um assento do senado estadual com base, principalmente, nas políticas das fundações liberais. Sua linha fundamentalmente de autossuficiência era suavizada por uma pátina da retórica da

autêntica comunidade, discursos sobre reuniões em cozinhas, soluções em pequena escala para problemas sociais e a previsível precedência do processo sobre o programa – o ponto em que a identidade política converge com a antiquada reforma da classe média, favorecendo a forma sobre o conteúdo. Suspeito que a sua laia seja a onda do futuro da política negra nos EUA, como no Haiti e onde quer que o Fundo Monetário Internacional tenha poder. Até agora, a resposta do ativista negro não esteve à altura do desafio. Temos que fazer melhor.[37]

Obama negociou a política democrata de Chicago com rapidez e sucesso, em 2002 se tornou o queridinho da elite negra da cidade e, em seguida, da elite branca. Christopher Drew e Mike McIntire, em um artigo de 2007 no *The New York Times*, afirmam que Obama "improvavelmente" angariou 15 milhões de dólares na sua campanha para o Senado[38]. Contudo, sua caracterização dessa reviravolta rápida (de Obama ter problemas para pagar as dívidas da sua campanha referentes à derrota para o congressista Bobby Rush em 2000 ao sucesso de sua campanha em 2004) como "improvável" é imprecisa, pois em 2003 Obama já havia recebido a bênção dos anciãos e financiadores do Partido Democrata, a começar com um evento social para arrecadar recursos realizado na casa de Vernon Jordan, de acordo com Paul Street. Street afirma que "Obama passou nesse teste *com sucesso total*"[39]. As pessoas no encontro apreciaram que Obama não era um "polarizador racial" nem tampouco "antinegócios". Isso explica a aparentemente "improvável" vitória de Obama na eleição para o Senado em 2004 e os 700 milhões de dólares que ele arrecadou na campanha presidencial de 2008.

Portanto, políticos de minorias pós-movimento dos direitos civis como Obama não têm verdadeiramente a ver com mudança profunda, porém com concessão. Embora alguns deles possam, de tempos em tempos, falar de forma confiante, de modo a convencer ou impressionar, seu discurso é bastante abstrato, quase ao ponto de ser destituído de sentido, e eles raramente fazem o que dizem, se é que isso acontece alguma vez. Obama, por exemplo, falou durante a campanha de 2008 sobre lobistas corporativos, porém nada disse sobre o *poder corporativo*; queixou-se da "dinheirama" na política, mas angariou mais dinheiro do que *qualquer* político na história americana; endossou a mentira republicana sobre uma crise na Previdência Social[40]; e falou sobre fontes de energia alternativa e de energia limpa, mas estava metido com partidários do "carvão limpo" e da "energia nuclear segura"[41].

Com base em todas as informações disponíveis, não há dúvida de que políticos como Obama sejam "acomodacionistas"[42] *par excellence* e ensinem aos "condenados da terra" a lição política errada: que a política eleitoral, e não a política do movimento social[43], é *o* veículo para alcançar a justiça social. Na próxima seção, mostramos que o caminho político de Obama para a (ainda) Casa Branca se coaduna perfeitamente com as práticas e o tom dos políticos das minorias pós-movimento dos direitos civis.

Quando surgiram dúvidas durante a campanha de 2008 sobre o progressismo de Obama devido ao seu apoio à Foreign Intelligence Surveillance Act (Lei de Vigilância de Inteligência Estrangeira)[44] e outras posições reacionárias que mantinha, Obama disse em uma entrevista para o *The New York Times*: "Sou alguém que é sem dúvida progressista."[45] No entanto, fiel ao estilo dos políticos das minorias pós-movimento dos direitos civis, ele insistiu que não gostava de ser "rotulado" como direita ou esquerda e preferia ser considerado um político "não ideológico" e "pragmático". Com o avanço da campanha, a postura não ideológica de Obama denunciou uma tendência conservadora, e alguns comentaristas questionaram seu compromisso com o "progressismo". Em palavras duras, se bem que proféticas, Taylor Marsh, blogueira do *Huffington Post*, rotulou o progressismo de Obama de "canibalismo progressista". Ela se referia à disposição de Obama de "fazer o que puder para ser eleito, canibalizando nesse trajeto os seus próprios e os nossos ideais; levando consigo o maior número de pessoas possível, incluindo conservadores que não terão lealdade ao que os progressistas trabalharam por décadas para conseguir"[46].

Nesta seção, reafirmo as dúvidas que suscitei sobre Obama durante a campanha de 2008, e argumento que sua política e seu tom não eram manobras *táticas* para ser eleito, mas representavam quem Obama realmente era e como ele governara. Posto que as preocupações por mim expressadas sobre o fenômeno Obama durante as campanhas de 2008 e 2012 foram confirmadas por eventos subsequentes em seu primeiro mandato, eu as reproduzo aqui quase literalmente. Mantenho o tempo presente usado no original, porém as declarações são formatadas como citações para distingui-las da breve (e contemporânea) discussão que figura depois de cada uma delas.

> A primeira preocupação que tenho é que Obama não representa um verdadeiro movimento social, mas uma subcorrente de vários atores e forças contraditórias que não necessariamente concordaram em questões fundamentais. Na falta de um movimento social com uma agenda comum, acredito que sua presidência se tornou inexplicável.

Quando escrevi isso, alguns comentaristas pensaram que Obama tinha um enfoque político "de raiz"[47]. No entanto, toda a sua práxis política durante a campanha estava alinhada com a política do partido predominante e não emanou de, ou criou, um movimento social. Os grandes comícios e os 700 milhões de dólares que ele angariou na campanha não provieram dos organizados movimentos criados pelos esforços de ativistas com uma agenda comum. O mantra de sua campanha, "Mudança em que podemos acreditar", era tão abstrato que quase tudo e qualquer um poderiam se encaixar nele. A questão mais significativa, no entanto, era que os adeptos de Obama não tinham uma agenda e um sistema de crenças comuns. O que argumentei durante a campanha de 2012 – que o apoio branco não era indicativo de pós-racialismo – foi desde então corroborado em estudos pós-eleitorais. Pesquisadores de opinião pública notáveis como Tom Pettigrew, da UC-Santa Cruz, e o professor Vincent Hutchings, da Universidade de Michigan, constataram que os eleitores brancos de Obama eram apenas ligeiramente menos preconceituosos do que os eleitores brancos de McCain.

> Em segundo lugar, nenhum dos programas de ação oferecidos por Obama sobre questões cruciais do nosso tempo (assistência médica, o Tratado Norte-Americano de Livre Comércio [NAFTA], a economia, a imigração, o racismo, as guerras etc.) são verdadeiramente radicais, nem provavelmente cumprirão o prometido pelo vazio, se bem que esperto, *slogan* por ele adotado como o cerne de sua campanha: mudança.

Poucos partidários fervorosos de Obama tinham algum indício sobre suas propostas políticas e até mesmo sobre suas posições em questões cruciais. Conforme Ashley Doane apontou, esse fenômeno entre pessoas outrora bem informadas assemelha-se ao fenômeno de Goffman de "não observância estudada", onde todo mundo finge não notar uma violação das normas a fim de se dar bem.

> Em terceiro lugar, Obama atingiu o nível de sucesso que tem em grande medida por ter feito um movimento estratégico na direção da desracialização e adotado uma persona e uma postura política pós-racial. Ele se distanciou da maioria dos líderes do movimento dos direitos civis, do seu próprio reverendo, de sua igreja, e de qualquer coisa ou pessoa que o fizesse parecer "negro demais" ou "político demais". Diabos! Obama e sua campanha até reformularam Michelle Obama[48] para fazê-la parecer menos negra, menos forte e mais ao estilo de dama branca para o eleitorado branco!

Ao longo da presidência de Obama, ele sempre tentou evitar parecer negro *demais*. O fato de esquivar-se de lembrar o eleitorado de sua negritude também limitou as respostas de Obama a eventos racistas. Mas isso também tem importantes ramificações para a política de Obama, como mostrarei abaixo. De fato, o cientista político Daniel Gillion descobriu que, na primeira metade do mandato de Obama, o presidente falou menos sobre raça do que *qualquer* presidente desde 1961[49].

A posição pós-racial de Obama não foi algo novo. Aqueles que leram seus livros, *Dreams from My Father* (A Origem dos Meus Sonhos) e *A Audácia da Esperança* estão familiarizados com sua longa tentativa de ficar, se não *além* da raça, pelo menos *acima* da briga racial. Por isso, não foi nada surpreendente quando, na sua segunda entrevista coletiva à imprensa, o presidente Obama respondeu à pergunta formulada por Andre Showell, um jornalista negro, sobre quais políticas específicas ele havia posto em prática para beneficiar comunidades minoritárias, com ideias reminiscentes de como conservadores enquadram questões de raça.

> "Bem, minha abordagem geral é que, se a economia é forte, isso beneficiará todas as pessoas, desde que isso seja também escorado, por exemplo, por estratégias relacionadas à acessibilidade à faculdade e à formação profissional, redução de impostos para famílias trabalhadoras em contraposição aos mais ricos, que nivelam o campo de jogo e garantem o crescimento econômico de baixo para cima. Estou confiante de que isso ajudará a comunidade afro-americana a viver o sonho americano ao mesmo tempo em que ajuda as comunidades em todo o país."[50]

Como parte de seu pós-racialismo, Obama evitou o termo "racismo" em sua campanha até ser forçado a falar sobre raça. E nesse "discurso de raça" que tantos comentaristas anunciaram e compararam aos discursos de Martin Luther King (uma visão verdadeiramente herética), ele disse que as declarações do reverendo Wright "expressavam uma visão profundamente distorcida deste país – uma concepção que vê o racismo branco como endêmico" e as classificou como "semeadoras de discórdia". Isso deve surpreender os estudiosos de raça em toda a nação que consideram o racismo como de fato "endêmico" e sabem que a raça tem sido um tópico que gera divisão na América desde o século XVII!

Para os leitores familiarizados com o meu trabalho[51], não deve ser surpreendente saber que eu concordo com o reverendo Wright no que tange à sua afirmação de que o racismo é endêmico da América. Assim, não acredito que suas declarações gerassem divisão. O discurso de Obama foi claramente um discurso *político* que visava apaziguar as preocupações de seus partidários brancos, irritados pelo frenesi da mídia em março de 2008 com base em um trecho de um sermão proferido pelo reverendo Wright[52].

O discurso de Obama teve três problemas sérios. Primeiro, ele assumiu que o racismo é um problema moral (ele o chamou de "pecado") que pode ser superado pela boa vontade. Em contrapartida, argumentei que o racismo forma uma estrutura e, por conseguinte, a luta contra o racismo deve ser fundamentalmente voltada para a remoção de práticas, mecanismos e instituições que mantêm o privilégio branco sistêmico. Em segundo lugar, Obama concebeu o "racismo" (em sua visão, preconceito) como uma via de mão dupla. Ele afirmou no seu discurso que *ambos*, negros e brancos, têm reivindicações legítimas uns dos outros, isto é, que os negros têm uma queixa real contra os brancos por causa da existência contínua da discriminação e os brancos têm contra os negros por causa dos "excessos" de programas como ações afirmativas. Obama estava equivocado nesse ponto, pois os negros não têm o poder institucional de implementar uma agenda pró-negra, ao passo que os brancos tiveram esse tipo de poder desde o momento em que este país nasceu[53]. Em terceiro lugar, o chamado pós-racial de Obama para que todos "apenas se deem bem"[54], a fim de que possamos lidar com os problemas reais da América, revela o calcanhar de Aquiles de sua posição: ele realmente não acredita que o racismo seja um sério problema estrutural na América. Contudo, o discurso cumpriu sua missão: aplacou seus partidários brancos que, a partir de então, dificilmente demostraram mais preocupações com as visões raciais de Obama[55].

Quarto, como Glen Ford, editor executivo do *Black Agenda Report*; Adolph Reed; Angela Davis; Paul Street; e alguns outros analistas sugeriram, a Obamania era (e ainda é um pouco) um "modismo"[56]. Seus seguidores se recusaram (e muitos ainda se recusam) inclusive a ouvir os fatos ou admitir algumas posições muito problemáticas que Obama tem, como o seu apoio à pena de morte. Embora haja um espaço maior hoje do que em 2008 para criticar Obama na esquerda, esse espaço ainda é bastante limitado, em particular na comunidade negra. Fui severamente picado pela abelha nacionalista em apresentações diante de públicos de minorias em 2008 e novamente em 2012.

Os partidários liberais e progressistas de Obama queriam acreditar, de modo não histórico, que Obama fosse um progressista furtivo que, uma vez eleito, viraria à esquerda, em especial no seu segundo mandato, quando o espectro da reeleição não mais o assombrasse[57]. Contudo, parafraseando Martin Luther King Jr., "líderes não devem ser julgados pela cor da sua pele, mas pelo *conteúdo da sua política*", e o conteúdo da política de Obama era em 2008, e permaneceu em 2016, de centro para centro-direita.

Por fim, talvez o fator mais importante por trás do sucesso de Obama e minha maior preocupação sejam que ele e sua campanha significam e evocam coisas e sentimentos distintos para seus partidários brancos e não brancos. Para seus partidários brancos, ele é o primeiro líder "negro" que se sentem confortáveis em apoiar porque ele não fala de racismo; porque ele lhes lembra, cada vez que tem a oportunidade, que é meio branco; porque ele é tão "articulado" ou, nas palavras do senador (agora vice-presidente) Biden, ecoadas mais tarde por Karl Rove, Obama foi "o primeiro afro-americano tradicional que é articulado, inteligente e bem-apessoado"[58]; porque Obama continua a falar sobre a unidade nacional; e porque ele, ao contrário de líderes negros odiados por brancos, como Jesse Jackson e Al Sharpton, não faz com que se sintam culpados pela situação das questões raciais no país.[59]

Desde muito cedo na campanha de Obama, seus partidários brancos *não* estavam sintonizados no mesmo canal que seus partidários das minorias. Ele rapidamente se tornou para os brancos uma figura ao estilo Oprah ou Tiger Woods, isto é, uma pessoa negra que "transcendeu" sua negritude e se transformou em um símbolo[60]. Por exemplo, Katie Lang, uma mulher branca perfilada em um artigo do *The Washington Post*, afirmou que "Obama fala com todos. Ele não fala só com uma raça, um grupo", e acrescentou: "Ele é o que há de bom a respeito dessa nação."[61]

Em contraste pronunciado, para muitos não brancos e para os negros em particular, Obama se tornou um símbolo de suas possibilidades. Ele foi, de fato, como disse o próprio Obama acerca de si mesmo, seu Josué[62] – o líder que esperavam que os conduzisse à Terra Prometida. Eles leram nas entrelinhas e pensaram que Obama tinha uma postura forte no que tange a questões raciais. Para a velha geração, desesperada em ver mudança antes de morrer[63], e para muitos negros e minorias das gerações pós-Reagan, que viram muito pouco progresso racial durante sua vida, Obama se tornou o novo messias do movimento pelos direitos civis.

Desde que escrevi este capítulo pela primeira vez, há algumas alusões de que essa lua de mel esteja azedando um pouco. Nos últimos meses antes das eleições de 2012 houve uma linha de discussão mais sutil sobre o que Obama ofereceu aos eleitores negros. Tavis Smiley, ex-partidário de Obama, disse recentemente ao *Times* que "afro-americanos terão perdido terreno na era Obama". E Fredrick Harris escreveu sobre o declínio das fortunas dos negros durante o governo de Obama no *The New York Times*, pouco antes da eleição de 2012. Ele afirmava ser uma "tragédia" que as "elites negras – de intelectuais e líderes de direitos civis a políticos e membros do clero – concordassem com esse declínio, considerando-o preço necessário a pagar pelo orgulho e pela satisfação de ter uma família negra na Casa Branca"[64].

Os cientistas sociais devem sempre verificar como suas análises se sustentam com o passar do tempo. Nesta seção, reafirmo as previsões que fiz durante a campanha presidencial e avalio minha "média de acertos". Minha principal previsão era de que as vozes daqueles que alegavam que a raça fratura profundamente a América seriam silenciadas. Sugeri que a negritude de Obama se tornaria um obstáculo para as pessoas de cor, pois os brancos a usariam contra eles – bem como suas palavras e ações (e até mesmo as de Michelle)[65] – como prova de que raça não era mais algo muito importante na América[66]. Essa é uma previsão muito ampla e precisaremos ver como a história se desenrola a fim de avaliá-la. No entanto, estudos iniciais mostraram certo apoio para a minha previsão de que a eleição de Obama levaria à percepção de que o racismo acabou, com consequências potencialmente danosas para as pessoas de cor. Valentino e Brader[67], por exemplo, constataram que um bom número de brancos percebeu menos discriminação racial imediatamente após a eleição; e o que é importante, essas pessoas agora tinham também opiniões piores sobre os negros e maior oposição a ações afirmativas e à imigração. E Tesler[68] descobriu que mesmo a questão supostamente neutra da assistência à saúde ganhou relevância racial quando associada a Obama. Ademais, há algumas evidências de que o ressentimento dos brancos esteja se traduzindo num crescente racismo individual. Um conjunto de pesquisas de opinião da Associated Press, publicado em 2012, revelou que os brancos demonstraram mais racismo do que em 2008, quando Obama foi eleito[69].

Tudo isto não deve ser uma surpresa para aqueles que têm seguido os eventos após a eleição de Obama. De fato, desde 2009 temos visto o ressurgimento do antigo e manifesto racismo em resposta à eleição de um presidente negro. Tantas pessoas acorreram a fóruns racistas imediatamente após a eleição de Obama que o site Stormfront[70] teve que ser temporariamente fechado[71]. A isso seguiu-se a ascensão do movimento Tea Party e o surgimento do movimento "birther"[72]. E o absurdo continuou: em outubro de 2012, Donald Trump se ofereceu para doar cinco milhões de dólares para uma instituição de caridade da escolha de Obama se ele liberasse seu histórico de passaportes e registros da faculdade, e os oponentes de Obama usaram uma tática de racialização similar ao desenvolver a história de que Obama é muçulmano[73].

Reviso agora as previsões mais específicas que fiz durante a eleição de 2012 com base nos primeiros quatro anos da presidência de Obama. Primeiro, alicerçado nas promessas e observações de Obama feitas durante a campanha, previ que ele aumentaria o tamanho das forças militares, esperaria mais do que o planejado para se retirar do Iraque, ampliaria o escopo da intervenção militar no Afeganistão e, o que é mais problemático, bombardearia o Paquistão se tivesse "inteligência acionável". Aqui eu estava errado apenas em não prever o verdadeiro alcance do envolvimento do presidente no Oriente Médio e em outras regiões. Nas versões anteriores deste capítulo, discuti a lenta retirada de Obama do Iraque e do Afeganistão e me referi à possibilidade de um maior envolvimento militar no Paquistão. Desde então, em vários aspectos, Obama foi além de seu antecessor republicano, particularmente em sua redefinição do poder executivo para travar guerra, matar qualquer pessoa considerada um inimigo (incluindo americanos) sem julgamento, usar drones para aterrorizar populações em vários países, deter pessoas indefinidamente e espionar os cidadãos americanos.

Entramos em uma nova era da "Guerra ao Terror", na qual nossos engajamentos não têm começo ou fim definidos, nem tampouco sabemos com clareza quantos países estamos bombardeando. A arma preferida de Obama foram drones para "ataques militares", travados tanto pelos militares quanto pela CIA[74]. Não obstante a alegação do governo de que as perdas civis eram mínimas, esse não é o caso. Uma reanálise do número de baixas em decorrência de 24 ataques de drones no Paquistão, baseada em entrevistas com as famílias das vítimas e outras informações, encontrou uma subestimativa sistemática do número de mortes de civis ao usar relatórios da mídia. Isso ficou ainda pior no governo de Obama, que resolveu o problema das mortes de civis redefinindo qualquer vítima de ataque como "combatente" se fosse do sexo masculino e maior de catorze anos[75]. No entanto, além de discutir o número de mortes, devemos também prestar atenção ao impacto dos drones sobre os vivos. Um relatório da NYU/Stanford[76] detalha o custo para aqueles que vivem na área do Paquistão mais visada por drones: além de danos à propriedade, os custos psicológicos são severos. Inseguros quanto à ocorrência do próximo ataque, pais mantêm seus filhos fora da escola. As pessoas têm medo de ajudar as vítimas de ataques por drones porque se tem conhecimento de que um segundo ataque tinha como alvo as equipes de resgate, um potencial crime de guerra[77]. Longe de nos deixar mais seguros, a ministra das Relações Exteriores do Paquistão atribuiu esses ataques ao antiamericanismo do seu país[78]. Conforme afirmou Imran Khan, político paquistanês da oposição: "a guerra contra o terror tornou-se uma guerra de terror"[79].

Além dos ataques ao Oriente Médio, a drástica expansão do poder executivo do presidente Obama a fim de travar essa guerra indefinida é mais que assustadora. Os pedidos da Foreign Intelligence Surveillance Act (FISA) e um informante da National Security Agency (NSA) mostraram que a vigilância eletrônica aumentou drasticamente no governo Obama[80]. O governo também resistiu a uma deliberação judicial acerca de seu programa de detenção indefinida de suspeitos de terrorismo (definidos como qualquer pessoa que tenha "substancialmente apoiado a al-Qaeda, o Taleban ou forças associadas") sem julgamento; tal programa foi contestado por repórteres que temiam que a lei fosse ampla o suficiente para potencialmente incluí-los. O mais assustador foi a divulgação pelo *The*

New York Times em 2012 da "relação de alvos a serem mortos" (*kill list*) de Obama, em que indivíduos, incluindo cidadãos dos EUA, são alvos de assassinato, geralmente por ataque de drones, antes que quaisquer acusações de culpa sejam feitas[81]. Em um artigo recente sobre como a abordagem de Obama está nos preparando para uma "guerra permanente", Greg Miller escreve: "O assassinato dirigido é agora tão rotineiro que a administração Obama passou grande parte do ano passado codificando e aperfeiçoando os processos que o mantêm."[82] Ele observa que a CIA solicitou mais drones em seu orçamento, transformando-os em uma "força paramilitar"[83].

Em conjunto, a política externa de Obama é extremamente preocupante pelo seu abuso de poder executivo para o envolvimento em ações militares não controladas. Se tais políticas estivessem sendo implementadas por um presidente republicano, a esquerda estaria em contínuo alvoroço[84]. Entretanto, como previ, a resistência a essas políticas terríveis tem sido anêmica: não importa o que ele tivesse feito, Obama ainda era considerado um "cara legal".

A comunidade internacional, com poucas exceções, deu a Obama um salvo-conduto, não importa o que acontecesse. Ele recebeu o Prêmio Nobel da Paz em 2009 e não foi repreendido pelos líderes europeus ou pela esquerda europeia em relação à sua política externa. Em comparação, durante os anos do governo de Bush (2000-2008), a comunidade europeia estava furiosa com seu intervencionismo e militarismo, e mesmo em 2011 Bush teve que cancelar uma viagem planejada à Suíça devido a preocupações com protestos[85]. No entanto, essa mesma comunidade nada disse sobre a política externa Bush-Leve de Obama, que ainda gozou de altos índices de aprovação em muitos países europeus[86].

Em segundo lugar, sugeri que Obama iria montar um ministério muito conservador. Como previsto, os conservadores que o assessoraram durante a campanha constituíram o núcleo do seu ministério. Seus conselheiros incluíram Hillary Clinton; Robert Gates (mantido da administração G.W. Bush); Larry Summers (um baluarte da era Clinton, execrável por seu famoso discurso sexista em Harvard); Paul Volker (que atuou nos governos Carter e Reagan); e Timothy Geithner (que seguiu os interesses de Wall Street). O presidente Obama não teve uma *única* voz radical em sua equipe. E não nos esqueçamos de que o ministério de Obama não era tão diversificado como seria de esperar[87] e que as poucas pessoas de cor ocupavam posições secundárias.

Em terceiro lugar, sugeri que Obama iria fazer concessões no tocante à sua promessa de tributar os ricos. Em seu primeiro mandato, Obama o fez inequivocamente, estendendo por mais dois anos as reduções de impostos para aqueles que ganhavam mais de 250 mil dólares *e* revisando o imposto patrimonial de acordo com as exigências republicanas, em uma chamada "conciliação". O presidente afirmou que ela era necessária para assegurar os benefícios do desemprego: em troca, ele ganhou a extensão dos benefícios do seguro-desemprego (por apenas um ano) e outros créditos fiscais destinados a estimular a economia e a restituir dinheiro aos americanos da classe média. No entanto, os benefícios para pequenas empresas que Obama havia apregoado, para fazer com que essa "conciliação" valesse a pena, foram cortinas de fumaça. O *The New York Times* cita análises governamentais e apartidárias segundo as quais "menos de 3% dos solicitantes com renda de pequenas empresas paga com base nas duas alíquotas superiores de imposto de renda, e muitos deles são médicos e advogados em sociedades"[88]. Em outras palavras, inclusive as políticas liberais obtidas como "concessões" beneficiaram principalmente os ricos. Postergar a tributação dos ricos se a economia não está indo bem indica que as concepções econômicas do presidente Obama estavam em sintonia com a "Escola de Chicago"[89].

No início do seu segundo mandato, Obama prosseguiu com mais determinação em suas pobres "concessões" no que tange ao imposto. Bastante inexplicavelmente, visto que seus oponentes estavam desorganizados e não conseguiram apresentar uma alternativa coerente, Obama quebrou sua repetida promessa de aumentar os impostos para famílias que tivessem uma renda anual superior a 250 mil dólares, aumentando o teto para mais de 400 mil dólares por ano (apenas os 1,5% mais ricos). Quando se combina essa mudança com a decisão de Obama de não estender a redução do imposto sobre os salários (o que ajudava famílias de renda baixa e média), e os cortes na Previdência Social (não mais indexando os aumentos à taxa de inflação), é claro que Obama estava disposto a barganhar a maior parte dos valores progressistas, sem ganhar muito em troca. Jonathan Chait comparou a negociação de Obama com o estilo *tight-weak* do pôquer, no qual o jogador perde mãos fracas e não consegue aproveitar as fortes[90]. Tal crítica, contudo, ainda pressupõe que Obama realmente compartilhou nossos valores progressistas em primeiro lugar.

Em quarto lugar, sugeri que o programa de assistência à saúde de Obama era fraco e que o seu "pragmatismo" o enfraqueceria ainda mais. Especificamente, argumentei que a proposta de reforma de Obama estava longe do que o país precisava: um plano de saúde universal[91], de pagador único[92]. Embora Obama tivesse aprovado uma lei de reforma dos serviços de assistência à saúde em 2009, que incluía algumas correções, a lei acabou passando sem a "opção pública" de comprar seguro diretamente do governo. O debate deixou um gosto ruim na boca dos progressistas como Kathleen Sebelius, secretária dos Health and Human Services (Departamento de Saúde e Serviços Humanos), Max Baucus e outros democratas, que enfatizaram que o seguro de pagador único "não estava em debate"[93]. Em vez de um pagador único, o plano de Obama instituiu um mandado, forçando todos a comprarem seguro privado e subsidiando planos para aqueles que não podem pagar, mas que tampouco se qualificam para o Medicaid[94] (constituindo um desembolso gigantesco para a indústria de seguros). Devemos lembrar que, apesar da oposição republicana à reforma da assistência à saúde de Obama, o mandado foi originalmente uma ideia republicana. Como afirma John Cassidy:

O problema é fundamental. Deixando de lado a expansão do Medicaid e algumas restrições há muito tardias sobre o comportamento notório das seguradoras de saúde, isso não é realmente uma "reforma" dos serviços de assistência à saúde: é uma expansão significativa do atual sistema de seguro privado, com o contribuinte pagando a conta. É clara e obviamente o experimento de Mitt Romney em Massachusetts, um amálgama peculiar de intenção igualitária e bem-estar corporativo: o igualitarismo na forma de prover assistência médica para aqueles que não podem pagar; bem-estar corporativo sob a forma de pagamento generoso a corporações como Aetna e Wellpoint para que assumam novos segurados. Se o americano médio não percebe isso, o mesmo não ocorre com as pessoas em Wall Street. Desde a eleição de Obama, em novembro de 2008, as ações da Aetna subiram de 20 para 35 dólares; as da Wellpoint, de 30 para 63 dólares.[95]

Quinto, previ que por causa da fraca postura de Obama sobre a questão da raça e de sua persona e apelo pós-racial, ele não iria sancionar quaisquer políticas significativas para melhorar a desigualdade racial. A chamada posição de meio-termo de Obama pode ser examinada no capítulo 7 de *A Audácia da Esperança*. Ali ele insiste que, apesar de raça ser ainda importante, o "preconceito" está em declínio, e como prova, anuncia o crescimento da elite negra, cujos membros não "usam a raça como uma muleta ou apontam para a discriminação como uma desculpa para o fracasso"[96]. Ele reconhece a existência de disparidades significativas entre os brancos e as minorias com respeito à renda, riqueza e outras áreas, expressa somente um tépido apoio para ações afirmativas, porém se envolve em uma crítica aos negros ao estilo de Bill Cosby, afirmando que eles assistem "a muita televisão", se envolvem em "muito consumo de venenos", carecem de uma "ênfase em realizações educacionais" e não têm famílias com ambos os genitores[97]. Qual é a solução de Obama para lidar com a desigualdade racial? "Uma ênfase em programas universais, em oposição a programas específicos à raça", o que ele acredita "não é apenas um bom programa de ação; também é boa política"[98]. Obama discute igualmente o problema da "subclasse" negra e repreende os que não estão dispostos a aceitar o papel dos "valores" na sua situação desagradável[99]. Embora ele mencione que "a cultura é moldada pelas circunstâncias"[100], sua ênfase está no comportamento[101].

A recusa ou a inaptidão de Obama em enfocar a raça diretamente também está exacerbando o problema da supressão do eleitor. No período que antecedeu a eleição de 2012, à medida que muitos Estados aprovaram ou introduziram leis de identificação de eleitores, as pessoas de cor foram expurgadas das urnas e os grupos de justiceiros suprimiram ainda mais o voto com a intimidação dos eleitores[102], Obama permaneceu em silêncio acerca dos direitos de voto. No Congressional Black Caucus (CBC) (Caucus Congressional Negro), em setembro de 2012, Michelle Obama disse: "Não podemos deixar que ninguém nos desencoraje a comparecer às urnas" –, porém ela não abordou diretamente, muito menos criticou, as novas leis de identificação de eleitores dos Estados[103]. Isso foi especialmente embaraçoso, pois inclusive o ex-presidente do Comitê Nacional Republicano (RNC) Michael Steele, que está longe de ser um progressista racial, falou contra "leis frívolas ou prejudiciais" que minam as tentativas dos republicanos de atrair os eleitores de cor[104]. Quando Jay Leno perguntou diretamente a Obama sobre a supressão de eleitores duas semanas antes da eleição, ele respondeu apenas que "é um problema", antes de se recusar a comentar as ações judiciais referentes à identificação de eleitores, dizendo somente que nós "deveríamos estar pensando em maneiras de tornar mais fácil para as pessoas votarem", e depois passou a elogiar o voto antecipado[105].

A única iniciativa de Obama que tinha os negros como alvo direto, anunciada de forma conveniente no verão anterior à eleição de 2012, dizia respeito à área relativamente incontroversa da educação. Embora a eliminação das disparidades educacionais seja um objetivo louvável, a iniciativa parecia cinicamente projetada, de modo a permitir que Obama a assinalasse como um programa de ajuda aos negros, enquanto o anunciava com pouco alarde e pouco financiamento no intuito de não atrair a atenção dos brancos. Em suma, Obama nos deixou ao deus-dará – e sua campanha nem sequer tentou ocultar isso. Em 2012, alguns doadores negros ficaram decepcionados em uma reunião de campanha quando os enviados de Obama "distribuíram cartões com tópicos de discussão sobre as realizações da administração para vários grupos – mulheres, judeus, gays e lésbicas – e não havia cartão para afro-americanos"[106].

De mais a mais, o discurso de Obama na sequência do trágico assassinato de nove negros por um homem branco na Emanuel African Methodist Episcopal Church (Igreja Episcopal Metodista Africana Emanuel), em Charleston, novamente demonstrou suas tentativas de evitar declarações raciais fortes. Em vez de assumir uma postura firme contra a violência racista antinegros, Obama apropriou-se indevidamente de citações do dr. Martin Luther King Jr. praticamente para tudo, além de louvar o incidente por provocar uma "efusão de unidade e força e companheirismo e amor [...] de todas as raças"[107]. Mesmo numa entrevista em 2016, depois de ter reconhecido que o movimento Black Lives Matter era importante para mudar o sistema de justiça criminal, Obama não pôde evitar de apontar o dedo e acusar a comunidade negra – seja durante um discurso de 2008, quando disse que a raiva negra era contraproducente[108] ou em 2013, quando disse aos graduados de Morehouse que eles não tinham mais desculpas[109] –, denunciando o suposto saque em meio a protestos:

> Existem maneiras de trazer mudanças sociais que são poderosas e têm a capacidade de unir o país e manter a moral elevada, e há abordagens nas quais posso entender as frustrações, mas elas são contraproducentes. E destruir sua própria vizinhança e roubar é contraproducente.[110]

Os negros americanos, no entanto, não são o único grupo racial decepcionado com Obama. Depois de falhar em oferecer um caminho à cidadania para milhões de latinos, conforme prometera, Obama respondeu condescendentemente à acusação de ter usado eleitores latinos, dizendo: "Não é como se eu não tivesse mais nada para fazer."[111] A despeito de haver aprovado a Deferred Action for Childhood Arrivals (Ação Diferida Para os Imigrados na Infância) (DACA), que permite a crianças sem documentos participar das vias de acesso à sociedade americana anteriormente indisponíveis para elas, seu plano de ação diferido está atualmente no limbo, após um impasse de 4 a 4 na decisão da Suprema Corte[112].

Por outro lado, Obama pode ter tomado medidas sem precedentes em relação às comunidades indígenas americanas, ao garantir que o governo federal consultaria os governos tribais acerca de questões que os afetam[113], permanecendo ao seu lado na luta contra o Departamento de Agricultura dos EUA (USDA)[114], e facilitando às tribos a obtenção de reconhecimento formal[115]. De mais a mais, a administração Obama pagou cerca de 3,4 bilhões de dólares para liquidar as demandas de indígenas americanos referentes a terras[116]. Apesar de a resolução das demandas de terras, algumas das quais datadas de mais de um século, estar muito atrasada, alguns ativistas indígenas americanos dizem que o dinheiro ainda não é suficiente para o número de indivíduos que estão sofrendo, e que o governo deve fazer mais para curar as feridas históricas[117].

Em sexto lugar, critiquei a comunidade progressista e liberal na América por estar em uma "temporada de frivolidades" (*silly season*), para usar a terminologia de Obama, no que concerne à quantidade de dinheiro que ele angariou, como o angariou, e por ignorar as implicações que esse dinheiro teria em seu governo[118]. Eu não poderia ter previsto a decisão da Suprema Corte sobre a organização Citizens United[119] e seu enorme impacto nas campanhas políticas, principalmente permitindo gastos ilimitados em campanhas e a criação de super-PACs[120] que reacondicionam doações anônimas. Embora Obama tenha criticado a decisão, ele se aproveitou da Citizens enviando seu gerente de campanha Rahm Emanuel para liderar o super-PAC Priorities USA.

Essas foram as minhas previsões e os meus argumentos sobre Obama e, infelizmente, muitos se tornaram realidade. Obama claramente não era um progressista furtivo, mas um político centrista, pró-mercado, um político tradicional, com uma concepção *quase* cega à cor no que tange a questões raciais na América. No início de sua presidência, o próprio Obama aceitara parte dessa caracterização quando, em uma reunião com membros centristas de seu partido em abril de 2009, ele se descreveu como um "novo democrata" e como um "democrata pró-crescimento"[121], ambos indicadores claros de sua postura pró-negócios.

Para ser claro, minha caracterização do presidente Obama é política, se baseia no seu plano de ação e não é de cunho moral ou pessoal. Como tantos americanos, eu também acredito que o presidente Obama foi um representante deste país na plataforma mundial mais capaz, digno e brilhante que seu antecessor. Há pouca dúvida de que Obama projetou para a comunidade mundial uma imagem muito melhor desta nação e de suas possibilidades. Mesmo antes de ser eleito, pesquisas de opinião internacionais mostraram que até três quartos das pessoas no mundo acreditavam que "uma presidência com Obama veria melhores relações entre os EUA e o resto do mundo"[122].

Nas versões anteriores deste capítulo, citei várias das políticas de Obama que considerei relativamente admiráveis, para esclarecer que eu não acreditava que todas elas fossem erradas. Infelizmente, desde então, muitas foram enfraquecidas ou minadas por outras ações por ele tomadas. Fornecerei a seguir breves atualizações sobre as políticas que uma vez aplaudi, a fim de mostrar que mesmo onde Obama foi bom, ele raramente correspondeu às expectativas da propaganda exagerada.

"*Lilly Ledbetter Fair Pay Act*"[123]: Embora Obama mereça elogios por assinar essa lei em seu primeiro dia no cargo, ela não torna mandatório um salário igual para as mulheres (como ele às vezes insinua em discursos de campanha)[124], mas apenas facilita o litígio.

Cessação das chamadas técnicas avançadas de interrogatório (*tortura*): Logo após sua eleição, Obama reverteu sua promessa de liberar fotos de prisioneiros torturados[125]; pressionou com sucesso a Espanha em 2009 para que abandonasse suas denúncias de altos funcionários de Bush por tortura[126]; restabeleceu "tribunais militares"[127] e, como observei acima, defendeu sua política de detenção indefinida de suspeitos de terrorismo e afiliados. O colunista conservador Charles Krauthammer argumenta que a denúncia de Obama de tortura deve pesar contra ele por simplesmente matar inimigos em potencial em sua "relação de alvos a serem mortos", sem interrogatório[128]. E quando ele deixou o cargo em janeiro de 2017, Obama admitiu que não fechar a prisão de Guantánamo foi um de seus fracassos[129].

Declarações públicas sobre o desejo de estender a mão aos líderes de "nações rivais": A despeito de Obama ter recebido muitas críticas por sua suposta relação de amor com Chávez, sua administração financiou movimentos de resistência antichavistas[130]. E a Bolívia acusou a embaixada dos EUA naquele país de operar para desestabilizar o país[131]. Contudo, para sermos justos com Obama, ele conseguiu restabelecer relações com Cuba[132].

A realização da reforma do nosso sistema de assistência à saúde (*mesmo que no fim não seja um sistema de pagador único, um sistema ruim reformado será melhor do que o atual*): Ver minhas preocupações mencionadas anteriormente. Algumas características desse plano melhorarão a vida de muitos americanos. Por outro lado, o que significa o fato de a administração de Obama não ter podido inclusive anunciar o seu próprio "sucesso"? Na Convenção Nacional Democrata de 2012, ninguém mencionou a maior conquista do Obamacare: a de fornecer cobertura Medicaid para um adicional de trinta milhões de pessoas. Como no caso da recusa de Obama em sequer proferir a palavra "pobreza", os democratas temiam provocar preconceito com a própria palavra "Medicaid"[133].

Apoio ao "Employee Free Choice Act"[134], *que facilitaria o empenho de sindicalização dos trabalhadores*: Obama hesitou no início de seu primeiro mandato acerca dessa política e pediu aos trabalhadores que encontrassem um "meio-termo" com a comunidade de negócios[135], ficou totalmente calado durante o movimento pró-sindicato de 2011 em Wisconsin e em outros lugares, e se cercou de "especialistas em educação" (mais notavelmente, Arne Duncan) que querem desmantelar os sindicatos e aumentar as escolas públicas autônomas[136].

Novos padrões de emissão veicular e milhagem[137]: Apesar de Obama também ter feito alguns bons investimentos em energia limpa, isso é muito pouco e muito tarde, pois ele se comprometeu a assumir uma abordagem de "todos os acima mencionados", que envolve energia nuclear, perfuração perigosa de gás natural ou "faturamento hidráulico", carvão, e, provavelmente, a aprovar a construção de um oleoduto de areias betuminosas em parte dos Estados Unidos.

Legislação para exercer algum controle sobre a indústria dos cartões de crédito[138]: A criação de Obama do Consumer Financial Protection Bureau (Departamento de Proteção Financeira ao Consumidor) é admirável, porém a nomeação de Richard Cordray, em vez da mais progressista Elizabeth Warren (que concebeu a ideia e fez grande parte do trabalho para configurar o departamento), deixa a desejar[139].

No que diz respeito à minha "média de acertos", devo dizer que, infelizmente, ela é muito alta. Obama permaneceu fiel ao seu estilo durante seu último mandato, minimizando questões raciais, repreendendo a comunidade negra com um nível de análise individual de raça nas raras ocasiões em que optou por abordá-la e, em geral, se recusando a impulsionar qualquer política verdadeiramente esquerdista, em particular em relação à raça. Em última análise, a presidência de Obama teve mais erros do que acertos, porém o próximo estágio na política presidencial dos EUA promete ser ainda mais interessante e quase certamente mais destrutivo.

Tornando a América Grande (e Branca) Novamente: Explicando a Ascensão da Trumpamérica

A novidade racial da Obamérica pode ter sido superada pelo circo político da competição para sucedê-lo. A campanha presidencial de 2016, apresentando a secretária Hillary Clinton e o empresário nova-iorquino Donald Trump, transcorreu no plano de fundo de um movimento social em curso contra a normalização da brutalidade policial (ver capítulo 2 para uma análise da violência policial). Depois de uma campanha longa e hostil, o inesperado aconteceu. Aproximadamente às 2h30 da manhã de quarta-feira, 9 de novembro, a secretária Clinton telefonou a Trump para admitir a derrota na eleição presidencial de 2016[140]. Em um resultado que contrariou todas as pesquisas, ela perdeu o colégio eleitoral e sua admissão tornou oficialmente Donald Trump presidente eleito dos Estados Unidos. Nesta seção, detalharei a política racial que moldou a ascensão de Trump à proeminência, antes de entrar em uma análise mais profunda da eleição na seção seguinte.

A despeito de Clinton ter sido, quase indiscutivelmente, a candidata democrata (não obstante alguma concorrência ferrenha de Bernie Sanders), o fenômeno Trump tomou o país de assalto. Talvez visto inicialmente como um espetáculo à parte, com pouca chance de competição com candidatos "legítimos" do Partido Republicano, Trump ganhou as primárias republicanas e, finalmente, a presidência, com propostas de políticas que incluíam a construção de um muro ao longo da fronteira sul dos Estados Unidos[141], deportando e banindo todos os muçulmanos[142], "bombardeando a merda para fora [do Estado Islâmico]"[143] e prometendo devolver empregos para áreas brancas que passavam por agitação econômica[144]; ele inclusive obteve um endosso de David Duke, da Ku Klux Klan[145]. Os comícios de Trump proporcionaram um espaço seguro não só para uma retórica virulenta e xenófoba, mas para violência física, quando seus partidários atacaram manifestantes e exibiram cartazes ofensivos em várias ocasiões. Repórteres do *The New York Times* documentaram o que acontecia nos comícios de Trump e observaram que a "linguagem grosseira, vitriólica e mesmo violenta" dos participantes parecia única dentre os comícios políticos de qualquer partido[146]. Eles até disseram que o efeito cumulativo dos comícios era "entorpecedor". Embora uma análise profunda das interações dos comícios ainda esteja pendente, eu poderia encontrar pouca evidência de que os defensores de Trump procuraram intervir para limitar o comportamento ofensivo nos comícios. A mesma história do *The New York Times* relatou:

> Nem todo mundo que participa de um comício de Trump se conduz dessa maneira. Na verdade, muitos são educados e bem-comportados. Mas, conquanto os manifestantes sejam vaiados com frequência, as multidões raramente expressam desaprovação dos grosseiros *slogans* e explosões de raiva dos adeptos do sr. Trump.

As propostas de Trump e os comícios que realizou, combinados com a propensão dele e de seu filho de postar memes neonazistas imprecisos nas redes sociais, levaram uma série de comentaristas a argumentar que Trump oferece um lar seguro para que os "racistas" americanos subam à superfície e se tornem parte do discurso político dominante. Esta ideia foi reforçada pelos nomeados ao gabinete de Trump, que incluem várias pessoas com histórias claras de racismo e pelo menos uma com laços implícitos de supremacia branca[147].

Apesar de seus comícios e problemáticas nomeações ao gabinete ministerial, discordo da noção de que Trump tenha facilitado o ressurgimento do racismo. Em vez disso, alego que mesmo a retórica de Trump, rotulada de fascista, reflete que o racismo da cegueira de cor moldou sua ideologia racial, como seria de esperar de qualquer um criado neste sistema. A retórica racial de Trump é certamente incendiária, mas ele precisa constantemente se ajoelhar perante as normas de cegueira de cor do período. Por exemplo, em resposta a perguntas sobre ele chamar os mexicanos de racistas e pedir a interdição da entrada de muçulmanos no país, Trump afirmou reiteradamente ser "a pessoa menos racista que existe"[148]. Um regime racial cego à cor exigia que Trump afirmasse não ser racista, a despeito de haver inclusive perdido a aprovação de, ou ter sido repreendido por, proeminentes líderes republicanos, como Michael Steele, ex-presidente do Comitê Nacional Republicano[149], e do ex-presidente da Câmara, Paul Ryan[150], em parte por causa de sua retórica racista. No final da campanha, Trump fez um esforço "conjunto" para cortejar os negros, dizendo "o que vocês têm a perder", mas a jornalista da Vox, Dara Lind, argumentou que esse esforço tinha menos a ver com ganhar votos negros e destinava-se a provar a partidários indecisos que ele, na verdade, não era racista[151]. O show de Trump para com os latinos foi semelhante, em uma tentativa de provar que ele é "a pessoa menos racista que existe". Depois de montar um Conselho Consultivo Hispânico Nacional, composto por quase duas dúzias de líderes latinos, e realizar várias sessões fotográficas com eles, Trump quase de imediato desconsiderou seus conselhos sobre a reforma da imigração. Em um discurso sobre imigração no final de agosto, após uma reunião com o conselho consultivo, Trump apresentou um programa de ações diretamente contraditórias aos seus conselhos, como a adição de novos critérios para entrar no país de forma legal, recusando categoricamente uma via à legalidade de quaisquer imigrantes indocumentados. O discurso levou a que quinze membros do conselho se demitissem, alegando que se sentiram traídos e enganados por Trump[152]. É claro que ele não se importava realmente com as sugestões políticas do conselho, apenas com a opinião pública acerca de ter um conselho. Ele continua a manter tais reuniões simbólicas desde que venceu as eleições, organizando encontros com celebridades negras, como os ex-jogadores de futebol americano Ray Lewis e Jim Brown[153], o *rapper* Kanye West[154] e o comediante Steve Harvey[155].

Embora Trump prove a importância do racismo da cegueira de cor, a hegemonia de uma forma de ideologia racial não significa que, em certas conjunturas históricas, uma forma secundária não possa ser intensificada. O momento atual do racismo evidente de Trump, por exemplo, exibe notáveis semelhanças com a era Reagan da década de 1980, quando a crise econômica que assolou o país ampliou o abismo entre brancos ricos e pobres. Manning Marable alegou que uma combinação de fatores foi um "sinal verde" para uma expansão de violência racista contra negros nos anos de 1980. Talvez o fator primário tenha sido problemas econômicos generalizados, em particular o declínio rápido e acentuado dos brancos outrora seguros, e o colapso dos pequenos negócios. Os índices de falência subiram, tanto em nível empresarial como individual. Entre setembro de 1980 e setembro de 1981, mais de 12.600 empresas faliram, representando um aumento de 250% em relação a 1978. Falências pessoais atingiram 450 mil em 1981, também um aumento de 250% em comparação a cerca de 180 mil em 1977. Além disso, não só o valor médio das moradias caiu 10% em 1981; as execuções hipotecárias aumentaram 30% em relação ao ano anterior. As pessoas brancas culparam a expansão dos programas sociais nas décadas de 1960 e 1970 por suas lutas, alimentando ainda mais seu desdém por grupos que viam como beneficiários desses programas. A economia combinou-se com o racismo da campanha presidencial de Reagan, que ele começou em Filadélfia, Mississippi, onde três trabalhadores dos direitos civis foram assassinados, e atiçou a animosidade branca contra os negros com seu controverso comentário sobre as "rainhas da assistência social". A violência assemelhava-se àquela com a qual nos familiarizamos nos últimos anos: violência policial ressaltada por *memes* como "policiais brancos no noroeste da Flórida e sudeste do Mississippi fizeram circular uma imitação de documento de regulamentação de caça, anunciando 'temporada aberta' para atirar em *Porch Monkeys*"[156], um aumento acentuado tanto no número quanto na filiação a grupos de ódio, e um recrudescimento maciço de violência por brancos "comuns". Marable relata que só em 1981 houve pelo menos quinhentos relatórios de violência "aleatória" contra negros por adolescentes brancos. Como hoje, grande parte dessa violência não resultou em condenações criminais[157]. Embora o racismo da cegueira de cor estivesse se solidificando no período pós-movimento dos direitos civis de 1980, as circunstâncias econômicas supramencionadas e a vulnerabilidade da classe trabalhadora branca permitiram que o racismo manifesto subisse mais uma vez à superfície por um breve período, antes de recuar na prosperidade e no neoliberalismo relativos da década seguinte.

Enquanto escrevo, o país pode estar em uma situação semelhante. Brancos, particularmente os pobres e com pouca instrução, sentindo a dor e expressando preocupação com as mudanças econômicas e demográficas do país, percebem-se como vítimas de minorias usurpadoras. Paula Ioanide, em seu livro *The Emotional Politics of Racism* (A Política Emocional do Racismo), sustenta que a autopercepção dos brancos como vítimas é típica de um regime racial de cegueira de cor, pois pressupõe que o racismo basicamente desapareceu e, apesar de intolerância e "racismo" ocasionais, o racismo reverso agora domina. Mais importante talvez, ela argumenta que eles se *sentem* oprimidos. Na verdade, tais sentimentos podem ser mais importantes do que os fatores econômicos na formação das visões políticas da classe trabalhadora branca. Seguindo algumas concepções de Frantz Fanon, Ioanide afirma:

> A pesquisa clínica de Fanon o levou a concluir que os sentimentos tinham uma capacidade única de superar fatos [...] Isto é, pessoas que experimentaram respostas emocionais fóbicas a negros eram suscetíveis a desconsiderar conspicuamente "evidência razoável" de que as pessoas de cor não representavam nenhuma ameaça para elas na atualidade [...] O pânico social generalizado no que tange às ameaças percebidas de criminalidade, terrorismo,

dependência de assistência social e imigração indocumentada na era pós-movimento dos direitos civis desconsidera, de modo similar, fatos e evidências.[158]

Donald Trump alimentou os sentimentos racistas dos brancos pobres com sua retórica, legitimando assim as emoções problemáticas de seus seguidores. As articulações raciais públicas de Trump funcionaram particularmente bem, dadas as lutas econômicas dos brancos, aumentando a visibilidade da negritude desde o início do século XXI, incluindo a presidência de Barack Obama; movimentos sociais como Black Lives Matter; séries centradas nos negros e exibidas no horário nobre de TV, como *Blackish* e *Scandal*; e a crescente proeminência de outros artistas e comentaristas negros como Roland Martin e Van Jones.

A vulnerabilidade contemporânea dos brancos pobres, como nos anos de 1980, não é de todo imaginada. Embora eles se saiam muito melhor do que seus equivalentes negros e pardos na maioria dos indicadores sociais, os brancos menos instruídos são cada vez mais vulneráveis. Mudanças na economia ao longo das últimas décadas resultaram em um declínio nos empregos tradicionais da classe trabalhadora que, outrora, permitiam que homens sem instrução superior provessem o sustento de suas famílias. Em 1971, cerca de 42% dos assalariados de renda média trabalhavam na agricultura, mineração, construção e nas indústrias de transporte. Em 2015, esse número caiu para cerca de 26%, à medida que o país mudou mais e mais para uma economia de serviços. Essa dramática diminuição de empregos no setor industrial, acompanhada de estagnação salarial, levou a uma redução constante no tamanho da classe média em geral[159]. Apesar de a economia ter supostamente se recuperado da recessão de 2008, brancos sem formação superior permanecem em desvantagem quando comparados aos seus pares que têm educação universitária. Em 2015, por exemplo, apenas cerca de 69% dos brancos que concluíram o ensino médio foram empregados, em comparação a 84% dos graduados brancos, e seus salários semanais eram de 736 e 1.255 dólares, respectivamente[160].

Mas, para sermos justos, pode ser um erro reunir em um só todo brancos pobres e defensores de Trump, pois uma análise recente dos partidários de Trump, realizada pelo Gallup, parece desbancar esse mito. O estudo mostra que os próprios adeptos de Trump não diferem economicamente do americano médio; eles parecem provir de lugares nos quais as pessoas lutam mais do que a média[161]. É possível que seus partidários se preocupem com a precariedade de suas próprias posições econômicas ou as lutas de seus vizinhos. Ao traçar o perfil dos adeptos de Trump na Louisiana, Arlie Russell Hochschild alega que pode ser um pouco de ambos. Ela sugere que os apoiadores de Trump relativamente ricos têm medo de ficar presos em um emprego monótono e exaustivo, a despeito do seu trabalho árduo, e os mais pobres veem Trump como um líder que priorizará suas crescentes preocupações econômicas e eliminará os demais indignos (negros, imigrantes indocumentados, refugiados, muçulmanos etc.). Ele galvaniza seu medo e preocupação e lhes aponta bodes expiatórios aceitáveis[162].

Trump pode estar liderando um movimento que reforça e revigora na América um *animus* racial antiquado, mas não devemos permitir que isso obscureça o fato de que o racismo é sistêmico. Como mencionado no capítulo 2, o racismo é mais amplo do que o preconceito em nível individual. É um fenômeno maior, em que somos todos atores racializados na sociedade. Progressistas e cientistas sociais localizaram o racismo geograficamente no Sul, entre os brancos da classe trabalhadora e em outras áreas rurais do país. Progressistas e liberais brancos se isentam de racismo, projetando-o nos brancos pobres, uma atitude evidente no abominável comentário de Hillary Clinton sobre os "deploráveis". Em setembro de 2016, ela disse:

Sabe, para ser grosseiramente generalista, você poderia colocar metade dos adeptos de Trump no que eu denomino cesta de deploráveis. Certo? O racista, o sexista, o homofóbico, o xenofóbico, o islamofóbico – você escolhe. E, infelizmente, existem pessoas assim. E ele os estimulou.[163]

Após intensa crítica de Trump e da mídia, ela tentou esclarecer, dizendo: "Ontem à noite fui 'grosseiramente generalista', e isso nunca é uma boa ideia. Lamento ter dito 'metade' – isso estava errado."[164] Seus comentários iniciais, entretanto, foram indicativos da atitude da esquerda sobre o racismo – de que é um preconceito que apenas algumas pessoas, um certo tipo de pessoas, têm. Os dados sobre atitudes raciais, conquanto imperfeitos como medição de questões raciais em qualquer sociedade, demonstram, no entanto, que mesmo usando essa métrica, uma porcentagem significativa de brancos tem pontos de vista raciais problemáticos. Contudo, embora alguns brancos mantenham essas visões antiquadas de raça, a maioria ainda endossa aquelas que eu chamo de racismo da cegueira de cor. A direita é conservadora, problemática, e talvez verbalize sem rodeios seu racismo tradicional, porém isso não deve justificar a normalidade e o racismo "suave" da vida cotidiana e ofuscar as semelhanças dos dois lados.

A verdade é que as visões individuais da direita e da esquerda não diferem substancialmente no tocante às questões raciais. Quando os sociólogos Matthew Hughey e Jesse Daniels realizaram análises separadas das organizações supremacistas brancas, ambos descobriram que, ao contrário da crença de que são grupos marginais com ideias extraordinariamente racistas, suas ideologias sobre raça são similares de modo marcante aos discursos dominantes[165]. Hughey, em particular, fez uma etnografia comparativa de uma organização antirracista branca e uma organização supremacista branca. Ele descobriu que, não obstante suas evidentes diferenças políticas, ambas recorriam a visões paternalistas e essencialistas de pessoas de cor e defendiam narrativas segundo as quais a branquitude estava sitiada. Além disso, pesquisas recentes que compararam os defensores de Trump e de Clinton tentaram, de modo similar, sublinhar as diferenças entre os dois campos, porém um olhar mais atento revela que eles fazem o oposto. Por exemplo, uma pesquisa da Reuters mostra que mais de 30% dos adeptos de Trump consideram os negros menos inteligentes que os brancos; 40% consideram os negros mais preguiçosos do que brancos; quase 45% consideram os negros mais grosseiros do que brancos; e quase 50% consideram os negros mais violentos e criminosos do que brancos. Por outro lado, mais de 20% dos partidários de Clinton consideram os negros menos inteligentes do que brancos; cerca de 25% consideram os negros mais preguiçosos; 30% consideram os negros mais grosseiros; e mais de 30% consideram os negros mais violentos e criminosos do que brancos[166]. A maioria das agências noticiou esses resultados como evidência de que os partidários de Trump são realmente "mais racistas" do que os de Clinton, ignorando quase por completo o fato de que os partidários de Clinton também são muito racistas! E quando explicamos o fato de que Clinton tem muito mais adeptos de cor com visões mais favoráveis dos negros, podemos seguramente concluir que a pesquisa subestima o racismo dos partidários de Clinton. Mais uma vez, para sermos justos, como no caso dos grupos no estudo de Hughey, há diferenças claras no tocante a programas de ação entre a esquerda e a direita, mas conceber um dos partidos como "partido racista" e o outro como "partido esclarecido" obscurece o ponto central de que os elementos racistas devem ser purgados de ambos os partidos.

O livro de Katherine J. Cramer, *The Politics of Resentment: Rural Consciousness in Wisconsin and the Rise of Scott Walker* (A Política de Ressentimento: Conscientização Rural e a Ascensão de Scott Walker), oferece outro exemplo. Apesar de a esquerda situar o racismo principalmente nas áreas mais rurais do país, tanto os respondentes urbanos como os rurais usaram componentes do racismo da cegueira de cor (o enquadramento do "racismo cultural") para explicar os seus pontos de vista sobre uma variedade de questões. Ela relata que madeireiros de tendência democrata, durante uma discussão sobre desigualdade de renda, disseram coisas como a seguir:

> *Charlie*: Algumas pessoas não têm ambição e não querem trabalhar.
> *Sam*: Isso não significa que você vai ganhar mais dinheiro. Os mexicanos têm mais ambição do que qualquer um. Eles mantêm os salários baixos.

Mais tarde, Sam acrescentou: "E todos nós culparemos os sindicatos, porém há muitas razões por que – porque você continua a trazer todos os mexicanos, isso mantém os salários baixos."[167]

Cramer assinala ter ouvido muito "racismo manifesto" em "áreas urbanas e suburbanas". Mas, tendo em vista que as pessoas que vivem na área rural em Wisconsin constituem o foco de seu livro, ela enterra muito do material em densas notas de rodapé, como a seguinte:

> Eu realmente observei conversas nas quais as pessoas exibiam abertamente ressentimento como parte de sua justificativa para ter um governo menor, mas elas sempre ocorriam em áreas urbanas e suburbanas. Numerosos exemplos provêm do grupo consistentemente conservador na Milwaukee suburbana (Grupo 18c). Um dos membros era uma ex-professora no distrito escolar público de Milwaukee, e ela se queixou de que os alunos no distrito consideravam o programa de almoço grátis como um fato óbvio, quando pessoas trabalhadoras como ela têm que pagar pelo programa por meio dos seus dólares de impostos. Ela não afirmou abertamente que os alunos dos quais falava eram membros de minorias raciais, mas aproximadamente 84% dos alunos do Milwaukee Public District são minorias raciais [...] Ela também se queixou de que dois pesos e duas medidas foram aplicados ao pessoal branco na escola e aos funcionários de cor. Outros comentários nesse grupo revelaram que, a seu ver, as minorias raciais estavam recebendo

mais do que o seu justo quinhão. Esses comentários transmitem a crença de que é desejável reduzir o governo porque atualmente o governo dá benefícios para as pessoas erradas, não necessariamente porque um governo limitado seja preferível em geral.[168]

Embora o fenômeno Trump pareça ter permitido que o racismo manifesto atinja um pico, meu argumento é que o racismo da cegueira de cor ainda é a forma dominante de discurso racial e continuará a ser, a despeito da vitória de Trump. Enfocarei atentamente essa vitória, a fim de examinar alguns dos fatores que contribuíram para ela e analisar por que as pesquisas de opinião que previam que Trump perderia eram tão consistentemente incorretas.

Como Trump Ganhou em 2016?

As previsões das eleições presidenciais eram de uma pequena, porém constante, vitória de Hillary Clinton, tanto no voto popular quanto no colégio eleitoral. Ela manteve essa vantagem até o dia anterior à eleição, mesmo na esteira do polêmico e-mail liberado pelo FBI apenas alguns dias antes. No dia anterior à eleição, segundo as médias das pesquisas do Real Clear Politics, Clinton ganharia por cerca de 3,2 pontos[169], e o famoso site de análise estatística FiveThirtyEight previu que as chances de vitória de Trump eram de pouco mais de 28%[170]. Em 8 de novembro, contudo, todas as previsões vieram abaixo, deixando o país, e de fato o mundo, a perguntar o que acontecera. Eu sugiro que três fatores principais configuraram a "surpresa" dos resultados eleitorais. Primeiro, os democratas não conseguiram honestamente se envolver com o deslocamento demográfico de seu eleitorado e lidar com a realidade de que haviam perdido a lealdade dos eleitores brancos. Em segundo lugar, Hillary Clinton sempre teve índices de aprovação terríveis, o que nunca é um bom sinal, não obstante as tentativas dos analistas de racionalizá-lo com base na duração de sua carreira política. Em terceiro lugar, o conceito de "eleitor provável", que reforça muitas das previsões eleitorais, talvez seja falho e pode ter prejudicado tanto os números da campanha interna quanto das agências de votação externas.

Primeiro, os democratas e os pesquisadores de opinião pública compreenderam os eleitores brancos de forma totalmente equivocada. Os brancos, em quase todas as faixas demográficas, votaram em Trump. Apenas mulheres brancas com instrução superior votaram em Clinton, mas de acordo com as pesquisas de boca de urna da CNN, somente por uma margem de sete pontos[171]. O apoio branco esmagador a Trump representou a continuação de uma tendência de décadas que passou em grande parte despercebida: eleitores brancos têm votado nos democratas nas eleições presidenciais em número cada vez menor desde a década de 1990. E, só para lembrar, a derrota de Clinton para Trump não ocorreu apenas como uma reação de gênero, ou seja, os eleitores masculinos votando contra Clinton por ela ser mulher. Embora os homens tenham votado em Trump por uma margem de 12%, essa margem foi semelhante à que Bush enfrentou contra Gore em 2000. E 54% das mulheres votaram em Clinton em comparação a 42% em Trump, uma margem de 12%, em consonância com 2012 e 2008 entre Obama e McCain e Romney, respectivamente. O maior fator nessa eleição foi a *raça*, pois homens brancos votaram 62 a 31 para Trump e mulheres brancas 52 a 43. E todos os homens não brancos votaram em Clinton, num índice de 60% ou mais[172]. Neste ciclo, a raça superou o gênero, o que, sem dúvida, tem sido o caso por muito tempo[173]. Robert L. Reece, um dos meus ex-alunos, analisou a participação decrescente do voto branco democrata para a cobertura pós-eleitoral da revista *Scalawag*:

> A porcentagem de brancos que votou no moderno Partido Democrata atingiu o pico de 44% em 1996, após a virada neoliberal do

partido – depois de ter sido destruído nas eleições pré-Clinton. Desde 1996, a porcentagem de brancos que votou nos democratas diminuiu lentamente a cada eleição presidencial, caindo para 39% no caso de Barack Obama em 2012. Hillary Clinton ganhou apenas 37% do voto branco [...] O candidato republicano ganhou entre os brancos por 12 pontos percentuais em 2008 e 20 pontos percentuais em 2012, margens semelhantes aos dois candidatos democratas anteriores que perderam para George W. Bush. A diferença no caso de Obama é que ele foi capaz de angariar números de participação recorde dos eleitores entre as pessoas de cor, particularmente negros, para compensar a disparidade nos votos brancos.[174]

Reece continua a observar que os 37% de Hillary Clinton foram a menor porcentagem de votos brancos que um democrata recebeu desde que o partido foi consistentemente perdendo por vitórias esmagadoras nos anos de 1980. Essa tendência é confirmada ainda mais em um estudo do Pew Research Center. Ele relata que a diferença entre a procentagem de eleitores brancos que se identificam como republicanos e a porcentagem que se identifica como democratas aumentou de 17 para 29 pontos entre 1992 e 2016, quando a lealdade branca ao Partido Democrata diminuiu rapidamente. Ademais, a porcentagem de eleitores brancos que se identificam como democratas diminuiu 5 pontos, de 44 para 39%, durante a presidência de Barack Obama, enquanto aumentava de 46 para 54% para os republicanos[175]. Os democratas não conseguiram explicar o declínio constante do seu apoio branco e assumiram, erroneamente, que poderiam recuperar uma parte dele.

Enquanto as palhaçadas erráticas de Trump pareciam indispor eleitores, em particular eleitores brancos liberais, a reputação dos democratas como o partido da inclusão e da diversidade pouco fez para conquistar esses eleitores brancos. Inclusive os partidários de Trump que eram brancos "normais" (não as pessoas mostradas nas notícias e classificadas como "racistas") eram apáticos no que tange à agenda explicitamente racista de Trump. Por exemplo, no programa de televisão do comentarista da CNN, Van Jones, *The Messy Truth*, ele pede aos partidários de Trump que detalhem as razões de seu apoio. Muitos não negam o aparente fanatismo de Trump. Simplesmente acham que outras questões, como o argumento dele de que tornará a economia "ótima novamente", são mais importantes[176]. Curiosamente, alguns dos entrevistados de Jones alegaram que haviam sido ex-partidários de Obama e que se sentiram mais compelidos a votar em Trump do que em Clinton, o que leva ao meu próximo ponto, ou seja, que Hillary Clinton pode ter sido uma candidata ruim.

Em segundo lugar, a despeito de seu forte apoio no *establishment* democrata, Clinton nunca foi vista pelo eleitorado numa óptica favorável. Embora ela fosse uma popular secretária de Estado, com índices de aprovação que atingiram o pico de 67% em 2013, sua popularidade rapidamente diminuiu na qualidade de candidata presidencial. No momento em que começaram as primárias presidenciais do Partido Democrata, em abril de 2015, seus índices de aprovação caíram para 45%. Atingiram o baixo patamar de 36% em maio de 2016, antes de subir para pouco mais de 39% quando teve início a Convenção Nacional Democrata (DNC), em junho[177]. Seus apoiadores tentaram fervorosamente explicar os baixos índices de aprovação de Clinton alegando serem eles o resultado inevitável de sua longa carreira política. Analistas argumentaram que Clinton havia sido "minuciosamente avaliada", que os índices eram prova de que toda a sua "roupa suja" havia sido exposta publicamente e não havia mais nada que os adversários políticos pudessem mobilizar contra ela. Paradoxalmente, segundo eles, os baixos índices de aprovação eram um dos seus pontos fortes políticos, porém eles podem ter sido, em última análise, a sua derrocada, pois ela não conseguiu reunir eleitores suficientes para vencer e perdeu alguns Estados de maneiras aparentemente estranhas. Por exemplo, em Michigan, acima de 87 mil eleitores, mais do que suficiente para dar uma guinada a favor de Clinton, preencheram suas cédulas eleitorais por completo, exceto o voto para presidente[178].

Enquanto isso, no início da DNC, Bernie Sanders, o maior adversário de Clinton nas primárias, obteve índices de aprovação em torno de 50%[179]. De mais a mais, ele aparecia nas pesquisas com maior chance de vitória contra Trump do que Clinton. De acordo com as médias de votos da Real Clear Politics, Sanders tinha mais de dez pontos do que Trump no início de junho, as últimas pesquisas publicadas sobre Sanders[180]. Em contraste, na mesma época, Clinton tinha apenas dois pontos a mais que Trump, um número bem dentro da margem de erro[181].

Além disso, Clinton realizou uma campanha questionável, que foi chamada de "arrogante" por quem ali trabalhou. De acordo com várias fontes, o escritório central de campanha no Brooklyn permaneceu autocentrado e estático, mesmo diante dos relatos dos cabos eleitorais em campo, que alegavam que suas estratégias não eram eficazes. Uma história no *Huffington Post* relata:

> Somente em Michigan, um veterano assessor de campo disse ao *HuffPost* que o partido no Estado e os funcionários locais constituíam cerca de um décimo do pessoal que tinha capacidade de pagar para angariar votos que o senador John Kerry (D-Mass.) teve quando concorreu à presidência em 2004. Desesperados por mais capital humano, o partido do Estado e os funcionários locais acabaram levantando trezentos mil dólares no intuito de pagar a quinhentas pessoas para que ajudassem a solicitar votos nas semanas finais da campanha eleitoral. Naquele momento, porém, eles estavam operando no escuro. Um organizador disse que, em uma zona eleitoral em Flint, eles foram enviados para um parque de *trailers* queimados. Ninguém o removera da lista de lugares a serem visitados porque ninguém havia estado ali até o último fim de semana. Clinton perdeu o Estado por doze mil votos.[182]

Em Wisconsin, onde a campanha sentiu que havia uma liderança sólida, os moradores locais pediram a democratas negros proeminentes que visitassem Milwaukee, uma das áreas mais negras do estado. A campanha se recusou a atender à solicitação e recebeu quarenta mil votos a menos do que Barack Obama em 2012, novamente, um número suficiente de votos para virar o estado a favor de Clinton[183]. A campanha de Clinton não apenas negligenciou a oferta de cabos eleitorais em Wisconsin, ela acabou por perder a corrida em estados críticos à medida que o dia da eleição se aproximava. Nos últimos cem dias da campanha, Trump visitou a Flórida, Pensilvânia, Ohio, Carolina do Norte, Michigan e Wisconsin 133 vezes. Durante esse mesmo período, Clinton só visitou esses estados 87 vezes, sem fazer nenhuma visita a Wisconsin[184]. Essas histórias refletem queixas semelhantes de todo o suposto "*firewall* centro-oeste" de Clinton. Em Michigan, Wisconsin, Ohio e Pensilvânia, há relatos segundo os quais a campanha de Clinton ofereceu mandatos com base em dados que pareciam desconectados das experiências dos organizadores locais. De acordo com uma história no *Politico*, a campanha disse aos organizadores em Michigan que não gastassem recursos em seus próprios mecanismos de rastreamento de eleitores, porque não se importava com seus números. A campanha inclusive ignorou informações dos dispositivos móveis distribuídos aos voluntários para que relatassem respostas colhidas em campo, a ponto de dizer aos organizadores locais que não se preocupassem com a entrada de dados e que limitassem os contatos pessoais diretos com os eleitores. A mesma história relata que:

> a campanha de Clinton rejeitou o que é conhecido como "persuasão" pessoa a pessoa – ninguém batia de porta em porta tentando angariar apoio para o candidato democrata, o que também significava que ninguém estava ouvindo diretamente os eleitores, além daqueles que já se supunha fossem prováveis eleitores de Clinton; ninguém rastreava como os sentimentos sobre a raça e os candidatos estavam evoluindo. Isso não deixou nenhuma informação para verificar os modelos de votação – o que poderia, por exemplo, ter mostrado à campanha que alguns dos membros

brancos e masculinos do sindicato tidos como prováveis eleitores de Clinton, na verdade, estavam dando uma guinada na direção de Trump – e nenhum sistema de advertência de que a raça estava se voltando contra eles de maneiras que o seu acompanhamento diário das pesquisas não estavam captando.[185]

Essa combinação de apoio talvez equivocado do *establishment* democrata, de fraca estratégia de campanha e do que certamente parecia ser um tom de arrogância provavelmente contribuiu muito para a derrota final de Clinton nas mãos de Donald Trump. Mesmo assim, ainda é intrigante por que tão poucos previram a vitória de Trump.

Em terceiro lugar, os dados da votação nas eleições de 2016 foram muito pouco confiáveis – isso se revelava não só nas previsões da campanha de Clinton, mas também nas agências externas de previsão eleitoral. De certa forma, os fracassos das pesquisas de opinião pública não foram muito surpreendentes, pois alguns comentaristas previram que esse seria o caso. Previsões imprecisas nas eleições de metade de mandato de 2014 e da disputa para o governador de Kentucky de 2015 alertaram que o poder preditivo das pesquisas estava sendo testado e que o público deveria considerá-las com cautela em 2016. Um artigo no *The New York Times* cita Robert M. Groves, reitor da Universidade de Georgetown e ex-diretor do Census Bureau: "O risco de falhas das pesquisas de opinião em refletir os fatos aumenta com a queda dos índices de resposta. O risco nem sempre é percebido, mas com índices de resposta muito baixos, agora comuns, devemos esperar mais previsões falhadas com base em pesquisas." O autor do artigo mencionado anteriormente, Cliff Zukin, professor de Políticas Públicas e Ciências Políticas na Rutgers disse: "A pesquisa de opinião política ficou menos precisa [...] e não será corrigida a tempo para 2016. Teremos que passar por um período de experimentação para ver o que funciona e qual a melhor forma de acertar um alvo em movimento [...] Aqueles que prestam muita atenção à eleição de 2016 devem ter cautela ao ler as pesquisas."[186]

Em resposta às crescentes preocupações sobre a precisão das pesquisas de intenção de voto, o Pew Research Center publicou em janeiro de 2016 um estudo explorando maneiras de melhorar as previsões de "prováveis eleitores". As previsões de prováveis eleitores são importantes porque as opiniões e preferências políticas das pessoas que não votam são menos confiáveis para prever eleições. Mas simplesmente perguntar às pessoas se irão votar em uma próxima eleição é um prognosticador não confiável sobre se elas realmente votarão. Em pesquisas, cerca de 60% das pessoas relatam que é provável que votem, mas apenas 40% de fato o fazem. Existem tendências demográficas indicando quais grupos estão propensos a votar; por exemplo, pessoas que se inclinam aos democratas são menos propensas a votar do que aquelas que se inclinam aos republicanos, e os mais velhos têm maior probabilidade de votar do que os mais jovens. Infelizmente, reconhecer essas tendências pouco faz para prever quais indivíduos irão votar. O padrão-ouro de previsão de prováveis eleitores foi desenvolvido nos anos de 1950 e 1960 pelo Gallup e consiste em uma série de perguntas classificadas em um sistema de pontuação, a fim de avaliar a probabilidade de uma pessoa votar. O Pew e outras agências refinaram as perguntas ao longo dos anos, porém elas se tornaram cada vez menos confiáveis.

O estudo do Pew usou um questionário pré e pós-eleitoral de um subconjunto de eleitores registrados para a eleição de meio de mandato presidencial de 2014, no intuito de testar uma diversidade de métodos de previsão de prováveis eleitores. Descobriu-se que o modo mais confiável de prever prováveis eleitores é fazer uso de uma combinação de diversas perguntas, de conhecimento da afiliação demográfica do grupo e, mais importante, do histórico de votação documentado dos respondentes. O histórico do eleitor é registrado pelos estados junto com os registros de eleitores, porém, para acessá-los, as pessoas precisam divulgar seus nomes e endereços aos peritos de sondagem de opinião pública. Essa é uma grande barreira, posto que a maioria das pesquisas políticas é feita por telefone e as pessoas ficam, talvez por direito, relutantes em oferecer tais informações pessoais a um estranho. Essencialmente, o relatório concluiu que "a análise aqui apresentada sugere que é provável que a configuração do eleitorado continue a irritar os pesquisadores"[187].

O estudo do Pew oferece esperança passageira de se ter as previsões de pesquisas de volta ao caminho certo, mas não está claro se as agências terão tempo ou recursos para implementar as mudanças para as eleições de meio de mandato *ou* a eleição presidencial de 2020. Clinton pode ter sido uma vítima infeliz das falhas de sondagem, mas se as pesquisas continuarem não sendo confiáveis, os futuros candidatos serão forçados a alterar as formas em que fazem suas campanhas.

A Revolução Não Será Televisionada: Resistência na América Racista Cega à Cor

#BlackLivesMatter. Uma frase inócua e aparentemente incontroversa está no centro da mobilização do movimento social negro contemporâneo e incorpora o que significa mobilizar na era digital. O Black Lives Matter começou em 2013. Consternadas com a absolvição de George Zimmerman pelo assassinato em 2012 de Trayvon Martin, de dezessete anos, três ativistas negras, Alicia Garza, Patrisse Cullors e Opal Tometi, expressaram no Twitter sua raiva e frustração pela falta de justiça que continua a ser endêmica à experiência negra nos Estados Unidos. As três amigas tuitaram com a *hashtag* #BlackLivesMatter, ganhando a atenção de diversos artistas, que levaram a ideia para além da mídia social. Contudo, o Black Lives Matter só ganhou força para ser chamado de "movimento" em 2014, depois da morte de Michael Brown, de dezoito anos, em Ferguson, Missouri[188].

O assassinato extrajudicial de Michael Brown pelo policial Darren Wilson, quando, de acordo com o relatado, se ajoelhou na rua com as mãos ao alto, provocou ondas de protestos em Ferguson. Como o caráter dos protestos se tornou cada vez mais violento quando uma força policial militarizada fez uso de tanques e equipamento antimotim para enfrentar os manifestantes, a *hashtag* original explodiu no Twitter. De acordo com o relatório "Beyond the Hashtags" (Além das *Hashtags*), que analisou o papel das mídias sociais no fortalecimento do movimento, o número de *tweets* usando a *hashtag* atingiu o pico de quase 53 mil em agosto, durante a rodada inicial de protestos em Ferguson. Mais tarde, depois que o promotor público local anunciou, no final de novembro de 2014, que Darren Wilson não seria indiciado, deflagrou-se uma segunda rodada de protestos. Esses novos protestos, juntamente com a não acusação formal do policial Daniel Pantaleo pelo assassinato de Eric Garner menos de duas semanas depois, levaram à explosão da *hashtag*. Em dezembro, ela apareceu em mais de 160 mil *tweets* individuais em *um só dia*. Esse aumento de uso significava que a expressão, na verdade, a ideia, Black Lives Matter, crescia em popularidade e permeava a consciência pública, atraindo cada vez atenção maior para as injustiças cometidas contra Michael Brown e Eric Garner[189].

Discutivelmente, durante essa segunda rodada de protestos em Ferguson, à medida que a indignação das comunidades negra e parda atraiu ainda mais atenção nacional, o #BlackLivesMatter fez "oficialmente" a transição de um fenômeno de mídia social para um movimento social. Muitos dos entrevistados no relatório "Beyond the Hashtags" indicaram os protestos de Ferguson como o momento em que se tornaram cientes do movimento Black Lives Matter[190]. Logo após esses incidentes, Garza, Cullors e , criadoras da *hashtag*, formalizaram essa transição, estabelecendo o Black

Lives Matter como uma organização baseada em tópicos, na qual os tópicos locais devem receber aprovação para serem listados na página da web. Esse modelo descentralizado, baseado em tópicos, foi descrito como semelhante ao NAACP – National Association for the Advancement of Colored People (talvez uma descrição mais apropriada seria o Partido dos Panteras Negras). Naquele momento, o Black Lives Matter transformou-se em um "fenômeno global", abrangendo não apenas os tópicos do Black Lives Matter, mas uma ampla coalizão de organizações sob a bandeira The Movement for Black Lives (O Movimento pelas Vidas Negras)[191].

Além de sua ampla gama de metas (como acabar com o encarceramento em massa, reparações pela escravidão e justiça econômica), o Black Lives Matter também deve ser elogiado por sua ampla inclusão de uma gama de identidades negras. Devemos identificar essa inclusão como uma das suas características mais extraordinárias. Por exemplo, ao contrário do tradicional domínio negro masculino heterossexual dos direitos civis e dos movimentos do Black Power, o Movimento pelas Vidas Negras possui um conjunto diversificado de líderes. A expressão "black lives matter" foi cunhada por três mulheres negras, todas elas identificadas como homossexuais, e as outras três figuras mais proeminentes foram duas mulheres negras e um negro homossexual. De mais a mais, outros líderes do movimento têm sido esmagadoramente do sexo feminino e elas fizeram um esforço conjunto para evitar que pessoas negras fossem marginalizadas por causa de identidades de gênero e sexuais.

O impacto do movimento sobre a opinião pública é inegável. De acordo com uma pesquisa do Gallup, em 2016, mais do dobro de americanos relata estar "muito" preocupado com as relações raciais do que em 2014. Isso inclui aumentos de 31 a 57% entre negros americanos e de 14 a 27% entre brancos americanos[192]. Mais precisamente, uma pesquisa de 2015 do Pew relatou que 65% dos negros expressam apoio ao movimento Black Lives Matter e 58% acreditam que o movimento será "eficaz para ajudar a alcançar igualdade racial" (em comparação com 40 e 36% dos brancos, respectivamente)[193]. Devido ao impacto do movimento, ativistas exigiram e conseguiram encontros com os principais políticos, acumulando múltiplas reuniões políticas com Barack Obama, Bernie Sanders e Hillary Clinton durante as primárias democratas de 2016 e a campanha presidencial subsequente[194]. Embora essas reuniões não tivessem produzido muitos resultados, o movimento oferece uma relação de estratégias de resposta à brutalidade policial, que constitui o seu próprio tipo de sucesso.

No entanto, o maior impacto do movimento é o de aumentar a prevalência de câmeras acopladas ao uniforme dos policiais em todo o país. O uso dessas câmeras, no entanto, tem apresentado resultados mistos. Há estudos que sugerem que ele reduz o número de queixas apresentadas contra a forma de cumprimento da lei (alguns em até 93%)[195]. Outros estudos indicam que tais câmeras estão associadas a um aumento de tiroteios policiais fatais[196]. Ademais, seu uso foi recebido com uma série de outras questões legais e éticas. A primeira diz respeito ao aumento da quantidade de legislação que rege quem tem acesso às filmagens dessas câmeras. Em vez de disponibilizá-las, em uma tentativa de prover um senso de transparência, as agências de execução da lei e os governos locais interpuseram uma série de barreiras para adquirir a filmagem. Às vezes é inclusive exigida uma ação judicial ou que as agências de execução da lei tenham a oportunidade de editar as filmagens. Em segundo lugar, há numerosos casos de agentes da lei que alegam que suas câmeras funcionaram de modo falho ou que se esqueceram de ativá-las imediatamente antes de uma interação violenta com um civil[197]. A falta de filmagem acaba com o propósito de usar tais câmeras corporais. Finalmente, algumas pessoas expressaram preocupações com a privacidade das vítimas, dos suspeitos e dos espectadores captados pela câmera, ou seja, que suas identidades ou outras informações, como endereços, possam ser desnecessariamente reveladas[198].

A despeito de Garza, Cullors e Tometi terem estabelecido as bases ideológicas iniciais do movimento Black Lives Matter, ele atestou a ascensão de vários outros líderes de movimentos sociais. Entre os mais notáveis figuram DeRay Mckesson, Brittany Packnett e Johnetta "Netta" Elzie, que alcançaram a fama por "tuitar ao vivo" os protestos em Ferguson em 2014. Desde então, embora mantenham uma forte conexão pessoal, as carreiras dos três ativistas divergiram, mas, em 2015, eles colaboraram para criar a "Campaign Zero" (Campanha Zero), uma iniciativa dedicada a oferecer soluções e programas de ação específicos baseados em pesquisas, no intuito de reduzir a violência policial[199]. Como é o caso de muitos líderes dos direitos civis do passado, alguns dos ativistas foram cooptados. Desde que deixou seu emprego no sistema escolar de Minneapolis para se tornar um ativista em tempo integral na esteira da tragédia de Ferguson, Mckesson integrou-se na política dominante. Ele se lançou numa campanha para prefeito de sua cidade natal de Baltimore em 2016, na qual terminou em sexto lugar nas primárias do Partido Democrata, obtendo cerca de 2,5% dos votos. Mais tarde, nesse mesmo ano, foi nomeado diretor interino de gestão de capital humano do sistema de escolas públicas da cidade de Baltimore[200]. Do mesmo modo, Packnett se envolveu profundamente na política tradicional. Depois de se juntar a uma força-tarefa formada pelo governador de Missouri em decorrência dos protestos em Ferguson, Packnett impressionou tanto Barack Obama durante uma reunião que ele a nomeou para sua Task Force on 21st Century Policing (Força-Tarefa para o Policiamento no Século XXI). Acerca de seu papel no movimento, ela diz: "Há pessoas que precisam ser revolucionárias, e há pessoas que precisam estar à mesa na Casa Branca."[201] Elzie, por outro lado, permaneceu muito mais uma ativista, passando a maior parte do tempo na estrada, protestando, ministrando palestras em universidades e participando de diversos outros eventos[202]. As três trajetórias contrapostas de Mckesson, Packnett e Elzie demonstram a diversidade de caminhos disponível para os ativistas do Black Lives Matter e diversas formas nas quais se propuseram a trabalhar em prol da igualdade racial. Essa diversidade definitivamente se destaca como uma das forças do movimento.

Lado a lado com o movimento Black Lives Matter, surgiu um movimento de protesto no *campus* universitário. Inspirado pela ousadia dos ativistas da Black Lives Matter, estudantes em cerca de cinquenta *campi* protestaram pela justiça racial, exigindo a remoção de funcionários racistas do *campus*, a contratação de mais docentes de cor e a implementação de programas e administradores encarregados de criar um ambiente mais inclusivo, entre outras coisas. Segundo a opinião geral, os estudantes foram bem-sucedidos em forçar a administração da universidade a aceitar algumas das suas exigências[203].

A mobilização estudantil começou na Universidade de Missouri em 2015. No início de novembro, Jonathan Butler, estudante de pós-graduação, passou a fazer uma greve de fome em protesto contra a medíocre resposta da administração do *campus* a uma série de incidentes racistas que ali haviam ocorrido nos meses anteriores. Butler exigiu que o presidente da universidade renunciasse. Nos dias seguintes, o apoio à greve cresceu exponencialmente, levando o time de futebol americano, um dos mais proeminentes do país, a afirmar que boicotaria seu próximo jogo se o presidente se recusasse a renunciar. Em 9 de novembro, o presidente renunciou e o chanceler deixou seu cargo para assumir uma posição não administrativa de pesquisa[204]. O sucesso dos estudantes na Universidade de Missouri encorajou estudantes em todo o país, causando uma onda de protestos similares.

No Claremont McKenna College (CMC), em Claremont, Califórnia, menos de uma semana depois da renúncia do presidente da Universidade de Missouri, os alunos forçaram a decana dos estudantes a renunciar. Os estudantes estavam pressionando a universidade há meses para aumentar a diversidade do corpo docente e financiar programas multiculturais, mas um comentário da decana, juntamente com os eventos no Missouri, levou os alunos a um ponto de ruptura. Ela havia supostamente enviado um e-mail a uma estudante latina, dizendo que iria se empenhar mais para incluir os alunos que "não se encaixam em nosso modelo do CMC". Os comentários provocaram duas greves de fome e um protesto no *campus* que levou à renúncia da decana[205].

Mesmo as instituições de "elite" do ensino superior no país não ficaram livres de protestos. Na mesma semana que o presidente da Universidade de Missouri renunciou, estudantes da Universidade de Yale participaram de uma passeata em resposta à "insensibilidade racial" da administração do *campus*. O protesto estivera se formando por certo tempo, enquanto os estudantes lutavam contra a universidade a respeito de inúmeras questões, inclusive os laços históricos do *campus* com a escravidão, a falta de diversidade do corpo docente e a insistência de um professor de que se deveria permitir aos alunos trajar fantasias ofensivas no dia das bruxas. Em resposta, a universidade destinou 50 milhões de dólares a uma iniciativa para melhorar a diversidade docente, e o professor que pretendia defender a "liberdade de expressão" logo se demitiu da universidade[206].

Embora esses incidentes tenham ocorrido em um período muito restrito em 2015, os protestos continuaram até 2016. Os protestos estudantis aumentaram de modo a reivindicar outras coisas além de expressar preocupações raciais explícitas. Estudantes da Universidade de Duke ocuparam um edifício administrativo exigindo, entre outras coisas, que a universidade aumentasse seu salário mínimo para quinze dólares por hora[207] e os alunos da Ohio State University ocuparam um edifício administrativo por um dia, em um esforço de forçar a universidade a desinvestir todos os seus ativos em empresas israelenses[208].

Devemos observar que, em cada caso, os alunos estavam reagindo não apenas a um evento desencadeante, mas a um padrão de políticas de exclusão, tensão e dano do *campus*. Os protestos não são simples reações instintivas a determinados eventos individuais. Ao contrário, eles representam a vitalidade do momento atual e como ele empurrou o desespero e a bravura dos alunos ao primeiro plano. Ademais, suas exigências refletem uma profunda compreensão de como a raça e o racismo operam. Em vez de limitar suas reivindicações à resolução de um único conflito, muitos dos movimentos estudantis buscam mudar a totalidade da cultura racial do *campus*. Os protestos já criaram um clima nos *campi* universitários diferente de qualquer outro desde a década de 1960. De acordo com um estudo do Higher Education Research Institute da Universidade da Califórnia em Los Angeles (UCLA), a porcentagem de estudantes universitários admitidos em 2015 que afirmou que esperava participar de um protesto durante o tempo passado no *campus* aumentou de 5,6% em 2014 para 8,5%. Entre os estudantes negros, a proporção era ainda maior – 16% em 2015, um aumento de cerca de 50% em relação a 2014. A pesquisa tem sido realizada todos os anos desde 1966 e as porcentagens de estudantes que respondem afirmativamente são maiores do que tem sido desde que a pergunta foi formulada pela primeira vez em 1967[209]. Isso pode representar um aumento coletivo da conscientização social de estudantes universitários e sugere que os protestos no *campus* estão longe de terminar.

    Ao concluir este capítulo, um dia depois da posse oficial de Donald J. Trump como nosso quadragésimo quinto presidente, houve passeatas e protestos em massa pelos Estados Unidos e no mundo todo[210]. Ainda que seja difícil prever o que essas mobilizações irão produzir, elas denotam que pessoas de cor e progressistas em geral estão vivos, bem e prontos para lutar. Isso, novamente, é uma reminiscência dos anos de 1980 e de como o reaganismo levou a protestos maciços e intensificou o trabalho político[211].

Conclusão

Este capítulo demonstra a natureza inconstante, talvez ineficaz, da política eleitoral em relação à eficácia da mobilização dos movimentos sociais. Barack Obama, a grande esperança negra para muitos progressistas nos Estados Unidos, não conseguiu cumprir sua grande promessa de "mudança". Com oito anos de concessão, condescendência e política de centro-direita, ele, em última análise, deixou os negros americanos em pior situação do que antes de assumir o cargo. Ao deixar o governo, é substituído pelo presidente Donald Trump, cuja retórica racial virulenta levou a um aumento do racismo manifesto, acompanhado de números recorde de brutalidade policial contra americanos negros. Porém, como a história nos mostrou, onde quer que haja opressão, há resistência e o movimento Black Lives Matter, ao que parece, continuará sendo uma duradoura parte da nossa tessitura social e se oporá contra as forças que ameaçam as vidas das pessoas oprimidas. O movimento não só "fez um bom combate". Inspirou uma leva de jovens ativistas a tentar modificar os climas raciais em seus *campi* universitários por todo o país. As vitórias de ambos, os ativistas do Black Lives Matter e os movimentos do *campus* universitário, são encorajadoras. Elas mostram, para citar o filme *Independence Day*, que "não iremos em silêncio para a escuridão". No próximo capítulo, tento fazer a minha parte para construir o movimento, apresentando algumas formas específicas de tentar reverter a maré do racismo da cegueira de cor e trazer verdadeira justiça racial para a nossa sociedade.

11

Conclusão: O Que Deve Ser Feito?

Falando Com VOCÊ Sobre Como Combater o Racismo da Cegueira de Cor na América

> *Se não há luta, não há progresso. Aqueles que professam*
> *favorecer a liberdade e, mesmo assim, depreciam*
> *a agitação, são homens que querem colheitas sem arar*
> *o solo. Querem chuva sem trovão e relâmpago.*
> *Querem o oceano sem o terrível rugido de suas muitas*
> *águas. Essa luta pode ser moral ou física, ou pode ser*
> *ambas, moral e física, mas deve ser uma luta.*
> *O poder nada concede sem uma exigência.*
> *Nunca o fez e nunca o fará.*
>
> Frederick Douglass, *My Bondage and My Freedom*

Você leu este livro e se sentiu validado (a maioria das pessoas de cor[1] – *leia, por favor, esta nota*), irritado (muitos brancos), ou confuso (a maioria dos leitores brancos). Para os leitores de cor, particularmente aqueles que circulam em faculdades ou ambientes profissionais, os enquadramentos, o estilo e as histórias raciais do racismo da cegueira de cor são bastante familiares. Eles os ouviram incontáveis vezes, porém careciam de fundamento para ancorar um contra-ataque adequado. Em aulas, lojas, escolas, empregos ou nas ruas, a maior parte – se bem que certamente não todas – de suas interações com brancos é baseada em práticas do "novo racismo" (capítulo 2) e justificada no estilo da cegueira de cor. Ao contrário das práticas e da ideologia do período Jim Crow, é extremamente difícil lutar contra o novo monstro racial. Como você pode considerar "racista" um funcionário branco em uma loja que, várias vezes, pergunta "Posso ajudá-lo?"; ou uma promoção ou admissão a uma decisão da faculdade com base em um exame aparentemente "imparcial" (ver discussão sobre tais exames no capítulo 2)? Como você pode afirmar que algumas das coisas que seu professor, os alunos em sua classe ou colegas de trabalho dizem são "racistas" quando eles não usam a linguagem abominável do passado e, na maioria das vezes, as afirmam de uma maneira "compassiva e conservadora"[2]? Mas agora você tem a linguagem e as ferramentas para combater a ideologia racial que rotulei de "racismo da cegueira de cor". Você se sente empoderado e, esperançosamente, pronto para participar das discussões e dos debates que costumava temer porque, mesmo que sentisse estar certo, não possuía a munição correta para lidar com seus oponentes cegos à cor.

Muitos leitores brancos – e isso é lamentável – odeiam este livro porque acreditam que eu os chamei de "racistas". Eles concordam com quase tudo o que categorizei como parte do racismo da cegueira de cor e, portanto, sentem uma indignação legítima. Esses leitores acreditam, com sinceridade, que os problemas que afligem as pessoas de cor se devem, em particular, às próprias ações delas. Assim, na sua opinião, se essas pessoas simplesmente trabalhassem com mais afinco, se comportassem melhor, reclamassem menos e continuassem com o projeto americano, elas estariam bem. Para esses leitores, este livro é apenas mais um exemplo do "politicamente correto" dando errado.

Na minha experiência, entretanto, a maioria dos brancos que termina de ler este livro se sente confusa e talvez um pouco envergonhada. A parte da vergonha se deve a que eles agora veem que algumas das coisas que incluí como elementos do racismo da cegueira de cor são de fato problemáticas e eles costumavam acreditar nelas. A parte da confusão é porque são pessoas boas, tolerantes e liberais e, de alguma forma, sentem que este livro os tem como alvo (seus sentimentos aqui são bastante semelhantes aos do grupo acima, salvo o *animus*). Eles apreciam ter uma nova perspectiva, porém ainda não digeriram adequadamente os argumentos do livro na sua totalidade.

Se você é um estudante branco irritado ou confuso, quero falar com você diretamente neste capítulo final. Como autor deste livro, não foi minha intenção atacar ou fazer com que qualquer leitor se sentisse desconfortável. Meu principal objetivo era desconstruir a ideologia que, creio eu, estrutura o modo como falamos, pensamos e inclusive sentimos sobre questões raciais na América contemporânea. Trabalhei com afinco para defender meu ponto de vista e de forma nenhuma tentei chamar qualquer um de "racista". Na verdade, se você reler a seção teórica deste livro, entenderá que eu não apoio uma análise dos assuntos raciais em nível individual e sou conhecido no campo pela minha postura estruturalista ou de escopo societário sobre o racismo. Contudo, sei que quando se enfoca forças estruturais maiores, de qualquer tipo (sistemas de dominação e suas ideologias), os atores que estão no topo da estrutura sentem como se estivessem sendo atacados, sejam eles homens quando se discute patriarcado, pessoas ricas quando se examina o capitalismo, ou brancos quando se disseca o racismo[3]. Embora essa resposta seja esperada (ver a bela análise de Johnson a respeito)[4], peço-lhe novamente, como fiz na "Introdução", que você se empenhe e dê o melhor de si, a fim de não levar este livro e as ideias e argumentos que articulo para o lado pessoal. Isso pode permitir que você os veja a partir de uma certa distância (afinal, eu realmente não estou falando de você como um indivíduo) e talvez lhe permita aceitar alguns (ou a maioria) deles.

Porém, como quero conversar com você honestamente, devo reconhecer que eu tinha um segundo objetivo com este livro: influenciar muitos jovens leitores brancos; tentar mudar suas visões e persuadi-los a fazer parte do movimento destinado a promover a justiça racial em nossa nação. Esse objetivo, confesso, é mais importante para mim do que o primeiro, pois de que vale diagnosticar uma doença com precisão se não se faz nada a respeito? Sou um estudioso e me importo muito com o meu trabalho, porém minha principal preocupação é trabalhar no intuito de "mudar o mundo"[5] para melhor. Minha sociologia não teria sentido se não levasse as pessoas à ação. Assim, este capítulo final é o meu esforço pessoal para me comunicar com você acerca do que você pode pensar em fazer para mudar a ordem racial das coisas. Escrevo, pois, de maneira mais pessoal e direta – não preciso me esconder atrás de palavras e conceitos sociológicos extravagantes, uma vez que desejo conversar de verdade com você. Entretanto, resumirei primeiro, rapidamente, a essência do que argumentei neste livro.

Resumindo Este Livro

Este livro versou sobre a exploração do significado do modo esquivo e aparentemente além da raça que falamos sobre raça na América contemporânea. Argumentei que as visões dos brancos sobre questões raciais equivalem a uma ideologia racial – um conjunto frouxamente organizado de ideias, frases e histórias que ajudam os brancos a justificar a supremacia branca[6]. Suas concepções, portanto, não são apenas pontos de vista individuais ou pessoais, mas produtos coletivos que *expressam e reforçam simbolicamente o domínio dos brancos no sistema de governo*. Essa não é uma posição radical, pois sabemos que as ideias do grupo dominante "em todas as épocas" se tornam as ideias dominantes da sociedade – como afirma Marx, "o poder *material* dominante numa determinada sociedade é ao mesmo tempo seu poder *espiritual* dominante"[7]. Como tal, essa ideologia não pode ser simplesmente erradicada com "fatos", pois os fatos raciais são altamente contestados. Aos olhos da maioria dos brancos, por exemplo, evidências de disparidade racial em renda, riqueza, educação e outras questões relevantes se tornam evidências de que há algo errado com as próprias minorias; evidências da super-representação das minorias no sistema de justiça criminal ou no corredor da morte são interpretadas como prova de seu extremo envolvimento em atividades criminosas; evidências do mau desempenho de negros e latinos em testes padronizados são uma confirmação de que há algo errado (talvez até geneticamente errado)[8] com eles.

Dado que essa ideologia – como todas as ideologias – não pode ser simplesmente impugnada por fatos[9], meu principal objetivo neste livro foi decodificar os componentes da cegueira de cor e explicar suas funções. Ideologias, contudo, nunca existem no vácuo. Elas estão sempre ancoradas em sistemas sociais, com práticas, políticas e mecanismos específicos para reproduzir a dominação. Por isso, no capítulo 2, analisei o "novo racismo", o regime racial que praticamente substituiu a ordem Jim Crow dos anos passados. Argumentei que os mecanismos e as práticas associados a essa nova ordem são sutis, institucionalizados e aparentemente não raciais. Não é de surpreender que a ideologia que acompanha esse regime seja igualmente esquiva e aparentemente não racial. Nos capítulos 3, 4 e 5, ilustrei e demonstrei como enquadramentos, estilos e histórias raciais do racismo da cegueira de cor ajudam os brancos a justificar a desigualdade racial contemporânea. Eles utilizam esses componentes como "blocos de construção"[10] para fabricar relatos em uma variedade de questões raciais. Em geral, seus relatos resumem-se à declaração: "A raça não importa tanto hoje, então vamos seguir em frente. E se vocês continuarem reclamando, é porque são pessoas hipersensíveis, politicamente corretas, que estão explorando a questão da raça."

Os dados das entrevistas neste livro demonstraram que o racismo da cegueira de cor é central para ambos, brancos mais velhos e jovens. Embora entrevistados brancos mais velhos, da classe trabalhadora (principalmente na amostra do DAS de 1998) fossem menos hábeis em usar versões mais suaves e eficientes dos enquadramentos e do estilo do racismo da cegueira de cor que os mais jovens, de classe média e instruídos (principalmente na amostra dos estudantes universitários), ambos os grupos estavam sintonizados com essa nova ideologia. Contudo, o fato de alguns brancos serem "conservadores compassivos" no tocante à raça não muda de forma alguma a realidade de que todos são batizados nas águas do racismo da cegueira de cor. Ademais, embora brancos mais jovens, de classe média e instruídos, pareçam mais hábeis em fazer uso do arsenal da cegueira de cor, muitos – em particular aqueles que já estavam no mercado de trabalho ou prestes a entrar nele – eram tão rudes e pouco sofisticados quanto seus irmãos mais pobres e menos instruídos. A fim de examinar esse tópico com mais precisão, necessitamos um estudo de painel para acompanhar os estudantes universitários ao longo de um período de dez anos ou mais e avaliar, à medida que amadureçam e lidam com questões centrais da vida (por exemplo, conseguir um emprego, comprar uma casa, se casar, ter filhos), se a sua cegueira de cor se torna mais rude.

Os dados também evidenciaram que o racismo da cegueira de cor forma um muro ideológico inexpugnável, ainda que elástico, que obstrui o acesso dos brancos à realidade racial da América. Um muro inexpugnável porque lhes propicia um modo seguro e cego à cor de declarar concepções raciais sem parecer irracionais ou raivosamente racistas. E um muro elástico – e, portanto, mais forte – porque essa ideologia não se baseia em absolutos (prefere declarações como "a maioria dos negros é" ao invés de "todos os negros são"); admite uma diversidade de formas de uso dos seus enquadramentos (de rude e direta a mais gentil e indireta); e permite que os brancos empreguem uma pluralidade de tons emocionais para afirmar seus pontos de vista (a partir do irritado "malditos negros preguiçosos" ao conservador e compassivo "os negros pobres estão presos em suas escolas inferiores, no seu ciclo de pobreza; que pena").

Por conseguinte, minha resposta ao estranho enigma do "racismo sem racistas" que postulei no início é como segue. Os Estados Unidos não dependem de "Archie Bunkers" para defender a supremacia branca. A ideologia racial moderna não floresce na feiura do passado ou na linguagem e nos tropos típicos da escravidão e do Jim Crow. Atualmente, há uma maneira higiênica e cega à cor de chamar as minorias de *niggers*, *spics* ou *chinks*. Hoje, a maioria dos brancos justifica a manutenção das minorias longe do acesso às coisas boas da vida utilizando a linguagem do liberalismo ("Sou a favor de oportunidades iguais para todos; é por isso que me oponho a ações afirmativas!"). E hoje, como ontem, os brancos não se sentem culpados pela difícil situação das minorias (em particular dos negros). Os brancos acreditam que as minorias têm a oportunidade de obter sucesso e, se não conseguem, é porque não se esforçam. E se as minorias ousam falar sobre discriminação, são repreendidas com declarações tais como: "A discriminação terminou nos anos sessenta, cara" ou "Vocês são hipersensíveis."

O Que Deve Ser Feito?

Posso agora delinear algumas coisas que você pode pensar em fazer para mudar as questões raciais no nosso país. Escrevo essas sugestões ciente de que um novo presidente (presidente Trump) tomou posse e parece ter-nos feito recuar algumas décadas em nossa odisseia racial (ler o capítulo 10 cuidadosamente). No entanto, meu argumento ao longo do livro – mesmo agora, na Trumpamérica – é que as formas dominantes de reprodução da desigualdade racial se dão por meio das práticas do "novo racismo" e da ideologia do racismo da cegueira de cor. Expressões racistas grosseiras e vulgares existem e parecem estar temporariamente em ascensão, mas devemos ter em mente que a maior parte do jogo racial ainda se baseia na suave, se bem que mortal, música do racismo da cegueira de cor. Assim, a maioria das minhas sugestões está fundamentada nessa leitura das questões raciais. Para facilidade de comunicação, irei primeiro delinear algumas coisas gerais que meus leitores brancos deveriam considerar fazer em nível pessoal. Apresento depois alguns tópicos políticos e organizacionais muito específicos que os brancos e as pessoas de cor devem saber sobre os movimentos sociais e sugiro algumas coisas básicas que eles possam querer fazer neste momento peculiar. Por fim, concluo este capítulo de forma bastante utópica, pensando em voz alta sobre como podemos construir a "nova sociedade", destacando algumas questões não resolvidas que vale a pena levar em conta se quisermos viver em uma "utopia racial".

Mudanças Pessoais Que os Brancos Precisam Considerar

A mudança social requer a modificação das estruturas maiores responsáveis pela desigualdade social. Embora isso seja crucial, a mudança começa quando as pessoas veem as coisas de forma diferente e atingem uma "libertação emocional"[11] e "cognitiva" do, comumente errado, bom senso. Espero que este livro tenha ajudado você a ver e a sentir os assuntos raciais de forma diferente e a considerar a necessidade de uma nova prática pessoal e coletiva. No que se segue, enumero em sequência lógica o processo pelo qual, a meu ver, muitos de vocês devem passar para "desracializar" sua vida (no caso dos brancos, isso significa "desbranquear" suas redes, sua orientação e inclusive suas emoções) e libertar a sua alma da prisão da racialização.

1. Se você concordou com meus argumentos, e sei que isso foi difícil, deve começar a se afastar da afirmação de que você é uma pessoa boa e tolerante como base para não fazer muito a respeito de raça. Ser bom e tolerante é bom, mas não é o suficiente se alguém espera encarar com seriedade a mudança

profunda das coisas. Você deve se empenhar para fazer a transição de uma postura liberal (por exemplo, ser uma pessoa boa e tolerante) para se tornar um antirracista. Enquanto a primeira coabita com o racismo – pessoas boas podem abrigar visões e emoções racializadas –, a última postura requer uma permanente guerra contra o racismo.

2. O que significa ser um antirracista? Leia o máximo que puder sobre o antirracismo e procure organizações antirracistas na sua região – não farei isso por você aqui, mas confira o trabalho de Tim Wise, Eileen O'Brien e muitos outros. Em essência, o antirracista se esforça para mudar as normas e práticas que permitem a existência do racismo. Por exemplo, enquanto os liberais se sentem mal quando uma pessoa de cor é assassinada pela polícia, o antirracista agita, organiza e trabalha com todo fervor para eliminar o sistema que, em primeiro lugar, torna possível o policiamento racializado.

3. Eu o advirto, contudo, que ser um antirracista tem suas armadilhas[12]. Uma delas é que você pode facilmente se tornar arrogante e acreditar que é uma pessoa melhor do que aqueles que considera agora "racistas" (esse ponto será elaborado adiante). Conheço pessoalmente muitos sociólogos antirracistas autoungidos que andam por aí como se estivessem "além da raça". Alguns até se passam por meus amigos, embora eu saiba que eles têm muito em comum com certos répteis assustadores. Gostaria de poder lhes dizer: "Sei o que vocês falaram sobre mim e o meu trabalho, então, por favor, parem com esse contrassenso!" Portanto, nunca se esqueça de que você pertence ao grupo branco (mesmo que não queira ou não tenha consciência disso, você ainda recebe os múltiplos benefícios da branquitude); nunca se esqueça de que você costumava acreditar em todo tipo de bobagem até bem recentemente; e nunca se esqueça de que tentar mudar as pessoas

requer muita humildade. O momento em que você começa a acreditar que é melhor que os outros é aquele no qual precisa começar a fazer uma séria introspecção.

4. Tornar-se um antirracista começa em casa. Você não pode tentar mudar os outros a não ser que mude a si mesmo. Você deve examinar sua vida social. Quem são seus amigos e por quê? Onde você mora? Em quem você confia? A quais organizações você pertence? Quais são as visões raciais das pessoas no seu círculo mais íntimo? Por que você parece achar atraentes apenas pessoas que são como você? Você deve se fazer essas perguntas difíceis e admitir (ou pelo menos estar disposto a explorar) sentimentos raciais muito preocupantes que ainda possa nutrir. Por exemplo, mesmo que você esteja se empenhando para mudar, ainda tem medo de pessoas negras ou nutre sentimentos de animosidade para com elas por causa das ações afirmativas (releia as seções pertinentes neste livro). Se você está nessa fase, terá que cavar ainda mais fundo e examinar o que denominei alhures "branquitude profunda"[13].

5. Cavar mais fundo implica ser capaz de explorar como nossa "cultura racista"[14] moldou a sua alma (racializada). Não é suficiente mudar seus pontos de vista e suas políticas sobre raça. Modificar suas características objetivas é inútil se você não mudar sua subjetividade racial – e, por favor, saiba que todos nós fomos "sujeitos raciais" desde que a modernidade surgiu, há cerca de quinhentos anos. Você precisa fazer o trabalho muito mais árduo de realmente tentar transformar seus sentimentos enterrados para com pessoas de cor. Por exemplo, você se autodenomina antirracista e pertence a um grupo que combate o racismo no *campus*. Você também fez um esforço real para mudar suas redes de amigos, de modo a viver uma vida verdadeiramente multicultural. Mas quando seu amigo negro foi admitido na Escola de Medicina de Harvard e você

não, você ficou fulo da vida, pois sabia que havia marcado dois pontos acima dele no teste e tivera o mesmo GPA[15]. E embora você saiba (ou deveria saber) que, no geral, ser branco é tremendamente vantajoso para você, que uma diferença de um ou dois pontos em um exame basicamente não tem sentido, e que os comitês de admissões julgam o registro de todos os candidatos de forma abrangente e, por muitas boas razões, incluem raça, classe ou gênero em suas avaliações, você ainda nutre esses sentimentos. Eles te corroem, pois vão contra à sua nova identidade de antirracista. É por isso que eu acho que você precisa passar por uma mudança mais profunda.

6. Para passar por ela, você precisará se expor à possibilidade de se machucar. Mas você não pode desfazer o dano que o racismo provocou em você sem alguma dor. Deixe-me usar o exemplo do item cinco para ilustrar as coisas que você precisa trabalhar. Pelo fato de ter se sentido desconfortável quando seu amigo negro foi admitido na Escola de Medicina de Harvard e você não, você corre um grande risco e diz a ele como se sentiu. A resposta dele é chocante! Ele diz que não se surpreende com a sua reação. Ele diz ter notado coisas que sugeriam que você não tinha mudado tanto quanto pensava. Ele menciona como fica irritado quando você usa a linguagem e o estilo de pessoas negras (por exemplo, dizendo *wassup*, cumprimentando ao estilo *low fiving*, fazendo insultos sutis [*throwing shade*] que, na verdade, são originários da comunidade gay negra e latina) etc. Ele lembra da vez em que você tentou usar a palavra-que-começa-com-N quando conversava com ele e ele disse que não era legal. Ele diz que você é rápido em chamar as pessoas de "racistas" quando elas fazem ou afirmam abertamente coisas racializadas, mas não consegue ver quantas de suas próprias ações e crenças são racialmente problemáticas. No todo, o mais importante para ele é que você parece ter se esquecido que ainda é branco!

7. Você fica profundamente magoado. Como seu amigo negro pode lhe dizer todas essas coisas? Quão ingrato ele pode ser depois de tudo o que você fez por ele e seu povo! E então você dá uma parada. Você percebe que seu amigo negro (e você deve deixar de considerá-lo seu amigo negro, pois ele é seu amigo e não seu *pet*) se arriscou bastante ao lhe dizer tudo isso. Ele se expôs, já que dizer verdades aos amigos geralmente dói a ambas as partes. Agora você começa a ir mais fundo e se dá conta de que inclusive a sua reação ao que ele disse é profundamente preocupante. Ingrato? O que você fez "por ele e seu povo"? Você começa a perceber que o caminho para a "desracialização" da sua alma exigirá muito mais do que conhecimento e ação social. Exigirá que você faça verificações externas constantes para se certificar de que está no caminho certo. Você chama seu amigo, pede desculpas por tentar ser negro e lhe pede para aprofundar sua amizade. Você também pede a ele que, de agora em diante, sempre lhe diga quando perceber que você está fazendo errado no terreno da raça. E você também pede que ele entenda que, nesse processo, vocês dois cometerão erros e dirão coisas que podem ferir um ao outro, mas que a sua amizade deve suportar esses erros e se fortalecer, unida pela sinceridade e pela honestidade.

De Mudar a Si Mesmo Para "Mudar o Mundo"

Se você está tentando se transformar, provavelmente já fez algum trabalho de coalizão com pessoas de cor em seu *campus*, sua comunidade ou alguma organização social ou religiosa, e criou uma sólida rede de associações e amizades verdadeiras com pessoas de cor. Agora, creio eu, podemos seguir em frente e conversar sobre algumas coisas básicas que você deve considerar acerca da política de "mudança do mundo (racial)." Como fiz acima, enumero os passos nesse processo.

1. O registro histórico mostra que uma mudança *fundamental* no que tange a questões de raça, classe e gênero sempre exige uma atividade de movimento social. O protesto social é indiscutivelmente a forma mais eficaz de política[16]. Embora você tenha votado nas últimas eleições e se sentiu bem fazendo isso, reconheceu agora os limites extremos da política eleitoral. Afinal, *ambos* os principais partidos tradicionais são altamente dependentes do dinheiro da América corporativa para suas operações; assim, não é de surpreender que os candidatos por eles escalados para o cargo político sejam bastante receptivos aos seus desejos[17]. Você está pronto para crescer politicamente e explorar as formas mais significativas de realizar mudanças na sociedade: você está agora preparado para participar dos movimentos sociais.

2. No entanto, como diria o comediante Larry David, "contenha seu entusiasmo"[18]. Devo alertá-lo de algumas coisas antes que você mergulhe cegamente nessa nova vida. Antes de tudo, o trabalho do movimento social é difícil e não há garantias de vitória[19]. O ex-presidente Obama, por exemplo, cansou-se do trabalho comunitário em Chicago depois de apenas dois anos, já que esperava ver uma mudança imediata[20]. Mas aqui está o problema. A política eleitoral parece rápida, mas raramente produz "mudanças nas quais podemos acreditar". Minha análise do fenômeno Obama (capítulo 10) indica claramente quão limitada foi sua administração e quão previsível deveria ter sido para nós antecipar mos que esse seria o caso.

3. Embora o trabalho do movimento social seja lento, difícil e um pouco inconclusivo, em última análise, é mais provável que seja a *principal* forma de mudar o mundo. No caso da raça, os momentos mais transformadores na história americana envolveram protestos sociais e a participação de inúmeras pessoas. Uma guerra civil (e os negros foram atores centrais

em fazer dessa guerra uma guerra contra a escravidão[21]) foi necessária para acabar com a escravidão e trazer a breve era da "Reconstrução". O movimento dos direitos civis foi necessário para terminar cem anos do que eufemisticamente chamamos de período Jim Crow – na verdade, foi um *apartheid* americano. E agora, cinquenta anos depois, parece que estamos testemunhando o surgimento de uma nova fase do movimento social sobre a raça: a mobilização do Black Lives Matter. Na atual conjuntura, não está claro se esse movimento durará e produzirá mudanças profundas, mas é certo que, a partir de agora, qualquer assassinato injustificado de uma pessoa negra ou parda pela polícia gerará protestos sociais por pessoas de cor e seus aliados. Como afirma o título de um dos capítulos da recente obra de Keeanga-Yamahtta Taylor, "Black Lives Matter: Um Movimento, Não um Momento"[22].

4. O Black Lives Matter e os movimentos estudantis que discuti no capítulo 10 são dois dos esforços mais diretos, visíveis e em larga escala dos quais você pode participar. Espero que você tente se conectar com esses movimentos e tome parte no processo de fazer história para combater o racismo. No entanto, há muitas outras opções igualmente importantes para você lá fora, como a luta contra o oleoduto em Dakota do Norte[23] – que na verdade é uma luta pelos direitos dos sioux –; as várias pessoas organizadas que lutam para defender os direitos de imigrantes; a luta na Carolina do Norte contra as táticas dos republicanos de supressão do eleitor; as lutas para acabar com o *gerrymandering*; e muitas outras iniciativas de nível local. Angela Davis lista outras "organizações de nova geração", como Dream Defenders[24], Black Youth Project 100[25], Justice League NYC[26] e We Charge Genocide[27]. Meu ponto aqui é que existem muitas oportunidades para você participar de movimentos sociais[28]. Não há desculpa para não o fazer e você deve se juntar a comunidades de pessoas com ideias afins, envolvidas em formas mais profundas de ativismo

na linha de frente da raça. Posso lhe dizer que isso criará um novo espírito de solidariedade e comunhão ao longo da "linha de cor" e talvez até mesmo ajude você a tornar um tanto indistinta essa linha em sua própria vida pessoal. No meu caso, a maioria dos amigos brancos que tenho respeitado passaram pela prova de fogo da mobilização social (sobre isto, ver *Cultures of Solidarity* [Culturas de Solidariedade], de Rick Fantasia[29]).

5. Qual é, porém, o principal objetivo das ações do movimento social na frente racial nos dias de hoje? É uma luta pela "igualdade de oportunidades", exigindo "igualdade" ou o fim da brutalidade policial? Tenho o prazer de informar que, ao contrário da política racial dominante conduzida por democratas e republicanos, a maioria dos jovens ativistas entende a necessidade de abordar as profundas raízes estruturais dos problemas enfrentados pelas comunidades de cor. Como Kayla Reed, uma ativista de Ferguson, declarou: "Não vai haver um único projeto de lei aprovado que abrangerá todas as formas com as quais o sistema marginaliza pessoas negras e pardas. *Temos que refazer toda a maldita coisa.*"[30]

6. "Mudar toda a maldita coisa", a meu ver, exigirá que sejam enfocados o novo racismo e seu coprotagonista ideológico: o racismo da cegueira de cor. E, ao que parece, o Black Lives Matter, bem como estudantes ativistas, como enfatizei no capítulo 10, está pedindo e pressionando por mudanças mais profundas que não se limitam a pôr fim à brutalidade policial ou aos chamados "incidentes racistas isolados" nos *campi* universitários. Dito isto, eu seria negligente se não me pronunciasse sobre o problema óbvio, que ninguém deseja discutir: o recente recrudescimento de incidentes racistas ao estilo antigo – suásticas, cartazes contra imigrantes e ataques a pessoas de cor vulneráveis. Enquanto escrevo estas linhas, incidentes de ódio baseados em raça após a eleição do presidente Trump são desenfreados. O Southern Poverty Law Center (Centro

de [Defesa] do Direito da Pobreza Sulista) informou que, no mês seguinte à eleição de Trump, foram relatados 1.094 incidentes de preconceito[31]. Um grupo ("Alt-right")[32] e um meio de comunicação (*Breitbart*)[33], que poucos de nós conhecíamos até seis meses atrás, têm crescido em importância – o primeiro é uma versão estilizada dos nazistas e o último é uma válvula de escape a escritores que endossam a ideologia do "Alt-right" e que lhes propiciou uma plataforma para ventilar suas ideias entre os conservadores. (Stephen Bannon, assessor sênior do presidente Trump e estrategista-chefe da Casa Branca, foi responsável pelo *Breitbart* até 2016 e fez dele porta-voz do "Alt-right".) Assim, embora eu ainda acredite que o principal inimigo seja o monstro do novo racismo sorridente e da cegueira de cor, também sou partidário de que se faça algum trabalho defensivo e se lute contra o crescimento do monstro racial moribundo dos tempos passados – e esse monstro está realmente morrendo. Muitas organizações tradicionais, como a National Association for the Advancement of Colored People (NAACP), o National Council for La Raza[34] e outras estão trabalhando a esse respeito para combater o ódio que veio à tona após a vitória de Trump. De mais a mais, quase todas as organizações antirracistas que conheço estão atuando nessa frente, então você pode fazer a sua escolha pessoal, se esse for o seu ponto de entrada no movimento social que lida com raça.

7. Como pode ver, você tem muitas opções, e eu sinceramente espero que não escolha o caminho da menor resistência: não fazer nada. O momento requer ação, e, dada a sua nova postura de antirracista, você deve ficar com as pessoas de cor em sua luta. A luta *delas*, afinal, é também a *sua*, e todos se beneficiam construindo uma nova sociedade na qual a raça se torna uma categoria social benigna (como a afiliação étnica). Você não pode se dar ao luxo de ficar no banco de reservas da história com o jogo em andamento e a partida empatada.

8. Nota para os leitores de cor: como afirmei antes, abordei neste capítulo coisas que os leitores brancos podem considerar fazer. No entanto, muitas das coisas enumeradas também se aplicam a vocês. O registro mostra que nem todos nós participamos de atividades de movimentos sociais, e, dada a urgência da situação atual que enfrentamos como um povo, não podemos nos dar o luxo da passividade ou da "carona" no trabalho dos outros. É da responsabilidade de *cada* pessoa de cor se engajar, organizar, agitar e participar. Se vocês são estudantes universitários, têm que se juntar a grupos baseados em raça e se certificar de que eles exigem coisas para mudar a paisagem da sua faculdade. Certifiquem-se de participar das muitas atividades e esforços para transformar a sua faculdade, de uma HWCU [faculdade e universidade historicamente brancas, na sigla em inglês] em uma instituição verdadeiramente multicultural. Se vocês ainda não estão na faculdade, podem participar de qualquer movimento que lida seriamente com as questões raciais do dia a dia: a brutalidade policial; a ressegregação de escolas e bairros americanos; a privação de direitos dos negros; a criminalização da imigração ou "crimigração"; a luta contra a islamofobia etc. Seja o que for, vocês e eu devemos fazer parte dos movimentos que estão por aí. O tempo da política sorridente pós-racial acabou! É hora de fazer barulho e exigências.

9. Por último: sei que grande parte de vocês, leitores deste livro, não quer fazer "política". A palavra "política" está contaminada e a maioria das pessoas foge dela como da peste. De mais a mais, sei que muitos de vocês acham que este capítulo é bastante idealista ou equivale a uma propaganda radical. Se você acredita nisso, e eu discordo de você veementemente, peço então que considere outras opções. Independentemente da sua orientação política, sei que você, como a maior parte dos americanos, deseja que a nação realmente se mova para além da raça. Como esse é o caso, pergunto, o que *você* está disposto a fazer para ajudar

a tornar a nossa nação verdadeiramente cega à cor? Considerando a tremenda desigualdade racial que você sabe que existe na América, o que você está fazendo pessoalmente para nos ajudar a que nos aproximemos da Terra Prometida? Não tenho muitas sugestões aqui, mas peço a você que crie suas próprias alternativas. No que tange às opções, como eu disse antes, não fazer nada é inaceitável e covarde. Se você não quiser ser um militante, o que está fazendo em face da injustiça racial? Seja como for, você tem que participar do esforço coletivo, independentemente da sua política e de como você faz a sua parte, a fim de aproximar a nossa nação do sonho do dr. King.

Sobre a "Utopia Racial": Vociferando Sobre um Futuro Desconhecido, Porém Muito Necessário

Neste livro, eu falei muito pouco sobre classe, gênero ou orientação sexual. Não porque não me importo com essas fraturas sociais, mas porque eu tinha um alvo principal: explicar como a raça é importante hoje em dia e como falamos sobre isso de maneiras que acabam justificando o *status quo* racial. E senti que era necessário fazer isso porque, quando escrevi este livro no início do século XXI, a raça era vista pela maioria dos cientistas sociais, comentaristas e políticos como secundária à classe. Assim, na batalha de ideias, achei importante entrar nesse debate dirigindo *por el medio de la calle* (dirigindo no meio da estrada), ao afirmar que a raça não estava "declinando em importância", porém que mudara a forma em que era importante e na qual as pessoas falavam a seu respeito. Não obstante ainda haja muita discussão sobre a proeminência de raça, classe e gênero, nos encontramos hoje em um espaço teórico-político muito melhor para discutir a relevância da raça. Por conseguinte, posso falar agora um pouco mais sobre a "nova sociedade" em que aspiro viver e como podemos chegar lá. Faço isso com apreensão, pois o "pensamento utópico" está repleto de todo tipo de problemas.

O que se segue deriva-se do meu envolvimento crítico no trabalho do professor Erik Olin Wright, "Real Utopias Project" (Projeto Utopias Reais), em uma sessão temática da reunião da American Sociological Association em Denver, Colorado, em 2012[35].

Na minha discussão, sugeri que o professor Wright dificilmente pensaria sobre raça na sua "verdadeira utopia". Ele pressupôs que um projeto baseado em classe libertaria tudo e ajudaria a anunciar o fim da desigualdade de uma vez por todas. Isso era lamentável; portanto, escrevi o seguinte:

> Acredito [...] que a utopia não será "de verdade" a menos que levemos a raça a sério, incluamos a tradição utópica da raça como parte fundamental dos esforços para emancipar a humanidade do jugo da dominação, e lidemos diretamente com o pensar, o processar e o imaginar da utopia e com a forma de eliminar a raça como categoria de divisão social, bem como o racismo enquanto estrutura e cultura. Por razões políticas e estruturais (as especificidades da matriz de dominação nas sociedades modernas), projetos de emancipação na modernidade não podem ser plenamente realizados a menos que a raça seja incluída de modo fundamental no processo[36]. A modernidade não foi simplesmente o desenvolvimento sociopolítico de um novo modo de produção, mas também um "projeto racial"[37] que incorporou um "contrato racial"[38]. Na qualidade de acadêmicos-ativistas que anteveem a utopia, devemos nos dar conta de que não podemos desmantelar a casa contemporânea da desigualdade a menos que o alicerce raça-classe-gênero sobre o qual foi construída seja desenraizado. Embora, como progressista, eu seja solidário com quem quer que tente mudar os aspectos capitalistas das sociedades contemporâneas, o pensar *exclusivamente* na utopia do ponto de vista de classe, como o Real Utopias Project tem feito até agora, está destinado a produzir, na melhor das hipóteses, projetos políticos com potencial limitado de reestruturação da ordem social da modernidade. Pior ainda, mesmo se as políticas utópicas derivadas de classe fossem sancionadas num futuro próximo (por exemplo, a noção de renda básica garantida), seriam seriamente prejudicadas porque alguns membros dos regimes de governo no

sistema mundial (homens heterossexuais brancos no Primeiro Mundo), como na *Revolução dos Bichos*, de Orwell, seriam "mais iguais do que os outros".

Não quero fornecer um projeto de coisas a vir, pois acredito que as especificidades da utopia racial serão fabricadas pelo movimento em prol da emancipação racial[39]. Portanto, destaco, em vez disso, alguns elementos básicos do processo, necessários para chegar à utopia racial, bem como algumas questões não resolvidas que exigirão um debate sério.

Primeiro, os suspeitos habituais (as vítimas da dominação racial) e seus aliados progressistas brancos serão aqueles que irão liderar a cobrança da redenção racial. Esse argumento tem sido historicamente controverso, já que os brancos, sejam eles liberais, progressistas ou marxistas, têm todos, de vários ângulos, sugerido um tipo de engajamento universalista para promover mudanças sociais.

Em segundo lugar, nos Estados Unidos e na maior parte das demais ordens sociais racializadas, os racialmente subalternos exigiram "reparações". Quer sejam eles os maoris da Nova Zelândia, os povos aborígenes da Austrália, os povos nativos e os negros em todas as Américas, ou os negros e os indígenas americanos nos Estados Unidos, as reparações parecem cruciais para ajudar a remediar as desigualdades, mobilizar as pessoas e aguçar nosso foco. Isso é, a propósito, o oposto do que alguns analistas "de peso" afirmaram. Antes de sua morte, esse foi o argumento de Charles Tilly. Ele se posicionou *contra* as reparações e inclusive contra a simples admissão de injustiças históricas, sugerindo que isso requer que a culpa seja reconhecida e atribuída, o que traça fronteiras entre "nós" e "eles" – exatamente um dos pontos centrais necessários para que os movimentos sociais surjam e, em última análise, produzam mudança social[40].

Em terceiro lugar, para promover uma "utopia racial", seria preciso fazer muito mais do que apenas compensar as minorias raciais pela discriminação histórica e contemporânea. Dever-se-ia desmantelar a "estrutura racial" da sociedade, bem como sua cultura coconstituinte. Isso significa que as práticas responsáveis pelas dominações social, econômica, política e cultural precisam ser extirpadas da sociedade e que devemos trabalhar para o desenvolvimento de uma nova cultura não racista[41].

Em quarto lugar, a utopia, racial ou não, precisa ser concebida como um esforço global. Embora o movimento possa ter locais de ação específicos, o pensamento e a agenda devem ser globais. Os cidadãos dos Estados Unidos, por exemplo, devem conceber os componentes de sua agenda utópica como uma *agenda para a humanidade*. O racismo é sistêmico no mundo e, portanto, precisamos pensar em práticas para desenraizá-lo globalmente.

Suscito agora alguns problemas não resolvidos. *Primeiro*, a raça permanecerá no paraíso ou nós todos nos tornaremos cidadãos globais com etnia benigna para exibir? Se a estrutura racial de qualquer sociedade desaparece e a interação social se torna verdadeiramente fluida e aleatória, a força social por trás da raça desapareceria também. No entanto, depois de quinhentos anos do fazimento daquilo que entendemos por raça, a categoria social produziu culturas, tradições, e inclusive estética que não se dissiparão rapidamente. Por isso, acredito que o "negócio cultural" vinculado à raça permanecerá no lugar, de forma benigna, por muito tempo[42], mas duvido que permaneça para sempre. A raça é socialmente "real" e produziu efeitos na cultura, nas afiliações familiares e em outras áreas. Contudo, se a raça termina sua vida como uma categoria de desigualdade, seus efeitos acabarão por minguar e seus atributos positivos (por exemplo, música, comida, religiosidade, filosofia dos negros e dos povos indígenas, conhecimento médico produzido pelos vários povos do mundo etc.) tornar-se-ão parte do patrimônio da humanidade. Essa é a minha concepção, porém teses igualmente convincentes podem ser defendidas no que tange a que as comunidades de cor mantenham sua diferenciação[43].

Em segundo lugar, a utopia racial será baseada no Estado-nação ou ancorada em entidades sociopolíticas mais amplas? (Ou em menores, como muitos anarquistas têm defendido?) Como no caso da categoria social raça, se a "comunidade imaginada"[44] sobre a qual os Estados modernos foram construídos desaparecesse, o Estado-nação poderia desaparecer também. No entanto, esses Estados-nação tornaram-se entidades resilientes, não derrubadas com facilidade[45]. De mais a mais, permanece a questão: como qualquer formação sociopolítica seria genuinamente multiétnica e democrática?[46] Formações sociopolíticas (Estados, ONU, ou unidades menores, como cidades) são configuradas tão profundamente por raça (e classe e gênero) que precisaríamos imaginar novas formas e unidades de associação comunitária?

Em terceiro lugar, a utopia racial será possível sem abordar outras desigualdades, ou ao abordar outras desigualdades perderemos o foco na importância da raça? Mais uma vez, isso não é fácil. Embora o consenso entre os ativistas progressistas seja a necessidade de trabalhar de forma interseccional, os ativistas combatentes sabem como é difícil fazê-lo e como é fácil para as mais antigas agendas baseadas em classe assumirem as lutas raciais[47].

Em quarto lugar, se alcançarmos a utopia racial, será esse o "fim da história"? O registro histórico mostra que o *Homo sapiens* tem sido bastante capaz de inventar e recriar formas de desigualdade e categorias sociais para fazê-lo[48]. Portanto, a meu ver, a luta para acabar com raça e racismo não implicará o fim da história, porém nos conduzirá a um lugar muito melhor. Porém, mais uma vez, esse é um assunto um tanto não resolvido, pois há quem pergunte por que deveríamos lutar quando é possível que a desigualdade jamais termine. Minha resposta é bastante simples: enfrenta-se o monstro à mão e deixa-se que outros lidem com os novos monstros que provavelmente surgirão depois.

Encerrei meu ensaio sobre a utopia racial com uma afirmação aparentemente contraditória: afirmei que a utopia *racial* não será verdadeira a menos que ela tenha como objetivo despedaçar a matriz social (e talvez global) de dominação, isto é, até que veja como seu objetivo final a abolição de *todas* as formas de dominação. Para leitores do tipo "George, o Curioso", que se perguntam: "Se você acredita nisso, por que falar de todo jeito sobre utopia *racial?*", a resposta está na história da dominação racial e na necessidade de ser realista sobre o que acontece quando não se pressiona muito para promover uma agenda racial. A história demonstra amplamente que se alguém começa com universalismo, o universal irá refletir os interesses dominantes dos grupos que lideram um movimento social. Como Fanon ponderou em voz alta, "O quê? Mal abri os olhos que tinham sido cegos e alguém já quer me afogar no universal?"[49]

A despeito de eu acreditar com sinceridade em políticas de coalizão e ter participado de muitas na minha vida, também acredito que grupos baseados exclusivamente numa orientação de raça, gênero e sexo devam manter suas próprias organizações e independência[50]. Se minorias raciais, mulheres, ou gays e lésbicas não exigem solução para as suas questões específicas, os movimentos sociais radicais provavelmente não incluirão suas preocupações na agenda.

Por fim, deixem-me reafirmar o que argumentei ao longo deste capítulo: nenhuma mudança social, muito menos um projeto utópico, emergirá independente dos movimentos sociais. Aqueles de nós que trabalham na academia têm uma responsabilidade e um papel a desempenhar na transformação da sociedade, mas não somos, nem devemos aspirar a ser, "sacerdotes sociológicos" comtianos, que dão ao povo fórmulas sobre o que o novo mundo deva parecer. Acerca desse ponto, Marx afirmou que a classe operária, e seu argumento se aplica a todas as categorias sociais, "não tem utopias prontas", pois "[ela] não tem de realizar ideais senão libertar os elementos da sociedade nova de que está prenhe a própria velha sociedade burguesa em colapso"[51]. Ele também admoestou que a classe operária "sorriria à invectiva grosseira dos lacaios de pluma e tinteiro e ao patrocínio didático dos doutrinadores burgueses de boas intenções"[52]. Nossa tarefa, portanto, é trabalhar *com* e *para* os oprimidos, *juntar-se* aos movimentos sociais e atuar de modo a trazê-los à tona, ajudando a criar "teoria radical" e conhecimento radical para ajudar os movimentos sociais que estão tentando mudar o mundo. Consequentemente, os ativistas eruditos devem ser humildes e desenvolver a capacidade de ouvir e aprender com os vários esforços políticos e organizacionais dos oprimidos. Acreditar no contrário ajuda a que nos mantenhamos distantes, afastados das lutas reais, transformando os nossos esforços, ouso dizer, em algo utópico, muito difícil de acontecer.

Eu me expus um pouco neste capítulo quando revelei minhas intenções. Mas é isso quem sou agora; como um sociólogo mais velho, estou tentando remover as correntes que a academia colocou em mim por anos. Embora eu nunca tenha sido um sociólogo tradicional, os cânones e as normas da disciplina têm me sobrecarregado como um pesadelo. Este capítulo, então, faz parte da minha nova prática sociológica emancipada. Espero sinceramente que você, leitor deste livro, me perdoe pela minha manifesta defesa de uma nova ordem sociopolítica. A mudança, porém, requer correr riscos, dizer as coisas claramente e ser ousado. Eu sempre gosto do que David Simon, criador e autor do *The Wire* (A Escuta)[53], disse em sua carta de despedida (2008) sobre desafiar dogmas dominantes:

> Tentamos ser divertidos, mas de maneira alguma queríamos ser confundidos com diversão. Tentamos provocar, criticar, debater e reclamar um pouco. Queríamos discutir. Pensamos que ainda são necessárias algumas boas discussões, que há muito mais a ser dito e é inteiramente provável que haja ideias melhores do que as que oferecemos. Mas nada acontece a menos que a merda seja agitada. Isso, para nós, foi a prioridade.[54]

Assim, muito à semelhança do sr. Simon, vejo como meu trabalho a partir de agora ficar ocupado em concretizar a prioridade.

Notas

PREFÁCIO À EDIÇÃO BRASILEIRA

1. Silvio Almeida é doutor em Filosofia e Teoria Geral do Direito pela Universidade de São Paulo, professor da Faculdade de Direito da Universidade Presbiteriana Mackenzie e da Fundação Getúlio Vargas e Professor Visitante do Center for Latin American Studies da Universidade de Duke nos Estados Unidos. É presidente do Instituto Luiz Gama.
2. São Paulo: Pólen, 2018.
3. Infra, p. 23.
4. Infra, p. 403.
5. Infra, p. 23.

PREFÁCIO

1. "When Mexico sends its people, they're not sending their best. They're not sending you. They're not sending you. They're sending people that have lots of problems, and they're bringing those problems with us. They're bringing drugs. They're bringing crime. They're rapists. And some, I assume, are good people." Trump disse isso no seu primeiro discurso de lançamento de sua candidatura, em 16 de junho de 2015. Ver A. Adelman, A Look at Trump's Most Outrageous Comments about Mexicans as He Attempts Damage Control by Visiting with Country's President, *New York Daily News*, Aug. 31, 2016, disponível em: <http://www.nydailynews.com>.
2. Palavras de Trump em um comício em Toledo, Ohio, em fins de outubro de 2016. J. Diamond, Trump Refers to "Ghettos" in Discussing African-American Issues, CNN, Oct. 27, 2016, disponível em: <http://www.cnn.com>.
3. M. Pearl, All the Evidence We Could Find about Fred Trump's Alleged Involvement with the KKK, *Vice*, Mar. 10, 2016, disponível em: <https://www.vice.com>.
4. A noção de "articulação" é originária da tradição marxista e concerne ao fato de que, em uma sociedade, um modo de produção dominante é coerente com outras formas de produção.
5. M. Marable, *How Capitalism Underdeveloped Black America*.
6. E. Bonilla-Silva, *Racism without Racists: Color-Blind Racism and the Persistence of Racial Inequality in the United States*, p. 264-265.
7. M. Fisher, Donald Trump: "I Am the Least Racist Person", *The Washington Post*, Jun. 10, 2016,

8. O Cinco de Maio refere-se à data da Batalha de Puebla, em 1862, quando, pela primeira vez, o exército mexicano, sob a liderança do general Ignacio Zaragoza Seguin, derrotou uma potência ocupante – neste caso, a França. (N. da T.)
9. M.J. Lee; N. Grey, Trump to CNN: "I Love the Muslims", CNN, Jun. 10, 2015, disponível em: <http://www.cnn.com>.
10. D.T. Goldberg, *Racial Subjects: Writing on Race in America*.
11. M. Omi; H. Winant, *Racial Formation in the United States*.
12. J. Sakai, *Settlers: The Mythology of the White Proletariat from Mayflower to Modern*.
13. Ver, por exemplo, J. Gest, *The New Minority: White Working Class Politics in an Age of Immigration and Inequality*.
14. Admito que a subjetividade seja "intersecional," por conseguinte, os indivíduos são divididos por classe, raça, gênero etc. Nos Estados Unidos, entretanto, o nexo raça-classe tem sido vital para a política. A tal respeito, ver as observações argutas de C.W. Mills, *From Class to Race: Essays in White Marxism and Black Radicalism*.
15. Essa revisão não poderia ter acontecido sem a ajuda inestimável de Robert L. Reece, um estudante de pós-graduação da Duke enquanto trabalhava comigo nisso, agora professor assistente de Sociologia na UT-Austin. Ele fez um excelente trabalho de revisão; portanto, o destaco no capítulo 10 como colaborador.
16. Eu me lembro quando esse termo surgiu em meados da década de 1980. Foi um termo que deveria ter sido combatido com veemência, por ter autorizado abertamente visões racistas, sexistas, homofóbicas como legítimas. A comunidade progressista errou o alvo e agora está pagando o preço, uma vez que essas expressões produzem estados de espírito e climas que tendem a facilitar crimes de ódio.

I O ESTRANHO ENIGMA DA RAÇA NA AMÉRICA CONTEMPORÂNEA

1. Inclusive membros dessas organizações alegam agora que não são racistas, apenas pró-brancos. Para a discussão de David Duke a respeito, ver o seu site, disponível em: <www.duke.org>.
2. Alguns, como o ex-presidente George H.W. Bush, fazem uso desse dito do dr. King a fim de expressar sua oposição a ações afirmativas. Curiosamente, quando Bush estava no Congresso, ele se opôs à maior parte da legislação referente aos direitos civis defendida por King. Ademais, poucos brancos realmente leram o discurso no qual King utilizou essa frase. Se o tivessem feito, perceberiam que o seu sonho se referia ao futuro, que ele enfatizava que o "negro ainda não [era] livre". King também enfatizou que não poderia haver paz sem justiça. Em suas palavras, "não haverá descanso nem tranquilidade na América até que ao negro sejam concedidos seus direitos de cidadania. Os redemoinhos da revolta continuarão a abalar os alicerces da nossa nação até que o brilhante dia da justiça emerja". M.L. King Jr., em C. Carson; K. Shepard (eds.), *A Call to Conscience*.
3. Essas concepções foram corroboradas pesquisa após pesquisa. Por exemplo, uma recente pesquisa de opinião pública nacional descobriu que 66% dos brancos pensavam que o *status* desfavorecido dos negros na América devia-se à sua dependência da assistência social e 63% acreditavam que os negros não estavam motivados para melhorar sua condição socioeconômica. Ver T.W. Smith, Intergroup Relations in Contemporary America, em W. Winborne; R. Cohen (eds.), *Intergroup Relations in the United States*, p. 69-106.
4. Essa frase foi tornada popular por Rodney King imediatamente após seu primeiro julgamento. Curiosamente, a frase lhe foi fornecida por seu advogado branco e por um produtor cinematográfico. Ver H.A. Baker, Scene... Not Heard, em R. Gooding-Williams (ed.), *Reading Rodney King, Reading Urban Uprising*, p. 45.
5. Esse termo foi cunhado em J.R. Feagin; H. Vera, *White Racism: The Basics*, para se referir aos mitos dos brancos sobre raça na América contemporânea, particularmente seus próprios delírios.
6. Ver M. Oliver; T. Shapiro, *Black Wealth/White Wealth*. Ver também J. Malveaux, Black Dollar Power: Economics in the Black Community,

Essence, v. 10, p. 88-92; J. Goering (ed.), *Fragile Rights in Cities*; e T.M. Shapiro, *The Hidden Cost of Being African American*.

7. Para uma descrição vívida das desigualdades educacionais entre negros e brancos, ver J. Kozol, *Savage Inequalities*. Para uma análise da ressegregação e suas consequências, ver G. Orfield et. al., *Dismantling Desegregation*. Para uma análise das questões raciais em *campi* "integrados", ver J.R. Feagin et al., *The Agony of Education* e o capítulo 2 em R. Brooks, *Integration or Separation?*
8. Ver W.J. Collins; R.A. Margo, Race and the Value of Owner-Occupied Housing, 1940-1990, Working Paper Series.
9. Ver D.S. Massey; N.A. Denton, *American Apartheid*; J. Yinger, *Closed Doors, Opportunities Lost*; J.N. DeSena, Local Gatekeeping Practices and Residential Segregation, *Sociological Inquiry*, v. 64, n. 3, p. 307-321.
10. Ver J.R. Feagin; M. Sikes, *Living with Racism*; P. Siegelman, Racial Discrimination in "Everyday" Commercial Transactions: What Do We Know, What Do We Need to Know, and How Can We Find Out, em M. Fix; M.A. Turner (eds.), *A National Report Card on Discrimination in America*, p. 69-98.
11. Ver M. Oliver; T. Shapiro, op. cit.
12. Ver K.K. Russell, *The Color of Crime*.
13. D.A. Harris, Driving While Black: Racial Profiling on Our Nation's Highways. American Civil Liberties Union Special Report, *American Civil Liberties Union*, Jun. 1999, disponível em: <http://archive.aclu.org>. (N. da T.: a frase significa que um motorista pode ser parado pela polícia por causa de um viés racial e não por ter violado qualquer lei de trânsito.)
14. Ver D. Bell, *Race, Racism and American Law*.
15. O trabalho de William A. Ryan e de Joel Kovel representa os primeiros esforços para entender os parâmetros da ideologia racial pós-movimento dos direitos civis. Ver W.A. Ryan, *Blaming the Victim*; J. Kovel, *White Racism: A Psychohistory*.
16. São chamadas "Jim Crow" as leis promulgadas nos Estados do Sul dos Estados Unidos, que institucionalizaram a segregação racial. Vigoraram entre 1876 e 1965. A "época Jim Crow", ou o "período Jim Crow" se refere ao tempo em que esta prática ocorria. (N. da T.)
17. Melvin Thomas acredita que essa perspectiva afeta profundamente a pesquisa da ciência social sobre questões raciais. M. Thomas, Anything but Race: The Social Science Retreat from Racism, *African American Research Perspectives*, v. 6, n. 1, p. 79-96.
18. Essa afirmação é de um alto executivo de uma companhia de transportes em Chicago. Ver W.J. Wilson, *When Work Disappears*, p. 112.
19. Esses comentários são de um residente de Canarsie, Nova York. Ver J. Rieder, *Canarsie: The Jews and Italians of Brooklyn against Liberalism*, p. 58.
20. Ver, de minha autoria e de A.E. Lewis, The "New Racism": Towards an Analysis of the U.S. Racial Structure, 1960-1990s, em P. Wong (ed.), *Race, Nation, and Citizenship*, p. 100-150. Para uma versão mais recente e atualizada, ver o capítulo 3 na minha obra *White Supremacy and Racism in the Post-Civil Rights Era*.
21. Para resultados gerais acerca de questões de moradia, ver J. Yinger, op. cit. Sobre práticas de triagem de acesso, ver J.N. DeSena, op. cit.
22. Ver E. Bonilla-Silva, *White Supremacy and Racism in the Post-Civil Rights Era*, p. 11-117.
23. Prática que consiste em desenhar os limites eleitorais de modo a reunir as regiões que tendem a votar nos opositores em poucos distritos e, ao mesmo tempo, dividir em vários distritos as regiões que tendem a votar no partido governante. O resultado é que a oposição obtém uma proporção das cadeiras parlamentares inferior à porcentagem da população que efetivamente votou nela. (N. da T.)
24. Distritos de múltiplos membros são aqueles que elegem mais de um candidato para as assembleias legislativas. (N. da T.)
25. Provisão legal que exige que o eleitor vote para cada cargo em disputa. (N. da T.)
26. Ver E. Bonilla-Silva, *White Supremacy and Racism in the Post-Civil Rights Era*, p. 100-101.
27. Termos pejorativos para designar, respectivamente, negros, hispânicos e asiáticos. (N. da T.)
28. CBS News, Bush Enters Affirmative Action Fray, Jan. 16, 2003, disponível em: <www.cbsnews.com>. Para uma análise da contradição entre a oposição do presidente Bush a ações afirmativas e sua própria admissão de uma espécie de ação afirmativa

em relação à Phillips Academy e Yale, ver E. Henican, When It Comes to Hypocrisy, He's Brilliant!, *Newsday*, Jan. 17, 2003. Em *Grutter v. Bollinger et al.*, a Suprema Corte decidiu que a Universidade de Michigan poderia usar a raça como um dentre os muitos fatores da sua política de admissão. Embora o presidente Obama tenha nomeado a juíza Sonia Sotomayor para a Suprema Corte, esta ainda é de centro-direita e pode continuar a restringir ações afirmativas.

29. Devo acautelar, entretanto, que em nenhum momento na história grupos dominantes, sejam eles capitalistas, pessoas do sexo masculino, ou brancos, proclamaram que sua dominação está enraizada na parcialidade e na opressão ou caracterizaram seu comportamento como abominável. Por conseguinte, seja no período da escravidão, no período Jim Crow ou no período pós-movimento dos direitos civis, os brancos jamais admitiram qualquer injustiça. A partir de um ponto de vista sociopsicológico, isso faz todo sentido, pois, como William Ryan afirmou em sua célebre obra *Blaming the Victim*, "ninguém [quer pensar] acerca de si mesmo como um filho da puta", p. 20.

30. Ver H. Schuman et al., *Racial Attitudes in America*.

31. Acerca de dados sobre estereótipos, ver M. Peffley; J. Hurwitz, Whites' Stereotypes of Blacks: Sources and Political Consequences, em M. Peffley; J. Hurwitz (eds.), *Perception and Prejudice*, p. 58-99; J.F. Dovidio; S.L. Gaertner, Changes in the Expression and Assessment of Racial Prejudice, em H.J. Knopke et al. (eds.), *Opening Doors*, p. 119-150; P.M. Sniderman; E.G. Carmines, *Reaching beyond Race*. Ver também Anti-Defamation League, *Highlights from an Anti-Defamation League Survey on Racial Attitudes in America*.

32. P.B. Sheatsley, White Attitudes toward the Negro, em T. Parsons; K.B. Clark (eds.), *The Negro American*, p. 323.

33. G. Firebaugh; K.E. Davis, Trends in Antiblack Prejudice, 1972-1984: Region and Cohort Effects, *American Journal of Sociology*, v. 94, p. 251-272; P.M. Sniderman; T. Piazza, *The Scar of Race*; S. Lipset, *American Exceptionalism*; P.M. Sniderman; E.G. Carmines, op. cit.

34. M. Sniderman; E.G. Carmines, op. cit., p. 138.

35. E. Bonilla-Silva; T.A. Forman, "I Am Not a Racist But...": Mapping White College Students' Racial Ideology in the USA, *Discourse and Society*, v. 11, n. 1, p. 50-85.

36. Para uma discussão sobre essa metodologia, ver D.S. Massey et al., *Return to Aztlan*.

37. Ver a introdução em E. Bonilla-Silva, *White Supremacy and Racism in the Post-Civil Rights Era*.

38. Ver T.W. Smith, Measuring Inter-Racial Friendships: Experimental Comparisons (artigo apresentado no encontro de 1999 da American Sociological Association em Chicago).

39. A primeira declaração das concepções paradoxais de Schuman pode ser encontrada em A. Campbell; H. Schuman, *Racial Attitudes in Fifteen American Cities*. (N. da T.) *Busing* é o transporte de alunos para uma escola fora de sua área residencial como meio de obter equilíbrio racial naquela escola e promover a interação racial entre as crianças, na tentativa de superar os efeitos da segregação residencial.

40. H. Schuman et al., op. cit.

41. Na verdade, há pelo menos quatro versões dessa tradição (racismo simbólico, aversivo, moderno e sutil). Contudo, não obstante pequenas diferenças, todas elas alegam que o preconceito antinegro desceu à clandestinidade e agora é expresso de forma simbólica, por meios aparentemente não racistas.

42. O artigo fundamental aqui foi o de D.O. Sears; D.R. Kinder, Racial Tensions and Voting in Los Angeles, em W.Z. Hirsch (ed.), *Los Angeles: Viability and Prospects for Metropolitan Leadership*, p. 55-75.

43. D.R. Kinder; D.O. Sears, Prejudice and Politics: Symbolic Racism versus Racial Threats to the Good Life, *Journal of Personality and Social Psychology*, v. 40, n. 1, p. 416.

44. D.R. Kinder; L.M. Sanders, *Divided by Color*, p. 106.

45. H. Schuman et al., op. cit., p. 293.

46. Ver M. Hughes, Symbolic Racism, Old-Fashioned Racism, and Whites' Opposition to Affirmative Action, em S.A. Tuch; J.K. Martin (eds.), *Racial Attitudes in the 1990s*, p. 45-75.

47. Ver L.D. Bobo et al., Laissez-Faire Racism: The Crystallization of a Kinder, Gentler, Antiblack Ideology, em S.A. Tuch; J.K. Martin (eds.), op.

cit., p. 21. Para uma crítica similar, ver o capítulo 1 em M.R. Jackman, *The Velvet Glove*.
48. Esse comentário foi feito por Susanna Dolance, aluna de pós-graduação na Universidade de Michigan.
49. J. Sidanius et al., It's Not Affirmative Action, It's the Blacks, em D.O. Sears et al. (eds.), *Racialized Politics*, p. 191-235; M.R. Jackman, op. cit.
50. L.D. Bobo et al., op. cit, p. 21. Philomena Essed desenvolveu um argumento semelhante e alega que no mundo moderno a ideologia racial dominante é a do "racismo competitivo". Ver P. Essed, *Diversity: Gender, Color, and Culture*. Ver também, de minha autoria, "This Is a White Country": The Racial Ideology of the Western Nations of the World-System, *Sociological Inquiry*, v. 70, n. 2, p. 188-214.
51. L. Bobo et. al., Status, Ideology, and Dimensions of Whites' Racial Beliefs and Attitudes: Progress and Stagnation, em S.A. Tuch; J.K. Martin (eds.), op. cit., p. 93-120.
52. Ver J.B. McConahay; J.C. Hough, Symbolic Racism, *Journal of Social Issues*, v. 32, n. 2, p. 23-46; J.B. McConahay, Modern Racism, Ambivalence, and the Modern Racism Scale, em J.F. Dovidio; S.L. Gaertner (eds.), *Prejudice, Discrimination, and Racism*, p. 91-126.
53. Essa crítica da problemática do preconceito (e da obra de Bobo) foi tecida pela primeira vez por M.R. Jackman, op. cit., p. 55-58.
54. D.T. Wellman, *Portraits of White Racism*.
55. Ver M. Foucault, *The Order of Things: An Archeology of the Human Sciences*.
56. Alguns poucos cientistas sociais notórios, tais como Charles Murray, Arthur Jensen, Pierre van den Berghe e Edward O. Wilson ainda concebem a raça como uma categoria biológica ou primordial. Entretanto, eles constituem uma minoria e são muito criticados pela maior parte dos acadêmicos.
57. Como exemplo desse ponto de vista, ver Y.O. Webster, *The Racialization of America*. Contudo, essa visão é muito mais extensa e tem sido publicamente afirmada por eruditos radicais, tais como Todd Gitlin. Tenho visto a crescente influência dessa postura entre os muitos estudiosos "radicais" que agora declaram estar decepcionados com o que denominam "política de identidade" (na verdade, eles nunca estiveram de acordo com o gênero radical e as agendas raciais de seus colegas das minorias e do sexo feminino), alegando, pois, que gênero e raça são categorias que causam divisão e impedem a unidade da classe trabalhadora.
58. O Scholastic Aptitude Test ou Scholastic Assessment Test é um exame educacional padronizado aplicado a estudantes do ensino médio, que serve de critério de admissão nas universidades norte-americanas. (N. da T.)
59. Para uma crítica mordaz do raciocínio estatístico sobre raça, ver T. Zuberi, Deracializing Social Statistics: Problems in the Quantification of Race, *Annals of the American Academy of Political and Social Science*, v. 568, p. 172-185.
60. É em grande parte irrelevante se esses autores são "racistas" (isto é, têm pontos de vista negativos sobre as minorias raciais) ou não. "Aquele conhecimento [produzido por estudiosos de raça que não querem aceitar a centralidade da estratificação social como força básica por trás dos dados que desvelam], às vezes com premeditação, outras não intencionalmente, opera para reforçar o temor e o ódio a outros, fornecendo fundamentos lógicos para hierarquizar diferenças." T.L. Dunn, The New Enclosures: Racism in the Normalized Community, em R. Gooding-Williams (ed.), *Reading Rodney King, Reading Urban Uprising*, p. 180.
61. Tomo emprestada essa frase de M.G. Hanchard, *Orpheus and Power*. Muitas leituras sobre raça inspiradas no pós-modernismo insistem na maleabilidade e instabilidade de todas as construções sociais. Isso, acreditam elas, é o melhor antídoto para o essencialismo. Na minha visão, porém, ao enfocar a instabilidade da raça como uma categoria, eles deixam escapar sua continuidade e seu papel social na configuração da dinâmica cotidiana. Pior ainda, em alguns casos, as concepções de alguns desses autores são próximas dos pontos de vista de estudiosos de direita que defendem a eliminação da raça enquanto categoria de análise e discurso. A partir da perspectiva deste livro, a eliminação da raça, como acima exposto, sem modificar as condições

materiais que tornam a raça uma categoria real socialmente, apenas acrescentaria uma outra camada de defesa à supremacia branca.

62. Argumentei no meu trabalho que a raça surgiu como categoria de divisão humana nos séculos XV e XVI, quando os europeus expandiram seu sistema de mundo nascente. No entanto, outros analistas creem que a categoria exista desde a Antiguidade e citam evidências de "racismo" nas civilizações romana e grega. Ainda que eu acredite que eles estejam confundindo xenofobia e etnocentrismo com o que eu chamo de um sistema social racializado, nosso desacordo não é fundamental no que tange ao ponto em questão.

63. Embora muitos analistas ressintam-se desse conceito e achem que ele é inapropriado, estou persuadido pelos argumentos defendidos pelo filósofo Charles W. Mills. Essa noção força o leitor a compreender os elementos sistêmicos e de poder em um sistema social racializado, bem como a realidade histórica em que tais sistemas foram organizados e ainda são determinados pela lógica ocidental. Para uma discussão sobre esse tema, ver *White Supremacy and Racism in the Post-Civil Rights Era*, de minha autoria, ou consultar C.W. Mills, *Blackness Visible*.

64. Tenho sido criticado por manter essa posição (ver minha discussão com Mara Loveman, em The Essential Social Fact of Race: A Reply to Loveman, *American Sociological Review*, v. 64, n. 6, p. 891-892; 899-906), porém a visão de que relações de raça possuem um fundamento material tem longa história na sociologia americana. Essa noção fez parte do trabalho clássico de W.L. Warner, *Social Class in America* e de J. Dollard, *Caste and Class in a Southern Town*; posteriormente, podia ser encontrada nas obras de Herbert Blumer; Hubert Blalock; Stokely Carmichael e Charles Hamilton; e Robert Blauner.

65. K. Marx; F. Engels, *The German Ideology*, em C.J. Arthur (ed.), p. 64. (Grifo nosso.)

66. Domínio hegemônico significa que grupos dominantes tentam, ativamente, obter o consentimento dos grupos subordinados por meios variados.

67. Ver M. Wetherell; J. Potter, *Mapping the Language of Racism*, p. 91.

68. M.R. Jackman, op. cit. (Grifo nosso.)

69. O filósofo negro Charles W. Mills afirma que, com o advento do imperialismo moderno (a partir dos séculos XV e XVI), os brancos desenvolveram um "contrato racial" político, moral e epistemológico para manter a supremacia branca sobre não brancos. Ver *The Racial Contract*.

70. Valentín Volóschinov, o grande psicólogo russo, afirmou, há muito tempo, que a ideologia e inclusive a autoconsciência são "sempre verbais [comunicativas], sempre consistem em encontrar um determinado complexo verbal especificamente adequado". V.N. Voloshinov, *Freudianism: A Marxist Critique*, p. 86. No que tange a sobre como a linguagem está incorporada na ideologia, ver N. Fairclough, *Language and Power* e *Critical Discourse Analysis*.

71. Um exemplo do empenho dos pesquisadores para criar melhores instrumentos de pesquisa de opinião pode ser encontrado em J. Tanur (ed.), *Questions about Questions*.

72. Ver T.A. Van Dijk, *Prejudice in Discourse*. Ver também H. Schuman et al., op. cit.

73. O fraseado específico dessa pergunta do questionário é: "Se uma família negra que tenha uma renda quase igual à sua se mudar para o seu bairro, você se incomodaria pouco com isso, muito ou não se incomodaria absolutamente?" Ver H. Schuman et al., op. cit.

74. Para dados sobre perguntas referentes à distância social, ver o capítulo 3 em H. Schuman et al., op. cit. Para dados sobre o nível limitado de amizade entre brancos e negros, ver M.R. Jackman; M. Crane, "Some of My Best Friends Are Black...": Interracial Friendship and Whites' Racial Attitudes, *Public Opinion Quarterly*, v. 50, p. 459-486. Para dados mais recentes sobre atitudes raciais de brancos, ver K. Myers, *Racetalk: Racism Hiding in Plain Sight* e M. Bush, *Breaking the Code of Good Intentions*. Dados referentes à limitada confraternização entre estudantes universitários brancos e negros serão fornecidos no capítulo 6.

75. Ver L.D. Bobo; F. Licari, Education and Political Tolerance: Testing the Effects of Cognitive Sophistication and Target Group Affect, *Public Opinion Quarterly*, v. 53, n. 3, p. 285-308; H. Schuman et al., op. cit.

76. De acordo com S. Kvale, *Interviews*, a maioria dos projetos baseados em entrevistas usa de dez a quinze sujeitos.
77. C.A. Gallagher, Interracial Dating and Marriage: Fact, Fantasy and the Problem of Survey Data, em R. Moore (ed.), *Quality and Quantity of Contact*, p. 240-254.
78. Para uma crítica do projeto do Iluminismo enquanto projeto racializado, ver Z. Bauman, *Modernity and Ambivalence*; D.T. Goldberg, *Racist Culture: Philosophy and the Politics of Meaning*.
79. Ver, por exemplo, N.K. Denzin; Y.S. Lincoln (eds.), *Handbook of Qualitative Research*. Contudo, esse enfoque crítico pode ser encontrado em J. Dollard, op. cit. e, definitivamente, em G. Myrdal, *An American Dilemma*, p. 1041. Myrdal, por exemplo, escreveu há mais de sessenta anos, ao abordar a ideia de que "fatos difíceis" desmascaram vieses: "Deve-se sustentar, no entanto, que *vieses nas ciências sociais não podem ser simplesmente apagados 'atendo-se aos fatos' e por meio de métodos refinados e de tratamento estatístico dos dados*. Os fatos e o manejo dos dados, por vezes, mostram-se ainda mais anteriores às tendências de viés do que o 'pensamento puro' [...] Quando, em uma tentativa de ser factual, as afirmações da teoria são reduzidas ao mínimo, deixa-se aos vieses mais liberdade do que se forem explicitamente apresentadas e discutidas." (Grifo nosso).
80. Ver M. Weber, Objectivity in Social Science and Social Policy, em E.A. Shils; H.A. Finch (eds. e trads.), *Max Weber on The Methodology of the Social Sciences*, p. 50-112.
81. Estou ciente de que uns poucos estudiosos e políticos negros e das demais minorias – alguns trabalhando em cargos muito importantes – endossam tais visões. Contudo, como argumento no capítulo 7, esse segmento da comunidade negra é muito pequeno e não representa os pontos de vista da comunidade como um todo.
82. Essa agenda controversa será desenvolvida no capítulo 9. Meu argumento não é novo. Para argumentos similares, ver H. Cruse, *Plural but Equal*; D. Ingram, *Group Rights*; e, particularmente, o capítulo 8, "Antiracist Strategies and Solutions", em J.R. Feagin, *Racist America: Roots, Realities, and Future Reparations*.
83. Ver A. Fontana; J.H. Frey, The Interview: From Structured Questions to Negotiated Text, em N.K. Denzin; Y.S. Lincoln (eds.), op. cit., p. 645-672.
84. T.L. Orbuch, People's Accounts Count: The Sociology of Accounts, *Annual Review of Sociology*, v. 23, p. 455-478. A posição que elaboro aqui foi maravilhosamente apreendida pelo filósofo da ciência Brian Fay em *Contemporary Philosophy of Social Science*: "Então devemos compreender os outros em seus próprios termos? *Sim*, no sentido de que não podemos compreender fenômenos intencionais e seus produtos sem intencionais sem averiguar o que eles significam para aqueles neles envolvidos. Mas *Não*, no sentido de que explicar esses fenômenos muitas vezes exigirá superar os recursos conceituais dos que estão sendo estudados." (p. 134).
85. Situacional, porque aqueles que estão no negócio de interpretar o mundo, "admitam eles ou não, têm sempre pontos de vista, orientações disciplinares, grupo sociais ou políticos com os quais se identificam". J.L. Kincheloe; P. McLaren, Rethinking Critical Theory and Qualitative Research, em N.K. Denzin; Y.S. Lincoln (eds.), op. cit., p. 288. Parcial, porque nunca podemos apreender a totalidade dos eventos que afeta um processo ou o próprio processo.
86. Ver B. Fay, op. cit., p. 220.
87. Essa ideia também é de B. Fay, op. cit.
88. Para uma elaboração completa ver, de minha autora, Rethinking Racism, *American Sociological Review*, v. 62, n. 3, p. 465-480.
89. Devo essa ideia a Eileen O'Brien, professora de sociologia na State University of New York – New Paltz.
90. Tomo emprestada essa expressão do periódico *Race Traitors*.

2 O NOVO RACISMO

1. Em versões anteriores deste capítulo (E. Bonilla-Silva; A.E. Lewis, The "New Racism": Toward an Analysis of the u.s. Racial Structure, 1960-1990s, em P. Wong [ed.], *Race, Nation, and Citizenship*, p. 100-150; E. Bonilla-Silva, *White Supremacy and Racism in the Post-Civil Rights Era*; e E. Bonilla-Silva; D. Dietrich, The Sweet Enchantment of Color-Blind Racism in Obamerica, *The ANNALS of the American Academy of Political and Social Science*, v. 634, p. 190-206), utilizei o termo "discriminação" academicamente aceito, porém neste trabalho, quando apropriado, eu o substituo pela noção de "práticas raciais". Faço isso porque a noção de discriminação, conjugada com a problemática do preconceito limitante (E. Bonilla-Silva, Rethinking Racism, *American Sociological Review*, v. 62, n. 3, p. 465-480), não nos permite apreender formas normativas, aparentemente não raciais e mais gentis de reproduzir a dominação racial. Assim, por "práticas raciais" eu me refiro a comportamentos, estilos, maneirismos culturais, tradições e procedimentos organizacionais que ajudam a manter o domínio branco. Posto que muitas dessas práticas se tornam rotineiras ("É assim que as coisas são!"), elas não são necessariamente realizadas com animosidade e intenção; isto é, hostilidade e expressões explícitas de cognições e sentimentos raciais sobre o "Outro" não precisam estar no âmago de tais práticas. Na verdade, na América contemporânea, elas tendem a *não* ser do tipo Jim Crow e estão mais de acordo com a natureza hegemônica da dominação racial pós-movimento dos direitos civis. Ver M. Omi; H. Winant, *Racial Formation in the United States*; E. Bonilla-Silva, *White Supremacy and Racism in the Post-Civil Rights Era*.

2. Este capítulo reexamina outro publicado originalmente em P. Wong (ed.), op. cit. O capítulo original tinha inúmeras referências, muitas das quais foram cortadas por limitações de espaço. Modifiquei também as citações parentéticas para notas de rodapé. Acerca do argumento de que a raça se tornou menos importante no tocante às oportunidades de vida dos negros, ver W.J. Wilson, *The Declining Significance of Race*.

3. Ver H. Schuman et al., *Racial Attitudes in America*. Ver também P. Sniderman; T. Piazza, *The Scar of Race*.

4. Ver J.P. Smith; F.R. Welch, *Closing the Gap, Forty Years of Economic Progress for Blacks*; ver também E. Grodsky; D. Pager, The Structure of Disadvantage: Individual and Occupational Determinants of the Black-White Wage Gap, *American Sociological Review*, v. 66, n. 4, p. 542-567.

5. Ver A. Pinkney, *The Myth of Black Progress*; C.V. Willie, *Caste and Class Controversy on Race and Poverty*.

6. Trata-se da ala ultraconservadora do Partido Republicano. (N. da T.)

7. Segundo as "leis da vadiagem", um negro era considerado "vadio" se fosse desempregado e não tivesse residência permanente; podia ser detido, multado e forçado a fazer certos serviços por um determinado período se não conseguisse pagar a multa. As "leis da aprendizagem" forçavam muitos menores (órfãos ou aqueles cujos pais eram considerados incapazes, por um juiz, de prover o seu sustento) a trabalhar sem nenhuma remuneração para donos de plantações brancos. (N. da T.)

8. Ver L. Greene; C.G. Woodson, *The Negro Wage Earner*; G. Fredrickson, *Black Image in the White Mind*. (N. da T.: estabelecia-se um contrato entre o Estado, ou outra autoridade pública, e o arrendatário, no qual ele era responsável por alimentar, vestir e propiciar moradia aos prisioneiros em troca da exploração de seu trabalho.)

9. Ver P.S. Foner, *Organized Labor and the Black Worker, 1619-1981*; M. Marable, *How Capitalism Underdeveloped Black America*.

10. Ver G. Fredrickson, *White Supremacy: A Comparative Study in American and South African History*.

11. Ver G. Myrdal, *An American Dilemma*.

12. Ver S.D. Spero; A.L. Harris, *The Black Worker*.

13. C.V. Woodward, *The Strange Career of Jim Crow*.

14. Ver E. Patterson, *City Politics*.

15. Ver W.M. Tuttle Jr., Labor Conflict and Racial Violence: The Black Worker in Chicago, 1894-1919, em M. Cantor (ed.), *Black Labor in America*, p. 86-110.

16. Ver T. Gossett, *Race: The History of an Idea in America*.

17. Neste capítulo, limito a discussão a negros e brancos. Ver, entretanto, minha análise no capítulo 10, quando expando o escopo a todos os grupos.

18. Referência ao ativista político, jornalista e empresário jamaicano Marcus Mosiah Garvey (1887-1940), fundador da AUPN (Universal Negro Improvement Association, ou Associação Universal para o Progresso Negro), que visava promover a conscientização e a unidade da raça negra em todo o mundo. (N. da T.)
19. Ver F. Henri, *Black Migration*; A. Harrison (ed.), *Black Exodus*; M.M. Leiman, *Political Economy of Racism*; A. Morris, *The Origins of the Civil Rights Movement*.
20. Ver C.V. Woodward, op. cit. Ver também N.A. Wynn, *The Afro-American and the Second World War*.
21. Ver M. Reich, *Racial Inequality: A Political-Economic Analysis*; B. Harrison; B. Bluestone, *The Great U-Turn*.
22. Ver M.M. Leiman, op. cit.; S. Tolnay; E.M. Beck, Rethinking the Role of Racial Violence in the Great Migration, em A. Harrison (ed.), op. cit., p. 20-35; R. Marshall, Industrialisation and Race Relations in the Southern United States, em G. Hunter (ed.), *Industrialisation and Race Relations: a Symposium*, p. 61-96.
23. Ver M.M. Leiman, op. cit.; P.S. Foner, op. cit.; W.M. Tuttle Jr., op. cit.; C. Marks, The Social and Economic Life of Southern Blacks during the Migration, em A. Harrison (ed.), op. cit., p. 36-50; D. Davis, Toward a Socio-Historical and Demographic Portrait of Twentieth-Century African Americans, em A. Harrison (ed.), op. cit., p. 1-19.
24. G. Myrdal, op. cit.; F. Henri, op. cit.; D. Davis, op. cit.
25. M.M. Leiman, op. cit., p. 174.
26. O caso de "Brown contra o Conselho de Educação" foi uma decisão da Suprema Corte dos Estados Unidos que declarou inconstitucional a separação entre alunos negros e brancos nas escolas públicas. (N. da T.)
27. J.J. Morrow, American Negroes: A Wasted Resource, *Harvard Business Review*, p. 65-74.
28. Ver J. Kirschenman; K.M. Neckerman, "We'd Love to Hire Them, but...": The Meaning of Race for Employers, em F.L. Pincus; H.J. Erlich (eds.), *Race and Ethnic Conflict*.
29. Ver N. Klein, *The Shock Doctrine*.
30. Ver D.T. Wellman, *Portraits of White Racism*; D.O. Sears, Symbolic Racism, em P.A. Katz; D.A. Taylor (eds.), *Eliminating Racism*, p. 53-84; T.F. Pettigrew, New Patterns of Prejudice: The Different Worlds of 1984 and 1964, em F.L. Pincus; H.J. Ehrlich (eds.), op. cit.
31. O "cinturão da ferrugem" (*Rust Belt*), conhecido até os anos 1970 como cinturão da indústria (*Manufacturing Belt*), é uma região dos Estados Unidos que abrange Estados do Nordeste, dos Grandes Lagos e do Meio-Oeste. (N. da T.)
32. Ver J.R. Logan, Ethnic Diversity Grows, Neighborhood Integration Lags, em B. Katz; R. Lang (eds.), *Redefining Urban and Suburban America: Evidence from Census 2000*.
33. D. Massey; N.A. Denton, *American Apartheid: Segregation and the Making of the Underclass*; E. Glaeser; J. Vigdor, *The End of the Segregated Century*; J.L. Vigdor, Weighing and Measuring the Decline in Residential Segregation, *City & Community*, v. 12, n. 2, p. 169-177; S. Cashin, *Failures of Integration*.
34. Ver S.H. Murdock; D.R. Ellis, *Applied Demography: An Introduction to Basic Concepts, Methods, and Data*.
35. Ver E. Glaeser; J. Vigdor, op. cit.; J.L. Vigdor, op. cit.
36. Ver B.J. Newman et al., Diversity of a Different Kind: Gentrification and Its Impact on Social Capital and Political Participation in Black Communities, *The Journal of Race, Ethnicity, and Politics*, FirstView Article, Jun. 2016, p. 1-32; E. Goetz, Gentrification in Black and White: The Racial Impact Of Public Housing Demolition in American Cities, *Urban Studies*, v. 48, n. 8, p. 1581-1604.
37. Ver R. Farley; W.R. Allen, *The Color Line and the Quality of Life in America*; M.A. Turner et al., *The Housing Discrimination Study*; J. Yinger, Housing Discrimination and Residential Segregation as Causes of Poverty, em S.H. Danziger; R.H. Haveman, *Understanding Poverty*, p. 359-391.
38. Ver P. Sharkey, The Intergenerational Transmission of Context, *American Journal of Sociology*, v. 113, p. 931-969.
39. Ibidem, p. 961.
40. Trata-se de uma prática não ética segundo a qual serviços financeiros (tais como hipotecas, seguros, concessão de empréstimos) e outros são colocados

fora do alcance dos residentes de certas áreas, com base em raça ou etnia e não em qualificações e capacidade creditícia. Essa política é mais percebida, de forma marcante, pelos residentes de bairros de minorias. (N. da T.)

41. Ver G.C. Galster, Racial Steering by Real Estate Agents: Mechanisms and Motives, *The Review of Black Political Economy*, v. 19, n. 1, p. 39-61; M.A. Turner et al., op. cit.

42. Ver R.C. Smith, "Politics" Is Not Enough: The Institutionalization of the African American Freedom Movement, em R.C. Gomes; L.F. Williams (eds.), *From Exclusion to Inclusion*, p. 97-126.

43. M.A. Turner et al., *Housing Discrimination Against Racial and Ethnic Minorities 2012*; M.A. Turner et al., *Discrimination in Metropolitan Housing Markets*.

44. Ver C. Cloud; G. Galster, What Do We Know about Racial Discrimination in Mortgage Markets?, *The Review of Black Political Economy*, v. 21, p. 101-120.

45. Lei aprovada em 1975, que exige que muitas instituições financeiras mantenham, relatem e revelem publicamente informações sobre hipotecas no que tange a empréstimos. (N. da T.)

46. Ver R.C. Smith, *Racism in the Post-Civil Rights Era, Now You See It, Now You Don't*; M. Oliver; T. Shapiro, *Black Wealth/White Wealth*.

47. Ver Mortgage Lending Discrimination.

48. J.S. Rugh; D. Massey, Racial Segregation and the American Foreclosure Crisis, *American Sociological Review*, v. 75, n. 5, p. 629-651.

49. Ver K. Lacy, All's Fair? The Foreclosure Crisis and Middle-Class Black (In)Stability, *American Behavioral Scientist*, v. 56, n. 11, p. 1565-1580; C. Bradford, *Risk or Race? Racial Disparities in the Subprime Refinance Market*.

50. Ver R. Farley; W.R. Allen, op. cit.

51. Neste contexto, *tracking* é separar em grupos os alunos no ensino médio por habilidades acadêmicas, com um currículo acadêmico visando sua entrada numa universidade ou com um currículo profissionalizante. (N. da T.)

52. G. Orfield, *Must We Bus? Segregated Schools and National Policy*; Idem, School Desegregation after Two Generations: Race, Schools and Opportunity in Urban Society, em H. Hill; J.E. Jones (eds.), *Race in America*; G. Orfield; C. Ashkinaze, *The Closing Door*; G. Orfield; F. Monfort, *Status of School Desegregation*; G. Orfield; C. Lee, Why Segregation Matters: Poverty and Educational Inequality, Harvard University, The Civil Project, 2005; J. Kozol, *Savage Inequalities*.

53. J. Oakes et al., *Educational Matchmaking*.

54. A.E. Lewis; J.B. Diamond, *Despite the Best Intentions*.

55. Ver H. Schuman et al., op. cit.

56. Ver L.O. Graham, *Member of the Club*.

57. Ver J.S. Passel et al., Marrying Out: One-in-Seven New U.S. Marriages Is Interracial or Interethnic, Pew Research Center, Jun. 8, 2010, disponível em: <www.pewtrusts.org>.

58. Ver D.T. Lichter, U.S. Far from an Interracial Melting Pot, CNN Opinion, Jun. 16, 2010, disponível em: <www.cnn.com>.

59. M.R. Jackman; M. Crane, "Some of My Best Friends Are Black...": Interracial Friendship and Whites' Racial Attitudes, *Public Opinion Quarterly*, v. 50, p. 459-486.

60. Termo derivado do inglês *token* (símbolo), consiste na prática de fazer apenas um esforço superficial ou simbólico de pequenas concessões a minorias, tão somente para ocultar eventuais acusações de preconceito ou discriminação. (N. da T.)

61. A.H. Wingfield, *No More Invisible Man*.

62. D. Tweedy, *Black Man in a White Coat*.

63. E. Cose, *The Rage of a Privileged Class*.

64. J.R. Feagin; K.D. McKinney, *The Many Costs of Racism*.

65. Derivado do italiano *melanzana*, que significa "berinjela". De forma pejorativa, os imigrantes italianos utilizavam o termo *moolie* para descrever os negros, *julgando que* estes tinham cabeças alongadas e pele escura, assemelhando-se a berinjelas. [N. da T.]

66. Ver H. Schuman et al., Discriminatory Behavior in New York Restaurants: 1950 and 1981, *Social Indicators Research*, v. 13, n. 1, p. 69-83; Z.W. Brewster, Racially Discriminatory Service in Full-Service Restaurants: The Problem, Cause, and Potential Solutions, *Cornell Hospitality Quarterly*, v. 53, n. 4, p. 274-285.

67. L.O. Graham, op. cit.; J.R. Feagin; M. Sikes, *Living with Racism*.

68. Ver D.W. Sue et al., Racial Microaggressions in Everyday Life: Implications for Clinical Practice, *American Psychologist*, v. 62, n. 4, p. 271-286.
69. Ver E. Patterson, op. cit.; M. Marable, op. cit.
70. Ver C. Lusane, *African Americans at the Crossroads*; K. Brown-Dean et al., *50 Years of the Voting Rights Act*.
71. A. Pinkney, op. cit.
72. Ver T. Chambliss, The Growth and Significance of African American Elected Officials, em R.C. Gomes; L.F. Williams (eds.), op. cit.; R.S. Helderman, The 113th Congress Is the Most Diverse in History, *The Washington Post*, Jan. 3, 2013, disponível em: <www.washingtonpost.com>.
73. Para uma crítica dessa concepção, ver J. Jennings, *The Politics of Black Empowerment*.
74. T. Chambliss, op. cit.; H.L. Perry, The Evolution and Impact of Biracial Coalitions and Black Mayors in Birmingham and New Orleans, em R.P. Browning et al. (eds.), *Racial Politics in American Cities*.
75. Ver F.R. Parker, Eradicating the Continuing Barriers to Effective Minority Voter Participation, em R.C. Gomes; L.F. Williams (eds.), op. cit; Y.E. Moss et al., Black Political Participation: The Search for Power, em W.L. Reed (ed.), *African Americans: Essential Perspectives*.
76. Ver E. Dorn, *Rules and Racial Equality*.
77. Ver S. Lee, Everything You've Ever Wanted to Know about Voter ID Laws, *ProPublica*, Nov. 5, 2012, disponível em: <www.propublica.org>.
78. Ver J. Bouie, Pennsylvania Admits It: No Voter Fraud Problem, *The Washington Post*, Jul. 24, 2012, disponível em: <www.washingtonpost.com>.
79. Ver K. Brown-Dean et al., op. cit.
80. Ver R.C. Smith, "Politics" Is Not Enough: The Institutionalization of the African American Freedom Movement, em R.C. Gomes; L.F. Williams (eds.), op. cit.
81. Ver P.J. Thompson III, *Double Trouble: Black Mayors, Black Communities, and the Call for a Deep Democracy*.
82. Ver T. Chambliss, op. cit.
83. Ver R.C. Smith, "Politics" Is Not Enough: The Institutionalization of the African American Freedom Movement, em R.C. Gomes; L.F. Williams (eds.), op. cit.
84. Ver W.E. Nelson, Black Mayoral Leadership: A Twenty-Year Perspective, em L. Baker (ed.), *Black Electoral Politics*, p. 188-195; Y.E. Moss et al., op. cit.
85. Ver P.J. Thompson III, op. cit.
86. W.E. Nelson, op. cit.
87. Ver C. Hamilton, *The Black Political Experience in America*; F.F. Piven; R. Cloward, *Poor People's Movements*.
88. M. Marable, op. cit.
89. Ver A. Liptak, U.S. Imprisons One in 100 Adults, Report Finds, *The New York Times*, Feb. 29, 2008, disponível em: <www.nytimes.com>.
90. Ver D. Pager, The Mark of a Criminal Record, *American Journal of Sociology*, v. 108, p. 937-975.
91. Ver M. Mauer; R.S. King, Uneven Justice: State Rates of Incarceration by Race and Ethnicity, The Sentencing Project, 2007.
92. Ver G.D. Jaynes; R.M. Williams, *A Common Destiny: Blacks and American Society*.
93. A.N. Garwood, *Black Americans: A Statistical Sourcebook*.
94. Ver D.M. Bishop, The Role of Race and Ethnicity in Juvenile Justice Processing, em D.F. Hawking; K. Kempf-Leonard (eds.), *Our Children, Their Children*.
95. D. Bell, *Faces at the Bottom of the Well*.
96. Ver R. Reese, *Prison Race*.
97. F. Chideya, *Don't Believe the Hype*.
98. Ver R. Reese, op. cit.
99. Ver P.I. Jackson, *Minority Group Threat, Crime, and Policing*.
100. Ver A.E. Liska et al., Perspectives on the Legal Order: The Capacity for Social Control, *American Journal of Sociology*, v. 87, p. 413-426.
101. M.S. Rosentraub; K. Harlow, Police Policies and the Black Community: Attitude toward the Police, em M.F. Rice; W. Jones Jr. (eds.), *Contemporary Public Policy Perspectives and Black Americans*, p. 107-121; R. Weitzer; S. Tuch, Race and Perception of Police Misconduct, *Social Problems*, v. 51, p. 305-325.
102. Ver L.W. Sherman, Execution without Trial: Police Homicide and the Constitution, *Vanderbilt Law Review*, v. 33, p. 71-100.
103. Rodney King foi um taxista afro-americano. Na noite de 3 de março de 1991, sob acusação de

dirigir em alta velocidade, ele foi detido e violentamente espancado pela polícia de Los Angeles. O julgamento e a absolvição dos agentes policiais envolvidos provocaram os violentos tumultos raciais de Los Angeles de 1992. Num novo julgamento, foi tomada a decisão de condenar dois policiais e absolver outros dois. Em consequência, King recebeu uma indenização judicial de 3,8 milhões de dólares pelos danos então sofridos. (N. da T.)

104. A polêmica lei de legítima defesa da Flórida, aprovada pelo governador republicano Jeb Bush em 2005, permite que as pessoas no Estado usem força letal para se defender se sentem que suas vidas estão ameaçadas. (N. da T.)

105. Ver J. Dahl, Trayvon Martin Shooting: A Timeline of Events, CBS, Jul. 12, 2013, disponível em: <http://www.cbsnews.com>.

106. T. Wise, School Shootings and White Denial, 2001, disponível em: <www.timwise.org>.

107. Doutrinas que designam a moradia de uma pessoa ou qualquer local por ela ocupado legalmente (sua casa ou mesmo um veículo) como um lugar no qual aquela pessoa usufrui de proteções e imunidades que lhe permitem, em certas circunstâncias, fazer uso da força (inclusive letal) para se defender de um intruso, estando livre de qualquer processo legal pelas consequências da força usada. (N. da T.)

108. Ver C. Cheng; M. Hoekstra, *Does Strengthening Self-Defense Law Deter Crime or Escalate Violence? Evidence from Castle Doctrine.*

109. Ver S. Childress, Is There Racial Bias in "Stand Your Ground" Laws?, *Frontline*, Jul. 31, 2012, disponível em: <www.pbs.org>.

110. Um movimento ativista, com origem na comunidade afro-americana, que luta contra a brutalidade policial e as condições econômicas, sociais e políticas que oprimem os negros dos EUA. (N. da T.)

111. Ver W. Bredderman, "Blue Lives Matter" Bill Would Grant Cops Hate Crime Protection from Protesters in New York, *Observer*, Aug. 3, 2016, disponível em: <http://observer.com>.

112. Ver S.R. Gross; R. Mauro, *Death and Discrimination.*

113. Ver D.V. Baker, The Racist Application of Capital Punishment to African Americans, em M.D. Free Jr. (ed.), *Racial Issues in Criminal Justice*; R. Reese, op. cit.

114. Ver S. Demuth; D. Steffensmeier, Ethnicity Effects on Sentence Outcomes in Large Urban Courts: Comparisons among White, Blacks and Hispanic Defendants, *Social Science Quarterly*, v. 85, p. 994-1011.

115. Ver C.R. Pruitt; J.Q. Wilson, A Longitudinal Study of the Effect of Race in Sentencing, *Law and Society Review*, v. 7, p. 613-635.

116. C. Spohn, Crime and the Social Control of Blacks: Offender/Victim Race and the Sentencing of Violent Offenders, em G.S. Bridges; M.A. Myers, *Inequality, Crime, and Social Control*, p. 249-268.

117. C. Spohn, op. cit.; M.L. Radelet; G.L. Pierce, The Role of Victim's Race and Geography on Death Sentencing, em C.J. Ogletree Jr.; A. Sarat (eds.), *From Lynch Mobs to the Killing State.*

118. C. Spohn, op. cit.

119. Em *Furman v. Georgia, Jackson v. Georgia, Branch v. Texas*, o parecer da Suprema Corte deu razão (por 5 a 4) ao questionamento de que a pena de morte seria uma punição cruel e inusual, violando a 14ª e a 18ª emendas e, portanto, inconstitucional, o que forçou uma moratória nas execuções até que os estados adequassem sua legislação. (N. da T.)

120. Ver S.R. Gross; R. Mauro, op. cit.

121. D.C. Baldus et al., Comparative Review of Death Sentences: An Empirical Study of the Georgia Experience, *Journal of Criminal Law & Criminology*, v. 74, p. 661-753.

122. Ver D. Bell, op. cit.

123. Ver N. Benokratis, Racial Exclusion in Juries, *Journal of Applied Behavioral Science*, v. 18, p. 29-47.

124. Ver C. Haney, On the Selection of Capital Juries: The Biasing of the Death-Qualification Process, *Law and Human Behavior*, v. 8, p. 121-132.

125. Jurados que não se opõem categoricamente à imposição da pena de morte, mas que, ao mesmo tempo, não acreditam que ela deva ser imposta em todos os casos de homicídio qualificado, isto é, a prisão perpétua poderia ser considerada uma possível pena. (N. da T.)

126. G.D. Russell, *The Death Penalty and Racial Bias.*

127. Warren McCleskey, negro, havia sido acusado de roubo e homicídio de um policial. Condenado à pena de morte, McCleskey recorreu, alegando que a condenação derivava de discriminação

racial. Para subsidiar seu argumento, valeu-se ele de estudo estatístico realizado por David Baldus, Charles Pulaski e George Woodworth, que tratava da influência da condição racial na determinação de penas de morte nos Estados Unidos. Segundo esse estudo, pessoas acusadas de matar "brancos" no estado da Geórgia tinham 4,3 mais chances de obter pena de morte do que aqueles acusados de matar "negros". A maioria da Suprema Corte, todavia, entendeu que esse estudo – embora aceitável como evidência judicial – não era prova suficiente para conduzir à absolvição do réu ou para modificar a pena aplicada, sobretudo pela falta de demonstração da efetiva ocorrência de discriminação no caso concreto, mantendo a condenação à pena de morte. (N. da T.)

128. S.R. Gross; R. Mauro, op. cit.
129. L.P. Brown, Crime in the Black Community, em J. Dewart (ed.), *The State of Black America*, p. 95-113.
130. Ver D. Bell, op. cit.
131. Ver J.L. Cooper, *The Police and the Ghetto*.
132. Ver A.J. Lizote, Extra-Legal Factors in Chicago's Criminal Courts: Testing the Conflict Model of Criminal Justice, *Social Problems*, v. 25, p. 564-580.
133. Ver D.M. Bishop, op. cit.
134. F. Chideya, op. cit.
135. D. Smith et al., Equity and Discretionary Justice: The Influence of Race on Police Arrest Decisions, *Journal of Criminal Law and Criminology*, v. 75, p. 234-249; R. Reese, op. cit.
136. Ver D. Funke; T. Susman, From Ferguson to Baton Rouge: Deaths of Black Men and Women at the Hands of Police, *Los Angeles Times*, Jul. 12, 2016, disponível em: <http://www.latimes.com>.
137. D.J. Garrow, *The FBI and Martin Luther King*.
138. Acrônimo de Counter Intelligence Program (Programa de Contra Inteligência), criado por J. Edgar Hoover, consistiu de uma série de operações clandestinas, às vezes ilegais, conduzidas pelo FBI. Entre seus objetivos estavam os de desestabilizar grupos de protestos, de esquerda, ativistas e dissidentes políticos dentro dos Estados Unidos. Os agentes do FBI tinham a missão de expor, enganar, provocar desentendimentos, destruir a credibilidade, como também neutralizar as atividades e os líderes de quaisquer movimentos que o FBI listasse como ameaças à segurança nacional americana. (N. da T.)

139. Ver W. Churchill; J. Vander Wall, *Agents of Repression*.
140. Ver C. Carson, *Malcolm X: The FBI File*.
141. Ver W. Churchill; J. Vander Wall, op. cit.
142. I.D. Balbus, *The Dialectics of Legal Repression*.
143. Ver M. Oliver et al., Anatomy of a Rebellion: A Political-Economic Analysis, em R. Gooding-Williams (ed.), *Reading Rodney King, Reading Urban Uprising*, p. 117-141; M.F. Berry, *Black Resistance, White Law*.
144. Ver M.S. Rosentraub; K. Harlow, op. cit.
145. Ibidem.
146. Ver T. Sowell, *Civil Rights: Rhetoric of Reality?*; W.J. Wilson, op. cit.
147. Ver W.A. Darity et al., Race and Inequality in the Managerial Age, em W.L. Reed (ed.), *African Americans: Essential Perspectives*, p. 33-80.
148. Ver R. Farley; W.R. Allen, op. cit.; R. Farley, The Common Destiny of Blacks and Whites: Observations about the Social and Economic Status of the Races, em H. Hill; J.E, Jones Jr. (eds.), *Race in America: The Struggle for Equality*; J.J. Heckman; B.S. Payner, Determining the Impact of the Federal Antidiscrimination Policy on the Economic Status of Blacks: A Study of South Carolina, *American Economic Review*, v. 79, n. 1, p. 138-172; L.A. Cole, *Blacks in Power*.
149. W.A. Darity Jr.; S.L. Myers, Changes in the Black-White Income Inequality, 1968-1978: A Decade of Progress?, *The Review of Black Political Economy*, v. 10, p. 365-392.
150. Ver J. Cotton, Opening the Gap: The Decline in Black Economic Indicators in the 1980s, *Social Science Quarterly*, v. 70, p. 803-819.
151. Ver A. Elejalde-Ruiz, Chicago's Racial Employment Gaps among Worst in Nation, *Chicago Tribune*, May 25, 2016, disponível em: <http://www.chicagotribune.com>.; L. Meizhu et al., *The Color of Wealth*; V. Wilson, Black Unemployment Is Significantly Higher Than White Unemployment Regardless of Educational Attainment, *Economic Policy Institute*, Dec. 17, 2015, disponível em: <http://www.epi.org>.; V. Wilson, State Unemployment Rates by Race and Ethnicity at

the End of 2015 Show a Plodding Recovery, *Economic Policy Institute*, Feb. 11, 2016, disponível em: <http://www.epi.org>.
152. Ver R. Farley; W.R. Allen, op. cit.
153. J.C. Day; E. Newburger, *The Big Payoff*; E. Grodsky; D. Pager, op. cit.
154. Ver R. Farley, *Blacks and Whites: Narrowing the Gap?*; W. O'Hare et al., African Americans in the 1990s, *Population Bulletin*, v. 46, n. 1.
155. Ver M. Pomer, Labor Market Structure, Intragenerational Mobility, and Discrimination: Black Male Advancement Out of Low-Paying Occupations, 1962-1973, *American Sociological Review*, v. 51, p. 650-659; J. Waddoups, Racial Differences in Intersegment Mobility, *Review of Black Political Economy*, v. 20, n. 2, p. 23-43.
156. J. Cotton, op. cit.
157. Ver P. Moss; C. Tilly, *Stories Employers Tell*.
158. E. Cose, op. cit.; S. Collins, The Making of the Black Middle Class, *Social Problems*, v. 30, p. 369-382.
159. Ver T.D. Boston, *Race, Class, and Conservatism*.
160. D. Pager, op. cit.; D. Pager; L. Quillian, Walking the Talk? What Employers Say versus What They Do, *American Sociological Review*, v. 70, n. 3, p. 355-380.
161. D.A. Royster, *Race and the Invisible Hand*.
162. Ver A.H. Wingfield, Are Some Emotions Marked "Whites Only"?: Racialized Feeling Rules in Professional Workplaces, *Social Problems*, v. 57, n. 2, p. 251-268.
163. S. Baldi; D. Branch McBrier, Do the Determinants of Promotion Differ for Blacks and Whites?, *Work and Occupations*, v. 24, p. 478-497.
164. Ver L. Meizhu et al., op. cit.; R. Kochhar; R. Fry, Wealth Inequality Has Widened Along Racial, Ethnic Lines since End of Great Recession, Pew Research Center, Dec. 12, 2014, disponível em: <http://www.pewresearch.org>.
165. L. Meizhu et al., op. cit.; M. Gittleman; E.N. Wolff, Racial Differences in Patterns of Wealth Accumulation, *Journal of Human Resources*, v. 39, p. 193-227.
166. Ver M. Krysan et al., Does Race Matter in Neighborhood Preferences?: Results from a Video Experiment, *American Journal of Sociology*, v. 115, n. 2, p. 527-559; C. Flippen, Unequal Returns to Housing Investments?: A Study of Real Housing Appreciation among Black, White and Hispanic Households, *Social Forces*, v. 82, n. 4, p. 1523-1551.
167. Ver H.R. Northrup, Industry's Racial Employment Policies, em A.M. Roos; H. Hill (eds.), *Employment, Race, and Poverty*, p. 290-307.
168. Ver L.O. Graham, op. cit.
169. J. Kirschenman; K.M. Neckerman, op. cit.
170. P. Moss; C. Tilly, op. cit.
171. Ver R. Brooks, *Rethinking the American Race Problem*.
172. T.F. Pettigrew; J. Martin, Shaping the Organizational Context for Black American Inclusion, *Journal of Social Issues*, v. 43, n. 1, p. 41-78.
173. Ibidem.
174. Ver R. Brooks, op. cit.
175. Ver M. Alexander, *The New Jim Crow*.

3 OS ENQUADRAMENTOS CENTRAIS DO RACISMO DA CEGUEIRA DE COR

1. J. Dollard, *Caste and Class in a Southern Town*.
2. Sobre discussões acerca das "crenças defensivas" que apoiaram o Jim Crow, ver J. Dollard, op. cit.; G. Myrdal, *An American Dilemma*; A. Davis et al., *Deep South*; e C.S. Johnson, *Patterns of Negro Segregation*.
3. Extraído do título do livro do comentarista conservador Dinesh D'Souza, *The End of Racism*. Essa obra é, entre outras coisas, um exemplo não refinado de racismo da cegueira de cor.
4. Ver J.B. Thompson, *Studies in the Theory of Ideology*.
5. Todas as ideologias aspiram a ser hegemônicas, governar os corações dos governantes e dos governados. No entanto, apenas aqueles que incorporam elementos do "bom senso" dos oprimidos (se bem que de forma parcial e refratada) podem verdadeiramente se tornar hegemônicos.
6. J. Gray, *Liberalism*.
7. Todas essas citações são de K. Marx; F. Engels, *The Communist Manifesto*, apud D. McLellan (ed.), *Karl Marx: Selected Writings*. Para um ataque intelectual detalhado da farsa do liberalismo, ver K. Marx; F. Engels, *The German Ideology*.
8. Para uma admirável análise deste ponto e do "capitalismo racial", ver C.J. Robinson, *Black Marxism*.

9. Bons exemplos dessa tendência são A.T. Baumeister, *Liberalism and the "Politics of Difference"*, e P. Neal, *Liberalism and Its Discontents*. Embora Baumeister demonstre com habilidade as tensões no discurso liberal tradicional que prenunciam alguns dos debates atuais e propiciam uma resolução filosófica razoável baseada no "pluralismo de valores", ela não consegue apontar o caráter excludente do liberalismo e do Iluminismo. O relato de Neal apresenta duas modificações interessantes do liberalismo: a ideia de que Estados liberais não podem ser neutros e a noção do "liberalismo do *modus vivendi*", que implica uma abordagem liberal aberta de questões sociais. Contudo, à semelhança de Baumeister, Neal se cala sobre o racismo dos fundadores do liberalismo e o significado de suas exclusões raciais para o projeto liberal de hoje.
10. Ver C.W. Mills, *The Racial Contract*, p. 27.
11. As citações de Kant e de Voltaire, bem como as ideias de Mill sobre a escravidão e o colonialismo, podem ser encontradas no capítulo 2 da obra de D.T. Goldberg, *Racist Culture*. Ver também Z. Bauman, *Modernity and Ambivalence*.
12. Ver R. Bellamy, Liberalism, em R. Eatwall; A. Wright (eds.), *Contemporary Political Ideologies*, p. 23-49.
13. Ver D.D. Nelson, *National Manhood*, e o capítulo 5 em H. Zinn, *A People's History of the United States*.
14. A partir da perspectiva dos movimentos sociais, "grupos liberais são aqueles que tentam reformar sistemas sociais visando propiciar oportunidades iguais a todos os grupos". M.L. Andersen, *Thinking about Women*, p. 299.
15. Sobre uma crítica contundente de "radicais" com cegueira de cor tais como Todd Gitlin, Michael Tomasky, Richard Rorty, Jim Sleeper, Barbara Epstein e Eric Hobsbawm, ver o capítulo 4 em R.D.G. Kelley, *Yo' Mama's Disfunktional*.
16. A declaração clássica a respeito ainda é de W.A. Ryan, *Blaming the Victim*.
17. Ver C.S. Johnson, *Racial Attitudes: Interviews Revealing Attitudes of Northern and Southern White Persons, of a Wide Range of Occupational and Educational Levels, toward Negroes*, p. 153.
18. É importante observar que o racismo cultural era parte integrante dos racismos europeu e americano. Meu argumento é que esse tema suplantou o racismo biológico em importância e efetividade.
19. K.S. Newman, *Declining Fortunes*, p. 168.
20. James Byrd foi um negro assassinado em 1998 por três ex-prisioneiros supremacistas brancos, em Jasper, Texas.
21. Há alguns anos, altos executivos da Texaco tiveram suas vozes gravadas em um áudio no qual dizem coisas racialmente sensíveis sobre negros e outras minorias, o que os levou a fazer um acordo numa ação judicial movida por funcionários das minorias que acusavam a companhia de discriminação racial no tocante a salários e promoções.
22. Tomo emprestada a expressão "racismo razoável" de J.D. Armour, *Negrophobia and Reasonable Racism*.
23. O primeiro rótulo é utilizado nas obras de Lawrence Bobo e seus coautores (ver capítulo 1), e o último por P. Essed, *Diversity: Gender, Color, and Culture*.
24. Quando a pergunta podia ser percebida como racial, o apoio branco diminuía de modo significativo. Assim, por exemplo, apenas 21% dos brancos concordaram com a proposta de aumentar os gastos com a assistência social.
25. As citações específicas acerca desses fatos podem ser encontradas na Introdução, ou o leitor pode consultar o capítulo "The 'New Racism': Toward an Analysis of the U.S. Racial Structure, 1960-1990s", de coautoria minha e de Amanda E. Lewis, em P. Wong (ed.), *Race, Nationality, and Citizenship*, p. 110-150.
26. Causar mudanças sociais neste país nunca foi uma proeza racional e civilizada, particularmente quando considerações raciais estavam envolvidas. Força e resistência acompanharam as mudanças mais significativas na ordem racial e política estadunidense. Usamos a força para alcançar nossa independência da Grã-Bretanha, para manter a união dos Estados Unidos e para acabar com o Jim Crow sancionado pelo Estado. Um excelente pequeno livro sobre este assunto é I.J. Sloan, *Our Violent Past*.
27. O sociólogo sulista Howard W. Odum tomou a ideia de *mores* de William Graham Sumner e

sugeriu que os conflitos raciais devem ser resolvidos por meio de uma abordagem evolucionária que ele rotulou de "adaptações raciais". Numa linha similar, o sociólogo Robert E. Park argumentou que os contatos de raça passavam por "ciclos de raça" que terminavam em assimilação racial. Ver H.W. Odum, *American Social Problems* e R.E. Park, *Race and Culture*.

28. *Brown v. Conselho de Educação de Topeka* (1954) foi um caso marcante julgado na Suprema Corte dos Estados Unidos, no qual as divisões raciais entre estudantes brancos e negros em escolas públicas pelo país foram consideradas inconstitucionais. A decisão abriu caminho para a dessegregação nas instituições públicas do país e acabou sendo um marco para o movimento dos direitos civis dos negros nos Estados Unidos. Ainda assim, muitos políticos e juristas (especialmente no Sul) não interpretaram a decisão como "definitiva" e resistiram, especialmente porque a Corte não especificou o método ou o prazo para a dessegregação. Foi necessária uma segunda deliberação (a Brown II) para ordenar que a dessegregação em locais públicos (como escolas) fosse feita de forma mais rápida e efetiva. (N. da T.)

29. Um dos entrevistados sugeriu uma política de incentivo tributário para estimular a integração residencial.

30. A despeito de suas origens elitistas na história americana (ver capítulo 5 em H. Zinn, op. cit.), a noção de individualismo tem sido usada por movimentos de reforma social, tais como o movimento da democracia jacksoniana do século XIX, o movimento dos direitos civis dos anos de 1950 e 1960 ("Um homem, um voto") e o movimento sufragista da mulher do início do século XX ("Uma pessoa, um voto") para promover agendas democráticas verdadeiramente inclusivas.

31. Ver D. Ingram, *Group Rights: Reconciling Equality and Difference*.

32. Para uma análise, ver o capítulo 4 em *White Supremacy and Racism in the Post-Civil Rights Era*, de minha autoria.

33. Acerca de todas essas questões, ver B.D. Tatum, *"Why Are All the Black Kids Sitting Together in the Cafeteria?": And Other Conversations about Race*.

34. A maior parte do trabalho deste importante estudioso francês não foi publicada em inglês. Alguns fragmentos apareceram em *Telos* e, felizmente, a University of Minnesota Press traduziu sua obra *La Force du préjugé: Essai sur le racisme et ses doublés* (A Força do Preconceito: Ensaio sobre o Racismo e Seus Duplos). Ver P.-A. Taguieff, *The Force of Prejudice*. Ver também P.-A. Taguieff (ed.), *Face au racisme, Tome II: Analyses, hypothèses, perspectives*.

35. Ver, de minha autoria, "This Is a White Country": The Racial Ideology of the Western Nations of the World-System, *Research in Politics and Society*, v. 6, n. 1, p. 85-102.

36. O argumento da cultura da pobreza foi formalmente desenvolvido pelo antropólogo Oscar Lewis. Sua alegação era de que os pobres desenvolvem uma cultura baseada em adaptações ao seu estado de pobreza, que é então transmitida de geração em geração e se torna um obstáculo para sair da pobreza. Embora Lewis tenha formulado sua tese com base em estudos de caso, posto que as personagens em seus famosos livros *The Children of Sánchez* (1961) e *La Vida* (1966) eram respectivamente mexicanos e porto-riquenhos, era quase impossível não interpretar seu argumento como especialmente pertinente para entender o bem-estar das minorias na América. O argumento de Lewis foi severamente rejeitado por muitos de seus contemporâneos, porém penetrou nos círculos eruditos, bem como entre políticos conservadores e alguns "liberais", tais como o senador Patrick Moynihan.

37. Ver C.A. Murray, *Losing Ground: American Social Policy, 1950-1980*; L.M. Mead, *Beyond Entitlement: The Social Obligations of Citizenship*; W.J. Wilson, *The Truly Disadvantaged: The Inner City, the Underclass, and Public Policy*; C. West, *Race Matters*.

38. Ver S. Collins, *Black Corporate Executives*; E. Cose, *The Rage of a Privileged Class*; e J.R. Feagin; M. Sikes, *Living with Racism*.

1. Para uma análise abrangente dos vários componentes estilísticos da ideologia racial, ver o capítulo 3 em *White Supremacy and Racism in the Post-Civil Rights Era*, de minha autoria.
2. Não há pesquisas sistemáticas sobre o discurso racial *privado* dos brancos. Suspeito que a natureza estruturada e formal do nosso processo de entrevista o tenha tornado uma questão pública e, portanto, indicava aos entrevistados que fossem cautelosos. No entanto, estudos comunitários sobre brancos e estudos observacionais encobertos sugerem que os brancos provavelmente usarão mais a linguagem racializada em espaços brancos, privados. Para exemplos do primeiro, ver J. Rieder, *Canarsie* e J. Hartigan Jr., *Racial Situations: Class Predicaments of Whiteness in Detroit*. Para um exemplo do último, ver L.O. Graham, *Member of the Club*. Outros estudos notáveis sobre essa questão incluem K. Myers, *Racetalk* e M. Bush, *Everyday Forms of Whiteness*. Ver também L.H. Picca; J.R. Feagin, *Two-Faced Racism*, em que eles documentam, usando os diários dos estudantes, o extenso nível de interações racistas nos *campi* universitários.
3. Para um exemplo, ver E. Bonilla-Silva; T.A. Forman, "I Am Not a Racist but...": Mapping White College Students' Racial Ideology in the usa, *Discourse and Society*, v. 11, n. 1, p. 50-85.
4. S. Hall, The Narrative Construction of Reality, *Southern Review*, v. 17, n. 2, p. 7.
5. Para uma análise de discussões raciais codificadas sobre os gastos e tributos do governo, ver T. Edsall; M.D. Edsall, *Chain Reaction: The Impact of Race, Rights, and Taxes on American Politics*.
6. A fim de ajudar os leitores, todas as manobras retóricas utilizadas pelos entrevistados neste capítulo são indicadas por meio de fonte diferente. Isso não implica nenhum tipo de ênfase no tom de voz.
7. Personagem da premiada série americana dos anos de 1970, *All in the Family*. Ele tem um comportamento grosseiro e dominante, amplamente definido por seu preconceito contra todos os grupos sociais que não o seu próprio. Os negros, os latinos, os "comunas", os gays, os hippies, os judeus, os asiáticos e as mulheres liberais são alvo de seus comentários mordazes. (N. da T.)
8. Ver T.A. Van Dijk, *Communicating Racism*, p. 86.
9. Área metropolitana de Detroit. (N. da T.)
10. O Graduate Management Admission Test é uma prova de aptidão lógica e verbal em inglês, requisito básico para inscrição em muitos cursos de MBA e em universidades norte-americanas. As notas variam de 200 a 800 pontos; 500 pontos são considerados um bom, se bem que não ótimo, resultado (N. da T.)
11. Sobre ideologia, ver T.A. Van Dijk, *Ideology: A Multidisciplinary Approach*.
12. P.M. Sniderman; T. Piazza, *The Scar of Race*; S.M. Lipset, *American Exceptionalism*; P.M. Sniderman; E.G. Carmines, *Reaching beyond Race*.
13. Ao que parece, a alegação de branquitude dos italianos é bastante tênue, pois muitos "brancos" os mencionaram como exemplos de "amigos das minorias" nas entrevistas.
14. Para uma excelente análise da projeção racial, ver a obra clássica de G.W. Allport, *The Nature of Prejudice*.
15. Para uma excelente análise da criação das figuras antitéticas de "bárbaros" ou "homens selvagens" e "homens civilizados" na Europa e seu papel central na criação da noção do "outro", ver R. Bartra, *Wild Men in the Looking Glass*.
16. S. Keen, *Faces of the Enemy*, p. 21.
17. Sobre esse tema e a falta de autorreflexividade dos estudantes universitários brancos, ver J.R. Feagin et al., *The Agony of Education*. Acerca da chamada questão da autossegregação, ver B.D. Tatum, "*Why Are All the Black Kids Sitting Together in the Cafeteria?*".
18. Para uma crítica, ver B.K. Fair, *Racial Caste Baby*.
19. W.E.B. Du Bois, *The Souls of Black Folk*, p. 44.
20. A questão era: "25 a 35% dos brancos se opõem ao casamento inter-racial. Muitos alegam que não têm nenhum problema com minorias, mas estão preocupados com o que aconteceria às crianças. Qual é a sua opinião sobre essa questão delicada?". É importante ressaltar que obtivemos "preocupações com as crianças" semelhantes na amostra do DAS, embora não tivéssemos incluído a segunda parte da pergunta. De qualquer forma, meu foco

aqui é se os entrevistados usaram ou não diminutivos ao declarar preocupações sobre questões racialmente sensíveis.

5 "NÃO CONSEGUI AQUELE EMPREGO POR CAUSA DE UM HOMEM NEGRO"

1. Para uma interessante discussão de histórias e uma magnífica história sobre como as ações afirmativas estão sendo solapadas de dentro da academia, ver A. Aguirre Jr., Academic Storytelling: A Critical Race Theory of Affirmative Action, *Sociological Perspectives*, v. 43, n. 2, p. 319-339.
2. Acerca dessa questão, ver M. Somers, The Narrative Constitution of Identity: A Relational and Network Approach, *Theory and Society*, v. 23, n. 3, p. 605-649.
3. Ver A. Aguirre Jr., op. cit., p. 320.
4. Apud S. Hall, The Narrative Construction of Reality, *Southern Review*, v. 17, n. 2, p. 8.
5. Ibidem.
6. Ver principalmente R. Frankenberg, *White Women, Race Matters*. Sobre uma tentativa de análise do papel ideológico da contação de histórias raciais modernas nos Estados Unidos, ver J. Fraser; E. Kick, The Interpretive Repertoires of Whites on Race-Targeted Policies: Claims Making of Reverse Discrimination, *Sociological Perspectives*, v. 43, n. 1, p. 13-28. Ver também N. Eliasoph, "Everyday Racism" in a Culture of Political Avoidance: Civil Society, Speech, and Taboo, *Social Problems*, n. 46, n. 4, p. 479-502.
7. Neste capítulo, meu foco são as histórias raciais *dominantes*. As perguntas incluídas nesses projetos não trouxeram à tona histórias raciais oposicionistas por parte dos negros.
8. N.K. Denzin, *The Research Act: A Theoretical Introduction to Sociological Methods*.
9. Ver P. Hill-Collins, *Black Feminist Thought*; C. Clinton, *The Plantation Mistress*.
10. Como no capítulo anterior, realço a frase pertinente com um tipo de fonte diferente, não para indicar qualquer ênfase por parte dos entrevistados, mas para ajudar os leitores a identificar a história racial.
11. M. Oliver; T. Shapiro, *Black Wealth/White Wealth*; T.M. Shapiro, *The Hidden Cost of Being African American*. Para uma estimativa de quanto

21. Resultados similares podem ser encontrados em T.A. Van Dijk, *Communicating Racism*.

os Estados Unidos devem aos negros, ver R.F. America, *Paying the Social Debt*. Ver também W.A. Darity Jr., Stratification Economics: The Role of Intergroup Inequality, *Journal of Economics and Finance*, v. 29, n. 2, p. 144-153.

12. A maioria da população branca do Sul participou da escravidão como uma instituição social, por exemplo, fazendo parte do sistema de patrulhamento que buscava escravos fugidos. Ver G.P. Rawick, *From Sundown to Sunup*.
13. Jim Goad, em seu *The Redneck Manifesto*, afirma que no auge da escravidão (1860) apenas um em cada quinze brancos era proprietário de escravos. No entanto, Goad, cujo manifesto inclui uma série de ideias interessantes, não consegue analisar como a escravidão formou um sistema social do qual todos os brancos participavam (em patrulhas, no esforço de guerra, na captura de fugitivos).
14. Ver D. Roediger, *The Wages of Whiteness*; N. Ignatiev, *How the Irish Became White*; K. Brodkin, *How Jews Became White Folks and What That Says about Race in America*.
15. Ver E. Bonilla-Silva et al., "It Wasn't Me": How Will Race and Racism Work in 21st Century America, *Research in Political Sociology*, v. 12, p. 111.134.
16. Sobre essa questão, ver J.R. Feagin, *Racist America*.
17. S. Steinberg, *The Ethnic Myth*.
18. A Comissão para a Igualdade de Oportunidades de Emprego dos Estados Unidos (EEOC) é uma agência federal encarregada de aplicar leis que proíbam a discriminação no trabalho. (N. da T.)
19. Ver T. Wicker, *Tragic Failure*.
20. Sobre um resultado similar baseado em dados do Study of Urban Inequality (parte do Multi City Study of Urban Inequality) de Los Angeles, ver o capítulo 14 em L. Bobo; S. Suh, Surveying Racial Discrimination: Analyses from a Multiethnic Labor Market, em L. Bobo et al. (ed.), *Prismatic Metropolis*, p. 523-560.

21. Law School Admission Test (LSAT) é um teste padrão administrado seis vezes ao ano para candidatos potenciais que desejam estudar Direito nos EUA. (N. da T.)
22. Como assinala Beverly Daniel Tatum, "Quando essas histórias são contadas, eu me pergunto como o interlocutor conhece tanto o currículo da pessoa de cor". *Why Are All the Black Kids Sitting Together in the Cafeteria*, p. 115.
23. Grupo formado por oito das universidades mais prestigiadas dos Estados Unidos: Brown, Columbia, Cornell, Dartmouth, Harvard, Princeton, Universidade da Pensilvânia e Yale. (N. da T.)
24. Trata-se de um *smörgåsbord*, refeição de múltiplos pratos do tipo bufê, reunindo variadas iguarias típicas da Suécia, a bom preço. (N. da T.)
25. Ver S.A. Stouffer, *The American Soldier*, v. 1 e 2. Ver também G.W. Allport, *The Nature of Prejudice*.
26. J. Dollard, *Caste and Class in a Southern Town*.
27. Em sua recente obra *Racist America*, Feagin argumentou convincentemente que as emoções constituem parte central de um "racismo sistêmico".
28. O estudo clássico sobre o racismo e a mídia é o de P. Hartmann, *Racism and the Mass Media*. Ver também as importantes contribuições de T.A. Van Dijk, *News as Discourse* e *Racism and the Press* e de D. Hunt, *Screening the Los Angeles "Riots"* e O.J. *Simpson Facts and Fictions*.
29. Acerca desse ponto, ver J.R. Feagin et al., *The Agony of Education*.
30. Sobre a realidade de como as mulheres sobrevivem com o auxílio da assistência social, ver K. Edin, *Making Ends Meet*. Para uma discussão acerca da limitada provisão de bons empregos e suas implicações, ver G. Lafer, *The Job Training Charade*.
31. Por exemplo, enquanto a atividade relacionada a gangues em áreas urbanas é naturalizada, a atividade ao estilo das gangues nos subúrbios (como a venda e o uso de drogas, os recentes assassinatos em massa nas escolas, a prostituição) é apresentada como um comportamento excepcional sobre o qual precisamos pensar muito sobre como impedi-lo. Para um exemplo desse último, ver Born to Be Bad, *Dateline* NBC, Apr. 27, 1999.
32. Tomo aqui emprestada a ideia de Marx de "fetichismo da mercadoria", a fim de explicar como essas histórias da mídia operam.

6 ESPREITANDO A CASA (BRANCA) DA CEGUEIRA DE COR

1. O primeiro autor dessa tradição foi Oscar Lewis, *La Vida*. Sobre uma versão radical dessa teoria, ver M. Harrington, *The Other America*.
2. C.A. Murray, *Losing Ground*; L.M. Mead, *Beyond Entitlement*; W.J. Wilson, *The Truly Disadvantaged*; K. Auletta, *The Underclass*; e C. West, *Race Matters*.
3. J. Ogbu, *Minority Education and Caste*; E. Anderson, *Streetwise*.
4. Alusões a essa postura podem ser vistas em J.D. Vigil, *Barrio Gangs*, porém mais claramente em P. Bourgeois, *In Search of Respect*.
5. D.S. Massey; N.A. Denton, *American Apartheid*, p. 165-166.
6. Ver a introdução em *White Supremacy and Racism in the Post-Civil Rights Era*, de minha autoria.
7. Bourdieu define *habitus* como "não apenas uma estrutura estruturante, que organiza as práticas e a percepção de práticas, mas também como uma estrutura estruturada: os princípios de divisão em classes lógicas que organiza a percepção do mundo social é, em si, o produto da internalização da divisão em classes sociais". A contribuição mais importante desse conceito, no entanto, é que ele molda a "percepção, a apreciação e a ação" de um ator por meio da rotinização, sem expressar avaliações e com pouca necessidade de restrições externas. Amplio a sua noção de *habitus* inspirada na classe para o campo da raça. P. Bourdieu, *Distinction*, p. 170 e *Pascalian Meditations*, p. 138.
8. Ver M. Kalmijn, Intermarriage and Homogamy: Causes, Patterns, Trends, *Annual Review of Sociology*, v. 24, p. 395-421.
9. Ver H. Schuman et al., *Racial Attitudes in America*.
10. Pesquisas recentes, no entanto, descobriram que brancos e negros se sentem cada vez mais confortáveis com a ideia de segregação, desde que não seja aplicada por meios violentos, isto é, desde

que seja por "escolha". Ver P. Grier; J.N. Thurman, Youth's Shifting Attitudes on Race, *Christian Science Monitor*, Aug. 18, 1999.
11. Ver G.W. Allport, *The Nature of Prejudice*.
12. Essa proporção está de acordo com a população geral, visto que 93% dos brancos não se casam inter-racialmente. Ver R. Moran, *Interracial Intimacy*.
13. H. Schuman et al., op. cit., rotulam de "paradoxo" a disparidade entre o número de brancos que aprovam o princípio da integração e as políticas que visam implementar a integração. Sugiro que esse é apenas um paradoxo aparente, cujo mistério por trás se torna claro quando é visto num contexto ideológico. Os brancos adotam uma noção *abstrata* de liberalismo que tem pouca importância na sua vida, nas suas relações e atitudes a respeito de uma variedade de questões raciais *reais* e *concretas*.
14. Ver D.S. Massey; N.A. Denton, op. cit.; R. Farley, *The New American Reality*; M. Kalmijn, op. cit.
15. Kara, a entrevistada em questão, referiu-se à sua amiga asiática como "oriental" e tinha concepções muito estereotipadas sobre os negros. Na pesquisa, porém, ela alegou que interagia quase diariamente com uma pessoa negra. Essa pessoa era a sua empregada.
16. Ver M. Argyle; M. Henderson, *The Anatomy of Relationships*; B. Fehr, *Friendship Process*.
17. A respeito desse ponto, ver L.B. Rubin, *Just Friends*.
18. Inquirimos os brancos acerca de seus autorrelatos de amizade com negros porque: 1. pesquisas anteriores sugeriram que a raça está entre os fatores de semelhança mais evidentes nos quais as amizades são baseadas (H. Gouldner; M. Strong, *Speaking of Friendship*); 2. pesquisas de opinião revelaram que poucos brancos (de 7 a 10%) têm amigos negros (M.R. Jackman; M. Crane, "Some of My Best Friends Are Black...": Interracial Friendship and Whites' Racial Attitudes, *Public Opinion Quarterly*, v. 50, p. 459-486; e 3. autorrelatos de brancos sobre amizade com negros não são nada confiáveis (B. DeMott, *The Trouble with Friendship*). Assim, acompanhamos o autorrelato de amizade de cada entrevistado com negros por meio de perguntas tais como: "Que tipo de coisas você faz com o seu amigo negro?" e "Com que frequência?". Procedemos do mesmo modo com os entrevistados negros.
19. Não encontrei nenhuma referência a esses amigos negros no trabalho em qualquer parte da entrevista.
20. Ver M.R. Jackman; M. Crane, op. cit.; M. Hallinan; R.A. Williams, The Stability of Students' Interracial Friendships, *American Sociological Review*, v. 52, n. 2, p. 653-664. Ver também E. Bonilla-Silva et al., Where Is the Love? Why Whites Have Limited Interaction with Blacks, *Journal of Intergroup Relations*, v. 32, n. 1, p. 24-38; E. Bonilla-Silva; D.G. Embrick, "Every Place Has a Ghetto...": The Significance of Whites' Social and Residential Segregation, *Journal of Symbolic Interaction*, v. 30, n. 3, p. 323-345.
21. Ver T.W. Smith, Measuring Inter-Racial Friendships: Experimental Comparisons, artigo apresentado no encontro anual da American Sociological Association, 06 ago. 1999, em Chicago.
22. Ver D.S. Massey; N.A. Denton, op. cit.; R. Farley, op. cit.
23. Ver C.P. Armstrong; A.J. Gregor, Integrated Schools and Negro Character, em D.G. Bromley et al. (eds.), *White Racism and Black Americans*, p. 101-149; P. Rosenbaum, Five Perspectives on Desegregation in Schools: A Summary, em M.L. Wax (ed.), *When Schools Are Desegregated*. Sobre uma recente estimativa dos altos níveis de isolamento racial de todos os grupos raciais/étnicos nas escolas, ver K. Joyner; G. Kao, School Racial Composition and Racial Homophily, *Social Science Quarterly*, v. 81, p. 810-825. Para estudos mais recentes sobre como a raça é reproduzida nas escolas, ver A.E. Lewis, *Race in the Schoolyard*; J. Blau, *Race in the Schools*.
24. Ver J.L. Epstein, After the Bus Arrives: Resegregation in Desegregated Schools, *Journal of Social Issues*, v. 41, no. 3, p. 23-43; G. Orfield; S. Eaton, *Dismantling Desegregation*.
25. Primeiro, os nomes de todos os entrevistados são fictícios. Em segundo lugar, as respostas foram transcritas o mais fielmente possível à elocução, porque lapsos, autocorreções e pausas eram dados relevantes. Em terceiro lugar, todos os itálicos nas

26. Ver M. Kalmijn, op. cit., p. 401; S.-S. Hwang et al., Structural and Individual Determinants of Outmarriage among Chinese-, Filipino-, and Japanese-Americans in California, *Sociological Inquiry*, v. 64, n. 4, p. 396-414.
27. A escala de distância social de Emory Bogardus inclui sete itens, de "admitiria parentesco por casamento" a "excluiria do meu país". Ver G.W. Allport, op. cit. Para exemplos de perguntas de questionários tradicionais sobre distância social, ver H. Schuman et al., op. cit.
28. Ver J.R. Feagin et al., *The Agony of Education*.
29. Contei como amigos aqueles que interagiam com negros fora do seu local de trabalho. Esse foi um critério mais flexível no que tange aos entrevistados do DAS que aos estudantes universitários. Por exemplo, incluiu dois entrevistados que somente jogavam boliche ou basquete com negros.
30. Emily havia dito que sua colega de quarto era "coreana... do Havaí", que era realmente "muito legal" e que elas "se davam muito bem". Entretanto, nunca mencionou o nome dessa colega e disse que ela tinha "seus próprios amigos, e eu tenho os meus".
31. Embora o esporte e a música sejam fundamentais no repertório de atividades sociais dos jovens, o fato de que a maioria desses relatos sobre amizade com negros tinha a ver com essas duas atividades sugere: 1. que as associações envolvem um pequeno grau de compromisso emocional e 2. que os brancos ainda podem pensar que os negros só se importam com esportes e música. Para uma explicação histórica dessa última tese, ver J. Hoberman, *Darwin's Athletes*.
32. Seriado americano dos anos de 1950, que retrata uma respeitável família de classe média branca. (N. da T.)
33. B.D. Tatum, "*Why Are All the Black Kids Sitting Together in the Cafeteria?*", p. 93. Ver também A.W. Doane, White Identity and Race Relations in the 1990s, em G.L. Carter (ed.), *Perspectives on Current Social Problems*, p. 151-159.
34. Lee havia mencionado na entrevista que estava se especializando em música e curte a música negra.
35. Ver H. Schuman et al., op. cit.; E. Bonilla-Silva, DAS 1998.
36. Ver H. Schuman et al., op. cit.
37. Ver Y.St. Jean, Let People Speak for Themselves: Interracial Unions and the General Social Survey, *Journal of Black Studies*, v. 28, n. 3, p. 398-414.
38. Não estou sugerindo que as pessoas que têm uma rede inteiramente branca de associações sejam "racistas". Conceitualmente, alego que o racismo deve ser estudado de uma forma *estrutural*. No meu trabalho, uso o termo "racismo" exclusivamente para designar a ideologia racial de um *sistema social racializado* e, portanto, rotular alguém de "racista" representa uma regressão a uma leitura individualista e subjetivista das questões raciais. A questão aqui em pauta é avaliar o verdadeiro grau de apoio a relacionamentos inter-raciais entre brancos. Assim, é necessário ter em vista um quadro mais amplo para demarcar com clareza o *significado* e as *implicações* da aprovação autorrelatada dos entrevistados no que tange às relações inter-raciais. Ao incluir elementos da vida dos entrevistados (como falta de interação inter-racial significativa ou medo de negros), sou capaz de interpretar suas posições sobre casamentos inter-raciais em termos de um contexto mais amplo.
39. Fomos flexíveis na classificação dos entrevistados como tendo um estilo de vida inter-racial. Portanto, aqueles que tiveram um amigo negro em *qualquer* momento foram considerados como se tivessem um estilo de vida inter-racial.
40. Mulheres asiáticas são consideradas por muitos homens brancos como "desejáveis" porque se supõe que elas sejam subservientes e sensuais, como "bonequinhas chinesas", rótulo dado a esse estereótipo pela Media Action Network for Asian Americans. Restrictive Portrayals of Asians in the Media and How to Balance Them. A Memo from MANAA to Hollywood: Asian Stereotypes, disponível em: <www.manaa.org>.
41. Essa literatura também revelou que quando há diferenças de *status* entre grupos, como no caso entre brancos e negros, o grupo favorecido desenvolve seu próprio "pensamento de grupo", valores e normas para explicar e racionalizar tais diferenças.

Ver C. Ridgeway; J. Balkwell, Group Processes and the Diffusion of Status Beliefs, *Social Psychology Quarterly*, v. 60, n. 1, p. 14-31; C. Ridgeway et al., How Do Status Beliefs Develop?: The Role of Resources and Interactional Experience, *American Sociological Review*, v. 63, p. 331-350.

42. Curiosamente, uma recente resenha dos últimos trinta anos de trabalho na área da psicologia social rotula a área de "cega à cor" e conclui que "psicólogos sociais [...] têm dado à raça e à etnia menos atenção do que merecem". Portanto, ainda carecemos de sérias análises sociopsicológicas das várias formas em que a raça afeta múltiplos processos sociais. Ver M.O. Hunt et al., Color Blind: The Treatment of Race and Ethnicity in Social Psychology, *Social Psychology Quarterly*, v. 63, n. 4, p. 352-364. Ver também o artigo de C. Goar, Even the Rats Are White: White Supremacy in Experimental Methodology, em E. Bonilla-Silva; T. Zuberi (eds.), *White Logic, White Methods*.

43. Para dados sobre segregação por grupos, ver D.S. Massey; N.A. Denton, Trends in the Residential Segregation of Blacks, Hispanics, and Asians: 1970-1980, *American Sociological Review*, v. 52, n. 6, p. 802-825. Para dados sobre percepções interraciais da classificação social das raças, ver L.D. Bobo; D. Johnson, Racial Attitudes in a Prismatic Metropolis: Mapping Identity, Competition, and Views on Affirmative Action, em L.D. Bobo et al. (eds.), *Prismatic Metropolis*, p. 81-163.

44. Gregos, árabes e armênios, por exemplo, estão, do ponto de vista cultural, mais distantes dos "brancos" do que os negros, porém mesmo assim têm sido incorporados na branquitude.

45. Como Joe R. Feagin assinala em sua obra *Racist America*, p. 132, por causa da demografia racial e da ecologia da vida cotidiana, a maioria dos negros passa muito mais tempo interagindo com os brancos do que a maioria dos brancos passa interagindo com os negros. A maior parte dos negros trabalha, faz compras ou viaja com um grande número de americanos brancos, ao passo que relativamente poucos brancos fazem o mesmo com um grande número de homens e mulheres negros. As visões dos brancos sobre os negros provavelmente não são baseadas em inúmeros contatos com negros de *status* igual. O senso de superioridade branca é reforçado pelo contínuo processo em que os brancos vivem separados dos americanos negros ou de outros americanos de cor. O isolamento branco e a falta de contato alimentam estereótipos negativos, havendo, pois, poucas chances de desaprender as atitudes antinegros herdadas. Para uma recente atualização, ver o último livro de J.R. Feagin, *Systemic Racism*.

46. Ver J. Sabini, *Social Psychology*.

47. A frase é: "Os homens fazem sua própria história; contudo, não a fazem de livre e espontânea vontade"; ela consta em *Der achtzehnte Brumaire des Louis Napoleon* (O 18 Brumário de Luís Bonaparte). Ver D. McLellan (ed.), *Karl Marx: Selected Writings*.

7 TODOS OS BRANCOS SÃO "ARCHIE BUNKERS" REFINADOS?

1. Sobre brancos antirracistas de 1619 até a Guerra Civil, ver H. Aptheker, *Anti-Racism in U.S. History*. A respeito de mulheres brancas na luta pela igualdade racial, ver G. Lerner, *The Grimké Sisters from South Carolina*. Sobre brancos na luta pela igualdade no século XX, ver M. Marable, *Race, Reform, and Rebellion*.

2. Tomo emprestada a expressão "traidores brancos" do periódico *Race Traitors*.

3. Ver L.D. Bobo; F. Licari, Education and Political Tolerance: Testing the Effects of Cognitive Sophistication and Target Group Affect, *Public Opinion Quarterly*, v. 53, n. 3, p. 285-308; L. Quillian, Group Threat and Regional Change in Attitudes toward African-Americans, *American Journal of Sociology*, v. 102, n. 3, p. 816-860.

4. Meu resultado corresponde às recentes descobertas de dois psicólogos sociais que estudaram alunas graduadas do ensino médio de 1976 a 1992. Eles apontam que essas mulheres jovens estavam "mais dispostas a ser amigas de pessoas de outras raças, viver perto delas, trabalhar com elas e ter seus futuros filhos associados a elas". Ver M.K. Johnson; M.M. Marini, Bridging the Racial Divide in the United States: The Effect of Gender, *Social Psychology Quarterly*, v. 61, n. 3, p. 247-258. Ver também E.W. Kane, Racial

and Ethnic Variations in Gender-Related Attitudes, *Annual Review of Sociology*, v. 26, p. 419-439.
5. Jack Levin e Jack McDevitt, em seu livro de 1993 *Hate Crimes*, sugerem que "crimes de ódio são mais frequentemente cometidos em circunstâncias normais por pessoas não dignas de nota – vizinhos, um colega de trabalho na mesa ao lado ou grupos de jovens em busca de emoção" (p. 5). Os autores também relatam um aumento de atitudes racistas e violência entre estudantes brancos em todo os Estados Unidos. Para uma crítica contundente dos liberais brancos de classe média que culpam os brancos pobres pelo problema do racismo, ver o capítulo 10 em J. Goad, *The Redneck Manifesto*.
6. Ver E. Bonilla-Silva, Rethinking Racism, *American Sociological Review*, v. 62, n. 3, p. 465-480. Para uma exposição sistemática mais acessível, ver J.R. Feagin, *Racist America*.
7. Se os programas de ação afirmativa não incluem metas, preocupações sobre como a raça afeta as pontuações das minorias nos testes e um verdadeiro interesse pela diversidade, a ação afirmativa nada mais é do que uma fachada e não reduz significativamente a disparidade entre as minorias e a maioria. Ver E. Dorn, *Rules and Racial Equality*.
8. Mandy fazia parte da nossa amostra porque, na questão acerca de identidade racial, ela se identificou como "branca". Também acrescentou que "parece branca".
9. Observamos nas entrevistas que quando as pessoas diziam que sua família era "racista", "conservadora" ou "muito racista", isso tinha um impacto sobre seus próprios pontos de vista raciais. Por exemplo, em muitas ocasiões, os entrevistados citaram alguns dos membros racistas de suas famílias como fontes de autoridade.
10. Gíria pejorativa e insulto racial para se referir aos brancos que vivem em áreas remotas do Sul, principalmente nos Apalaches, afastados da cultura moderna. (N. da T.)
11. Essa é uma interpretação racializada do incidente sexual. A despeito de a maioria das mulheres brancas passar por terríveis experiências com homens brancos, e nos seus encontros com negros que elas desenvolvem "negrofobia". Isto é, quando são molestadas por homens brancos, elas não desenvolvem "brancofobia". Acerca desse ponto, ver A. Thomas; S. Sillen, *Racism and Psychiatry*.
12. Ver E. Bonilla-Silva; A. Doane Jr. (eds.), New Racism, Color-Blind Racism, and the Future of Whiteness in America, em *Whiteout: The Continuing Significance of Racism and Whiteness*.
13. Concordo com David Roediger que os trabalhadores brancos recebem um salário da branquitude, mas insisto que eles também recebem outros incentivos materiais importantes (melhores empregos e mais segurança no emprego, salários ligeiramente maiores, mais acesso a boas escolas e bairros). Se os "salários da branquitude" fossem apenas psicológicos, seria de se esperar que mais brancos se tornassem "traidores brancos". Ver D. Roediger, *The Wages of Whiteness*.
14. Ver M. Goldfield, *The Color of Politics*.
15. Ver M. Fine; L. Weis, *The Unknown City*; L.B. Rubin, *Families on the Fault Line*; D.D. Nelson, *National Manhood*.
16. Esse não é um argumento novo. Ver C. Clinton, *The Plantation Mistress*.
17. Devo esse conceito a David G. Embrick, que estudou as várias formas de exclusão de minorias e mulheres em uma panificadora enquanto era um estudante de pós-graduação em Sociologia na Texas A&M University.
18. Para uma análise da ideia de articulação, ver J.D. Slack, The Theory and Method of Articulation in Cultural Studies, em D. Morley; K.-H. Chen (eds.), *Stuart Hall: Critical Dialogues in Cultural Studies*, p. 112-127.
19. Ver P. Bourdieu, Social Space and Symbolic Power, *Sociological Theory*, v. 7, p. 12-25.
20. Dados de M. Toossi, A Century of Change: The U.S. Labor Force, 1950-2050, *Monthly Labor Review*, v. 125, n. 5, p. 15-28 e D. Roediger, What If Labor Were Not White and Male?, *International Labor and Working-Class History*, n. 51, p. 72-95. Acerca de uma alegação similar, ver D. Roediger, *Colored White: Transcending the Racial Past*, p. 179-192.
21. Ver B. Reskin; I. Padavic, *Women and Men at Work*.
22. Ver D. Roediger, *Colored White*. Ver também R.D.G. Kelley, *Yo' Mama's Disfunktional*. Sobre um argumento similar, ver J.R. Feagin; H. Vera, *White Racism: The Basics*.

23. G. Allport, *The Nature of Prejudice*.
24. Ver R. Moran, *Interracial Intimacy*, p. 81.
25. Sobre esse ponto, ver B.D. Tatum, *"Why Are All the Black Kids Sitting Together in the Cafeteria?"*, p. 96.
26. "A classe não é um grupo unificado, e pessoas situadas de maneira similar nesse espaço não necessariamente formarão grupos ou organizações específicos. Contudo, os complexos funcionamentos históricos do capitalismo criam condições, espaços físicos e oportunidades mutáveis para as pessoas se envolverem em uma gama de possibilidades de resistência numa variedade de diferentes tipos de coletividades. Classe como estrutura serial restringe e possibilita a ação, porém não a determina." S.O. Rose, Class Formation and the Quintessential Worker, em J.R. Hall (ed.), *Reworking Class*, p. 151.

8 NEGROS TAMBÉM SÃO CEGOS À COR?

1. Ver J. Hochschild, *Facing Up to the American Dream*.
2. Ver M. Dawson, *Behind the Mule*; J. Hochschild, op. cit.; L. Sigelman; S. Welch, *Black Americans' View of Racial Inequality*; H. Schuman et al., *Racial Attitudes in America*.
3. Referência à Proposição 209 ou California Civil Rights Initiative (Iniciativa de Direitos Civis da Califórnia). (N. da T.)
4. Sobre a classe média alta negra, ver S. Collins, *Black Corporate Executives*. Sobre a classe média negra, ver J.R. Feagin; M. Sikes, *Living with Racism*. Um exemplo das obras sobre a classe trabalhadora negra é L.B. Rubin, *Families on the Fault Line*. Acerca dos negros trabalhadores pobres, ver M. Fine; L. Weis, *The Unknown City*. Finalmente, sobre a subclasse negra, ver E. Anderson, *Streetwise*.
5. São exemplos: J.R. Feagin et al., *The Agony of Education* ou, sobre amizade inter-racial, M.W. McCullough, *Black and White as Friends*. Duas exceções dessa tendência são R. Blauner, *Black Lives, White Lives* e S. Terkel, *Race: How Blacks and Whites Feel and Think about the American Obsession*. A despeito de essas duas obras serem exemplos excepcionais de pesquisa com negros baseada em entrevistas, ambas fazem uso de amostras *assistemáticas* e carecem de rigorosa estratégia analítica.
6. Ver M.R. Jackman, *The Velvet Glove*.
7. Vale a pena ressaltar que, na pesquisa, os negros endossaram pontos de vista tradicionais de *laissez-faire* (não relacionados à raça) em índices semelhantes aos dos brancos. Por exemplo, 94% dos negros e 95% dos brancos concordaram com a afirmação: "Qualquer pessoa que esteja disposta a trabalhar arduamente tem boa chance de sucesso." Da mesma forma, 59% dos negros e 71% dos brancos concordaram com a afirmação: "A maioria das pessoas que não progridem não deve culpar o sistema; elas só têm a si mesmas para culpar." Para resultados similares, ver L.D. Bobo; J. Kluegel, Opposition to Race-Targeting: Self-Interest, Stratification Ideology, or Racial Attitudes?, *American Sociological Review*, v. 58, n. 4, p. 443-464.
8. Ver D.S. Massey; N.A. Denton, *American Apartheid*.
9. É importante ressaltar que há significativamente maior probabilidade de os negros, em relação aos brancos, relatarem que têm amigos do outro grupo (39% dos negros relataram ter um ou mais amigos brancos, enquanto apenas 13% dos brancos relataram ter um ou mais amigos negros) e ter preferência por morar em bairros integrados.
10. A maioria dos negros relatou exemplos pessoais de discriminação ao estilo antigo em lojas, com colegas de trabalho, supervisores ou com a polícia, e em encontros corriqueiros com pessoas brancas.
11. Ver o capítulo 3 em E. Bonilla-Silva, *White Supremacy and Racism in the Post-Civil Rights Era*.
12. O discurso direto dos negros sobre questões raciais pode ser visto em R. Blauner, op. cit.; L. Rubin, op. cit.; e M. Fine; L. Weis, op. cit.
13. Ver o capítulo 5. Ver também T.W. Smith, Measuring Inter-Racial Friendships: Experimental Comparisons, artigo apresentado no encontro anual da American Sociological Association, 06 ago. 1999, em Chicago, no qual ele documenta por meio de experimentos de pesquisa de opinião como os brancos inflam o número de seus amigos negros.

14. Com base na pesquisa realizada em 1998 pela Public Agenda – uma organização de pesquisa de opinião pública apartidária e sem fins lucrativos – com 1.600 genitores brancos e negros, a organização concluiu que: "A sabedoria convencional nos círculos de pesquisa diz que um moderador afro-americano é necessário para garantir foco direto em conversas de grupo com afro-americanos. Contudo, uma das primeiras observações neste projeto foi de que era muito mais fácil para um moderador branco falar com um grupo todo negro sobre raça e escolas do que para um moderador branco discutir tais questões com um grupo todo branco." Nesse mesmo relatório, a organização sugeriu o seguinte sobre as implicações do silêncio dos brancos acerca de seus verdadeiros pontos de vista: "Mas a relutância dos genitores brancos em falar explicitamente significa que seus medos e suas ansiedades permanecem sob a superfície. Uma consequência disso é que, enquanto as visões dos genitores afro-americanos são resolutas e focadas, as visões dos brancos sobre raça e escolas muitas vezes parecem obscuras e ambivalentes, repletas de reviravoltas de atitudes que são difíceis de desvendar, porque às vezes são ocultas – às vezes não resolvidas – e raramente discutidas." Ver <www.publicaagenda.org>.
15. Ver D.R. Goldfield, *Black, White, and Southern*.
16. Os cenários eram variados (qualificações iguais, os brancos ligeiramente mais qualificados e decisão baseada em discriminação passada pela empresa), a fim de que fosse possível analisar a força e a consistência das opiniões dos entrevistados sobre essa sensível questão.
17. Esse é um problema interpretativo que atormenta a pesquisa de opinião. A interpretação das perguntas do questionário e o significado das respostas geralmente dependem da raça dos respondentes. Assim, por exemplo, quando brancos e negros concordam que a discriminação ainda é importante nos Estados Unidos, eles querem dizer coisas totalmente distintas (ver capítulo 4).
18. Ver W.H. Sewell Jr., The Concepts(s) of Culture, em V.E. Bonnell; L. Hunt (eds.), *Beyond the Cultural Turn*, p. 35-61.
19. N. Poulantzas, *Political Power and Social Classes*, p. 223. (Grifo nosso.)
20. Ver M. Dawson, op. cit.; D.R. Kinder; L.M. Sanders, *Divided by Color*.
21. T.A. Van Dijk, *Ideology: A Multidisciplinary Approach*, p. 182.
22. M. Omi; H. Winant, *Racial Formation in the United States*. Para fins de esclarecimento, alego em minha obra *White Supremacy and Racism in the Post-Civil Rights Era* que "a escrita mais radical sobre raça na década de 1990 foi inspirada por Omi e Winant" e que "a minha própria teoria deve muito ao seu trabalho". No entanto, também indico algumas das sérias limitações da sua perspectiva de "formação racial". Eu também gostaria de atestar que Omi e Winant são companheiros extraordinariamente amistosos e generosos e que lhes sou grato de muitas maneiras. No entanto, discordo profundamente deles no que tange à questão do "racismo negro".
23. M. Omi; H. Winant, op. cit., p. 71.
24. Ver L.D. Bobo; D. Johnson, Racial Attitudes in a Prismatic Metropolis: Mapping Identity, Competition, and Views on Affirmative Action, em L.D. Bobo et al. (eds.), *Prismatic Metropolis*. Para uma discussão acerca das raízes históricas do porquê é mais provável que os brancos sejam antinegros do que os negros antibrancos, ver M. Bay, *The White Image in the Black Mind*.
25. Discordo também da afirmação de Omi e Winant de que os negros têm "poder". Se por poder eles querem dizer a capacidade de pôr em prática seu interesse racial em políticas concretas e cristalizá-lo em instituições, os negros têm muito pouco poder e parecem estar perdendo, dia a dia, o pouco que ainda têm. De fato, dada a nova demografia racial da nação, os negros provavelmente continuarão perdendo poder no futuro. Sobre o conceito de poder, ver K. Dowding, *Power*, e o quase sempre indispensável N. Poulantzas, op. cit.
26. No entanto, e como seria de esperar de qualquer povo oprimido, os negros têm tido tendências nacionalistas desde a escravidão e até hoje. Para uma análise histórica das forças e dos programas nacionalistas negros no século XX, ver R. Bush, *We Are Not What We Seem*. Para uma análise recente do nacionalismo entre os negros, ver M.C. Dawson, *Black Visions*.

445

27. Ver E. Bonilla-Silva; K.S. Glover, "We Are All Americans": The Latin Americanization of Race Relations in the USA, em A.E. Lewis; M. Krysan (eds.), *The Changing Terrain of Race and Ethnicity*.

9 E *PLURIBUS UNUM* OU O MESMO PERFUME ANTIGO EM UM NOVO FRASCO?

1. "De muitos, um", lema nacional que figura no Grande Selo dos Estados Unidos. (N. da T.)
2. Dados do "2010 Census Shows America's Diversity", relatório patrocinado pelo U.S. Census Bureau, disponível em: <www.census.gov>.
3. Como refutação rápida, os Estados Unidos nunca tiveram uma "cultura anglo-saxônica", porque a cultura do país sempre refletiu ondas de incorporação de povos como súditos coloniais (por exemplo, mexicanos e indianos), imigrantes (como italianos, escandinavos etc.) e escravos (por exemplo, africanos).
4. Para uma crítica da forma na qual Lou Dobbs enquadra o debate sobre a imigração, deforma sua lista de convidados e distorce os dados sobre a imigração que ele apresenta em seu show, ver o artigo de P. Hart, Dobbs Choice: CNN Host Picks Immigration as His Ax to Grind, Feb. 2004, no site da FAIR (Fairness and Accuracy in Reporting), disponível em: <https://fair.org/>.
5. Os asiáticos americanos foram, desde a primeira vez que pisaram neste país, um grupo muito pequeno (cerca de 1% da população), regionalmente concentrado (principalmente na Costa Oeste). No entanto, desde que foi promulgada a Lei de Imigração de 1965, esse grupo cresceu exponencialmente e agora está representado na maioria dos estados. Percebido como uma história de sucesso, ele tem, na verdade, a maior proporção de pós-graduados (50%) e um alto nível de renda. Para dados recentes sobre esse grupo, ver o comunicado do U.S. Census Bureau, Asian/Pacific American Heritage Month, May 2005, disponível em: <www.census.gov>. Para críticas do mito do "modelo minoritário" e explicações da história de sucesso dos asiáticos americanos, ver F.H. Wu, *Yellow: Race in America Beyond Black and White*.
6. No que tange aos escândalos políticos, basta lembrar como foi fácil para o Partido Republicano acusar o Partido Democrata de vender a soberania da nação à China na eleição de 2000, por ter alegadamente aceitado contribuições de cidadãos chineses. (Para uma crítica, ver F.H. Wu, op. cit.) Para exemplos de opiniões antichinesas expressas nas notícias, sintonize praticamente qualquer canal, todas as noites, e veja como eles enquadram questões comerciais ("Eles estão nos enganando!"); questões referentes à energia ("Eles estão usando energia demais!"); ou questões de direito de propriedade intelectual ("Eles estão roubando nossa propriedade intelectual!"). Sobre este último ponto, devemos sempre lembrar que se nós superexploramos nações em todo o mundo, não temos fundamento moral para defender direitos de propriedade intelectual. É simplesmente outro caso de o feitiço virar contra o feiticeiro.
7. Coloco esses dois conceitos entre aspas por dois motivos. Primeiro, posto que somos todos uma só espécie, noções como "multirracial" ou "birracial" reificam a interpretação biológica da raça. Em segundo lugar, todos os seres humanos são "multirraciais" (no sentido sociológico da noção de raça), já que somos o produto de dois milhões de anos de mistura, migrando de um lugar a outro e misturando-se um pouco mais. O que permitiu às pessoas expressarem o seu multirracialismo nos Estados Unidos hoje em dia é a transição do período Jim Crow – quando todas as pessoas eram brancas ou não brancas – para a era pós-movimento dos direitos civis, em que há aparentemente mais espaço e fluidez para que os indivíduos escolham sua identidade, racial ou não.
8. Eu já disse alhures que não há movimento multirracial *per se*, se por isso queremos dizer um movimento social. O que temos são inúmeras organizações, sem muita coerência, articulando os pontos de vista e a angústia dos genitores (geralmente mães brancas) de crianças birraciais ou organizações de crianças birraciais em faculdades e círculos profissionais.
9. Para uma análise criteriosa do casamento inter--racial e de como a raça ainda determina nossa

seleção de parceiros, ver R. Moran, *Interracial Intimacy*.

10. Os comentários sobre demógrafos e os dados acerca dos índices dos casamentos inter-raciais remetem a S. Lee; B. Edmonston, New Marriages, New Families: u.s. Racial and Hispanic Intermarriage, *Population Bulletin*. R. Kennedy, autor de *Interracial Intimacies*, é um exemplo de um intelectual que faz o arauto do casamento inter--racial como a solução para os problemas raciais dos Estados Unidos.

11. A história de Jennifer Wilbanks, a mulher da Geórgia que desapareceu um dia antes do seu casamento no verão de 2005, mostra que os latinos podem estar se movendo para uma posição em nossa cultura análoga à dos negros. Wilbanks alegou ter sido sequestrada por um homem hispânico e uma mulher branca. Inicialmente, acreditou-se na história, mas logo depois a polícia percebeu que ela fora inventada. O que interessa neste caso é que Wilbanks não se baseou na tradicional "história do homem negro" e usou o que parece ser a nova alternativa disponível: "O homem hispânico fez isso." O fato de termos acreditado na história até que nos foi dito que ela não era verdade sugere que há uma nova sensibilidade racial ou temor emergindo no país.

12. Ver, por exemplo, G. Yancey, *Who Is White?*

13. Ver D. D'Souza, *The End of Racism*; W.J. Wilson, *The Declining Significance of Race*.

14. Ver, por exemplo, R. Alba; V. Nee, *Remaking the American Mainstream*.

15. Os argumentos e dados para este capítulo são oriundos do meu projeto contínuo, intitulado "We Are All Americans!": The Latin Americanization of Racial Stratification in the United States. Para uma análise da racialização do sistema mundial, ver E. Balibar; I. Wallerstein, *Race, Nation, and Class*.

16. Especialistas interessados nas referências desta seção devem consultar, de minha autoria, o capítulo "We Are All Americans!": The Latin Americanization of Racial Stratification in the United States, em A.E. Lewis; M. Krysan (eds.), *The Changing Terrain of Race and Ethnicity*, p. 149-183.

17. Ver A. Helg, Race in Argentina and Cuba, 1880–1930: Theory, Policies, and Popular Reaction, em R. Graham (ed.), *The Idea of Race in Latin America*.

18. Dois exemplos dessa postura são H.J. Gans, The Possibility of a New Racial Hierarchy in the Twenty-First Century United States, em M. Lamont (ed.), *The Cultural Territories of Race*, e J.W. Warren; F.W. Twine, White Americans, the New Minority? Non-Blacks and the Ever-Expanding Boundaries of Whiteness, *Journal of Black Studies*, v. 28, n. 2, p. 200-218. Uma refutação rápida de seu ponto de vista é que latinos e asiáticos têm estado aqui por longo tempo e não se tornaram brancos em massa. Assim, suponho que a maior parte dos imigrantes latinos e asiáticos que vêm aos Estados Unidos (cada vez mais pobres e muitos com *status* legal tênue no país) não irá se juntar às fileiras do grupo branco, como esses analistas preveem.

19. É mais provável que qualquer ordem de estratificação social que não tenha estratos intermediários esteja repleta de conflitos do tipo "'Nós' *versus* 'Eles'" e exija um investimento mais pesado na coerção como forma de manter a ordem social. Ver G. Lenski, *Power and Privilege*. Por conseguinte, minha alegação aqui é que o desenvolvimento desse grupo intermediário atuará como um "amortecedor" do conflito social. A dinâmica brancos-não brancos, típica da ordem racial americana, será toldada por linhas raciais de contestação mais complexas.

20. Ver R. Miles, *Racism after Race Relations*; R. Cohen, *Global Diasporas*.

21. Ver S. Castles; M. Miller, *The Age of Migration*.

22. Para mais detalhes desse argumento ver, de minha autoria, "This Is a White Country": The Racial Ideology of the Western Nations of the World-System, *Sociological Inquiry*, v. 70, n. 2, p. 188-214.

23. Também conhecida como Proposition 54, foi uma proposta de emenda à Constituição da Califórnia, que visava restringir a coleta de informações acerca da raça, etnia, cor ou origem nacional das pessoas para fins de operações governamentais. (N. da T.)

24. E. Bonilla-Silva, The Essential Social Fact of Race: A Reply to Loveman, *American Sociological Review*, v. 64, p. 899-906.

25. S. Steinberg, *Turning Back*.
26. Em 2003, Barbara Grutter, que é branca e não havia sido admitida na Escola de Direito da Universidade de Michigan, alegou ser vítima de "discriminação reversa", já que a raça era ali um fator de admissão. A decisão da Suprema Corte avalizou o uso da preferência racial nas admissões de estudantes, visando promover a diversidade. (N. da T.)
27. No entanto, o fenótipo na América Latina pode ser perceptiva e socialmente "clareado" (ou "escurecido") por características não fenotípicas tais como educação, língua, cultura, classe e antecedentes ocupacionais. Uma pessoa de aparência negra, com um doutorado de Harvard, que ganha muito dinheiro, pode não ser considerada negra em Porto Rico ou no Brasil. Da mesma forma, acredito que, embora a maioria dos indianos varie em cor, de escuro a bastante escuro, provavelmente serão considerados brancos honorários por causa de seu domínio da língua inglesa, altos níveis de educação e outros fatores não fenotípicos.
28. Enquanto o censo boliviano de 2001 informa que 71% dos bolivianos se identificam como índios, menos de 20% têm mais que um diploma de ensino médio e 58,6%o vivem abaixo da linha da pobreza, 66% dos bolivianos nos Estados Unidos se identificam como brancos, 64% têm doze ou mais anos de escolaridade e uma renda *per capita* comparável à dos brancos. Assim, isso parece um caso de autosseleção, ou seja, os bolivianos nos Estados Unidos não representam os bolivianos na Bolívia. A fonte de informações sobre a Bolívia é o Censo Nacional de Poblacíon y Vivienda, *Bolívia: Caraterísticas de la Población*, Serie Resultados, v. 4.
29. A esse respeito, ver a obra clássica de H. Tajfel, Experiments in Intergroup Discrimination, *Scientific American*, v. 223, p. 96-102. Ver também as contribuições de C. Ridgeway, como The Social Construction of Status Value: Gender and Other Nominal Characteristics, *Social Forces*, v. 70, n. 2, p. 367-386.
30. Ver M.G. Hanchard, *Orpheus and Power*.
31. Questionários de pesquisa de opinião mostraram que se a pergunta sobre a origem hispânica é formulada primeiro, a proporção de latinos que relata ser "branca" aumenta de 25 a 39%. Ver E. Martin et al., Context Effects for Census Measures of Race and Hispanic Origin, *Public Opinion Quarterly*, v. 54, n. 4, p. 551-556. A mesma pesquisa também mostra que, quando os latinos relatam pertencer à categoria "Outros", eles não estão equivocados, isto é, querem dizer que não são nem negros nem brancos. Infelizmente, não temos resultados por grupos nacionais. É mais provável que os cubanos afirmem serem brancos se a ordem das perguntas for alterada? Ou o resultado é simétrico para todos os grupos? Independentemente disso, acreditamos que esse resultado não altera a direção das descobertas gerais sobre a autoidentificação de vários grupos latinos.
32. Ver Y. Le Espiritu, *Asian American Panethnicity*.
33. E. San Juan Jr., The Limits of Ethnicity and the Horizon of Historical Materialism, em E. Ghymn Mikyung (ed.), *Asian American Studies: Identity, Images, Issues Past and Present*, p. 10.
34. L.T. Saito, *Race and Politics: Asian Americans, Latinos, and Whites in a Los Angeles Suburb*, p. 59.
35. Meus comentários sobre os asiáticos americanos, caso alguns leitores tenham dúvidas, aplicam-se igualmente aos latinos. Os latinos, como tenho argumentado até agora, não constituem um grupo monolítico e apresentam sérias divisões que imitam elementos das divisões vistas entre os asiáticos americanos. Por exemplo, um estudo sobre as atitudes latinas no tocante à imigração publicado em junho de 2005 relatou: "Embora uma esmagadora maioria de hispânicos expresse atitudes positivas em relação aos imigrantes [...] uma minoria significativa, concentrada entre os latinos nativos, está preocupada com que migrantes ilegais estejam prejudicando a economia." O estudo estima que o tamanho desse grupo seja de 30% da população nativa, mas não vai adiante, na tentativa de identificar as características desse segmento. Talvez eles sejam os hispânicos de pele clara, bem-instruídos, que denomino aqui brancos honorários. Ver R. Suro, Attitudes towards Immigrants and Immigration Policies: Surveys among Latinos in the U.S. and Mexico, Pew Hispanic Center, Aug. 16, 2005.
36. Acerca das atitudes raciais dos latinos, ver W. Lambert; D. Taylor, *Coping with Cultural and*

Racial Diversity in Urban America e, em particular, T. Mindiola Jr. et al., *Black-Brown Relations and Stereotypes*.
37. T. Mindiola Jr. et al., op. cit.
38. Ver N. Flores-Gonzales, The Racialization of Latinos: The Meaning of Latino Identity for the Second Generation, *Latino Studies Journal*, v.10, n. 3, p. 3-31; S. Oboler, *Ethnic Labels, Latino Lives*.
39. Sobre os dominicanos e sua história racial, ver D. Howard, *Coloring the Nation*.
40. C. Rodriguez, *Changing Race*, p. 56.
41. Ver L. Bobo et al., Work Orientation, Job Discrimination, and Ethnicity, *Research in the Sociology of Work*, v. 5, p. 45-85.
42. Ibidem, p. 78. Ver também L.D. Bobo; D. Johnson, Racial Attitudes in Prismatic Metropolis: Mapping Identity, Competition, and Views on Affirmative Action, em L.D. Bobo et al. (eds.), *Prismatic Metropolis*, p. 81-163.
43. Sobre os pontos de vista dos asiáticos americanos, ver R. Weitzer, Racial Prejudice among Korean Merchants in African American Neighborhoods, *Sociological Quarterly*, v. 38, n. 4, p. 587-606; I. Yoon, *On My Own*; P.G. Min, *Caught in the Middle*.
44. Para uma análise mais abrangente, ver L. Bobo; D. Johnson, op. cit.
45. Ver E. Bonilla-Silva; A.E. Lewis, The "New Racism": Toward an Analysis of the U.S. Racial Structure, 1960 –1990s, em P. Wong (ed.), *Race, Nation, and Citizenship*, p. 100-150.
46. M. Dawson, Coming to Grips with the Effects of the American Racial Order on American Policy Preferences, D.O. Sears et al. (eds.), *Racialized Politics*, p. 344.
47. J. Sidanius et al., It's Not Affirmative Action, It's the Blacks, em D.O. Sears et al. (eds.), *Racialized Politics*, p. 191-235; S.A. Tuch; J.K. Martin (eds.), *Racial Attitudes in the 1990s*; E. Bonilla-Silva, *White Supremacy and Racism in the Post-Civil Rights Era*.
48. L. Bobo; D. Johnson, op. cit.
49. Ibidem, p. 103.
50. Ver R. Moran, op. cit., p. 103.
51. Ver G.A. Gilbertson et al., Hispanic Out-Marriage in New York City: New Evidence from 1991, *International Immigration Review*, v. 30.
52. Ver H.L. Kitano; R. Daniels, *Asian Americans*.
53. House Committee on Reform and Oversight, Subcommittee on Government, Management, Informational Technology, *Hearings on Federal Measures of Race and Ethnicity*, May 22, 1997 (testemunho de Mary C. Waters, Departamento de Sociologia, Universidade de Harvard).
54. Ver G.A. Gilbertson et al., op. cit.
55. R. Moran, op. cit.
56. Sobre algumas das limitações desse índice, ver E. Bonilla-Silva; G. Baiocchi, Anything but Racism: How Sociologists Limit the Significance of Racism, *Race and Society*, v. 4, p. 117-131.
57. Ver, por exemplo, D.S. Massey; N.A. Denton, *American Apartheid*; J. Yinger, *Closed Doors, Opportunities Lost*.
58. Ver D.S. Massey; N.A. Denton, Trends in the Residential Segregation of Blacks, Hispanics, and Asians: 1970–1980, *American Sociological Review*, v. 52, n. 6, p. 802-825. Para uma resenha mais recente das tendências gerais, ver C.Z. Charles, The Dynamics of Racial Residential Segregation, *Annual Review of Sociology*, v. 29, p. 167-207.
59. Ver J.J. Betancur, The Settlement Experience of Latinos in Chicago: Segregation, Speculation, and the Ecology Model, *Social Forces*, v. 74, p. 1299-1324.
60. Ver J.R. Logan, How Race Counts for Hispanic Americans, Lewis Mumford Center, University of Albany, 2003, disponível em: <http://mumford1.dyndns.org>.
61. Sobre esse tópico, ver W.H. Frey; R. Farley, Latino, Asian, and Black Segregation in U.S. Metropolitan Areas: Are Multi-Ethnic Metros Different?, *Demography*, v. 33, n. 1, p. 35-50; M.J. White et al., Immigration, Naturalization, and Residential Assimilation among Asian Americans in 1980, *Social Forces*, v. 72, n. 1.
62. O índice de dissimilaridade expressa a porcentagem de uma população de minorias que teria que se mover para resultar em uma distribuição perfeitamente uniforme da população nas regiões geográficas censitárias. Esse índice vai de 0 (sem segregação) a 100 (segregação total) e é simétrico (não afetado pelo tamanho da população). O índice de exposição mede o grau de contato potencial entre duas populações (maioria

e minoria) e expressa a probabilidade de que um membro de um grupo minoritário encontre um membro do grupo majoritário. Assim como o índice de dissimilaridade, ele vai de 0 a 100, porém, ao contrário, é assimétrico (afetado pelo tamanho da população). Ver C.Z. Charles, op. cit.

63. Ver W.H. Frey; R. Farley, op. cit.

64. Não sou o único a fazer esse tipo de previsão. Estudiosos como Arthur K. Spears, Suzanne Oboler, Gary Okihiro e Mari Matsuda têm feito alegações similares recentemente. Ver a contribuição de A.K. Spears em sua obra *Race and Ideology*; S. Oboler, "It Must Be a Fake!": Racial Ideologies, Identities, and the Question of Rights in Hispanics/Latinos, em J.J.E. Garcia; P. De Greiff (eds.), *The United States: Ethnicity, Race, and Rights*; G. Okihiro, *Margins and Mainstreams*; e M.J. Matsuda, *Where Is Your Body?*

65. Uma questão importante a ser esclarecida empiricamente é o que determina onde os grupos se encaixam em nosso esquema: cor ou naturalidade, educação ou classe. Uma explicação alternativa convincente para muitas das minhas conclusões preliminares é que o grupo que denomino "brancos honorários" vem com altos níveis de capital humano *antes* de alcançar o *status* de branco honorário nos Estados Unidos; ou seja, eles se encaixam nessa posição intermediária não por causa de sua cor nem de sua raça, mas devido à sua origem de classe. Não obstante ser essa uma explicação alternativa plausível que esperamos examinar no futuro, alguns dos dados disponíveis sugerem que raça/cor tem algo a ver com o sucesso dos imigrantes nos Estados Unidos. O caso dos naturais das Índias Ocidentais – que chegam aos Estados Unidos com vantagens de classe (educativas e outras) e ainda assim "escurecem" em algumas gerações – sugere que o *status* "racial" do grupo tem um efeito independente nesse processo. Também é importante ressaltar que, inclusive, quando alguns desses grupos se sai "bem" objetivamente, quando se verifica seu retorno às suas características, percebe-se quão pouco conseguem pelo que trazem à tona. E, como Waters e Eschbach afirmaram em uma revisão da literatura sobre imigração, "as evidências indicam que a discriminação direta ainda é um fator importante para todos os subgrupos minoritários, à exceção dos asiáticos de alta escolaridade". M.C. Waters et al., Immigration and Ethnic and Racial Inequality in the United States, *Annual Review of Sociology*, v. 21, p. 442. No entanto, mesmo os asiáticos muito instruídos e aculturados, como os filipinos, relatam níveis de discriminação racial no mercado de trabalho. Não surpreendentemente, a segunda e a terceira gerações de filipinos se autoidentificam como filipinos americanos, em vez de brancos ou "americanos". Para referências sobre todas essas questões e uma discussão um pouco mais elaborada, ver E. Bonilla-Silva, *Anything but Racism*.

66. O termo "árabes americanos" pode, na verdade, ser amplo demais e ocultar realidades múltiplas. Minha esposa, Mary Hovsepian, socióloga da Universidade de Duke, sugeriu-me que talvez os árabes cristãos "se tornem" brancos e os árabes muçulmanos "se tornem" negros. Embora ainda não tenha visto dados sugestivos dessa tendência, permaneço atento à possibilidade.

67. G. Yancey, op. cit.

68. Ver A. Portes; R.G. Rumbaut, *Legacies: The Story of the Immigrant Second Generation*.

69. Ver M.C. Dawson, *Behind the Mule*.

70. M. Vickerman, *Crosscurrents: West Indian Immigrants and Race*, p. 199.

71. Ver K.A. Rockquemore et al., *Beyond Black: Biracial Identity in America*.

72. Para uma recente discussão e análise desse tópico, ver C. Herring et al., *Skin Deep*.

73. O trabalho de Claire Jean Kim sobre "triangulação" parece apropriado aqui. Ela argumenta que os asiáticos americanos foram triangulados em relação aos negros e brancos. Por um lado, os brancos os valorizam como uma minoria modelo, digna de louvor, porém, ao mesmo tempo, os marginalizam civicamente como indignos de assimilação. Apesar de meus dados sobre assimilação conjugal e segregação de bairro sugerirem que o segundo polo é mais complexo do que Kim alega, seu argumento é válido. Ver C.J. Kim, The Racial Triangulation of Asian Americans, *Politics and Society*, v. 27, n. 1, p. 105-138. Para um ponto de vista similar com toneladas de exemplos, ver F.H. Wu, op. cit.

74. Nos últimos anos, Jennifer Hochschild, cientista política de Harvard, está trabalhando em um projeto que trata da importância da cor para os americanos. Embora seu projeto seja semelhante ao meu e tenhamos às vezes plataformas compartilhadas, ela acredita que esse desenvolvimento pode ser progressista, uma vez que irá diminuir limites raciais. Eu, como um homem de aparência negra que viveu por 21 anos em uma assim chamada democracia racial, sei que o colorismo não é uma solução para a racialização, mas na verdade uma versão diferente dela.

75. "Ao estilo América Latina" não significa exatamente como a América Latina. Os quatrocentos anos de história da formação racial americana macularam a ordem de estratificação racial para sempre. Assim, espero algumas diferenças importantes nesse novo sistema de estratificação racial americano em comparação com aquele "típico" das sociedades latino-americanas. Primeiro, a discriminação baseada em fenótipo não funcionará perfeitamente. Assim, por exemplo, embora os indianos tenham pele escura, eles ainda estarão em uma posição superior enquanto grupo no sistema de estratificação em relação, por exemplo, aos *mestizos* mexicanos-americanos. Em segundo lugar, é improvável que seja permitida a árabes, a indianos e a outros grupos não cristãos mobilidade ascendente completa, a menos que se façam passar por brancos. Os eventos de 11 de setembro de 2001 e nossa intervenção no Afeganistão e no Iraque – que podem forçar os militares norte-americanos a permanecer na região por um longo tempo – estão reforçando a concepção tradicional da branquitude como uma identidade somente cristã. Em terceiro lugar, por causa dos trezentos anos de racialização significativa e formação de grupo, a maioria dos membros dos grupos historicamente não brancos continuará a manter alegações "étnicas" (porto-riquenhos) ou raciais (*e.g.*, negros) e a exigir direitos baseados no grupo.

10 DA OBAMÉRICA À TRUMPAMÉRICA

1. Por Obamérica quero dizer o fato de Obama ter sido eleito sem o apoio de um movimento social; por conseguinte, em vez de um político que representa *mudança*, ele representou *mais do mesmo*.
2. G. Orwell, In Front of Your Nose, em S. Orwell; I. Angus (eds.), *The Collected Essays, Journalism, and Letters of George Orwell*, v. 4.
3. A citação exata do segundo presidente dos Estados Unidos é: "Os fatos são coisas obstinadas; e quaisquer que sejam os nossos desejos, as nossas inclinações, ou os ditames da nossa paixão, eles não podem alterar o estado dos fatos e as evidências." A citação pode ser encontrada no site do professor de Direito Douglas Linder, Famous American Trials, "Boston Massacre Trials, 1770", disponível em: <www.law.umkc.edu.html>.
4. *Department of Numbers*, disponível em: <http://www.deptofnumbers.com>; B.D. Proctor et al., Income and Poverty in the United States: 2015, *Current Population Reports*, Sep. 2016, disponível em: <https://census.gov>.
5. Ibidem.
6. B.D. Proctor et al., op. cit.
7. V. Wilson; W.M. Rogers III, Black-White Wage Gaps Expand with Rising Wage Inequality, Sep. 20, 2016, disponível em: <http://www.epi.org>.
8. E. Rodriguez; R.V. Reeves, Five Bleak Facts on Black Opportunity, Jan. 15, 2015, disponível em: <https://www.brookings.edu>.
9. 401(k) é um tipo de plano de aposentadoria patrocinado pelo empregador, adotado nos Estados Unidos e em outros países, e que recebe este nome em razão da seção do Código Fiscal norte-americano no qual está previsto. (N. da T.)
10. O *individual retirement account* (IRA, conta de aposentadoria individual), é uma forma de previdência privada, disponibilizada por muitas instituições financeiras, que oferece vantagens fiscais para planos de poupança visando aposentadoria nos EUA. (N. da T.)
11. R. Kochhar; R. Fry, Wealth Inequality Has Widened along Racial, Ethnic Lines since End of Great Recession, Pew Research Center, Dec. 12, 2014, disponível em: <http:// www.pewresearch.

org>; National Urban League, 2016 State of Black America: Locked Out: Education, Jobs & Justice, disponível em: <http://nul.iamempowered.com>.
12. J.P. Thompson; G.A. Suarez, Exploring the Racial Wealth Gap Using the Survey of Consumer Finances, 2015, disponível em: <https://www.federalreserve.gov>.
13. M. Oliver; T. Shapiro, *Black Wealth, White Wealth*.
14. Esse cálculo usa a Survey of Consumer Finances (Pesquisa de Finanças do Consumidor). Um cálculo separado usando a Survey of Income and Program Participation (Pesquisa de Renda e Participação em Programas [de Transferência de Renda]) mostra que a diferença de riqueza é alta, estando na proporção de 20: 1 e 18: 1 para os brancos em relação aos negros e latinos, respectivamente, em 2009. De qualquer forma, o ponto permanece o mesmo: a disparidade de riqueza entre brancos e esses dois grupos é grande e ascendente.
15. Center for Responsible Lending, Lost Ground, 2011: Disparities in Mortgage Lendfing and Foreclosures, Nov. 17, 2011, disponível em: <www.responsiblelending.org>.
16. C. Savage, Wells Fargo Will Settle Mortgage Bias Charges, *The New York Times*, Jul. 12, 2012, disponível em: <www.nytimes.com>.
17. Ver W.J. Wilson, *The Declining Significance of Race*; *The Truly Disadvantaged*.
18. Ver J.R. Feagin, The Continuing Significance of Race: Antiblack Discrimination in Public Places, *American Sociological Review*, v. 56, n. 1, p. 101-116.
19. Ver R. Brooks, *Integration or Separation?*. Para uma resenha mais ampla do panorama contemporâneo da discriminação, ver D. Pager; H. Sheppard, The Sociology of Discrimination: Racial Discrimination in Employment, Housing, Credit, and Consumer Markets, *Annual Review of Sociology*, v. 34, p. 181-209.
20. Ver J. Blanchard; N. Lurie, R-e-s-p-e-c-t: Patient Reports of Disrespect in the Health Care Setting and Its Impact on Care, *Journal of Family Practice*, v. 53, p. 721-731; L.A. Penner et al., The Experience of Discrimination and Black-White Health Disparities in Medical Care, *Journal of Black Psychology*, v. 35, p. 180-203.
21. Ver S.E. Rusche; Z.W. Brewster, "Because They Tip for Shit!": The Social Psychology of Everyday Racism in Restaurants, *Sociology Compass*, v. 2, n. 6, p. 2008–2029.
22. Ver I. Ayres, *Pervasive Prejudice?*; S. Kovaleski; S. Chan, D.C. Cabs Still Bypass Minorities, Study Finds: City Crackdown Called Sporadic, Inadequate, *The Washington Post*, Oct. 7, 2003, disponível em: <www.highbeam.com>.
23. Ver A. Meehan; M. Ponder, Race and Place: The Ecology of Racial Profiling African American Motorists, *Justice Quarterly*, v. 19, p. 399-430.
24. Ver C. Harris, *Flying While Black*.
25. Na década de 1960, o sociólogo Paul M. Siegel escreveu um artigo muito influente intitulado "On the Cost of Being a Negro", publicado no *Sociological Inquiry*, v. 35, n. 1, p. 41-57, acerca do múltiplo e danoso impacto do racismo sobre os negros. Essa ideia foi atualizada nos anos de 1990 com a noção de "living while black" (vivendo enquanto negro), "driving while black" (dirigindo enquanto negro) etc. S. Gabbidon; S.A. Peterson atualizaram a evidência: Living While Black: A State-Level Analysis of the Influence of Select Social Stressors on the Quality of Life Among Black Americans, *Journal of Black Studies*, v. 37, n. 1, p. 83-102. Acrescentei "pardo" no texto citado pois muitos estudiosos fizeram análises similares em relação a latinos e asiáticos e documentaram que o racismo também os afeta adversamente.
26. O professor William A. Smith tem trabalhado incansavelmente para demonstrar que o racismo produz a síndrome que ele chama de "fadiga da batalha racial". Pensamento, preparação, espera e preocupação constantes com o potencial de discriminação racial criam um estado quase permanente de "luta ou fuga" em pessoas de cor, com consequências deletérias à saúde. Ver W.A. Smith et al., "Assume the Position... You Fit the Description": Psychosocial Experiences and Racial Battle Fatigue among African American Male College Students, *American Behavioral Scientist*, v. 51, n. 4, p. 551-578.
27. Ver S. Tuch; M. Hughes, Whites' Racial Policy Attitudes in the Twenty-First Century: The Continuing Significance of Racial Resentment, *The*

ANNALS *of the American Academy of Political and Social Science*, v. 634, p. 134.

28. Analistas de raça conservadores, como Paul Sniderman, membro sênior do Instituto Hoover, têm levantado a bandeira acadêmica da maioria branca, que insiste que brancos são quase todos tolerantes, que ainda temos alguns fanáticos, mas eles são poucos, e que concepções brancas sobre crime, bem-estar, intervenção governamental e ações afirmativas são "baseadas em princípios" e não em raça (ver capítulo 1). Seu último livro sobre atitudes relativas a raça nos Estados Unidos é *Black Pride and Black Prejudice*.

29. A maior parte dos comentaristas liberais e progressistas comprou os argumentos, as ideias e inclusive o estilo de Obama. Exemplos dignos de nota foram os intelectuais públicos negros, como Gloria Jean Watkins (conhecida por seu pseudônimo bell hooks), Michael Eric Dyson, Manning Marable e Cornel West (depois de alguma hesitação inicial), que apoiaram Obama quase acriticamente. Um exemplo dos analistas que achavam improvável, ou muito difícil, que Obama fosse eleito é Joe R. Feagin. Ver seus comentários, assim como os dos outros cinco analistas, incluindo a mim, em The Social Significance of Barack Obama, disponível em: <www.contexts.org/obama>.

30. M. Marable, Jackson and the Rise of the Rainbow Coalition, *New Left Review*, v. 1, n. 149, disponível em: <http://newleftreview.org>.

31. Cientistas políticos têm explorado essa tendência por um tempo, chamando-a de "derracialização". Ver, por exemplo, G. Persons, *Dilemmas of Black Politics*.

32. Ainda um dos melhores livros sobre a "estrutura de poder" da América e sobre como o sistema opera é a obra clássica, porém magnificamente atualizada, de W. Domhoff, *Who Rules America?*.

33. Apud J.B. Judis, Creation Myth, *The New Republic*, Sep. 10, 2008, disponível em: <www.newrepublic.com>.

34. Ibidem.

35. É preciso ter cuidado para não equiparar a obra e a política dos "ativistas" pagos com o trabalho e a política dos organizadores de base. Embora ambos possam ser motivados por princípios semelhantes, o trabalho não remunerado produz um tipo totalmente diferente de experiência política e gera uma experiência política mais profunda.

36. Apud J.B. Judis, op. cit.

37. A. Reed, The Curse of Community, *Village Voice*, Jan. 16, 1996, reimpresso em *Class Notes: Posing as Politics and Other Thoughts on the American Scene*, p. 13.

38. C. Drew; M. McIntire, After 2000 Loss, Obama Built Donor Network from Roots Up, *The New York Times*, Apr. 3, 2007, disponível em <www.nytimes.com>.

39. P. Street, *Barack Obama and the Future of American Politics*, p. xxiii. (Grifo nosso.)

40. Ver a respeito D. Baker; M. Weisbrot, Social Security: The Phony Crisis; P. Krugman, Played for a Sucker, *The New York Times*, Nov. 16, 2007, disponível em: <www.nytimes.com>.

41. Ver o capítulo 1 em P. Street, op. cit.

42. M. Marable, *Race, Reform and Rebellion*.

43. Discutivelmente, o peso da evidência histórica mostra que a mudança social *fundamental* é produto do protesto social. Ver F.F. Piven, *Challenging Authority*.

44. A Foreign Intelligence Surveillance Act (FISA) foi originalmente promulgada em 1978. Essa lei tornou-se extremamente problemática, uma vez que, de acordo com o relatado, o presidente Bush a teria usado de forma abusiva, violando a Quarta Emenda. Em 2008, a lei seria modificada para garantir que aqueles que fornecessem informações ao governo (os gigantes das telecomunicações), em violação dos direitos de privacidade, não poderiam ser processados, porém os republicanos sabotaram isso acrescentando emendas a um projeto de lei patrocinado pelos senadores Dodd e Feingold, que foram apoiados pelo então senador Obama. Para um relato minucioso, ver J. Tapper, Obama's FISA Shift, ABC News, Jul. 9, 2008, disponível em: <http://abcnews.go.com>.

45. M. Powell, Obama Addresses Critics on "Centrist" Moves, *The New York Times*, Jul. 8, 2008, disponível em: <http://thecaucus.blogs.nytimes.com>.

46. T. Marsh, Barack Obama's Progressive Cannibalism, *Huffington Post*, Dec. 8, 2007, disponível em: <www.huffingtonpost.com>.

47. Para um exemplo dessa concepção, ver A. Sullivan, A Leader of Obama's Grassroots Army, *Time*, Apr. 21, 2008, disponível em: <www.time.com>.
48. Ver AFP, Michelle Obama Working Hard on New Image, *The Times*, Jun. 24, 2008.
49. Citado em T-N. Coates, Fear of a Black President, *The Atlantic*, Sep. 2012, disponível em: <www.theatlantic.com>.
50. A transcrição da entrevista coletiva à imprensa pode ser encontrada em: <www.huffingtonpost. com>. N.da T: a citação (os dois parágrafos) refere-se a um artigo do próprio autor.
51. Particularmente em E. Bonilla-Silva, Rethinking Racism, *American Sociological Review*, v. 62, n. 3, p. 465-480, e em *White Supremacy and Racism in the Post-Civil Rights Era*.
52. A história tem por base um trecho de um sermão (ou talvez, como eu informo abaixo, colando trechos de vários sermões) de um reverendo, uma igreja, uma congregação e uma tradição religiosa sobre a qual a América branca quase nada conhecia. Em 21 de março, Anderson Cooper, da CNN, em seu blog, isentou o reverendo Wright da maioria das acusações. Cooper ouviu todo o sermão e descobriu que o comentário "o feitiço sempre vira contra o feiticeiro" foi uma citação de Edward Peck, ex-embaixador dos EUA no Iraque, e ele não encontrou a declaração "maldita América" nesse sermão, o que sugere que alguém acusou esse reverendo a fim de prejudicar as chances presidenciais de Obama. Ver o blog de A. Cooper, The Full Story Behind Rev. Jeremiah Wright's 9/11 Sermon, AC360, Mar. 21, 2008, disponível em: < http://AC360.blogs.cnn.com>.
53. Um livro verdadeiramente maravilhoso, que delineia o papel da raça a partir do momento em que este país nasceu e até hoje, é *Racist America*, de J.R. Feagin.
54. Obama é citado na *Newsweek* depois da controvérsia sobre Wright e o "discurso de raça", dizendo o seguinte: "A raça é um teste central da nossa crença de que somos o guardião do nosso irmão, o guardião da nossa irmã [...] Há uma sensação de que, se quisermos ir além de nossas divisões raciais, isso deve ser limpo e bonito, enquanto parte do meu argumento era de que seria difícil e conturbado – e é aí que a fé entra."
55. Algumas semanas após esse discurso, Obama jogou o reverendo Wright "aos leões" e, mais tarde, renunciou a sua afiliação à Trinity United Church of Christ. E algumas semanas depois dessas ações de Obama, uma pesquisa do Pew Research Center for the People and the Press indicou que a maioria dos americanos acreditava que ele havia lidado bem com a controvérsia e 48% dos brancos concordavam com sua posição (embora 45% discordasse dela). Disponível em: <www.people-press.org>.
56. Analistas de comportamento coletivo definem "modismos" como fenômenos abrangentes nos quais os participantes parecem fanáticos e dedicados ao modismo, seja na esfera religiosa, econômica, estética ou política. Para uma análise clássica desse tópico, ver N.J. Smelser, *Theory of Collective Behavior*.
57. Sobre esse ponto, Adolph Reed zombeteiramente escreveu em um artigo o seguinte: "Um amigo meu caracteriza isso como a política do 'nós vamos ver isso depois para você', a alegação de que eles não podem defender o que você quiser, porque têm que conciliar seus inimigos agora para serem eleitos, mas que, tão logo vençam, poderão cuidar da agenda progressista que devem rejeitar agora a fim de vencer. Isso funcionou tão bem com a presidência de Clinton, não é? Lembram-se do argumento dele de que teve que assinar o terrível projeto de lei de reforma da previdência de 1996 para poder voltar e 'arrumá-la' depois? Ou da NAFTA? Ou dos dois projetos de lei anticrime, repressivos e racistas, que não fizeram mais que encher as prisões? Ou da privatização da Sallie Mae, que preparou o terreno para a crise da dívida estudantil? Ou do fim do compromisso do governo federal no tocante à provisão direta de moradia para os pobres?" A. Reed, Sitting This One Out, *The Progressive*, Nov. 2007, disponível em: <www. progressive.org>.
58. X. Thai; T. Barrett, Biden's Description of Obama Draws Scrutiny, CNN, Jan. 31, 2007, disponível em: <http://articles.cnn. com>.
59. Muitos dos argumentos que apresentei no início da campanha foram articulados por outros comentaristas. Ver o artigo de David Greenberg no *The Washington Post*, Why Obamania? Because He

Runs as the Great White Hope, Jan. 13, 2008, disponível em: <www.washingtonpost.com>.

60. Gary Kamiya, articulista do periódico liberal *Salon*, escreveu um artigo provocativo em fevereiro de 2008, intitulado "It's OK to Vote for Obama Because He's Black", disponível em: <www.salon.com>. Depois de estipular que seu apoio a Obama não se baseava exclusivamente na sua raça, ele disse sem rodeios: "Mas se Obama fosse um senador júnior branco de Illinois com as mesmas impressionantes qualidades pessoais e profissionais – a mesma inteligência, empatia, habilidade discursiva, estabilidade legislativa e história de vida –, não haveria como só com a força do seu nome sequer montar uma grande campanha. E se ele conseguisse concorrer, é improvável que tivesse inspirado um séquito de seguidores tão apaixonado e difundido. O carisma de Obama, que é sua força política singular, é real, mas não pode ser separado do fato de ele ser negro. Quando Obama fala de mudança e esperança e cura de divisões, suas palavras têm uma carga elétrica por causa de quem ele é: ele *incorpora sua própria mensagem*, a definição em si de carisma. Na qualidade de um homem negro que oferece reconciliação, ele está fazendo uma conexão profundamente pessoal, não meramente retórica, com os brancos."

61. L. Duke, How Big a Stretch? For Barack Obama, Winning the White House Would Mean Bridging the Biggest Gap of All, *The Washington Post*, May 7, 2007, disponível em: <www.washingtonpost.com>.

62. Em seu discurso em Selma, Alabama, Obama falou da geração de Moisés (a geração dos direitos civis) e lhes agradeceu por trazê-los 90% a caminho para a igualdade (isso agradou a algumas pessoas do público, se bem que fosse factualmente errado). Ele reivindicou o manto da geração de Josué, que é encarregado de conduzir seu povo à Terra Prometida. Embora tivesse falado em gerações, Obama claramente não se importou com as implicações de falar no singular sobre Josué. O discurso pode ser encontrado em L. Sweet, Obama's Selma Speech. Text as Delivered, *Chicago Sun Times*, Mar. 5, 2007, disponível em: <http://blogs.suntimes.com>.

63. Ver o perfil de Evelyn Glore Ashford, uma mulher de 93 anos, feito por Thomas C. Fox em seu artigo "100 Days of Obama Leadership, Black Pride Runs High" para o *National Catholic Reporter*, Apr. 28, 2009. Ali, a sra. Ashford disse, como muitos afro-americanos mais velhos, que "estou tão feliz por ter vivido para ver esse dia. Sempre tive esperança de que os negros seriam reconhecidos por suas conquistas e contribuições. Agora vejo que isso finalmente está acontecendo". O artigo está disponível em: <www.ncronline.org>.

64. F. Harris, The Price of a Black President, *The New York Times*, Oct. 27, 2012, disponível em: <www.nytimes.com>.

65. Michelle Obama fez algumas declarações na qualidade de Primeira Dama que podem ser usadas contra pessoas de cor.

66. Durante a campanha, os comentaristas da MSNBC Chris Matthews e Joe Scarborough, o primeiro um democrata e o segundo um republicano, pontificaram em seus shows sobre quão irrelevante a raça se tornou na América. Matthews disse muitas vezes que, embora nunca tivesse ido à escola com negros, seus filhos eram cegos à cor e tinham amigos de todas as origens. Scarborough, que é cerca de vinte anos mais jovem que Matthews, mencionou com frequência como os membros de sua geração não têm problemas raciais e se misturam com pessoas de todas as origens raciais sem hesitação. Curiosamente, seus programas de TV e de rádio são fundamentalmente "espetáculos brancos".

67. N.A. Valentino; T. Brader, The Sword's Other Edge: Perceptions of Discrimination and Racial Policy Opinion after Obama, *Public Opinion Quarterly*, v. 75, n. 2, p. 201-226.

68. M. Tesler, The Spillover of Racialization into Health Care: How President Obama Polarized Public Opinion by Racial Attitudes and Race, *American Journal of Political Science*, v. 56, n. 3, p. 690-704.

69. S. Ross; J. Agiesta, Racial Views: Poll Shows Majority Harbor Prejudice against Blacks, *Associated Press*, Oct. 27, 2012, disponível em: <www.huffingtonpost.com>.

70. O Stormfront é um site nacionalista, supremacista branco e neonazista, visto por muitos como o primeiro grande difusor de ódio racial da internet por, entre outras coisas, negar o Holocausto e propagar a islamofobia. (N. da T.)

71. Anti Defamation League, White Supremacist Rage Boils Over after Obama Victory; Racist Site Crashes after Election, 2009, disponível em: <www.adl.org>.
72. T.-N. Coates, op. cit. (N. da T.) Grupo que falsamente alega ou acredita que Barack Obama não nasceu nos Estados Unidos e, portanto, não poderia ser legalmente eleito presidente.
73. R. Goldman, Donald "Bombshell" Fails to Blow Up, ABC News, Oct. 24, 2012, disponível em: <http://abcnews.go.com>; J. Walsh, When the Big Lie Works, *Salon*, Sep. 13, 2012, disponível em: <www.salon.com
74. A.N. Khan, The US' Policy of Targeted Killing by Drones in Pakistan, *IPRI Journal*, v. 11, n. 1, p. 21-40, disponível em: <http://harvard.academia.edu>.
75. J. Becker; S. Shane, Secret "Kill List" Proves a Test of Obama's Principles and Will, *The New York Times*, May 29, 2012, disponível em: <www.nytimes.com>.
76. International Human Rights and Conflict Resolution Clinic (Stanford Law School) and Global Justice Clinic (NYU School of Law), Living Under Drones: Death, Injury and Trauma to Civilians from U.S. Drone Practices in Pakistan, Sep. 2012, disponível em: <www.livingunderdrones.org>.
77. Ibidem.
78. J. Hersh, Hina Rabbani Khar, Pakistan Foreign Minister: Drones Are Top Cause of Anti-Americanism, *Huffington Post*, Sep. 28, 2012, disponível em: <www.huffingtonpost.com>.
79. S. Masood, Americans Join Pakistan Convoy to Protest Drone Strikes, *The New York Times*, Oct. 6, 2012, disponível em: <www.nytimes.com>.
80. M. Sledge, Warrantless Electronic Surveillance Surges under Obama Justice Department, *Huffington Post*, Sep. 28, 2012, disponível em: <www.huffingtonpost.com>; Democracy Now, Whistle-Blower: The NSA Is Lying – U.S. Government Has Copies of Most of Your Emails, Apr. 20, 2012, disponível em: <www.democracynow.org>.
81. J. Becker; S. Shane, op. cit.
82. G. Miller, Plan for Hunting Terrorists Signals U.S. Intends to Keep Adding Names to Kill Lists, *The Washington Post*, Oct. 23, 2012, disponível em: <www.washingtonpost.com>.
83. Ibidem.
84. Isso foi realçado quando ouvimos, pouco antes da eleição de 2012, que o pessoal de Obama estava lutando para estabelecer regras e supervisão no tocante a ataques de drones, no caso de um presidente republicano herdar o programa. Quando Romney foi derrotado, no entanto, esse plano "pode ter perdido alguma urgência" (S. Shane, Elections Spurred a Move to Codify Drone Policy, *The New York Times*, Nov. 25, 2012, disponível em: <www.nytimes.com>).
85. P. Finn, Bush Trip to Switzerland Called Off amid Threats of Protests, Legal Action, *The Washington Post*, Feb. 5, 2011, disponível em: <www.washingtonpost.com>.
86. Agence France-Presse, Obama Still Highly Popular in Europe: Poll, The Raw Story, Sep. 4, 2011, disponível em: <www.rawstory.com>.
87. J. Allen, Black Lawmakers Irked by Obama's Diverse Cabinet, *The Hill*, Dec. 22, 2008, disponível em: <http://thehill.com>.
88. J. Calmes, Study Looks at Tax Cut Lapse for Rich, *The New York Times*, Aug. 10, 2010, disponível em: <www.nytimes.com>.
89. Obama ensinou Direito em Chicago e foi influenciado pela "Escola de Chicago". Ler a incisiva coluna de N. Klein no *The Nation*, intitulada "Obama's Chicago Boys", Jun. 12, 2008, na qual ela documenta a influência sobre Obama da conservadora Chicago School of Economics, de inspiração de Milton Friedman. Disponível em: <www.thenation.com>. Ver também D. Leonhardt, Obamanomics, *The New York Times*, Aug. 20, 2008, disponível em: <www.nytimes.com>.
90. J. Chait, Why Is Obama Caving on Taxes?, *New York Magazine*, Dec. 2012, disponível em: <http://nymag.com>.
91. "Saúde universal" geralmente se refere a um sistema de saúde pública que presta assistência médica e proteção financeira a todos os cidadãos de um determinado país. (N. da T.)
92. O Grupo Physicians for a National Health Care Program (Médicos Para Um Programa de Assistência à Saúde Nacional) define o pagador único da seguinte forma: "O seguro de saúde nacional de pagador único é um sistema no qual uma única agência pública ou quase pública organiza

o financiamento da saúde, mas os cuidados continuam sendo dispensados em grande parte pela iniciativa privada." Ver o site deles em <www.pnhp.org>.
93. Sebelius: Single-Payer Health Care Not in Plans, NPR, Jun. 16, 2009, disponível em: <www.npr.org>.
94. Programa de saúde social dos Estados Unidos para famílias e indivíduos de baixa renda e recursos limitados. (N. da T.)
95. J. Cassidy, Obamacare by the Numbers, Part 1, *New Yorker*, Mar. 24, 2010, disponível em: <www.newyorker.com>.
96. B. Obama, *The Audacity of Hope*, p. 241.
97. Ibidem, p. 244-245.
98. Ibidem, p. 247. À semelhança do sociólogo William Julius Wilson, que articulou essa posição em seus livros *The Declining Significance of Race* e *The Truly Disadvantaged*, Obama acredita que uma abordagem baseada em classe ou "universal" ajudará negros e latinos, pois uma boa economia beneficiará todas as pessoas. O problema com esse programa de ação é que ele não funcionou porque inclusive os brancos pobres têm vantagens raciais em comparação com negros e latinos pobres e, portanto, os programas universais tendem a beneficiar desproporcionalmente não os negros, mas os *brancos*. É digno de nota que Wilson tenha mudado um pouco seu posicionamento e agora defenda programas universais que são sensíveis à raça (ver sua mudança de posição em seu livro de 1996, *When Work Disappears*, e no mais recente *More Than Just Race*). Encorajamos os interessados a ler o trabalho de Marta Tienda, socióloga de Princeton, sobre os limites das políticas sociais universais. Para uma breve declaração acerca de suas descobertas, ver M. Tienda, Diversifying the College Campus, *Contexts*, 2008, disponível em: <http://contexts.org>.
99. B. Obama, op. cit., p. 254.
100. Ibidem, p. 255.
101. Ibidem, p. 255-257.
102. Sobre uma maior e mais profunda cobertura da supressão e intimidação de eleitores durante as eleições de 2012, ver a série *Colorlines's Voting Rights Watch*, dos repórteres Brentin Mock and Aura Bogado, disponível em: <http://colorlines.com>.
103. J. Ball, At Black Caucus Dinner, Michelle Obama Urges Members to Get Out the Vote, *The Washington Post*, Sep. 22, 2012, disponível em: <www.washingtonpost.com>.
104. G. Demby, Michael Steele: Voter ID Rhetoric Is "Irresponsible", Party Needs New Approach to Black Voters, *Huffington Post*, Aug. 31, 2012, disponível em: <www.huffingtonpost.com>.
105. A. Berman, Obama on Voter Suppression: "It's a Problem", *The Nation Blog*, Oct. 25, 2012, disponível em: <www.thenation.com>.
106. J. Kantor, For President, a Complex Calculus of Race and Politics, *The New York Times*, Oct. 23, 2012, disponível em: <www.nytimes.com>.
107. Time Staff, Read President Obama's Speech on the Charleston Church Shooting, *Time*, Jun. 18, 2015, disponível em: <http://time.com>.
108. Constitution Center. A More Perfect Union, disponível em: <http://constitutioncenter.org>.
109. Remarks by the President at Morehouse College Commencement Ceremony, Obama White House Archive, May 19, 2013, disponível em: <https://obamawhitehouse.archives.gov>.
110. NPR's Interview with President Obama about "Obama's Years", NPR, Jul. 1, 2016, disponível em: <http://www.npr.org>.
111. Ibidem.
112. S. Nelson, Dreamers' Nightmare Deferred by Supreme Court Immigration Split, *US News and World Report*, Jun. 23, 2016, disponível em: <http://www.usnews.com>.
113. ICMN Staff, Obama Establishes White House Council on Native American Affairs, *Indian County Media Network*, Jun. 26, 2013, disponível em: <https://indiancountrymedianetwork.com>.
114. U.S. Department of Agriculture, At White House Conference, USDA Commits New Fund for Tribal Community Development, Sep. 26, 2016, disponível em: <https://www.usda.gov>.
115. K. Freking, President Obama Makes It Easier for Indian Tribes to Be Recognized, *Los Angeles Daily News*, Jun. 29, 2015, disponível em: <http://www.dailynews.com>.
116. CNN Staff, U.S. Finalizes $3.4 Billion Settlement with American Indians, CNN, Nov. 27, 2012, disponível em: <http://www.cnn.com>.

117. F. Uenuma; M. Fritz, Why the Sioux Are Refusing $1.3 Billion, PBS News Hour, Aug. 24, 2011, disponível em: <http://www.pbs.org>.
118. Para uma boa discussão dessas questões, ver o capítulo 6 em P. Street, op. cit.
119. A Suprema Corte deliberou que corporações e sindicatos podem pagar por anúncios políticos, independentemente da campanha oficial do candidato. (N. da T.)
120. Os Political Action Committee, ou PACs, são fundos políticos que arrecadam doações de pessoas físicas e as repassam para campanhas a favor ou contra um candidato, embora não possam doar diretamente para a campanha do candidato. Os super-PACs podem, ao contrário dos PACs, arrecadar sem limites fundos de pessoas físicas, corporações, sindicatos e outras entidades. (N. da T.)
121. J. Martin; C.E. Lee, Obama: "I Am a New Democrat", *Politico*, Mar. 11, 2009, disponível em: <www.politico.com>.
122. A. Gharib, Obama Clear Winner in World Opinion, *International Press Service*, Sep. 12, 2008, disponível em: <www.commondreams.org>. Ver também por que é improvável que um segmento crucial do mundo, o mundo muçulmano, fique impressionado com Obama no artigo de A. Al Aswany, Why the Muslim World Can't Hear Obama, *The New York Times*, Feb. 7, 2009, disponível em: <www.nytimes.com>.
123. Emenda a diversas leis de direitos humanos para promover a igualdade salarial entre homens e mulheres. (N. da T.)
124. K. Brower, Obama Pitches Equal Pay to Win Women Even as Charges Drop, *Bloomberg News*, May 13, 2012, disponível em: <www.bloomberg.com>.
125. J. Loven, Obama Seeks to Block Release of Abuse Photos, AP *White House Correspondent*, May 13, 2009, disponível em: <www.dailyprogress.com>.
126. D. Corn, Obama and GOPers Worked Together to Kill Torture Probe, *Mother Jones*, Dec. 1, 2010, disponível em: <http://motherjones.com>.
127. L. Jakes, Obama to Revive Military Tribunals for GITMO Detainees, with More Rights, *Huffington Post*, May 14, 2009, disponível em: <www.huffingtonpost.com>.
128. C. Krauthammer, Obama Denounced Enhanced Interrogation; Now He's Judge, Jury and Executioner, Real Clear Politics, May 29, 2012, disponível em: <www.realclearpolitics.com>.
129. G. Korte, In Last-Day Letter to Congress, Obama Concedes Defeat on Guantanamo Closure, *USA Today*, Jan. 19, 2017, disponível em: <http://www.usatoday.com>.
130. W. Madsen, Obama Authorizes Covert Economic War against Venezuela, *Center for Research on Globalization*, Jan. 19, 2010, disponível em: <www.globalresearch.ca>.
131. Agence France-Presse, U.S. Working to Destabilise Morales Government: Bolivia, *Gulf Today*, Jan. 7, 2013, disponível em: <http://gulftoday.ae>.
132. E. Scott, Obama Announces Re-Establishment of U.S.-Cuba Diplomatic Ties, CNN, Jul. 1, 2015, disponível em: <http://www.cnn.com>.
133. D. Firestone, What the Democrats Didn't Say, *The New York Times*, Sep. 5, 2012, disponível em: <http://takingnote.blogs.nytimes.com>.
134. Lei de Livre Escolha do Empregado, projeto de lei que teria proibido o empregador de exigir uma votação adicional e separada, quando mais da metade dos empregados já deu sua assinatura apoiando um sindicato, entre outras coisas. (N. da T.)
135. S. Stein, Obama's Remarks on Employee Free Choice Act Make Labor "Very Pleased", *Huffington Post*, Feb. 12, 2009, disponível em: <www.huffingtonpost.com>.
136. Escolas públicas autônomas são aquelas mantidas com financiamento público, mas administradas por grupos privados com uma certa proposta educacional e que admitem apenas alunos que preencham os requisitos que elas próprias, e não o governo, estabelecem. (N. da T.)
137. M. Allen; E. Javers, Obama Announces New Fuel Standards, *Politico*, May 19, 2009, disponível em: <www.politico.com>.
138. R. Sudeep, Obama Pushes for Legislation, *Wall Street Journal*, May 11 2009, disponível em: <http://online.wsj.com>.
139. A. Sorensen, Obama Passes Over Warren, Names Deputy to Run Consumer Agency, *Time*, Jul. 17, 2012, disponível em: <http://swampland.time.com>.

140. With Supporters Shell-Shocked, Clinton Privately Concedes in Phone Call to Trump, CBS News, Nov. 9, 2016, disponível em: <http://www.cbsnews.com>.
141. M. Valverde, How Trump Plans to Build, and Pay for, a Wall along U.S.-Mexico Border, *Politifact*, Jul. 26, 2016, disponível em: <http://www.politifact.com>.
142. A. Vitali, In His Words: Donald Trump on the Muslim Ban, Deportations, NBC News, Jun. 27, 2016, disponível em: <http://www.nbcnews.com>.
143. T. Hains, Trump's Updated ISIS Plan: "Bomb the Shit Out of Them", Send In Exxon to Rebuild, Real Clear Politics, Nov. 13, 2015, disponível em: <http://www.realclearpolitics.com>.
144. E. Ngo, Trump Promises to Return Jobs to Michigan, Criticizes Clinton, *Newsday*, Oct. 31, 2016, disponível em: <http://www.newsday.com>.
145. David Duke Endorses Donald Trump in New Louisiana Robocall, *Democracy Now*, Aug. 30, 2016, disponível em: <https://www.democracynow.org>.
146. A. Parker et al., Voices from Donald Trump's Rallies, Uncensored, *The New York Times*, disponível em: <https://www.nytimes.com>.
147. A. Swartz, Here's How Many of Trump's Cabinet Appointees Have a History of Racism, *Policy Mic*, Nov. 30, 2016, disponível em: <https://mic.com>.
148. M. Fisher, Donald Trump: "I Am the Least Racist Person", *The Washington Post*, Jun. 10, 2016, disponível em: <https://www.washingtonpost.com>.
149. B. Smith; S. Frenkel, Former Republican Party Chairman Says He Won't Vote for Trump, *BuzzFeed*, Oct. 21, 2016, disponível em: <https://www.buzzfeed.com>.
150. D.R. Graham, Which Republicans Oppose Donald Trump? A Cheat Sheet, *The Atlantic*, Nov. 6, 2016, disponível em: <http://www.theatlantic.com>.
151. D. Lind, Donald Trump's Black Outreach Isn't for Black Voters. It's for Wavering White Republicans, Vox, Aug. 25, 2016, disponível em: <http://www.vox.com>.
152. K. Lee, Several of Donald Trump's Latino Advisors Resign after His Immigration Speech, *Los Angeles Times*, Sep. 1, 2016, disponível em: <http://www.latimes.com>.
153. Ray Lewis and Jim Brown Met with Donald Trump at Trump Tower, *USA Today*, Dec. 13, 2016, disponível em: <http://www.usatoday.com>.
154. D. Zaru; T. Kopen, Kanye West Meets with Donald Trump at Trump Tower, CNN, Dec. 14, 2016, disponível em: <http://www.cnn.com>.
155. L. Respers France, Steve Harvey in "Family Feud" with Fans, CNN, Jan. 18, 2017, disponível em: <http://www.cnn.com>.
156. Literalmente, "macaquinhos de varanda", termo pejorativo para designar negros. (N. da T.)
157. M. Marable, *How Capitalism Underdeveloped Black America*.
158. P. Ioanide, *The Emotional Politics of Racism*, p. 34.
159. R. Kochhar et al., The American Middle Class Is Losing Ground: No Longer the Majority and Falling Behind Financially, Pew Research Center, Dec. 9, 2015, disponível em: <http://www.pewsocialtrends.org>.
160. T. Luhby et al., Just How Much Better Off Are College Grads Anyway, CNN, disponível em: <http://money.cnn.com>.
161. J. Rothwell; P. Diego-Rosell, Explaining Nationalist Political Views: The Case of Donald Trump, working paper, Nov. 2, 2016, disponível em: <https://poseidon01.ssrn.com>.
162. A.R. Hochschild, I Spent 5 Years with Some of Trump's Biggest Fans. Here's What They Won't Tell You, *Mother Jones*, Aug. 2016, disponível em: <http://www.motherjones.com>.
163. A. Chozick, Hillary Clinton Calls Many Trump Backers "Deplorables" and G.O.P. Pounces, *The New York Times*, Sep. 10, 2016, disponível em: <https://www.nytimes.com>.
164. C. Lima, Hillary Clinton Walks Back "Basket of Deplorables" Remark, *Politico*, Sep. 9, 2016, disponível em: <http://www.politico.com>.
165. M. Hughey, *White Bound*; J. Daniels, *White Lies*.
166. E. Flitter; C. Kahn, Exclusive: Trump Supporters More Likely to View Blacks Negatively – Reuters/Ipsos Poll, *Reuters*, Jun. 28, 2016, disponível em: <http://www.reuters.com>.
167. K.J. Cramer, *The Politics of Resentment*, p. 74.
168. Ibidem, nota 9, p. 253.
169. General Election: Trump vs. Clinton, Real Clear Politics, Nov. 7, 2016, disponível em: <http://www.realclearpolitics.com>.
170. Who Will Win the Presidency?, *FiveThirtyEight*, Nov. 8, 2016, disponível em: <https://projects.fivethirtyeight.com>.

171. Exit Polls, CNN, Nov. 23, 2016, disponível em: <http://www.cnn.com>.
172. Ibidem; A. Tyson; S. Maniam, Behind Trump's Victory: Divisions by Race, Gender, Education, Pew Research Center, Nov. 9, 2016, disponível em: <http://www.pewresearch.org>.
173. C.W. Mills, *From Class to Race*.
174. R.L. Reece, The Failure of the Democratic Party, *Scalawag Magazine*, Nov. 10, 2016, disponível em: <http://www.scalawagmagazine.org>.
175. The Parties on the Eve of the 2016 Election: Two Coalitions, Moving Further Apart, Pew Research Center, Sep. 13, 2016, disponível em: <http://www.people-press.org>.
176. V. Jones, The Messy Truth about the Gulf between Trump and Clinton Voter, CNN, Dec. 6, 2016, disponível em: <http://www.cnn.com>.
177. Clinton: Favorable/Unfavorable, Real Clear Politics, Nov. 7, 2016, disponível em: <http://www.realclearpolitics.com>.
178. J. Mack, Michigan's 2016 Presidential Election by the Numbers, *M Live*, Nov., 2016, disponível em: <http://www.mlive.com>.
179. Bernie Sanders Favorable Rating, *Huffington Post*, Jan. 8, 2017, disponível em: <https://elections.huffingtonpost.com>.
180. General Election: Trump vs. Sanders, Real Clear Politics, Jun. 5, 2016, disponível em: <http://www.realclearpolitics.com>.
181. Ibidem.
182. S. Stein, The Clinton Campaign Was Undone by Its Own Neglect and a Touch of Arrogance, Staffers Say, *Huffington Post*, Nov. 11, 2016, disponível em: <http://www.huffingtonpost.com>.
183. Ibidem.
184. A. Terrell, Trump Out-Campaigned Clinton by 50 Percent in Key Battleground States in Final Stretch, NBC, Nov. 13, 2016, disponível em: <http://www.nbcnews.com>.
185. E.-I. Dovere, How Clinton Lost Michigan – and Blew the Election, *Politico*, Dec. 14, 2016, disponível em: <http://www.politico.com>.
186. C. Zukin, What's the Matter with Polling?, *The New York Times*, Jun. 20, 2015, disponível em: < https://www.nytimes.com>.
187. S. Keeter et al., Can Likely Voter Models Be Improved? Evidence from the 2014 U.S. House Elections, Pew Research Center, Jan. 7, 2016, disponível em: <http://www.pewresearch.org>.
188. A HerStory of the #BlackLivesMatter Movement, Black Lives Matter, disponível em: < http://blacklivesmatter.com>.
189. D. Freelon et al., Beyond the Hashtags: #Ferguson, #BlackLivesMatter, and the Online Struggle for Offline Justice; Platform, The Movement for Black Lives, Feb. 2016, disponível em: <http://policy.m4bl.org>.
190. Ibidem.
191. Ibidem.
192. J. Norman, U.S. Worries about Race Relations Reach a New High, Gallup, Apr. 11, 2016, disponível em: <http://www.gallup.com>.
193. J.M. Horowitz; G. Livingston, How Americans View the Black Lives Matter Movement, Pew Research Center, Jul. 8, 2016, disponível em: <http://www.pewresearch.org>.
194. C. Ross, Bernie Sanders to Meet with Black Lives Matter Activist DeRay McKesson, *Daily Caller*, Sep. 15, 2015, disponível em: <http://dailycaller.com>; A. Phillip, Clinton to Meet with Black Lives Matter Activists in Cleveland, *The Washington Post*, Oct. 21, 2015, disponível em: <https://www.washingtonpost.com>.
195. D. Shaw, Police Body Cameras "Cut Complaints against Officers", BBC News, Sep. 29, 2016, disponível em: <http://www.bbc.com>.
196. J. Gershman, Study Links Police Bodycams to Increase in Shooting Deaths, *Wall Street Journal*, Aug. 12, 2016, disponível em: <http://blogs.wsj.com>.
197. R. Meyer, Body Cameras Are Betraying Their Promise, *The Atlantic*, Sep. 30, 2016, disponível em: <http://www.theatlantic.com>.
198. E. Sullivan, Police Body Cameras May Solve 1 Problem but Create Others for Victims and Innocent Bystanders, *US News*, Sep. 11, 2015, disponível em: <http://www.usnews.com>.
199. Campaign Zero, Planning Team, disponível em: <https://www.joincampaignzero.org>.
200. E.L. Green; L. Broadwater, Civil Rights Activist DeRay Mckesson to Join New City Schools Cabinet, *Baltimore Sun*, Jun. 28, 2016, disponível em: <http://www.baltimoresun.com>.

201. W. Lowery, *They Can't Kill Us All*, p. 226.
202. A. Randle, Now You See Me: A Look at the World of Activist Johnetta Elzie, *Complex*, Mar. 8, 2016, disponível em: <http://www.complex.com>.
203. J. Dickey, The Revolution on America's Campuses, *Time*, May 31, 2016, disponível em: <http://time.com>.
204. V. Luckerson, Missouri Shows That College Presidents Can't Be Corporate, *Time*, Nov. 11, 2015, disponível em: <http://time.com>; S. Svrluga, U. Missouri President, Chancellor Resign over Handling of Racial Incidents, *The Washington Post*, Nov. 9, 2015, disponível em: <https://www.washingtonpost.com>.
205. T. Watanabe; C. Rivera, Amid Racial Bias Protests, Claremont McKenna Dean Resigns, *Los Angeles Times*, Nov. 13, 2015, disponível em: <http://www.latimes.com>.
206. J. Worland, Why a Free Speech Fight Is Causing Protests at Yale, *Time*, Nov. 10, 2015, disponível em: <http://time.com>; A. Hartocollis, Yale Lecturer Resigns after Email on Halloween Costumes, *The New York Times*, Dec. 7, 2015, disponível em: <https://www.nytimes.com>.
207. A. Ramkumar; G. Hathi, Allen Building Sit-In Students Exit Building after Week-Long Protest, *Chronicle*, Apr. 8, 2016, disponível em: <http://www.dukechronicle.com>.
208. J. Logue, A Broader Protest Agenda, *Inside Higher Ed*, Apr. 19, 2016, disponível em: <https://www.insidehighered.com>.
209. K. Eagan et al., The American Freshman: National Norms Fall 2015, Cooperative Institutional Research Program, 2016, disponível em: <https://www.heri.ucla.edu>.
210. D. Johnson; C. Wilson, See Just How Big Over 200 Women's Marches Were All across the Country, *Time*, Jan. 23, 2016, disponível em: <http://time.com>.
211. M. Marable, *How Capitalism Underdeveloped Black America*.

11 CONCLUSÃO

1. Deixe-me fazer duas advertências importantes desde o início, no intuito de minimizar o atrito e os mal-entendidos. Primeiro, ainda que meu principal alvo neste capítulo sejam jovens leitores brancos, se você é um jovem de cor, este capítulo também será de seu interesse, embora menos direcionado a você. Em segundo lugar, como em todo o livro, faço uma alegação probabilística sociológica sobre "grupos raciais". Sei que nem todos os brancos ou as pessoas de cor acreditam e sentem o mesmo a respeito deste livro ou sobre questões raciais na América. Alguns leitores de cor odeiam este livro e alguns leitores brancos o adoram. Estou fazendo uma generalização com base em dados disponíveis sobre as visões raciais dos grupos, que tendem a corresponder à sua localização na ordem racializada (a maioria dos brancos acredita em x e se comporta de maneira y e a maioria dos negros acredita em w e se comporta de maneira z).
2. Essa frase foi usada por George W. Bush em sua bem-sucedida campanha presidencial de 2000, para articular em público uma versão aparentemente menos polarizadora, mais suave, do conservadorismo do Partido Republicano, visto por muitos como fora de sintonia com a crescente diversidade da nação.
3. Infelizmente, quando se aborda forças estruturais maiores (sistemas de dominação e suas ideologias acessórias), os atores que estão no topo da ordem sentem como se estivessem sendo atacados. Existe, no entanto, uma maneira de lidar com essa reação emocional. Posto que o leitor desconhecia e em grande parte não era responsável por essas forças estruturais, ele não deve se sentir um alvo. Contudo, agora que são do seu conhecimento, é seu dever assumir a postura de que ignorar a maneira como a desigualdade racial é reproduzida e justificada não é mais uma desculpa válida.
4. A. G. Johnson, *The Forest and the Trees*, capítulo 1.
5. Karl Marx escreveu em suas *Thesen über Feuerbach* (Teses Sobre Feuerbach): "Os filósofos têm apenas *interpretado* o mundo de maneiras diferentes; a questão, porém, é *transformá-lo*"; K. Marx, Theses on Feuerbach, 1976, disponível em: <https://msuweb.montclair.edu>. Essa famosa décima-primeira

tese tem sido um princípio norteador para mim desde que a li, há trinta anos.
6. C.W. Mills, *The Racial Contract*.
7. K. Marx, *The German Ideology*, em C.J. Arthur (ed.).
8. Embora o racismo da cegueira de cor não precise usar argumentos biológicos para manter o privilégio racial, eles surgem de tempos em tempos e ainda não foram abandonados por pelo menos um terço dos brancos. Por exemplo, no meu próprio DAS, de 20 a 40% dos brancos acreditavam em estereótipos biológicos sobre os negros, como a noção de que eles são naturalmente mais atléticos do que os brancos e sexualmente bem-dotados. Para uma encarnação acadêmica dessa tendência, ver R.J. Herrnstein; C. Murray, *The Bell Curve*.
9. Se ideologias têm a ver com "significado a serviço do poder", como Thompson afirma, elas devem ser combatidas com poder. Somente batalhas contraideológicas não podem, em última análise, causar a erosão do poder cristalizado em instituições e práticas para manter o privilégio branco. Ver J.B. Thompson, *Studies in Theory and Ideology*.
10. Para dados sobre a Nova Zelândia, ver M. Wetherell; J. Potter, *Mapping the Language of Racism*.
11. Devemos o termo "libertação cognitiva" a Doug McAdam. Ele afirmou que "antes que a [ação] coletiva [...] possa acontecer, as pessoas devem definir coletivamente suas situações como *injustas e sujeitas a mudanças por meio de ação grupal*". Ver *Political Process and the Development of Black Insurgency: 1930–1970*, p. 51. James Jasper corretamente acrescentou que o processo cognitivo não pode decolar a menos que um processo afetivo tenha ocorrido, ou seja, até que os atores *sintam* que não podem mais suportar a dominação. Ver *The Emotions of Protest: Affective and Reactive Emotions in and Around Social Movements*, *Sociological Forum*, v. 13, n. 3, p. 397-424.
12. M. Hughey, *White Bound: Nationalists, Antiracists, and the Shared Meanings of Race*.
13. E. Bonilla-Silva, More Than Prejudice: Restatement Reflections, and New Directions in Critical Race Theory, *Sociology of Race and Ethnicity*, v. 1, n. 1, p. 73–87.
14. D.T. Goldberg, *Racial Subjects: Writing on Race in America*.
15. GPA (Grade Point Average, ou Média de Notas) é a forma padronizada de medir as realizações acadêmicas nos Estados Unidos. É o equivalente americano para o CR (Coeficiente de Rendimento) no Brasil, basicamente sua média ponderada pelo número de créditos cursados. (N. da T.)
16. F.F. Piven, *Challenging Authority*.
17. G. Domhoff, *Who Rules America?*
18. "Curb Your Enthusiasm." Esse foi o nome do seu popular programa da HBO, transmitido de 2000 a 2011.
19. A maioria dos movimentos não "tem sucesso", mas geralmente muda o terreno da discussão e do debate, tornando a mudança possível no caminho. Tais movimentos geram novas possibilidades e abrem espaço para formas adicionais (e provavelmente, mais profundas) de organização social. Ver M. Haiven; A. Khasnabish, Between Success and Failure, *Interface: A Journal for and About Social Movements*, v. 5, n. 2, p. 472-498.
20. B. Obama, *The Audacity of Hope*.
21. W.E.B. Du Bois, *Black Reconstruction in America 1860-1880*.
22. K.-Y. Taylor, *From #BlackLivesMatter to Black Liberation*.
23. A construção do oleoduto se tornou o centro de uma forte polêmica interna nos Estados Unidos e de protestos. Grupos indígenas e associações de apoio temiam que, devido à proximidade do oleoduto com a reserva, possíveis vazamentos poluíssem fontes de água potável e danificassem locais que consideram sagrados. (N. da T.)
24. Em Defesa dos Sonhos, grupo ativista que quer acabar com as prisões privadas, voltado para pessoas de cor que visam a cooperação racial. (N. da T)
25. Projeto Juventude Negra 100 é uma organização afro-americana, fundada em 2013, em reação à absolvição de George Zimmerman no seu julgamento pelo assassinato de Trayvon Martin. (N. da T.)
26. Liga da Justiça da Cidade de Nova York é uma força-tarefa multidisciplinar de especialistas em justiça juvenil e criminal, artistas, educadores, ativistas e ex-detentos, reunidos sob os auspícios do The Gathering for Justice, organização fundada por Harry Belafonte em 2005. Os membros unem suas áreas de especialização e recursos em um empenho para reformar o sistema criminal e

de justiça social em Nova York, na Califórnia e em todo o mundo. (N da T.)
27. Denunciamos o Genocídio, movimento que dá voz a jovens negros e pardos, vítimas de violência policial em Chicago. (N. da T.)
28. A. Davis, *Freedom Is a Constant Struggle*, p. 86.
29. Ver R. Fantasia, *Cultures of Solidarity*.
30. W. Lowery, *They Can't Kill Us All*, p. 222. (Grifo nosso.)
31. SPLC Hatewatch, Dec. 16, 2016, disponível em: <https://www.splcenter.org>.
32. Direita alternativa, movimento nacionalista branco, que se caracteriza pela rejeição do conservadorismo "clássico" e pela militância em defesa dos brancos, do sexismo, do antissemitismo e do conspiracionismo, sendo contra a imigração e a inclusão dos imigrados. (N. da T.)
33. Site de notícias, opiniões e comentários de extrema-direita, fundado em 2007. (N. da T.)
34. Desde 1968, é a maior ONG de defesa e promoção dos latinos nos EUA. (N. da T.)
35. Em 2012, o professor Wright, então presidente da American Sociological Association, convidou-me a apresentar uma resposta ao seu trabalho sobre "utopias verdadeiras", tema sobre o qual a reunião de 2012 foi organizada. Escrevi um artigo a respeito, intitulado "Race, Racism, and Utopia 'For Real'", e esta última seção é em grande parte derivada dele.
36. Ver C.W. Mills, *From Class to Race*, capítulo 6.
37. Ver M. Omi; H. Winant, *Racial Formation in the United States*.
38. C.W. Mills, *The Racial Contract*.
39. Ver o capítulo 20 em T. Zuberi; E. Bonilla-Silva, *White Logic, White Methods*.
40. C. Tilly, *Credit and Blame*.
41. Ver C. Nash, Cultural Geography: Anti-Racist Geographies, *Progress in Human Geography*, v. 27, n. 5, p. 637-648.
42. Ver P. Wade, *Race and Ethnicity in Latin America*.
43. Ver M. Walzer, *Politics and Passion*, p. 14-17.
44. Ver B. Anderson, *Imagined Communities*.
45. Ver R. Ricupero, The Resilience of the Nation State to Globalization, *Estudos Avançados*, v. 22, n. 62, p. 129-144.
46. Ver I. Peleg, *Democratizing the Hegemonic State*.
47. Ver T. Wise, With Friends Like These, Who Needs Glenn Beck? Racism and White Privilege on the Liberal-Left, Aug. 17, 2010, disponível em: <http://www.timwise.org>.
48. Ver G. Lenski, *Power and Privilege*.
49. F. Fanon, *Black Skin, White Masks*, p. 186.
50. I. Young, *Inclusion and Democracy*.
51. K. Marx, apud E. Laclau, *Politics and Ideology in Marxist Theory: Capitalism, Fascism, Populism*, p. 545.
52. Ibidem.
53. Série televisiva dramática sobre o trabalho policial transmitida pela HBO entre 2002 e 2008. (N. da T.)
54. D. Simon, A Final Thank You to the *The Wire* Fans, from Show Creator David Simon, HBO, Mar. 10, 2008, disponível em: <http://www.hbo.com>.

Bibliografia

ADELMAN, Adam. A Look at Trump's Most Outrageous Comments about Mexicans as He Attempts Damage Control by Visiting with Country's President. *New York Daily News*, Aug. 31, 2016. Disponível em: <http://www.nydailynews.com>. Acesso em: 22 jan. 2017.
AGENCE FRANCE-PRESSE. U.S. Working to Destabilise Morales Government: Bolivia. *Gulf Today*, Jan. 7, 2013. Disponível em: <http://gulftoday.ae>. Acesso em: 31 mar. 2013.
____. Obama Still Highly Popular in Europe: Poll. *The Raw Story*, Sep. 4, 2011. Disponível em: <www.rawstory.com>. Acesso em: 31 mar. 2013.
____. Michelle Obama Working Hard on New Image. *The Times*, Jun. 254, 2008.
AGUIRRE, Adalberto, Jr. Academic Storytelling: A Critical Race Theory Story of Affirmative Action. *Sociological Perspectives*, v. 43, n. 2, 2000.
AL ASWANY, Alaa. Why the Muslim World Can't Hear Obama. *The New York Times*, Feb. 7, 2009. Disponível em: <www.nytimes.com>. Acesso em: 31 mar. 2013.
ALBA, Richard; NEE, Victor. *Remaking the American Mainstream: Assimilation and Contemporary Immigration*. Boston/London: Harvard University Press, 2004.
ALEXANDER, Michelle. *The New Jim Crow: Mass Incarceration in the Age of Colorblindness*. New York: The New Press, 2010.
ALLEN, Jared. Black Lawmakers Irked by Obama's Diverse Cabinet. *The Hill*, Dec. 22, 2008. Disponível em: <http://thehill.com>. Acesso em: 31 mar. 2013.
ALLEN, Mike; JAVERS, Eamon. Obama Announces New Fuel Standards. *Politico*, May 19, 2009. Disponível em: <www.politico.com>. Acesso em: 31 mar. 2013.
ALLPORT, Gordon W. *The Nature of Prejudice*. New York: Doubleday/Anchor, 1958.
AMERICA, Richard F. *Paying the Social Debt: What White America Owes Black America*. Westport: Praeger, 1993.
ANDERSEN, Margaret L. *Thinking about Women: Sociological Perspectives on Sex and Gender*. New York: Macmillan, 1988.
ANDERSON, Benedict. *Imagined Communities: Reflections on the Origin and Spread of Nationalism*. New York: Verso, 2006.
ANDERSON, Elijah. *Streetwise*. Chicago: University of Chicago Press, 1990.
ANTI-DEFAMATION LEAGUE. White Supremacist Rage Boils Over after Obama Victory; Racist Site Crashes after Election. 2009. Disponível em: <www.adl.org>. Acesso em: 31 mar. 2013.
____. *Highlights from an Anti-Defamation League Survey on Racial Attitudes in America*. New York: Anti-Defamation League, 1993.

APTHEKER, Herbert. *Anti-Racism in U.S. History: The First Two Hundred Years.* New York: Greenwood, 1992.
ARGYLE, Michael; HENDERSON, Monika. *The Anatomy of Relationships.* London: Routledge, 1985.
ARMOUR, Jody David. *Negrophobia and Reasonable Racism: The Hidden Costs of Being Black.* New York: New York University Press, 1997.
ARMSTRONG, Clairette P.; GREGOR, A. James. Integrated Schools and Negro Character. In: BROMLEY, David G. et al. (eds.). *White Racism and Black Americans.* Cambridge: Schenkman, 1972.
AULETTA, Ken. *The Underclass.* Woodstock: Overlook, 1999.
AYRES, Ian. *Pervasive Prejudice?* Chicago: University of Chicago Press, 2002.
BAKER, David V. The Racist Application of Capital Punishment to African Americans. In: FREE JR., Marvin D. (ed.). *Racial Issues in Criminal Justice: The Case of African Americans.* Westport: Praeger, 2003.
BAKER, Dean; WEISBROT, Mark. *Social Security: The Phony Crisis.* Chicago: University of Chicago Press, 2001.
BAKER, Houston A. Scene… Not Heard. In: GOODING-WILLIAMS, Robert (ed.). *Reading Rodney King, Reading Urban Uprising.* New York: Routledge, 1993.
BALBUS, Isaac D. *The Dialectics of Legal Repression: Black Rebels Before the American Criminal Courts.* New York: Russell Sage Foundation, 1974.
BALDI, Stéphane; BRANCH MCBRIER, Debra. Do the Determinants of Promotion Differ for Blacks and Whites? *Work and Occupations,* v. 24, 1997.
BALDUS, David C.; PULASKI JR., Charles A.; WOODWORTH, George. Comparative Review of Death Sentences: An Empirical Study of the Georgia Experience. *Journal of Criminal Law & Criminology,* v. 74, 1983.
BALIBAR, Etienne; WALLERSTEIN, Immanuel. *Race, Nation, and Class: Ambiguous Identities.* London: Verso, 1991.
BALL, James. At Black Caucus Dinner, Michelle Obama Urges Members to Get Out the Vote. *The Washington Post,* Sep. 22, 2012. Disponível em: <www.washingtonpost.com>. Acesso em: 31 mar. 2013.
BARKER, Lucius (ed.). *Black Electoral Politics.* New Brunswick/London: Transaction Publishers, 1990.
BARNDT, Joseph. *Liberating our White Ghetto.* Minneapolis: Augsburg Pub. House, 1972.
BARTRA, Roger. *Wild Men in the Looking Glass: The Mythic Origins of European Otherness.* Ann Arbor: University of Michigan Press, 1994.
BAUMAN, Zygmut. *Modernity and Ambivalence.* Ithaca: Cornell University Press, 1991.
BAUMEISTER, Andrea T. *Liberalism and the "Politics of Difference".* Edinburgh: Edinburgh University Press, 2000.
BAY, Mia. *The White Image in the Black Mind: African-American Ideas about White People, 1830-1925.* New York: Oxford University Press, 2000.
BECKER, Jo; SHANE, Scott. Secret "Kill List" Proves a Test of Obama's Principles and Will. *The New York Times,* May 29, 2012. Disponível em: <www.nytimes.com>. Acesso em: 31 mar. 2013.
BELL, Derrick. *Faces at the Bottom of the Well.* New York: Basic Books, 1992.
_____. *Race, Racism, and American Law.* Boston: Little, Brown, 1992.
BELLAMY, Richard. Liberalism. In: EATWALL, Roger; WRIGHT, Anthony (eds.). *Contemporary Political Ideologies.* Boulder: Westview, 1993.
BENOKRATIS, Nijole. Racial Exclusion in Juries. *Journal of Applied Behavioral Science,* v. 18, 1982.
BERMAN, Ari. Obama on Voter Suppression: "It's a Problem." *The Nation Blog,* Oct. 25, 2012. Disponível em: <www.thenation.com>. Acesso em: 31 mar. 2013.
BERRY, Mary France. *Black Resistance, White Law: A History of Constitutional Racism in America.* London: Allen Lane/Penguin, 1994.
BETANCUR, John J. The Settlement Experience of Latinos in Chicago: Segregation, Speculation, and the Ecology Model. *Social Forces,* v. 74, 1996.
BISHOP, Donna M. The Role of Race and Ethnicity in Juvenile Justice Processing. In: HAWKING, Darnell F.; KEMPF-LEONARD, Kimberley (eds.). *Our Children, Their Children: Confronting Racial and Ethnic Differences in American Juvenile Justice.* Chicago/London: University of Chicago Press, 2005.
BLACK LIVES MATTER. A HerStory of the #BlackLivesMatter Movement. Disponível em: <http://blacklivesmatter.com>. Acesso em: 23 jan. 2017.
BLANCHARD, Janice; LURIE, Nicole. R-e-s-p-e-c-t: Patient Reports of Disrespect in the Health Care Setting and Its Impact on Care. *Journal of Family Practice,* v. 53, 2004.

BLAU, Judith. *Race in the Schools: Perpetuating White Dominance.* Boulder: Lynne Rienner Publishers, 2003.
BLAUNER, Robert. *Black Lives, White Lives: Three Decades of Race Relations in America.* Berkeley: University of California Press, 1989.
BOBO, Lawrence D. et al. (eds.). *Prismatic Metropolis: Inequality in Los Angeles.* New York: Russell Sage Foundation, 2000.
BOBO, Lawrence D.; JOHNSON, Devon. Racial Attitudes in a Prismatic Metropolis: Mapping Identity, Competition, and Views on Affirmative Action. In: BOBO, Lawrence D. et al. (eds.). *Prismatic Metropolis: Inequality in Los Angeles.* New York: Russell Sage Foundation, 2000.
BOBO, Lawrence D.; SUH, Susan. Surveying Racial Discrimination: Analyses from a Multiethnic Labor Market. In: BOBO, Lawrence D. et al. (eds.). *Prismatic Metropolis: Inequality in Los Angeles.* New York: Russell Sage Foundation, 2000.
BOBO, Lawrence D.; KLUEGEL, James A.; SMITH, Ryan A. Laissez-Faire Racism: The Crystallization of a Kinder, Gentler, Antiblack Ideology. In: TUCH, Steven A.; MARTIN, Jack K. *Racial Attitudes in the 1990s: Continuity and Change.* Westport: Praeger, 1997.
BOBO, Lawrence D.; KLUEGEL, James A. Status, Ideology, and Dimensions of Whites' Racial Beliefs and Attitudes: Progress and Stagnation. In: TUCH, Steven A.; MARTIN, Jack K. (eds.). *Racial Attitudes in the 1990s: Continuity and Change.* Westport: Praeger, 1997.
BOBO, Lawrence D. et al. Work Orientation, Job Discrimination, and Ethnicity, *Research in the Sociology of Work*, v. 5, 1995.
BOBO, Lawrence D.; KLUEGEL, James. Opposition to Race-Targeting: Self-Interest, Stratification Ideology, or Racial Attitudes? *American Sociological Review*, v. 58, n. 4, 1993.
BOBO, Lawrence D.; LICARI, Fred. Education and Political Tolerance: Testing the Effects of Cognitive Sophistication and Target Group Affect. *Public Opinion Quarterly*, v. 53, n. 3, Fall 1989.
BONILLA-SILVA, Eduardo. *Racism without Racists: Color-Blind Racism and the Persistence of Racial Inequality in the United States*, 2nd ed. Lanham: Rowman & Littlefield, 2006.
____. *Anything but Racism.* New York: Routledge, 2004.
____. *White Supremacy and Racism in the Post–Civil Rights Era.* Boulder: Rienner, 2001.
____. More Than Prejudice: Restatement, Reflections, and New Directions in Critical Race Theory. *Sociology of Race and Ethnicity*, v. 1, n. 1, 2016.
____. "This Is a White Country": The Racial Ideology of the Western Nations of the World-System. *Sociological Inquiry*, v. 70, n. 2, 2000.
____. The Essential Social Fact of Race: A Reply to Loveman, *American Sociological Review*, v. 64, 2000.
____. Rethinking Racism. *American Sociological Review*, v. 62, n. 3, 1997.
BONILLA-SILVA, Eduardo; DIETRICH, David. The Sweet Enchantment of Color-Blind Racism in Obamerica. *The* ANNALS *of the American Academy of Political and Social Science*, v. 634, Mar. 2011.
BONILLA-SILVA, Eduardo; ZUBERI, Tukufu (eds.). *White Logic, White Methods: Racism and Methodology.* Lanham: Rowman & Littlefield, 2008.
BONILLA-SILVA, Eduardo; EMBRICK, David G. Every Place Has a Ghetto...: The Significance of Whites' Social and Residential Segregation. *Journal of Symbolic Interaction*, v. 30, n. 3, Summer 2007.
BONILLA-SILVA, Eduardo; GLOVER, Karen S. "We Are All Americans": The Latin Americanization of Race Relations in the USA. In: LEWIS, Amanda E.; KRYSAN, Maria (eds.). *The Changing Terrain of Race and Ethnicity: Theory, Methods and Public Policy.* New York: Russell Sage Foundation, 2004.
BONILLA-SILVA, Eduardo et al. Where Is the Love? Why Whites Have Limited Interaction with Blacks. *Journal of Intergroup Relations*, v. 32, n. 1, 2004.
BONILLA-SILVA, Eduardo; DOANE JR., Ashley (eds.). New Racism, Color-Blind Racism, and the Future of Whiteness in America. *Whiteout: The Continuing Significance of Racism and Whiteness.* New York: Routledge, 2003.
BONILLA-SILVA, Eduardo et al. "It Wasn't Me": How Will Race and Racism Work in 21st Century America. *Research in Political Sociology*, v. 12, 2003.
BONILLA-SILVA, Eduardo; BAIOCCHI, Gianpaolo. Anything but Racism: How Sociologists Limit the Significance of Racism, *Race and Society*, v. 4, 2001.

BONILLA-SILVA, Eduardo; FORMAN, Tyrone A. "I Am Not a Racist, but…": Mapping White College Students' Racial Ideology in the USA. *Discourse and Society*, v. 11, n. 1, 2000.

BONILLA-SILVA, Eduardo; LEWIS, Amanda E. The "New Racism": Toward an Analysis of the U.S. Racial Structure, 1960–1990s. In: WONG, Paul (ed.). *Race, Nation, and Citizenship*. Boulder: Westview, 1999.

BONNELL, Victoria E.; HUNT, Lynn (eds.). *Beyond the Cultural Turn*. Berkeley: University of California Press, 1999.

BOSTON, Thomas D. *Race, Class, and Conservatism*. Boston: Unwin Hyman, 1988.

BOUIE, Jamelle. Pennsylvania Admits It: No Voter Fraud Problem. *The Washington Post*, Jul. 24, 2012. Disponível em: < www.washingtonpost.com>. Acesso em: 29 mar. 2013.

BOURDIEU, Pierre. *Pascalian Meditations*. Stanford: Stanford University Press, 1997.

____. *Distinction*. Cambridge: Harvard University Press, 1984.

____. Social Space and Symbolic Power. *Sociological Theory*, v. 7, Spring, 1980.

BOURGEOIS, Philippe. *In Search of Respect: Selling Crack in El Barrio*. New York: Cambridge University Press, 1995.

BRADFORD, Calvin. *Risk or Race? Racial Disparities in the Subprime Refinance Market*. Washington, D.C.: Center for Community Change, 2002.

BREDDERMAN, Will. "Blue Lives Matter" Bill Would Grant Cops Hate Crime Protection from Protesters in New York. *Observer*, Aug. 3, 2016. Disponível em: < http://observer.com>. Acesso em: 23 jan. 2017.

BREWSTER, Zachary W. Racially Discriminatory Service in Full-Service Restaurants: The Problem, Cause, and Potential Solutions. *Cornell Hospitality Quarterly*, v. 53, n. 4, 2012.

BRIDGES, George S.; MYERS, Martha A. *Inequality, Crime, and Social Control*. Boulder/San Francisco/Oxford: Westview Press, 1994.

BRODKIN, Karen. *How Jews Became White Folks and What That Says about Race in America*. New Brunswick: Rutgers University Press, 1998.

BROMLEY, David G. (ed.). *White Racism and Black Americans*. Cambridge: Schenkman, 1972.

BROOKS, Roy. *Integration or Separation? A Strategy for Racial Equality*. Cambridge: Harvard University Press, 1996.

____. *Rethinking the American Race Problem*. Berkeley: University of California Press, 1990.

BROWER, Kate. Obama Pitches Equal Pay to Win Women Even as Charges Drop. *Bloomberg News*, May 13, 2012. Disponível em: <www.bloomberg.com>. Acesso em: 31 mar. 2013.

BROWN, Lee P. Crime in the Black Community. IN: DEWART, Janet (ed.). *The State of Black America*. New York: National Urban League, 1988.

BROWN-DEAN, Khalilah et al. *50 Years of the Voting Rights Act: The State of Race in Politics*. Washington, D.C.: Joint Center for Political and Economic Studies, 2015.

BROWNING, Rufus P.; MARSHALL, Dale Rogers; TABB, David H. (eds.). *Racial Politics in American Cities*. New York: Longman, 1990.

BUSH, Melanie. *Everyday Forms of Whiteness: Understanding Race in a "Post-Racial" World*. Lanham: Rowman & Littlefield, 2011.

____. *Breaking the Code of Good Intentions: Everyday Forms of Whiteness*. Lanham: Rowman & Littlefield, 2004.

BUSH, Roderick. *We Are Not What We Seem: Black Nationalism and Class Struggle in the American Century*. New York: New York University Press, 1999.

CALMES, Jackie. Study Looks at Tax Cut Lapse for Rich. *The New York Times*, Aug. 10, 2010. Disponível em: <www.nytimes.com>. Acesso em: 31 mar. 2013.

CAMPAIGN ZERO. Planning Team. Disponível em: https://www.joincampaignzero.org>. Acesso em: 23 jan. 2017.

CAMPBELL, Angus, SCHUMAN, Howard. *Racial Attitudes in Fifteen American Cities*. Ann Arbor: Survey Research Center, Jun. 1968.

CANTOR, Milton (ed.). *Black Labor in America*. Westport: Negro Universities Press, 1970.

CARSON, Clayborne. *Malcolm X: The FBI File*. New York: Carroll and Graf, 1991.

CASHIN, Sheryll. *Failures of Integration: How Race and Class Are Undermining the American Dream*. New York: Public Affairs, 2004.

CASSIDY, John. Obamacare by the Numbers, Part 1. *New Yorker*, Mar. 24, 2010. Disponível em: <www.newyorker.com>. Acesso em: 31 mar. 2013.

CASTLES, Stephen; MILLER, Mark. *The Age of Migration: International Population Movements in the Modern World.* Hong Kong: Macmillan, 1993.

CBS NEWS. With Supporters Shell-Shocked, Clinton Privately Concedes in Phone Call to Trump. Nov. 9, 2016. Disponível em: <http://www.cbsnews.com>. Acesso em: 22 jan. 2017.

____. Bush Enters Affirmative Action Fray, Jan. 16, 2003; disponível em: <www.cbsnews.com>.

CENSO NACIONAL DE POBLACIÓN Y VIVIENDA, *Bolívia: Caraterísticas de la Población.* La Paz: Ministerio de Hacienda, 2002. Serie Resultados, v. 4.

CENTER FOR RESPONSIBLE LENDING. Lost Ground, 2011: Disparities in Mortgage Lending and Foreclosures. Nov. 17, 2011. Disponível em: <www.responsiblelending.org>. Acesso em: 31 mar. 2013.

CHAIT, Jonathan. Why Is Obama Caving on Taxes? *New York Magazine*, Dec. 2012. Disponível em: <http://nymag.com>. Acesso em: 31 mar. 2013.

CHAMBLISS, Theresa. The Growth and Significance of African American Elected Officials. In: GOMES, Ralph C.; WILLIAMS, Linda Faye (eds.). *From Exclusion to Inclusion: The Long Struggle for African American Political Power.* New York: Greenwood Press, 1992.

CHARLES, Camille Zubrinsky. The Dynamics of Racial Residential Segregation, *Annual Review of Sociology*, v. 29, 2003.

CHENG, Cheng; HOEKSTRA, Mark. *Does Strengthening Self-Defense Law Deter Crime or Escalate Violence? Evidence from Castle Doctrine.* Cambridge: National Bureau of Economic Research, 2012.

CHIDEYA, Farai. *Don't Believe the Hype: Fighting Cultural Misinformation about African-Americans.* New York: Penguin, 1995.

CHILDRESS, Sarah. Is There Racial Bias in "Stand Your Ground" Laws? *Frontline*, Jul. 31, 2012. Disponível em: <www.pbs.org>. Acesso em: 29 mar. 2013.

CHOZICK, Amy. Hillary Clinton Calls Many Trump Backers "Deplorables", and G.O.P. Pounces. *The New York Times*, Sep. 10, 2016. Disponível em: <https://www.nytimes.com>. Acesso em: 23 jan. 2017.

CHURCHILL, Ward; VANDER WALL, Jim. *Agents of Repression: The FBI's Secret Wars against the Black Panther Party and the American Indian Movement.* Boston: South End, 1988.

CLINTON, Catherine. *The Plantation Mistress.* New York: Pantheon, 1982.

CLOUD, Cathy; GALSTER, George. What Do We Know about Racial Discrimination in Mortgage Markets? *The Review of Black Political Economy*, v. 21, 1993.

CNN. U.S. Finalizes $3.4 Billion Settlement with American Indians. Nov. 27, 2012. Disponível em: <http://www.cnn.com>. Acesso em 22 jan. 2017.

____. Exit Polls. Nov. 23, 2016. Disponível em: <http://www.cnn.com>. Acesso em 23 jan. 2017.

COATES, Ta-Nehisi. Fear of a Black President. *The Atlantic*, Sep. 2012. Disponível em: <www.theatlantic.com>. Acesso em: 31 mar. 2013.

COHEN, Robin. *Global Diasporas: An Introduction.* Seattle: University of Washington Press, 1997.

COLE, Leonard A. *Blacks in Power: A Comparative Study of Black and White Elected Officials.* Princeton: Princeton University Press, 1975.

COLLINS, Sharon. *Black Corporate Executives: The Making and Breaking of a Black Middle Class.* Philadelphia: Temple University Press, 1997.

____. The Making of the Black Middle Class. *Social Problems*, v. 30, 1983.

COLLINS, William J.; MARGO, Robert A. Race and the Value of Owner-Occupied Housing, 1940-1990, Working Papers Series (Annandale-on-Hudson, N.Y.: Bard College, Levy Economics Institute, Aug. 2000).

CONSTITUTION CENTER. A More Perfect Union. Disponível em: <http://constitutioncenter.org>. Acesso em: 22 jan. 2017.

COOPER, Anderson. The Full Story Behind Rev. Jeremiah Wright's 9/11 Sermon. *AC360*, Mar. 21, 2008. Disponível em: <http://AC360.blogs.cnn.com>. Acesso em: 31 mar. 2013.

COOPER, John L. *The Police and the Ghetto.* Port Washington/London: Kennikat, 1980.

CORN, David. Obama and GOPers Worked Together to Kill Torture Probe. *Mother Jones*, Dec. 1, 2010. Disponível em: <http://motherjones.com>. Acesso em: 31 mar. 2013.

COSE, Ellis. *The Rage of a Privileged Class: Why Are Middle-Class Blacks Angry? Why Should America Care?* New York: HarperCollins, 1993.
COTTON, Jeremiah. Opening the Gap: The Decline in Black Economic Indicators in the 1980s. *Social Science Quarterly*, v. 70, 1989.
CRAMER, Katherine J. *The Politics of Resentment: Rural Consciousness in Wisconsin and the Rise of Scott Walker.* Chicago: University of Chicago Press, 2016.
CRUSE, Harold. *Plural but Equal: A Critical Study of Blacks and Minorities and America's Plural Society.* New York: Morrow, 1987.
DAHL, Julia. Trayvon Martin Shooting: A Timeline of Events, CBS, Jul. 12, 2013. Disponível em: <http://www.cbsnews.com>. Acesso em: 23 jan. 2017.
DANIELS, Jesse. *White Lies: Race, Class, Gender, and Sexuality in White Supremacist Discourse.* New York: Routledge, 1997.
DANZIGER, Sheldon H.; HAVEMAN, Robert H. *Understanding Poverty.* New York: Russell Sage Foundation, 2001.
DARITY, William A., Jr. Stratification Economics: The Role of Intergroup Inequality. *Journal of Economics and Finance*, v. 29, n. 2, Summer, 2005.
DARITY, William A., Jr.; COTTON, Jeremiah; HILL, Herbert. Race and Inequality in the Managerial Age. In: REED, Wornie L. (ed.). *African Americans: Essential Perspectives.* Westport: Auburn House, 1993.
DARITY, William A., Jr.; MYERS, Samuel L. Changes in the Black-White Income Inequality, 1968–1978: A Decade of Progress? *The Review of Black Political Economy*, v. 10, 1980.
DAVIS, Allison; GARDNER, Burleigh B.; GARDNER, Mary R. *Deep South: A Social Anthropological Study of Caste and Class.* Chicago: University of Chicago Press, 1941.
DAVIS, Angela. *Freedom is a Constant Struggle: Ferguson, Palestine, and the Foundations of a Movement.* Chicago: Haymarket, 2016. (Trad. bras.: A Liberdade É Uma Luta Constante. São Paulo: Boitempo, 2018.)
DAVIS, Dernoral. Toward a Socio-Historical and Demographic Portrait of Twentieth-Century African Americans. In: HARRISON, Alferdteen (ed.). *Black Exodus: The Great Migration from the American South.* Jackson/London: University of Mississippi Press, 1991.
DAWSON, Michael C. *Black Visions: The Roots of Contemporary African-American Political Ideologies.* Chicago: University of Chicago Press, 2001.
_____. *Behind the Mule: Race and Class in African American Politics.* Princeton: Princeton University Press, 1994.
DAY, Jennifer Cheeseman; NEWBURGER, Eric. *The Big Payoff: Educational Attainment and Synthetic Estimates of Work-Life Earnings.* Washington, D.C.: U.S. Census Bureau, 2002.
DEMBY, Gene. Michael Steele: Voter ID Rhetoric Is "Irresponsible", Party Needs New Approach to Black Voters. *Huffington Post*, Aug. 31, 2012. Disponível em: <www.huffingtonpost.com>. Acesso em: 31 mar. 2013.
DEMOCRACY NOW. Whistleblower: The NSA Is Lying – U.S. Government Has Copies of Most of Your Emails. Apr. 20, 2012. Disponível em: <www.democracynow.org>. Acesso em: 31 mar. 2013.
_____. David Duke Endorses Donald Trump in New Louisiana Robocall. Aug. 30, 2016. Disponível em: <https://www.democracynow.org>. Acesso em: 22 jan. 2017.
DEMOTT, Benjamin. *The Trouble with Friendship: Why Americans Can't Think Straight about Race.* New York: Atlantic Monthly, 1995.
DEMUTH, Stephen; STEFFENSMEIER, Darrell. Ethnicity Effects on Sentence Outcomes in Large Urban Courts: Comparisons among White, Black, and Hispanic Defendants. *Social Science Quarterly*, v. 85, 2004.
DENZIN, Norman K. *The Research Act: A Theoretical Introduction to Sociological Methods.* Englewood Cliffs: Prentice Hall, 1989.
DENZIN, Norman K.; LINCOLN, Yvonna S. (eds.). *Handbook of Qualitative Research.* Thousand Oaks: Sage, 2000.
DEPARTMENT OF NUMBERS. Disponível em: <http://www.deptofnumbers.com>. Acesso em: 22 jan. 2017.
DESENA, Judith N. Local Gatekeeping Practices and Residential Segregation. *Sociological Inquiry*, v. 64, n. 3, 1994.
DIAMOND, Jeremy. Trump Refers to "Ghettos" in Discussing African-American Issues. CNN, Oct. 27, 2016. Disponível em: <http://www.cnn.com>. Acesso em: 24 jan. 2017.
DICKEY, Jack. The Revolution on America's Campuses. *Time*, May 31, 2016. Disponível em: <http://time.com>. Acesso em: 23 jan. 2017.

DOANE, Ashley W. White Identity and Race Relations in the 1990s. In: CARTER, Gregg Lee (ed.). *Perspectives on Current Social Problems*. Boston: Allyn and Bacon, 1997.

DOLLARD, John. *Caste and Class in a Southern Town*. New York: Doubleday, 1957.

DOMHOFF, William. *Who Rules America? The Triumph of the Corporate Rich*. 7th ed. Columbus: McGraw-Hill Education, 2013.

____. *Who Rules America?* Englewood Cliffs: Prentice Hall, 2006.

DORN, Edward. *Rules and Racial Equality*. New Haven: Yale University Press, 1979.

DOUGLASS, Frederick. *My Bondage and My Freedom*. London: Penguin, 2003.

DOVERE, Edward-Isaac. How Clinton Lost Michigan – and Blew the Election. *Politico*, Dec. 14, 2016. Disponível em: <http://www.politico.com>. Acesso em: 23 jan. 2013.

DOVIDIO, John F.; GAERTNER, Samuel L. Changes in the Expression and Assessment of Racial Prejudice. In: KNOPKE, Harry J.; NORRELL, Robert J; ROGERS, Ronald W. (eds.). *Opening Doors: Perspectives on Race Relations in Contemporary America*. Tuscaloosa: University of Alabama Press, 1991.

DOVIDIO, John F.; GAERTNER, Samuel L. (eds.). *Prejudice, Discrimination, and Racism*. New York: Academic, 1986.

DOWDING, Keith. *Power*. Minneapolis: University of Minnesota Press, 1996.

DREW, Christopher; MCINTIRE, Mike. After 2000 Loss, Obama Built Donor Network from Roots Up. *The New York Times*, Apr. 3, 2007. Disponível em: <www.nytimes.com>. Acesso em: 31 mar. 2013.

D'SOUZA, Dinesh. *The End of Racism: Principles for a Multiracial Society*. New York: Free, 1995.

DU BOIS, W.E.B. *Black Reconstruction in America 1860–1880*. New York: Free, 1997.

____. *The Souls of Black Folk*. New York: Penguin, 1995. (Trad. bras.: *As Almas da Gente Negra*. Rio de Janeiro: Lacerda, 1999.)

DUKE, David. Disponível em: <www.duke.org.>. Acesso em: 8 dez. 2002.

DUKE, Lynne. How Big a Stretch? For Barack Obama, Winning the White House Would Mean Bridging the Biggest Gap of All. *The Washington Post*, May 7, 2007. Disponível em: <www.washingtonpost.com>. Acesso em: 31 mar. 2013.

DUNN, Thomas L. The New Enclosures: Racism in the Normalized Community. In: GOODING-WILLIAMS, Robert (ed.). *Reading Rodney King, Reading Urban Uprising*. New York: Routledge, 1993.

EAGAN, Kevin et al. The American Freshman: National Norms Fall 2015. Cooperative Institutional Research Program, 2016. Disponível em: <https://www.heri.ucla.edu>. Acesso em: 23 jan. 2013.

EATWALL, Roger; WRIGHT, Anthony (eds.). *Contemporary Political Ideologies*. Boulder: Westview, 1993.

EDIN, Kathryn. *Making Ends Meet: How Single Mothers Survive Welfare and Long-Wage Work*. New York: Russell Sage Foundation, 1997.

EDSALL, Thomas; EDSALL, Mary D. *Chain Reaction: The Impact of Race, Rights, and Taxes on American Politics*. New York: Norton, 1992.

ELEJALDE-RUIZ, Alexia. Chicago's Racial Employment Gaps among Worst in Nation. *Chicago Tribune*, May 25, 2016. Disponível em: < http://www.chicagotribune.com>. Acesso em: 23 jan. 2017.

ELIASOPH, Nina. "Everyday Racism" in a Culture of Political Avoidance: Civil Society, Speech, and Taboo. *Social Problems*, v. 46, n. 4, 1997.

EPSTEIN, J.L. After the Bus Arrives: Resegregation in Desegregated Schools. *Journal of Social Issues*, v. 41, n. 3, 1985.

ESSED, Philomena. *Diversity: Gender, Color, and Culture*. Amherst: University of Massachusetts Press, 1996.

FAIR, Bryan K. *Racial Caste Baby: Color Blindness and the End of Affirmative Action*. New York: New York University Press, 1997.

FAIRCLOUGH, Norman. *Critical Discourse Analysis: The Critical Study of Language*. London: Longman, 1995.

____. *Language and Power*. London: Longman, 1989.

FANON, Frantz. *Black Skin, White Masks*. New York: Grove, 1967.

FANTASIA, Rick. *Cultures of Solidarity: Consciousness, Action, and Contemporary American Workers*. Oakland: University of California Press, 1989.

FARLEY, Reynolds. *The New American Reality*. New York: Russell Sage Foundation, 1996.

____. *Blacks and Whites: Narrowing the Gap?* Cambridge/London: Harvard University Press, 1984.

____. The Common Destiny of Black and Whites: Observations about the Social and Economic Status of the Races. In: HILL, Herbert; JONES, James E, Jr.. (eds.). *Race in America: The Struggle for Equality*. Madison: University of Wisconsin Press, 1993.

FARLEY, Reynolds; ALLEN, Walter R. *The Color Line and the Quality of Life in America*. New York: Russell Sage Foundation, 1987.

FAY, Brian. *Contemporary Philosophy of Social Science*. Oxford: Blackwell, 1996.

FEAGIN, Joe R. *Systemic Racism: A Theory of Oppression*. New York: Routledge, 2006.

____. The Social Significance of Barack Obama. Disponível em: <www.contexts.org/obama>. Acesso em: 31 mar. 2013.

____. *Racist America: Roots, Realities, and Future Reparations*. New York: Routledge, 2000.

____. The Continuing Significance of Race: Antiblack Discrimination in Public Places. *American Sociological Review*, v. 56, n. 1, 1991.

FEAGIN, Joe R.; MCKINNEY, Karen D. *The Many Costs of Racism*. Lanham, Md.: Rowman & Littlefield, 2003.

FEAGIN, Joe R.; VERA, Hernán; IMANI, Nikitah. *The Agony of Education: Black Students at White Colleges and Universities*. New York: Routledge, 1996.

FEAGIN, Joe R.; VERA, Hernán. *White Racism: The Basics*. New York: Routledge, 1995.

FEAGIN, Joe R.; SIKES, Melvin. *Living with Racism: The Black Middle-Class Experience*. Boston: Beacon, 1994.

FEHR, Beverly. *Friendship Process*. Newbury Park: Sage, 1996.

FINE, Michelle; WEIS, Lois. *The Unknown City: Lives of Poor and Working-Class Young Adults*. Boston: Beacon, 1998.

FINN, Peter. Bush Trip to Switzerland Called Off amid Threats of Protests, Legal Action. *The Washington Post*, Feb. 5, 2011. Disponível em: <www.washingtonpost.com>. Acesso em: 31 mar. 2013.

FIREBAUGH, Glenn; DAVIS, Kenneth E. Trends in Antiblack Prejudice, 1972-1984: Region and Cohort Effects. *American Journal of Sociology*, v. 94, 1988.

FIRESTONE, David. What the Democrats Didn't Say. *The New York Times*, Sep. 5, 2012. Disponível em: <http://takingnote.blogs.nytimes.com>. Acesso em: 31 mar. 2013.

FISHER, Marc. Donald Trump: "I Am the Least Racist Person". *The Washington Post*, Jun. 10, 2016. Disponível em: <https://www.washingtonpost.com>. Acesso em: 22 jan. 2017.

FIVETHIRTYEIGHT. Who Will Win the Presidency? Nov. 8, 2016. Disponível em: <https://projects.fivethirtyeight.com>. Acesso em: 23 jan. 2017.

FLIPPEN, Chenoa. Unequal Returns to Housing Investments?: A Study of Real Housing Appreciation among Black, White and Hispanic Households. *Social Forces*, v. 82, n. 4, 2004.

FLITTER, Emily; KAHN, Chris. Exclusive: Trump Supporters More Likely to View Blacks Negatively – Reuters/Ipsos Poll. *Reuters*, Jun. 28, 2016. Disponível em: <http://www.reuters.com>. Acesso em: 23 jan. 2017.

FLORES-GONZALES, Nilda. The Racialization of Latinos: The Meaning of Latino Identity for the Second Generation, *Latino Studies Journal*, v. 10, n. 3, 1999.

FONER, Philip S. *Organized Labor and the Black Worker, 1619-1981*. New York: International Publishers, 1981.

FONTANA, Andrea; FREY James H. The Interview: From Structured Questions to Negotiated Text. In: DENZIN, Norman K.; LINCOLN, Yvonna S. (eds.). *Handbook of Qualitative Research*. Thousand Oaks: Sage, 2000.

FOUCAULT, Michel. *The Order of Things: An Archeology of the Human Sciences*. New York: Random House, 1973. (Trad. bras.: *A Palavra e as Coisas: Uma Arqueologia das Ciências Humanas*. São Paulo: Martins Fontes, 2016.)

FOX, Thomas C. 100 Days of Obama Leadership, Black Pride Runs High. *National Catholic Reporter*, Apr. 28, 2009. Disponível em: <www.ncronline.org>. Acesso em: 31 mar. 2013.

FRANKENBERG, Ruth. *White Women, Race Matters*. Minneapolis: University of Minnesota Press, 1993.

FRASER, James; KICK, Edward. The Interpretive Repertoires of Whites on Race-Targeted Policies: Claims Making of Reverse Discrimination. *Sociological Perspectives*, v. 43, n. 1, 2000.

FREDRICKSON, George. *White Supremacy: A Comparative Study in American and South African History*. New York: Oxford University Press, 1981.

____. *Black Image in the White Mind: The Debate on Afro-American Character and Destiny, 1817-1914*. New York/Evanston/San Francisco/London: Harper Torchbooks, 1973.

FREELON, Deen; MCILWAIN, Charlton D.; CLARK, Meredith. Beyond the Hashtags: #Ferguson, #BlackLivesMatter, and the Online Struggle for Offline Justice. Feb. 2016. Disponível em: <http://cmsimpact.org>. Acesso em: 23 jan. 2017.

FREE JR., Marvin D. (ed.). *Racial Issues in Criminal Justice: The Case of African Americans*. Westport: Praeger, 2003.

FREKING, Kevin. President Obama Makes It Easier for Indian Tribes to Be Recognized. *Los Angeles Daily News*, Jun. 29, 2015. Disponível em: <http://www.dailynews.com>. Acesso em: 22 jan. 2017.

FREY, William H.; FARLEY, Reynolds. Latino, Asian, and Black Segregation in U.S. Metropolitan Areas: Are Multi-Ethnic Metros Different? *Demography*, v. 33, n. 1, 1996.

FUNKE, Daniel; SUSMAN, Tina. From Ferguson to Baton Rouge: Deaths of Black Men and Women at the Hands of Police. *Los Angeles Times*, Jul. 12, 2016. Disponível em: <http://www.latimes.com>. Acesso em: 23 jan. 2017.

GABBIDON, Shaun; PETERSON, Steven A. Living While Black: A State-Level Analysis of the Influence of Select Social Stressors on the Quality of Life among Black Americans. *Journal of Black Studies*, v. 37, n. 1, 2008.

GALLAGHER, Charles A. Interracial Dating and Marriage: Fact, Fantasy and the Problem of Survey Data. In: MOORE, Robert (ed.). *Quality and Quantity of Contact: African Americans and Whites on College Campuses*. New York: University Press of America, 2002.

GALSTER, George C. Racial Steering by Real Estate Agents: Mechanisms and Motives. *The Review of Black Political Economy*, v. 19, n. 1, Spring, 1990.

GANS, Herbert J. The Possibility of a New Racial Hierarchy in the Twenty-First Century United States. In: LAMONT, Michele (ed.). *The Cultural Territories of Race: Black and White Boundaries*. Chicago: University of Chicago Press, 1999.

GARCIA, Jorge J.E.; DE GREIFF, Pablo (eds.). *The United States: Ethnicity, Race, and Rights*. New York: Routledge, 2000.

GARROW, David J. *The FBI and Martin Luther King*. New York: Penguin, 1983.

GARWOOD, Alfred N. *Black Americans: A Statistical Sourcebook*. Boulder: Numbers and Concepts, 1991.

GERSHMAN, Jacob. Study Links Police Bodycams to Increase in Shooting Deaths. *Wall Street Journal*, Aug. 12, 2016. Disponível em: <http://blogs.wsj.com>. Acesso em: 23 jan. 2017.

GEST, Justin. *The New Minority: White Working Class Politics in an Age of Immigration and Inequality*. New York: Oxford University Press, 2016.

GHARIB, Ali. Obama Clear Winner in World Opinion. *International Press Service*, Sep. 12, 2008. Disponível em: <www.commondreams.org>. Acesso em: 31 mar. 2013.

GHYMN MIKYUNG, Esther (ed.). *Asian American Studies: Identity, Images, Issues Past and Present*. New York: Peter Lang, 2000.

GILBERTSON, Greta A.; FITZPATRICK, Joseph P.; YANG, Lijun. Hispanic Out-Marriage in New York City: New Evidence from 1991, *International Immigration Review*, v. 30, 1996.

GITTLEMAN, Maury; WOLFF, Edward N. Racial Differences in Patterns of Wealth Accumulation. *Journal of Human Resources*, v. 39, 2004.

GLAESER, Edward; VIGDOR, Jacob. *The End of the Segregated Century: Racial Separation in America's Neighborhoods, 1890–2010*. New York: Center for State and Local Leadership, Jan. 2012.

GOAD, Jim. *The Redneck Manifesto*. New York: Touchstone, 1997.

GOAR, Carla. Even the Rats Are White: White Supremacy in Experimental Methodology. In: BONILLA-SILVA, Eduardo; ZUBERI, Tukufu (eds.). *White Logic, White Methods: Racism and Methodology*. Lanham: Rowman & Littlefield, 2008.

GOERING, John (ed.). *Fragile Rights in Cities*. Lanham: Rowman & Littlefield, 2007.

GOETZ, Edward. Gentrification in Black and White: The Racial Impact of Public Housing Demolition in American Cities. *Urban Studies*, v. 48, n. 8, 2011.

GOLDBERG, David T. *Racial Subjects: Writing on Race in America*. New York: Routledge, 1997.

_____. *Racist Culture: Philosophy and the Politics of Meaning*. Cambridge: Blackwell, 1993.

GOLDFIELD, David R. *Black, White, and Southern: Race Relations and Southern Culture, 1940 to the Present*. Baton Rouge: Louisiana State University Press, 1990.

GOLDFIELD, Michael. *The Color of Politics: Race and the Mainsprings of American Politics*. New York: New York, 1997.
GOLDMAN, Russell. Donald "Bombshell" Fails to Blow Up." ABC News, Oct. 24, 2012. Disponível em: <http://abcnews.go.com>. Acesso em: 31 mar. 2013.
GOMES, Ralph C.; WILLIAMS, Linda Faye (eds.). *From Exclusion to Inclusion: The Long Struggle for African American Political Power*. New York: Greenwood, 1992.
GOODING-WILLIAMS, Robert (ed.). *Reading Rodney King, Reading Urban Uprising*. New York: Routledge, 1993.
GOSSETT, Thomas. *Race: The History of an Idea in America*. Dallas: Southern Methodist University Press, 1963.
GOULDNER, Helen; STRONG, Mary. *Speaking of Friendship: Middle-Class Women and Their Friends*. New York: Greenwood, 1987.
GRAHAM, David R. Which Republicans Oppose Donald Trump? A Cheat Sheet. *The Atlantic*, Nov. 6, 2016. Disponível em: <http://www.theatlantic.com>. Acesso em: 22 jan. 2017.
GRAHAM, Lawrence Otis. *Member of the Club: Reflections on Life in a Racially Polarized World*. New York: HarperCollins, 1995.
GRAHAM, Richard (ed.). *The Idea of Race in Latin America, 1870-1940*, Austin: University of Texas Press, 1990.
GRAY, John. *Liberalism*. Minneapolis: University of Minnesota Press, 1986.
GREEN, Erica L.; BROADWATER, Luke. Civil Rights Activist DeRay Mckesson to Join New City Schools Cabinet. *Baltimore Sun*, Jun. 28, 2016. Disponível em: <http://www.baltimoresun.com>. Acesso em: 23 jan. 2017.
GREENBERG, David. Why Obamania? Because He Runs as the Great White Hope. *The Washington Post*, Jan. 13, 2008. Disponível em: <www.washingtonpost.com>. Acesso em: 31 mar. 2013.
GREENE, Lorenzo; WOODSON, Carter G. *The Negro Wage Earner*. New York: Association for the Study of Negro Life and History, 1930.
GRIER, Peter; THURMAN, James N. Youth's Shifting Attitudes on Race. *Christian Science Monitor*, Aug. 18, 1999.
GRODSKY, Eric; PAGER, Devah. The Structure of Disadvantage: Individual and Occupational Determinants of the Black-White Wage Gap. *American Sociological Review*, v. 66, 2001.
GROSS, Samuel R.; MAURO, Robert. *Death and Discrimination: Racial Disparities in Capital Sentencing*. Boston: Northeastern University Press, 1989.
HAINS, Tim. Trump's Updated ISIS Plan: "Bomb the Shit Out of Them", Send in Exxon to Rebuild. *Real Clear Politics*, Nov. 13, 2015. Disponível em: < http://www.realclearpolitics.com>. Acesso em: 22 jan. 2017.
HAIVEN, Max; KHASNABISH, Alex. Between Success and Failure: Dwelling with Social Movements in the Hiatus. *Interface: A Journal for and About Social Movements*, v. 5, n. 2, Nov., 2013.
HALL, Stuart. The Narrative Construction of Reality. *Southern Review*, v. 17, n. 2, 1984.
HALLINAN, Maureen; WILLIAMS. Richard A. The Stability of Student's Interracial Friendships. *American Sociological Review*, v. 52, n. 2, 1987.
HAMILTON, Charles. *The Black Political Experience in America*. New York: Capricorn, 1973.
HANCHARD, Michael G. *Orpheus and Power*. Princeton: Princeton University Press, 1994.
HANEY, Craig. On the Selection of Capital Juries: The Biasing of the Death-Qualification Process. *Law and Human Behavior*, v. 8, 1984.
HARRINGTON, Michael. *The Other America: Poverty in the United States*. New York: Macmillan, 1962.
HARRIS, C. *Flying While Black: A Whistleblower's Story*. Los Angeles: Milligan, 2001.
HARRIS, David A. Driving While Black: Racial Profiling on Our Nation's Highways. American Civil Liberties Union Special Report. *American Civil Liberties Union*, Jun. 1999. Disponível em: <http://archive.aclu.org>. Acesso em: 08 dez. 2002.
HARRIS, Fredrick. The Price of a Black President. *The New York Times*, Oct. 27, 2012. Disponível em: <www.nytimes.com>. Acesso em: 31 mar. 2013.
HARRISON, Alferdteen. *Black Exodus: The Great Migration from the American South*. Jackson: University Press of Mississippi, 1991.
HARRISON, Bennett; BLUESTONE, Barry. *The Great U-Turn: Corporate Restructuring and the Polarizing of America*. New York: Basic Books, 1988.
HART, Peter. Dobbs Choice: CNN Host Picks Immigration as His Ax to Grind. FAIR (Fairness and Accuracy in Reporting), Feb. 2004 (site).

HARTIGAN, John, Jr. *Racial Situations: Class Predicaments of Whiteness in Detroit*. Princeton: Princeton University Press, 1999.

HARTMANN, Paul. *Racism and the Mass Media: A Study of the Role of the Mass Media in the Formation of White Beliefs and Attitudes in Britain*. Totowa: Rowman & Littlefield, 1974.

HARTOCOLLIS, Anemona. Yale Lecturer Resigns after Email on Halloween Costumes. *The New York Times*, Dec. 7, 2015. Disponível em: <https://www.nytimes.com>. Acesso em: 23 jan. 2017.

HAWKING, Darnell F.; KEMPF-LEONARD, Kimberley (eds.). *Our Children, Their Children: Confronting Racial and Ethnic Differences in American Juvenile Justice*. Chicago and London: University of Chicago Press, 2005.

HECKMAN, James J.; PAYNER, Brooks S. Determining the Impact of the Federal Antidiscrimination Policy on the Economic Status of Blacks: A Study of South Carolina. *American Economic Review*, v. 79, n. 1, 1992.

HELDERMAN, Rosalind S. The 113th Congress Is the Most Diverse in History. *The Washington Post*, Jan. 3, 2013. Disponível em: <www.washingtonpost.com>. Acesso em: 29 mar. 2013.

HELG, Aline. Race in Argentina and Cuba, 1880-1930: Theory, Policies, and Popular Reaction. In: GRAHAM, Richard (ed.). *The Idea of Race in Latin America, 1870-1940*, Austin: University of Texas Press, 1990.

HENICAN, Ellis. When It Comes to Hypocrisy, He's Brilliant! *Newsday*, Jan. 17, 2003.

HENRI, Florette. *Black Migration: Movement North, 1900-1920*. New York: Anchor, Doubleday, 1975.

HERRING, Cedric; KEITH, Verna M.; HORTON, Hayward D. *Skin Deep: How Race and Complexion Matter in the "Color-Blind" Era*. Urbana: University of Illinois Press, 2003.

HERRNSTEIN, Richard J.; MURRAY. Charles. *The Bell Curve: Intelligence and Class Structure in American Life*. New York: Free, 1994.

HERSH, Joshua. Hina Rabbani Khar, Pakistan Foreign Minister: Drones Are Top Cause of Anti-Americanism. *Huffington Post*, Sep. 28, 2012. Disponível em: <www.huffingtonpost.com>. Acesso em: 31 mar. 2013.

HILL, Herbert; JONES, James E. (eds.). *Race in America: The Struggle for Equality*. Madison: University of Wisconsin Press, 1993.

HILL-COLLINS, Patricia. *Black Feminist Thought*. New York: Routledge, 1990.

HIRSCH, Werner Z. (ed.). *Los Angeles: Viability and Prospects for Metropolitan Leadership*. New York: Praeger, 1971.

HOBERMAN, John. *Darwin's Athletes*. Boston: Houghton Mifflin, 1997.

HOCHSCHILD, Arlie Russell. I Spent 5 Years with Some of Trump's Biggest Fans. Here's What They Won't Tell You. *Mother Jones*, Aug. 2016. Disponível em: <http://www.motherjones.com>. Acesso em: 23 jan. 2017.

HOCHSCHILD, Jennifer. *Facing Up to the American Dream*. Princeton: Princeton University Press, 1995.

HOROWITZ, Juliana Menasce; LIVINGSTON, Gretchin. How Americans View the Black Lives Matter Movement. Pew Research Center, Jul. 8, 2016. Disponível em: <http://www.pewresearch.org>. Acesso em: 23 jan. 2017.

HOWARD, David. *Coloring the Nation: Race and Ethnicity in the Dominican Republic*. Boulder: Lynne Rienner, 2001.

HUFFINGTON POST. Bernie Sanders Favorable Rating. Jan. 8, 2017. Disponível em: <https://elections.huffingtonpost.com>. Acesso em: 23 jan. 2017.

HUGHES, Michael. Symbolic Racism, Old-Fashioned Racism, and Whites' Opposition to Affirmative Action. In: TUCH, Steven A.; MARTIN, Jack K. (eds.). *Racial Attitudes in the 1990s: Continuity and Change*. Westport: Praeger, 1997.

HUGHEY, Matthew. *White Bound: Nationalists, Antiracists, and the Shared Meanings of Race*. Redwood City: Stanford University Press, 2012.

HUNT, Darnell. *O.J. Simpson Facts and Fictions: News Rituals in the Construction of Reality*. Cambridge: Cambridge University Press, 1999.

_____. *Screening the Los Angeles "Riots": Race, Seeing, and Resistance*. Cambridge: Cambridge University Press, 1996.

HUNT, Matthew O. et al. Color Blind: The Treatment of Race and Ethnicity in Social Psychology. *Social Psychology Quarterly*, v. 63, n. 4, 2000.

HUNTINGTON, Samuel. *Who Are We? The Challenges to America's National Identity*. New York: Simon & Schuster, 2004.

HWANG, Sean-Shong; SAENZ, Rogelio; AGUIRRE, Benigno E. Structural and Individual Determinants of Outmarriage among Chinese-, Filipino-, and Japanese-Americans in California. *Sociological Inquiry*, v. 64, n. 4, 1994.

ICMN. Obama Establishes White House Council on Native American Affairs. *Indian County Media Network*, Jun. 26, 2013. Disponível em: <https://indiancountrymedianetwork.com>. Acesso em: 22 jan. 2017.

IGNATIEV, Noel. *How the Irish Became White*. New York: Routledge, 1995.

INGRAM, David. *Group Rights: Reconciling Equality and Difference*. Lawrence: University Press of Kansas, 2000.

INTERNATIONAL HUMAN RIGHTS and Conflict Resolution Clinic (Stanford Law School) and Global Justice Clinic (NYU School of Law). Living Under Drones: Death, Injury and Trauma to Civilians from US Drone Practices in Pakistan. *Livingunderdrones.org*, Sep. 2012. Disponível em: <www.livingunderdrones.org>. Acesso em: 31 mar. 2013.

IOANIDE, Paula. *The Emotional Politics of Racism: How Feelings Trump Facts in an Era of Colorblindness*. Redwood City: Stanford University Press, 2015.

JACKMAN, Mary R. *The Velvet Glove: Paternalism and Conflict in Gender, Class, and Race Relations*. Berkeley: University of California Press, 1994.

JACKMAN, Mary R.; CRANE, Marie. "Some of My Best Friends Are Black...": Interracial Friendship and Whites' Racial Attitudes. *Public Opinion Quarterly*, v. 50, Winter, 1986.

JACKSON, Pamela I. *Minority Group Threat, Crime, and Policing*. New York/Westport/London: Praeger, 1989.

JAKES, Lara. Obama to Revive Military Tribunals for GITMO Detainees, with More Rights. *Huffington Post*, May 14, 2009. Disponível em: <www.huffingtonpost.com>. Acesso em: 31 mar. 2013.

JASPER, James. The Emotions of Protest: Affective and Reactive Emotions in and Around Social Movements. *Sociological Forum*, v. 13, n. 3, 1998.

JAYNES, Gerald D.; WILLIAMS, Robin M. *A Common Destiny: Blacks and American Society*. Washington, D.C.: National Academy Press, 1989.

JENNINGS, James. *The Politics of Black Empowerment: The Transformation of Black Activism in Urban America*. Detroit: Wayne State University Press, 1992.

JOHNSON, Allan G. *The Forest and the Trees: Sociology as Life, Practice, and Promise*. Philadelphia: Temple University Press, 2014.

JOHNSON, Charles S. *Racial Attitudes: Interviews Revealing Attitudes of Northern and Southern White Persons, of a Wide Range of Occupational and Educational Levels, toward Negroes*. Nashville: Social Science Institute, Fisk University, 1946.

_____. *Patterns of Negro Segregation*. New York: Harper & Brothers, 1943.

JOHNSON, David; WILSON, Chris. See Just How Big Over 200 Women's Marches Were All across the Country. *Time*, Jan. 23, 2016. Disponível em: <http://time.com>. Acesso em: 27 jan. 2017.

JOHNSON, Monica Kirkpatrick; MARINI, Margaret Mooney. Bridging the Racial Divide in the United States: The Effect of Gender. *Social Psychology Quarterly*, v. 61, n. 3, 1998.

JONES, Van. The Messy Truth about the Gulf between Trump and Clinton Voter. CNN, Dec. 6, 2016. Disponível em: <http://www.cnn.com>. Acesso em 23 jan. 2017.

JOYNER, Kara; KAO, Grace. School Racial Composition and Racial Homophily, *Social Science Quarterly*, v. 81, 2000.

JUDIS, John B. Creation Myth. *The New Republic*, Sep. 10, 2008. Disponível em: <www.newrepublic.com>. Acesso em 31 mar. 2013.

KALMIJN, Matthijs. Intermarriage and Homogamy: Causes, Patterns, Trends. *Annual Review of Sociology*, v. 24, 1998.

KAMIYA, Gary. It's OK to Vote for Obama Because He's Black. *Salon*, Feb. 2008. Disponível em: <www.salon.com>. Acesso em: 31 mar. 2013.

KANE, Emily W. Racial and Ethnic Variations in Gender-Related Attitudes. *Annual Review of Sociology*, v. 26, 2000.

KANTOR, Jodi. For President, a Complex Calculus of Race and Politics. *The New York Times*, Oct. 23, 2012. Disponível em: <www.nytimes.com>. Acesso em: 31 mar. 2013.

KATZ, Phylis A.; TAYLOR, Dalmas A. (eds.). *Eliminating Racism: Profiles in Controversy*. New York/London: Plenum, 1988.

KEEN, Sam. *Faces of the Enemy: Reflections of the Hostile Imagination*. New York: Harper & Row, 1986.

KEETER, Scott; IGIELNIK, Ruth; WEISEL, Rachel. Can Likely Voter Models Be Improved? Evidence from the 2014 U.S. House Elections. Pew Research Center, Jan. 7, 2016. Disponível em: <http://www.pewresearch.org>. Acesso em: 23 jan. 2013.

KELLEY, Robin D.G. *Yo' Mama's Disfunktional: Fighting the Culture Wars in Urban America*. Boston: Beacon, 1997.
KENNEDY, Randal. *Interracial Intimacies*. New York: Pantheon, 2003.
KHAN, Akbar Nasir. The US' Policy of Targeted Killing by Drones in Pakistan. *IPRI Journal*, v. 11, n. 1, Winter, 2011. Disponível em: <http://harvard.academia.edu>. Acesso em: 31 mar. 2013.
KIM, Claire Jean. The Racial Triangulation of Asian Americans. *Politics and Society*, v. 27, n. 1, Mar. 1999.
KINCHELOR, Joel L.; MCLAREN, Peter. Rethinking Critical Theory and Qualitative Research. In: DENZIN, Norman K.; LINCOLN, Yvonna S. (eds.). *Handbook of Qualitative Research*. Thousand Oaks: Sage, 2000.
KINDER, Donald R.; SEARS, David O. Prejudice and Politics: Symbolic Racism versus Racial Threats to the Good Life. *Journal of Personality and Social Psychology*, v. 40, n. 1, 1981.
KINDER, Donald R.; SANDERS, Lynn M. *Divided by Color: Racial Politics and Democratic Ideals*. Chicago: University of Chicago Press, 1996.
KING, Martin Luther, Jr. *A Call to Conscience: The Landmark Speeches of Dr. Martin Luther King, Jr.* In: CARSON, Clayborne; SHEPARD, Kris (eds.). New York: Intellectual Properties Management, in association with Warner Books, 2001. (Trad. bras.: *Um Apelo À Consciência: Os Melhores Discursos de Martin Luther King*. Rio de Janeiro: Zahar, 2006).
KIRSCHENMAN, Joleen; NECKERMAN, Kathryn M. "We'd Love to Hire Them, but…": The Meaning of Race for Employers. In: PINCUS, Fred L.; ERLICH, Howard J. (eds.). *Race and Ethnic Conflict*. Boulder: Westview, 1994.
KITANO, Harry L.; DANIELS, Roger. *Asian Americans: Emerging Minorities*. Englewood Cliffs: Prentice Hall, 2000.
KLEIN, Naomi. *The Shock Doctrine: The Rise of Disaster Capitalism*. New York: Metropolitan, 2007. (Trad. bras.: *A Doutrina do Choque: A Ascensão do Capitalismo de Desastre*. Rio de Janeiro: Nova Fronteira, 2008).
_____. Obama's Chicago Boys. *The Nation*, Jun. 12, 2008. Disponível em: < www.thenation.com>. Acesso em: 31 mar. 2013.
KNOPKE, Harry J.; NORRELL, Robert J; ROGERS, Ronald W. (eds.). *Opening Doors: Perspectives on Race Relations in Contemporary America*. Tuscaloosa: University of Alabama Press, 1991.
KOCHHAR, Rakesh; FRY, Richard. Wealth Inequality Has Widened along Racial, Ethnic Lines since End of Great Recession. Pew Research Center, Dec. 12, 2014. Disponível em: <http://www.pewresearch.org>. Acesso em: 23 jan. 2017.
KOCHHAR, Rakesh; FRY, Richard; ROHAL, Molly. The American Middle Class Is Losing Ground: No Longer the Majority and Falling Behind Financially. Pew Research Center, Dec. 9, 2015. Disponível em: <http://www.pewsocialtrends.org>. Acesso em: 22 jan. 2017.
KORTE, Gregory. In Last-Day Letter to Congress, Obama Concedes Defeat on Guantanamo Closure. *USA Today*, Jan. 19, 2017. Disponível em: <http://www.usatoday.com>. Acesso em: 22 jan. 2017.
KOVALESKI, Serge; CHAN Sewell. D.C. Cabs Still Bypass Minorities, Study Finds: City Crackdown Called Sporadic, Inadequate. *The Washington Post*, Oct. 7, 2003. Disponível em: <www.highbeam.com>. Acesso em: 31 mar. 2013.
KOVEL, Joel. *White Racism: A Psychohistory*. New York: Columbia University Press, 1984.
KOZOL, Jonathan. *Savage Inequalities*. New York: Crown, 1992.
KRAUTHAMMER, Charles. Obama Denounced Enhanced Interrogation; Now He's Judge, Jury and Executioner. *Real Clear Politics*, May 29, 2012. Disponível em: <www.realclearpolitics.com>. Acesso em: 31 mar. 2013.
KRUGMAN, Paul. Played for a Sucker. *The New York Times*, Nov. 16, 2007. Disponível em: <www.nytimes.com>. Acesso em: 31 mar. 2013.
KRYSAN, Maria et al. Does Race Matter in Neighborhood Preferences?: Results from a Video Experiment. *American Journal of Sociology*, v. 115, n. 2, 2009.
KVALE, Steinar. *Interviews: An Introduction to Qualitative Research Interviewing*. London: Sage, 1996.
LACLAU, Ernesto. *Politics and Ideology in Marxist Theory*. New York: Verso, 2012.
_____. *Politics and Ideology in Marxist Theory: Capitalism, Fascism, Populism*. London: NLB, 1977.
LACY, Karyn. All's Fair? The Foreclosure Crisis and Middle-Class Black (In)Stability. *American Behavioral Scientist*, v. 56, n. 11, 2012.
LAFER, Gordon. *The Job Training Charade*. Ithaca: Cornell University Press, 2002.
LAMBERT, Wallace; TAYLOR, Donald. *Coping with Cultural and Racial Diversity in Urban America*. Westport: Praeger, 1990.

LAMONT, Michele (ed.). *The Cultural Territories of Race: Black and White Boundaries*. Chicago: University of Chicago Press, 1999.
LE ESPIRITU, Yen. *Asian American Panethnicity: Bridging Institutions and Identities*. Philadelphia: Temple University Press, 1992.
LEE, Kurtis. Several of Donald Trump's Latino Advisors Resign after his Immigration Speech. *Los Angeles Times*, Sep. 1, 2016. Disponível em: <http://www.latimes.com>. Acesso em: 22 jan. 2017.
LEE, M.J.; GREY, Noah. Trump to CNN: "I Love the Muslims". CNN Jun. 10, 2015. Disponível em: <http://www.cnn.com>. Acesso em: 22 jan. 2017.
LEE, Sharon; EDMONSTON, Barry. New Marriages, New Families: U.S. Racial and Hispanic Intermarriage, *Population Bulletin*, jun. 2005.
LEE, Suevon. Everything You've Ever Wanted to Know about Voter ID Laws. *ProPublica*, Nov. 5, 2012. Disponível em: <www.propublica.org>. Acesso em: 29 mar. 2013.
LEIMAN, Melvin M. *Political Economy of Racism*. London/Boulder: Pluto, 1992.
LENSKI, Gerhard. *Power and Privilege: A Theory of Social Stratification*. Chapel Hill: University of North Carolina Press, 1984.
LEONHARDT, David. Obamanomics. *The New York Times*, Aug. 20, 2008. Disponível em: <www.nytimes.com>. Acesso em: 31 mar. 2013.
LERNER, Gerda. *The Grimké Sisters from South Carolina: Pioneers for Woman's Rights and Abolition*. New York: Schocken, 1967.
LEVIN, Jack; MCDEVITT, Jack. *Hate Crimes: The Rising Tide of Bigotry and Bloodshed*. New York: Plenum, 1993.
LEWIS, Amanda E. *Race in the Schoolyard: Negotiating the Color Line in Classrooms and Communities*. New Jersey: L Rutgers University Press, 2003.
LEWIS, Amanda E.; DIAMOND, John B. *Despite the Best Intentions: How Racial Inequality Thrives in Good Schools*. New York: Oxford University Press, 2015.
LEWIS, Amanda E.; KRYSAN, Maria (eds.). *The Changing Terrain of Race and Ethnicity: Theory, Methods and Public Policy*. New York: Russell Sage Foundation, 2004.
LEWIS, Oscar. *La Vida: A Puerto Rican Family in the Culture of Poverty – San Juan and New York*. New York: Random House, 1966.
_____. *The Children of Sanchez: Autobiography of a Mexican Family*. New York: Random House, 1961.
LICHTER, Daniel T. U.S. Far from an Interracial Melting Pot. CNN Opinion, Jun. 16, 2010. Disponível em: <www.cnn.com>. Acesso em: 29 mar. 2013.
LIMA, Cristiano. Hillary Clinton Walks Back "Basket of Deplorables" Remark. *Politico*, Sep. 9, 2016. Disponível em: <http://www.politico.com>. Acesso em: 23 jan. 2017.
LIND, Dara. Donald Trump's Black Outreach Isn't for Black Voters. It's for Wavering White Republicans. *Vox*, Aug. 25, 2016. Disponível em: <http://www.vox.com>. Acesso em: 22 jan. 2017.
LINDER, Douglas. Famous American Trials, "Boston Massacre Trials, 1770", disponível em: <www.law.umkc.edu.html>. Acesso em: 12 ago. 2019.
LIPSET, Seymour Martin. *American Exceptionalism*. New York: Norton, 1996.
LIPTAK, Adam. U.S. Imprisons One in 100 Adults, Report Finds. *The New York Times*, Feb. 29, 2008. Disponível em: <www.nytimes.com>. Acesso em: 29 mar. 2013.
LISKA, Allen E.; LAWRENCE, Joseph J.; BENSON, Michael. Perspectives on the Legal Order: The Capacity for Social Control. *American Journal of Sociology*, v. 87, 1981.
LIZOTE, Alan J. Extra-Legal Factors in Chicago's Criminal Courts: Testing the Conflict Model of Criminal Justice. *Social Problems*, v. 25, 1978.
LOGAN, John R. Ethnic Diversity Grows, Neighborhood Integration Lags. In: KATZ, Bruce; LANG, Robert. *Redefining Urban and Suburban America: Evidence from Census 2000*. Washington, D.C.: Brookings Institution Press, 2003.
LOGAN, John R. How Race Counts for Hispanic Americans, Lewis Mumford Center, University of Albany, 2003. Disponível em: <http://mumford1.dyndns.org>.
LOGUE, Josh. A Broader Protest Agenda. *Inside Higher Ed*, Apr. 19, 2016. Disponível em: <https://www.insidehighered.com>. Acesso em: 23 jan. 2017.

LOVEN, Jennifer. Obama Seeks to Block Release of Abuse Photos. AP *White House Correspondent*, May 13, 2009. Disponível em: <www.dailyprogress.com>. Acesso em: 31 mar. 2013.

LOWERY, Wesley. *They Can't Kill Us All: Ferguson, Baltimore, and a New Era in America's Racial Justice Movement*. New York: Little, Brown, 2016.

LUCKERSON, Victor. Missouri Shows That College Presidents Can't Be Corporate. *Time*, Nov. 11, 2015. Disponível em: <http://time.com>. Acesso em: 23 jan. 2017.

LUHBY, Tami; YELLIN, Tal; MATTHEWS, Caroline. Just How Much Better Off Are College Grads Anyway. CNN. Disponível em: <http://money.cnn.com>. Acesso em: 23 jan. 2017.

LUSANE, Clarence. *African Americans at the Crossroads: The Restructuring of Black Leadership and the 1992 Elections*. Boston: South End, 1994.

MACK, Julie. Michigan's 2016 Presidential Election by the Numbers. *M Live*, Nov. 9, 2016. Disponível em: <http://www.mlive.com>. Acesso em: 23 jan. 2017.

MADSEN, Wayne. Obama Authorizes Covert Economic War against Venezuela. *Center for Research on Globalization*, Jan. 19, 2010. Disponível em: <www.globalresearch.ca>. Acesso em: 31 mar. 2013.

MALVEAUX, Juliane. Black Dollar Power: Economics in the Black Community, *Essence*, v. 10, Oct. 1999.

MARABLE, Manning. Jackson and the Rise of the Rainbow Coalition. *New Left Review*, v. 1, n. 149, 1989. Disponível em: <http://newleftreview.org>. Acesso em: 31 mar. 2013.

____. *How Capitalism Underdeveloped Black America*. Cambridge: South End Press, 2000.

____. *Race, Reform, and Rebellion: The Second Reconstruction in Black America, 1945–1990*. Jackson: University of Mississippi Press, 1991.

MARKS, Carole. The Social and Economic Life of Southern Blacks during the Migration. In: HARRISON, Alferdteen (ed.). *Black Exodus: The Great Migration from the American South*. Jackson, Miss., and London: University of Mississippi Press, 1991.

MARSH, Taylor. Barack Obama's Progressive Cannibalism. *Huffington Post*, Dec. 8, 2007. Disponível em: <www.huffingtonpost.com>. Acesso em: 31 mar. 2013.

MARSHALL, Ray. Industrialisation and Race Relations in the Southern United States. In: HUNTER, Guy (ed.). *Industrialisation and Race Relations: A Symposium*. London/New York: Oxford University Press, 1965.

MARTIN, Elizabeth; DE MAIO, Theresa J.; CAMPANELLI, Pamela C. Context Effects for Census Measures of Race and Hispanic Origin. *Public Opinion Quarterly*, v. 54, n. 4, 1990.

MARTIN, Jonathan; LEE, Carol E. Obama: "I Am a New Democrat". *Politico*, Mar. 11, 2009. Disponível em: <www.politico.com>. Acesso em: 31 mar. 2013.

MARX, Karl; ENGELS, Friedrich. *The German Ideology*. In: ARTHUR, Cristopher John (ed.). New York: International, 1985. (Trad. bras.: *A Ideologia Alemã*. São Paulo: Boitempo, 2007.)

MARX, Karl. Theses on Feuerbach. 1976. Disponível em: <https://msuweb.montclair.edu>. Acesso em: 27 jan. 2017.

MASOOD, Salman. Americans Join Pakistan Convoy to Protest Drone Strikes. *The New York Times*, Oct. 6, 2012. Disponível em: <www.nytimes.com>. Acesso em: 31 mar. 2013.

MASSEY, Douglas S. et al. *Return to Aztlan: The Social Process of International Migration from Western Mexico*. Berkeley: University of California Press, 1997.

MASSEY, Douglas S.; DENTON, Nancy A. *American Apartheid: Segregation and the Making of the Underclass*. Cambridge: Harvard University Press, 1993.

____. Trends in the Residential Segregation of Blacks, Hispanics, and Asians: 1970–1980. *American Sociological Review*, v. 52, n. 6, 1987.

MATSUDA, Mary J. *Where Is Your Body? And Other Essays on Race, Gender and the Law*. Boston: Beacon, 1996.

MAUER, Marc; KING, Ryan S. Uneven Justice: State Rates of Incarceration by Race and Ethnicity. The Sentencing Project, Jun. 2007.

MCADAM, Doug. *Political Process and the Development of Black Insurgency, 1930–1970*. Chicago: University of Chicago Press, 1982.

MCCONAHAY, John B. Modern Racism, Ambivalence, and the Modern Racism Scale. In: DOVIDIO, John F.; GAERTNER, Samuel L. (eds.). *Prejudice, Discrimination, and Racism*. New York: Academic, 1986.

MCCONAHAY, John B.; HOUGH. J.C. Symbolic Racism. *Journal of Social Issues*, v. 32, n. 2, 1976.

MCCULLOUGH, Mary W. *Black and White as Friends: Building Cross-Race Friendships*. Cresskill: Hampton, 1998.
MCLELLAN, David (ed.). *Karl Marx: Selected Writings*. London: Oxford University Press, 1982.
MEAD, Lawrence M. *Beyond Entitlement: The Social Obligations of Citizenship*. New York: Free, 1986.
MEDIA ACTION NETWORK FOR ASIAN AMERICANS. Restrictive Portrayals of Asians in the Media and How to Balance Them. A Memo from MANAA to Hollywood: Asian Stereotypes. 2001. Disponível em: <www.manaa.org/asianstereotypes.html>. Acesso em: 08 dez. 2002.
MEEHAN, Albert; PONDER Michael. Race and Place: The Ecology of Racial Profiling African American Motorists. *Justice Quarterly*, v. 19, 2002.
MEIZHU, Lui et al. *The Color of Wealth: The Story Behind the U.S. Racial Wealth Divide*. New York: The New Press, 2006.
MEMMI, Albert. *Racism*. Transl. Steve Marinot. Minneapolis: University of Minnesota Press, 1999.
MEYER, Robinson. Body Cameras Are Betraying Their Promise. *The Atlantic*, Sep. 30, 2016. Disponível em: <http://www.theatlantic.com>. Acesso em: 3 jan. 2017.
MILES, Robert. *Racism after Race Relations*. London and New York: Routledge, 1993.
MILLER, Greg. Plan for Hunting Terrorists Signals U.S. Intends to Keep Adding Names to Kill Lists. *The Washington Post*, Oct. 23, 2012. Disponível em: <www.washingtonpost.com>. Acesso em: 31 mar. 2013.
MILLS, Charles W. *From Class to Race: Essays in White Marxism and Black Radicalism*. Lanham: Rowman & Littlefield, 2003.
____. *Blackness Visible*. Ithaca: Cornell University Press, 1998.
____. *The Racial Contract*. Ithaca: Cornell University Press, 1997.
MIN, Pyong Gap. *Caught in the Middle: Korean Communities in New York and Los Angeles*. Berkeley: University of California Press, 1996.
MINDIOLA JR., Tatcho; FLORES NIEMANN, Yolanda; RODRIGUEZ, Nestor. *Black-Brown Relations and Stereotypes*. Austin: University of Texas Press, 2002.
MOCK, Brentin; BOGADO, Aura. *Colorlines's Voting Rights Watch*. Disponível em: <http://colorlines.com>. Acesso em: 23 jan. 2017.
MOORE, Robert (ed.). *Quality and Quantity of Contact: African Americans and Whites on College Campuses*. New York: University Press of America, 2002.
MORAN, Rachel. *Interracial Intimacy: The Regulation of Race and Romance*. Chicago: University of Chicago Press, 2001.
MORLEY, David; CHEN, Kuan-Hsing (eds.). *Stuart Hall: Critical Dialogues in Cultural Studies*. London: Routledge, 1996.
MORRIS, Aldon. *The Origins of the Civil Rights Movement: Black Communities Organizing for Change*. New York: The Free, 1984.
MORROW, Joseph J. American Negroes: A Wasted Resource. *Harvard Business Review*, Jan. – Feb. 1957.
MOSS, Phillip; TILLY, Chris. *Stories Employers Tell: Race, Skill, and Hiring in America*. New York: Russell Sage Foundation, 2001.
MOSS, Yvonne E. et al. Black Political Participation: The Search for Power. In: REED, Wornie, L. (ed.). *African Americans: Essential Perspectives*. Westport: Auburn House, 1993.
THE MOVEMENT FOR BLACK LIVES. Platform. Disponível em: <https://policy.m4bl.org>. Acesso em: 23 jan. 2017.
MURDOCK, Steve H.; ELLIS, David R. *Applied Demography: An Introduction to Basic Concepts, Methods, and Data*. Boulder: Westview, 1991.
MURRAY, Charles A. *Losing Ground: American Social Policy, 1950–1980*. New York: Basic, 1984.
MYERS, Kristen. *Racetalk: Racism Hiding in Plain Sight*. Lanham: Rowman & Littlefield, 2005.
MYRDAL, Gunnar. *An American Dilemma: The Negro Problem and Modern Democracy*. New York: Harper & Brothers, 1944.
NASH, Catherine. Cultural Geography: Anti-Racist Geographies. *Progress in Human Geography*, v. 27, n, 5, 2003.
NATIONAL URBAN LEAGUE. 2016 State of Black America: Locked Out: Education, Jobs & Justice. 2016. Disponível em: <http://nul.iamempowered.com>. Acesso em: 22 jan. 2017.
NEAL, Patrick. *Liberalism and Its Discontents*. New York: New York University Press, 1997.
NELSON, Dana D. *National Manhood: Capitalist Citizenship and the Imagined Fraternity of White Men*. Durham: Duke University Press, 1998.

NELSON, Steve. Dreamers' Nightmare Deferred by Supreme Court Immigration Split. *US News and World Report*, Jun. 23, 2016. Disponível em: <http://www.usnews.com>. Acesso em: 22 jan. 2017.

NELSON, William E. Black Mayoral Leadership: A Twenty-Year Perspective. In: BARKER, Lucius (ed.). *Black Electoral Politics*. New Brunswick/London: Transaction, 1990.

NEWMAN, Benjamin J., VELEZ, Yamil; PEARSON-MERKOWITZ, Shanna. Diversity of a Different Kind: Gentrification and Its Impact on Social Capital and Political Participation in Black Communities. *The Journal of Race, Ethnicity, and Politics*. FirstView Article, Jun. 2016. DOI: 10.1017/rep.2016.8. Publicado online em 13 junho 2016.

NEWMAN, Katherine S. *Declining Fortunes: The Withering of the American Dream*. New York: Basic, 1993.

NGO, Emily. Trump Promises to Return Jobs to Michigan, Criticizes Clinton. *Newsday*, Oct. 31, 2016. Disponível em: <http://www.newsday.com>. Acesso em: 22 jan. 2017.

NORMAN, Jim. U.S. Worries about Race Relations Reach a New High. Gallup, Apr. 11, 2016. Disponível em: <http://www.gallup.com>. Acesso em: 23 jan. 2017.

NORTHRUP, Herbert R. Industry's Racial Employment Policies. In: ROSS, Arthur M; HILL, Herbert (eds.). *Employment, Race, and Poverty*. New York: Harcourt, Brace, and World, 1967.

NPR. Sebelius: Single-Payer Health Care Not in Plans. Jun. 16, 2009. Disponível em: <www.npr.org>. Acesso em: 31 mar. 2013.

____. NPR's Interview with President Obama about "Obama's Years". Jul. 1, 2016. Disponível em: <www.npr.org>. Acesso em: 22 jan. 2017.

OAKES, Jeannie et al. *Educational Matchmaking: Academic and Vocational Tracking in Comprehensive High Schools*. Santa Monica: Rand, 1992.

OBAMA, Barack. *The Audacity of Hope*. New York: Crown Publishers, 2006 (Trad. bras.: A Audácia da Esperança: Reflexões sobre a Reconquista do Sonho Americano. São Paulo: Larousse do Brasil, 2007.)

____. *Dreams from My Father: A Story of Race and Inheritance*. New York: Three Rivers Press, 1995 (Trad. bras.: A Origem dos Meus Sonhos. São Paulo: Gente, 2008.)

____. Remarks by the President at Morehouse College Commencement Ceremony. Obama White House Archive, May 19, 2013. Disponível em: <https://obamawhitehouse.archives.gov>. Acesso em: 22 jan. 2017.

OBOLER, Suzanne. "It Must Be a Fake!" Racial Ideologies, Identities, and the Question of Rights in Hispanics/Latinos. In: GARCIA, Jorge J.E.; DE GREIFF, Pablo (eds.). *The United States: Ethnicity, Race, and Rights*. New York: Routledge, 2000.

____. *Ethnic Labels, Latino Lives: Identity and the Politics of (Re)Presentation in the United States*. Minneapolis: University of Minnesota Press, 1995.

ODUM, Howard W. *American Social Problems*. New York: Holt, 1939.

OGBU, John. *Minority Education and Caste: The American System in Cross-Cultural Perspective*. New York: Academic, 1978.

OGLETREE JR., Charles J.; SARAT, Austin (eds.). *From Lynch Mobs to the Killing State*. New York: New York University Press, 2006.

O'HARE, William et al. African Americans in the 1990s. *Population Bulletin*, v. 46, n. 1, 1991.

OKIHIRO, Gary. *Margins and Mainstreams: Asians in American History and Culture*. Seattle: University of Washington Press, 1994.

OLIVER, Melvin; JOHNSON, James H.; FARRELL JR., Walter C. Anatomy of a Rebellion: A Political-Economic Analysis. In: GOODING-WILLIAMS, Robert (ed.). *Reading Rodney King, Reading Urban Uprising*. New York/London: Routledge, 1993.

OLIVER, Melvin; SHAPIRO, Thomas. *Black Wealth/White Wealth: A New Perspective on Racial Inequality*. New York: Routledge, 1995.

OMI, Michael; WINANT, Howard. *Racial Formation in the United States*. 3rd. ed. New York: Routledge, 2014.

ORBUCH, Terri L. People's Accounts Count: The Sociology of Accounts. *Annual Review of Sociology*, v. 23, 1997.

ORFIELD, Gary. *Must We Bus? Segregated Schools and National Policy*. Washington, D.C.: Brookings Institution, 1978.

____. School Desegregation after Two Generations: Race, Schools and Opportunity in Urban Society. In: HILL, Herbert; JONES, James E. (eds.). *Race in America*. Madison: University of Wisconsin Press, 1993.

ORFIELD, Gary; ASHKINAZE, Carol. *The Closing Door: Conservative Policy and Black Opportunity*. Chicago: University of Chicago Press, 1991.

ORFIELD, Gary; EATON, Susan; HARVARD PROJECT on School Desegregation. *Dismantling Desegregation: The Quiet Reversal of* Brown v. Board of Education. New York: New York, 1996.

ORFIELD, Gary; LEE, Chungmei. Why Segregation Matters: Poverty and Educational Inequality. Harvard University, The Civil Rights Project, 2005.

ORFIELD, Gary; MONFORT, Franklin. *Status of School Desegregation: The Next Generation*. Alexandria: National School Boards Association, 1992.

ORWELL, George. In Front of Your Nose. In: ORWELL, S.; ANGUS, I. (eds.). *The Collected Essays, Journalism, and Letters of George Orwell*, v. 4. New York: Harcourt, Brace, and World, 1946.

PAGER, Devah. The Mark of a Criminal Record. *American Journal of Sociology*, v. 108, 2003.

PAGER, Devah; SHEPPARD, Hannah. The Sociology of Discrimination: Racial Discrimination in Employment, Housing, Credit, and Consumer Markets. *Annual Review of Sociology*, v. 34, 2008.

PAGER, Devah; QUILLIAN, Lincoln. Walking the Talk? What Employers Say versus What They Do. *American Sociological Review*, v. 70, n. 3, 2005.

PARK, Robert E. *Race and Culture*. Glencoe: Free, 1950.

PARKER, Ashley; CORASANITI, Nick; BERENSTEIN, Erica. Voices from Donald Trump's Rallies, Uncensored. *The New York Times*. Disponível em: <https://www.nytimes.com>. Acesso em: 22 jan. 2017.

PARKER, Frank R. Eradicating the Continuing Barriers to Effective Minority Voter Participation. In: GOMES, Ralph C.; WILLIAMS, Linda Faye (eds.). *From Exclusion to Inclusion: The Long Struggle for African American Political Power*. New York: Greenwood, 1992.

PASSEL, Jeffery S.; WANG, Wendy; TAYLOR, Paul. Marrying Out: One-in-Seven New US Marriages Is Interracial or Interethnic. Pew Research Center, Jun. 8, 2010. Disponível em: <www.pewtrusts.org>. Acesso em: 29 mar. 2013.

PATTERSON, Ernest. *City Politics*. New York: Dood, Mead, 1974.

PEARL, Mike. All the Evidence We Could Find about Fred Trump's Alleged Involvement with the KKK. *Vice*, Mar. 10, 2016. Disponível em: <https://www.vice.com>. Acesso em: 24 jan. 2017.

PEFFLEY, Mark; HURWITZ, Jon (eds.). *Perception and Prejudice: Race and Politics in the United States*. New Haven: Yale University Press, 1998.

PEFFLEY, Mark; HURWITZ Jon. Whites' Stereotypes of Blacks: Sources and Political Consequences. In: PEFFLEY, Mark; HURWITZ, Jon (eds.). *Perception and Prejudice: Race and Politics in the United States*. New Haven: Yale University Press, 1998.

PELEG, Ilan. *Democratizing the Hegemonic State: Political Transformation in the Age of Identity*. New York: Cambridge University Press. 2007.

PENNER, Louis A. et al. The Experience of Discrimination and Black-White Health Disparities in Medical Care. *Journal of Black Psychology*, v. 35, 2009.

PERRY, Huey L. The Evolution and Impact of Biracial Coalitions and Black Mayors in Birmingham and New Orleans. In: BROWNING, Rufus P.; MARSHALL, Dale Rogers; TABB, David H. (eds.). *Racial Politics in American Cities*. New York: Longman, 1990.

PERSONS, Georgia. *Dilemmas of Black Politics: Issues of Leadership and Strategy*. New York: HarperCollins, 2009.

PETTIGREW, Thomas F. New Patterns of Prejudice: The Different Worlds of 1984 and 1964. In: PINCUS, Fred L.; ERLICH, Howard J. (eds.). *Race and Ethnic Conflict*. Boulder: Westview, 1994.

PETTIGREW, Thomas F.; MARTIN, Joanne. Shaping the Organizational Context for Black American Inclusion. *Journal of Social Issues*, v. 43, n. 1, 1987.

PEW RESEARCH CENTER. The Parties on the Eve of the 2016 Election: Two Coalitions, Moving Further Apart. Sep. 13, 2016, disponível em: <http://www.people-press.org>.

____. Blacks Upbeat About Racial Progress, Prospects a Year after Obama's Election. Jan. 12, 2010. Disponível em: <www.pewsocialtrends.org>. Acesso em: 31 mar. 2013.

PHILLIP, Abby. Clinton to Meet with Black Lives Matter Activists in Cleveland. *The Washington Post*, Oct. 21, 2016. Disponível em: <https://www.washingtonpost.com Acesso em: 23 jan. 2017.

PICCA, Leslie Houts; FEAGIN, Joe R. *Two-Faced Racism: Whites in the Backstage and Frontstage*. New York: Routledge, 2007.

PINKNEY, Alphonso. *The Myth of Black Progress*. Cambridge: Cambridge University Press, 1984.

PIVEN, Frances Fox. *Challenging Authority: How Ordinary People Change America*. Lanham: Rowman & Littlefield, 2006.

PIVEN, Frances Fox; CLOWARD, Richard. *Poor People's Movements*. New York: Vintage, 1978.

POMER, Marshall. Labor Market Structure, Intragenerational Mobility, and Discrimination: Black Male Advancement Out of Low-Paying Occupations, 1962–1973. *American Sociological Review*, v. 51, 1986.

PORTES, Alejandro; RUMBAUT, Ruben G. *Legacies: The Story of the Immigrant Second Generation*. Berkeley/Los Angeles: University of California Press, 2002.

POULANTZAS, Nicos. *Political Power and Social Classes*. Translation by Timothy O'Hagan. London: Verso, 1984.

POWELL, Michael. Obama Addresses Critics on "Centrist" Moves. *The New York Times*, Jul. 8, 2008. Disponível em: <http://thecaucus.blogs.nytimes.com>. Acesso em: 31 mar. 2013.

PROCTOR, Bernadette D.; SEMEGA, Jessica L.; KOLLAR, Melissa A. Income and Poverty in the United States: 2015. *Current Population Reports*, Sep. 2016. Disponível em: <https://www.census.gov>. Acesso em: 22 jan. 2017.

PRUITT, Charles R.; WILSON, James Q. A Longitudinal Study of the Effect of Race in Sentencing. *Law and Society Review*, v. 7, 1983.

QUILLIAN, Lincoln. Group Threat and Regional Change in Attitudes toward African-Americans. *American Journal of Sociology*, v. 102, n. 3, 1996.

RADELET, Michael L.; PIERCE, Glenn L. The Role of Victim's Race and Geography on Death Sentencing. In: OGLETREE JR., Charles J.; SARAT, Austin (eds.). *From Lynch Mobs to the Killing State*. New York: New York University Press, 2006.

RAMKUMAR, Amrith; HATHI, Gautam. Allen Building Sit-In Students Exit Building after Week-Long Protest. *Chronicle*, Apr. 8, 2016. Disponível em: <http://www.dukechronicle.com>. Acesso em: 23 jan. 2017.

RANDLE, Aaron. Now You See Me: A Look at the World of Activist Johnetta Elzie. *Complex*, Mar. 8, 2016. Disponível em: <http://www.complex.com>. Acesso em: 23 jan. 2017.

RAWICK, George P. *From Sundown to Sunup: The Making of the Black Community*. Westport: Greenwood, 1972.

REAL CLEAR POLITICS. Clinton: Favorable/Unfavorable. Nov. 7, 2016. Disponível em: <http://www.realclearpolitics.com>. Acesso em: 23 jan. 2017.

____. General Election: Trump vs. Clinton. Nov. 7, 2016. Disponível em: <http://www.realclearpolitics.com>. Acesso em: 23 jan. 2017.

____. General Election: Trump vs. Sanders. Jun. 5, 2016. Disponível em: <http://www.realclearpolitics.com>. Acesso em: 23 jan. 2017.

REECE, Robert L. The Failure of the Democratic Party. *Scalawag Magazine*, Nov. 10, 2016. Disponível em: <http://www.scalawagmagazine.org>. Acesso em: 23 jan. 2017.

REED, Adolph. The Curse of Community. *Village Voice*, Jan. 16, 1996. (Reimpresso em *Class Notes: Posing as Politics and Other Thoughts on the American Scene*. New York: New, 2000.)

____. Sitting This One Out. *The Progressive*, Nov. 2007. Disponível em: <www.progressive.org>. Acesso em: 31 mar. 2013.

REED, Wornie L. (ed.). *African Americans: Essential Perspectives*. Westport: Auburn House, 1993.

REESE, Renford. *Prison Race*. Durham: Carolina Academic, 2006.

REICH, Michael. *Racial Inequality: A Political-Economic Analysis*. Princeton: Princeton University Press, 1981.

RESKIN, Barbara; PADAVIC, Irene. *Women and Men at Work*. Thousand Oaks: Pine Forge, 2002.

RESPERS FRANCE, Lisa. Steve Harvey in "Family Feud" with Fans. CNN, Jan. 18, 2017. Disponível em: <http://www.cnn.com>. Acesso em: 22 jan. 2017.

RICE, Mitchell F.; JONES JR., Woodrow (eds.). *Contemporary Public Policy Perspectives and Black Americans*. Westport/London: Greenwood, 1984.

RICUPERO, Rubens. The Resilience of the Nation State to Globalization. *Estudos Avançados*, v. 22, n. 62, 2008.

RIDGEWAY, Cecilia. The Social Construction of Status Value: Gender and Other Nominal Characteristics. *Social Forces*, v. 70, n. 2, 1991.

RIDGEWAY, Cecilia et al. How Do Status Beliefs Develop?: The Role of Resources and Interactional Experience. *American Sociological Review*, v. 63, 1998.

RIDGEWAY, Cecilia; BALKWELL, James. Group Processes and the Diffusion of Status Beliefs. *Social Psychology Quarterly*, v. 60, n. 1, 1997.

RIEDER, Jonathan. *Canarsie: The Jews and Italians of Brooklyn against Liberalism*. Cambridge: Harvard University Press, 1985.

ROBINSON, Cedric J. *Black Marxism: The Making of the Black Radical Tradition*. Chapel Hill: University of North Carolina Press, 2000.

ROCKQUEMORE, Kerry Ann; BRUNSMA, Kerry Ann; BRUNSMA, David L. *Beyond Black: Biracial Identity in America*. Thousand Oaks: Sage, 2002.

RODRIGUEZ, Clara. *Changing Race: Latinos, the Census, and the History of Ethnicity in the United States*. New York: New York University Press, 2000.

RODRIGUEZ, Edward; REEVES, Richard V. Five Bleak Facts on Black Opportunity. Jan. 15, 2015. Disponível em: <https://www.brookings.edu>. Acesso em: 22 jan. 2017.

ROEDIGER, David. *Colored White: Transcending the Racial Past*. Berkeley: University of California Press, 2000; London: Verso, 2002.

____. What if Labor Were Not White and Male?: Recentering Working-Class History and Reconstructing Debate on the Unions and Race. *International Labor and Working-Class History*, n. 51, Spring, 1997.

____. *The Wages of Whiteness*. London: Verso, 1994.

ROSE, Sonya O. Class Formation and the Quintessential Worker. In: HALL, John R. (ed.). *Reworking Class*. Ithaca: Cornell University Press, 1997.

ROSENBAUM, Patricia. Five Perspectives on Desegregation in Schools: A Summary. In: WAX, Murray L. (ed.). *When Schools Are Desegregated: Problems and Possibilities for Students, Educators, Parents, and the Community*. Washington: National Institute of Education, 1979.

ROSENTRAUB, Mark S.; HARLOW, Karen. Police Policies and the Black Community: Attitude toward the Police. In: RICE, Mitchell F.; JONES JR., Woodrow (eds.). *Contemporary Public Policy Perspectives and Black Americans*. Westport/London: Greenwood, 1984.

ROSS, Arthur M; HILL, Herbert (eds.). *Employment, Race, and Poverty*. New York: Harcourt, Brace, and World, 1967.

ROSS, Chuck. Bernie Sanders to Meet with Black Lives Matter Activist DeRay McKesson. *Daily Caller*, Sep. 15, 2015. Disponível em: <http://dailycaller.com>. Acesso em: 23 jan. 2017.

ROSS, Sonya; AGIESTA Jennifer. Racial Views: Poll Shows Majority Harbor Prejudice against Blacks. *Associated Press*, Oct. 27, 2012. Disponível em: < www.huffingtonpost.com>. Acesso em: 31 mar. 2013.

ROTHWELL, Jonathan; DIEGO-ROSELL, Pablo. Explaining Nationalist Political Views: The Case of Donald Trump. Working paper, Nov. 2, 2016. Disponível em: <https://poseidon01.ssrn.com Acesso em: 23 jan, 2017.

ROYSTER, Deirdre A. *Race and the Invisible Hand: How White Networks Exclude Men from Blue-Collar Jobs*. Berkeley: University of California Press, 2003.

RUBIN, Lillian B. *Families on the Fault Line: America's Working Class Speaks about the Family, the Economy, Race, and Ethnicity*. New York: HarperCollins, 1994.

____. *Just Friends: The Role of Friendship in Our Lives*. New York: HarperCollins, 1985.

RUGH, Jacob S.; MASSEY, Douglass. Racial Segregation and the American Foreclosure Crisis. *American Sociological Review*, v. 75, n. 5, 2010.

RUSCHE, Sarah E.; BREWSTER, Zachary W. "Because They Tip for Shit!": The Social Psychology of Everyday Racism in Restaurants. *Sociology Compass*, v. 2, n. 6, 2008.

RUSSELL, Gregory D. *The Death Penalty and Racial Bias: Overturning Supreme Court Assumptions*. Westport/London: Greenwood, 1994.

RUSSELL, Katheryn K. *The Color of Crime: Racial Hoaxes, White Fear, Black Protectionism, Police Harassment, and Other Macroaggressions*. New York: New York University Press, 1998.

RYAN, William A. *Blaming the Victim*. New York: Random House, 1976.

SABINI, John. *Social Psychology*. New York: Norton, 1992.

SAITO, Leland T. *Race and Politics: Asian Americans, Latinos, and Whites in a Los Angeles Suburb*. Urbana: University of Illinois Press, 1998.

SAKAI, J. *Settlers: The Mythology of the White Proletariat from Mayflower to Modern*. Oakland: PM, 2014.

SAN JUAN JR., Epifanio. The Limits of Ethnicity and the Horizon of Historical Materialism. In: GHYMN MIKYUNG, Esther (ed.). *Asian American Studies: Identity, Images, Issues Past and Present*. New York: Peter Lang, 2000.

SAVAGE, Charlie. Wells Fargo Will Settle Mortgage Bias Charges. *The New York Times*, Jul. 12, 2012. Disponível em: <www.nytimes.com>. Acesso em: 31 Mar. 2013.

SCHUMAN, Howard et al. *Racial Attitudes in America: Trends and Interpretations*. Cambridge: Harvard University Press, 1997.

SCHUMAN, Howard et al. Discriminatory Behavior in New York Restaurants: 1950 and 1981. *Social Indicators Research*, v. 13, n. 1, 1983.

SCOTT, Eugene. Obama Announces Re-Establishment of U.S.-Cuba Diplomatic Ties. CNN, Jul. 1, 2015. Disponível em: < http://www.cnn.com>. Acesso em: 22 jan. 2017.

SEARS, David O. Symbolic Racism. In: KATZ, Phylis A.; TAYLOR, Dalmas A. (eds.). *Eliminating Racism: Profiles in Controversy*. New York/London: Plenum, 1988.

SEARS, David O.; SIDANIUS, Jim; BOBO, Lawrence (eds.). *Racialized Politics: The Debate about Racism in America*. Chicago: University of Chicago Press, 2000.

SEARS, David O.; KINDER Donald R. Racial Tensions and Voting in Los Angeles. In: HIRSCH, Werner Z. (ed.). *Los Angeles: Viability and Prospects for Metropolitan Leadership*. New York: Praeger, 1971.

SEWELL, William H., Jr. The Concept(s) of Culture. In: BONNELL, Victoria E.; HUNT, Lynn (eds.). *Beyond the Cultural Turn*. Berkeley: University of California Press, 1999.

SHANE, Scott. Elections Spurred a Move to Codify Drone Policy. *The New York Times*, Nov. 25, 2012. Disponível em: <www.nytimes.com>. Acesso em: 31 mar. 2013.

SHAPIRO, Thomas M. *The Hidden Cost of Being African American: How Wealth Perpetuates Inequality*. London: Oxford University Press, 2004.

SHARKEY, Patrick. The Intergenerational Transmission of Context. *American Journal of Sociology*, v. 113, 2008.

SHAW, Danny. Police Body Cameras "Cut Complaints against Officers". BBC News, Sep. 29, 2016. Disponível em: <http://www.bbc.com Acesso em: 23 jan. 2017.

SHEATSLEY, Paul B. White Attitudes toward the Negro. In: PARSONS, T.; CLARK, Kenneth B. (eds.). *The Negro American*. Boston: Houghton Mifflin, 1966.

SHERMAN, Lawrence W. Execution without Trial: Police Homicide and the Constitution. *Vanderbilt Law Review*, v. 33, 1980.

SHILS, Edward A.; FINCH, H.A. (eds. and trans.). *Max Weber on the Methodology of the Social Sciences*. New York: The Free Press, 1949.

SIDANIUS, Jim et al. It's Not Affirmative Action, It's the Blacks. In: SEARS, David O.; SIDANIUS, Jim; BOBO, Lawrence (eds.). *Racialized Politics: The Debate about Racism in America*. Chicago: University of Chicago Press, 2000.

SIEGEL, Paul M. On the Cost of Being a Negro. *Sociological Inquiry*, v. 35, n. 1, 1965.

SIEGELMAN, Peter. Racial Discrimination in "Everyday" Commercial Transactions: What Do We Know, What Do We Need to Know, and How Can We Find Out. In: FIX, M.; TURNER, Margery Austin (eds.). *A National Report Card on Discrimination in America: The Role of Testing*. Washington, D.C.: Urban Institute, 1998. Disponível em: <www.urban.org>. Acesso em: 08 dez. 2002.

TURNER, Margery Austin; SKIDMORE, Felicity (eds.). *Mortgage Lending Discrimination: A Review of Existing Evidence*. Washigton: The Urban Institute, 1999.

SIGELMAN, Lee; WELCH, Susan. *Black Americans' View of Racial Inequality: The Dream Deferred*. Cambridge: Cambridge University Press, 1991.

SIMON, David. A Final Thank You to the *The Wire* Fans, from Show Creator David Simon. HBO, Mar. 10, 2008. Disponível em: <http://www.hbo.com>. Acesso em: 27 jan. 2017.

SLACK, Jennifer Daryl. The Theory and Method of Articulation in Cultural Studies. In: MORLEY, David; CHEN, Kuan-Hsing (eds.). *Stuart Hall: Critical Dialogues in Cultural Studies*. London: Routledge, 1996.

SLEDGE, Matt. Warrantless Electronic Surveillance Surges under Obama Justice Department. *Huffington Post*, Sep. 28, 2012. Disponível em: <www.huffingtonpost.com>. Acesso em: 31 mar. 2013.
SLOAN, Irving J. *Our Violent Past: An American Chronicle*. New York: Random House, 1970.
SMELSER, Neil J. *Theory of Collective Behavior*. New York: Free, 1962.
SMITH, Ben; FRENKEL, Sheera. Former Republican Party Chairman Says He Won't Vote for Trump. *BuzzFeed*, Oct. 21, 2016. Disponível em: <https://www.buzzfeed.com>. Acesso em: 22 jan. 2017.
SMITH, Douglas; VISHER, Christy A.; DAVIDSON, Laura. Equity and Discretionary Justice: The Influence of Race on Police Arrest Decisions. *Journal of Criminal Law and Criminology*, v. 75, 1984.
SMITH, James P.; WELCH, Finnis R. *Closing the Gap, Forty Years of Economic Progress for Blacks*. Santa Monica: Rand Corporation, 1986.
SMITH, Robert C. "Politics" Is Not Enough: The Institutionalization of the African American Freedom Movement. In: GOMES, Ralph C.; WILLIAMS, Linda Faye (eds.). *From Exclusion to Inclusion: The Long Struggle for African American Political Power*. New York/London: Greenwood Press, 1992.
____. *Racism in the Post–Civil Rights Era, Now You See It, Now You Don't*. New York: State University of New York Press, 1995.
SMITH, Tom W. Intergroup Relations in Contemporary America. In: WINBORNE, Wayne; COHEN, Renae (eds.). *Intergroup Relations in the United States: Research Perspectives*. New York: National Conference for Community and Justice, 1998.
____. Measuring Inter-Racial Friendships: Experimental Comparisons. Artigo apresentado no encontro anual da American Sociological Association, 06 ago. 1999, em Chicago.
SMITH, William A.; ALLEN, Walter; DANLEY, Lynnette. "Assume the Position… You Fit the Description": Psychosocial Experiences and Racial Battle Fatigue among African American Male College Students. *American Behavioral Scientist*, v. 51, n. 4, 2007.
SNIDERMAN, Paul M. PIAZZA, Thomas. Black Pride and Black Prejudice. Ewing: Princeton University Press, 2002.
SNIDERMAN, Paul M.; CARMINES, Edward G. *Reaching beyond Race*. Cambridge: Harvard University Press, 1997.
SNIDERMAN, Paul M.; PIAZZA, Thomas. *The Scar of Race*. Cambridge: Harvard University Press, 1993.
SOMERS, Margaret. The Narrative Constitution of Identity: A Relational and Network Approach. *Theory and Society*, v. 23, n. 3, 1994.
SORENSEN, Adam. Obama Passes Over Warren, Names Deputy to Run Consumer Agency. *Time*, Jul. 17, 2012. Disponível em: <http://swampland.time.com>. Acesso em: 31 mar. 2013.
SOWELL, Thomas. *Civil Rights: Rhetoric of Reality?* New York: Morrow, 1984.
SPEARS, Arthur K. *Race and Ideology: Language, Symbolism, and Popular Culture*. Detroit: Wayne State University Press, 1999.
SPERO, Sterling D.; HARRIS, Abraham L. *The Black Worker: The Negro and the Labor Movement*. New York: Atheneum, 1974.
SPLC HATEWATCH. Dec. 16, 2016. Disponível em: <https://www.splcenter.org>. Acesso em: 24 jan. 2017.
SPOHN, Cassia. Crime and the Social Control of Blacks: Offender/Victim Race and the Sentencing of Violent Offenders. In: BRIDGES, George S.; MYERS, Martha A. *Inequality, Crime, and Social Control*. Boulder/San Francisco/Oxford: Westview, 1994.
STEIN, Sam. Obama's Remarks on Employee Free Choice Act Make Labor "Very Pleased". *Huffington Post*, Feb. 12, 2009. Disponível em: <www.huffingtonpost.com>. Acesso em: 31 mar. 2013.
____. The Clinton Campaign Was Undone by Its Own Neglect and a Touch of Arrogance, Staffers Say. *Huffington Post*, Nov. 11, 2016. Disponível em: <www.huffingtonpost.com>. Acesso em: 23 jan. 2017.
STEINBERG, Stephen. *Turning Back: The Retreat from Racial Justice in American Thought and Policy*. Boston: Beacon, 1995.
____. *The Ethnic Myth*. Boston: Beacon, 1989.
ST. JEAN, Yanick. Let People Speak for Themselves: Interracial Unions and the General Social Survey. *Journal of Black Studies*, v. 28, n. 3, 1998.
STOUFFER, S.A. *The American Soldier*. Princeton: Princeton University Press, 1949. V. 1 e V. 2.
STREET, Paul. *Barack Obama and the Future of American Politics*. Boulder/London: Paradigm Publishers, 2009.

SUDEEP, Reddy. Obama Pushes for Legislation. *Wall Street Journal*, May 11, 2009. Disponível em: <http://online.wsj.com>. Acesso em: 31 mar. 2013.

SUE, Derald Wing et al. Racial Microaggressions in Everyday Life: Implications for Clinical Practice. *American Psychologist*, v. 62, n. 4, 2007.

SULLIVAN, Amy. A Leader of Obama's Grassroots Army. *Time*, Apr. 21, 2008. Disponível em: <www.time.com>. Acesso em: 31 mar. 2013.

SULLIVAN, Eileen. Police Body Cameras May Solve 1 Problem but Create Others for Victims and Innocent Bystanders. *US News*, Sep. 11, 2015. Disponível em: <http://www.usnews.com>. Acesso em: 23 jan. 2017.

SURO, Robert. Attitudes towards Immigrants and Immigration Policies: Surveys among Latinos in the U.S. and Mexico. Pew Hispanic Center, Aug. 16, 2005.

SVRLUGA, Susan. U. Missouri President, Chancellor Resign over Handling of Racial Incidents. *The Washington Post*, Nov. 9, 2015. Disponível em: <https://www.washingtonpost.com>. Acesso em: jan. 2017.

SWARTZ, Anna. Here's How Many of Trump's Cabinet Appointees Have a History of Racism. *Policy Mic*, Nov. 30, 2016. Disponível em: <https://mic.com>. Acesso em: 22 jan. 2017.

SWEET, Lynn. Obama's Selma Speech. Text as Delivered. *Chicago Sun Times*, Mar. 5, 2007. Disponível em: <http://blogs.suntimes.com>. Acesso em: 31 mar. 2013.

TAGUIEFF, Pierre-André. *The Force of Prejudice: Racism and Its Doubles*. Minneapolis: University of Minnesota Press, 2001.

____. (ed.). *Face au Racisme, Tome II: Analyse, hypothèses, perspectives*. Paris: La Découverte, 1991.

TAJFEL, Henri. Experiments in Intergroup Discrimination, *Scientific American*, v. 223, 1970.

TANUR, Judith (ed.). *Questions about Questions*. New York: Russell Sage Foundation, 1994.

TAPPER, Jack. Obama's FISA Shift. ABC News, Jul. 9, 2008. Disponível em: <http://abcnews.go.com. Acesso em: 321 mar. 2013.

TATUM, Beverly Daniel. *"Why Are All the Black Kids Sitting Together in the Cafeteria?": And Other Conversations about Race*. New York: Basic, 1997.

TAYLOR, Keeanga-Yamahtta. *From #BlackLivesMatter to Black Liberation*. Chicago: Haymarket Books, 2016.

TERKEL, Studs. *Race: How Blacks and Whites Feel and Think about the American Obsession*. New York: Doubleday, 1993.

TERRELL, Anthony. Trump Out-Campaigned Clinton by 50 Percent in Key Battleground States in Final Stretch. NBC, Nov. 13, 2016. Disponível em: <http://www.nbcnews.com>. Acesso em: 23 jan. 2017.

TESLER, Michael. The Spillover of Racialization into Health Care: How President Obama Polarized Public Opinion by Racial Attitudes and Race. *American Journal of Political Science*, v. 56, n. 3, 2012.

THAI, Xuan; BARRETT, Ted. Biden's Description of Obama Draws Scrutiny. CNN, Jan. 31, 2007. Disponível em: <http://articles.cnn.com>. Acesso em: 31 mar. 2013.

THOMAS, Alexander; SILLEN, Samuel. *Racism and Psychiatry*. New York: Brunner/Mazel, 1972.

THOMAS, Melvin. Anything but Race: The Social Science Retreat from Racism. *African American Research Perspectives*, v. 6, n.1, Winter, 2000.

THOMPSON, Jeffrey P.; SUAREZ Gustavo A. Exploring the Racial Wealth Gap Using the Survey of Consumer Finances. 2015. Disponível em: <https://www.federalreserve.gov>. Acesso em: 22 jan. 2017.

THOMPSON, John B. *Studies in the Theory of Ideology*. Cambridge: Polity, 1984.

THOMPSON, Phillip J., III. *Double Trouble: Black Mayors, Black Communities, and the Call for a Deep Democracy*. Oxford: Oxford University Press, 2006.

TIENDA, Marta. Diversifying the College Campus. *Contexts*, 2008. Disponível em: <http://contexts.org>. Acesso em: 31 mar. 2013.

TILLY, Charles. *Credit and Blame*. Princeton: Princeton University Press 2008.

TIME. Read President Obama's Speech on the Charleston Church Shooting. Jun. 18, 2015. Disponível em: <http://time.com>. Acesso em: 22 jan. 2017.

TOLNAY, Stewart; BECK E.M. Rethinking the Role of Racial Violence in the Great Migration. In: HARRISON, Alferdteen (ed.). *Black Exodus: The Great Migration from the American South*. Jackson/London: University of Mississippi Press, 1991.

TOOSSI, Mitra. A Century of Change: The U.S. Labor Force, 1950-2050. *Monthly Labor Review*, v. 125, n. 5, May 2002.
TUCH, Steven; HUGHES, Michael. Whites' Racial Policy Attitudes in the Twenty-First Century: The Continuing Significance of Racial Resentment. *The* ANNALS *of the American Academy of Political and Social Science*, v. 634, 2011.
TUCH, Steven A.; MARTIN, Jack K. (eds.). *Racial Attitudes in the 1990s: Continuity and Change*. Westport: Praeger, 1997.
TURNER, Margery A. et al. *Housing Discrimination Against Racial and Ethnic Minorities 2012*. Washington, D.C.: U.S. Department of Housing and Urban Development, Office of Policy Development and Research, 2013.
TURNER, Margery A. et al. *Discrimination in Metropolitan Housing Markets: National Results from Phase 1* HDS. Washington, D.C.: The Urban Institute, 2002.
TURNER, Margery A.; STRUYK, Raymond; YINGER, John. *The Housing Discrimination Study*. Washington D.C.: The Urban Institute, 1991.
TUTTLE JR., William M. Labor Conflict and Racial Violence: The Black Worker in Chicago, 1894–1919. In: CANTOR, Milton (ed.). *Black Labor in America*. Westport: Negro Universities Press, 1970.
TWEEDY, Damon. *Black Man in a White Coat: A Doctor's Reflections on Race and Medicine*. New York: Picador, 2015.
TYSON, Alec; MANIAM, Shiva. Behind Trump's Victory: Divisions by Race, Gender, Education. Pew Research Center, Nov. 9, 2016. Disponível em: <http://www.pewresearch.org>. Acesso em: 30 jan 2017.
UENUMA, Francine; FRITZ, Mike. Why the Sioux Are Refusing $1.3 Billion. PBS *News Hour*, Aug. 24, 2011. Disponível em: <http://www.pbs.org>. Acesso em: 22 jan. 2107.
U.S. DEPARTMENT OF AGRICULTURE. At White House Conference, USDA Commits New Fund for Tribal Community Development, Sep. 26, 2016. Disponível em: <https://www.usda.gov>. Acesso em: 22 jan 2017.
USA TODAY. Ray Lewis and Jim Brown Met with Donald Trump at Trump Tower. Dec. 13, 2016. Disponível em: <http://www.usatoday.com>. Acesso em: 22 jan 2017.
VALENTINO, Nicholas A.; BRADER, Ted. The Sword's Other Edge: Perceptions of Discrimination and Racial Policy Opinion after Obama. *Public Opinion Quarterly*, v. 75, n. 2, Nov., 2008.
VALVERDE, Miriam. How Trump Plans to Build, and Pay for, a Wall along U.S.-Mexico Border. *Politifact*, Jul. 26, 2016. Disponível em: <http://www.politifact.com>. Acesso em: 22 jan. 2017.
VAN DIJK, Teun A. *Ideology: A Multidisciplinary Approach*. Thousand Oaks: Sage, 1998.
____. *Racism and the Press*. London: Routledge, 1991.
____. *News as Discourse*. Hillsdale: Erlbaum, 1988.
____. *Communicating Racism: Ethnic Prejudice in Cognition and Conversation*. Amsterdam: Benjamins, 1987.
____. *Prejudice in Discourse: An Analysis of Ethnic Prejudice in Cognition and Conversation*. Amsterdam: Benjamins, 1984.
VICKERMAN, Milton. *Crosscurrents: West Indian Immigrants and Race*. New York: Oxford University Press, 1999.
VIGDOR, Jacob L. Weighing and Measuring the Decline in Residential Segregation. *City & Community*, v. 12, n. 2, Jun., 2013.
VIGIL, James Diego. *Barrio Gangs: Street Life and Identity in Southern California*. Austin: University of Texas Press, 1988.
VITALI, Ali. In His Words: Donald Trump on the Muslim Ban, Deportations. NBC *News*, Jun. 27, 2016. Disponível em: <http://www.nbcnews.com>. Acesso em: 22 jan. 2017.
VOLOSHINOV, Vladimir N. *Freudianism: A Marxist Critique*. New York: Academic, 1976.
WADDOUPS, Jeffrey. Racial Differences in Intersegment Mobility. *Review of Black Political Economy*, v. 20, n. 2, 1991.
WADE, Peter. *Race and Ethnicity in Latin America*. London: Pluto, 1997.
WALSH, Joan. When the Big Lie Works. *Salon*, Sep. 13, 2012. Disponível em: <www.salon.com>. Acesso em: 31 mar. 2013.
WALZER, Michael. *Politics and Passion: Toward a More Egalitarian Liberalism*. New Haven: Yale University Press, 2004.
WARNER, W. Lloyd. *Social Class in America*. New York: Harper & Row, 1960.

WARREN, Jonathan W.; TWINE, France Winddance. White Americans, the New Minority? Non-Blacks and the Ever-Expanding Boundaries of Whiteness. *Journal of Black Studies*, v. 28, n. 2, 1997.
WATANABE, Teresa; RIVERA, Carla. Amid Racial Bias Protests, Claremont McKenna Dean Resigns. *Los Angeles Times*, Nov. 13, 2015. Disponível em: <http://www.latimes.com>. Acesso em: 23 jan. 2017.
WATERS, Mary C.; ESCHBACH, Mary C.; ESCHBACH, Karl. Immigration and Ethnic and Racial Inequality in the United States. *Annual Review of Sociology*, v. 21, 1995.
WAX, Murray L. (ed.). *When Schools Are Desegregated: Problems and Possibilities for Students, Educators, Parents, and the Community*. Washington: National Institute of Education, 1979.
WEBER, Max. Objectivity in Social Science and Social Policy. In: SHILS, Edward A.; FINCH, H.A. (eds. and trans.). *Max Weber on the Methodology of the Social Sciences*. New York: The Free Press, 1949.
WEBSTER, Yehudi O. *The Racialization of America*. New York: St. Martin's, 1992.
WEITZER, Ronald, Racial Prejudice among Korean Merchants in African American Neighborhoods. *Sociological Quarterly*, v. 38, n. 4, 1997.
WEITZER, Ronald; TUCH, Steven. Race and Perception of Police Misconduct. *Social Problems*, v. 51, 2004.
WELLMAN, David T. *Portraits of White Racism*. Cambridge: Cambridge University Press, 1993.
WEST, Cornel. *Race Matters*. Boston: Beacon, 1993.
WESTERN, Bruce. The Prison Boom and the Decline of American Citizenship. *Society*, v. 44, n. 5, 2007.
WETHERELL, Margaret; POTTER, Jonathan. *Mapping the Language of Racism*. New York: Columbia University Press, 1992.
WHITE, Michael J.; BIDDLECOM, Ann E.; GUO, Shenyang. Immigration, Naturalization, and Residential Assimilation among Asian Americans in 1980. *Social Forces*, v. 72, n. 1, 1993.
WICKER, Tom. *Tragic Failure*. New York: Morrow, 1996.
WILLIE, Charles V. *Caste and Class Controversy on Race and Poverty: Round Two of the Willie/Wilson Debate*. New York: General Hall, 1989.
WILSON, Valerie. Black Unemployment Is Significantly Higher Than White Unemployment Regardless of Educational Attainment. *Economic Policy Institute*, Dec. 17, 2015. Disponível em: <http://www.epi.org>. Acesso em: 23 jan. 2017.
____. State Unemployment Rates by Race and Ethnicity at the End of 2015 Show a Plodding Recovery. *Economic Policy Institute*, Feb. 11, 2016. Disponível em: <http://www.epi.org>. Acesso em: 23 jan. 2017.
WILSON, Valerie; ROGERS III, William M. Black-White Wage Gaps Expand with Rising Wage Inequality. Sep. 20, 2016. Disponível em: <http://www.epi.org>. Acesso em: 22 jan. 2017.
WILSON, William Julius. *More Than Just Race: Being Black and Poor in the Inner City*. New York: W.W. Norton, 2009.
____. *When Work Disappears*. New York: Norton, 1996.
____. *The Truly Disadvantaged: The Inner City, the Underclass, and Public Policy*. Chicago: University of Chicago Press, 1987.
____. *The Declining Significance of Race*. Chicago: University of Chicago Press, 1978.
WINBORNE, Wayne; COHEN, Renae (eds.). *Intergroup Relations in the United States: Research Perspectives*. New York: National Conference for Community and Justice, 1998.
WINGFIELD, Adia-Harvey. *No More Invisible Man: Race and Gender in Men's Work*. Philadelphia: Temple University Press, 2012.
____. Are Some Emotions Marked "Whites Only"?: Racialized Feeling Rules in Professional Workplaces. *Social Problems*, v. 57, n. 2, 2010.
WISE, Tim. With Friends Like These, Who Needs Glenn Beck? Racism and White Privilege on the Liberal-Left. Aug. 17, 2010.
____. School Shootings and White Denial. 2001. Disponível em: <www.timwise.org>. Acesso em: 29 mar. 2013.
WONG, Paul (ed.). *Race, Nationality, and Citizenship*. Boulder: Westview, 1999.
WOODWARD, C. Vann. *The Strange Career of Jim Crow*, 2nd ed. New York: Oxford University Press, 1966.
WORLAND, Justin. Why a Free Speech Fight Is Causing Protests at Yale. *Time*, Nov. 10, 2015. Disponível em: <http://time.com>. Acesso em: 23 jan. 2017.

WU, Frank H. *Yellow: Race in America Beyond Black and White*. New York: Basic, 2003.
WYNN, Neil A. *The Afro-American and the Second World War*. New York: Holmes and Meir, 1993.
YANCEY, George. *Who Is White? Latinos, Asians, and the New Black/Nonblack Divide*. Boulder: Lynne Rienner, 2003.
YINGER, John. Housing Discrimination and Residential Segregation as Causes of Poverty. In: DANZIGER, Sheldon H.; HAVEMAN, Robert H. *Understanding Poverty*. New York: Russell Sage Foundation, 2001.
_____. *Closed Doors, Opportunities Lost: The Continuing Costs of Housing Discrimination*. New York: Russell Sage Foundation, 1995.
YOON, In-Jin. *On My Own: Korean Businesses and Race Relations in America*. Chicago: University of Chicago Press, 1997.
YOUNG, Iris. *Inclusion and Democracy*. London: Oxford University Press, 2000.
ZARU, Deena; KOPEN, Tai. Kanye West Meets with Donald Trump at Trump Tower. CNN, Dec. 14, 2016. Disponível em: <http://www.cnn.com>. Acesso em: 22 jan. 2017.
ZINN, Howard. *A People's History of the United States*. New York: HarperCollins, 1980.
ZUBERI, Tukufu; BONILLA-SILVA, Eduardo. *White Logic, White Methods: Racism and Methodology*. Lanham: Rowman & Littlefield, 2008.
_____. Deracializing Social Statistics: Problems in the Quantification of Race. *Annals of the American Academy of Political and Social Science*, v. 568, Mar., 2000.
ZUKIN, Cliff. What's the Matter with Polling? *The New York Times*, Jun. 20, 2015. Disponível em: <https://www.nytimes.com>. Acesso em: 23 jan. 2017.

Bibliografia Complementar

ANNER, John (ed.). *Beyond Identity Politics: Emerging Social Justice Movements in Communities of Color*. Boston: Beacon, 1996.
ARONOWITZ, Stanley. *False Promises: The Shaping of American Working Class Consciousness*. Durham: Duke University Press, 1991.
CADITZ, Judith. *White Liberals in Transition: Current Dilemmas of Ethnic Integration*. New York: Spectrum, 1976.
COLL, Stephen. *Ghost Wars: The Secret History of the CIA, Afghanistan, and bin Laden, from the Soviet Invasion to September 10, 2001*. New York: Penguin, 2004.
CROSBY, Faye. *Affirmative Action Is Dead: Long Live Affirmative Action*. New Haven: Yale University Press, 2004.
EMERSON, Michael O.; SMITH, Christian. *Divided by Faith: Evangelical Religion and the Problem of Race in America*. New York: Oxford University Press, 2000.
ESPOSITO, Luigi; MURPHY, John W. Another Step in the Study of Race Relations. *Sociological Quarterly*, v. 41, n. 2, 2000.
ESSES, Victoria; DIVIDIO, John; HODSON, Gordon. Public Attitudes toward Immigration in the United States and Canada in Response to the September 11, 2001 "Attack on America". *Analyses of Social Issues and Public Policy*, v. 2, 2002.
GILROY, Paul. *Against Race*. Cambridge: Belknap, 2000.
HILL-COLLINS, Patricia. Moving beyond Gender: Intersectionality and Scientific Knowledge. In: MARX FERRE, Myra; LORBER, Judith; HESS, Beth B. (eds.). *Revisioning Gender*. Thousand Oaks: Sage, 1999.
JUNG, Mon-Kie; COSTA VARGAS, João H.; BONILLA-SILVA, Eduardo (eds.). *State of White Supremacy: Racism, Governance, and the United States*. Stanford: Stanford University Press, 2011.
LARANA, Enrique; JOHNSTON, Hank; GUSFIELD, Joseph R. (eds.). *New Social Movements: From Ideology to Identity*. Philadelphia: Temple University Press, 1994.
LYMAN, Stanford M. *Social Movements: Critiques, Concepts, Case-Studies*. New York: New York University Press, 1995.
MADDOX, Matthew. Institutionalized Racism Continues at A&M: Sociology Professor's Book Will Continue Tradition of Racist Ideology on Campus. *Battalion*, Oct. 2, 2002.
MCWHORTER, John. The End of Racism? *Forbes*, Nov. 5, 2008. Disponível em: <www.forbes.com>. Acesso em: 21 jun. 2019.

MOSCOVICI, Serge. The Coming Era of Social Representations. In: CODOL, J.P.; LEYENS, J.P. (eds.). *Cognitive Approaches to Social Behaviour*. The Hague: Nijhoff, 1982.

MOYNIHAN, Daniel P. (ed.). *On Understanding Poverty: Perspectives from the Social Sciences*. New York: Basic, 1969.

PINCUS, Fred. *Reverse Discrimination: Dismantling the Myth*. Boulder: Lynne Reinner, 2003.

PINCUS, Fred L.; ERLICH, Howard J. (eds.). *Race and Ethnic Conflict*. Boulder: Westview, 1994.

PUBLIC AGENDA. "Walking on Eggshells": Observations on How Americans Discuss Race. 1998. Disponível em: <www.publicagenda.org>. Acesso em: 08 dez. 2002.

QIAN, Zhenchao; LICHTER, Daniel T. Measuring Marital Assimilation: Intermarriage among Natives and Immigrants. *Social Science Research*, v. 30, 2001.

ROBINSON, Cedric J. *Black Movements in America*. New York: Routledge, 1997.

TARROW, Sidney. *Power in Social Movements: Social Movements and Contentious Politics*. Cambridge: Cambridge University Press, 1998.

UNZUETA, Miguel M.; LOWERY, Brian S.; KNOWLES, Eric D. How Believing in Affirmative Action Quotas Protects White Men's Self-Esteem. *Organizational Behavior and Human Decision Processes*, v. 105, n. 1, 2007.

WARNER, W. Lloyd. American Class and Caste. *American Journal of Sociology*, v. 42, n. 2, 1936.

WITTE, Rob. *Racist Violence and the State*. London/New York: Longman, 1996.

Índice Remissivo

As referências de páginas que aparecem em itálico referem-se a gráficos e tabelas.

abordagem clínica 43-44
ação afirmativa 91, 443n7; "discriminação reversa" e 138, 152-157; "Eu não possuía escravos" e 180-183, 207; histórias raciais e 187-191, 207-208; na educação 117; "O passado é o passado" e 176-178, 207; oposição a 22, 25, 29, 30, 92, 110, 114, 116-119, 140, 153; projeção da 160-162; "Sim e não, mas..." e 154-157, 292-293; visões dos brancos progressistas sobre 247-248, 254, 259, 261-264; visões dos negros sobre 271, 272, 274-276, 292. *Ver também* intervenção governamental
Adams, John 342
Adorno, Theodor 246
Afeganistão 358
África do Sul 56
African National Congress (Congresso Nacional Africano) 56
agenda dos direitos de um grupo 41
agenda para a humanidade 417
"além da raça" 310, 405
"alguns dos meus melhores amigos são..." 149-151, 294
Ali, José 325
Alinsky, Saul 348
Allen, Walter R. 507
Allport, Gordon 268
Alvarez, Barry 310
ameaça de grupo, processo de 98
América Latina, estratificação racial na 313-316; branqueamento da 315; miscigenação da 314; sistemas de estratificação racial plural e 314; "somos todos latino-americanos" e 315
American Apartheid (Apartheid Americano) 57, 212

American Legislative Exchange Council 79
amizade, definição de 217, 221-222. *Ver também* interação social inter-racial
Anderson, Elijah 212
anexação de áreas predominantemente brancas 24, 67
anglo-saxões 309
antinegro, ressentimento 114
antinegro, sentimento emotivo 29
antirracismo 44, 78; mudanças a fazer 404-408
anti-single-shot, provisões de 24, 67
apartheid, África do Sul 56
apartheid, Estados Unidos 53, 410
apelos nacionalistas 310
árabes americanos 333-335
"Archie Bunkers" 147, 203, 402-403
argumentos *sui generis* 138
asiáticos americanos 308-309, 446n4, 450n64; atitudes dos brancos para com os 328; atitudes raciais dos 326-327; distinções "raciais" entre 323-324; segregação racial entre 331
assassinatos de líderes negros 87-88
assistência à saúde, a questão da (Obamacare) 357, 362-363, 368, 456n92
assistência social 191, 209, 327
assistência social, pessoas que deixaram de receber 97
"assistência social, rainhas da" 174-175, 373
atitudes raciais dos brancos na era pós-movimentos dos direitos civis 26-32; postura do "pessotimista" racial sobre 28; racismo *laissez-faire* e 30-32; racismo simbólico e 28-30; senso de posição de grupo e 30
ativistas eruditos 420

493

Audacity of Hope, The (A Audácia da Esperança) 348, 353, 363
auditoria de emprego 96
auditoria habitacional 59, 96
Auletta, Ken 211
Authoritarian Personality, The (A Personalidade Autoritária) 246

Baldi, Stéphane 98
Baldus, David C. 81
Bannon, Stephen 412
Barndt, Joseph 211
barreira ao avanço profissional 97
benefícios materiais do racismo 34, 44, 400
"Beyond the Hashtags", relatório (Além das Hashtags), 389
biologização do racismo 110-111, 127-128, 132, 260, 401, 462n8
"birracial", categoria 308-309, 446n6-7
birracial, ordem, nos Estados Unidos 46, 307-311
Black Agenda Report 355
Black Lives Matter 19, 79, 84, 342, 365, 375, 388-393, 410, 411
Black Power 390
Blauner, Robert 185
Blue Lives Matter (Vidas Azuis Importam), leis de 79
Bobo, Lawrence 29, 30, 328
bolivianos 320, 368, 448n27
Booker, Cory 347
Bourdieu, Pierre 439n7
Boyd, Rekia 87
Brader, Ted 357
brancos: clivagens sociais e 36; ficções sinceras dos 22; "honorários" 310-313, 319-324, *320*, 448, 450; pobreza e 374-377; racializados 34; "tradicionais" 310, *311*
brancos da classe trabalhadora 135-137, 248, 250-251
"brancos honorários" 310-313, 319-321, 448n26/34, 450n64; identidade social dos 322-324
brancos progressistas 102
"branqueamento" 315, 330
branquitude: como poder racial corporificado 266; não experienciada como raça 225
Breitbart, meio de comunicação 412
Brown, Elaine 87
Brown, H. Rap 88
Brown, Jim 372
Brown, John 246
Brown, Michael 85, 389, 392
Brown v. Board of Education 55, 120

brutalidade policial 73, 77-80, 90, 341, 370, 373;
 câmeras corporais e 391
burguesia 107-108
Bush, George H.W. 422
Bush, George W. 335, 360, 381, 461n2
busing: oposição dos brancos ao 120, 121; visões dos negros sobre 271; visões dos progressistas brancos sobre 255
Butler, Jonathan 393
Byrd Jr., James 112

Cabazos, Lauro 310
cablanasian 308
California Racial Privacy (Proposição de Privacidade Racial da Califórnia) 318
capital epidérmico 337-340
capitalismo 36, 55, 106-109, 267, 301-302, 444n26
Carmichael, Stokely 87, 88
Carmines, Edward 27
Carter, Jimmy 70
cartões de crédito, indústria dos 369
casamento. *Ver* casamento inter-racial
casamento inter-racial 63, 114, 158, 159-160, 166-167, 168, 204-205, 223, 231-241; aumento de 309; entre membros dos três estratos raciais 329-330, 333-334; filhos com argumento contra 25, 163, 170, 205, 232, 236-241, 250-251, 259-260, 264, 437n20; o outro racializado e 234; significados de 295; visões de progressistas brancos sobre 247, 251, 255-258, 264; visões dos negros sobre 294-299; visões progressistas sobre 233-234
casa própria, valor excedente à hipoteca 99
Cassidy, John 362-363
"categoria multirracial" 309, 310, *311*, 318, 338, 446n6
cegueira de cor, a contínua importância da 341-394; do Jim Crow ao novo regime do racismo 346-369; Obamérica e 46, 341, 342-346; Trumpamérica e 341, 370-380, 403, 411-414
cegueira de cor, casa branca da 211-244; concepções acerca do casamento inter-racial e 231-241; escolas e 219-220; faculdade e 220-221; fatos da segregação e do isolamento dos brancos e 216-223; *habitus* branco e 213, 241, 242-244; interpretação dos brancos da 223-231; local de trabalho e 221-222; normalização da segregação e 224-227; projeção da 228-230; segregação residencial e 212, 213-223; simpatia *vs.* amizade e 217-219, 221-222
cegueira de cor nas visões dos negros 45-46, 271-305; ações afirmativas e 274-276; efeitos indiretos

e 274-290; enquadramentos e 273-274; estilo do racismo da 290-299; franqueza dos negros e 291-299; histórias raciais e 299-300; liberalismo abstrato e 274, 277, 280, 283-285; minimização do racismo e 285-290; naturalização de questões raciais e 283-285; questão de negros racistas e 291-292, 303-306; racismo cultural e 280-282
Center for Responsible Lending 344
Chait, Jonathan 362
Changing Race (Mudando de Raça) 325
Chideya, Farai 84
Child, Lydia Maria 246
China 308, 446n5
CIA (Central Intelligence Agency [Agência Central de Inteligência]) 358
cidades 70-71, 77
Cinturão da Ferrugem (Rust Belt), áreas metropolitanas do 57
Civil Rights Act (Lei de Direitos Civis) 97
Civil Rights Project, The 62
Claremont McKenna College 393
Clark, Kenneth 26
classe média: ; brancos, perda na 375; burguesia 107
classe média, negros da 64, 91
Clinton, Bill 83, 265
Clinton, Hillary 18, 19, 360, 370; baixos índices de aprovação e 382-386; Black Lives Matter e 391; "deploráveis", comentário sobre 376-377; e-mail liberado pelo FBI e 380; partidários de 378-377
cognitiva, libertação 404, 462n11
COINTELPRO 88
Collins, William J. 95
colonialismo 314
colorismo (pigmentocracia) 305, 312
comércio interestadual 89
Commission on Interracial Cooperation – CIC (Comissão de Cooperação Inter-Racial) 53
comportamentos encobertos 24
comunidade imaginada 418
Congresso, candidatos negros eleitos 66, 70
Congress of Racial Equality – CORE (Congresso de Igualdade Racial) 53
Connerly, Ward 318
"consciência de oposição embotada" 46, 338
Conselho Consultivo Hispânico Nacional 372
"conservadores compassivos" 17, 398, 402
constituições dos Estados-nação emergentes 107
Consumer Financial Protection Bureau (Departamento de Proteção Financeira ao Consumidor) 369
conto moral pessoal 186

contrato racial 36, 415
controle social 25, 47-49; era do novo racismo e 72-90; manutenção do *status quo* e 119-121; movimento dos direitos civis e 87-89; pena de morte e 73, 80-83; período Jim Crow e 52, 72, 119, 291; taxas de detenção e 83-87
Convenção Nacional Democrata: de 2012 368; de 2016 383
Cooper, Anderson 454n52
Cordray, Richard 369
Cose, Ellis 64
Cramer, Katherine J. 378-379
Crane, Marie 63
credo americano 29, 114, 271
crenças defensivas 204
crimes de ódio 443n5; Blue Lives Matter e, leis de 79
Cruz, Ted 67
cubanos 325, 326
Cullors, Patrisse 388, 392
"culpando a vítima" 105, 128, 139, 140, 185, 212, 424n29
"cultura" 230
"cultura da pobreza" 128, 211, 303, 436n36
Cultures of Solidarity (Culturas de Solidariedade) 411
custo de ser negro 93

Daniels, Jesse 377
Darity, William A. 92
David, Larry 409
Davidson, Laura 84
Davis, Angela 87, 355, 410
Davis, Kenneth 27
Day, Jennifer Cheeseman 93
Death Penalty and Racial Bias, The (A Pena de Morte e o Preconceito Racial) 82
Declining Fortunes (Fortunas em Declínio) 111
Declining Significance of Race, The (O Declínio da Importância da Raça) 132
Deferred Action for Childhood Arrivals – DACA (Ação Diferida Para os Imigrados na Infância) 366
demografia 224-227
Denton, Nancy E. 57, 212
Department of Housing and Urban Development (Departamento de Habitação e Desenvolvimento Urbano) 59, 103
"desculpa" 112, 129
desemprego 92
desigualdade econômica 90-91; diferenças de renda e salário e 91-93; entre 1865 e 1900 50, 50-51; hierarquia ocupacional e 55-57; mobilidade ocupacional e segmentação e 94-95; opiniões

495

gerenciais sobre os negros e 99-100; práticas raciais no mercado de trabalho e 96-100; redes sociais e oportunidades de emprego e 97-98, 118; riqueza e 98-99, 342-343
desigualdades políticas 47-49, 66-72, 101; barreiras estruturais para a eleição de políticos negros e 67-68; leis de identificação de eleitores e 68; participação eleitoral como cilada e 71-72; político das minorias e 347; políticos das minorias pós-movimentos dos direitos civis e 342-350; possibilidades limitadas de candidatos eleitos e nomeados e 70; prefeitos e, impacto limitado dos 70; sub-representação de candidatos eleitos e nomeados e 69
detenção, taxas de 73-75, 83-87; protestos em massa e 89
Detroit Area Study (DAS, 1998) 39-40, 401-402
Diamond, John B. 63
diminutivos 144, 163-165
direita, grupos de 79
discriminação: e mercado de trabalho 94-98; "suave" 25, 317; visões dos negros sobre 282, 285-290
discriminação baseada no grupo 122
"discriminação reversa" 49, 138, 152-155, 184, 245; casos da EEOC contra 186; visões dos brancos progressistas sobre 252, 257; visões dos negros sobre 291
"discriminação sorridente" 24, 101-102, 412
"discriminação suave" 24-25, 317, 377, 428n1
disparidade salarial 343
disparidades de renda 319-321, 320
disposições afetivas 31
"distância social", perguntas sobre 213-214
distritos de múltiplos membros 24
distritos legislativos de múltiplos membros 67
Divided by Color (Divididos Pela Cor) 29
Doane, Ashley 352
Dobbs, Lou 307, 334
Dollard, John 105, 204
domínio hegemônico 34
Douglass, Frederick 397
Dreams from My Father (A Origem dos Meus Sonhos) 353
Drew, Christopher 349
drogas, estatística do uso de 78-79
drones 358-360, 456n84
Du Bois, W.E.B. 162
DuBose, Samuel 85
Duke, David 370
Duncan, Arne 369

Economic Policy Institute 343
educação 61-63, 101; escolas "dessegregadas" e 219-220; intervenção governamental na 119-121; ressegregação e 62, 101; segregação e 119-120, 124-125; tracking e 62, 63, 219; visões dos negros sobre a 277-280, 283-285
efeito de interação 269
eleições em dois turnos 24, 67
eleitores, supressão de/leis de identificação de 67-69, 364, 410
"eleitor provável", conceito de 381
"eles é que são os racistas" (projeção) 159-163
"elite negra" 337-340, 356-357
Elzie, Johnetta "Netta" 392
Emanuel African Methodist Episcopal Church (Igreja Episcopal Metodista Africana Emanuel), assassinatos 365
Emanuel, Rahm 367
emissão veicular e milhagem, padrões de 369
emocionais, tons 112
emocional, libertação 404
Emotional Politics of Racism, The (A Política Emocional do Racismo) 374
Employee Free Choice Act 369
"empréstimos de gueto" 61
encarceramento 72-76, 76, 104
enfoque subcultural 212
Engels, Frederick 36
enquadramentos do racismo da cegueira de cor 34-35, 105-142; combinação de 139-141; contação de histórias e 173; liberalismo abstrato e 107, 109, 113-123; minimização do racismo e 107, 112-114, 128, 132-139; naturalização e 107, 123-127; os negros e a cegueira de cor e 273-274; racismo cultural e 107, 110-111, 117, 127-132; uso pelos brancos dos 112-113. *Ver também* racismo da cegueira de cor
ensino médio, exigência de diploma 97
Equal Employment Opportunity Commission – EEOC (Comissão para a Igualdade de Oportunidades de Emprego dos Estados Unidos) 186
"Escola de Chicago" 361, 456n89
"escolha" 110, 118, 121-123, 140
escravidão 51, 108, 132, 438n12
escrutínio plurinominal 24, 67
espaço discursivo limitado 311, 346, 355
Espanha 314
Estado 107-109; brutalidade oficial contra negros 77-80; como fiscal da ordem racial 73-76, 76
Estado-nação 109
estilo. *Ver* racismo da cegueira de cor, estilo do

estratégia indireta de negação 133, 138
estratificação racial, futuro da 307-340s; América Latina e o 313-316; atitudes raciais dos asiáticos e o 326-328, 327; atitudes raciais dos latinos e o 324-326, *326*; "brancos honorários" e o 310-312, 319-324, *320*, 448n26/34, 450n64; branqueamento e o 315, 330; "coletivo negro" e o 310-313, 316, 320-321, 328-329; dados e o 319-322; disparidades de renda e o 319-322, *320*; espaço discursivo limitado e o 311, 313; interação social entre membros de três estratos sociais e o 329-330; latino-americanização e o 46, 305, 311-313, 447n17-18, 451n74; luta de raças e o 337-340; negação de categorias de raça e o 317-319; ordem birracial nos Estados Unidos e o 46, 308-309; ordem pigmentocrática e o 305, 312, 448n26; ordem trirracial e o 46, 305, 309-313, *311*; posição subjetiva e o 321-322. *Ver também* América Latina, estratificação racial na; categorias raciais
estrutura racial 49; como termo 33-34; definida 33-34; desde os anos de 1960 47-104; reorganização da 101. *Ver também* novo racismo; racismo
estupro, índices de detenção 84
Ethnic Myth, The 185
ética protestante 29
"eu, eu, eu, eu não quero dizer, sabe, mas...".
Ver incoerência retórica
"eu não consegui um emprego (ou uma promoção), ou não fui admitido em uma faculdade por causa de uma minoria" 186-191, 207
"eu não possuía escravos" 180-183, 207
"Eu não sei" 144, 151-153
"eu não sou negro, então não sei" 143, 151-153
"eu não sou preconceituoso, mas..." 149-151
europeus 33, 108

fadiga da batalha racial 452n26
Fanon, Frantz 374, 419
Fantasia, Rick 411, 463n29
Farley, Reynolds 93
"fatos" 204, 342, 400, 427n79
Fay, Brian 427n84
Feagin, Joe R. 64
Federal Bureau of Investigation (FBI) 87-89
Federal Judicial Center, estatísticas do 75
Federal Reserve Bank of Boston, estudo do 60
Ferguson, Missouri 84, 389, 392
ficções sinceras dos brancos 22
"fim da história" 418
"fim do racismo" 309, 339

Firebaugh, Glenn 27
Flack, Roberta 346
Flores-Gonzales, Nilda 325
Ford, Harold 347
Foreign Intelligence Surveillance Act – FISA (Lei de Vigilância de Inteligência Estrangeira) 350, 453n44
Forest and the Trees, The (A Floresta e as Árvores) 461n34
fórmula da confissão 199-204, 253
Fox News 307
franqueza dos negros 291-299
Frente Unida do Cairo 88
fundições de ferro e aço 51
furacão Katrina 112
Furman, leis 81
fusão de culturas 315

Garmback, Frank 86-87
Garner, Eric 86, 389
Garrow, David 87
Garveyismo 53
Garza, Alicia 388, 389, 392
Gates, Robert 360
Geithner, Timothy 361
gênero 266-270, 301-302; eleição de 2016 e 381
gentrificação 58
gerrymandering, racial 24, 67
Gillion, Daniel 353
Goffman, Erving 352
Gore, Al 381
"grande migração" 54
Grande Recessão 92, 98, 343
Gray, Freddie 85
Gray, John 107
Green, Malice 90
Gregory, Dick 88
Grimke, irmãs 246
Grodsky, Eric 93
Groves, Robert M. 386
Grutter v. Bollinger 318
"Guerra ao Terror" 335, 358
Guerra da Secessão e a Reconstrução 51
Guerra Fria 53
guerra permanente 360
guetos 211-213

habitação. *Ver* segregação residencial
habitus 439n7
habitus branco 45, 127, 213, 241, 242-243
Haiti 305

Haley, Nikki 347
Hall, Stuart 145
Hamer, Fannie Lou 87
Harlow, Karen 77
Harris, Abraham L. 51
Harvey, Steve 372
heranças 343
Higher Education Research Institute (UCLA) 395
hipersegregação 57, 219: naturalização da 223-227
"hipersensível" 112
histórias pessoais 45, 204-206
histórias raciais 35, 44, 45, 171, 173-210; acusações de racismo e 193-196; "alguém que me é próximo se casou ou namorou um membro das minorias" e 204-205; "depende em que parte do país" e 194; fatos *vs.* testemunhos e 204; histórias de interações com negros e 191-199; histórias de revelação de alguém próximo que é racista e 199-204; histórias pessoais e 45, 204-206; interações negativas com negros e 192-196, 208; interações positivas com negros e 196--199, 208; reparações e 178-182; *story lines* e 174-175, 176-191; testemunhos e 174-175, 191-206; um terço como sujeitos de 186, 188, 207-208; visões dos negros sobre cegueira de cor 299-300. *Ver também story lines*
Hochschild, Arlie Russell 376
Hochschild, Jennifer 451n73
Home Mortgage Disclosure Act 60
homicídios 80
Hoover, J. Edgar 88
Housing Discrimination Study (Estudo Sobre Discriminação Habitacional) 59
Hughey, Matthew 377
humilhação social 267
Huntington, Samuel 307, 309
Hutchings, Vincent 352
HWCU – historically white college and university (faculdade e universidade historicamente brancas) 413
Hyman, Herbert 26

ideologia dominante 35, 106, 147, 175, 247, 274, 302
ideologia racial dominante 32-35; racismo da cegueira de cor como 16, 23, 44, 106-107, 145-146, 246, 301, 302-303, 425n50
ideologias 35, 106, 143, 426n70, 462n9. *Ver também* ideologia racial dominante
ideologias de oposição 35, 46, 303, 388-395; ações que podem ser tomadas e 403-404
igualdade de oportunidades 109, 140; racionalização da injustiça racial em nome da 113-114; visões dos negros sobre 302

Iluminismo 40
imigração: asiática 323; latino-americana 307
impostos 361-362
incidentes de ódio 411
incoerência. *Ver* incoerência retórica
incoerência retórica 143, 144, 165-169, 181, 201; brancos progressistas e 255; negros e 294-299
indianos 333, 448n26
índice de dissimilaridade 331, 449n61
indígenas americanos 109, *311*, 329, 366; direitos dos sioux 410
individualismo 107, 109, 122, 140, 436n30
industrialização 53-56
intencionalidade 144
interação social inter-racial 37, 45, 62, 64-66, 114; amizades e 147, 217; entre membros de três estratos raciais 329-330; "eu costumava ter bons amigos negros" e 205-206; naturalização da 124
interações negativas com negros 192-196, 208
interesses de grupo 30
interpretação 42-43
intervenção governamental; mantendo o *status quo* 119-121; na educação 119-121; oposição à 115-116; visões dos brancos progressistas sobre 266; visões dos negros sobre 278, 284-285, 286-287. *Ver também* ações afirmativas
Ioanide, Paula 374
Iraque 358

Jackman, Mary R. 30, 35, 63
Jackson, Jesse 347, 356
Japão 308
Jeffersons, The (série de televisão) 148
Jefferson, Thomas 108
Jim Crow 16, 23-25, 38, 43, 47-57, 95, 101-102, 346, 410; controle social e 52, 72-73, 119, 291; em histórias raciais 179; racismo cultural durante o 108-109; transição ao 51-54
Johnson, Allan G. 399
Johnson, Devon 328
Johnson, Lyndon 89
Jones, Van 375, 383
Jordan, Vernon 349
justiça pelas próprias mãos, ato racista de 73, 78-79
justiça penal, sistema de 162; disparidades de condenação e 72-76; encarceramento e 72-76, 104; taxas de detenção e 73, 83-87
juventude negra 74

Kant, Immanuel 108

Kentucky Human Rights Commission, estudo 60
Khan, Imran 359
Kim, Claire Jean 450n72
Kinder, Donald R. 29
King, Martin Luther, Jr. 21, 87-88, 141, 355, 365, 422n2
King, Rodney 77, 90, 112, 422n4
Kirschenman, Joleen 100
Kluegel, James 30
Koen, Charles 88
Kozol, Jonathon 62
Krauthammer, Charles 368
Ku Klux Klan 52, 103

Lang, Katie 356
LA Times 85
latino-americanização da estratificação racial 46, 312, 447n17-18, 451n74
latinos 307, 309; assimilados 310; atitudes raciais dos 324-326, *326*; *status* não branco dos 325, 448n34
Lehman, Melvin M. 55
Leno, Jay 364
Lewis, Amanda E. 63
Lewis, John 347
Lewis, Oscar 436n36
Lewis, Ray 372
liberalismo abstrato 107, 109, 113-123, 139-141, 186, 232, 238, 255, 260, 262, 273, 280, 301, 440n13; uso pelos negros do 274, 277, 278-280, 283-285
liberalismo econômico 109
liberalismo (humanismo liberal) 31, 106-109. *Ver também* liberalismo abstrato
liberalismo político 109
liberalismo tradicional 31
Liberating Our White Ghetto (Libertando Nosso Gueto Branco) 211
Lilly Ledbetter Fair Pay Act 368
linchamento 52, 73; pena de morte e 73, 80-83
Lind, Dara 372
Lipset, Seymour 27
localização sistêmica 31
Loehmann, Timothy 86-87

Malcolm x 88
máquinas políticas 70
Marable, Manning 16, 73, 373-374
Marsh, Taylor 350
Martinez, Susana 347
Martin, Joanne 101
Martin, Roland 375
Martin, Trayvion 78, 84, 388

Marx, Karl 34, 244, 400, 419, 461n5
masculinidade 266
Massey, Douglas 57, 212
materialista, interpretação 31, 34
matriz de dominação 415, 418
McAdam, Doug 462n11
McBrier, Debra Branch 98
McCain, John 352, 381
McCleskey v. Kemp 82
McCleskey, Warren 81
McDermott, George 111
McIntire, Mike 349
McKenna, Natasha 86
Mckesson, DeRay 392
McKinney, Karen D. 64
Mead, Lawrence 128, 211
Medicaid 362, 363, 368, 369
meliorismo 107
Member of the Club (Membro do Clube) 65
Memmi, Albert 21
meritocracia 116-119, 187
Messy Truth, The (programa de televisão) 383
mexicanos 325-326, *326*
microagressões 65
mídia 209
mídia social 84, 388-389
migração de negros 53-55
Miller, Greg 360
Mill, John Stuart 108
Mills, Charles W. 36, 426n63/69
minimização do racismo 107, 112-114, 128, 132-139; estratégia direta de negação e 134-135; estratégia indireta de negação e 133-134, 138-139; "os negros tornam raciais as coisas que não são" e 135, 137; visões dos negros sobre 285-290
minorias antiminorias (negros antinegros) 67, 70-71, 347
miscigenação 314
mobilidade intergeracional descendente 58
modernidade 107-108, 415
Moran, Rachel 330
Moscovici, Serge 173
Moss, Phillip 100
movimento dos direitos civis 56, 87-89, 410; brancos no 246
movimentos estudantis 19, 342, 388-395
movimentos políticos negros 53
movimentos semânticos 144, 291-294
movimentos sociais 388-395, 409-410; movimentos estudantis e 19, 342, 388-395; Obama como não

499

representativo dos 349-353. *Ver também* Black Lives Matter; resistência
movimentos sociais progressistas 109
movimento zapatista 313
Muhammad, Elijah 87
mulheres, brancas da classe trabalhadora 45, 246, 267-268
Murray, Charles 128, 211
My Bondage and My Freedom (Minha Escravidão e Minha Liberdade) 397
Myers, Samuel L. 92
Myrdal, Gunnar 54, 427n79

Nação do Islã 88
nacionalismo negro 87-89
não brancos, como não europeus 33
não europeus, como não brancos 33
"não fui eu", abordagem 183
"não observância estudada" 352
não racialismo, alegações de 313
"não se esforçam o suficiente" 29, 403
National Association for the Advancement of Colored People – NAACP (Associação Nacional para o Progresso de Pessoas de Cor) 53, 61, 87, 103
National Urban League (Liga Urbana Nacional) 53, 103
naturalização 107, 123-127, 139, 140; visões dos negros sobre 283-285
Neckerman, Kathryn M. 100
Negro American, The (O Negro Americano) 26
Negro College Fund 162
"negro excepcional" 130
"negrofobia" 232, 443n11
negros: e alegações dos brancos de autossegregação 123-125, 159-161, 166-169, 196, 206, 223-224, 229, 245; e "coletivo negro" 310-313, 316, 319-322; e opinião sobre o desempenho da polícia 77-78
"negros de palco"/"brancos de palco" 291
negros, estereótipos de 26, 327, 422n3; como agressivos 83, 89, 165, 191, 208, 281, 288, 378; "preguiça" e 26, 100, 128, 131-132, 280-282; "rainhas da assistência social" e 174, 373
negros "higienizados" 69
"negros tornam raciais as coisas que não são" 135, 137
Newburger, Eric 93
Newman, Katherine S. 111
Newton, Huey P. 87
New York Times, The 361, 371

nexo classe-raça 19, 132
nigger 145-148, 338
nipo-americanos durante a Segunda Guerra Mundial 309, 333
nível institucional-estrutural 101
nível situacional, face a face 102
normas públicas 37
Norte: e "a grande migração" 53; e desigualdade econômica 50-52; segregação residencial no 52
novo racismo 19, 23-24, 44, 47-48, 112, 316, 397, 401; combate ao 397-420; controle social e 72-90; desigualdades políticas e 48, 66-72; educação e 61-63; eleição de Obama como resultado do 345; interação social inter-racial e 57-66; microagressões e 65; segregação residencial durante o 57-61; surgimento nos anos 1960 do 50-57; velado 80-83. *Ver também* desigualdade econômica; estrutura racial; controle social
"novos imigrantes" 335
NYU/Stanford relatório 359

Oakes, Jeannie 62
Obama, Barack, presidência 47, 453n28; ações positivas e 367-369; arrecadação de fundos e 349, 366; assistência à saúde e 357, 362-363, 368; Black Lives Matter e 389; cegueira de cor e 341; como organizador comunitário 348, 409; concessão e 349, 361; discurso em Selma e 455n62; eleição como resultado do "novo racismo" e 345; eleitores, supressão/leis de identificação de 364; enquanto conservador 350-355, 353, 367; espaço discursivo limitado e 72, 346, 355; expansão do poder executivo e 359, 453n44; movimento "birther" e 358; movimentos sociais não representados por 351; na qualidade de político das minorias pós-movimento dos direitos civis 346-349; política educacional e 364; política em relação aos latinos e 366; política fiscal e 361; política internacional e 358-360; políticas e 351-354; pós-racialismo e 47, 347, 352-355, 413; promessa de mudança e 348, 351, 455n63; relação de alvos a serem mortos (*kill list*) e 360, 368
Obama, fenômeno 46, 47, 72, 103
Obama, Michelle 348, 352, 357, 364, 455n65
Obamacare. *Ver* assistência à saúde
Obamérica 46, 341, 342-346; do período Jim Crow ao novo racismo 346-369
objetividade 40
objetivos racialmente iliberais 31
O'Brien, Eileen 405

Ogbu, John 212
Ohio State University 394
oleoduto em Dakota do Norte, luta contra o 410
Oliver, Melvin L. 95, 179
Omi, Michael 445n22/25
On Liberty (Sobre a Liberdade) 108
ônus da prova 102
"o passado é o passado" 176-180, 183, 207; visões dos negros sobre 299-300
opiniões gerenciais sobre os negros 99-100
oportunidades de vida das pessoas de cor 21, 31, 41, 49, 112, 130, 135, 249, 265, 300, 319; minimização do racismo e 112-113; reorganização racial e 101; visões de brancos progressistas sobre 248
ordem trirracial 46, 305, 309-313, *311*, 333-334
Orfield, Gary 62
organização MOVE 87
organizações supremacistas brancas 111, 377, 422n1
Oriente Médio 358
Orwell, George 339
otimismo racial 26-27
Otis Graham, Lawrence 65
"outro" 25, 317

Packnett, Brittany 392
PAC Priorities USA 367
Pager, Devah 93
palavras de código dos brancos 61, 65, 146, 346
Pantaleo, Daniel 389
Panteras Negras 87, 88, 390
Paquistão 358
"parada e revista", leis de 78, 83
parentesco 217
Parsons, Talcott 26
Partido Democrata 72, 347
Partido Republicano 318, 347
pena de morte 73, 80-83
"perdeu um emprego para um homem negro" 174
pesquisa científica social, como empreendimento político 40
pesquisas de opinião 380, 381, 384-387, 390
"pessimista" 28
Pettigrew, Thomas F. 101, 352
Pew Research Center, pesquisas 387
piadas racistas 147
Pierce, Glenn L. 80
pigmentocracia (colorismo) 305, 312, 314, 448n26
pluralismo racial 45-46, 67, 122, 309-312, 314
pobreza 343; "cultura" da 128, 211, 303, 436n36; dos brancos 375-376

poder racial corporificado 266
política democrata de Chicago 348-349
"politicamente correto" 20, 334, 398, 422n14
Politics of Resentment, The Rural Consciousness in Wisconsin and the Rise of Scott Walker (A Política de Ressentimento Conscientização Rural e a Ascensão de Scott Walker) 378
Porter, William 85
porto-riquenhos 325, *326*
Portraits of White Racism (Retratos do Racismo Branco) 32
Portugal 314
pós-movimentos dos direitos civis, era 26-32
pós-racialismo 47, 347, 352-354, 413. *Ver também* Obama, Barack, presidência
Poulantzas, Nicos 302
"povo da lama" 61
Powell, Colin 69
preconceito 41
preconceito como termo 31
prefeitos 67, 77
"preguiça" 26, 100, 129, 131, 281
Prêmio Nobel da Paz 360
privação dos direitos civis 24
privilégio dos brancos: discriminação na obtenção de emprego e 96; ideologias dos brancos para a defesa de 30; meritocracia como defesa do 116-119
profissionais liberais negros 64, 94-95, 98
progressistas 41
progressistas brancos 18, 204, 225, 244, 245-270; demografia dos 246-247; influência da classe trabalhadora sobre 248, 250, 252-254; influências da cegueira de cor e 262; mulheres da classe trabalhadora e 45, 246, 267; redes sociais racistas e 252-253, 255, 260; residentes da área de Detroit e 255-265; visões sobre o *busing* dos 255. *Ver também* Black Lives Matter
projeção 144, 159-163, 228, 246
protesto, motivação para 54
protestos em massa 56, 71, 77, 409

"qualquer coisa menos raça" 157-159
"questão da raça", explorar a 21, 112, 401
questões morais 192, 209

raça: brancos carecendo de 228-230; como termo 32; socialmente construída 32-33, 425n59/61, 426n62, 441n38, 46ln3
raça/ordem de classe 314
raça/ordem de gênero 314

501

raças subordinadas 34
Race and the Invisible Hand (Raça e a Mão Invisível) 97
raciais, categorias 32; "birraciais" 308, 446n6; "multirraciais" 308, 310, 311, 318, 338, 446n6; negação de 318
raciais, considerações 22-23, 37, 125-127; manobras retóricas e 125; segregação e 126-127; tipo de desigualdades das 47-49
raciais, insultos 147-148
racial, contrato 426n69
racial, discurso: ; natureza velada do 24-25, 49, 56, 59, 64, 68, 90, 317, 346; privado dos brancos 149, 437n2; projeção no 144, 149, 380
racial, espectro 213
racialização 18, 33-34
Racial Justice Act (Lei de Justiça Racial, 1988) 83
racial, mistura 314-315
racial, otimismo 27-31
racial, pessimista 28
racial, pluralismo 46, 67, 122, 308-310, 314
racial, recuo 318
racial, ressentimento 29-30, 379
racismo: biológico 29, 435n18; biologização do 110-111, 127, 132, 260, 401, 462n8; definido 32, 145, 158; explícito 49, 51-52; na era Obama 356-357; ressurgimento do 371-375; sem "racistas" 21-25, 403; simbólico 28; visão de Obama sobre 353. *Ver também* racismo da cegueira de cor; ideologia racial dominante; estrutura racial
"racismo competitivo" 114
racismo cultural 107, 110-111, 117, 127-132, 139, 378, 406; gentil argumento cultural e 129-131; tropos culturais e 29-32; visões dos negros sobre 280-282
racismo da cegueira de cor 16-20; como estudar 37-38; como ideologia racial dominante 16, 23, 106, 145, 247, 301-302, 302-306, 425n50; efeito indireto sobre os negros do 46; liberalismo tradicional para objetivos racialmente iliberais e 31; muro ideológico do 139-142; surgimento no fim dos anos de 1960 do 44. *Ver também* estilo do racismo da cegueira de cor; enquadramentos do racismo da cegueira de cor;histórias raciais
racismo da cegueira de cor, estilo do 35-36, 44, 45, 140, 143-172; "alguns dos meus melhores amigos são..." e 149-151, 294, 440n18, 441n29; diminutivos e 144, 163-165; efeito sobre os negros do 289-290; "eu não sou negro, então não sei" e 143, 151-153; "eu não sou preconceituoso, mas" e 149-151; incoerência retórica e 143, 144, 152-153, 165-169, 201; intencionalidade e 144; leitura através do labirinto retórico da cegueira de cor e 148-149; movimentos semânticos dos negros e 291-294; movimentos semânticos e 144; *nigger* e 145-149; projeção e 144, 159-163; "qualquer coisa menos raça" e 157-159; "sim e não, mas..." e 154-157, 292-293
racismo *laissez-faire* 30-31, 114, 118, 121, 232, 444n7
"racismo razoável" 113-123, 130
racismo simbólico 28-30
racistas: racismo sem 17, 21-25, 403; termo, definição do 19-20, 425n60
Radelet, Michael L. 80
Reaching beyond Race (Indo Além da Raça) 27
Reagan, Ronald 373; era 16, 49, 373
Real Clear Politics, pesquisas de intenção de voto 380, 384
realidade social 33-34
Real Utopias Project (Projeto Utopias Reais) 415
rebelião de Los Angeles, 1992 89
redes brancas 24
redes sociais informais, oportunidades de emprego e 97, 98, 118
Reece, Robert L. 381-382
Reed, Adolph 348, 355, 454n57
Reed, Kayla 411
refeitórios 228
relações raciais globalizadas 317
relativismo 43
reparações 115, 178-179, 262, 416; histórias raciais e 178-182; visões dos negros sobre 286, 300
representações sociais 173
resistência 388-395; mudanças pessoais para os brancos e 404-408; mudar o mundo e 408-414; restaurantes, discriminação nos 64-65
"revoltas raciais" 52, 56, 89
Revolução Americana 108
Revolutionary Action Movement (Movimento de Ação Revolucionária) 87
Rice, Tamir 86
Riot Control Act (Lei de Controle de Tumultos, 1968) 89
riqueza 98-99, 342-344
Rodriguez, Clara 325
Romney, Mitt 68, 363, 381
Rosentraub, Mark S. 77
Rove, Karl 355
Royster, Deirdre A. 97
Rubio, Marco 67, 347
Rush, Bobby 349
Russell, Gregory D. 82
Ryan, Paul 372

Saito, Leland 323
"salários da branquitude" 31, 34, 183, 266, 405, 443n13
Sanders, Bernie 370, 384
Sanders, Lynn M. 29
Sanford and Son (série de televisão) 148
saúde, consequências negativas para os negros 64, 66, 344, 452n25; fadiga da batalha racial 452n26
Scalawag, revista 381
Schuman, Howard 28, 65
Scientific American 26
Scott, Tim 67
Sears, David O. 29
segregação: atitudes dos brancos em relação a 26; naturalização da 110; normalização da 224-226
segregação residencial: asiáticos e 331; bairros racialmente mistos e 225, 249-251, 253-255; entre estratos raciais 330-332; visões dos negros sobre 271, 277-280
segregação residencial dos brancos 213, 213-223
segregação residencial dos negros 24, 37, 114; concessores de crédito de alto risco e 61, 344; direcionamento geográfico e 60; durante o novo racismo 57-61; estudos sobre habitação e 59-60; gentrificação e habitação pública e 58; mobilidade intergeracional descendente e 58; naturalização e 126-127; no norte 52; *redlining* e 59, 61, 99
Segunda Guerra Mundial 53
"se judeus, italianos e irlandeses conseguiram, por que os negros não conseguem?" 183-185, 207
"senso comum" 35, 41, 47, 404
separados-mas-iguais, política de 199
Shapiro, Thomas M. 95, 179
Sharpton, Al 356
Sheatsley, Paul B. 26
Sheen, Martin 310
Showell, Andre 353
Sidanius, Jim 30
"significado a serviço do poder" 106
Sikes, Melvin P. 64
"sim e não, mas…", estratégia 154-157, 292-293
Simon, David 420
sioux, direitos dos 410
sistema racial mundial 309
situações estruturais 36
Skidmore, Felicity 61
Smiley, Tavis 356
Smith, Douglas 84
Smith, Robert 77

Smith, Tom W. 218
Sniderman, Paul 27, 453n28
solidariedade inter-racial 18, 45, 198, 266-270, 411
Southern Christian Leadership Conference – SCLC (Conferência da Liderança Cristã do Sul) 87
Southern Poverty Law Center (Centro de [Defesa] do Direito da Pobreza Sulista) 411
Southern Regional Council (Conselho Regional do Sul) 53
Spero, Sterling D. 51
Stand Your Ground (Defenda Seu Território), estados do 78-80
Steele, Michael 364, 372
Steinberg, Stephen 185, 318
Stevens, Thaddeus 246
story lines 174-175, 176-191.; como produtos sociais 209; "Eu não possuía escravos" e 180-183, 207, 299-300; "Não consegui um emprego (ou uma promoção), ou não fui admitido em uma faculdade por causa de uma minoria" e 186-191, 207; "o passado é o passado" e 176-180, 179, 207, 299-300; "se judeus, italianos e irlandeses conseguiram, por que os negros não conseguem?" e 183-185, 207 *Ver também* histórias raciais
Street, Paul 349, 355
Struyk, Raymond 59
Student Nonviolent Coordinating Committee 87
Sudeste Asiático 308
Sul: desigualdade econômica no 50-52; em meados dos anos de 1950 55; melhora de condições para os negros no 54-55
Summers, Larry 360
Sumner, Charles 246
supremacia branca 33-34, 315; como sistema social racializado 33; negros livres como uma ameaça à 51-52; ordem trirracial e 311, 309-313
Suprema Corte 102, 318, 423n28
Suprema Corte, casos: *Brown v. Board of Education* 55, 120; *Grutter v. Bollinger* 318; *McCleskey v. Kemp* 82
Survey of Social Attitudes of College Students 1997 (Pesquisa de Opinião Sobre Atitudes Sociais de Estudantes Universitários) 38-40, 401-402

Taguieff, Pierre-André 127
Task Force on 21st Century Policing (Força-Tarefa para o Policiamento no Século XXI) 392
Tatum, Beverly 225
Taylor, Keeanga-Yamahtta 410
Tea Party 49, 103, 358

televisão, programas de 375
Tensing, Ray 85
Tesler, Michael 357
testadores, em estudos 60, 96, 103
testemunhos 174, 191-210, 299; categorias dos 191; de histórias de interações com negros 191-199; de histórias de revelação de alguém próximo que é racista 199-204; de histórias pessoais 204-206; de interações negativas com negros 192-196, 208; de interações positivas com negros 196-199, 209
testes anteriores à contratação 97-98
Texaco, caso 112
Thomas, Clarence 67, 69
Tilly, Charles 100, 416
"tiras", universo dos 83
tokenismo 64
tolerância racial 38, 39, 269
Tometi, Opal 388, 392
"tornar raciais as coisas que não são" 137
tortura 368
tracking educacional 62, 63, 219
traidores da raça 45, 246, 341, 442n2, 443n13. *Ver também* resistência
"tratamento preferencial" 110, 161, 183, 188, 189, 243, 250, 276
triangulação 450n72
trindade, fórmula da 199-204, 253
Trumpamérica 49, 341, 370-380, 403; incidentes de ódio e 411-412
Trump, Donald 15-17, 19, 341, 358; adeptos de 376-377; campanha de 370-371; método de vencer de 380-388
Turner, Margery Austin 59, 60
Tweedy, Damon 64
Tyson Foods 112

universalismo 107
Universidade de Duke 394
Universidade de Michigan 25
Universidade de Missouri 393-394
Universidade de Yale 394
universidades 392-394, 413
Urban Institute, estudos 96
urbanização 54-55
"utopia racial" 414-420

Valentino, Nicholas 357
"velho racismo", foco no 103
vergonha 398

Vickerman, Milton 338
vigilância eletrônica 359
violência: branca 278, 284; brutalidade policial e 73, 77-80, 90, 337, 370, 373, 391; percepções dos negros sobre 281
Virgínia 320
visão "equilibrada" 28
Visher, Christy A. 84
voir dire, procedimento de 81
Volker, Paul 361
Voltaire 108
votação, práticas injustas de: eleições de 2000 e 68; eleições de 2012 e 68
Voting Rights Act (Lei de Direitos de Voto, 1965) 67

Warren, Elizabeth 369
Watts, tumultos de (Los Angeles, 1965) 89
Weber, Max 40
Wellman, David T. 32
Wells Fargo, discriminações 61
West, Cornel 128, 211
West, Kanye 372
White Supremacy and Racism in the Post–Civil Rights Era (Supremacia Branca e Racismo na Era Pós-Movimento dos Direitos Civis) 317, 445n22
Who Are We? The Challenges to America's National Identity (Quem Somos Nós? Os Desafios da Identidade Nacional Americana) 307
Who Is White? Latinos, Asians, and the New Black/Nonblack Divide (Quem É Branco? Latino, Asiáticos e a Nova Divisão Negro/Não Negro) 335
Wilbanks, Jennifer 447n10
Wilson, Darren 389
Wilson, William Julius 48, 128, 132, 211, 457n98
Winant, Howard 445n22/25
Wingfield, Adia Harvey 64
Wire, The (A Escuta) 420
Wise, Tim 78, 405
Wolff, Edward N. 98
Woods, Tiger 308
Woodward, C. Vann 52
Wright, Erik Olin 415, 463n35
Wright, Jeremiah 353-354, 454n52/54

Yancey, George 335
Yinger, John 59
Young, Andrew 347

Zimmerman, George 78, 388
Zukin, Cliff 386

Agradecimentos

As últimas palavras que minha mãe me disse antes que deixei Porto Rico em 1984 foram: "Filho, nos Estados Unidos você precisa andar e se comportar como um rei." Ela também me disse algo no sentido de que não importa o que os "gringos" dissessem sobre mim, eu sempre teria que lembrar que "eu era tão bom, se não melhor, do que eles". Na época, não entendi o conselho dela. Hoje, compreendo perfeitamente sua enorme sabedoria. Neste país, os "outros" raciais, de pele escura, são sempre vistos como incapazes de fazer muitas coisas; somos considerados e tratados como atores secundários, bons somente para arrumar camas em hotéis ou trabalhar em restaurantes *fast-food*. Portanto, o conselho da minha mãe ("andar e se comportar como um rei") me ajudou a desenvolver a tão necessária couraça emocional para repelir todo o absurdo racial da "gringolândia" (Frida Kahlo estava tão certa sobre este país!). Obrigado, *Mami*!

Essa couraça veio a calhar na minha carreira sociológica, porque, a cada passo do caminho, encontrei pessoas que tentaram atrapalhar a minha trajetória de um jeito ou de outro. Felizmente, também encontrei muitas pessoas que me ajudaram nesse meu segundo país. E, na verdade, minha experiência com pessoas boas e generosas superou aquela com as ruins. Muitas das primeiras me viram sem a minha couraça e conhecem o meu verdadeiro eu. Na minha *alma mater* (Universidade de Wisconsin – Madison), professores como Pamela Oliver, Russell Middleton e Erik Wright foram extremamente generosos comigo. Também os professores Sam Cohn (agora meu colega na Universidade Texas A&M), Gay Seidman e Denis O'Hearn, todos com quem trabalhei como professor assistente. Wright e Oliver foram inclusive gentis em ler e me enviar *feedback* sobre um trabalho que escrevi dois anos depois de deixar Wisconsin. O artigo apareceu em 1997 no ASR com o título "Rethinking Racism: Toward a Structural Interpretation" (Repensando o Racismo: Rumo a uma Interpretação Estrutural). No entanto, a mais importante força sociológica que me influenciou em Wisconsin foi meu orientador, o professor Charles Camic. Ele era o orientador perfeito para mim. Versado, gentil, experiente e dotado de uma compreensão incomum do aspecto comercial da sociologia. Agora, sempre que tenho um "grande problema (sociológico)" em mãos, ele é uma das primeiras pessoas a quem consulto. Obrigado, Chas, por me apoiar. Espero poder retribuir--lhe de alguma forma.

 Em Michigan havia vários colegas que foram muito legais comigo: Mark Chesler; Julia Adams; Howard Kimeldorf; Muge Gocek; Silvia Pedraza; Jim House; David Williams e alguns outros. No entanto, as pessoas que me ajudaram a navegar naquela "instituição peculiar" foram os professores Donald Deskins Jr., Alford Young II e Carla O'Connor. Esses três colegas foram mais do que meus colegas: foram meus amigos e aliados. Obrigado Don, Al e Carla! Espero que os deuses sociológicos nos permitam trabalhar juntos mais uma vez antes que o nosso tempo expire.

 Na minha casa sociológica, a Universidade Texas A&M, quase todo mundo me ajudou. No meu primeiro ano ali, recebi mais *feedback* e amor do que nos cinco anos em Michigan! Assim, agradeço a todo o departamento de Sociologia da A&M por me dar apoio quase incondicional. Espero não ter decepcionado todos vocês.

Também merecem menção especial dois ex-alunos da Universidade Texas A&M e sociólogos, os professores Benigno Aguirre (Universidade de Delaware) e John Boies, do U.S. Census Bureau. Ambos enriqueceram minha vida sociológica e não sociológica. Tenho saudades de almoçar com John e tomar café com Benigno! Por último, mas não menos importante na A&M, meus três excelentes alunos de pós-graduação, David G. Embrick (a quem devo muitos, muitos, muitos agradecimentos por sua permanente lealdade e seu árduo trabalho), Paul Ketchum e Karen Glover me ajudaram com alguns dos dados e com a análise e me apoiaram além do cumprimento do dever. Obrigado a todos pela ajuda e apoio, e espero ler seus próprios livros em breve!

Outras pessoas que me amaram *de gratis* na Ameri*kkk*a sociológica são Joe R. Feagin; Hernán Vera; Judith Blau; Tukufu Zuberi; Hayward Horton; Ashley Doane; Gianpaolo Baiocchi; Joane Nagel; Margaret Andersen; Cedric Herring; Abel Valenzuela; Rogelio Sáenz; Tyrone A. Forman; Amanda E. Lewis; Walter Allen; Eddie Telles; Michael O. Emerson; Paul Wong; Jose Padin; Veronica Dujon; Carla Goar; Guilherme Darity; Geoffrey Ward; Nadia Kim; Ramiro Martinez; Tom Guglielmo; Moon-Kie Jung e Larry Bobo, entre outros. Gostaria também de agradecer ao pessoal da Association of Black Sociologists (Associação de Sociólogos Negros) e a Section on Racial and Ethnic Minorities (Seção de Minorias Raciais e Étnicas) da ASA, por me apoiarem nos últimos cinco anos.

Os dados para este livro foram coletados enquanto eu era professor em Michigan. Agradeço a todas as pessoas envolvidas com o 1997 Survey of Social Attitudes of College Students (Pesquisa de Opinião Sobre Atitudes Sociais de Estudantes Universitários) (Amanda, Tyrone e todos os alunos de graduação que me deram uma mão) e com o Detroit Area Study (DAS) de 1998. A pesquisa de 1997 foi realizada parcialmente com o financiamento do Fund for the Advancement of the Discipline da ASA-NSF (National

Science Foundation). O DAS de 1998 foi concluído com fundos de Michigan. No entanto, quero agradecer a Jim House e a Earl Lewis pelo financiamento do componente de entrevistas do DAS de 1998. Sem aquelas entrevistas, o DAS de 1998 teria sido apenas mais uma pesquisa comum de opinião sobre atitudes raciais.

Parte significativa de um primeiro esboço deste livro foi feita enquanto eu era pesquisador visitante do Law Center da Universidade de Houston, no outono de 2000, sob os auspícios do professor Michael A. Olivas, diretor do Institute for Higher Education Law and Governance. Michael generosamente me hospedou quando eu ainda era uma um pesquisador incipiente. Obrigado, Michael. Devo muito a você! Enquanto eu estava em Houston, o professor Russell L. Curtis Jr., do Departamento de Sociologia da Universidade de Houston, me proporcionou abrigo e amizade. Jamais me esquecerei das nossas longas discussões sobre quase todos os temas possíveis. Obrigado, Russ!

A redação final deste livro foi feita na Universidade de Stanford, na qual fui convidado a passar um ano (2002-2003) como pesquisador Hewlett no Research Institute for Comparative Studies of Race and Ethnicity, dirigido por Hazel R. Markus e George Fredrickson. Gostaria também de agradecer a Leanne Issak, Awino Kuerth e Dorothy Steele por me ajudarem com todos os meus problemas bobos durante o tempo que ali fiquei.

Este livro beneficiou-se enormemente da revisão incisiva da professora Margaret Andersen, da Universidade de Delaware. Maggie leu este manuscrito do começo ao fim e deu valiosas sugestões que me ajudaram a torná-lo um livro melhor – embora ainda controverso. Obrigado, Margaret, por fazer um trabalho tão incrível!

Finalmente, quero dedicar este livro a cinco pessoas muito especiais na minha vida. Primeiro, ao meu irmão Pedro Juan Bonilla-Silva, falecido em 2002. Pedro, gostaria de ter sido capaz de lhe dizer o quanto eu amo você, mas um pouco de machismo e muita história familiar me impediram de fazê-lo. Sempre me arrependerei disso. Em segundo lugar, ao meu pai, Jacinto Bonilla. Eu sei que não digo isso com frequência, mas eu respeito, admiro e amo você. Em terceiro lugar, à minha irmã, Karen Bonilla-Silva, a mais jovem, mais sábia e mais bonita do clã Bonilla-Silva. Quarto, ao meu filho, Omar Francisco Bonilla, que transcreveu uma das entrevistas do DAS citadas neste livro. Omi, saiba que eu te amo e tenho muito orgulho das suas realizações acadêmicas e artísticas. Por fim, dedico este livro ao amor da minha vida, Mary Hovsepian. "Marinamos" nossa parceria por quinze anos (agora, em 2020, 31 anos) e ainda é tão doce e forte como no primeiro dia em que a formalizamos. Obrigado, Mary. Aguardo ansiosamente para ver o que os próximos anos nos trarão.

Este livro foi impressona cidade de São Bernardo do Campo,
nas oficinas da Paym Gráfica e Editora, em agosto de 2020,
para a Editora Perspectiva.